EUROPA-FACHBUCHREIHE
für metalltechnische Berufe

Prüfungsvorbereitung Aktuell

Abschlussprüfung Teil 1
Abschlussprüfung Teil 2
Mechatronik

Dillinger Götz Götz Murphy Scholer

- **Fragen mit Anworten und Erklärungen**
- Vertiefungsfragen
- Rechenaufgaben mit Lösungen
- Fragen in Englisch mit Lösungen

2. Auflage 2011

VERLAG EUROPA-LEHRMITTEL · Nourney, Vollmer GmbH & Co. KG
Düsselberger Straße 23 · 42781 Haan-Gruiten

Europa-Nr.: 11268

Autoren des Prüfungsbuchs Mechatronik:

Dillinger, Josef	Studiendirektor	München
Götz, Barbara	Dipl.-Ing. (FH); Studienrätin	Regensburg
Götz, Robert	Oberstudienrat	Regensburg
Murphy, Christina	Dipl.-Berufspäd. (Univ.); Studienrätin	München
Scholer, Claudius	Dipl.-Ing.; Dipl.-Gwl.; Studiendirektor	Metzingen

Leitung des Arbeitskreises:

Dillinger, Josef, Studiendirektor, München

Bildbearbeitung:

Zeichenbüro des Verlages Europa-Lehrmittel, Nourney, Vollmer GmbH & Co. KG, Ostfildern

Das vorliegende Arbeitsheft wurde auf der Grundlage der aktuellen amtlichen Rechtschreibregeln erstellt.
Alle Rechte vorbehalten. Das Werk ist urheberrechtlich geschützt. Jede Verwertung außerhalb der gesetzlich geregelten Fälle muss vom Verlag schriftlich genehmigt werden.

2. Auflage 2011

Druck 5 4 3 2 1

Alle Drucke derselben Auflage sind parallel einsetzbar, da sie bis auf die Behebung von Druckfehlern untereinander unverändert sind.

ISBN 978-3-8085-1140-4

© 2011 by Verlag Europa-Lehrmittel, Nourney, Vollmer GmbH & Co. KG, 42781 Haan-Gruiten

http://www.europa-lehrmittel.de

Umschlaggestaltung: braunwerbeagentur Stefanie Braun, 42477 Radevormwald
Satz: Satz+Layout Werkstatt Kluth GmbH, 50374 Erftstadt
Druck: M. P. Media-Print Informationstechnologie, 33100 Paderborn

Vorwort zur 2. Auflage

Das Buch PRÜFUNGSVORBEREITUNG AKTUELL Mechatronik bezieht sich auf die Lerninhalte des Fachbuches Fachkunde Mechatronik.

Das vorliegende Lernmittel ergänzt die Fachkunde Mechatronik durch eine systematische Lernzielkontrolle des dort behandelten Stoffes.

Im Aufgabenteil soll der Nutzer des Buches seine Antworten eintragen. Seine Einträge kann er dann im Lösungsteil des Buches kontrollieren.

Das Buch PRÜFUNGSVORBEREITUNG AKTUELL Mechatronik beinhaltet
- die **Beantwortung** des Abschnitts **Arbeitsauftrag** aus der Fachkunde Mechatronik,
- es bietet **vertiefende Fragen mit Antworten** zu einzelnen Kapiteln des Berufsbilds Mechatronik
- und bietet zu den einzelnen Lernfeldern aus dem Berufsbild Mechatronik entsprechend den Prüfungsanforderungen **Aufgaben mit Lösungen in englischer Sprache**;
- entsprechend den Anforderungen bei der **Abschlussprüfung Teil 1** und der **Abschlussprüfung Teil 2** im Berufsfeld Mechatronik den **Prüfungsstoff mit Aufgaben und Lösungen.**
- Die Inhalte für das **Prüfungsfach Sozialkunde** sind in die Kapitel
  - Der Jugendliche in Ausbildung und Beruf
  - Nachhaltige Existenzsicherung
  - Unternehmen und Verbraucher in Wirtschaft und Gesellschaft sowie im Rahmen weltwirtschaftlicher Verflechtungen

  eingeteilt.

Das vorliegende Lernmittel PRÜFUNGSVORBEREITUNG AKTUELL Mechatronik kann auch neben anderen Fachbüchern mit gleicher Zielsetzung verwendet werden und dient zur Vorbereitung auf
- Schularbeiten
- Klassenarbeiten
- Abschlussprüfung Teil 1
- Abschlussprüfung Teil 2

sowohl an Berufsschulen, Berufsfachschulen, Meisterschulen und Technikerschulen mit den entsprechenden Lernfeldern oder Lehrinhalten.

Allen Benutzern des Buches wünschen wir bei künftigen Prüfungen viel Erfolg.

Die Autoren und der Verlag sind allen Nutzern der „PRÜFUNGSVORBEREITUNG AKTUELL" für kritische Hinweise und Anregungen dankbar, die Sie bitte an lektorat@europa-lehrmittel.de senden.

Sommer 2011   Die Autoren

Inhaltsverzeichnis

1	**Grundlagen der Datenverarbeitung** 6
1.1	Betriebssysteme 6
1.2	Office Anwendungen 7

2	**Technische Kommunikation** 9
2.1	Die Technische Zeichnung als Kommunikationsmittel 9
2.2	Tabellen und Diagramme 13

3	**Prüftechnik** 15
3.1	Längen- und Winkelprüfung 15
3.2	Mechanische Prüfmittel 15
3.3	Pneumatische Messgeräte 17
3.4	Elektrische Messgeräte 17
3.5	Elektronische Messgeräte 18
3.6	Prüfen mit Lehren 18
3.7	Prüfen von Oberflächen 18
3.8	Toleranzen und Passungen 20

4	**Qualitätsmanagement** 22

5	**Werkstofftechnik** 25
5.1	Einteilung der Werkstoffe 25
5.2	Eigenschaften von Werkstoffen 25
5.3	Aufbau metallischer Stoffe 26
5.4	Eisen- und Stahlwerkstoffe 27
5.5	Nichteisenmetalle 29
5.6	Weitere wichtige Metalle 30
5.7	Sinterwerkstoffe 30
5.8	Korrosion 30
5.9	Kunststoffe 31
5.10	Verbundstoffe 32
5.11	Hilfsstoffe 32
5.12	Werkstoffe und Umweltschutz 32

6	**Mechanische Systeme** 33
6.1	Grundlagen des Systemgedankens 33
6.2	Physikalische Grundlagen von mechanischen Systemen 33
6.3	Funktionseinheiten von mechanischen Systemen 33

7	**Herstellen mechanischer Systeme** 40
7.1	Grundlagen der Fertigungstechnik 40
7.2	Die Fertigungshauptgruppen 40
7.3	Das Urformen 40
7.4	Umformen 41
7.5	Trennen 43
7.6	Fügen 52
7.7	CNC-Steuerungen 59
7.8	Handhabungstechnik und Robotertechnik 68

8	**Grundlagen der Elektrotechnik** 72
8.1	Das Bohrsche Atommodell 72
8.2	Ladungstrennung 72
8.3	Elektrischer Strom 72
8.4	Der elektrische Widerstand 72
8.5	Das Ohmsche Gesetz 72
8.6	Elektrische Arbeit und elektrische Leistung ... 73
8.7	Wirkungsgrad 73
8.8	Elektrisches Feld 73
8.9	Magnetisches Feld 73
8.10	Grundschaltungen elektrischer Widerstände . 77
8.11	Grundlagen der Wechselstromtechnik 78
8.12	Der Kondensator im Stromkreis 79
8.13	Die Spule im Stromkreis 80
8.14	Dreiphasenwechselstrom 80
8.15	Kompensation 82
8.16	Grundlagen elektronischer Bauelemente 87
8.17	Grundlagen der elektrischen Messtechnik ... 90

9	**Elektrische Maschinen** 92
9.1	Transformatoren 92
9.2	Elektrische Antriebe 96
9.3	Elektromagnetische Verträglichkeit (FMV) ... 110
9.4	Schutzmaßnahmen 110

10	**Steuerungstechnik** 118
10.1	Grundlagen 118
10.2	Digitaltechnik 120
10.3	Zeichnerische Darstellung von Steuerungen 134
10.4	Pneumatik 136
10.5	Elektropneumatik 147
10.6	Hydraulische Steuerungen 152
10.7	Sensoren 159
10.8	Speicherprogrammierbare Steuerungen SPS 169

11	**Regelungstechnik** 178
11.1	Grundbegriffe 178
11.2	Regelkreiselemente 180
11.3	Regler 185

12	**Bussysteme in der Automatisierungstechnik** 186
12.1	Kommunikationsmodelle 186
12.2	Topologien 186
12.3	Übertragungsmedien 187
12.4	Übertragungsarten 187
12.5	Buszugriffsverfahren 187
12.6	Datensicherheit 189
12.7	AS-Interface 189
12.8	InterBus 190
12.9	Profibus 190

| 13 | **Mechatronische Systeme** .... 192 |

14	**Montage, Inbetriebnahme und Instandhaltung mechatronischer Systeme** 193
14.1	Montagetätigkeit Fügen 193
14.2	Prüfen und Justieren 194
14.3	Montageplanung 195
14.4	Organisationsformen der Montage 195
14.5	Montagehinweise 196
14.6	Arbeitssicherheit bei der Montage und bei der Arbeit im Betrieb 197
14.7	Inbetriebnahme 199
14.8	Instandhaltung von mechatronischen Systemen 202

15	**Sozialkunde** 207
15.1	Der Jugendliche in Ausbildung und Beruf ... 207
15.2	Nachhaltige Existenzsicherung 211
15.3	Unternehmen und Verbraucher in Wirtschaft und Gesellschaft sowie im Rahmen weltwirtschaftlicher Verflechtungen 213

Englische Aufgabenstellungen
E1	Grundlagen der Datenverarbeitung 217
E2	Technische Kommunikation 217
E3	Prüftechnik 218
E4	Qualitätsmanagement 218
E5	Werkstofftechnik 219
E6	Mechanische Systeme 219
E7	Fertigungstechnik 219
E8	Grundlagen der Elektrotechnik 220
E9	Elektrische Maschinen 220
E10	Steuerungstechnik 220
E11	Regelungstechnik 221
E12	Automatisierungstechnik 221
E13	Mechatronische Systeme 221
E14	Montage, Inbetriebnahme und Instandhaltung mechatronischer Systeme .. 222

Lösungen 223

Sachwortverzeichnis 413

1 Grundlagen der Datenverarbeitung

1.1 Betriebssysteme

Arbeitsauftrag

1. Erklären Sie den Unterschied zwischen analogen und digitalen Daten.

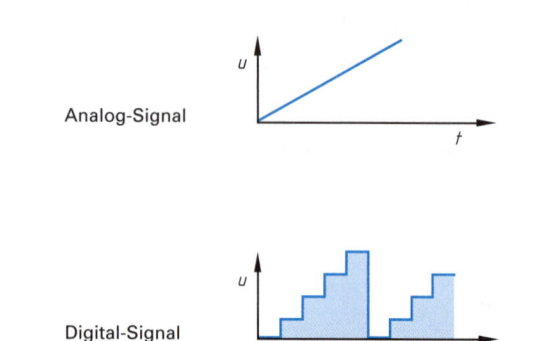

Bild 1: Signalarten

2. In welche Arten kann Software aufgeteilt werden? Nennen Sie Beispiele für unterschiedliche Software.

3. Welche Aufgaben erfüllt ein Betriebssystem und wozu dient die Shell?

4. **Was wird unter dem Begriff „Multitasking" verstanden?**

5. **Erklären Sie das preemptive Multitasking.**

6. **Erklären Sie das kooperative Multitasking.**

7. **Was ist unter „Single-User-Betrieb" zu verstehen?**

8. **Worin unterscheiden sich Echtzeitbetriebssysteme von anderen Betriebssystemen?**

9. **Was versteht man unter einem Client-Server-Betriebssystem?**

10. **Wozu dienen Treiber?**

11. **Welche Aufgaben übernehmen Dateisysteme?**

1.2 Office-Anwendungen

Arbeitsauftrag

1. **Erstellen Sie mithilfe einer Tabellenkalkulation ein Diagramm.**

	A	B	C	D	E
1		Filiale A	Filiale B	Filiale C	Summe
2	1. Quartal	251	324	154	729,00
3	2. Quartal	435	212	343	990,00
4	3. Quartal	226	543	435	1719,00
5	Summe	912	1079	932	
6					

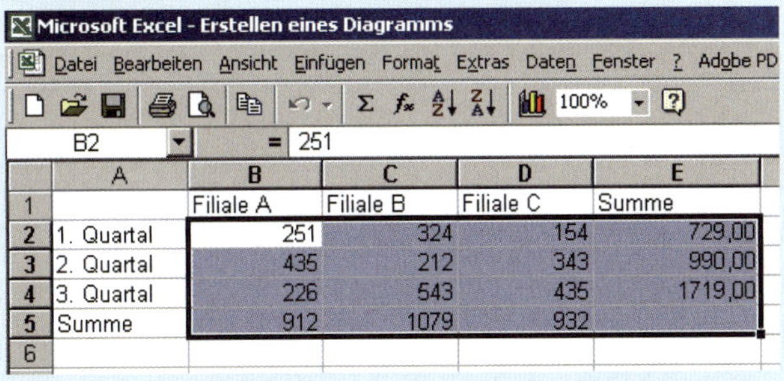

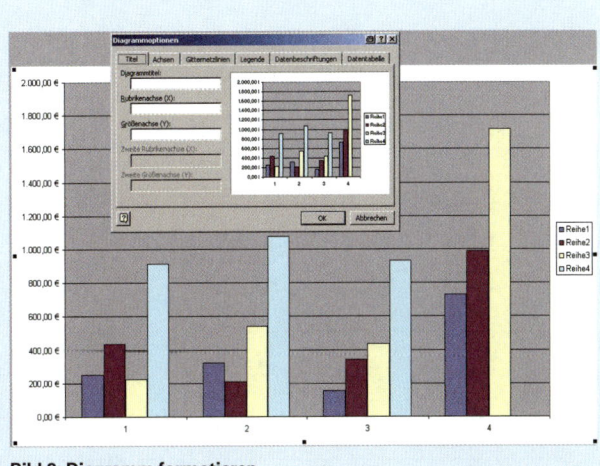

Bild 1: Markieren der Daten

Bild 2: Diagramm formatieren

2. Erstellen Sie einen Serienbrief an verschiedene Firmen der Automatisierungstechnik, in dem Sie für eine Projektarbeit um Sachspenden bitten.

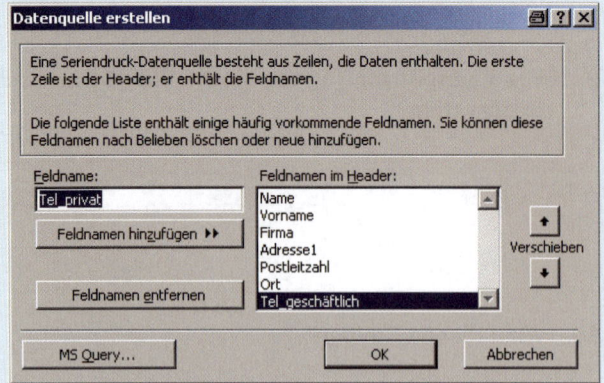

Bild 1: Datenquelle erstellen

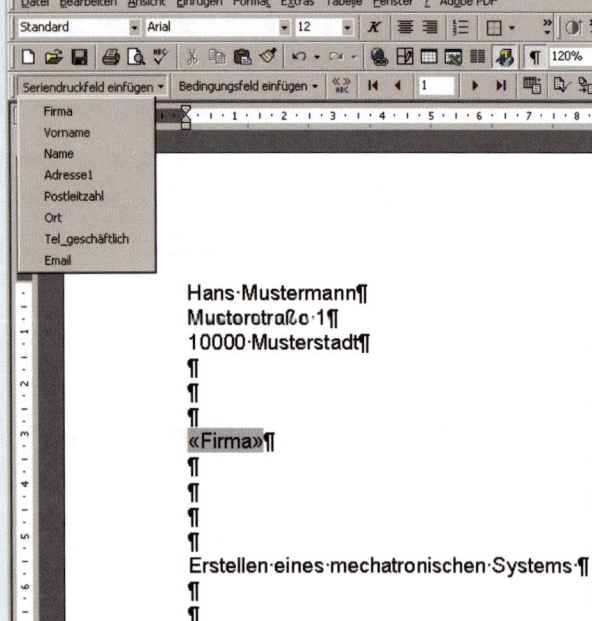

Bild 2: Einfügen von Seriendruckfeldern

2 Technische Kommunikation

1. Was versteht man unter Technischer Kommunikation?
   _____
   _____
   _____
   _____
   _____

2. Zwischen welchen Bereichen kann Technische Kommunikation stattfinden (Erklärung mit Beispiel)?
   - _____
     _____
   - _____
     _____
   - _____
     _____

2.1 Die Technische Zeichnung als Kommunikationsmittel

1. Wie sind Technische Zeichnungen nach DIN 199 definiert?
   _____
   _____
   _____

Darstellungsarten

1. Welche Darstellungsarten von Technischen Zeichnungen gibt es?
   _____
   _____
   _____

2. Welchen Vorteil hat eine perspektivische Zeichnung gegenüber einer zweidimensionalen Zeichnung?
   _____
   _____
   _____

3. Wie werden folgende Perspektiven dargestellt?
   a) Isometrische Projektion
   b) Dimetrische Projektion
   c) Kabinett-Perspektive
   d) Kavalier-Perspektive

   a) Isometrische Projektion:
   _____
   _____
   _____

   b) Dimetrische Projektion:
   _____
   _____
   _____

   c) Kabinett-Perspektive:
   _____
   _____
   _____

   d) Kavalier-Perspektive:
   _____
   _____
   _____

4. Welche perspektivische Darstellungsart wird gezeigt?

   1. _____
   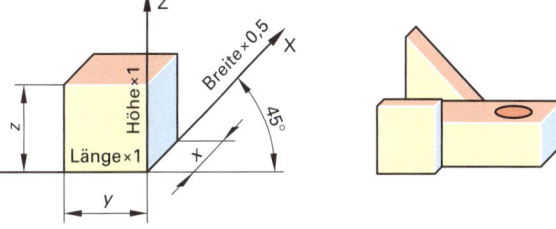

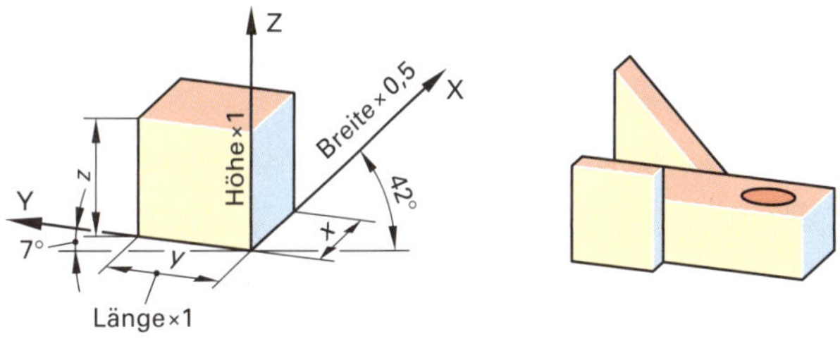

   2. _____
   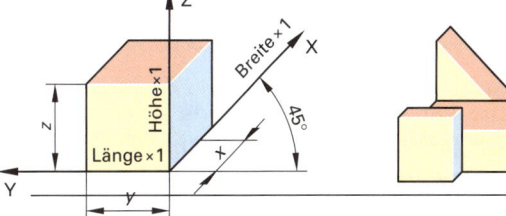

   3. _____
   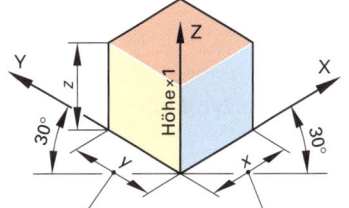

   4. _____
   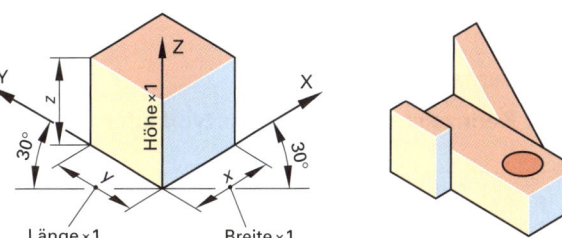

2 Technische Kommunikation

Arbeitsauftrag

1. Erstellen Sie von dem unten abgebildeten Teil eine technische Zeichnung:
   a) nach Projektionsmethode 1
   b) nach Projektionsmethode 2
   c) mit allen möglichen Ansichten

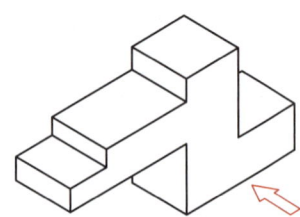

a) Projektionsmethode 1

b) Projektionsmethode 2

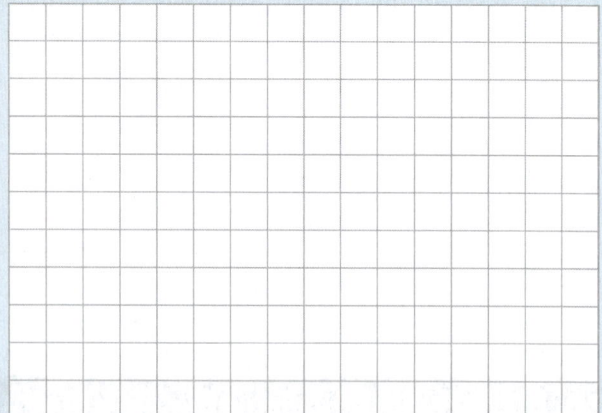

c) alle möglichen Ansichten

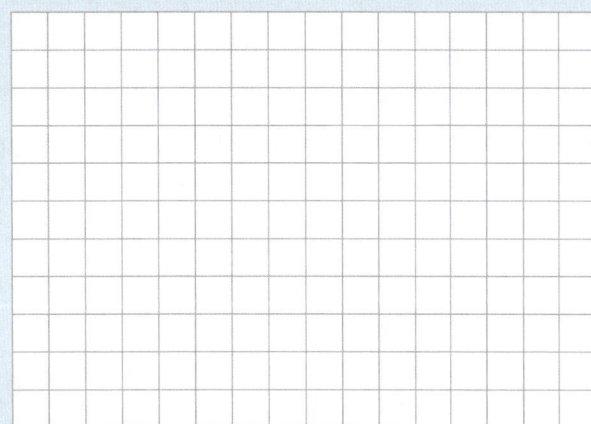

Einzelteilzeichnung

1. Wozu dient eine Einzelteilzeichnung?
   _____
   _____

2. Welche Angaben enthält eine Teilzeichnung?
   _____
   _____
   _____
   _____

3. Welche Linie wird für folgende Anwendung verwendet (geben Sie die entsprechende Linienstärke in der Liniengruppe 0,7 an)?
   a) sichtbare Kante _____
   b) Maßhilfslinie _____
   c) Symmetrieachse _____
   d) verdeckte Kante _____
   e) Kennzeichnung des Schnittverlaufes
   _____
   f) Schraffur _____

4. Welche Zeichenregeln sind bei der Gestaltung von Symmetrieachsen zu beachten?
   _____
   _____
   _____
   _____
   _____

5. Welche Bearbeitungsformen von Halbzeugen gibt es?
   _____
   _____

6. Welche Zeichenregeln sind bei der Gestaltung von verdeckten Kanten zu beachten?
   _____
   _____
   _____
   _____

Arbeitsauftrag

1. Erstellen Sie von den unten abgebildeten Teilen Einzelteilzeichnungen in jeweils drei Ansichten.

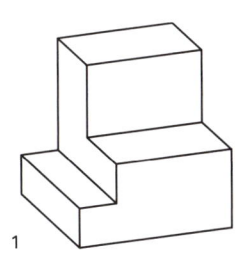
1
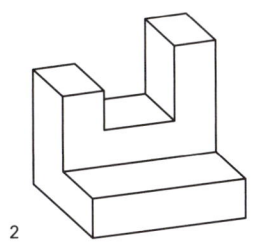
2
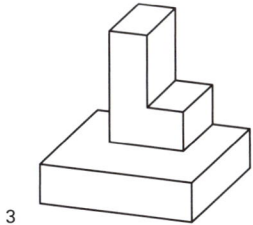
3
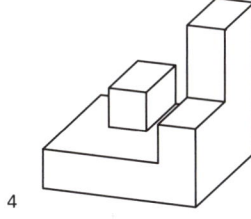
4

a) Bauteil 1

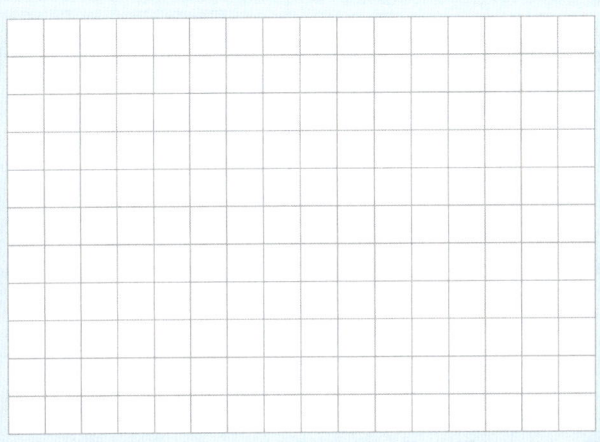

c) Bauteil 3

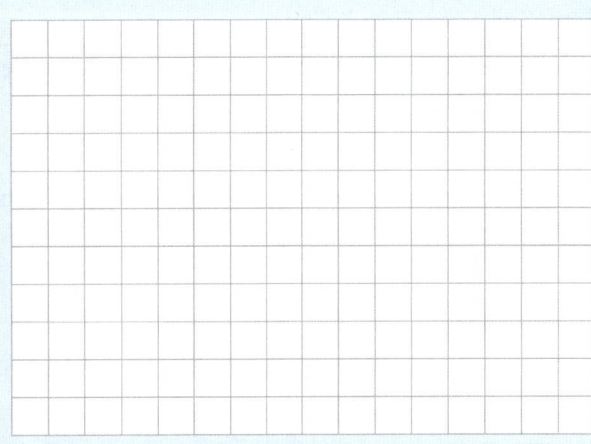

b) Bauteil 2

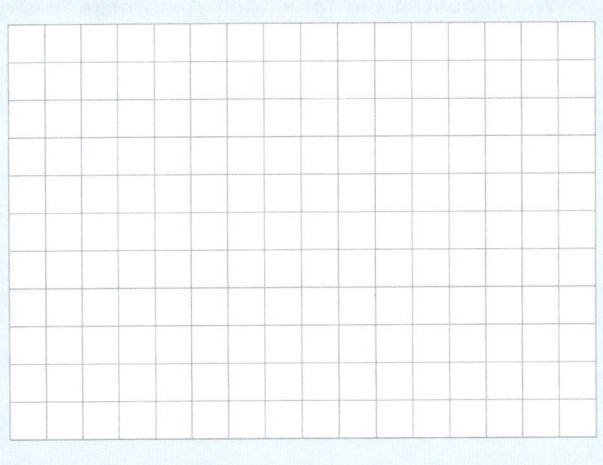

d) Bauteil 4

Schnittdarstellungen

1. Wie wird eine Schnittdarstellung nach DIN 6 definiert?

2. Welche Zeichenregeln sind beim Lesen und Zeichnen von Schnitten zu beachten?

3. Was versteht man unter dem Begriff Halbschnitt?

4. Was ist beim Lesen und Zeichnen von Schnitten bei Halbschnitten zu beachten?

Bemaßung von Einzelteilen

1. Welche DIN normt die Anordnung der Maße in Technischen Zeichnungen?

2. Welche Elemente enthält eine fachgerechte Bemaßung?

3. Auf welche Elemente beziehen sich Bemaßungen?

4. Welche Bemaßungsregeln gibt es?

5. Welche Bemaßungsregel ist bei Winkeln zu beachten?

6. Welche Bemaßungsregeln sind bei Radien und Durchmessern zu beachten?

Gewindedarstellung

1. Welche Elemente enthält eine fachgerechte Gewindedarstellung in Technischen Zeichnungen?

2. Wie wird der Gewindegrund in der Seitenansicht dargestellt, welche Linienart wird dazu verwendet?

3. Wie wird ein Gewinde im Schnitt dargestellt?

4. Welche Elemente enthält eine fachgerechte Gewindebemaßung?

5. Was bedeutet die folgende Gewindebemaßung?
Tr 40 × 7 – LH

Genormte Einzelheiten

1. Was bedeuten die folgenden Ausdrücke in einer Technischen Zeichnung?
a) DIN 332 A3,15 × 6,7

b) DIN 82 – RGE 1,0

c) DIN 509 – F1,2 × 0,2

2. Erklären Sie folgende Einzelheiten an Bauteilen. Wozu dienen sie?
a) Freistich

b) Rändelung

c) Zentrierbohrung

2.2 Tabellen und Diagramme

Arbeitsauftrag

1. Welche Kommunikationsmittel, die in der Technik benutzt werden, gibt es? Nennen Sie jeweils ein Beispiel aus Ihrem Ausbildungsbetrieb.

2. Welche Arten von Technischen Zeichnungen kennen Sie? Beschreiben Sie sinnvolle Einsatzmöglichkeiten.

3. Welcher Grundsatz gilt für die Anzahl der dargestellten Ansichten in Technischen Zeichnungen?

4. Welchen Zweck erfüllen Schnittdarstellungen?

5. Nennen Sie die wichtigsten Bemaßungsregeln, die bei Technischen Zeichnungen in der Mechanik einzuhalten sind.

6. Wie werden Innen- und Außengewinde dargestellt?
   a) Gewindespitzen

   b) Gewindegrund

   c) Gewindeabschluss: breite Volllinie

Gruppenzeichnungen

1. Was versteht man unter Gruppenzeichnung?

2. Welche wichtigen Bestandteile umfasst eine Gruppenzeichnung?

3. Was versteht man unter einer Stückliste?

2.2 Tabellen und Diagramme

1. Was versteht man unter einem Diagramm? Geben Sie ein Beispiel aus Ihrem Fachbereich.

2. Welche Hauptbestandteile hat eine Tabelle? Durch welche Programme können Tabellen am Computer dargestellt werden?

3. Welche Arten von Diagrammen gibt es?

4. Welche Bestandteile hat ein kartesisches Koordinatensystem?

2 Technische Kommunikation

5. Was ist das Besondere bei einem Polarkoordinatensystem?

6. Beschreiben Sie ein Flächendiagramm.

7. Erklären Sie diese Art von Diagramm.

Gewerbe 7 %
Haushalte 15 %
Industrie 16 %
Energieerzeugung 42 %
Verkehr 20 %

Bild 1: CO_2-Ausstoß

8. Was verdeutlichen Zustandsdiagramme?

9. Ordnen Sie den folgenden Beispielen die konkrete Diagrammart zu.

a) Sitzverteilung im Bundestag

b) Weg-Schritt-Diagramm

c) Sprungantwort eines Pt2-Gliedes

d) statistisches Histogramm

Arbeitsauftrag

1. Suchen Sie im Tabellenbuch mindestens fünf unterschiedliche Diagramme a) bis e) mit linearem, kartesischem Koordinatensystem.

2. Interpretieren Sie die in den Diagrammen a) bis e) gemachten Aussagen.

3. Suchen Sie jeweils ein Diagramm mit logarithmischen Achsen und eines mit Polarkoordinaten.
   - Diagramm mit logarithmischer Achse:

   - Diagramm mit Polarkoordinaten

3 Prüftechnik

1. Was versteht man unter Prüfen?

2. Nennen Sie drei unterschiedliche Eigenschaften eines Bauteils, die geprüft werden können.

3.1 Längen- und Winkelprüfung

1. Basiseinheiten
   a) Wie viele Basiseinheiten werden nach dem internationalen Einheitensystem unterschieden?

   b) Nennen Sie 3 davon.

2. Wie ist die Basiseinheit des Meters definiert?

3. Winkelmaße
   a) Welche Einheit gibt es für Winkelmaße?

   b) Wie ist diese Einheit definiert?

   c) Welche Unterteilungen gibt es?

4. Berechnen Sie folgende Werte in Grad, Minuten und Sekunden um.
   a) 16,5°
   b) 45,75°
   c) 83,23°
   d) 67,12°

5. Berechnen Sie folgende Werte in Dezimalzahlen um (Grad ° – 3 Stellen hinter dem Komma).
   a) 5° 20´
   b) 18° 45´ 18´´
   c) 90° 10´ 32´´
   d) 115° 47´ 10´´

3.2 Mechanische Prüfmittel

Messschieber

1. Welche Ablesegenauigkeit kann mit einem Messschieber erreicht werden?

2. Welche 3 Messungen können mit einem Messschieber ausgeführt werden?

3. Beschreiben Sie kurz die wichtigsten Bestandteile eines Messschiebers.

4. Welche verschiedenen Nonien gibt es bei Messschiebern und welche Messgenauigkeit ist damit verbunden?

5. Wie wird bei einem Messschieber fachgerecht abgelesen?

6. Welche Regeln sollen beim Messen mit Messschiebern eingehalten werden?

Messschrauben

1. Welche Messgenauigkeit haben Messschrauben?

2. Beschreiben Sie kurz die wichtigsten Bestandteile einer Bügelmessschraube.

3. Wie wird bei einer Messschraube fachgerecht abgelesen?

4. Welche Regeln sollen beim Messen mit Messschrauben eingehalten werden?

5. Welchen Wert zeigen die Bügelmessschrauben?

Zur Vertiefung

1. Warum haben Bügelmessschrauben eine Rutschkupplung?

2. Beschreiben Sie kurz die wichtigsten Bestandteile eines Universalwinkelmessers.

Messuhren

1. Welche Messgenauigkeit haben Messuhren?

2. Beschreiben Sie den Messaufbau mit einer Messuhr.

3. Wie wird mit einem Universalwinkelmesser fachgerecht gemessen?

4. Was versteht man unter einem stumpfen Winkel und wie wird dieser mit einem Universalwinkelmesser gemessen?

3. Warum spricht man bei dem Ablesen von Messuhren von Unterschiedsmessung?

5. Welche Vorteile haben digitale Universalwinkelmesser?

Winkelmesser

1. Welche Messgenauigkeit haben Universalwinkelmesser?

6. Welche Regeln sollen beim Messen mit Universalwinkelmesser eingehalten werden?

3.3 Elektrische Messgeräte | 17

Arbeitsauftrag

1. Erläutern Sie an einem Beispiel den Unterschied zwischen Messen und Lehren.

2. Erklären Sie die Funktion des Nonius beim Messschieber.

3. Worin besteht das Messprinzip der Bügelmessschraube?

4. Beschreiben Sie das Messprinzip der Messuhr und eine Form der Umsetzung.

5. Ermitteln Sie für die unten abgebildeten Messbeispiele die Messwerte.

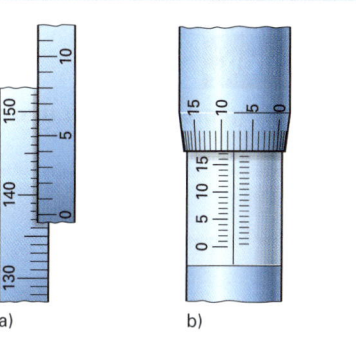

a)   b)   c)

3.3 Pneumatische Messgeräte

1. Welche Messgenauigkeit haben pneumatische Messgeräte?

2. Für welche Art von Messungen eignet sich das pneumatische Messen?

3. Welche physikalischen Messverfahren werden bei pneumatischen Messgeräten verwendet?

4. Beschreiben Sie kurz die Arbeitsweise eines pneumatischen Druckmessverfahrens.

5. Welche Vorteile haben pneumatische Messgeräte?

3.4 Elektrische Messgeräte

1. Welche Messgenauigkeit haben elektrische Messgeräte?

2. Welche Bestandteile haben elektrische Messgeräte?

3. Welches Messprinzip wird bei elektrischen Messgeräten verwendet?

4. Beschreiben Sie kurz die Arbeitsweise eines elektrischen Messgeräts.

5. Welche Vorteile haben elektrische Messgeräte?

3.5 Elektronische Messgeräte

1. Welche Messgenauigkeit haben elektronische Messgeräte?

2. Beschreiben Sie kurz die Arbeitsweise eines elektronischen Messgeräts.

3. Nennen Sie zwei Beispiele für elektronische Messgeräte.

3.6 Prüfen mit Lehren

1. Was kann mit Lehren geprüft werden und welche Aussagen erhält man?

2. Welche Lehren gibt es? Nennen Sie mindestens 3 verschiedene Arten.

3. Wie sind Grenzrachenlehren aufgebaut und für welche Messungen dienen sie?

4. Wie wird mit Grenzrachenlehren fachgerecht geprüft?

5. Welche Art von Lehren verwendet man bei Innenmessungen von Bohrungen?

3.7 Prüfen von Oberflächen

Grundbegriffe der Oberflächenprüfung

1. Was versteht man bei der Oberflächenprüfung unter Soll- und Ist-Oberfläche?

2. Welche drei unterschiedlichen Oberflächen-Profildiagramme gibt es?

3. Was versteht man unter Gestaltabweichung und wie viele Untergruppen gibt es?

4. Nennen Sie die verschiedenen Ordnungen der Gestaltabweichung mit jeweils einem Beispiel und einer Ursache.

Oberflächenprüfverfahren

1. Welche verschiedenen Prüfverfahren zur Ermittlung der Oberfläche gibt es?

2. Wie wird eine Sichtprüfung fachgerecht durchgeführt?

3. Erklären Sie die Art von Messverfahren der Sichtprüfung.

4. Erklären Sie kurz das Tastschnittverfahren.

Rauheitsmessgrößen

1. Nennen Sie 4 unterschiedliche Rauheitsmessgrößen.

a) In welcher Einheit werden Oberflächenangaben angegeben?

b) Rechnen Sie diesen Wert in die nächstgrößere Einheit um.

2. Bei der Oberflächenprüfung einer Welle werden folgende Messwerte ausgegeben:
$Z_1 = 3,3$ µm, $Z_2 = 4,3$ µm, $Z_3 = 2,4$ µm, $Z_4 = 3,9$ µm, $Z_5 = 8,6$ µm
   a) Berechnen Sie R_z.
   b) Bestimmen Sie R_{max}.
   c) Was fällt bei diesem Beispiel bei R_z auf?
   d) Warum hat R_a eine größere Aussagekraft über die Oberflächengüte als R_z?

3. Wie ermittelt und berechnet man die gemittelte Rautiefe R_z?

4. Was versteht man unter dem Mittenrauwert R_a?

5. Was beschreibt die Glättungstiefe R_p?

6. Zeichnen Sie in das Profil die Einzelrautiefen Z_1–Z_5, R_p, R_{max} und R_a ein.

7. Von welchen Faktoren hängt die Oberflächengüte eines Werkstückes ab?

Angabe von Oberflächengüten in Technischen Zeichnungen

1. Erklären Sie den Grundsatz „Arbeite immer so genau wie erforderlich" bezogen auf die Fertigung.

2. Was bedeuten die einzelnen Buchstaben der Oberflächenangabe a) bis e)

   a)
   b)
   c)
   d)
   e)

3 Prüftechnik

Arbeitsauftrag

1. Ermitteln Sie aus der unten abgebildeten Zeichnung die geforderten Rauheitswerte und ordnen Sie diese den geeigneten Fertigungsverfahren zu.

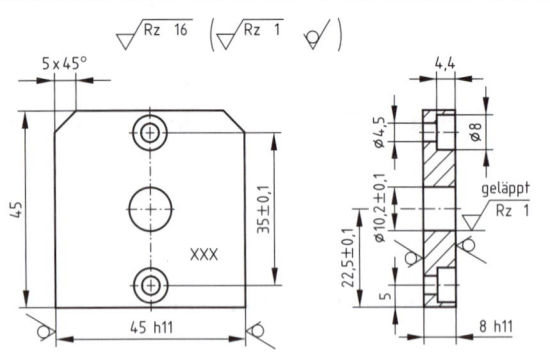

Symbol	Erklärung	Fertigungs-verfahren
∇		
∇ Rz 1		
geläppt ∇ Rz 1		
∇ Rz 16		

3.8 Toleranzen und Passungen

1. Was versteht man unter einer Toleranz in der Fertigung?
   _____
   _____

2. Von welchem Faktor ist die Größe der Toleranz abhängig?
   _____

3. Welcher Grundsatz gilt in der Fertigung?
   _____
   _____

4. Was versteht man unter einer Passung?
   _____
   _____
   _____

Maßtoleranzen

1. Erklären Sie folgende Begriffe anhand des Maßes $30^{+0,2}_{-0,4}$, wenn nötig mit entsprechender Formel:

   a) Nennmaß N
   _____
   _____

   b) Istmaß
   _____
   _____

   c) Grenzmaße
   _____
   _____

   d) Höchstmaß G_o
   _____
   _____

   e) Mindestmaß G_u
   _____
   _____

   f) Oberes Abmaß ES (es)
   _____
   _____

   g) Unteres Abmaß EI (ei)
   _____
   _____

   h) Maßtoleranz T
   _____
   _____

2. Wie wird bei den Maßtoleranzen eine Bohrung im Gegensatz zu einer Welle gekennzeichnet?
   _____
   _____
   _____
   _____

   a) Was ist ein Toleranzfeld?
   _____
   _____

   b) Von welchen Faktoren ist es abhängig?
   _____
   _____

3. Vervollständigen Sie die Aussage: „Je ...
   _____
   das Toleranzfeld, desto
   _____
   ... die Qualität."

3.8 Toleranzen und Passungen

4. Was wird bei Passungen mit Buchstaben und Zahlen gekennzeichnet?
___

5. Welche Toleranzen gelten, wenn bei Zeichnungsmaßen nicht unmittelbar Toleranzangaben folgen?
___

6. Wie werden Allgemeintoleranzen klassifiziert?
___

7. Ermitteln Sie für folgenden Maße die entsprechenden Werte: N, G_o, G_u, ES/es, EI/ei, T und geben Sie die Toleranzart an.

a) 30,8 mm nach ISO 2768 – m

b) $42^{+0,15}_{-0,05}$

c) Ø 67h5

alle Angaben in mm

N	G_o	G_u	ES/es	EI/ei	T

Passungen

1. Welche Passungsarten gibt es? Erklären Sie diese.
___

2. Geben Sie die Formeln für:
   a) Höchst- und Mindestspiel
   b) Höchst- und Mindestübermaß
   an.

3. Welche zwei Maße ergeben sich bei einer Übergangspassung? Geben Sie dazu die entsprechenden Formeln an.

Passungssysteme

1. Welchem Zweck dienen Passungssysteme?
___

a) Was versteht man unter dem Passungssystem Einheitsbohrung?
b) Wie unterscheidet sich das Passungssystem Einheitswelle?
c) Welches der beiden wird in der heutigen Fertigung öfter eingesetzt und warum?
___

4 Qualitätsmanagement

1. Was bedeutet der Begriff „Qualität" nach DIN?

2. Was ist aus Kundensicht „Qualität"?

3. Welche Faktoren bestimmen die Qualität eines Betriebes?

4. Weshalb ist die Qualitätsplanung so wichtig?

5. Ein Produktionsprozess unterliegt dem Einfluss von Störgrößen. Welche sind das?

6. Erläutern Sie die einzelnen M-Faktoren anhand von Beispielen.

7. Was ist das Ziel der Qualitätslenkung?

4 Qualitätsmanagement

8. Erklären Sie den Begriff Qualitätsprüfung.

9. Wo und wie findet Qualitätsprüfung statt?

10. Welche zufälligen und systematischen Ereignisse stellen für durchgeführte Prozesse ein Problem dar?

11. Qualität ist, was den Kunden zufrieden stellt. Nach welchem Leitsatz sollten Betriebe folglich handeln?

12. Nach welcher Norm muss ein Betrieb geprüfen werden, um sich z. B. vom TÜV zertifizieren zu lassen?

13. Welche Methoden zur statistischen Qualitätsüberprüfung kennen Sie?

14. Es soll eine Maschinenfähigkeitsuntersuchung an einer Produktionsmaschine durchgeführt werden. Wie sehen die — möglichst idealen — Bedingungen dafür aus?

15. Wozu werden Qualitätsregelkarten eingesetzt?

4 Qualitätsmanagement

Arbeitsauftrag

1. Wie ist der Begriff „Qualität" nach DIN definiert?

2. Welche Aufgaben hat ein QM-System?

3. Interpretieren Sie die Aussage „Der Kunde soll wiederkommen, nicht das Produkt".

4. Bei der Produktion einer Welle ergaben sich folgende Messwerte:

24,97	25,00	24,99	25,02	25,00
24,98	25,01	25,00	25,03	25,01
25,01	24,98	24,99	25,01	25,00
25,02	24,99	25,00	24,99	

Übertragen Sie die Messwerte in ein Diagramm und ermitteln Sie daraus die Normalverteilung.

Anmerkung: Es kann zwar eine Zeichnung angefertigt werden. Die Gaußsche Normalverteilung trifft hier jedoch nicht zu, da diese erst ab einer Anzahl von 50 Messwerten Gültigkeit hat!

Zur Vertiefung

Ermitteln Sie zum oben genannten Beispiel die
- Spannweite und
- den Mittelwert

der Messungen.

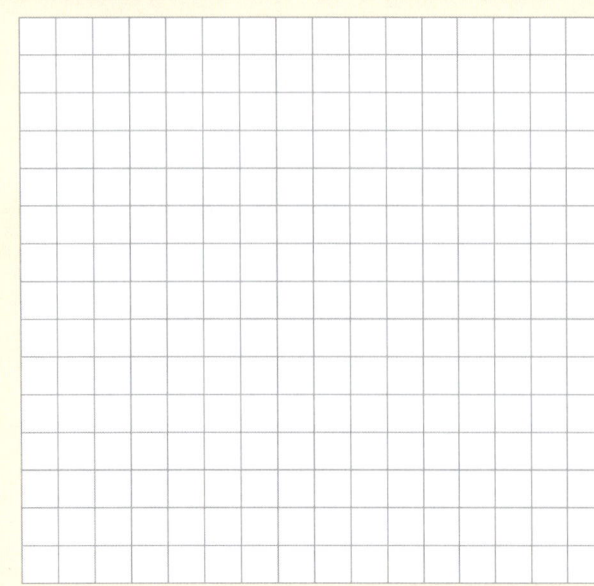
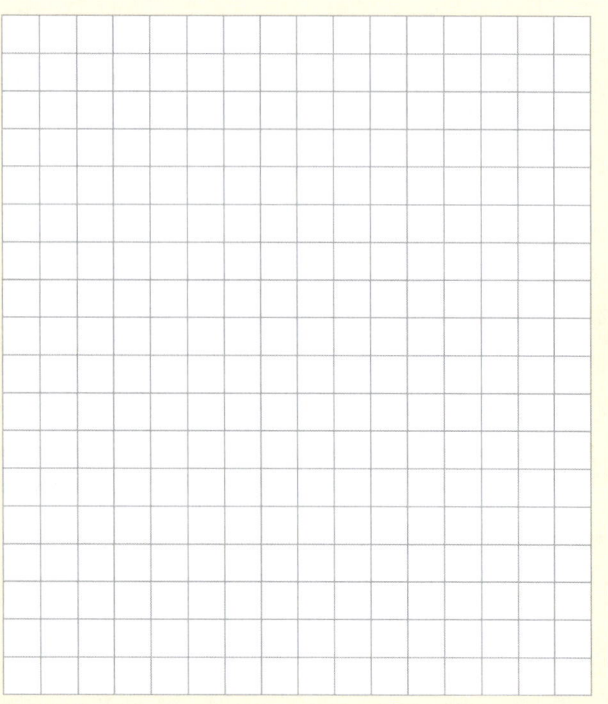

5 Werkstofftechnik

5.1 Einteilung der Werkstoffe

1. In welche drei Hauptgruppen werden Werkstoffe in der Praxis unterteilt?

2. Erklären Sie folgende Werkstoffe und nennen Sie jeweils ein Beispiel.
   a) Eisenwerkstoffe
   b) Nichteisenmetalle
   c) Schwermetalle
   d) Leichtmetalle
   e) Nichtmetalle
   f) Verbundwerkstoffe

3. Zu welchen Hauptgruppen gehören folgende Werkstoffe?
   a) Hartmetall
   b) Nickel
   c) Keramik
   d) Diamant
   e) Polystyrol
   f) Weißblech

5.2 Eigenschaften von Werkstoffen

1. Wie werden Werkstoffeigenschaften sinnvoll unterteilt?
   1.
   2.
   3.
   4.

2. Nennen Sie fünf physikalische Eigenschaften.

3. Erklären Sie den Begriff chemisch-technologische Eigenschaften.

4. Erklären Sie den Begriff mechanisch-technologische Eigenschaften.

5. Nennen Sie fünf mechanisch-technologische Eigenschaften.

6. Was versteht man unter der Festigkeit eines Stoffes?

7. Welche Beanspruchungsarten gibt es?

8. Welcher Beanspruchungsart müssen folgende Bauelemente standhalten?
   a) Schrauben
   b) Fräser
   c) CNC-Maschinenbett
   d) Achse
   e) Nieten

5 Werkstofftechnik

9. Welche Werte werden bei der Festigkeit von Werkstoffen am häufigsten benötigt?

_____

10. Wie wird die Zugfestigkeit R_m berechnet?
(Geben Sie die Formel mit Erklärung und Einheit an)

11. Wie wird die Streckgrenze R_e berechnet?
(Geben Sie die Formel mit Erklärung und Einheit an)

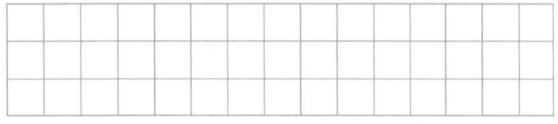

12. Welche Aussage macht die Zugfestigkeit über Bauteile?

_____
_____
_____

13. Beschriften Sie die markanten Punkte bzw. Bereiche a) – e) im Spannungs-Dehnungsdiagramm.

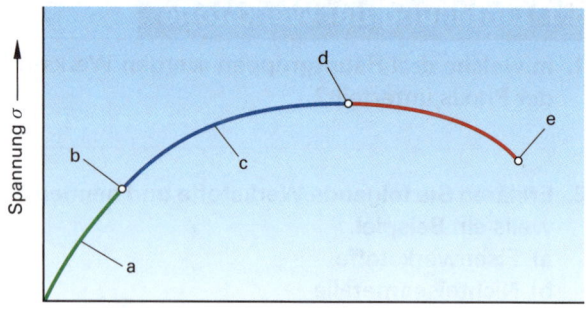

a) _____
b) _____
c) _____
d) _____
e) _____
f) _____

Arbeitsauftrag

An einer Lasche aus Flachstahl wird ein Handhabungsgerät befestigt. Über welche Zugfestigkeit muss das Material bei zweifacher Sicherheit mindestens verfügen, wenn das Gewicht des Handhabungsgerätes mit 2000 N angegeben ist und die Lasche einen Querschnitt von 5 mm x 40 mm hat?

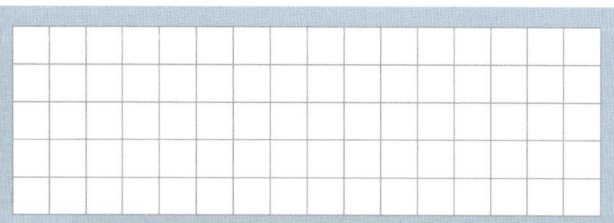

1. Was versteht man unter dem Begriff Härte?

_____
_____

2. Nennen Sie vier fertigungstechnische Eigenschaften.

_____
_____
_____

3. Was versteht man unter ökologischen Eigenschaften?

_____
_____
_____
_____
_____

5.3 Aufbau metallischer Stoffe

1. Erklären Sie den inneren Aufbau von Metallen.

_____
_____
_____

2. Welche verschiedenen Kristallgitterarten gibt es? Ordnen Sie jeweils einen Werkstoff dieser Kristallgitterart zu.

_____
_____
_____

3. Welches Kristallgitter ist dargestellt?

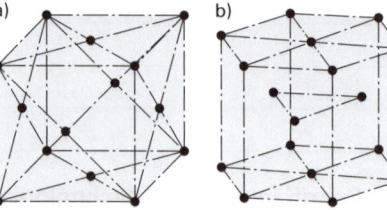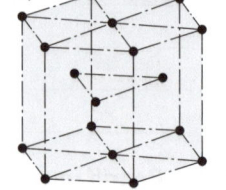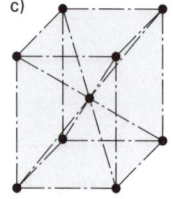

a) _____
b) _____
c) _____

5.4 Eisen und Stahlwerkstoffe

1. Wie wird der Werkstoff „Stahl" definiert?

2. Wie werden Eisen- und Stahlwerkstoffe erzeugt?

   a) In welche vier Hauptgruppen kann man Eisen- und Stahlwerkstoffe hinsichtlich des Verwendungszweckes einteilen?

   b) Wie unterscheiden sich diese Werkstoffe untereinander?

   c) Welche Einteilung von Stählen gibt es außerdem?

3. Welche Grundeigenschaften hat Stahl?

4. Wie kann man die Eigenschaften von Stählen ändern?

5. Welcher Quelle kann ein Mechatroniker den geeigneten Werkstoff für ein Bauteil entnehmen?

   a) Nach welcher Norm erfolgt die Einteilung von Eisen- und Stahlwerkstoffen?

   b) Welche zwei Möglichkeiten der Bezeichnung gibt es?

6. Nennen Sie die Hauptsymbole für die Stahlgruppen der Kurznamen aus der Gruppe 1.

   a) Stähle für den allgemeinen Stahlbau _____

   b) Stähle für den Druckbehälterbau _____

   c) Stähle für Schienen _____

   d) Maschinenbaustähle _____

7. Bezeichnungen

   a) Wie sind Kurzbezeichnungen der Gruppe 1 nach Norm aufgebaut?

   b) Erklären Sie dies anhand des Stahles S355J2W.

8. Gruppe 2

   a) Wie sind Kurzbezeichnungen der Gruppe 2 nach Norm aufgebaut?

   b) Erklären Sie dies anhand des Stahles 16MnCr5.

9. Wie werden hochlegierte Stähle normgerecht bezeichnet (Legierungselemente > 5%)?

10. Warum werden Werkstoffe auch durch fünfstellige Nummern bezeichnet?

5 Werkstofftechnik

Arbeitsauftrag

Definieren Sie die folgenden Bezeichnungen von Stahl- und Eisenwerkstoffen und ordnen Sie diese ihrer zugehörigen Werkstoffgruppe zu.

1. S420N

2. 9S20

3. C10E

4. 31CrMo12

5. C22

6. C75E

7. C55U

8. 120WV4

9. HS12-1-4-5

10. GS-70

11. GTW-40-5

12. GS-17CrMo 5 5

---

1. In welchem Bereich werden unlegierte Baustähle eingesetzt?

    a) Welche Eigenschaften haben Feinkornbaustähle?
    b) Welches Einsatzgebiet ergibt sich daraus?

2. Vergütungsstahl
    a) Was versteht man unter dem Begriff Vergütungsstahl?
    b) Für welche Bauteile eignet sich dieser Werkstoff? Warum?

3. Automatenstahl
    a) Was versteht man unter dem Begriff Automatenstahl?
    b) Welche Legierungsbestandteile sind in dieser Stahlart enthalten?
    c) Welche Eigenschaft begünstigen diese Legierungselemente?

4. Was versteht man unter dem Begriff Einsatzstähle?

a) Welcher Zusatzstoff wird bei Nitrierstählen benötigt?
b) Was bewirkt dieser Zusatzstoff im Stahl?

5. Welche chemischen Elemente verhindern bei Stahl das Rosten?

6. Welche verschiedenen Gusswerkstoffe gibt es?

a) Welche zwei verschieden Gussarten werden aufgrund der unterschiedlichen Grafitausbildung unterschieden?
b) Welchen dieser Gussarten bezeichnet man auch als Sphäroguss?

7. Temperguss
a) Welche besondere Eigenschaft hat Temperguss?
b) Welche zwei Arten werden unterschieden?
c) Für welche Bauteile wird dieser verwendet?

8. Welches Einsatzgebiet hat Stahlguss?

5.5 Nichteisenmetalle

1. Wie werden Nichteisenmetalle definiert?

2. Wie unterscheiden sich Leichtmetalle und Schwermetalle?

3. Wie wird die Dichte eines Stoffes definiert?

4. Nennen Sie drei Beispiele von Nichteisenmetallen.

a) Nennen Sie drei wesentliche Eigenschaften von Kupfer.
b) Welche Einsatzgebiete ergeben sich daraus?

5. Messing
a) Welche Gemeinsamkeiten haben Messing und Bronze?
b) Nennen Sie je ein Einsatzgebiet.

6. Nennen Sie drei Eigenschaften von Aluminiumlegierungen.

a) In welche zwei Bereiche werden Aluminiumlegierungen unterschieden?
b) Nennen Sie für jeden Bereich einen Anwendungsbereich.

5.6 Weitere wichtige Metalle

1. Nennen Sie jeweils zwei niedrig schmelzende Metalle und hochschmelzende Metalle.

2. Nennen Sie drei Edelmetalle und deren Einsatzgebiete.

5.7 Sinterwerkstoffe

1. Was versteht man unter dem Begriff Sintern?

2. Nennen Sie die Eigenschaften und die Einsatzgebiete von Sintermetallen.

5.8 Korrosion

1. Was versteht man unter dem Begriff Korrosion?

2. Nennen Sie zwei Hauptursachen für Korrosion und erklären Sie diese.

3. Erklären Sie im Bereich der Korrosion folgende Begriffe:
   a) Elektrolyt
   b) galvanisches Element
   c) Lochfraß
   d) kristalline Korrosion

4. Welche Erscheinungsform von Korrosion tritt bei einem Bauteil aus Stahl auf, das der Witterung im Freien ausgesetzt ist?

5. Beschreiben Sie die elektrochemischen Vorgänge bei der Rostbildung an feuchten Stahloberflächen.

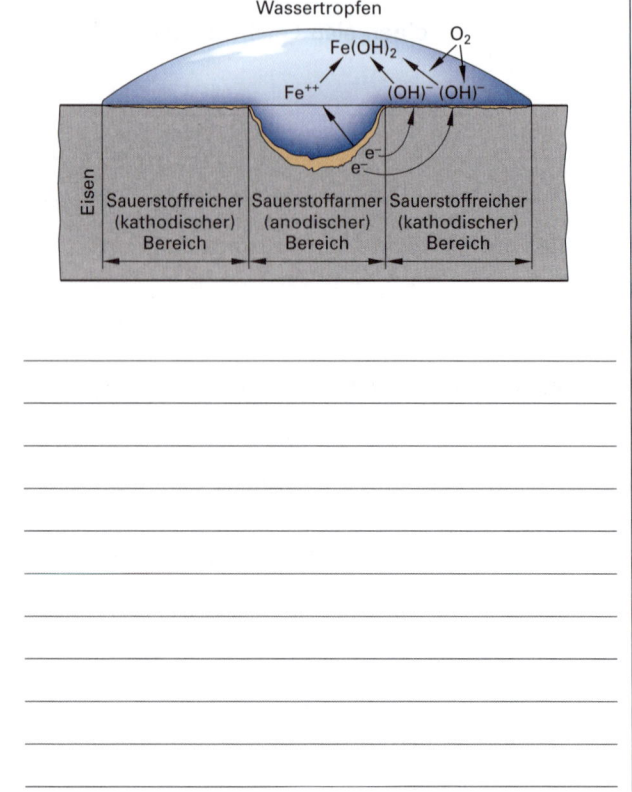

6. Ordnen Sie den Bildern die jeweilige Korrosionsform zu.

a) _____
b) _____
c) _____
d) _____

7. Durch welche Maßnahme kann die elektrochemische Korrosion beim Schweißen vermieden werden?

_____
_____
_____
_____

8. Nennen Sie drei weitere Korrosionsschutzmaßnahmen.

_____
_____
_____
_____

5.9 Kunststoffe

Arbeitsauftrag

1. Nach welcher Eigenschaft werden Kunststoffe üblicherweise eingeteilt?

_____
_____
_____
_____

2. In welche drei Gruppen teilt man Kunststoffe ein?

_____

3. Beschreiben Sie typische Eigenschaften und Einsatzbereiche für Duroplaste, Thermoplaste und Elastomere.

a) Duroplaste: _____
_____
_____
_____

b) Thermoplaste: _____
_____
_____
_____

c) Elastomere: _____
_____
_____

4. Welche Stoffe bezeichnen wir als Kunststoffe?

_____
_____
_____

5. Nennen Sie die für Kunststoffe typischen Eigenschaften.

_____
_____
_____
_____
_____

6. Recherchieren Sie die Unterschiede bei der spanenden Bearbeitung von Kunststoffen im Gegensatz zu Metallen bezüglich der Winkel am Werkzeug, Einstellgrößen (Vorschub, Schnittgeschwindigkeit, Zustellung).

Eigenschaft	Kunststoffe	Metalle
Winkel am Werkzeug		
Vorschub		
Schnittgeschwindigkeit		
Zustellung		

5.10 Verbundstoffe

1. Was versteht man unter dem Begriff Verbundwerkstoffe?

2. Warum werden Verbundwerkstoffe eingesetzt? Erklären Sie dies anhand eines Beispiels.

3. Was ist der Unterschied zwischen Verbundwerkstoffen und Legierungen?

4. Welche Arten von Verbundwerkstoffen werden unterschieden? Erklären Sie diese kurz.

5.11 Hilfsstoffe

1. Was versteht man unter dem Begriff Hilfsstoffe?

2. Nennen Sie 4 Beispiele.

5.12 Werkstoffe und Umweltschutz

1. Warum birgt die Herstellung und Verarbeitung von Werkstoffen enorme Umweltbelastungen?

2. Welcher Grundsatz gilt bei der Entsorgung von Werkstoffen?

3. Welche Regel ist im Sinne einer möglichst umweltverträglichen Gestaltung der Herstellungs- und Verarbeitungsprozesse zu beachten?

Arbeitsauftrag

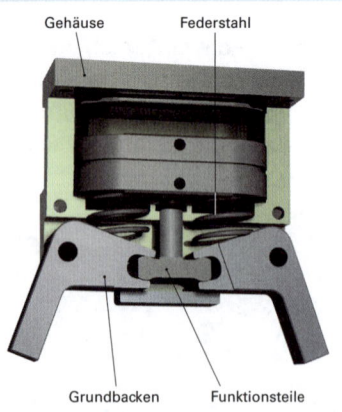

Gehäuse — Federstahl
Grundbacken — Funktionsteile

1. Gehäuse und die Greiferbacken sind aus unterschiedlichen Materialien hergestellt. Begründen Sie die unterschiedliche Materialwahl.

2. Die Backen müsssen besonders verschleißfest sein. Wodurch kann dies erreicht werden?

3. Aus welchem Stahl könnten die Rückstellfedern gefertigt werden?

4. An welchen Stellen bietet sich der Einsatz von Kunststoffen an?

6 Mechanische Systeme

6.1 Grundlagen des Systemgedankens

6.2 Physikalische Grundlagen von mechanischen Systemen

Arbeitsauftrag

1. Was versteht man unter einem Technischen System?

2. Wodurch werden Technische Systeme beschrieben?

3. Welche Funktionen können Technische Systeme erfüllen? Nennen Sie Beispiele.

4. Erklären Sie die Begriffe Arbeit, Leistung und Wirkungsgrad.

    a) Arbeit:

    b) Leistung:

    c) Wirkungsgrad:

5. Beschreiben Sie anhand der Berechnungsformel für den Wirkungsgrad, welchen höchsten Wert dieser annehmen kann. Begründen Sie diese Aussage.

6. Für das abgebildete System sind folgende Werte zu bestimmen:
    a) die erforderliche Arbeit
    b) die aufzubringende Leistung
    wenn eine Hubzeit von 20 Sekunden angenommen wird.

6.3 Funktionseinheiten von mechanischen Systemen

1. Wozu werden Wellen verwendet?

2. Mit welcher mathematischen Formel kann das Drehmoment berechnet werden?

3. Welche Arten von Wellen gibt es?

4. Welche Bauformen gibt es bei starren Wellen?
   - _____
   - _____
   - _____
   - _____

5. Wozu verwendet man gekröpfte Wellen?

6. Woran erkennt man abgesetzte Wellen?

7. Wozu verwendet man Gelenkwellen?

8. Wozu werden nicht schaltbare Kupplungen verwendet?

9. Welche Vorteile haben elastische Kupplungen?

10. Wozu verwendet man schaltbare Kupplungen?

11. In welchem Fall dürfen Klauenkupplungen geschaltet werden?

12. Worin besteht der Unterschied zwischen formschlüssigen und kraftschlüssigen schaltbaren Kupplungen?

13. In welchen Fällen werden Mehrscheibenkupplungen verwendet?

14. Wann werden Brechbolzenkupplungen eingesetzt?

15. Wozu dienen Anlaufkupplungen?

16. Wofür werden Getriebe eingesetzt?

17. Was ist ein Zugmittelgetriebe?

18. Nennen Sie die wichtigsten Maße eines Zahnrades.
    - _____
    - _____
    - _____

19. Was versteht man bei einem Zahnrad unter der Teilung p?

20. Welche Beziehung besteht zwischen Modul m und der Teilung p?

21. Wie berechnet sich der Teilkreisdurchmesser?

22. Wie berechnet sich der Achsabstand zweier Zahnräder mit Normalverzahnung?

6.3 Funktionseinheiten von mechanischen Systemen

23. Wie werden Zahnradgetriebe nach der Lage der Achsen zueinander eingeteilt?
    - _____
    - _____
    - _____
    - _____

24. Welche Verzahnungsarten unterscheidet man bei Stirnrädern?
    - _____
    - _____
    - _____

25. Welche Vor- und Nachteile haben Zahnradgetriebe?
    Vorteile:
    - _____
    - _____
    Nachteile:
    - _____
    - _____
    - _____

26. Welche Vor- und Nachteile haben Zugmittelgetriebe?
    Vorteile:
    - _____
    - _____
    - _____
    Nachteile:
    - _____
    - _____
    - _____
    - _____

27. Welche Keilriemenarten gibt es?
    - _____
    - _____
    - _____
    - _____

28. Wodurch zeichnen sich Zahnriementriebe aus?
    _____
    _____
    _____

29. Nennen Sie jeweils 2 Vor- und Nachteile der Kettentriebe gegenüber den Riementrieben.
    Vorteile:
    - _____
    - _____
    - _____
    Nachteile:
    - _____
    - _____
    - _____

30. Wie wird das Übersetzungsverhältnis bei einstufigen Übersetzungen berechnet?

31. Wie wird die Gesamtübersetzung bei mehrstufigen Getrieben berechnet?

32. Immer, wenn zwei Teile aufeinander bewegt werden entsteht Reibung. Wovon ist die Reibungskraft abhängig?
    - _____
    - _____
    - _____
    - _____
    - _____

33. Welche Reibungsarten werden unterschieden?
    - _____
    - _____

34. Wie werden Führungen hauptsächlich unterschieden?
    - _____
    - _____

35. Welche Führungen unterscheidet man nach der Form der Führungsbahn?
    - _____
    - _____
    - _____

36. Welche Vorteile haben Schwalbenschwanzführungen?
    _____
    _____
    _____

37. Welche Bewegungen sind mit Rundführungen möglich?

38. Wie funktionieren hydrostatisch geschmierte Gleitführungen?

39. Warum ist die Reibung bei aerostatischen Gleitführungen geringer als bei hydrostatischen Gleitführungen?

40. Bei welchen Führungen wird das Ruckgleiten vermieden?

41. Welche Eigenschaften müssen Führungen erfüllen?
-
-
-
-
-
-
-

Arbeitsauftrag

1. Welche Aufgaben übernehmen die Funktionseinheiten in mechanischen Systemen?
   -
   -
   -
   -

2. Nennen Sie die Funktionseinheiten zum Antreiben.

3. Worin besteht der Unterschied zwischen Achsen und Wellen?

4. Welche Arten von Wellen gibt es? Nennen Sie jeweils ein Einsatzbeispiel.
   -
   -
   -

5. Nach welchen Merkmalen werden Kupplungen unterschieden? Nennen Sie zu jeder Kupplungsart ein Beispiel.

6. Suchen Sie in Ihrem Ausbildungsbetrieb unterschiedliche Kupplungen und begründen Sie die jeweilige Auswahl.

7. Erläutern Sie den Unterschied zwischen kraftschlüssigen und formschlüssigen Getrieben.

8. Wann werden schaltbare, wann nicht schaltbare und wann stufenlos einstellbare Getriebe eingesetzt?
   a) Nicht schaltbare Getriebe:

b) Schaltbare Getriebe:

_____

_____

_____

_____

c) Stufenlos einstellbare Getriebe:

_____

_____

_____

_____

9. Das angetriebene Rad eines Zahnriemengetriebes hat einen Durchmesser von 80 Millimeter. Wie groß muss der Durchmesser des treibenden Rades sein, wenn eine Übersetzung von 2,5/1 erzielt werden soll?

10. Welche Aufgaben übernehmen Führungen in mechanischen Systemen?

_____

_____

_____

Lager

1. Welche Aufgaben haben Lager?

_____

_____

2. In welche Arten können die Lager eingeteilt werden?

 • _____

 • _____

 • _____

3. Wann werden Radiallager eingesetzt?

_____

_____

4. Wann werden Axiallager eingesetzt?

_____

_____

5. Welche Reibungszustände können bei Gleitlagern durch die Schmierung eintreten?

 • _____

 • _____

 • _____

6. Wie entsteht der Schmierfilm bei Gleitlagern mit hydrodynamischer Schmierung?

_____

_____

_____

_____

7. Warum laufen hydrostatisch geschmierte Gleitlager verschleißfrei?

_____

_____

_____

8. Welche Werkstoffe werden als Lagerwerkstoffe eingesetzt, um den Verschleiß zu reduzieren?

_____

_____

_____

9. Wann werden Gleitlager eingesetzt?

_____

_____

_____

10. Welche Wälzkörper werden für Wälzlager verwendet?

_____

_____

_____

11. Aus welchen Teilen besteht ein Wälzlager?

_____

_____

6 Mechanische Systme

12. Warum benötigt man zur Lagerung von Wellen neben dem Festlager auch ein Loslager?

13. Welche Aufgabe hat der Schmierstoff bei Wälzlagern?

14. Wie funktioniert eine Ölumlaufschmierung?

15. Worauf ist beim Einbau von Lagern besonders zu achten?

Arbeitsauftrag

Beim Bau von Automatisierungsanlagen ist es oft erforderlich, aus einem Hauptwellenstrang Teilmomente zu entnehmen. Für diese Aufgabe ist u. a. das nebenstehende Kegelradgetriebe vorgesehen.

Bearbeiten Sie dazu folgende Aufgaben:

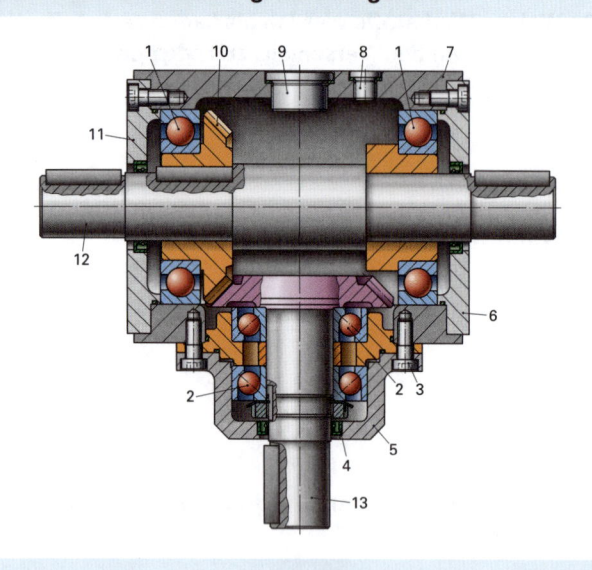

1. Erstellen Sie eine detaillierte Funktionsbeschreibung des Getriebes.

2. Finden Sie die Normbezeichnungen für die mit Positionsnummern gekennzeichneten Teile.

Pos.	Bezeichnung
1	
2	
3	
4	
5	
6	
7	
8	
9	
10	
11	
12	
13	

3. Begründen Sie die Auswahl der Wälzlager.

4. Welche Passung empfehlen Sie für den Sitz der Lager?
___
___
___

5. Welche Funktion erfüllen die Teile 4?
___
___
___

6. Diskutieren Sie die Befestigung des Kegelrades 10 auf der Welle 12.
___
___
___
___

7. Erstellen Sie einen Plan zur Demontage des Getriebes.

Nr.	Demontageschritte
1	
2	
3	
4	
5	
6	
7	

Zur Vertiefung

1. Bei Gleitlagern wird zwischen hydrostatischer und hydrodynamischer Schmierung unterschieden. Welche Vor- und Nachteile besitzt eine hydrostatische Schmierung?

   Vorteile:
   - ___
   - ___
   - ___
   - ___

   Nachteile:
   - ___
   - ___
   - ___
   - ___

   Erklären Sie den „Stick-Slip-Effekt" bei der hydrodynamischen Schmierung.
   ___
   ___
   ___
   ___

2. Welche wichtigen Aufgaben haben Schmierstoffe?
___
___
___
___
___
___

3. Welche Ursachen kann das Verschweißen (Fressen) beim Gleitvorgang haben?
___
___
___
___
___

4. Was versteht man bei Schmierstoffen unter Viskosität?
___
___
___
___

7 Herstellung mechanischer Systeme

7.1 Grundlagen der Fertigungstechnik

1. Womit beschäftigt sich die Fertigungstechnik?

2. Welche Fragen zur wirtschaftlichen Fertigung eines Produktes müssen beantwortet werden?

7.2 Fertigungshauptgruppen

1. In welche sechs Hauptgruppen werden die Fertigungsverfahren nach DIN 8580 unterteilt?

2. Welche Fertigungsverfahren schaffen einen Stoffzusammenhalt?

3. Welche Fertigungsverfahren gehören zur Hauptgruppe Trennen?

4. Bei welchen Fertigungsverfahren wird der Zusammenhalt der Stoffteilchen aufgehoben?

5. Was versteht man unter Fügen?

6. Welche Verfahren unterscheidet man beim Beschichten nach der Art der Fertigung?

7. Durch welche Fertigungsverfahren werden die Stoffeigenschaften von Werkstoffen geändert?

7.3 Das Urformen

1. Welches sind die beiden wichtigsten Urformverfahren?

Urformen durch Gießen

1. Warum sind die Modellmaße stets größer als die Maße des herzustellenden Gussstücks?

2. Wodurch unterscheiden sich die Verfahren Gießen mit verlorenen Formen und Gießen mit Dauerformen?
   _____
   _____
   _____
   _____

3. Welche Werkstoffe eignen sich zur Herstellung von Dauermodellen und verlorenen Modellen?
   _____
   _____
   _____

4. Welche Aufgabe erfüllen Kerne beim Gießen?
   _____
   _____
   _____

5. Aus welchen Gründen werden Werkstücke durch Gießen hergestellt?
   _____
   _____
   _____
   _____
   _____

Urformen durch Sintern

1. Was versteht man unter Sintern?
   _____
   _____
   _____

2. Wie heißen die Fertigungsstufen zur Herstellung von Sinter-Formteilen?
   a) _____
   b) _____
   c) _____
   d) _____
   e) _____

3. Welche Vorteile haben gesinterte Teile?
   _____
   _____
   _____
   _____

4. Welche Nachteile hat die Sintertechnik?
   _____
   _____
   _____

7.4 Umformen

1. Was versteht man unter Umformen?
   _____
   _____

2. Welche Vorteile bietet das Umformen?
   _____
   _____
   _____

3. In welche Gruppen werden die Umformverfahren eingeteilt?
   _____
   _____
   _____

4. Wie wird ein Werkstoff an der Biegestelle beansprucht?
   _____
   _____

5. Warum kommt es beim Biegen von Stäben zu einer Verformung des Querschnitts in der Biegezone? Veranschaulichen Sie die Spannungsverteilung in der Biegezone mit einer Skizze.

6. Was versteht man beim Biegen unter der neutralen Faser?

7. Durch welche Maßnahmen kann man beim Biegen von Rohren das Einknicken oder Einquetschen des Biegequerschnitts verhindern?

8. Worauf ist beim Biegen genauer Biegewinkel zu achten?

9. Erläutern Sie die Wahl des Biegeradius in Abhängigkeit von der Walzrichtung des Blechs.

Arbeitsauftrag

1. Welche Eigenschaften müssen Bleche haben, um gut umformbar zu sein?

2. Welche Bedeutung haben Streckgrenze und Bruchgrenze für das Biegen von Blech?

3. Erklären Sie die Entstehung der Walzfaserstruktur und ihre Bedeutung für das Biegen.

4. Was bedeutet die Rückfederung von gebogenem Blech?

5. Wie kann man trotz Rückfederung genaue Winkel biegen?

6. Erklären Sie die Bildung von Haarrissen an der Außenkante und von Quetschfalten auf der Innenkante falsch gebogener Bleche.

7. Warum darf der Mindestbiegeradius nicht unterschritten werden?

8. Welche Werkstoff- und Werkstückkenngrößen beeinflussen den Mindestbiegeradius?

9. Welche technischen Vorteile besitzt das Gesenkbiegen gegenüber dem freien Biegen?

10. Weshalb wird freies Biegen oft dem Gesenkbiegen vorgezogen?

11. Welche Biegevorrichtungen werden zum Biegen von Rohren verwendet?

7.5 Trennen

1. In welche sechs Untergruppen wird das Fertigungsverfahren Trennen eingeteilt? Nennen Sie zu jeder Untergruppe ein Beispiel.
   -
   -
   -
   -
   -
   -

2. Welche Grundform hat jedes mechanische Trennwerkzeug?

3. Welche Grundform hat die Werkzeugschneide?

4. Wie heißen die wichtigsten Winkel an der Werkzeugschneide?

5. Welche Nachteile hat ein zu kleiner Freiwinkel?

6. Wovon hängt die erforderliche Größe des Keilwinkels ab?

7. Welche Regel gilt für die Wahl des Spanwinkels?

8. Welche Spanarten unterscheidet man?
   a)
   b)
   c)

9. Welche Spanformen gibt es bei den Fließspänen? Welche sind erwünscht und unerwünscht?

7 Herstellung mechanischer Systeme

Sägen

1. Was versteht man unter dem Fertigungsverfahren Sägen?
   _____
   _____
   _____

2. Wie wird das Freischneiden von Sägeblättern erreicht?
   - _____
   - _____
   - _____
   - _____

3. Welche Arten von Sägen gibt es?
   _____
   _____
   _____

4. Worauf ist beim Sägen zu achten?
   _____
   _____
   _____
   _____
   _____
   _____
   _____

Arbeitsauftrag

1. Welche Maße müssen verändert werden, um den Spanraum zu vergrößern?
   _____
   _____
   _____
   _____

2. Warum benötigt man beim Sägen einen großen Spanraum?
   _____
   _____
   _____
   _____
   _____

3. Wie bestimmt man die Zahnteilung einer Säge?
   _____
   _____
   _____

4. Wodurch wird das Klemmen des Sägeblattes verhindert?
   _____
   _____
   _____
   _____

5. Wann besteht die Gefahr, dass die Sägezähne einhaken?
   _____
   _____
   _____
   _____
   _____

6. Bei welchen Sägen entfällt der Leerhub?
   _____
   _____
   _____

Feilen

1. Was versteht man unter dem Fertigungsverfahren Feilen?
   _____
   _____
   _____
   _____

2. Wie heißen die Teile einer Feile?
   _____
   _____
   _____

3. Welche Unterschiede bestehen zwischen gehauenen und gefrästen Feilen?
   _____
   _____
   _____

4. Welche Querschnittsformen unterscheidet man bei Feilen?
   _____
   _____
   _____
   _____

7.5 Trennen

Spanende Fertigung mit Werkzeugmaschinen

1. In welche zwei Gruppen lassen sich die maschinellen Spanungsverfahren einteilen?

   a) _____

   b) _____

2. Welche Bewegungen unterscheidet man an Werkzeugmaschinen?

   a) _____

   b) _____

   c) _____

   d) _____

3. Was versteht man unter der Schnittbewegung?

   _____
   _____
   _____
   _____

4. Durch welche Einflussgrößen wird der Spanungsvorgang beim Zerspanen beeinflusst?

   a) _____

   b) _____

   c) _____

   d) _____

Arbeitsauftrag

1. Unterscheiden Sie Hauptbewegung, Vorschubbewegung, Zustellbewegung und Anstellbewegung.

   a) Hauptbewegung (Schnittbewegung):

   _____
   _____
   _____

   b) Vorschubbewegung:

   _____
   _____
   _____

   c) Zustellbewegung:

   _____
   _____
   _____

   d) Anstellbewegung:

   _____
   _____
   _____

2. Welches Bauteil (Werkzeug Wz oder Werkstück Wst) führt beim Drehen, Bohren, Walzfräsen oder Rundschleifen jeweils die Schnittbewegung aus und welches Bauteil die Vorschubbewegung?

Verfahren	Schnittbewegung	Vorschubbewegung
Drehen		
Bohren		
Walzfräsen		
Rundschleifen		

3. In welchen Einheiten wird die Schnittgeschwindigkeit gemessen?

   _____
   _____

4. Welche Größen beeinflussen den Zerspanungsvorgang?

   • _____
   • _____
   • _____
   • _____

5. Beschreiben Sie den Einfluss des Verhältnisses der Härten von Schneidstoff und Werkstoff auf die Zerspanungsmenge und die Spangröße.

   _____
   _____
   _____

6. Erläutern Sie anhand Ihrer Kenntnisse der Reibung, welchen Einfluss Kühlschmiermittel auf die Schnittleistung und die Standzeit der Werkzeuge haben.

   _____
   _____
   _____
   _____
   _____
   _____

7. Erklären Sie den Begriff Anstellbewegung.

   _____
   _____
   _____
   _____

8. Welche Schneidstoffe kennen Sie?

   • _____
   • _____
   • _____
   • _____
   • _____

7 Herstellung mechanischer Systeme

Bohren

1. Was versteht man unter Bohren?

   _____
   _____

2. Zeigen Sie an einem Spiralbohrer die beiden Hauptschneiden, die Spanfläche, die Freifläche und den Spitzenwinkel.

3. Welche Aufgabe haben die Führungsphasen und die wendelförmigen Spannuten am Spiralbohrer?

   _____
   _____
   _____
   _____

4. Welche Schneiden unterscheidet man beim Spiralbohrer?

   _____
   _____
   _____
   _____

5. In welche Typen werden die Bohrwerkzeuge nach dem zu bearbeitenden Werkstoff eingeteilt?

   _____
   _____
   _____

6. Woran ist der Bohrertyp N zu erkennen?

   _____
   _____
   _____

7. Wie wird der Winkel zwischen den beiden Hauptschneiden des Spiralbohrers bezeichnet?

   _____

8. Warum sollen Bohrungen über 10 mm Durchmesser vorgebohrt werden?

   _____
   _____

9. Welche Vorteile haben Bohrer mit Wendeschneidplatten?

   _____
   _____
   _____
   _____

Senken

1. Wozu verwendet man Stufenbohrer?

   _____
   _____

2. Wozu werden Senkwerkzeuge verwendet?

   _____
   _____

3. Wie kann man sich gegen Unfälle beim Bohren schützen?

   _____
   _____
   _____
   _____
   _____
   _____

4. Welchen Zweck hat das Reiben?

   _____
   _____
   _____
   _____

Arbeitsauftrag

1. Warum erfolgt beim Innengewindeschneiden mit einem Gewindebohrer neben der Spanabnahme auch eine geringe Umformung?

   _____
   _____
   _____
   _____
   _____
   _____

2. Wieso werden Gewindebohrer mit unterschiedlichen Spanwinkeln hergestellt?

3. Warum muss ein Kernloch immer tiefer als die nutzbare Gewindetiefe gebohrt werden?

4. Beschreiben Sie unterschiedliche Gewindebohrertypen und erklären Sie deren Einsatzbereich.

5. Welche Punkte sind bei der Herstellung eines Innengewindes von Hand zu beachten?

6. Warum muss beim Außengewindeschneiden der Bolzendurchmesser immer kleiner als der Gewindedurchmesser sein?

7. Mit welchen Werkzeugen können Außengewinde von Hand geschnitten werden?

8. Welchen Vorteil haben Gewindeschneidkluppen gegenüber Schneideisen?

9. Warum verwendet man Schmiermittel beim Gewindeschneiden?

10. Wie prüft man das fertig geschnittene Gewinde?

7 Herstellung mechanischer Systeme

Drehen

1. Beschreiben Sie das Fertigungsverfahren Drehen.

2. Wie werden die Drehverfahren nach der Vorschubrichtung unterteilt?

3. Was versteht man beim Drehen unter dem Einstellwinkel?

4. Welche Einstellwerte werden zum Schruppen an der Drehmaschine gewählt?

5. Welchen Winkel unterscheidet man an der Drehmeißelschneide?

6. Welcher mathematische Zusammenhang besteht zwischen den drei Winkeln am Drehmeißel?

7. Welche Schneidstoffe werden bei Drehmeißeln überwiegend verwendet?

8. Was versteht man unter der Schnittgeschwindigkeit?

9. Von welchen Vorgaben hängt die Schnittgeschwindigkeit ab?
   -
   -
   -
   -
   -
   -
   -

10. Wodurch werden Form und Größe des Spanungsquerschnittes A bestimmt?

11. In welchem Verhältnis sollen die Schnitttiefe und der Vorschub gewählt werden?

12. Wozu verwendet man den Seitendrehmeißel?

13. Welcher Außendrehmeißel ist für Längs- und Querdreharbeiten gleichermaßen geeignet?

14. Welche Teile werden in die Pinole des Reitstocks eingesetzt?

15. In welchen Fällen empfiehlt sich das Spannen der Werkzeuge zwischen Spitzen?

16. Was versteht man unter Plandrehen?

17. Welcher Unterschied besteht zwischen Leitspindel und Zugspindel einer Universaldrehmaschine?

Arbeitsauftrag

1. Welche Winkel ändern sich, wenn der Drehmeißel nicht auf Mitte steht, und welche Folgen für die Zerspanung ergeben sich daraus?

   _____
   _____
   _____
   _____
   _____
   _____
   _____
   _____
   _____
   _____
   _____
   _____
   _____

2. Welche Werte sind zur Ermittlung der Drehfrequenz an einer Drehmaschine notwendig?

   _____
   _____
   _____
   _____

3. Wie wählt man Schnittgeschwindigkeit und Vorschub, um eine glatte Oberfläche zu erhalten?

   _____
   _____
   _____
   _____
   _____

4. Welchen Vorteil bieten Hartmetallschneiden gegenüber HSS-Drehmeißeln?

   _____
   _____
   _____

5. Skizzieren Sie einen Drehmeißel und tragen Sie Frei-, Keil- und Spanwinkel in die Skizze ein.

6. Welche Baugruppen der Leit- und Zugspindel-Drehmaschine sind an der Energieübertragung auf das Werkstück beteiligt?

   _____
   _____
   _____
   _____

7. Welche Baugruppen kommen bei einer CNC-Drehmaschine neu hinzu?

   - _____
   - _____
   - _____

8. Vergleichen Sie die Informationsumsetzung an einer klassischen Drehmaschine mit der einer CNC-Drehmaschine.

   _____
   _____
   _____
   _____
   _____
   _____
   _____
   _____
   _____
   _____
   _____

Fräsen

1. Beschreiben Sie das Fertigungsverfahren Fräsen.
   _____
   _____
   _____
   _____

2. Skizzieren Sie eine Fräserschneide und tragen Sie Frei-, Keil- und Spanwinkel in die Skizze ein.

3. Welcher Zusammenhang besteht zwischen Schneidenzahl des Fräsers und Material des Werkstücks?
   _____
   _____
   _____
   _____

4. Welche Fräsertypen unterscheidet man nach dem zu bearbeitenden Werkstoff?
   - _____
   - _____
   - _____

5. Erläutern Sie anhand der Abbildung die Bewegungsverhältnisse zwischen Werkzeug und Werkstück beim Fräsen. Benennen Sie die Arbeitsbewegungen.

   _____
   _____
   _____
   _____

6. Wie werden die Fräsverfahren nach der Arbeitsweise des Fräsers eingeteilt?
   - _____
   - _____
   - _____

7. Was versteht man unter Gleichlauffräsen?
   _____
   _____
   _____

8. Welche Vorteile hat das Gleichlauffräsen im Vergleich zum Gegenlauffräsen?
   _____
   _____
   _____
   _____

9. Welche besondere Eigenschaft benötigen Fräsmaschinen zum Gleichlauffräsen?
   _____
   _____

10. Warum ist die Standzeit der Fräserschneiden beim Gegenlauffräsen kleiner als beim Gleichlauffräsen?
    _____
    _____
    _____

11. Wie werden Fräser nach ihrem konstruktiven Aufbau unterschieden?
    - _____
    - _____
    - _____
    - _____

12. Wovon ist die Wahl der Schnittgeschwindigkeit beim Fräsen abhängig?
    - _____
    - _____
    - _____
    - _____
    - _____

13. Wovon ist die Größe des Vorschubs beim Fräsen abhängig?
    - _____
    - _____
    - _____
    - _____
    - _____

14. Welches Fräsverfahren sollte aus wirtschaftlichen Gesichtspunkten zur Herstellung einer Planfläche ausgewählt werden?

15. Worauf ist beim Aufspannen von drallverzahnten Fräsern zu achten?

16. Benennen Sie die in Bild 1 und Bild 2 dargestellten Fräsverfahren

Bild 1 _____

Bild 2 _____

17. Unterscheiden Sie das Gegenlauf- und Gleichlauffräsen hinsichtlich
    - Spanbildung
    - Schneidenbeanspruchung
    - Oberflächengüte
    - Standzeit

Fräsverfahren	Gegenlauffräsen	Gleichlauffräsen
Spanbildung		
Schneidenbeanspruchung		
Oberflächengüte		
Standzeit		

Schleifen

1. Beschreiben Sie das Fertigungsverfahren Schleifen.

2. Wodurch werden die Eigenschaften eines Schleifkörpers aus gebundenem Schleifmittel bestimmt?

3. Warum bezeichnet man das Schleifen als ein Spanen mit geometrisch unbestimmter Schneide?

4. Was versteht man unter der Körnung einer Schleifscheibe?

5. Wie werden die Körnungen angegeben?

6. Wonach richtet sich die Auswahl der Korngröße?

7. Was versteht man unter der Härte eines Schleifkörpers?

8. Welche Arten von Bindungen werden hauptsächlich verwendet?
    -
    -
    -
    -
    -

9. Welche Vor- und Nachteile haben keramisch gebundene Schleifscheiben?

10. Wie wird der Härtegrad von Schleifkörpern angegeben?

7 Herstellung mechanischer Systeme

11. Welche Regeln gelten für die Auswahl der Bindungshärten von Schleifscheiben?

12. Wonach richtet sich die Auswahl des Schleifscheibengefüges?

13. Was bedeutet folgende Angabe auf einer Schleifscheibe?
ISO 603-1 1 N - 300x50x76,2 -A/F36 5 V-50

14. Warum muss die Umfangsgeschwindigkeit von Schleifscheiben begrenzt werden?

7.6 Fügen

1. Was versteht man unter Fügen?

2. Nach welchen physikalischen Wirkungsweisen werden die Fügetechniken unterschieden?
   -
   -
   -

3. Wie können Fügeverbindungen nach ihrer Verbindungsart unterschieden werden?
   -
   -

4. Beschreiben Sie das Fügeverfahren Schrauben.

5. Wodurch unterscheiden sich Befestigungsgewinde und Bewegungsgewinde?

Arbeitsauftrag

1. Erklären Sie den Unterschied zwischen lösbaren und unlösbaren Fügeverbindungen. Ordnen Sie den beiden Gruppen je 3 Fügeverfahren zu.

   Lösbare Verbindungen:
   -
   -
   -

   Unlösbare Verbindungen:
   -
   -
   -

2. Was wird jeweils unter einer stoff-, form- und kraftschlüssigen Verbindung verstanden? Ordnen Sie den Gruppen jeweils 3 Fügeverfahren zu.

   a) Stoffschlüssige Verbindungen:
   -
   -
   -
   -
   -

   b) Formschlüssige Verbindungen:
   -
   -

c) Kraftschlüssige Verbindungen:

- _____
- _____
- _____
- _____

3. Zählen Sie die Einzelteile einer Schraubverbindung auf.

_____
_____
_____
_____
_____
_____

4. Wie entsteht die Schraubenlinie?

_____
_____
_____
_____

5. Welche unterschiedlichen Merkmale haben Befestigungs- und Bewegungsgewinde?

_____
_____
_____

6. Nennen Sie die physikalischen Prinzipien, mit deren Hilfe die Kraftübersetzung erfolgt.

- _____
- _____

Gewindeeinteilung

1. Wie werden die in der Technik verwendeten Gewindearten unterteilt?

- _____
- _____
- _____
- _____
- _____

2. Welche Gewinde unterscheidet man nach dem Gewindeprofil?

- _____
- _____
- _____
- _____

3. Wozu werden Linksgewinde eingesetzt?

_____
_____
_____
_____

4. Was versteht man unter einem Regelgewinde?

_____
_____
_____
_____

5. Was sind Feingewinde?

_____
_____
_____

6. Welche Angaben sind in der Normbezeichnung Tr 30 x 16 P2 enthalten?

_____
_____
_____

7. Was bedeuten folgende Gewindebezeichnungen:

M16 _____

M12 x 1,5 _____

M8-LH _____

R 1" _____

Tr 48 x 24 P8 _____

S 18 x 2 _____

Rd 40 x $^1/_8$" _____

8. In welchen Fällen verwendet man Sägengewinde?

_____
_____

7 Herstellung mechanischer Systeme

Arbeitsauftrag

1. Zählen Sie 6 unterschiedliche Merkmale auf, nach denen Gewinde eingeteilt werden können.
   - _____
   - _____
   - _____
   - _____
   - _____
   - _____

2. Formulieren Sie einen Merksatz über den Zusammenhang zwischen Steigung und Gewindetiefe.
   _____
   _____

3. Aus welchem Grund ist die Selbsthemmung bei Feingewinden größer als bei Regelgewinden?
   _____
   _____
   _____
   _____

4. Wozu werden mehrgängige Gewinde verwendet?
   _____
   _____
   _____

5. Nennen Sie die Angaben, die eine Gewindebezeichnung enthalten muss.
   - _____
   - _____

6. Nennen Sie 3 Gewindeprofile und geben Sie die jeweiligen Merkmale an.
   _____
   _____
   _____
   _____
   _____
   _____

7. Erklären Sie, warum Whitworth-Rohrgewinde für dichte Verbindungen geeignet sind.
   _____
   _____
   _____
   _____

Schraubenverbindungen

1. Wie werden die Schrauben hinsichtlich ihrer Form unterschieden?
   _____
   _____

2. Aus welchen Teilen besteht die Kopfschraube?
   _____
   _____

3. In welchen Fällen verwendet man Zylinderschrauben mit Innensechskant?
   _____
   _____
   _____

4. Welche Form besitzen Dehnschrauben?
   _____
   _____

5. Wozu dienen Nutmuttern?
   _____
   _____
   _____

6. Wodurch ist die Festigkeit der Schraube gekennzeichnet?
   _____
   _____
   _____

7. Welche Bedeutung hat die Angabe der Festigkeitsklasse 10.9 bei einer Schraube?
   _____
   _____
   _____

8. Welche Angaben sind in der Schraubenbezeichnung „Sechskantschraube DIN 931-M12 x 50 — 8.8" enthalten?

9. Wie können Schraubensicherungen nach ihrem Wirkungsprinzip unterschieden werden?

10. Was versteht man unter kraftschlüssigen Schraubensicherungen?

11. Was besagt folgende Schraubenbezeichnung: Sechskantschraube ISO 4017-M12 x 80 – 12.9?

12. In welchen Fällen werden Kronenmuttern verwendet?

13. Was versteht man unter stoffschlüssigen Schraubensicherungen?

Arbeitsauftrag

1. Wie unterscheidet man Stifte nach ihrem Einsatzbereich?
   -
   -
   -

2. Wozu dienen Passstifte und Abscherstifte?

3. Welche Stiftformen werden unterschieden?
   -
   -
   -
   -

4. Nennen Sie Gründe, weshalb Zylinderstifte für Grundlöcher mit einer Längsrille und einem Innengewinde vorgesehen sind.

5. An welcher Stelle können Sie den Nenndurchmesser des Kegelstiftes messen?

6. Schildern Sie den Arbeitsablauf für die Herstellung einer Kegelstiftverbindung.

7. Aus welchen Gründen werden Zylinder- und Kegelstifte in vielen Anwendungsbereichen von den Kerb- und Spannstiften verdrängt?

7 Herstellung mechanischer Systeme

Arbeitsauftrag

1. Erklären Sie, weshalb Keilverbindungen kraftschlüssig sind.

2. Für welche Anwendungsbereiche eignen sich Keilverbindungen?

3. Wie groß ist die genormte Neigung des Keiles?

4. Skizzieren Sie die Kraftwirkung und Kraftübertragung an einer Keilverbindung.

5. Weshalb ist eine axiale Sicherung gegen Verschieben bei einer Keilverbindung überflüssig?

Arbeitsauftrag

1. Worin unterscheidet sich die Feder vom Keil?

2. Erklären Sie die Kraftübertragung bei einer Federverbindung.

3. Vergleichen Sie die Rundlaufeigenschaften bei einer Keil- und Federverbindung.

4. Weshalb müssen Naben gegen axiales Verschieben auf der Welle zusätzlich gesichert werden?

5. Zählen Sie die vier Federarten auf.
   -
   -
   -
   -

6. Wozu werden Gleitfedern benötigt?

Löten

1. Was versteht man unter Löten?

2. In welchen Phasen läuft in der Regel der eigentliche Lötvorgang ab?
   -
   -
   -

3. Was versteht man beim Löten unter dem Begriff Arbeitstemperatur?

4. Was versteht man unter Benetzen?

5. Was versteht man unter Fließen?

6. Was versteht man unter Legieren?

7. Welcher Unterschied besteht zwischen Lötspalt und Lötfuge?

8. Was versteht man unter der Kapillarwirkung beim Löten?

9. Wie werden Lötverfahren nach der Arbeitstemperatur unterteilt?

10. Wann kommt das Verfahren Weichlöten zur Anwendung?

11. Welche Aufgaben hat das Flussmittel beim Löten?

Schweißen

1. Erklären Sie das Fügeverfahren Schweißen.

2. Wie kommt der Stoffschluss beim Schweißen zustande?

3. Wie kommt bei den Pressschweißverfahren der Stoffschluss zustande?

4. Welche Werkstoffe sind schweißbar?

5. Was versteht man unter Schmelzschweißen?

6. Welche Arten des Schmelzschweißens unterscheidet man?
   -
   -

7. Welche Gase verwendet man beim Gasschmelzschweißen?

8. Welche Aufgaben haben Schweißgleichrichter?

9. Warum kann man nicht mit dem Strom aus der Steckdose schweißen?

10. Beschreiben Sie das Lichtbogen-Schmelzschweißverfahren.

11. Beim Lichtbogenhandschweißen werden abschmelzende Stabelektroden verwendet. Nennen Sie drei Aufgaben, welche die Umhüllung der Elektrode erfüllen muss.

12. Welche Funktion hat das Schutzgas?

13. Welche Gase werden beim Metallschutzgasschweißen verwendet?

14. Beschreiben Sie das WIG-Schweißen.

Kleben

1. Erklären Sie das Fügeverfahren Kleben.

2. Welche Kräfte wirken in einer Klebeverbindung?

3. Wie werden Klebestoffe für Metalle nach ihrer chemischen Wirkung eingeteilt?

4. Was versteht man unter einem Reaktionskleber?

5. Wodurch unterscheiden sich Ein- und Zweikomponenten-Kleber?

6. Welche Beanspruchungsarten sind für Klebeverbindungen geeignet?

7. Welches sind die wichtigsten Arbeitsgänge bei der Herstellung einer Klebeverbindung?
   -
   -
   -
   -
   -

8. Welche Vorteile hat das Kleben von Stahl gegenüber dem Hartlöten und dem Schweißen?

Pressverbindungen

1. Wie werden Pressverbindungen unterteilt?

2. Wie werden Pressverbindungen hergestellt?

3. Wie wird eine Schrumpfverbindung hergestellt?

Arbeitsauftrag

1. Wodurch unterscheidet sich das Weichlöten vom Hartlöten?
   _____
   _____
   _____

2. Welcher physikalische Unterschied besteht zwischen dem Löten und dem Schweißen?
   _____
   _____
   _____
   _____

3. Beschreiben Sie die Vorgänge beim Löten und Schweißen.

   a) Löten:
   - _____
   - _____
   - _____
   - _____
   - _____
   - _____

   b) Schweißen:
   - _____
   - _____
   - _____
   - _____
   - _____
   - _____

4. Welche Arbeitsregeln sind beim Löten zu beachten?
   _____
   _____
   _____
   _____
   _____
   _____
   _____
   _____
   _____
   _____

7.7 CNC-Steuerungen

1. Wie viel Vorschub-Antriebssysteme benötigt eine konventionelle CNC-Fräsmaschine?
   _____
   _____
   _____

2. Welche Regelkreise sind bei Positionier- bzw. Verfahrachsen vorhanden?
   - _____
   - _____

3. Wodurch wird ein spielfreier Vorschubantrieb erreicht?
   _____
   _____

4. Wie werden die Wegmesssysteme von CNC-Maschinen unterschieden?
   - _____
   - _____
   - _____
   - _____

5. Wie erfolgt die direkte Wegmessung?
   _____
   _____
   _____

6. Welche Bezugspunkte werden bei CNC-Maschinen festgelegt?
   1. _____
   2. _____
   3. _____
   4. _____

7. Skizzieren Sie einen Quader, der auf einer Waagerecht- und Senkrecht-Fräsmaschine bearbeitet werden soll, und tragen Sie die Achsen des Werkstückkoordinatensystems ein.

7 Herstellung mechanischer Systeme

Arbeitsauftrag

1. Erarbeiten Sie Vor- und Nachteile der direkten und indirekten Wegmessung.

   a) Direkte Wegmessung:

   b) Indirekte Wegmessung:

2. Erarbeiten Sie Vor- und Nachteile der absoluten und inkrementalen Wegmessung.

   a) Inkrementale Wegmessung:

   b) Absolute Wegmessung:

3. Erarbeiten Sie den Unterschied zwischen einer konventionellen Fräs- und Drehmaschine und einer CNC-Maschine hinsichtlich Anzahl der Motoren und Anzahl der Getriebe.

4. Erklären Sie die Begriffe Punktsteuerung, Streckensteuerung und Bahnsteuerung (hier speziell: 2-D-, 2 ½-D-, 3-D-, 4-D- und 5-D-Steuerung).

5. Begründen Sie, wie viele Antriebsmotoren die jeweiligen Steuerungen in Frage 4 brauchen.

6. a) Erklären Sie den Begriff Interpolator.
   b) Nennen Sie die drei Interpolationsarten.
   c) Erläutern Sie die Problematik anhand einer Geraden.

7.7 CNC-Steuerungen

10. Bestimmen Sie die Koordinaten des Werkstücknullpunktes in Maschinenkoordinaten (Bild 1 und 2).

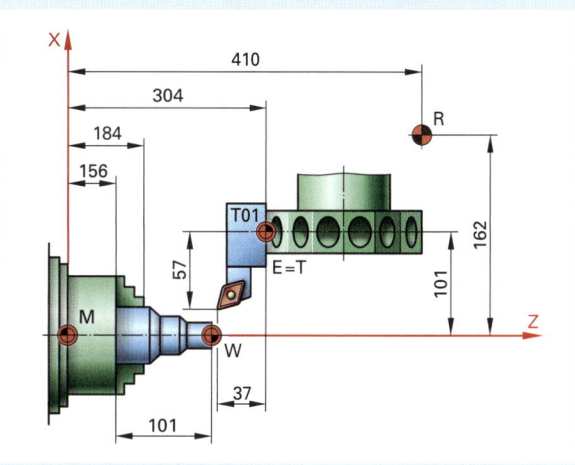

Bild 1

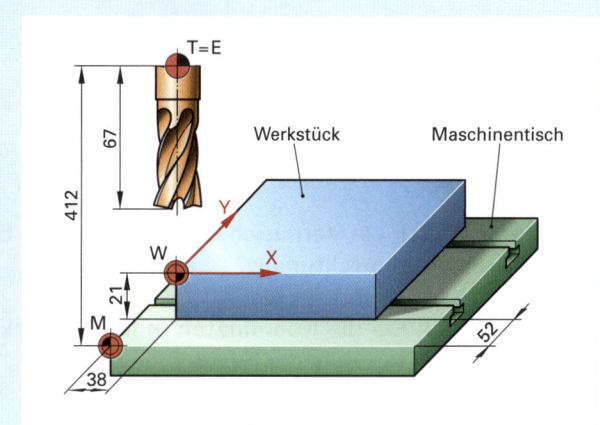

Bild 2

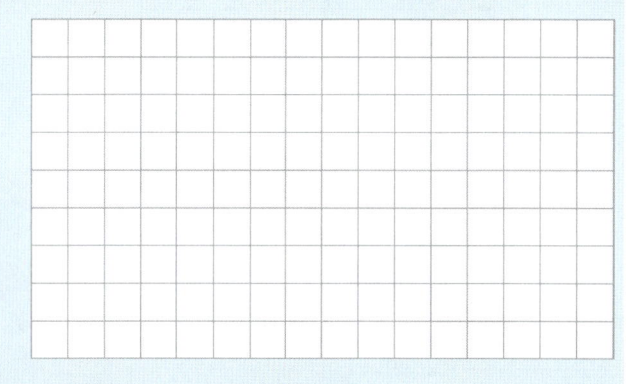

7. Für welche der in Frage 4 genannten Steuerungen braucht man Interpolatoren? (Begründung)

8. Welche Steuerungsart ist mindestens erforderlich wenn eine Kugel gedreht werden soll?

9. Erläutern Sie das Geschwindigkeitsverhalten der zu steuernden Achsen in Frage 8.

11. Bestimmen Sie die Koordinaten des Fräsmittelpunktes in Maschinenkoordinaten, wenn die Anweisung lautet: Fahre auf X30, Y20, Z-10 (Bild 2).

7 Herstellung mechanischer Systeme

12. Ermitteln Sie die Werkzeugkorrekturwerte für beide Werkzeuge.

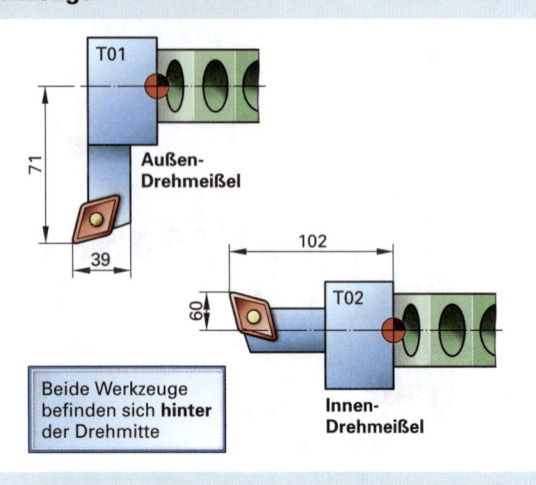

13. Wie wirkt sich ein Vertauschen der Vorzeichen bei der Werkzeugkorrektur aus?
a) Erstellen Sie eine Skizze.
b) Ermitteln Sie die Koordinaten in Maschinenkoordinaten mit Hilfe der folgenden Bilder.

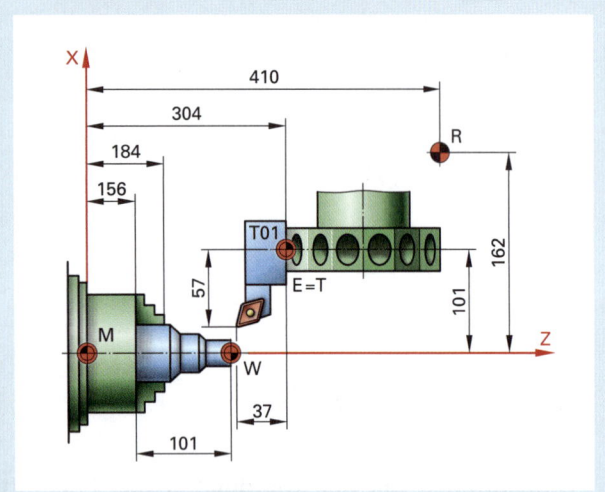

a)

b) _____

14. Skizzieren Sie Werkstücke, die mit einer 3-D-, 4-D- und einer 5-D-Steuerung gefräst werden müssen.

| 3-D |
| 4-D |
| 5-D |

15. Wozu und wann benötigen CNC-Maschinen einen Referenzpunkt?

16. Erläutern Sie den Begriff Resolver.

7.7 CNC-Steuerungen | 63

17. Recherchieren Sie, welche Antriebsmotoren bei Spindelantrieb und Vorschubantrieb zum Einsatz kommen. Führen Sie Vor- und Nachteile der verschiedenen Typen tabellarisch auf.

18. Recherchieren Sie im Internet bei Herstellern von absoluten Wegmesssystemen, welche maximalen Längen bei linearen Systemen möglich sind und wie breit eine Einzelspur ist.

Arbeitszyklus

1. Worin unterscheiden sich ein Arbeitszyklus und ein Unterprogramm?

Arbeitsauftrag

1. Geben Sie die Reihenfolge der Adressbuchstaben bei der CNC-Programmierung nach DIN 66025 an.

2. Programmieren Sie die Übungsaufgabe in G91.

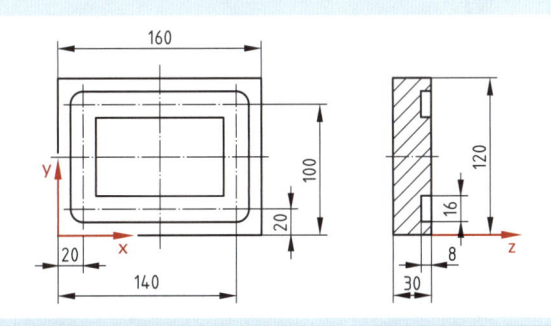

Programm				
N	G	X	Y	Z
N10				
N20				
N30				
N40				
N50				
N60				
N70				
N80				
N90				

3. Ermitteln Sie die Polarkoordinaten des Lochkreises.

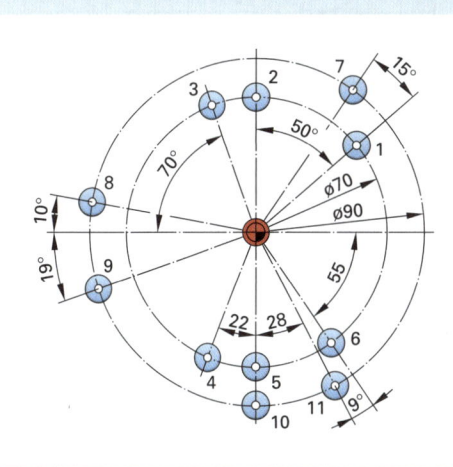

Polarkoordinaten		
Punkt	r	φ
P1		
P2		
P3		
P4		
P5		
P6		
P7		
P8		
P9		
P10		
P11		

7 Herstellung mechanischer Systeme

4. Rechnen Sie die in Aufgabe 3 ermittelten Polarkoordinaten in kartesische Koordinaten um. Berechnen Sie dann aus diesen wieder die anfänglichen Polarkoordinaten. Welche Probleme können auftreten?

_____
_____
_____
_____
_____
_____
_____

5. Bestimmen Sie die G-Funktion und die Kreisparameter.

Frästiefe = 3 mm

N	G	X	Y	I	J
N10					
N20					
N30					
N40					
N50					
N60					
N70					
N80					

6. Programmieren Sie die Kreisbewegung G91.

P1 → P2:
_____

P3 → P4:
_____

7. Was versteht man unter modalen G-Funktionen? Nennen Sie einige Beispiele.

_____
_____
_____
_____
_____
_____

8. Erstellen Sie ein CNC-Programm zur Abbildung. Nur die Kontur programmieren. Einmal in G90 und einmal in G91.

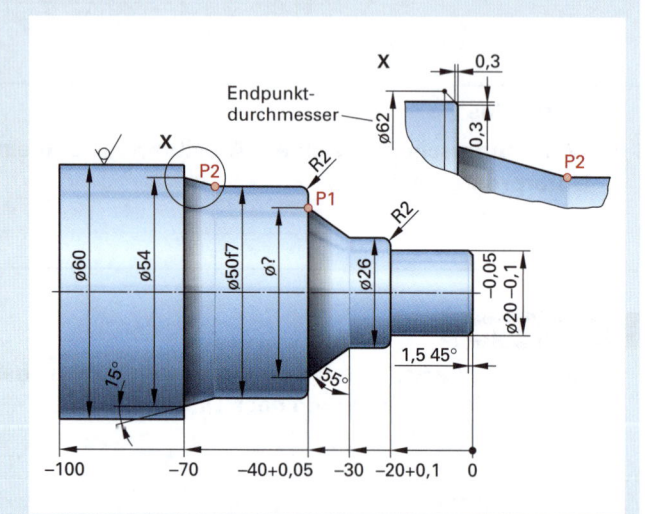

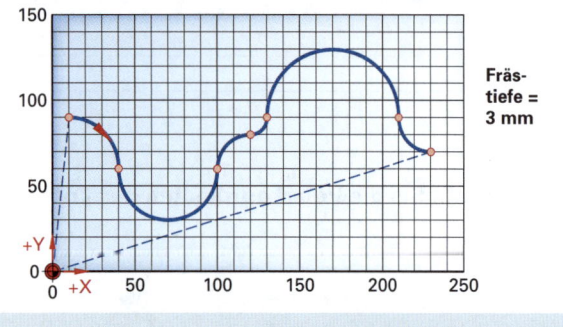

a) Absolut (G90)

N	G	X	Z	I	K
N10					
N20					
N30					
N40					
N50					
N60					
N70					
N80					
N90					
N100					
N110					
N120					
N130					
N140					
N150					

b) Inkremental (G91)

N	G	X	Z	I	K
N10					
N20					
N30					
N40					
N50					
N60					
N70					
N80					
N90					
N100					
N110					
N120					
N130					
N140					
N150					
N160					
N170					

9. Fertigen Sie ein CNC-Programm zur Abbildung. Schlichtaufmaß 0,2 mm; Werkzeugwechselpunkt X0, Y0 und Z500. Fräsdurchmesser 10 mm; HSS; rechtsdrehend, mit Kühlung, einmal mit G90 und einmal mit G91.

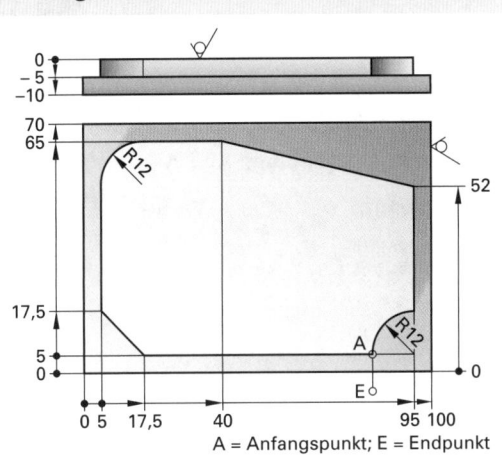

Werkzeug: T01
Schaftfräser ⌀ 10 mm, HSS
v_c = 50 m/min → n = 1592 1/min
f_z = 0,1 mm, z = 3 → v_f = 478 mm/min

Es wird nur das Schlichten der Kontur programmiert.

a) Absolut (G90)

N10						
N20						
N30						
N40						
N50						
N60						
N70						
N80						
N90						
N100						
N110						
N120						
N130						
N140						
N150						
N160						
N170						
N180						

b) Inkremental (G91)

N10						
N20						
N30						
N40						
N50						
N60						
N70						
N80						
N90						
N100						
N110						
N120						
N130						
N140						
N150						
N160						
N170						
N180						
N190						
N200						

10. Erläutern Sie mit Hilfe der Steuerung aus ihrem Betrieb einen Abspanzyklus beim Drehen. Präsentieren Sie die Erläuterungen mittels einer Präsentationssoftware Ihren Mitschülern.

7 Herstellung mechanischer Systeme

11. Konstruieren Sie ein eigenes Unterprogramm mit mindestens 4-R-Parametern und zeigen Sie anhand von verschiedenen Aufrufen die unterschiedlichen Werkstücke auf.

12. Erarbeiten Sie im Team einen tabellarischen Vergleich von Steuerungen verschiedener Hersteller hinsichtlich der G-Funktionen und deren Parameter.

13. Erstellen Sie für das Werkstück in der Abbildung:
- eine Tabelle der einzusetzenden Werkzeuge mit deren Schnittdaten
- einen tabellarischen Arbeitsplan
- das dazugehörige CNC-Programm

Benutzen Sie dabei die aufgeführten Zyklen auf Seite 67.

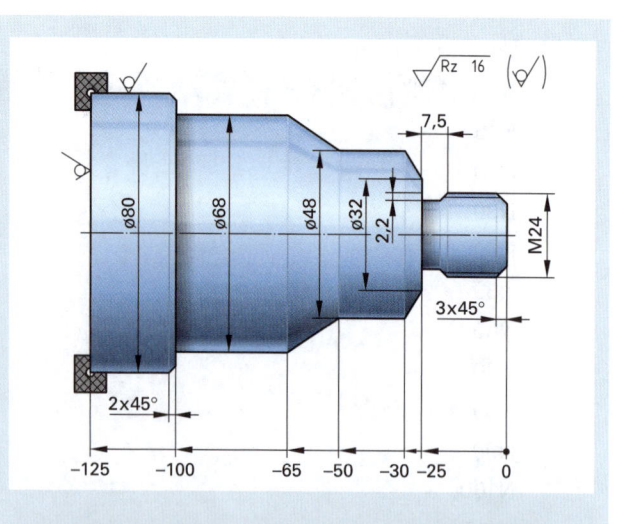

Tabelle 1: Werkzeuge

Werkzeug	Benennung	
		über Kopf gespannt

Tabelle 2: Einrichteblatt (vereinfacht)

Nullpunktverschiebung: X0 Z200			Drehteil	
Arbeitsgang	Werkzeug	r_ε in mm	v_c in m/min	f in mm

CNC-Programm siehe nächste Seite

14. Warum benötigt man beim Gewindedrehen einen Ein- und Auslauf?

15. An welchem Punkt steht das Werkzeug am Ende eines Bearbeitungszyklus?

zu 13: Erstellen Sie für das Werkstück in der Abbildung auf Seite 66:
- eine Tabelle der einzusetzenden Werkzeuge mit deren Schnittdaten
- einen tabellarischen Arbeitsplan
- das dazugehörige CNC-Programm

Benutzen Sie dabei die aufgeführten Zyklen.

G82 Abspanzyklus längs, Zustellung in X 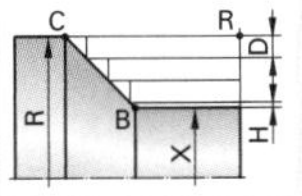
  X Zielposition (Fertigdurchmesser)
  Z Zielposition (Länge Punkt B)
  L Zielposition (Länge Punkt C)
  R Startposition (Anfangsdurchmesser)
  D max. Zustellmaß pro Schnitt
  H Schlichtaufmaß (pro Fläche) H = O ist eingebunden, wenn kein Aufmaß gewünscht ist.

G83 Gewindezyklus längs, Zustellung in X 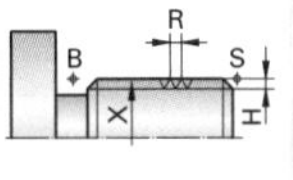
  X Gewinde – Außendurchmesser
  Z Zielposition (Länge Punkt B)
  R Gewindesteigung (P)
  D max. Zustellmaß pro Schnitt
  H Gewindetiefe: Der Startpunkt „S" ist mindestens 1 x P vor dem Gewindeanfang zu programmieren. Bei den Zyklen G82, G83 ist der Startpunkt gleich Endpunkt: I und K
  Werte werden inkremental eingegeben

Satz.-Nr.	Weg-bed.	Koordinaten			Interpolations-Parameter			Vor-schub	Dreh-zahl	Werk-zeug	Zusatzfunk-tionen
N	G	X	Y	Z	I	J	K	F	S	T	M
N1											
N2											
N3											
N4											
N5											
N6											
N7											
N8											
N9											
N10											
N11											
N12											
N13											
N14											
N15											
N16											
N17											
N18											
N19											
N20											
N21											
N22											
N23											
N24											
N25											
N26											
N27											
N28											
N29											
N30											
N31											
N32											
N33											
N34											

7.8 Handhabungstechnik und Robotertechnik

1. Was versteht die VDI-Richtlinie 2860 unter dem Begriff Handhabung?
   _____
   _____
   _____
   _____

2. Was versteht man unter den Freiheitsgraden eines starren Körpers?
   _____
   _____
   _____

3. In welche Teilfunktionen lässt sich der Materialfluss unterteilen?
   - _____
   - _____
   - _____

4. Worin besteht der Unterschied zwischen Handhaben und Fördern/Lagern?
   _____
   _____
   _____
   _____

5. In welche Gruppen lassen sich Handhabungseinrichtungen zum Bewegen nach VDI 2861 einteilen?

6. In welche fünf Teilfunktionen gliedert die VDI Richtlinie 2860 das Handhaben?
   - _____
   - _____
   - _____
   - _____
   - _____

Handhabungseinrichtungen

1. In welche fünf Hauptfunktionen lassen sich Handhabungseinrichtungen einteilen?
   - _____
   - _____
   - _____
   - _____
   - _____

2. Wozu werden Balancer verwendet?
   _____
   _____

3. Worum handelt es sich bei Manipulatoren?
   _____
   _____

4. Wie wird ein Industrieroboter von der International Federation of Robotics (IFR) definiert?

5. Wozu wird das Programmierhandgerät verwendet?

6. Welche Hauptaufgaben hat die Roboter-Steuerung zu erfüllen?
   -
   -
   -
   -
   -
   -

7. Wozu werden Endeffektoren verwendet und wie werden sie unterteilt?

8. Mit welchen mechanischen Kenngrößen nach VDI lassen sich unterschiedliche Robotersysteme einheitlich bewerten? Nennen Sie jeweils zwei Beispiele.

Kinematik des Roboters

1. Welchen Arbeitsraum hat ein Roboter mit RTT-Kinematik?

2. Welche zwei Ausführungsformen gibt es bei der RRT-Kinematik und welchen Arbeitsraum haben sie?

3. Wodurch zeichnet sich ein Knickarm-Roboter aus?

7 Herstellung mechanischer Systeme

4. Wodurch zeichnet sich die TTT-Kinematik aus?

Arbeitsauftrag

Handhabungstechnik und Robotertechnik

1. Erläutern Sie die unterschiedlichen Achsarten eines Industrieroboters.

2. Erläutern Sie die Begriffe Freiheitsgrad im Raum und Getriebefreiheitsgrad. Gehen Sie dabei auch auf die Unterschiede zwischen einem starren Körper und einem Massenpunkt beim Begriff des Freiheitsgrades ein.

3. Geben Sie den Getriebefreiheitsgrad von drei gelenkig miteinander verbundenen Stäben (ebenes Problem) an. (Skizze)

4. Zeichnen Sie das kinematische Ersatzschaltbild für einen Scara-Roboter mit rotatorisch nicht fluchtender vierter Achse und rotatorisch fluchtender fünfter Achse.

7.8 Handhabungstechnik und Robotertechnik

Arbeitsauftrag

Roboter-Steuerung

1. Welche Mehrdeutigkeiten können bei einem sechsachsigen Kickarmroboter durch Anbringen einer siebten Achse (Verfahrachse) entstehen?
   - _____
   - _____
   - _____

2. Geben Sie für den IR in Aufgabe 1 einmal die Gelenkkoordinaten und einmal die Weltkoordinaten an. Geben Sie auch die richtigen physikalischen Einheiten an.

   Weltkoordinaten:
   _____

   Gelenkkoordinaten:
   _____

3. Skizzieren Sie die Mehrdeutigkeitsstellung Flip/No Flip an einem sechsachsigen Knickarmroboter.

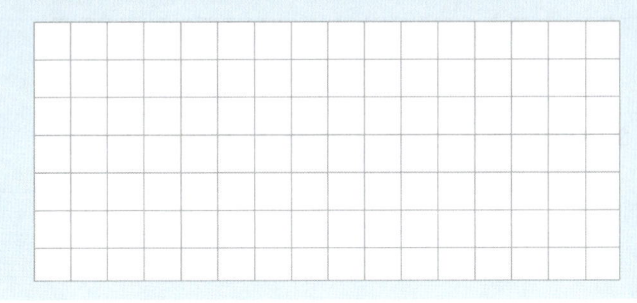

4. Skizzieren Sie das Geschwindigkeitsprofil der x- und y-Achsen einer zweidimensionalen Bahnsteuerung in einem v-t-Diagramm für eine Vollkreisbewegung.

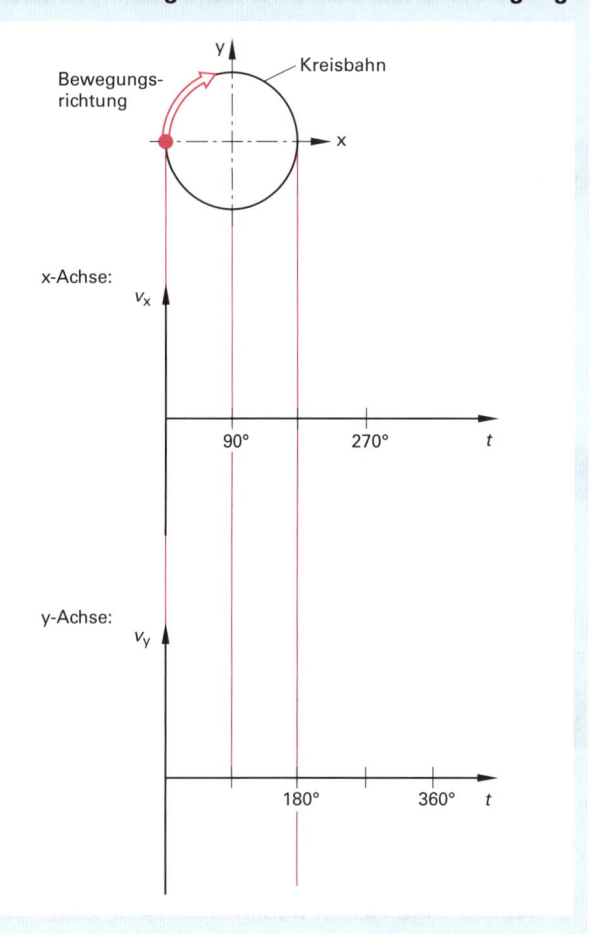

   x-Achse: v_x (90°, 270°, t)

   y-Achse: v_y (180°, 360°, t)

Programmierung von IR

1. Welche drei Verfahren unterscheidet man bei der Programmierung von Robotern?
   - _____
   - _____
   - _____

2. Wie erfolgt die Programmierung mit dem Play-Back-Verfahren?
   _____
   _____
   _____
   _____
   _____
   _____

3. In der Handhabungstechnik werden folgende beiden Robotertypen eingesetzt:

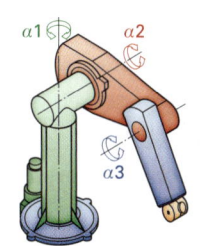

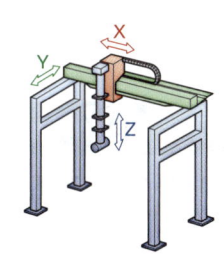

Roboter 1: ($a1$, $a2$, $a3$)

Roboter 2: (X, Y, Z)

1. Wie werden diese Roboter bezeichnet?
2. Welche Achskinematik haben die beiden Roboter?
3. Skizzieren Sie die Arbeitsräume der Roboter

Antwort	Roboter 1	Roboter 2
1		
2		
3		

8 Grundlagen der Elektrotechnik

1. Wie verhalten sich elektrische Ladungen zueinander?

8.1 Das Bohr'sche Atommodell

1. Aus welchen drei Teilchen ist das Atommodell von Niels Bohr aufgebaut?

2. Was ist unter elektrischer Ladung zu verstehen?

8.2 Ladungstrennung

1. Was ist unter elektrischer Spannung zu verstehen?

8.3 Elektrischer Strom

1. Was wird als elektrischer Strom bezeichnet?

2. Welche Eigenschaft haben elektrische Leiter im Gegensatz zu Nichtleitern?

3. Beschreiben Sie die technische Stromrichtung.

4. Was ist unter dem Begriff Stromdichte J zu verstehen?

8.4 Der elektrische Widerstand

1. Was ist unter dem Begriff elektrischer Widerstand zu verstehen?

8.5 Das Ohmsche Gesetz

1. Wie lautet das Ohmsche Gesetz?

2. Was ist der elektrische Leitwert G?

3. Erklären Sie den Begriff elektrische Arbeit.

8.9 Magnetisches Feld

Arbeitsauftrag

1. Berechnen Sie den Strom I, der in einem geschlossenen Stromkreis fließt, wenn $U = 9$ V und $R = 300$ Ω. Überprüfen Sie das Ergebnis anhand der Tabelle in Bild 1.

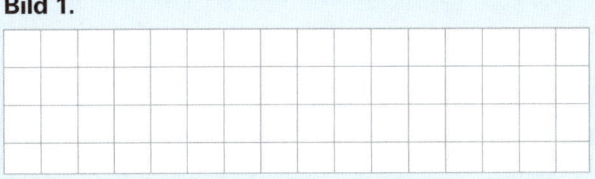

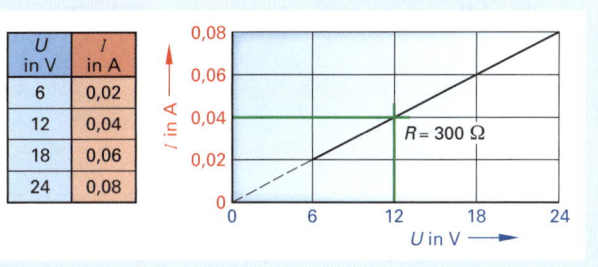

U in V	I in A
6	0,02
12	0,04
18	0,06
24	0,08

Bild 1: Spannungs-Strom-Diagramm

8.6 Elektrische Arbeit und elektrische Leistung

1. Wie ist die elektrische Leistung definiert?

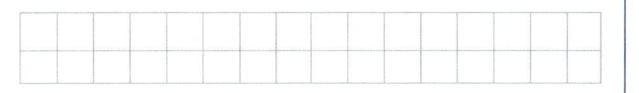

8.7 Wirkungsgrad

1. Wie berechnet sich der Wirkungsgrad?

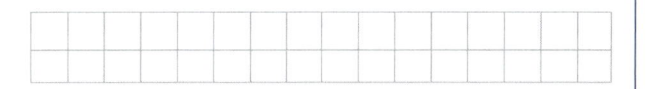

8.8 Elektrisches Feld

1. Was ist unter einem elektrischen Feld zu verstehen?

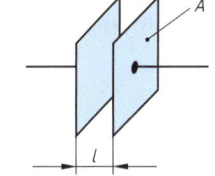

2. Was ist die Ursache für das elektrische Feld?

Bild 2: Kapazität von Plattenkondensatoren

3. Von welchen Größen hängt die Kapazität eines Kondensators ab?

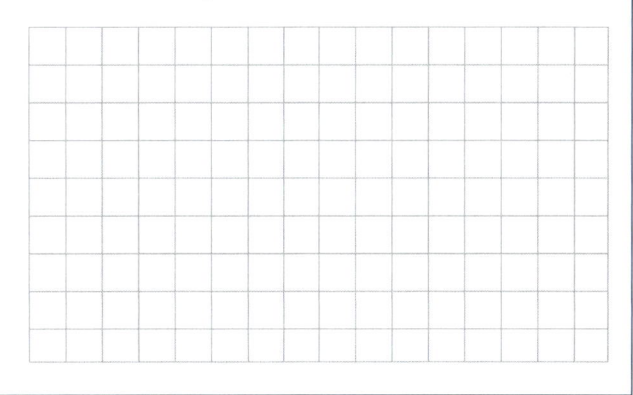

8.9 Magnetisches Feld

1. Was hat ein elektrischer Stromfluss immer zur Folge?

2. Welche Eigenschaften haben magnetische Feldlinien?

3. Wie entsteht ein Dauermagnet?

4. Wie kann die Feldlinienrichtung bei einem stromdurchflossenen Leiter bestimmt werden?

5. Was ist unter einem magnetischen Kreis zu verstehen?

6. Wie ist die magnetische Durchflutung Θ definiert?

7. Was ist unter der magnetischen Feldstärke H zu verstehen?

8. Was ist unter der magnetischen Flussdichte B zu verstehen?

9. Was ist unter dem magnetischen Fluss zu verstehen?

10. Welchen Einfluss haben unterschiedliche Werkstoffe auf die Größe des Magnetfeldes?

11. Welche Permeabilitätszahlen besitzen Aluminium und Kupfer?

12. Welche Materialien werden beim Bau von Generatoren, Transformatoren und Elektromotoren für den magnetischen Kreis verwendet?

13. Warum werden magnetische Kreise nicht im Sättigungsbereich betrieben?

14. Wie verhält sich die Remanenz bei Dauermagneten?

15. Wie kann ein vorhandener Restmagnetismus gelöscht werden?

16. Was hat eine permanente Ummagnetisierung magnetischer Werkstoffe zur Folge?

17. Wie verhalten sich zwei stromdurchflossene Leiter, die parallel zueinander liegen?

18. Unter welchen Bedingungen wird eine elektrische Spannung in einem elektrischen Leiter induziert?

19. Was besagt die Lenzsche Regel?

20. Was ist unter der Lorenzkraft zu verstehen?

21. Beschreiben Sie das Induktionsprinzip bei einem Transformator.

22. Was ist unter Selbstinduktion zu verstehen?

23. Von welchen Größen hängt die Induktivität einer Spule ab?

Arbeitsauftrag

1. Untersuchen Sie das zeitliche Verhalten der Lampe H_1 und der Lampe H_2, welche in Reihe zu einer Spule mit Eisenkern liegt. Geben Sie den Strom- und Spannungsverlauf beim Ein- und Ausschalten einer Spule an.

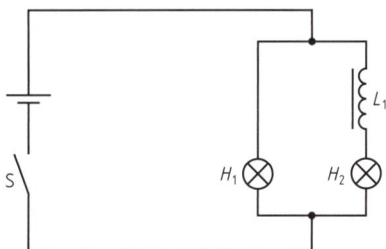

Bild 1: Gemischte Schaltung mit Spule und Lampen

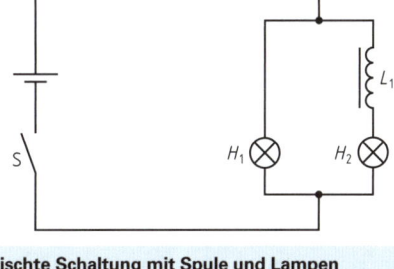

2. Die Glimmlampe in Bild 2 besitzt eine Zündspannung von 100 V. Stellen Sie eine Vermutung an, welches Verhalten die Schaltung im Einschaltmoment (S wird geschlossen) und im Ausschaltmoment (S wird geöffnet) zeigt.

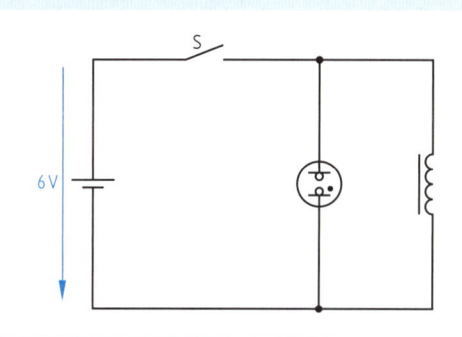

Bild 2: Parallelschaltung von Glimmlampe und Spule

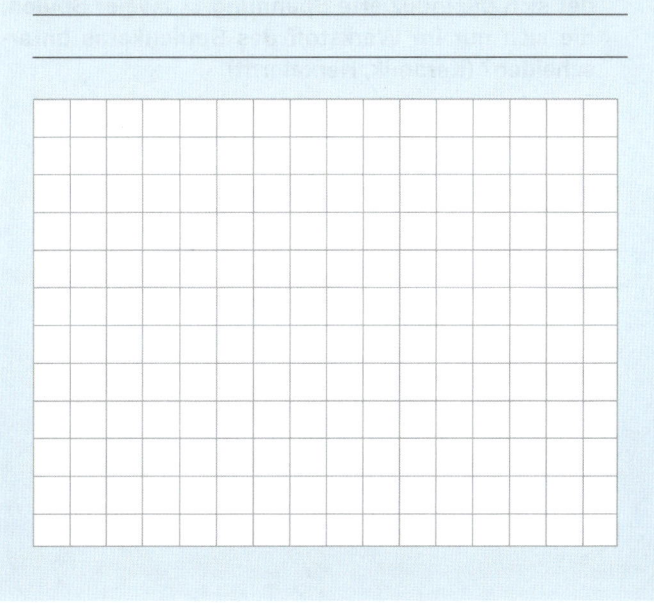

3. Berechnen Sie die induzierte Spannung in einer Spule mit 100 Windungen, wenn sich der magnetische Fluss entsprechend der Abbildung in Bild 1 ändert.

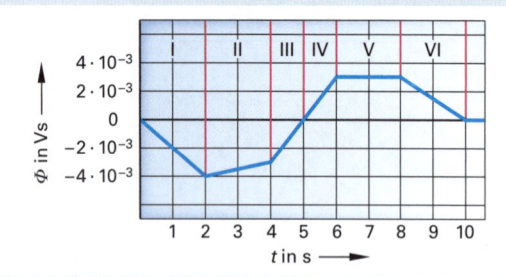

Bild 1: Verlauf des magnetischen Flusses

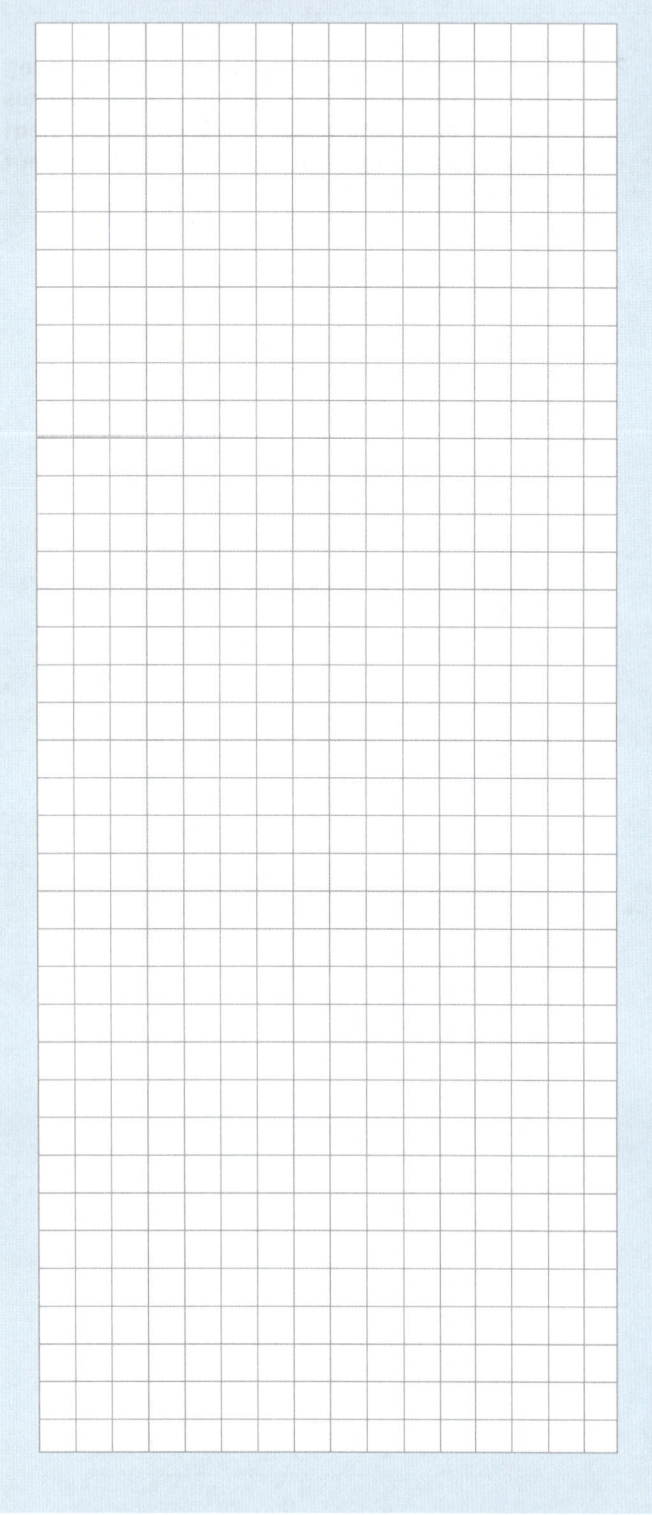

4. Zeichnen Sie den Verlauf des magnetischen Flusses, welcher den in der Abbildung dargestellten Spannungsverlauf induziert. Betrachten Sie den ganzen Zeitraum von 10 s. Die eingesetzte Spule besitzt 60 Windungen. Der magnetische Fluss bei $t = 0$ beträgt $0{,}6 \cdot 10^{-3}$ Vs.

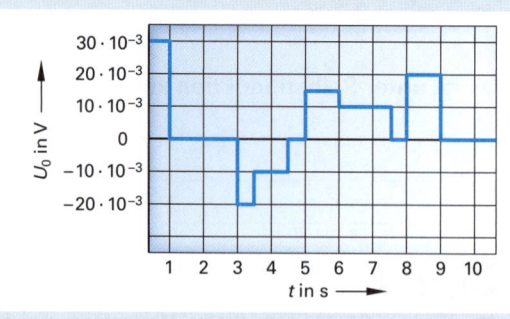

Bild 2: Verlauf der Induktionsspannung

5. Wie groß ist die mittlere Feldlinienlänge einer Spule aus Kupferdraht, wenn folgende Werte gegeben sind: $U_i = 10$ V, $N = 1000$, $A = 8$ cm², $\Delta I/\Delta t = 5$ A/s, $\mu_r = 200$.

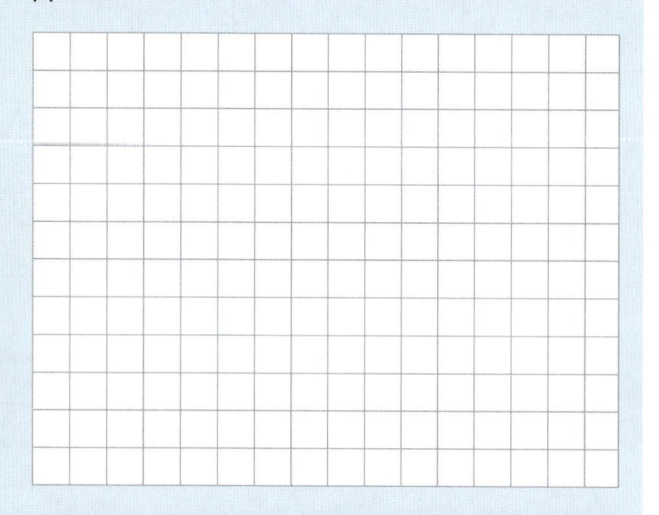

6. Ermitteln Sie aus Tabellen die relative Permeabilität von Keramik (Korund [Al_2O_3]) und von Hexaferrit (HF8/22, DIN 17410). Um welchen Faktor unterscheidet sich die induzierte Spannung U_i zweier Spulen, die sich nur im Werkstoff des Spulenkerns unterscheiden? (Keramik, Herxaferrit)

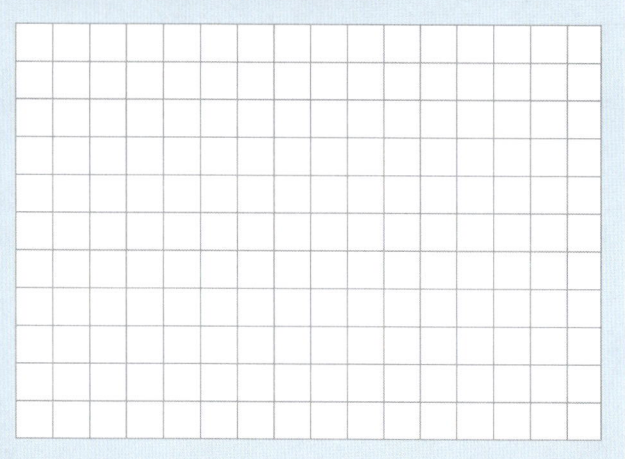

8.10 Grundschaltungen elektrischer Widerstände

1. Beschreiben Sie die Vorgehensweise bei der Strom- bzw. Spannungsmessung

Arbeitsauftrag

1. Ermitteln Sie für die abgebildeten Widerstände der Reihe E12 die Widerstandswerte.

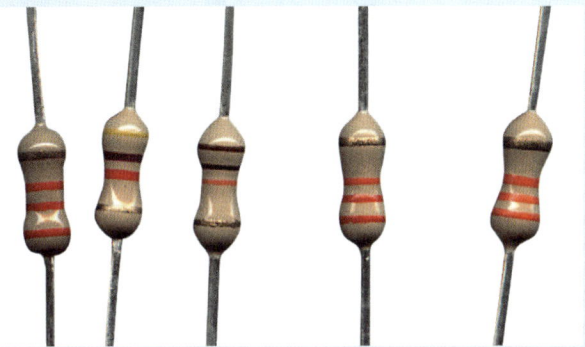

Bild 1: Widerstände

2. Für einen Widerstand von 10 kΩ +/− 5% sollen die Kennzeichnungsfarben ermittelt werden.

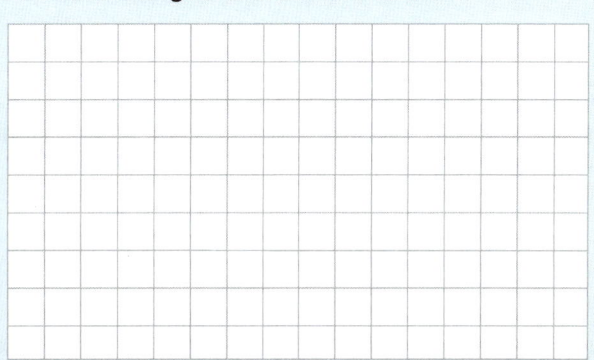

3. Welche Farbringe trägt ein Widerstand mit 3,3 kΩ +/− 10%?

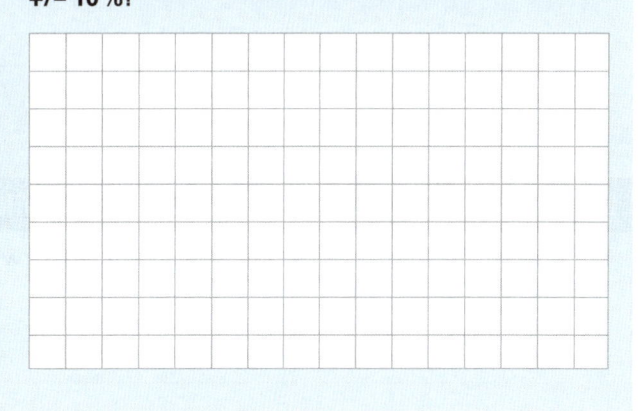

Zur Vertiefung (Reihenschaltung)

1. Wie verhält sich in der Reihenschaltung die Stromstärke I?

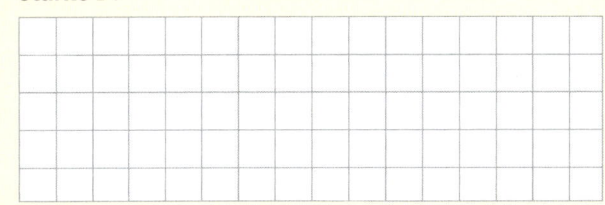

2. Wie berechnet sich in der Reihenschaltung der Gesamtwiderstand?

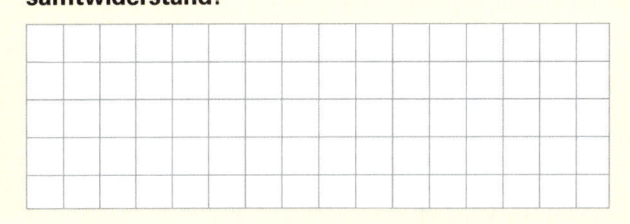

3. Wie verhalten sich in einer Reihenschaltung die Spannungen zu den zugehörigen Widerständen?

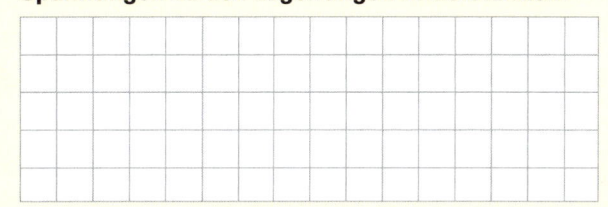

4. Wie setzt sich die Gesamtleistung bei einer Reihenschaltung zusammen?

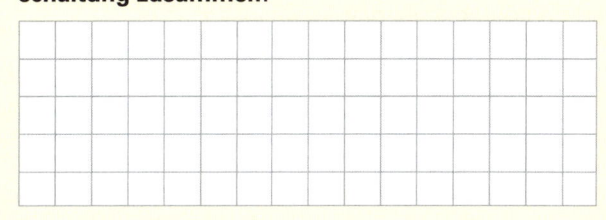

8 Grundlagen der Elektrotechnik

Arbeitsauftrag

1. Berechnen Sie alle Ströme, Spannungen und Leistungen in einem Netzwerk, welches aus drei in Reihe geschalteten Widerständen besteht.

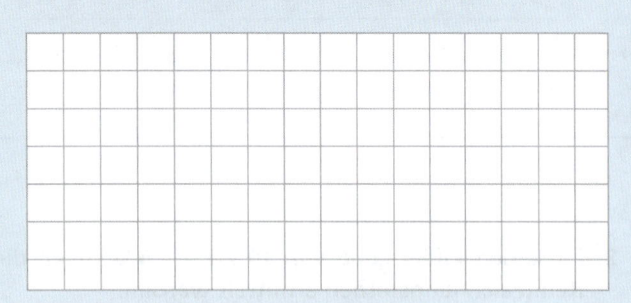

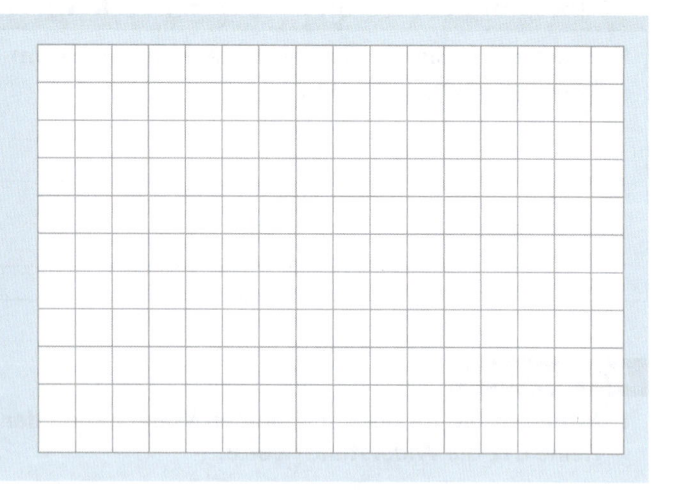

   $U_0 = 12$ V, $R_1 = 1$ kΩ, $R_2 = 2$ kΩ, $R_3 = 3$ kΩ

Zur Vertiefung (Parallelschaltung)

1. Wie verhält sich die Spannung bei einer Parallelschaltung von Widerständen?

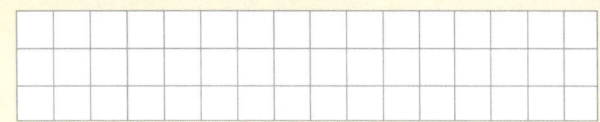

2. Wie berechnet sich in der Parallelschaltung der Gesamtleitwert G?

3. Wie verhält sich der Gesamtstrom bei einer Parallelschaltung?

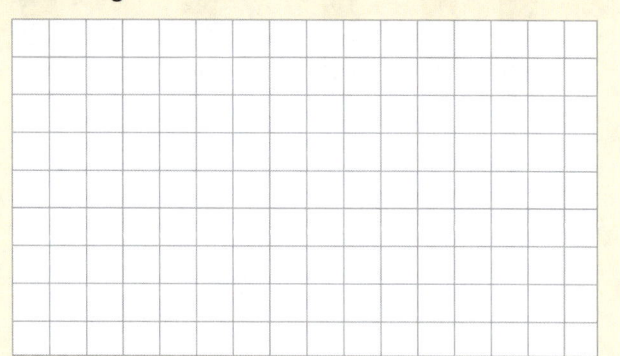

8.11 Grundlagen der Wechselstromtechnik

1. Erklären Sie die Begriffe Wechselspannung bzw. Wechselstrom.

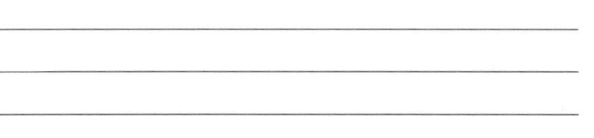

2. Wie wird eine Wechselspannung erzeugt?

3. Wie wird eine sinusförmige Wechselspannung erzeugt?

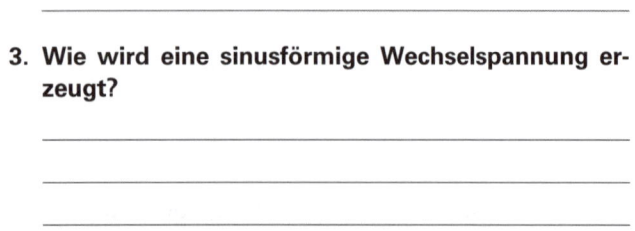

4. Erklären Sie die Periodendauer T.

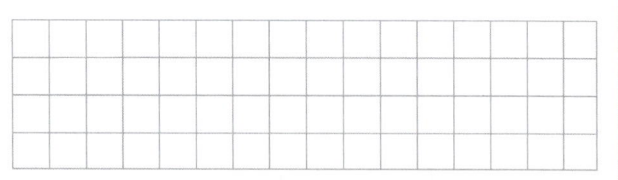

5. Wie lässt sich der Momentanwert einer sinusförmigen Wechselspannung berechnen?

6. Was ist unter der Frequenz f zu verstehen?

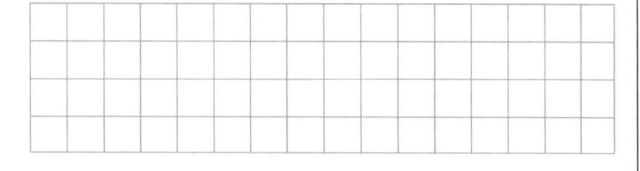

7. Wie ist der Einheitskreis definiert?

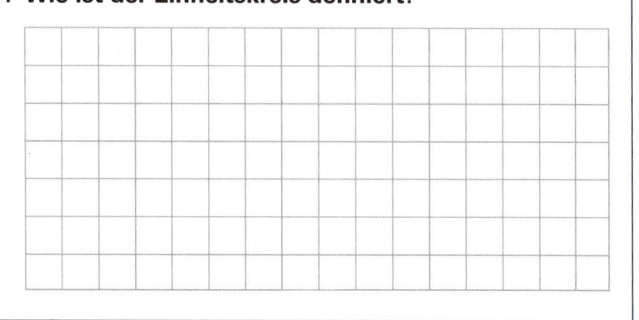

8. Was ist unter der Kreisfrequenz bzw. Winkelgeschwindigkeit ω zu verstehen?

9. Wie ist der Effektivwert definiert?

10. Wie berechnet sich die Wirkleistung im Wechselstromkreis?

8.12 Der Kondensator im Wechselstromkreis

1. Was ist beim Arbeiten mit Kondensatoren zu beachten?

2. Wie verhält sich ein Kondensator im Wechselstromkreis?

3. Wie berechnet sich der kapazitive Blindwiderstand X_C eines Kondensators?

4. Wie verhalten sich bei einem idealen Kondensator der Strom und die Spannung zueinander?

5. Wie groß ist beim Kondensator bei Wechselspannung die umgesetzte Wirkleistung?

6. Welche Leistung wird beim Kondensator umgesetzt?

8.13 Die Spule im Wechselstromkreis

1. Wie verhalten sich bei einer idealen Spule der Strom und die Spannung zueinander? Skizzieren Sie deren Verlauf.

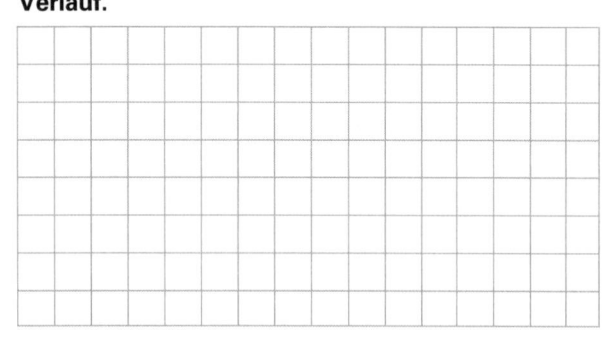

2. Wie berechnet sich der induktive Blindwiderstand X_L einer Spule?

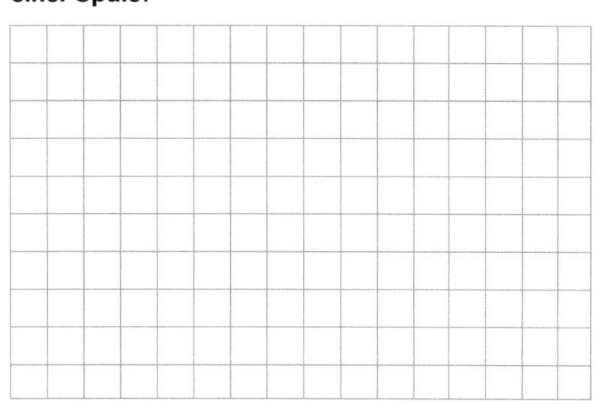

3. Wie groß ist bei einer Spule bei Wechselspannung die umgesetzte Wirkleistung? Skizzieren Sie deren Verlauf.

8.14 Dreiphasenwechselstrom (Drehstrom)

1. Was ist unter Dreiphasenwechselspannung zu verstehen?

2. Wie entsteht eine Sternschaltung?

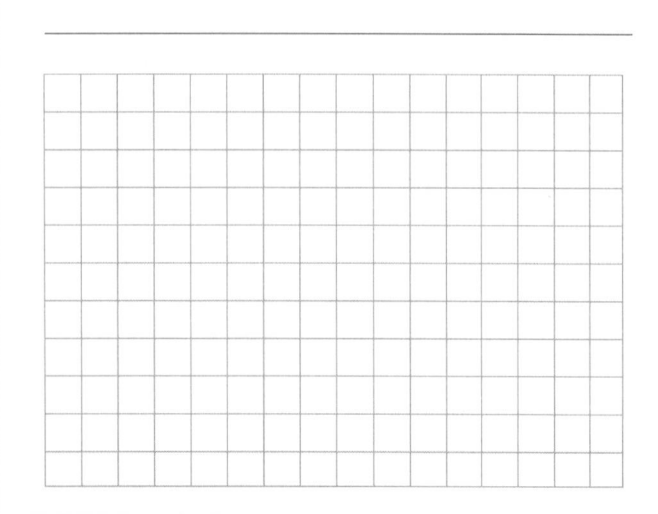

3. Wie entsteht eine Dreieckschaltung?

4. Was sind Außenleiter?

8.14 Dreiphasenwechselstrom (Drehstrom)

5. Was ist unter dem Verkettungsfaktor zu verstehen?

6. Wie verhält sich bei der Sternschaltung der Außenleiterstrom zu dem Strangstrom?

7. Wie verhält sich bei der Sternschaltung die Außenleiterspannung zu der Strangspannung?

8. Wann fließt im Neutralleiter kein Strom?

9. Was ist bei der Aufteilung der einzelnen Außenleiter auf verschiedene Wechselstromkreise zu beachten?

10. Welche Ursachen können vorliegen, wenn in einem Drehstromnetz unterschiedliche Spannungen auftreten?

11. Wie verhält sich bei der Dreieckschaltung die Außenleiterspannung zu der Strangspannung?

12. Wie verhält sich bei der Dreieckschaltung der Außenleiterstrom zu dem Strangstrom?

13. Ergänzen Sie nachfolgende Tabelle

Netzspannung		690 V	400 V	230 V	480 V
zulässige Strangspannung der Motorwicklung	400 V				
	230 V				
	480 V				
	277 V				

Arbeitsauftrag

1. Wie nennt man die Spannungen zwischen
   a) den Außenleitern,
   b) Außenleiter und Neutralleiter?

2. Unter welchen Bedingungen ist in Drehstromnetzen der Neutralleiter stromlos?

3. Wie verhalten sich Leiterspannung zu Strangspannung und Leiterstrom zu Strangstrom
   a) bei der Sternschaltung und
   b) bei der Dreieckschaltung von Verbrauchern?

4. Mit welchen Formeln wird bei Stern- und Dreieckschaltung die Leistung berechnet?

5. Wie verhält sich die Leistungsaufnahme bei einem Verbraucher in Dreieck- bzw. Sternschaltung?

6. Welche Aufgabe haben Leistungsmessumformer?

8.15 Kompensation

1. Was ist unter Kompensation zu verstehen?

2. Aus welchem Grund wird Kompensation durchgeführt?

3. Welcher Leistungsfaktor wird bei der Kompensation angestrebt?

4. Welche Kompensationsarten werden in der Praxis verwendet?
   -
   -
   -

5. Welche Kapazitäten werden benötigt zur Kompensation einer Blindleistung von 1 kvar bei 230 V 50 Hz bzw. 400 V 50 Hz?

Arbeitsauftrag

1. Auf eine Ladung von $3 \cdot 10^5$ As wirkt eine Kraft von 25 mN. Wie groß ist die elektrische Feldstärke?

2. Zwei Metallplatten im Abstand von 10 mm sind an eine elektrische Spannung von 2 kV angeschlossen.
   a) Wie groß ist die elektrische Feldstärke zwischen den Platten?
   b) Wie groß sind die magnetische Feldstärke und der magnetische Fluss in einer Spule mit einem Querschnitt von $A = 15$ cm², mittlerer Feldlinienlänge von 30 cm mit 1500 Windungen, die von einem Strom von 1 A durchflossen wird?

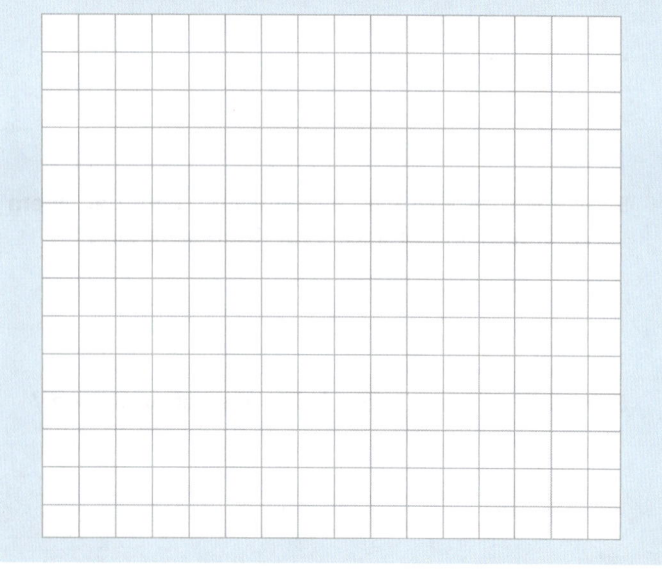

3. Beschreiben Sie in wenigen Sätzen
   a) den Aufbau einer Hysteresekurve und den Zusammenhang zwischen Koerzitivfeldstärke und Remanenz,

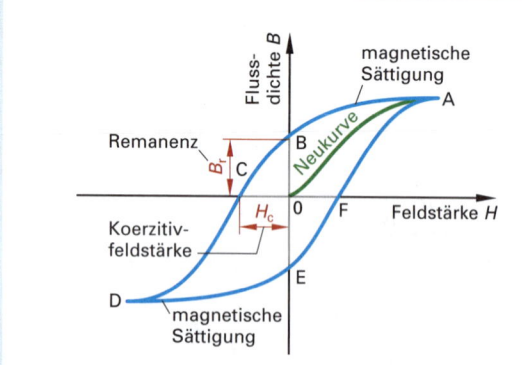

Bild 1: Hysteresekurve

b) den Unterschied der Hysteresekurve eines hart- und eines weichmagnetischen Werkstoffes.

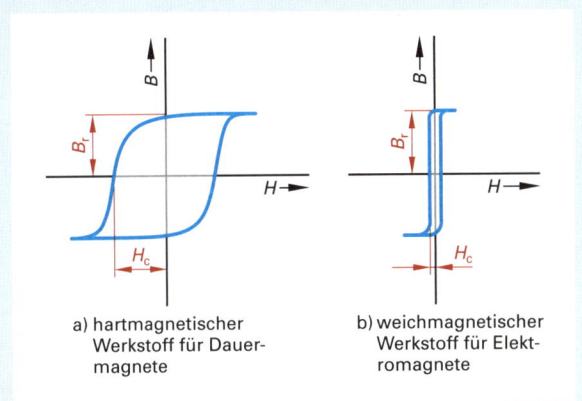

Bild 1: Hystereseschleifen

a) hartmagnetischer Werkstoff für Dauermagnete
b) weichmagnetischer Werkstoff für Elektromagnete

_____
_____
_____
_____
_____
_____
_____
_____

4. Eine Leiterschleife ist an den Enden mit einem Widerstand von 5 Ω abgeschlossen. Wie groß ist die Stromstärke in einem 30 cm langen Leiter, der mit 10 m/s durch ein homogenes Magnetfeld mit der Flussdichte von 1,5 T bewegt wird?

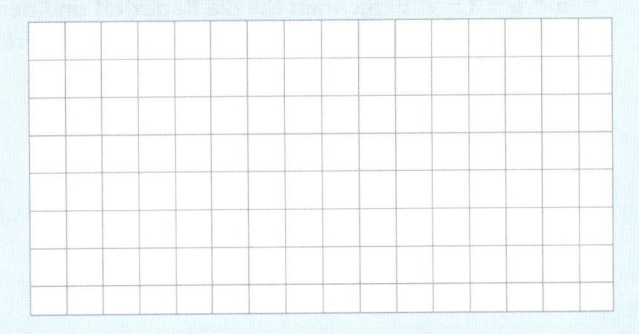

5. Die Glühlampe eines Spannungsprüfgerätes bleibt aus Versehen 7 h eingeschaltet. Welche Elektrizitätsmenge Q wird transportiert? (I = 0,15 A)

6. Der Fuß einer Glühlampe trägt die Aufschrift 9 V/ 0,1 A. Wie groß ist der Widerstand der Glühlampe?

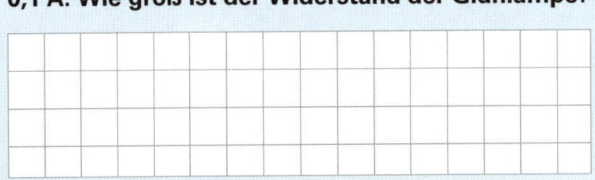

7. Eine Taschenlampenbatterie gibt bei einer mittleren Spannung von 3 V 30 Stunden lang einen Strom von 0,14 A ab. Wie viel kostet 1 kWh, wenn der Kaufpreis der Batterie 1 € beträgt?

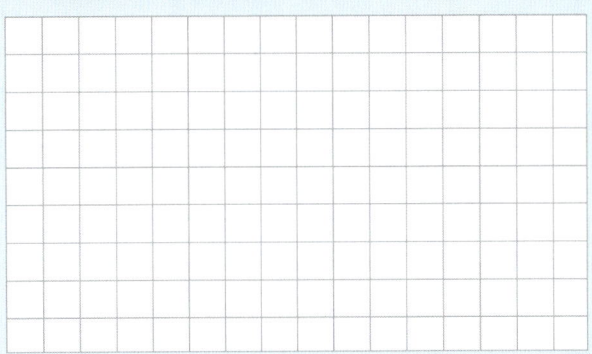

8. Ein Elektromotor (4 V, 0,2 A) besitzt einen Wirkungsgrad von 0,6. Wie groß ist die zugeführte Nennleistung?

9. Ein unbelasteter Spannungsteiler wird von einer Spannungsquelle mit 9 V gespeist. Über dem Widerstand R1 = 4,7 Ω soll der Spannungsfall 3 V betragen. Wie groß muss R2 gewählt werden?

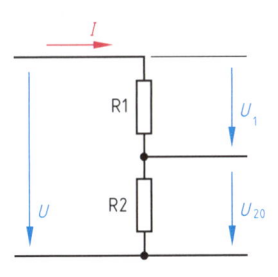

Bild 2: Fester, unbelasteter Spannungsteiler

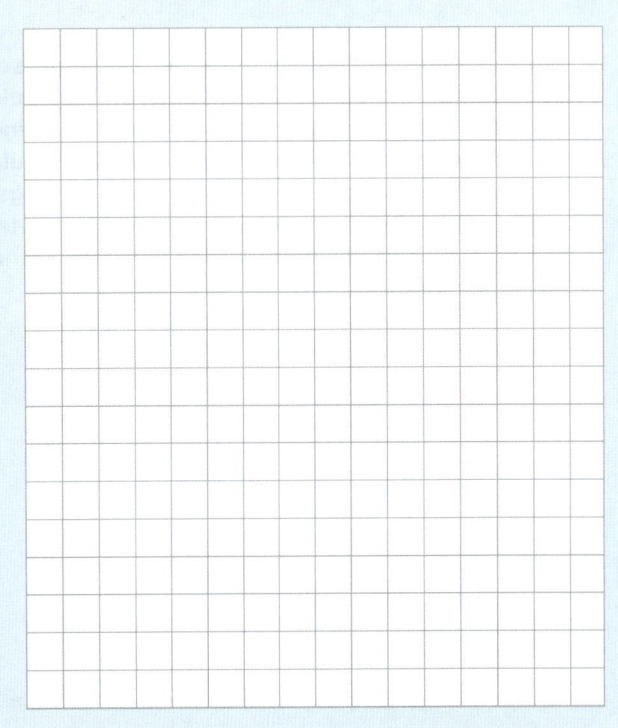

10. Gegeben ist ein belasteter Spannungsteiler mit $U = 12$ V, $U_2 = 0{,}7$ V, $I_L = 6$ mA, Querstromverhältnis $q = 5$. Gesucht sind R_1 und R_2.

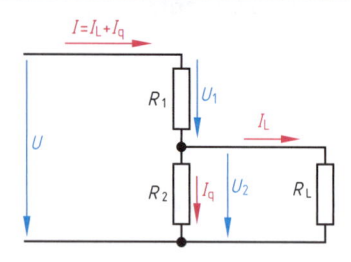

Bild 1: Belasteter Spannungsteiler

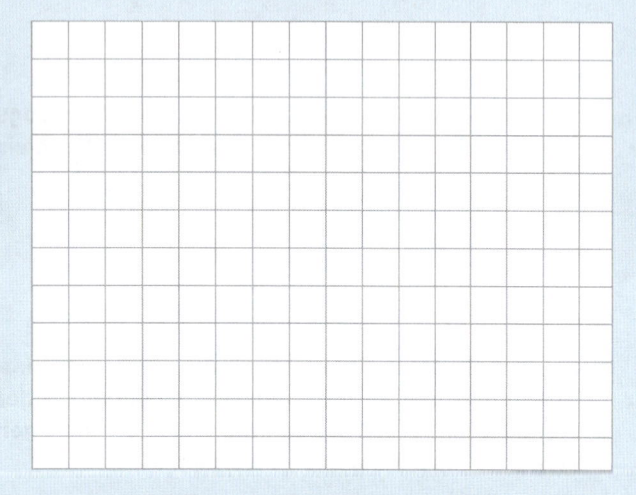

11. Berechnen Sie die Wellenlänge und die Ausbreitungsstrecke (für $T = 20$ ms) einer Wechselspannung mit einer Frequenz von 50 Hz.

12. Wie viel Meter Kupferdraht mit einem Durchmesser von 0,5 mm² benötigen Sie, um in einer Ringspule mit einer mittleren Feldlinienlänge von 40 cm eine Feldstärke von 4500 A/m zu erzeugen? Die Spule mit 1200 Windungen wird an einer Spannungsquelle mit $U = 24$ V betrieben. Berechnen Sie zusätzlich die Spulenstromstärke und den Wirkwiderstand des Spulendrahtes.

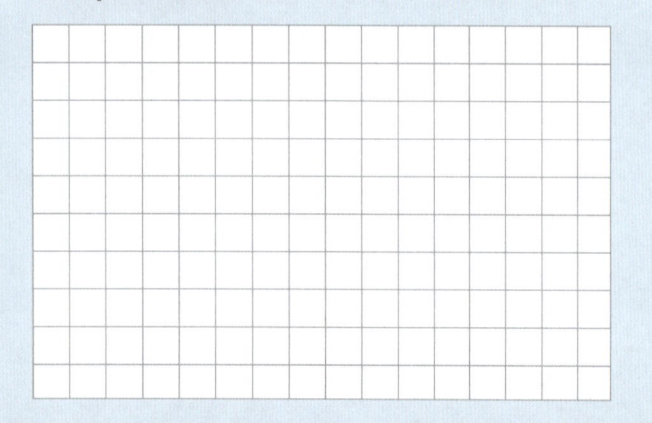

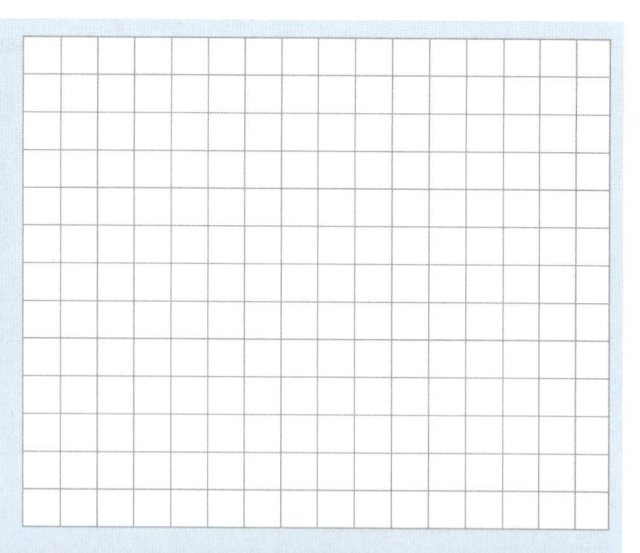

13. Eine Spule besitzt laut Datenblatt eine Induktivität von 3 H.

    a) Wie groß ist der Blindwiderstand bei 60 Hz?

    b) Um wie viel Prozent ändert sich der Blindwiderstand, wenn die Frequenz um 15 % reduziert wird?

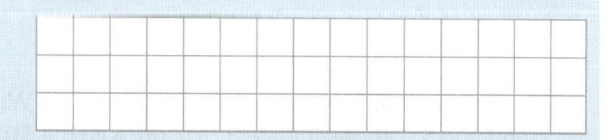

14. Die Spitzenwerte für einen Kondensator wurden mit einem Oszilloskop ermittelt. Sie betragen $\hat{\imath} = 1{,}6$ mA und $\hat{u} = 3{,}5$ V. Berechnen Sie die Kapazität und den Blindwiderstand des Kondensators, wenn die Frequenz der Wechselspannung 1,5 kHz beträgt.

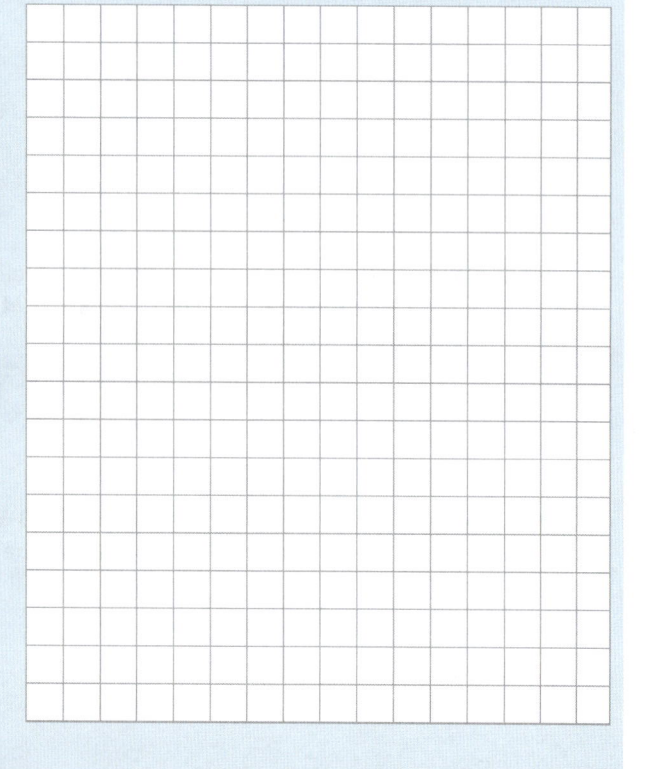

15. Die Frequenz einer sinusförmigen Wechselspannung beträgt $f = 50$ Hz. Der Maximalwert wurde mit 326 V gemessen.
    a) Wie groß ist der Effektivwert der Wechselspannung?
    b) Welcher Wert wird bei einer Spannungsmessung mit einem handelsüblichen Spannungsmessgerät angezeigt?
    c) Zu welchen Zeiten t_n stellen sich folgende Momentanwerte ein: $t_1 = 25$ V, $t_2 = (-30)$ V, $t_3 = 211$ V.

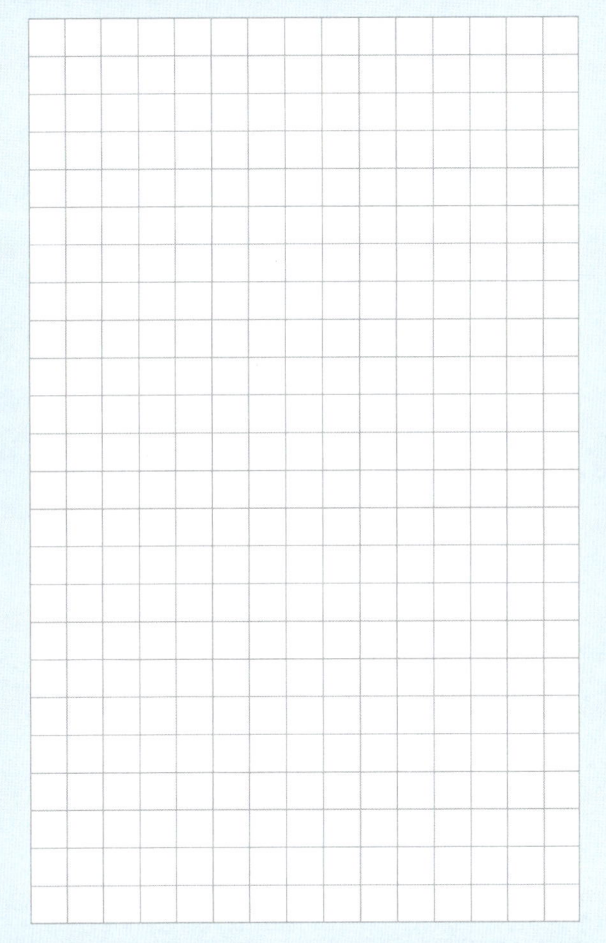

16. Jeder der drei Widerstände eines Heizofens beträgt 16,255 Ω. Die Widerstände sind in Sternschaltung an das Dreiphasenwechselstromnetz (400/230 V) angeschlossen. Berechnen Sie die Stromstärken in den Außenleitern, die Strangleistung und die gesamte Nennleistung des Heizofens.

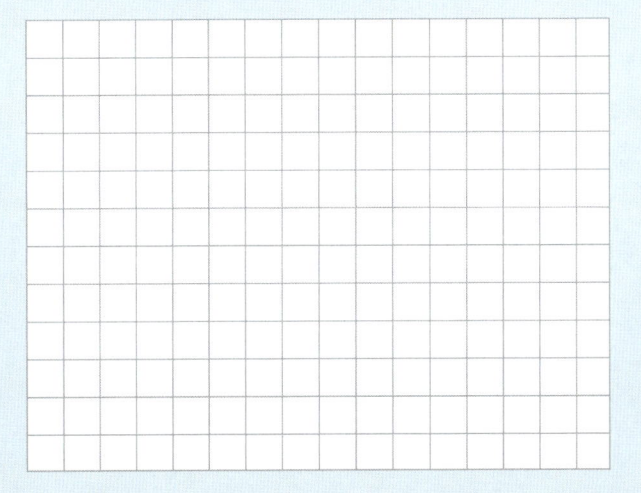

17. Berechnen Sie die Strangstromstärken, die Strangleistungen und die Gesamtleistung der Heizung, deren Heizwiderstände jeweils $R = 100$ Ω betragen. Die Widerstände sind in Dreieckschaltung an das Drehstromnetz (400 V/230 V) angeschlossen.

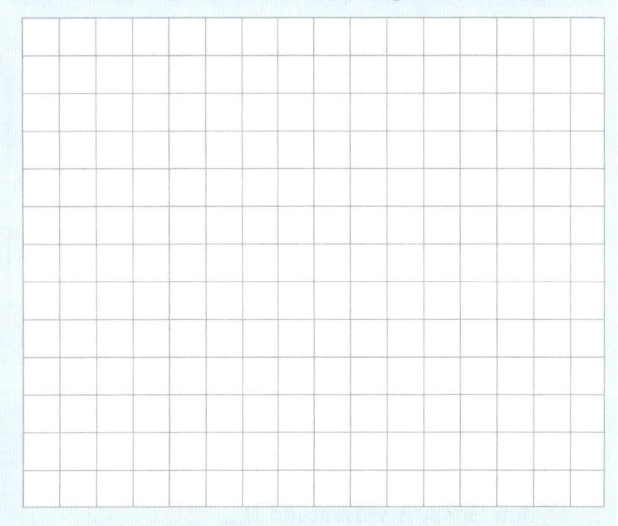

18. Einzelkompensation: Ermitteln Sie für eine Leuchtstoffröhre ($P = 60$ W; $I = 0{,}43$ A, $U = 230$ V/50 Hz) den Leistungsfaktor $\cos\varphi_1$ vor der Kompensation, die zu kompensierende Blindleistung und den einzusetzenden Kondensator. Der Leistungsfaktor nach der Kompensation soll 0,95 betragen.

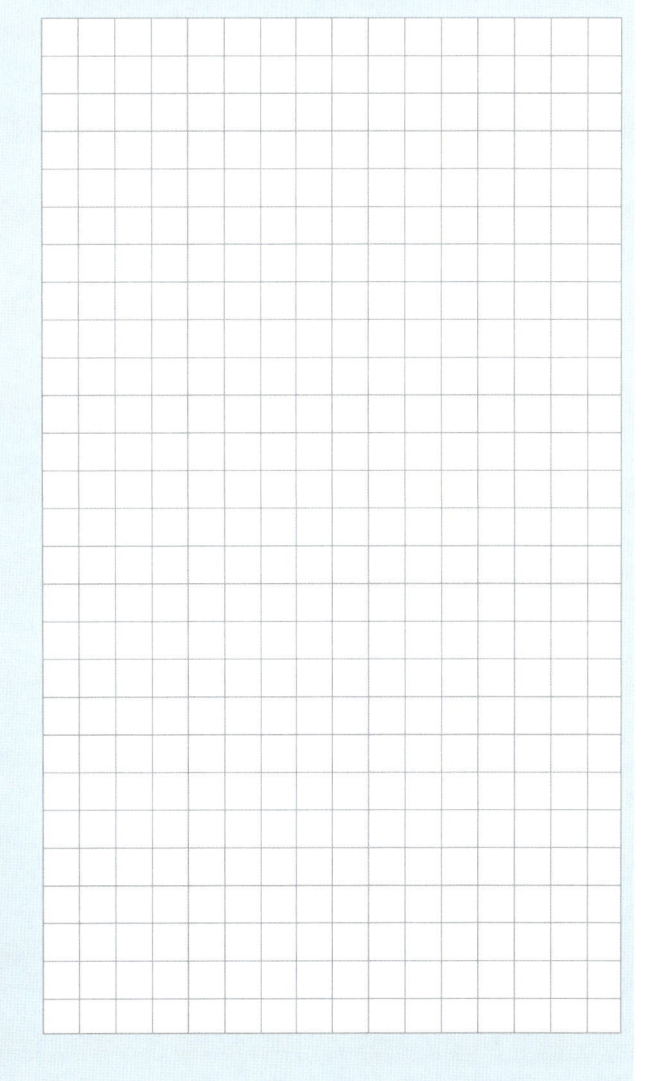

8 Grundlagen der Elektrotechnik

Zur Vertiefung

1. Gegeben ist eine gemischte Schaltung mit den fünf Widerständen $R_1 = 200\ \Omega$, $R_2 = 100\ \Omega$, $R_3 = 125\ \Omega$, $R_4 = 500\ \Omega$, $R_5 = 100\ \Omega$. Es wird eine Spannung von $U_{ges} = 100\ V$ angelegt.

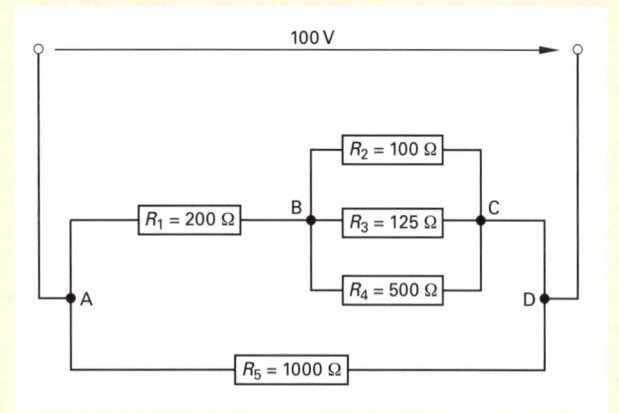

Berechnen Sie
a) den Gesamtwiderstand R_{ges},
b) die Teilspannungen $U_{1\ bis\ 5}$,
c) die Ströme I_{ges} und $I_{1\ bis\ 5}$.

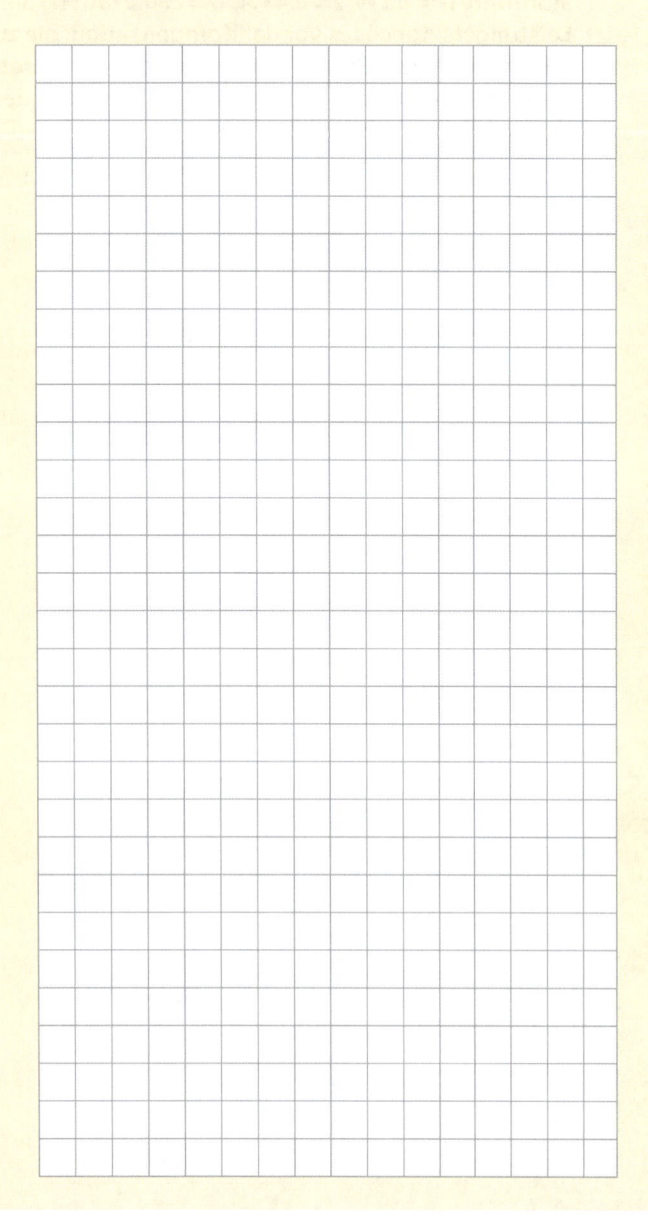

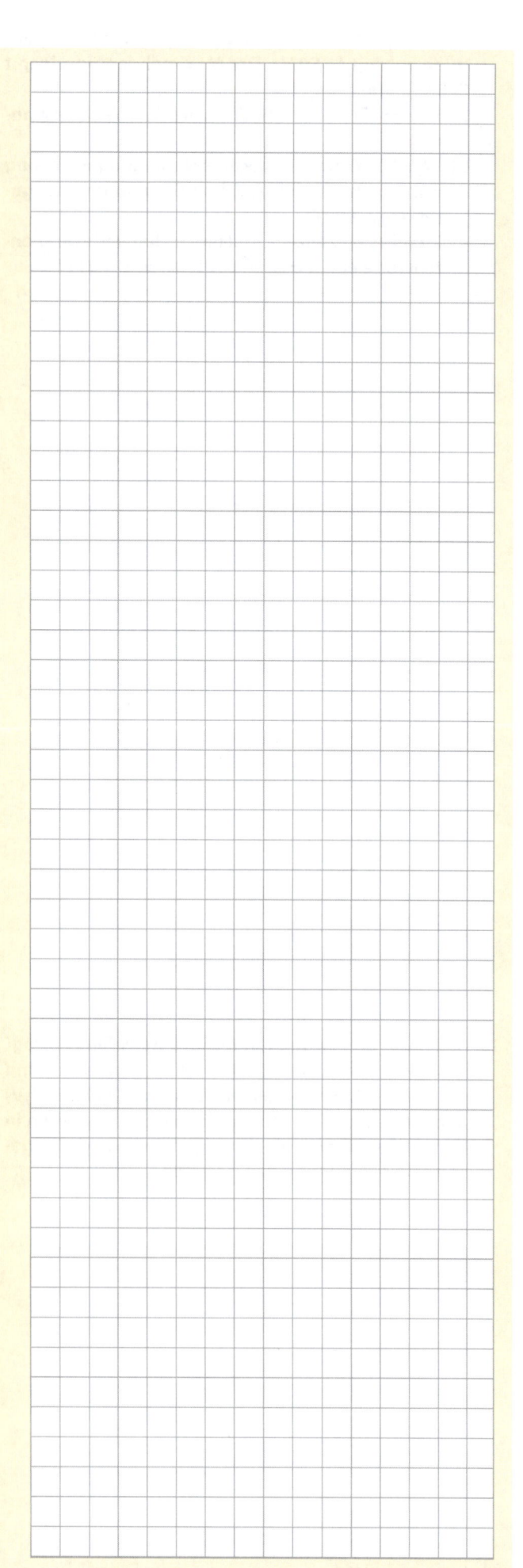

8.16 Grundlagen elektronischer Bauelemente

1. Was ist ein Halbleiter?

2. Wie kann die Leitfähigkeit von Halbleitern verändert werden?

3. Nennen Sie einige Halbleiter-Bauelemente.

Die Diode

1. Wie verhält sich die Diode im Stromkreis?

2. Erklären Sie am Schaltsymbol folgende Bezeichnungen: A, K, U_{AK}.

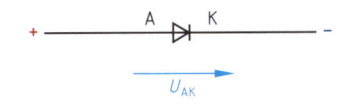

Bild 1: Schaltsymbol einer Diode

3. Bild 2 zeigt die Kennlinie einer Si-Halbleiterdiode. Erklären Sie diese Kennlinie.

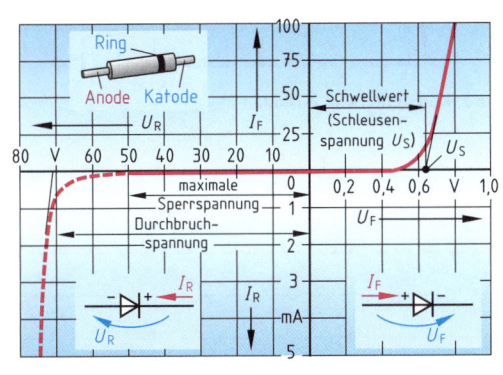

Bild 2: Kennlinie einer Si-Halbleiterdiode

4. Wovon hängt die Schleusenspannung U_s ab?

5. Nennen Sie Einsatzbereiche für die Diode?

6. Wann wird eine Freilaufdiode eingesetzt?

7. Einweggleichrichter: Skizzieren und erklären Sie den Verlauf der Ausgangsspannung.

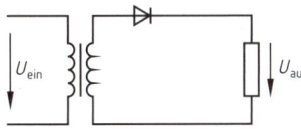

Bild 3: Einweggleichrichter

8. Wie kann die pulsierende Gleichspannung geglättet werden?

9. Bild 1 zeigt einen Brückengleichrichter. Skizzieren und erläutern Sie den Verlauf der Ausgangsspannung U_d.

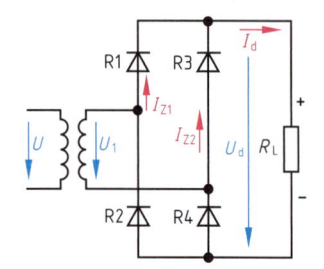

Bild 1: Brückengleichrichter

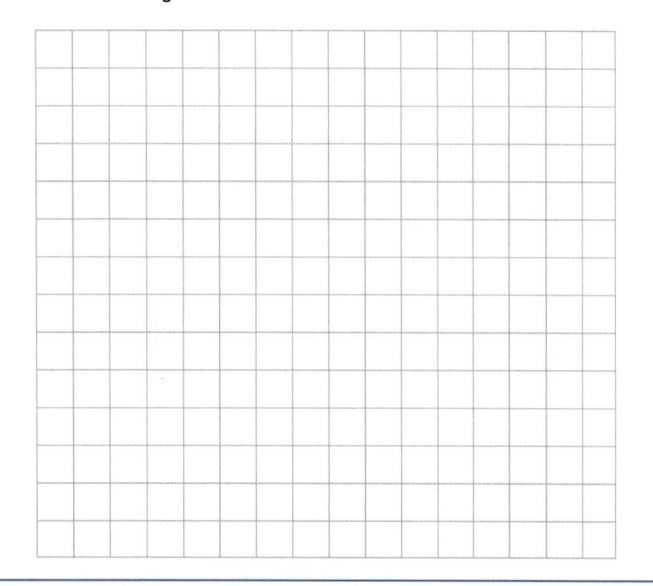

10. Was ist eine Zener-Diode?

11. Skizzieren Sie das Schaltzeichen einer Zener-Diode.

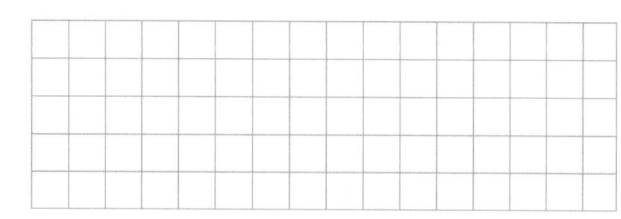

12. Erklären Sie die Funktionsweise der Zener-Diode.

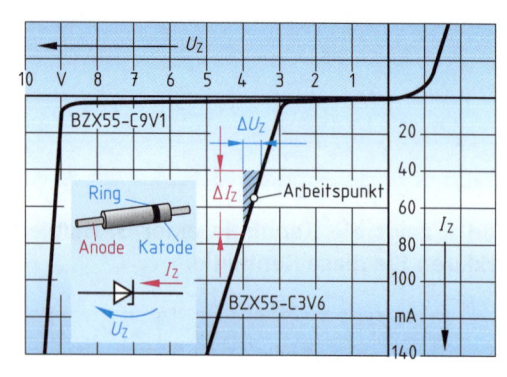

Bild 2: Kennlinien von Z-Dioden

13. Wozu werden Z-Dioden oft verwendet?

14. Wie sieht das Schaltsymbol der Leuchtdiode aus?

15. Wie wird eine Leuchtdiode betrieben?

16. Eine Leuchtdiode ist mit einem Vorwiderstand R_v in Reihe geschaltet. Die Gesamtspannung U_1 beträgt 24 V. Die Spannung an der Diode beträgt 1,6 V, es darf ein Strom von höchstens 10 mA fließen. Berechnen Sie R_v.

Der Transistor

1. Zeichnen Sie das Schaltbild eines npn-Transistors mit seinen Anschlussbezeichnungen.

2. Wie heißen die Anschlüsse des Transistors?

3. Zeichnen Sie das Ersatzschaltbild eines npn-Transistors.

4. Ein npn-Transistor wird über die Basis angesteuert (Basisschaltung). Welche Spannung muss zwischen Basis und Emitter anliegen, dass der Transistor leitend wird?

5. Welche Einsatzbereiche hat der Transistor?

6. Zeichnen Sie den Transistor mit entsprechender Beschaltung für den Einsatz als Schalter.

7. Erläutern Sie anhand der Skizze, wie der Transistor als Schalter funktioniert.

8.17 Grundlagen der elektrischen Messtechnik

1. Welche Fehlerquellen beim Messen von elektrischen Größen gibt es?

2. In welcher Form kann die Messung angezeigt werden?

3. Wie funktionieren Zeigermesswerke?

4. Was sollte bei der Messung mit einem Zeigerinstrument bezüglich der Anzeigegenauigkeit immer beachtet werden?

5. Erklären Sie die Funktionsweise eines Digitalmultimeters.

6. Erläutern Sie die Vorteile des Digitalmultimeters.

7. Erläutern Sie die Vorteile eines analogen Multimeters.

8. Wie muss ein Messgerät zur Messung einer elektrischen Spannung angeschlossen werden?

9. Skizzieren Sie eine Reihenschaltung von zwei Widerständen R_1 und R_2. Der Spannungsfall über R_2 soll gemessen werden.

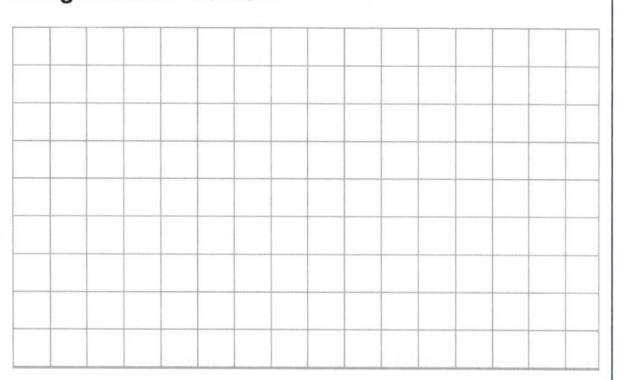

10. Welche Aussage kann man bei der Spannungsmessung in Bezug auf den Innenwiderstand des Messgerätes machen?

11. Skizzieren Sie eine Reihenschaltung von zwei Widerständen R_1 und R_2. Der Strom durch die Schaltung soll gemessen werden.

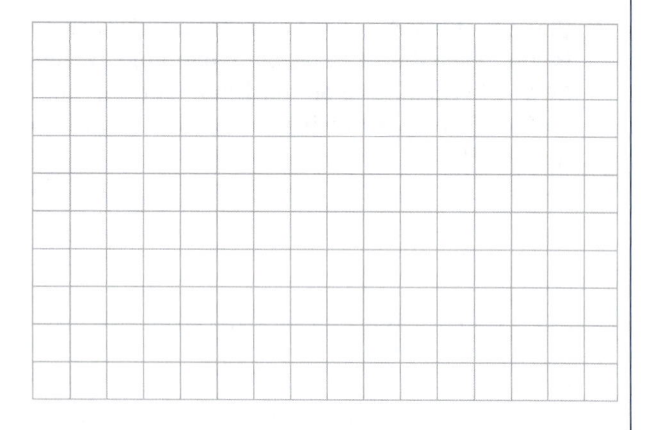

12. Welche Aussage kann man bei der Strommessung in Bezug auf den Innenwiderstand des Messgerätes machen?

13. Oft müssen Spannung und Strom gleichzeitig gemessen werden. Eine Möglichkeit zeigt Bild 1. Weshalb wird diese Schaltung als Spannungsfehlerschaltung bezeichnet?

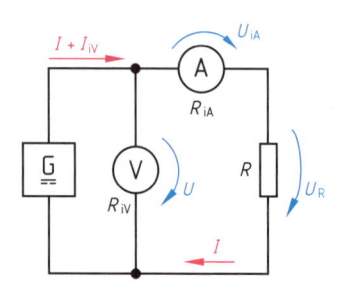

Bild 1: Spannungsfehlerschaltung

_____
_____
_____

- _____

- _____

- _____

14. Wann wird die Spannungsfehlerschaltung eingesetzt?
_____
_____
_____
_____

20. Welche elektrischen Größen kann ein Oszilloskop messen?
_____
_____

15. Skizzieren Sie die Stromfehlerschaltung.

21. Wie kann ein Oszilloskop zur Strommessung verwendet werden?
_____
_____
_____

22. Gegeben ist das Oszillogramm einer Wechselspannung (Bild 1). Die Einstellung am Oszilloskop wurden mit $A_x = 0{,}2$ ms/div und $A_y\ 5 =$ V/div notiert.

    Berechnen Sie
    a) die Periodendauer T und die Frequenz f der Wechselspannung,
    b) den Scheitelwert $\hat{u}$ und den Effektivwert U der Spannung.

16. Wann wird die Stromfehlerschaltung eingesetzt?
_____
_____
_____
_____

Bild 1: Oszillogramm

17. Welchen Wert zeigen Multimeter bei einer Wechselgröße an?
_____
_____

18. Welche Wechselgrößen können mit einem Multimeter gemessen werden?
_____
_____

19. Welche Messkreiskategorien werden unterschieden?
- _____

9 Elektrische Maschinen

9.1 Transformatoren

1. Wie ist ein Einphasentransformator aufgebaut?

2. Wie funktioniert prinzipiell ein Transformator?

3. Wie verhalten sich bei einem unbelasteten Transformator die Spannungen zu den zugehörigen Windungszahlen?

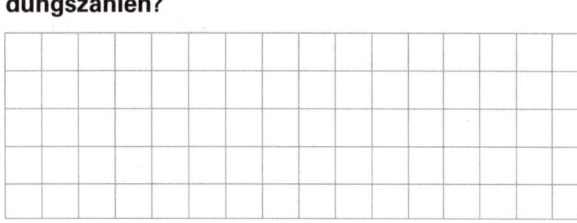

4. Wie verhalten sich bei einem belasteten Transformator die Ströme zu den zugehörigen Windungszahlen?

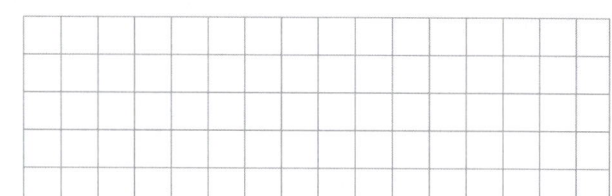

5. Wie verhält sich ein Transformator im Leerlauf?

6. Warum sind Luftspalte im Eisenkern des Transformators unerwünscht?

Arbeitsauftrag

1. Von welchen Größen hängt die Leerlaufspannung eines Transformators ab?

2. Welche Größen im Transformator ändern sich, wenn man die Spannung an der Eingangswicklung ändert?

3. Was versteht man unter Streufeldlinien?

4. Wie ändert sich die Ausgangsspannung eines Transformators bei Belastung durch Kondensatoren?

9.1 Transformatoren

5. Wie misst man die Kurzschlussspannung?

6. Welchen Einfluss hat eine kleine Kurzschlussspannung auf die Ausgangsspannung bei Belastung?

Zur Vertiefung (Transformator)

1. Wie werden beim Transformator die Eisenverluste ermittelt?

2. Welchen Einfluss auf den Wirkungsgrad des Transformators haben die angeschlossenen Verbraucher?

3. Wie werden die Wicklungsverluste ermittelt?

4. Was ist unter einem Kleintransformator zu verstehen?

5. Was ist unter einem Sicherheitstransformator zu verstehen?

6. Was ist unter den Begriffen SELV und PELV zu verstehen?

7. Welche Sicherheitstransformatoren müssen unbedingt kurzschlussfest sein?

8. Wie hoch darf die Bemessungsausgangsspannung bei Spielzeugtransformatoren sein?

9. Wie wird die Wicklungsprüfung durchgeführt?

Prüfspannung[2] für Kleintransformatoren bis 16 kVA, 1000 V, 500 Hz nach DIN VDE 0550

Größte Bemessungsspannung des Transformators	50 V	250 V	500 V	1000 V
Prüfspannung in V bei Transformatoren der Schutzklasse I (Schutzleiter) und III (Kleinspannung)				
Eingangskreis gegen Körper				
Ausgangskreis gegen Körper				
Eingangskreis gegen Ausgangskreis				
Prüfspannung in V bei Transformatoren der Schutzklasse II (Schutzisolierung)				
Eingangskreis gegen Metallteile				
Metallteile gegen Körper				
Eingangskreis gegen Ausgangskreis				
Eingangskreis gegen Körper				
Ausgangskreis gegen Körper				

[2] Dauer der Prüfspannung 1 min. Bei Wiederholungsprüfungen genügen 80 % der Werte.

Bild 1: Prüfspannungen für Kleintransformatoren

10. Wie misst man den Isolationswiderstand von Kleintransformatoren?

11. Wie ist ein Spartransformator aufgebaut?

12. Welchen Vorteil hat ein Spartransformator gegenüber einem Transformator mit getrennten Wicklungen?

13. Wofür werden Spartransformatoren verwendet?

14. Wozu dienen Streufeldtransformatoren?

15. Wie erfolgt die Einstellung des Schweißstromes?

16. Ein idealer Transformator hat am Netz 230 V 50 Hz eine Stromaufnahme von 0,5 A. Seine Ausgangsspannung beträgt 50 V. Ermitteln Sie die ausgangsseitige Stromstärke und das Übersetzungsverhältnis.

17. Wie ändern sich Stromaufnahme und Leistungsaufnahme eines Transformators, wenn ein Luftspalt in seinem Eisenkern vergrößert wird?

18. Einphasentransformator

    a) Zeichnen Sie die Messschaltung zur Ermittlung der Kurzschlussspannung eines Einphasentransformators.

    b) Berechnen Sie die Kurzschlussspannung in % eines Transformators 400 V/230 V, wenn bei U = 24 V durch die Eingangswicklung der Bemessungsstrom fließt.

    c) Welche Aussage ist anhand der ermittelten Kurzschlussspannung über das Spannungsverhalten bei Belastung möglich?

19. Beim unten abgebildeten Versuch hat ein Trenntransformator bei anliegender Bemessungsspannung eine Leistungsaufnahme von 200 W.

    Bild 1: Messschaltung

    a) Welche Verluste werden gemessen und wie entstehen sie?

b) Berechnen Sie den Wirkungsgrad des Transformators bei Betrieb mit einer Bemessungsleistung 3000 VA, cos φ = 1 und einer im Kurzschlussversuch ermittelten Leistungsaufnahme von 250 W.

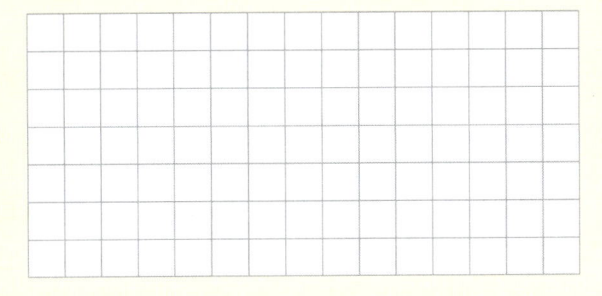

20. Messwandler

a) Wozu werden Messwandler verwendet?
b) Worauf ist beim Betrieb von Spannungswandlern zu achten?

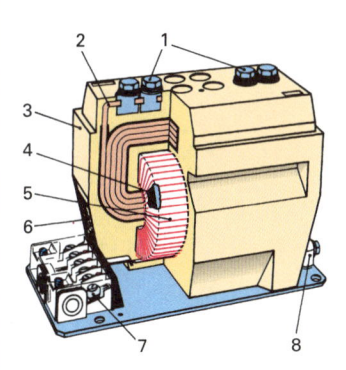

1 Anschluss der Eingangswicklung
2 Eingangswicklung
3 Gießharzkörper
4 Eisenkern in Schnittbandform
5 Ausgangswicklung
6 Leistungsschild
7 Klemmen der Ausgangswicklung
8 Erdungsschraube

Bild 1: Gießharz-Stromwandler im Schnitt

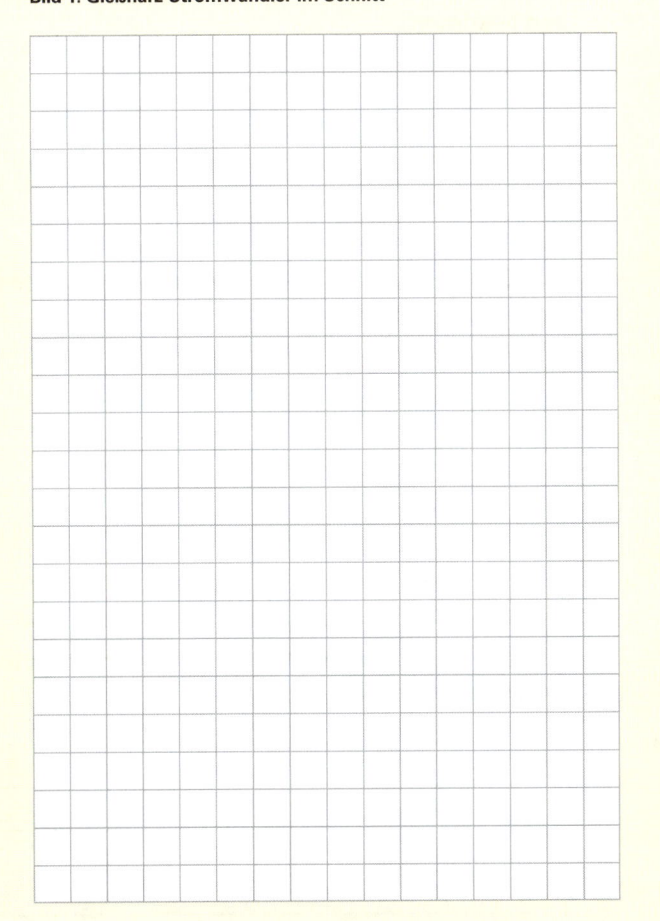

c) Worauf ist beim Betrieb von Stromwandlern zu achten?

21. Ein Drehstromtransformator 10 kV/0,4 kV, u_k = 5 %, Schaltgruppe Dyn5, soll zur Versorgung des Niederspannungsnetzes verwendet werden.
a) Erklären Sie die Schaltgruppenbezeichnung.
b) Beurteilen Sie die Eignung des Transformators.

9.2 Elektrische Antriebe

1. Wie entsteht ein Drehfeld?

2. Wie bestimmt sich die Drehfelddrehzahl?

Drehfelddrehzahl

$$n_s = \frac{f}{p} \qquad [n_s] = \frac{1}{s}$$

n_s Drehfelddrehzahl (Umdrehungsfrequenz)
f Netzfrequenz
p Polpaarzahl

Drehzahlen des Drehfeldes bei f = 50 Hz

p	n_s in 1/min	p	n_s in 1/min
1		3	
2		4	

Bild 1: Drehfelddrehzahl

3. Wie berechnet sich das Drehmoment einer elektrischen Maschine?

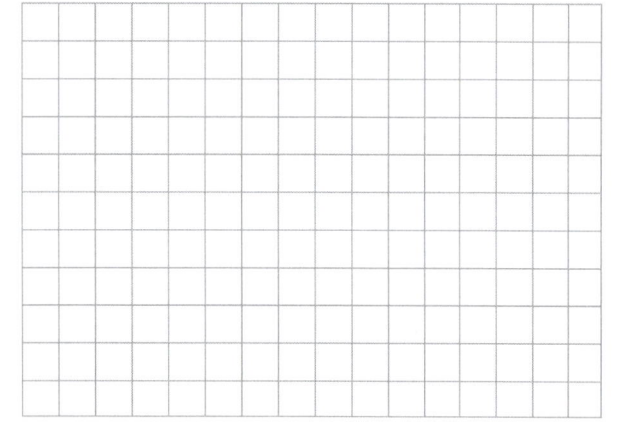

4. Welche Verluste treten bei elektrischen Maschinen auf?

5. Wie berechnet sich der Wirkungsgrad einer elektrischen Maschine?

6. Was ist unter dem Begriff „Bemessungsleistung" bei einem Elektromotor zu verstehen?

7. Wann gibt ein Elektromotor die Bemessungsleistung ab?

8. Wo kann die Bemessungsleistung bei einem Elektromotor abgelesen werden?

9. Wie lässt sich die Leistungsaufnahme bei Abgabe der Bemessungsleistung ermitteln?

10. Wie wird die Drehrichtung bei elektrischen Maschinen bestimmt?

11. Wie sind Drehstromasynchronmotoren für Rechtslauf anzuschließen?

12. Wie erfolgt bei einem Drehstromasynchronmotor die Drehrichtungsumkehr?

9.2 Elektrische Antriebe

Arbeitsauftrag

1. Beschreiben Sie den Aufbau eines Drehstrom-Asynchronmotors.

2. Weshalb haben Asynchronmotoren einen Schlupf?

3. Welchen Einfluss hat die Belastung auf den Schlupf beim Asynchronmotor?

4. Skizzieren Sie die M-n-Kennlinie eines Asynchronmotors, tragen Sie M_N, M_A, M_K und M_S ein und erklären Sie diese Momente.

   M_A Anzugsmoment
   M_S Sattelmoment
   M_K Kippmoment
   M_n Bemessungsmoment

   Bild 1: M-n-Kennlinie eines DASM

5. Worin unterscheiden sich konstruktiv Kurzschluss- und Schleifringläufer?

6. Bei welcher Belastung haben Asynchronmotoren ihr günstigstes Betriebsverhalten?

7. Wie sind die Motorklemmen bei Stern- bzw. Dreieckschaltung beim Asynchronmotor zu verdrahten?

   Sternschaltung — Dreieckschaltung

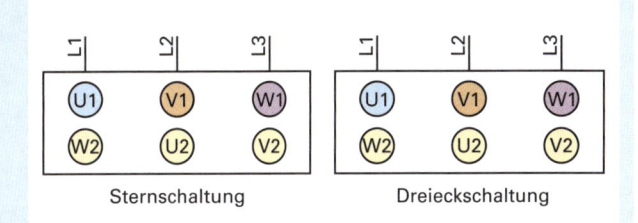

   Bild 2: Motorschaltungen

8. Durch welche Schaltung können Asynchronmotoren am Einphasennetz betrieben werden?

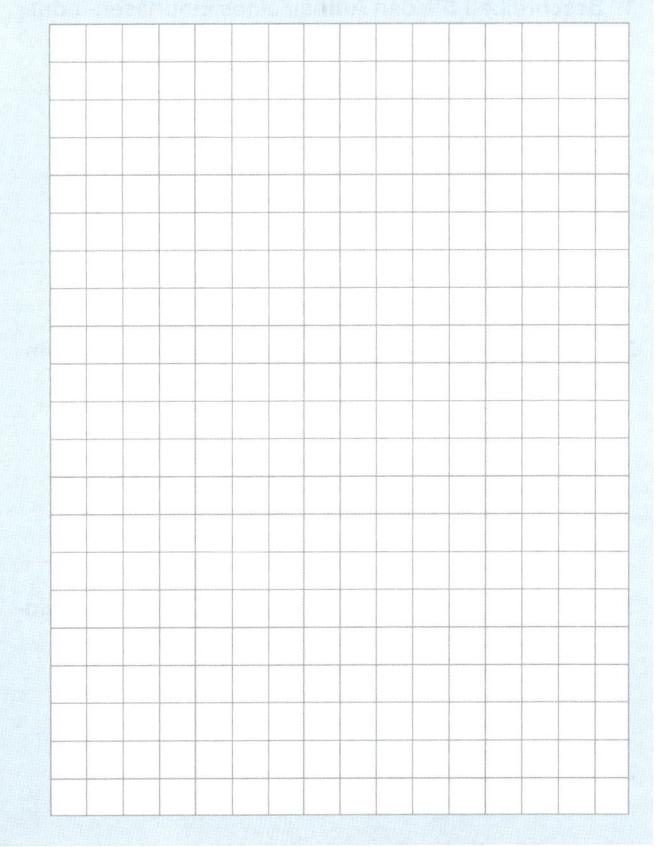

9. Erklären Sie die Wirkungsweise eines Stromverdrängungsläufers und skizzieren Sie die Drehmomentlinie.

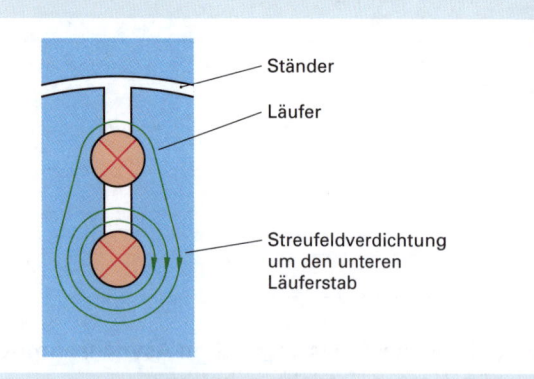

Bild 1: Stromverdrängung (Doppelkäfigläufer)
- Ständer
- Läufer
- Streufeldverdichtung um den unteren Läuferstab

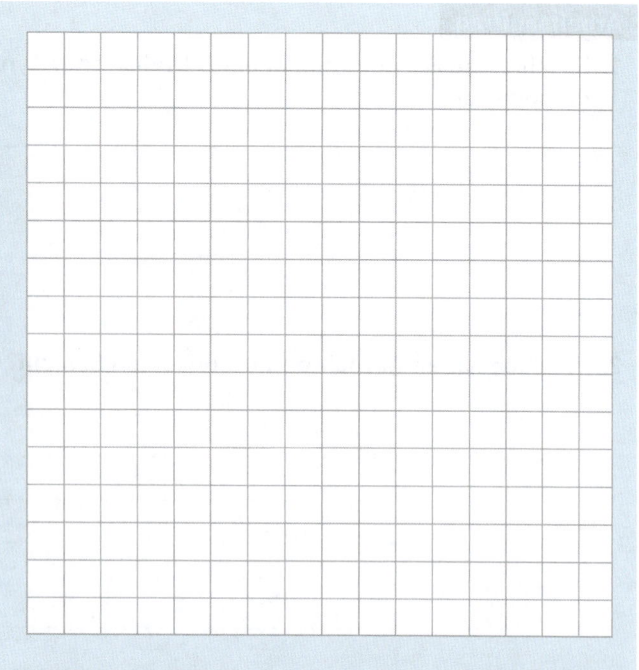

_____
_____
_____
_____
_____
_____
_____
_____
_____

10. Welche Vorteile haben Motoren mit Stromverdrängungsläufer gegenüber solchen mit Rundstabläufer?

_____
_____

11. Wie groß ist etwa der Schlupf von Asynchronmotoren bei Bemessungslast?

_____

Induktionsmotoren

1. Beschreiben Sie den Aufbau eines Einphasen-Induktionsmotors?

_____
_____
_____
_____
_____

2. Unter welcher Voraussetzung laufen Einphasen-Induktionsmotoren selbständig an?

_____
_____
_____

3. Durch welche Maßnahme kann ein Drehfeld bei Einphasen-Induktionsmotoren erreicht werden?

_____
_____
_____

4. Welche Aufgabe haben Anlasskondensatoren bei Einphasen-Induktionsmotoren?

_____
_____
_____
_____
_____
_____
_____

5. Was ist bei der Auswahl von Kondensatoren bei Einphasen-Induktionsmotoren zu beachten?

_____
_____
_____
_____
_____
_____
_____

Synchrongenerator

1. Wie ist ein Synchrongenerator aufgebaut?

Bild 1: Synchrongenerator (sechspolig)

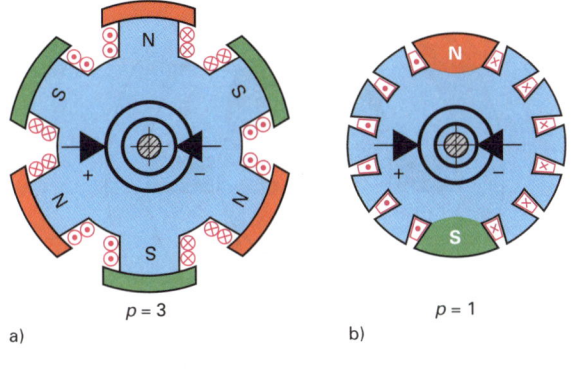

$p = 3$ $p = 1$
a) b)

Bild 2: Läuferarten von Synchrongeneratoren,
a) Polrad
b) Vollpolläufer (Turboläufer)

_____
_____
_____
_____
_____
_____
_____
_____
_____
_____
_____

2. Wovon hängt die Höhe und die Frequenz der vom Synchrongenerator erzeugten Spannung ab?

_____
_____
_____
_____
_____

3. Welche Bedingungen müssen beim Parallelschalten von Synchrongeneratoren erfüllt sein?

_____
_____
_____
_____
_____
_____

4. Wie kann mit dem Synchrongenerator induktive Blindleistung erzeugt werden?

_____
_____
_____
_____
_____
_____

Gleichstromgenerator

1. Welche Aufgabe hat der Stromwender beim Gleichstromgenerator?

_____
_____
_____
_____
_____
_____
_____

2. Von welchen Größen hängt beim Gleichstromgenerator die Höhe der induzierten Spannung ab?

_____
_____
_____
_____

3. Unter welchen Voraussetzungen erregt sich ein Gleichstromnebenschlussgenerator nicht selbst?

_____
_____
_____
_____
_____
_____

9 Elektrische Maschinen

4. Wie wird bei einem Gleichstromnebenschlussgenerator die Spannung eingestellt?

5. Nennen Sie den Unterschied im Betriebsverhalten beim fremderregten Generator und beim Nebenschlussgenerator.

Bild 1: Ständer einer Gleichstrommaschine

6. Was versteht man beim Gleichstromgenerator unter der Ankerrückwirkung?

Bild 2: Ständer mit Hauptpol-, Wendepol- und Kompensationswicklung

7. In welche Richtung verschiebt sich die neutrale Zone des Generators bei Belastung?

8. Welche Aufgaben haben bei Gleichstrommaschinen die Wendepole?

9. Warum muss bei der Drehrichtungsänderung die Wendepolwicklung zusammen mit dem Anker umgepolt werden?

10. Welche Aufgabe haben Kompensationswicklungen bei Gleichstromgeneratoren?

Gleichstrommotor

1. In welcher Richtung werden die Wicklungen von Gleichstrommotoren bei Rechtslauf durchflossen?

2. Wie ändert man bei einem Gleichstrommotor die Drehrichtung?

3. Was ist unter einem fremderregten Gleichstrommotor zu verstehen?

4. Welches Betriebsverhalten haben fremderregte Gleichstrommotoren?

5. Ein Gleichstrommotor wird mit Fremderregung betrieben (Bild 1).
    a) Wozu werden die Widerstände R_E und R_A verwendet?
    b) Nennen Sie die Klemmenbezeichnungen.
    c) Welche Aufgabe haben die Wendepolwicklungen?

Bild 1: Fremderregter Gleichstrommotor

6. Beschreiben Sie den Aufbau eines Doppelschlussmotors.

7. Wann werden Doppelschlussmotoren eingesetzt?

8. Welche Eigenschaften haben Gleichstrommotoren?

9. Wie kehrt man bei einem Gleichstrommotor die Drehrichtung um?

10. Von welchen Größen hängt beim Gleichstrommotor das Drehmoment ab?

11. Warum darf ein Gleichstrommotor nicht an der vollen Netzspannung eingeschaltet werden?

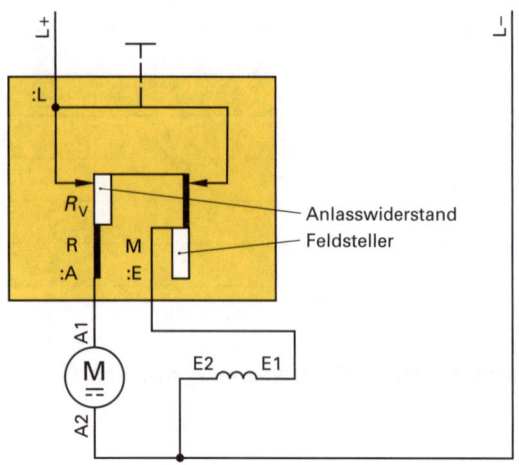

Bild 1: Nebenschlussmotor mit Anlasswiderstand und Feldsteller

12. Wie erhöht man die Ankerdrehzahl beim fremderregten Motor über die Bemessungsdrehzahl hinaus?

13. In welche Richtung verschiebt sich im Gleichstrommotor die neutrale Zone bei Belastung?

14. Welche Reihenfolge haben Hauptpole und Wendepole am Ständerumfang beim Gleichstrommotor?

15. Was versteht man unter dem Nebenschlussverhalten eines Gleichstrommotors?

16. Welches Betriebsverhalten haben Reihenschlussmotoren?

17. Wozu werden Reihenschlussmotoren verwendet?

Universalmotoren

1. Wozu werden Universalmotoren verwendet?

2. Welches Betriebsverhalten haben Universalmotoren?

3. Mit welchem Gleichstrommotor ist ein Universalmotor im Betriebsverhalten vergleichbar?

4. Nennen Sie Möglichkeiten der Drehzahlsteuerung bei Universalmotoren.

Scheibenläufermotoren

1. Beschreiben Sie den Aufbau eines Scheibenläufermotors.

2. Welche besonderen Eigenschaften haben Scheibenläufermotoren?

9 Elektrische Maschinen

Frequenzumformer

1. Erklären Sie die Wirkungsweise eines asynchronen Frequenzumformers.

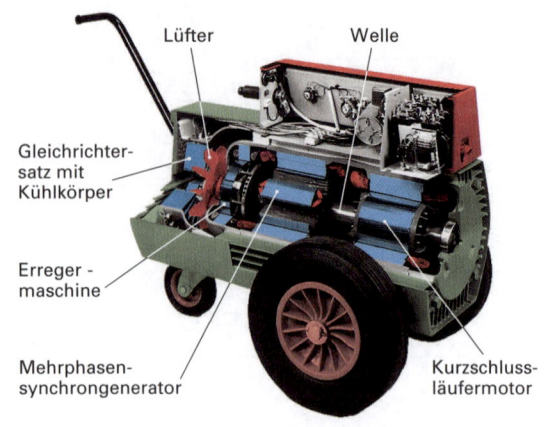

Bild 1: Motorgenerator (Schweißumformer)

Beschriftungen: Lüfter, Welle, Gleichrichtersatz mit Kühlkörper, Erregermaschine, Mehrphasensynchrongenerator, Kurzschlussläufermotor

2. Skizzieren Sie die Schaltung eines asynchronen Frequenzumrichters und beschreiben Sie die Arbeitsweise.

Arbeitsweise:

Kenngrößen von Drehfeldmaschinen

1. Nach DIN EN 60034-1 (VDE 530 Teil 1) werden bei Elektromotoren die Betriebsarten S1 bis S10 unterschieden. Geben Sie an, was die entsprechenden Bezeichnungen bedeuten, und beschreiben Sie das zeitliche Verhalten.

   a) S1: _____

   b) S2: _____

   c) S3, S4, S5: _____

   d) S6: _____

   e) S7: _____

   f) S8: _____

   g) S9: _____

   h) S10: _____

9 Elektrische Maschinen

2. Nennen Sie Isolierstoffklassen und geben Sie deren höchstzulässige Dauertemperatur an.

_____
_____

Isolierstoffklassen für elektrische Maschinen (Auswahl nach DIN VDE 0530)		
Klasse	Höchstzulässige Dauertemperatur in °C	Isolierstoffe Beispiele
E		
B		
F		
H		

Bild 1: Isolierstoffklassen

3. Was versteht man unter der Grenzübertemperatur?

_____
_____
_____
_____

4. Welche Prüfungen sind nach Neuwicklung oder Instandsetzung von Wicklungen elektrischer Maschinen durchzuführen?

_____
_____
_____
_____
_____
_____

Frequenzumrichter

1. Durch welche Größen ist die Drehzahl von Drehfeldmaschinen festgelegt?

_____
_____

2. Erklären Sie kurz die Aufgabe der drei Funktionsblöcke A, B und C eines Frequenzumrichters!

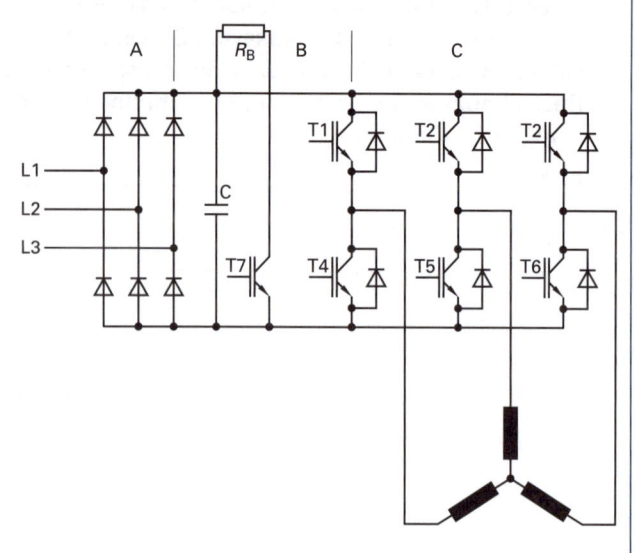

Bild 2: Funktionsblöcke eines Frequenzumrichters

_____
_____
_____
_____
_____
_____

3. Wie wird R_B bezeichnet, und welche Aufgabe hat er?

_____
_____
_____

4. Als elektronische Schalter werden im Wechselrichter IGBT verwendet. Was bedeutet IGBT?

_____

5. Erklären Sie die Funktionsweise eines IGBT und zählen Sie seine besonderen Eigenschaften auf.

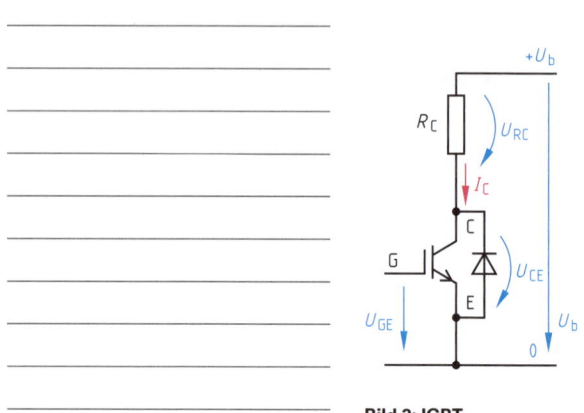

_____
_____
_____
_____
_____
_____
_____
_____

Bild 3: IGBT

6. Warum ist eine Diode parallel zum IGBT geschaltet?

7. Welche Art von Wechselspannung erzeugt der Wechselrichter?

8. Wie entsteht aus dieser Spannung ein sinusförmiger Wechselstrom?

Bild 1: Motorspannung und Motorstrom

9. Welche RCDs sind für die Absicherung von FUs zu verwenden?

Servoantrieb

1. Was ist ein Servoantrieb?

2. Welche Eigenschaften besitzen Servoantriebe?

3. Wo werden Servoantriebe eingesetzt?

4. Beschreiben Sie den Aufbau eines Synchronmotors.

5. Beschreiben Sie die Funktion eines Synchronmotors.

6. Beschreiben Sie den Aufbau eines Schrittmotors.

7. Beschreiben Sie die Funktion eines Schrittmotors.

8. Um welchen Schrittmotor handelt es sich bei den Abbildungen jeweils?

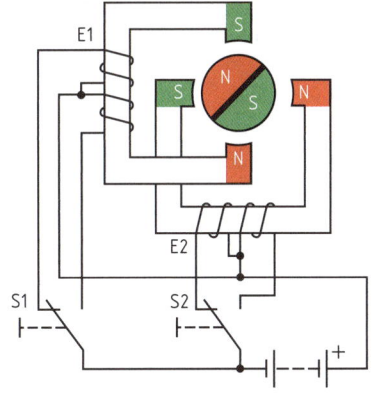

Bild 2: Bauform A

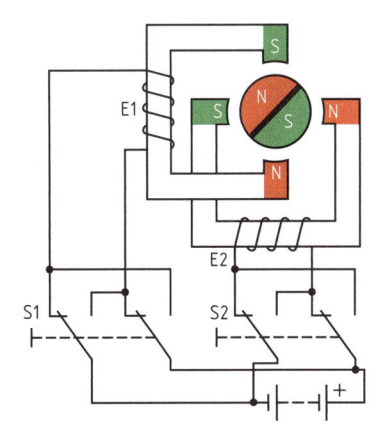

Bild 3: Bauform B

9. Wie berechnet sich der Schrittwinkel des in Bild 2 dargestellten Schrittmotors, und wie viele Schritte macht der Läufer pro Umdrehung?

10. Beschreiben Sie die Unterschiede zwischen Halbschrittbetrieb und Vollschrittbetrieb.

11. Wo werden Schrittmotoren eingesetzt?

Arbeitsauftrag

1. Ein Drehstromkurzschlussläufermotor wird am Netz 3 × 400 V, 50 Hz betrieben. Seine zulässige Strangspannung beträgt 230 V.

   a) Wie müssen die Wicklungen am Klemmbrett geschaltet werden?

   b) Zeichnen Sie das Motorklemmbrett mit Klemmenbezeichnungen, Brücken und Netzanschluss für Rechtslauf.

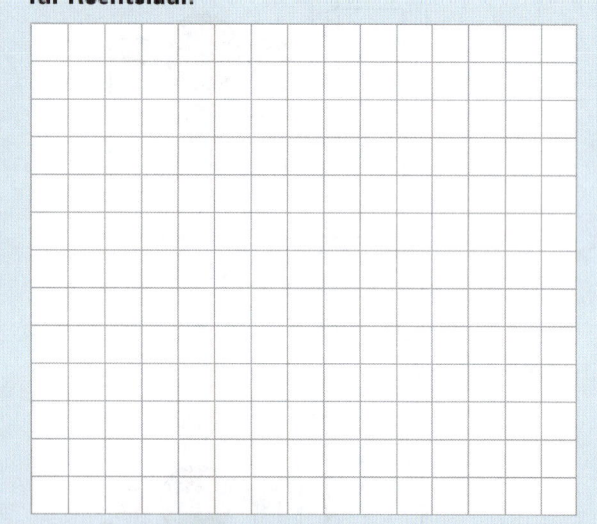

2. Ein Drehstromkurzschlussläufermotor mit dem Leistungsschild in Bild 1 wird mit Bemessungsleistung betrieben und treibt eine Arbeitsmaschine über eine Riemenscheibe mit 120 mm Durchmesser an.

Hersteller	
3~ Motor	Nr.:
△/Y 400V/690V	10,7 A / ...... A
5,5 kW S1	cos φ 0,88
1450 /min	50 Hz
Th.Cl.155 (F) IP 54	EN 60034

   Bild 1: Leistungsschild

   a) Bestimmen Sie Polzahl und Schlupf.

   b) Berechnen Sie die auf dem Leistungsschild fehlende Stromangabe für Sternbetrieb.

   c) Berechnen Sie den Motorwirkungsgrad.

   d) Bestimmen Sie das Drehmoment.

   e) Welche Kraft F wirkt am Umfang der Riemenscheibe?

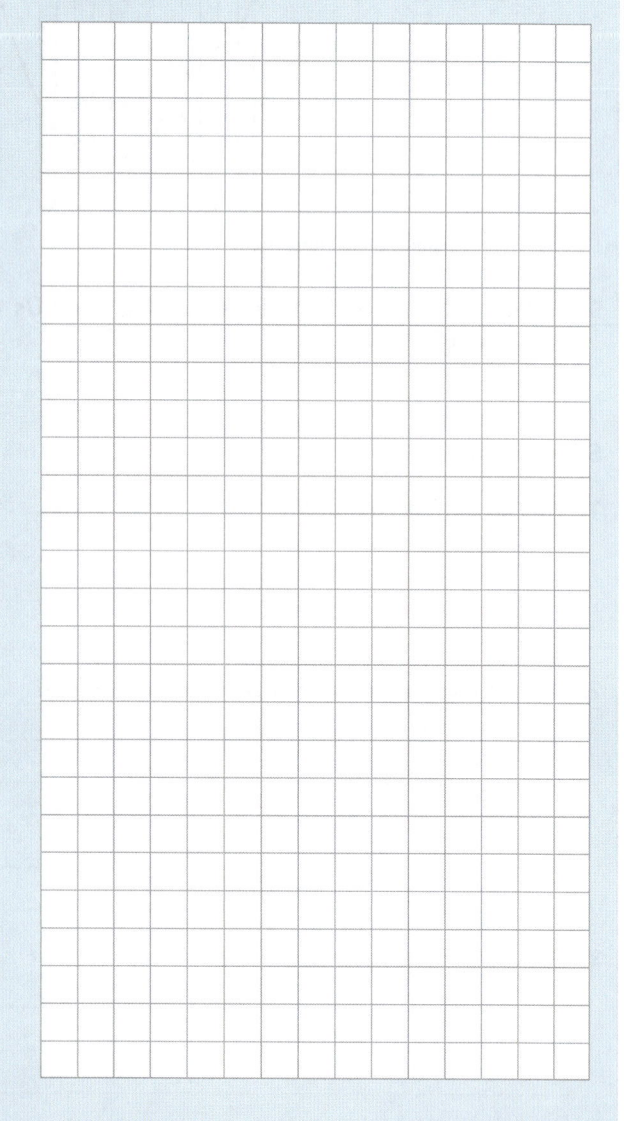

9.2 Elektrische Antriebe

3. Nennen Sie für den Motor mit dem vorhergehenden Leistungsschild die Betriebsart und den Schutzumfang gegen Berühren, Fremdkörper sowie gegen Eindringen von Wasser.

   _____
   _____
   _____
   _____

4. Wie unterscheiden sich Gleichstromnebenschlussmotor und Gleichstromreihenschlussmotor

   a) im Drehzahlverhalten bei Laständerung und Leerlauf,

   _____
   _____
   _____

   b) im Aufbau der Erregerwicklungen,

   _____
   _____
   _____

   c) bei Unterbrechung der Erregerwicklung?

   _____
   _____
   _____

5. Aus welchen Komponenten besteht ein Servosystem?

   _____
   _____
   _____
   _____
   _____

   a) Welche Motoren sind für drehzahlvariable Antriebe einsetzbar?

   _____
   _____
   _____

   b) Welche Arten von Frequenzumrichter gibt es?

   _____
   _____
   _____

c) Aus welchen Komponenten ist der Frequenzumrichter aufgebaut?

   _____
   _____
   _____

d) Welche Aufgabe übernimmt der Zwischenkreis?

   _____
   _____

e) Erläutern Sie den Begriff Boost.

Bild 1: Frequenzumrichtersoftware

   _____
   _____
   _____
   _____
   _____
   _____
   _____

6. Skizzieren Sie den prinzipiellen Aufbau eines Servo-Antriebs

   _____
   _____
   _____

   a) Welche Motorarten sind als Servo-Motor einsetzbar?

   _____
   _____
   _____

   b) Welche Abhängigkeit wird in Motor-Fahrkurven dargestellt?

   _____
   _____

9.3 Elektromagnetische Verträglichkeit (EMV)

1. Was ist unter Elektromagnetischer Verträglichkeit (EMV) zu verstehen?

2. Wann liegt EMV vor?

3. Nennen Sie EMV-Schutzmaßnahmen.

9.4 Schutzmaßnahmen

1. Warum ist elektrischer Strom für Menschen und Tiere gefährlich?

2. Welche Körperreaktionen sind beim Berühren unter Spannung stehender Teile zu erwarten?

	a)	b)	c)	d)
Berührungsstromstärke in mA	< 0,5	100	100	50
Einwirkdauer in Sekunden	10	1	0,020	0,5

3. Welche Spannungsart ist für den Menschen gefährlicher und warum?

4. Erklären Sie die Begriffe „Direktes Berühren" und „Indirektes Berühren".

5. Erklären Sie den Begriff „Aktives Teil".

6. Erklären Sie den Begriff „Elektrische Betriebsmittel".

7. Erklären Sie den Begriff „Erde".

8. Ab welcher Spannungshöhe sind Maßnahmen zum Schutz bei indirektem Berühren erforderlich?

9. Wer darf solche Maßnahmen durchführen?

10. Durch elektrische Betriebsmittel darf kein Schaden an Lebewesen oder Sachwerten entstehen. Welche Bestimmungen sind hierfür einzuhalten?

9.4 Schutzmaßnahmen

11. Erklären Sie die Sicherheitszeichen, die auf Betriebsmitteln und Geräten zu finden sind.

a) VDE   b) VDE   c) GS geprüfte Sicherheit   d) CE

Bild 1: Prüfzeichen

12. Beschreiben Sie die Schutzklassen I, II und III.

Schutzklasse	Kennzeichen	Verwendung bei Schutzmaßnahme
I		
II		
III		

Bild 2: Schutzklassen

13. Darf an spannungsführenden Anlagen gearbeitet werden?

14. Beschreiben Sie die fünf Sicherheitsregeln.

Die fünf Sicherheitsregeln für Arbeiten im spannungsfreien Zustand (nach DIN VDE 0105)	
1. Freischalten	
2. Gegen Wiedereinschalten sichern	
3. Spannungsfreiheit feststellen	
4. Erden und kurzschließen	
5. Benachbarte unter Spannung stehende Teile abdecken oder abschranken	

Bild 3: 5 Sicherheitsregeln

15. Erklären Sie den Begriff „Berührungsspannung".

Arbeitsauftrag

1. Beschreiben Sie die Begriffe
   a) Kurzschluss,
   b) Körperschluss,
   c) Leiterschuss und
   d) Erdschluss.

   a) _____

b) _____

c) _____

d) _____

2. Erklären Sie die Begriffe Fehlerspannung und Berührungsspannung.
_____

3. Welche Werte gelten nach DIN VDE als zulässige Berührungsspannung U_L?

Berührungsspannungen	
• für Menschen	
• Kinderspielzeuge • Kesselleuchten • im Tierbereich • in landwirtschaftlichen und gartenbaulichen Anwesen	

Bild 1: Berührungsspannungen

Zur Vertiefung

1. In welcher Norm sind Schutzmaßnahmen gegen elektrischen Schlag festgelegt?

2. Durch welche Maßnahmen wird ein Schutz gegen direktes als auch indirektes Berühren erreicht?

3. Durch welche Maßnahmen wird ein Schutz gegen elektrischen Schlag unter normalen Bedingungen erreicht?

4. Durch welche Maßnahmen wird ein Schutz gegen elektrischen Schlag unter Fehlerbedingungen erreicht?

5. Ab welchen Spannungen sind Maßnahmen zum „Schutz gegen direktes Berühren" durchzuführen?

6. Was ist unter Schutz durch Isolierung aktiver Teile zu verstehen?

7. Was ist unter Schutz durch Abdeckung oder Umhüllung zu verstehen?

8. Was ist unter Schutz durch Hindernisse zu verstehen?

9. Was ist unter Schutz durch Abstand zu verstehen?

10. Was ist unter „Schutz gegen elektrischen Schlag unter Fehlerbedingungen" zu verstehen?

11. Wie ist der PE-Leiter bzw. PEN-Leiter gekennzeichnet?

12. Beschreiben Sie die Funktionsweise der Schutzmaßnahme im TN-System.

13. Welche Aufgabe haben RCDs?

14. In welchen Intervallen ist ein RCD zu prüfen?

15. Beschreiben Sie das Funktionsprinzip eines RCDs.

16. Beschreiben Sie die Funktionsweise der Schutzmaßnahme im TT-System.

17. Beschreiben Sie die Funktionsweise der Schutzmaßnahme im IT-System.

9 Elektrische Maschinen

Arbeitsauftrag

1. Wodurch unterscheiden sich TN-, TT-, und IT-Systeme?

   - TN-System: _____

   - TT-System: _____

   - IT-System: _____

2. Welche Abschaltzeiten sind im TN-System zulässig?

Maximale Abschaltzeiten im TN-System (nach DIN VDE 0100 Teil 410)		
Stromkreise	**Spannung U_0**	**Abschaltzeit**
• Endstromkreise, die über Steckdosen oder festen Anschluss Handgeräte oder ortsveränderliche Betriebsmittel der Schutzklasse I versorgen		
• Verteilungsstromkreise in Gebäuden • Endstromkreise derselben Verteilung, mit nur ortsfesten Verbrauchsmitteln		

   Bild 1: Abschaltzeiten im TN-System

3. Was versteht man unter Schleifenimpedanz, und wie groß darf sie maximal sein?

   _____

4. Welche Bedeutung hat die Erdung des PEN-Leiters über den Fundamenterder?

   _____

5. Welche Bedingungen gelten für den Erdungswiderstand R_A im TT-System?

Abschaltzeiten im TT-System (nach DIN VDE 0100 Teil 410)	
Art der Schutzeinrichtung	**Abschaltzeit**
Überstromschutzeinrichtung mit zeit- und stromabhängiger Auslösecharakteristik, z. B. Schmelzsicherung gG (gL)	
Schutzeinrichtung mit unverzögerter Auslösekennlinie, z. B. Leitungsschutzschalter	
Fi-Schutzschalter (RCD) normaler Bauart	
Selektive RCDs, z. B. der Bauart S	

   Bild 2: Abschaltzeiten im TT-System

6. Welche Vorteile hat der RCD (FI-Schutzschalter) gegenüber Überstrom-Schutzeinrichtungen?

7. Warum ist der Einsatz eines RCD im TT-System zu empfehlen?

Schutzisolierung

1. Beschreiben Sie Schutzklasse II.

2. Nennen Sie Arten von Spannungsquellen zur Erzeugung von Kleinspannung.

3. Unter welchen Bedingungen gilt Kleinspannung als PELV-Stromkreis?

4. Welchen Mindestwiderstand müssen Wände und Fußböden in nicht leitenden Räumen haben?

5. Erklären Sie das Prinzip der Schutzmaßnahme Schutztrennung.

6. Wann muss eine Prüfung nach VDE 0100 Teil 610 durchgeführt werden?

7. Was ist nach VDE 0100 Teil 610 unter „Besichtigen" zu verstehen?

9 Elektrische Maschinen

8. Was ist nach VDE 0100 Teil 610 unter „Erproben und Messen" zu verstehen?

9. Was ist nach Abschluss der Prüfung anzufertigen?

10. Wie wird die Durchgängigkeit des Schutzleiters nach VDE 0100 gemessen?

11. Wie wird die Isolationswiderstandsmessung in elektrischen Anlagen nach VDE 0100 gemessen?

Mindest-Isolationswiderstände		
Anlage	Mess-spannung	Isolations-widerstand
Stromkreise und Betriebsmittel für Kleinspannung SELV und PELV		
Nennspannung ≤ 500 V (außer Kleinspannung SELV und PELV)		
Nennspannung > 500 V		

Bild 1: Mindest-Isolationswiderstände

12. Welche Prüfungen sind im TN-, TT- und IT-System vor Inbetriebnahme durchzuführen?

13. Wie ist die Drehfeldrichtung bei Drehstromsteckdosen festgelegt?

9.4 Schutzmaßnahmen

Zur Vertiefung

1. Weshalb muss die Prüfung des Isolationswiderstandes mit Gleichspannung durchgeführt werden?

2. Wie groß muss der Prüfstrom bei der Isolationswiderstandsmessung mindestens sein?

3. Nennen Sie den Mindest-Isolationswiderstand für Elektrowerkzeuge der Schutzklasse I und II.

4. Warum sind bei der Erdungsmessung zwischen Sonden und Hilfserder bestimmte Abstände zu beachten?

5. Zeichnen Sie den Potenzialverlauf bei der Erdungsmessung ein.

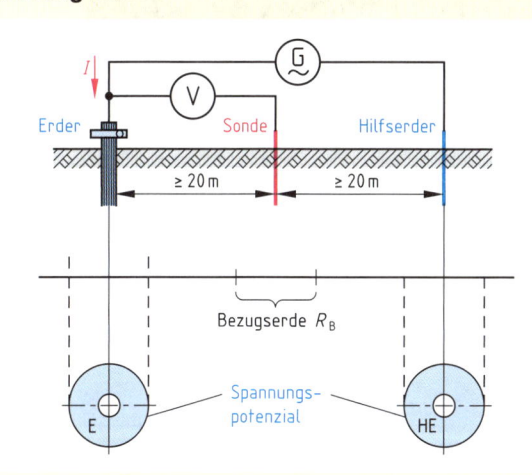

Bild 1: Anordnung von Erder (E), Sonde und Hilfserder (HE)

6. Warum ist zur Messung des Erdungswiderstandes Wechselspannung erforderlich?

Arbeitsauftrag

1. Welche Schutzmaßnahmen gegen direktes Berühren gibt es nach DIN VDE 0100 Teil 410?

2. Welche Bedingungen gelten für Stecker und Steckdosen, damit die Forderungen für die Schutzmaßnahme Kleinspannung erfüllt sind?

3. Nennen Sie einige Betriebsmittel, bei denen Schutzisolierung verwendet wird.

4. Weshalb sind elektrostatische Entladungen für Halbleiterbauteile gefährlich?

5. Was versteht man bei Bauteilen unter der Bezeichnung EGB?

6. Weshalb soll man vor dem Berühren elektrostatisch gefährdeter Bauteile ein geerdetes Teil berühren?

7. Wodurch können elektrostatische Entladungen auftreten?

8. Welche Möglichkeiten bestehen, einen Arbeitsplatz gegen elektrostatische Aufladung zu schützen?

10 Steuerungstechnik

10.1 Grundlagen

1. Was ist laut DIN ein System?

2. Was versteht man unter Steuerung?

3. Stellen Sie das Prinzip einer Steuerung als Steuerkette dar. Verwenden Sie dazu folgende Begriffe: Steuereinrichtung, Stellglied, Steuerstrecke.

4. Was bedeutet im Zusammenhang mit der Steuerungstechnik der Begriff „EVA"?

5. Was versteht man unter Regelung?

6. Erklären Sie den wesentlichen Unterschied zwischen einer Steuerung und einer Regelung.

7. Erläutern Sie den Unterschied zwischen verbindungsprogrammierten und speicherprogrammierten Steuerungen.

8. Welche Vorteile ergeben sich durch den Einsatz von speicherprogrammierten Steuerungen?

10.1 Grundlagen

9. Erläutern Sie am Beispiel einer Raumheizung den Unterschied zwischen einer Steuerung und einer Regelung.

Beispiel Raumheizung

_____
_____
_____
_____
_____
_____
_____

x Regelgröße
ϑ_R Raumtemperatur
w Führungsgröße
(Sollwert, z.B. 20 °C)

Bild 2: Regelung eines Heizkörpers

_____
_____
_____
_____
_____
_____
_____

y Stellgröße
w Führungsgröße
ϑ_A Außentemperatur

Bild 1: Steuerung eines Heizkörpers

10. Wann werden prinzipiell Steuerungen eingesetzt, wann Regelungen?

_____
_____
_____
_____

Arbeitsauftrag

1. Führen Sie die Steuerung in Bild 3 als zeitgeführte Steuerung aus und erläutern Sie die Unterschiede zur prozessabhängigen Steuerung

Bild 3: Ablaufsteuerung

Zeitgeführte Steuerung: _____
_____
_____
_____
_____
_____
_____
_____

Prozessabhängige Steuerung: _____
_____
_____
_____

2. Nennen und beschreiben Sie aus Ihrem betrieblichen Alltag weitere Regelungen.

_____
_____
_____
_____

3. Entwerfen Sie ein Beispiel, einmal als Steuerung und einmal als Regelung. Erläutern Sie die Unterschiede.

_____
_____
_____
_____
_____
_____
_____

4. Beschreiben und erläutern Sie Steuerungen aus Ihrem betrieblichen Umfeld.

_____
_____
_____
_____
_____

10.2 Digitaltechnik

Signalformen

1. Wodurch unterscheiden sich analoge, digitale und binäre Signale? Skizzieren Sie beispielhafte Verläufe.

2. Erklären Sie die Begriffe „positive Logik" und „negative Logik".

   _____
   _____
   _____
   _____
   _____

Logische Grundverknüpfungen

1. Welche Beschreibungsmöglichkeiten für digitale Funktionen gibt es?

   _____
   _____
   _____
   _____

2. Erklären Sie die UND-Verknüpfung und geben Sie alle relevanten Beschreibungsmöglichkeiten an.

3. Wie sieht das logische Zeichen für die UND-Verknüpfung aus?

   _____

4. Erklären Sie die ODER-Verknüpfung und geben Sie alle relevanten Beschreibungsmöglichkeiten an.

5. Wie sieht das logische Zeichen für die ODER-Verknüpfung aus?

6. Erklären Sie die NICHT-Funktion und geben Sie alle relevanten Beschreibungsmöglichkeiten an.

7. Wie sieht das logische Zeichen für die NICHT-Funktion aus?

8. Aus welchen Grundverknüpfungen besteht eine NAND-Verknüpfung?

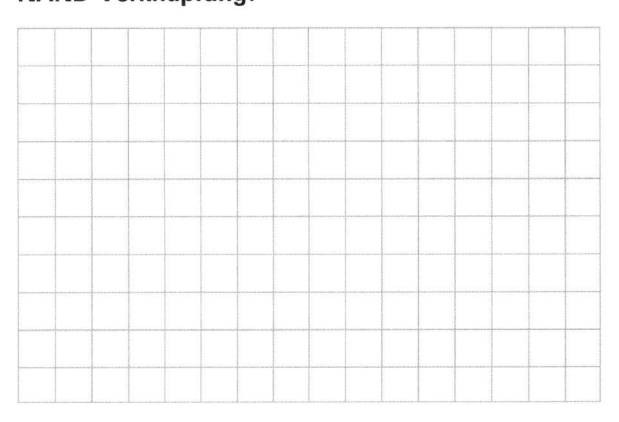

9. Erklären Sie die Funktionsweise des Exklusiv-ODER.

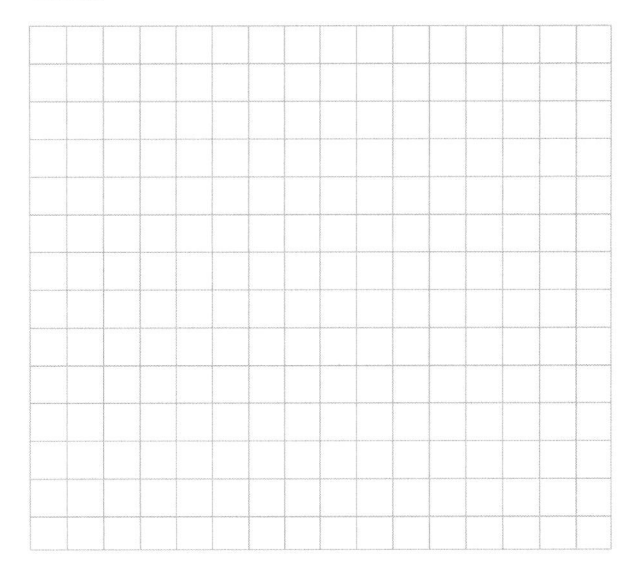

10. Erklären Sie die Funktionsweise des Exklusiv-NOR.

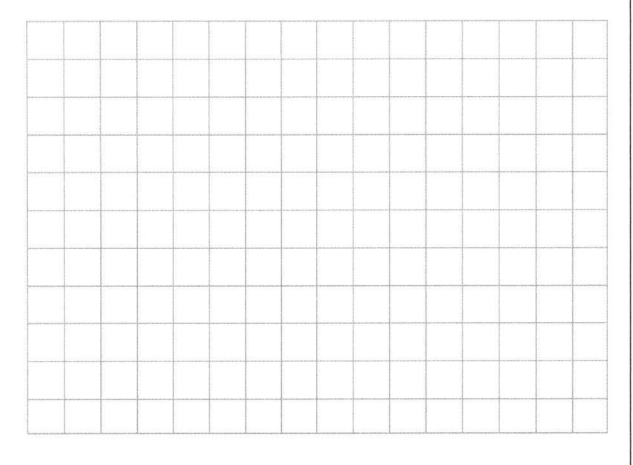

11. Wie hängen beide Funktionen, als Logikgleichung geschrieben, zusammen?

Elektronische Schaltkreisfamilien

1. Welche Grundvoraussetzungen müssen gegeben sein, wenn man aus mehreren Logikbausteinen Schaltnetze aufbauen möchte?

2. Was ist beim Aufbau eines Schaltnetzes in Bezug auf unbenutzte Eingänge zu beachten?

Arbeitsauftrag

1. Realisieren Sie eine ODER-Funktion durch NAND-Gatter.

2. Bilden Sie die ODER-Funktion durch NOR-Gatter nach.

Entwerfen logischer Verknüpfungsschaltungen

1. Beschreiben Sie eine mögliche Vorgehensweise, um eine digitale Schaltung zu entwerfen.

2. Was bedeutet der Begriff „disjunktive Normalform"?

3. Was bedeutet der Begriff „konjunktive Normalform"?

4. Welche Rechenregel gilt in Bezug auf die Grundverknüpfungen UND und ODER?

5. In einer Werkhalle soll die Beleuchtung von zwei Stellen unabhängig voneinander ein- und ausgeschaltet werden können.

   Festlegung: Schalter 1: E1
                     Schalter 2: E2
                     Leuchte: A1

   a) Erstellen Sie die Funktionstabelle.

E1	E2	A1	Logikgleichung, disjunktiv (ODER)	Logikgleichung, konjunktiv (UND)
0	0	0		
0	1	1		
1	0	1		
1	1	0		

   b) Entwickeln Sie die ODER- und die UND-Normalform.

   c) Geben Sie den Logikplan für die beiden Normalformen an.

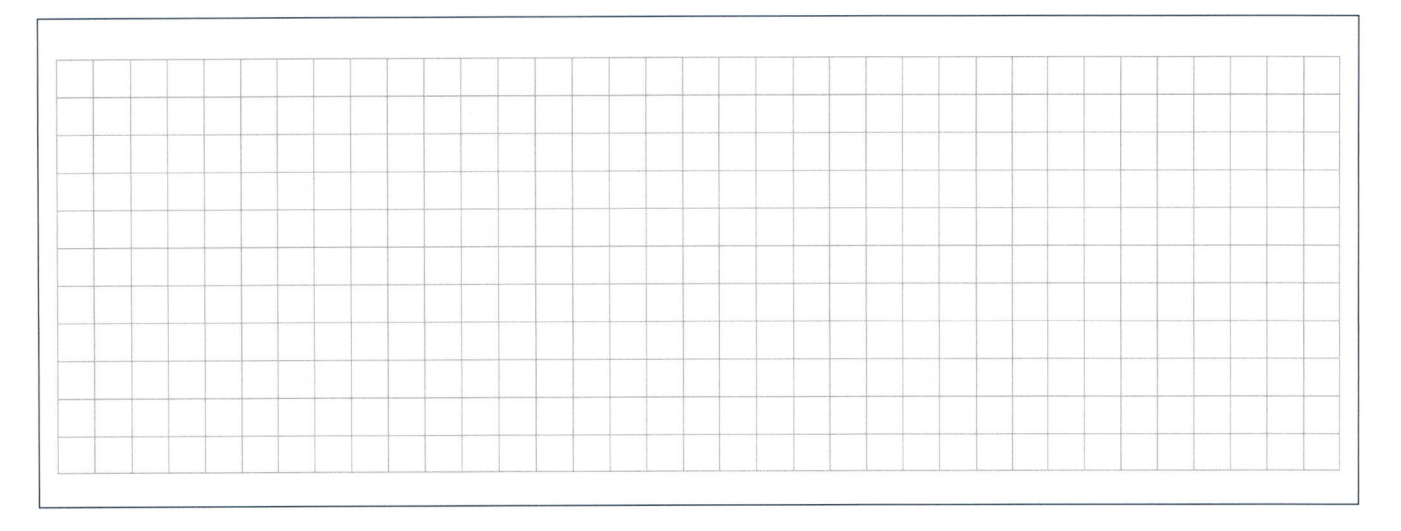

Arbeitsauftrag

1. Für das Füllen einer Tankanlage darf immer nur aus zwei von drei Bunkern Treibstoff einlaufen, um ein Überladen der Tankanlage zu vermeiden.

   a) Erstellen Sie für diesen Sachverhalt die Funktionstabelle und entwickeln Sie daraus die Funktionsgleichung für die disjunktive (ODER-)Normalform und die konjunktive (UND-)Normalform.

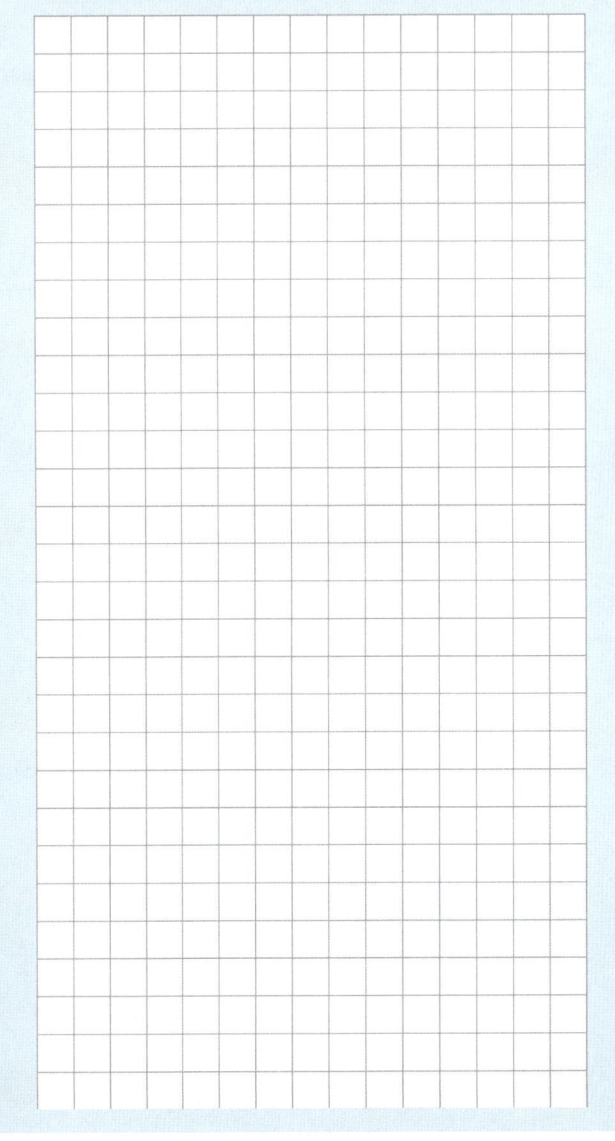

   b) Geben Sie den Logikplan für die beiden Normalformen an.

2. Welche Form ist in o.g. Fall sinnvoller? Begründen Sie.

   _____
   _____
   _____
   _____

10 Steuerungstechnik

3. Wann führt der Ausgang A1 aus dem Schaltbeispiel 1 ein „1"-Signal?

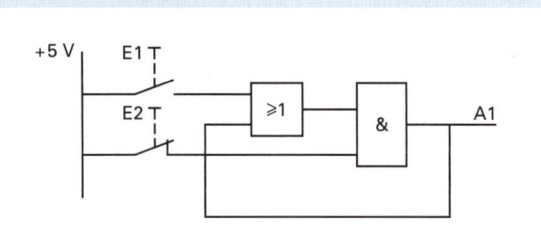

Bild 1: Schaltbeispiel 1

_____
_____
_____
_____

4. Wie verhalten sich die Ausgänge nach einmaligem Betätigen des Tasters E1?

_____
_____

5. Welche Auswirkung hat das gleichzeitige Betätigen der Taster E1 und E2?

_____
_____

6. Welche praktische Bedeutung hat die Logikschaltung?

_____
_____

7. Wann führt der Ausgang A2 aus dem Schaltbeispiel 2 ein „1"-Signal?

Bild 2: Schaltbeispiel 2

_____
_____
_____
_____

8. Wie verhalten sich die Ausgänge nach einmaligem Betätigen des Tasters E1?

_____
_____

9. Welche Auswirkung hat das gleichzeitige Betätigen der Taster E1 und E2?

_____
_____

10. Welche praktische Bedeutung hat die Logikschaltung?

_____
_____

Vereinfachung von Funktionsgleichungen

1. Mit welchem Verknüpfungs-Typ lassen sich alle logischen Schaltungen aufbauen?

_____
_____

Minimierung mit KV-Diagramm

1. Was ist ein KV-Diagramm?

_____
_____
_____
_____
_____
_____

2. Wie wird eine Funktionstabelle in ein KV-Diagramm übertragen?

_____
_____
_____

Zeile	c	b	a	
0	0	0	0	
1	0	0	1	
2	0	1	0	
3	0	1	1	
4	1	0	0	
5	1	0	1	
6	1	1	0	
7	1	1	1	

	$\bar{a} \wedge \bar{b}$	$\bar{a} \wedge b$	$a \wedge b$	$a \wedge \bar{b}$
$\bar{c}$	$\bar{a} \wedge \bar{b} \wedge \bar{c}$	$\bar{a} \wedge b \wedge \bar{c}$	$a \wedge b \wedge \bar{c}$	$a \wedge \bar{b} \wedge \bar{c}$
c	$\bar{a} \wedge \bar{b} \wedge c$	$\bar{a} \wedge b \wedge c$	$a \wedge b \wedge c$	$a \wedge \bar{b} \wedge c$

Bild 3: Lage der Zeilen im KV-Diagramm

10.2 Digitaltechnik

3. Wie wird im KV-Diagramm vereinfacht?
   _____
   _____
   _____
   _____

4. Wie erhält man die vereinfachte Funktionsgleichung?
   _____
   _____
   _____

E3	E2	E1	A1	Logikgleichung
0	0	0	0	
0	0	1	0	
0	1	0	1	A1 = $\overline{E1} \wedge E2 \wedge \overline{E3}$
0	1	1	1	A1 = $E1 \wedge E2 \wedge \overline{E3}$
1	0	0	1	A1 = $\overline{E1} \wedge \overline{E2} \wedge E3$
1	0	1	1	A1 = $E1 \wedge \overline{E2} \wedge E3$
1	1	0	0	
1	1	1	1	A1 = $E1 \wedge E2 \wedge E3$

Beispiel:
Bei diesem Beispiel lautet die Logikgleichung für die rote Scheife: $E2 \wedge \overline{E3}$. E1 steht in dieser Schleife sowohl in negierter als auch in nicht-negierter Form und ist daher für die rote Schleife ohne Belang.
Die grüne Schleife lautet: $\overline{E2} \wedge E3$.
Die blaue Schleife lautet: $E1 \wedge E3$.
Die minimierte Funktionsgleichung lautet dann:
A = $E1 \wedge E3 \vee E2 \wedge \overline{E3} \vee \overline{E2} \wedge E3$

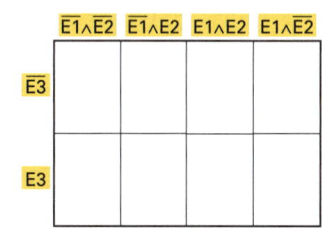

Bild 1: Beispiel: Vereinfachung mit KV-Diagramm

Arbeitsauftrag | **Analyse logischer Schaltungen**

1. Vereinfachen Sie untenstehende KV-Diagramme und geben Sie jeweils die minimale Funktionsgleichung und die dazugehörige Logikschaltung an.

Aufgabe 1

Aufgabe 2

Aufgabe 3

Aufgabe 4

Aufgabe 1

Aufgabe 2

Aufgabe 3

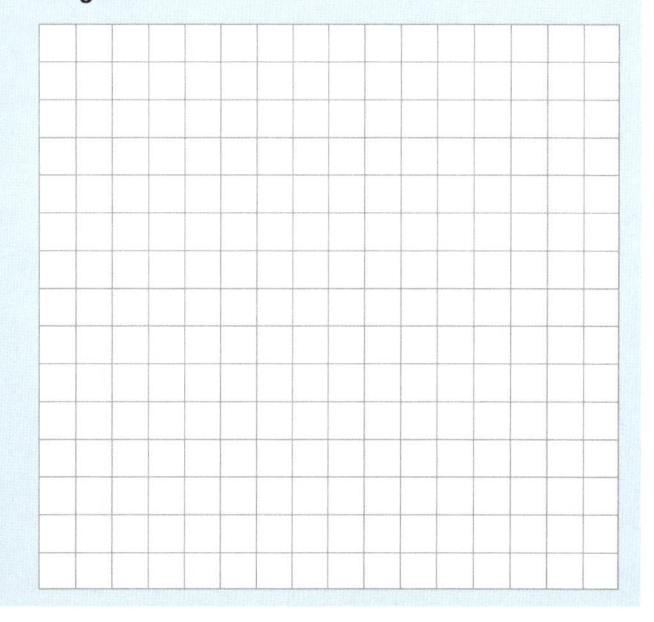

Aufgabe 4

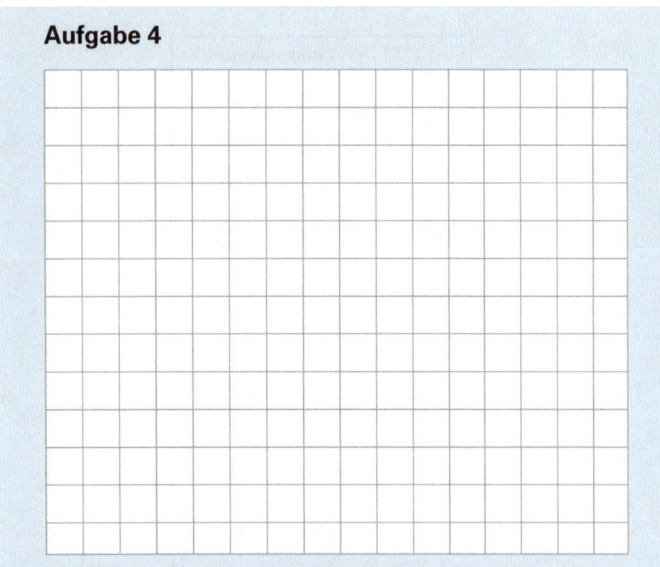

2. Die Datenübertragung von 4 Bit (a, b, c, d) soll durch eine Schaltung überwacht werden.
   Diese Logikschaltung liefert am Ausgang eine logische 1, wenn von den 4 Bits eine ungerade Anzahl den Wert 1 hat.
   a) Fertigen Sie die Funktionstabelle an.
   b) Erstellen Sie anhand der Tabelle die dazugehörige Funktionsgleichung in der disjunktiven Normalform (= ODER-Normalform).
   c) Vereinfachen Sie mit Hilfe des KV Diagramms, falls möglich.
   d) Zeichnen Sie den Logikplan für die Funktionsgleichung.

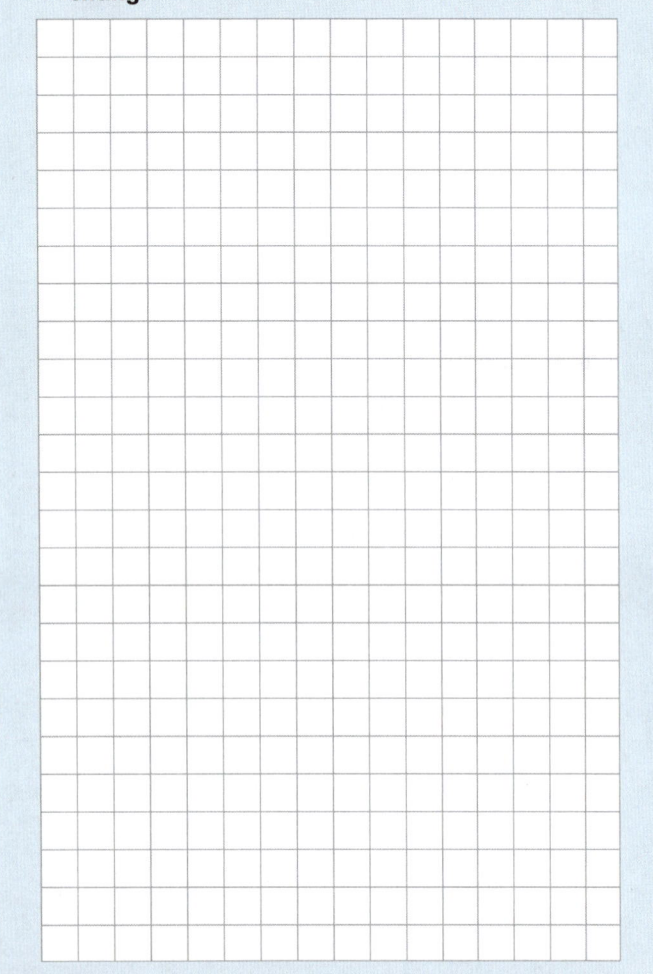

Speicherfunktionen

1. Wann liegt eine Speicherfunktion vor?

   _____
   _____
   _____
   _____
   _____

2. Mit welchen digitalen Bausteinen kann ein Eingangssignal dauerhaft gespeichert werden?

   _____
   _____
   _____
   _____
   _____

3. Erklären Sie die Funktionsweise von bistabilen Kippstufen.

   Bild 1: Bistabile Kippstufe, Schaltzeichen und Funktionstabelle

   S: Setzeingang
   R: Rücksetzeingang
   A: Ausgang

S	R	A
0	0	speichern
0	1	0
1	0	1
1	1	unbestimmt

   _____
   _____
   _____
   _____
   _____
   _____
   _____
   _____
   _____
   _____

4. Was bedeuten die Begriffe „vorrangiges Rücksetzen" und „vorrangiges Setzen"?

   _____
   _____
   _____
   _____
   _____
   _____
   _____
   _____

5. Woran erkennt man am Schaltzeichen eines einflankengesteuerten Kippgliedes die Ansteuerung mit ansteigender oder abfallender Flanke?

6. Erklären Sie folgendes Symbol.

   _____
   _____
   _____
   _____
   _____
   _____
   _____
   _____

Zähler

1. Wo werden in der Praxis Zähler eingesetzt?

2. Was ist ein Anzeigezähler?

3. Wie funktioniert ein Vorwahlzähler?

4. Erklären Sie die Begriffe Vorwärtszähler und Rückwärtszähler.

5. Wie sind Zähler aufgebaut?

Arbeitsauftrag | Asynchrone und synchrone Zähler

1. Worin unterscheiden sich statisch gesteuerte und dynamisch gesteuerte Kippglieder?
   Warum werden sehr oft dynamische und keine statischen Eingänge benutzt?

2. Wie viele Informationen können in einem JK-Master-Slave-Flip-Flop gespeichert sein?
   Begründen Sie Ihre Aussage.

3. Worin liegt der Unterschied zwischen einem synchronen und einem asynchronen Zähler?
   Nennen Sie Vor- und Nachteile beider Schaltvarianten.

10.2 Digitaltechnik

4. Analysieren Sie die untenstehende Abbildung, indem Sie das Impulsdiagramm zeichnen. Wofür kann diese Schaltung eingesetzt werden?

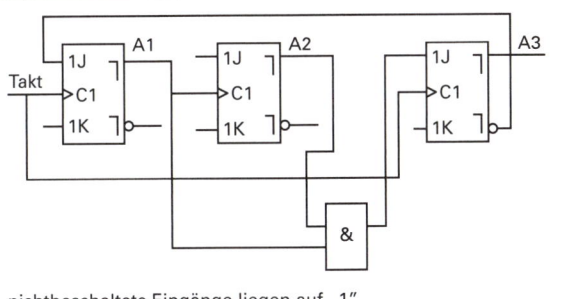

nichtbeschaltete Eingänge liegen auf „1"

Bild 1: Impulsdiagramm

5. Die untenstehende Abbildung zeigt die Impulsfolge am Takteingang und am Ausgang A eines zweiflankengesteuerten JK-Master-Slave-FF. Welche Informationen bzw. Impulsfolgen müssen am 1J- und 1K-Eingang anliegen?

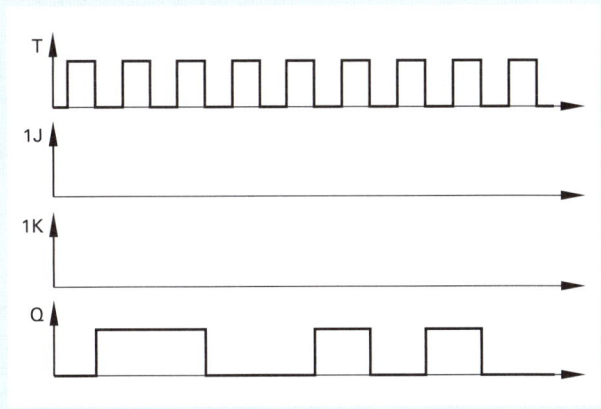

Bild 2: Impulsdiagramm für Ausgang Q

_____
_____
_____
_____
_____
_____

Schieberegister

1. Wozu werden Register benötigt?

_____
_____
_____

2. Weshalb brauchen Register keine Adresse, um Informationen zu schreiben oder zu lesen?

_____
_____
_____
_____

3. Wie arbeitet ein Seriell-Parallel-Wandler?

_____
_____
_____
_____
_____

4. Wie arbeitet ein Parallel-Seriell-Wandler?

_____
_____
_____

Spezielle Digitalbausteine

1. Erklären Sie den Begriff „monostabile Kippstufe".

_____
_____
_____
_____
_____
_____
_____

2. Zeichnen Sie das Schaltzeichen und das Impulsdiagramm der „monostabilen Kippstufe".

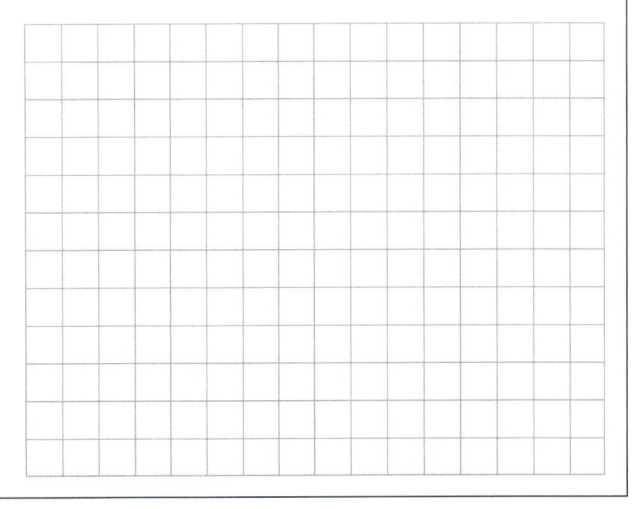

3. Erklären Sie den Begriff „astabile Kippstufe".

4. Zeichnen Sie Schaltzeichen und Impulsdiagramm der „astabilen Kippstufe".

5. Was ist ein Schmitt-Trigger?

Zahlensysteme

1. Welche Zahlensysteme werden in der Digitaltechnik verwendet? Geben Sie die Ziffern und die Basis an.

2. Worin unterscheiden sich diese Zahlensysteme?

3. Was gibt der Potenzwert einer Zahl an?

4. Was ist der Stellenwert?

5. Wie wandelt man eine Dezimalzahl in eine Dualzahl um?

6. Erklären Sie die Begriffe „MSB" und „LSB".

7. Wie wandelt man eine Dualzahl in eine Hexadezimalzahl um?

8. Wandeln Sie die Dualzahl 100111101100₍₂₎ in eine Hexadezimalzahl um.

Hexadezimal-system			Dezimal-system			Dualsystem				
16^2	16^1	16^0	10^2	10^1	10^0	2^4	2^3	2^2	2^1	2^0
256	16	1	100	10	1	16	8	4	2	1
		0			0	0	0	0	0	0
		1			1	0	0	0	0	1
		2			2	0	0	0	1	0
		3			3	0	0	0	1	1
		4			4	0	0	1	0	0
		5			5	0	0	1	0	1
		6			6	0	0	1	1	0
		7			7	0	0	1	1	1
		8			8	0	1	0	0	0
		9			9	0	1	0	0	1
		A		1	0	0	1	0	1	0
		B		1	1	0	1	0	1	1
		C		1	2	0	1	1	0	0
		D		1	3	0	1	1	0	1
		E		1	4	0	1	1	1	0
		F		1	5	0	1	1	1	1
	1	0		1	6	1	0	0	0	0

Bild 1: Gegenüberstellung der Zahlensysteme

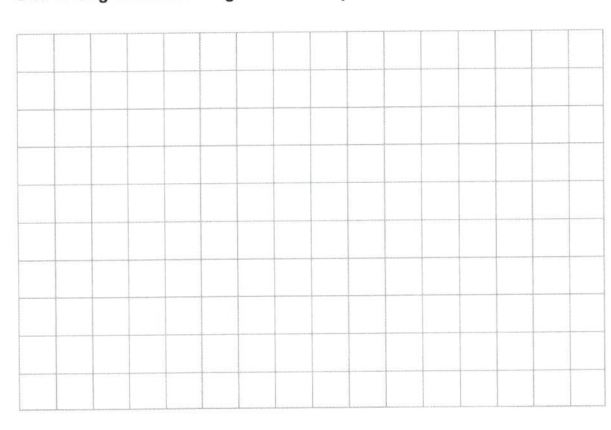

Codes

1. Was versteht man unter einem Code?

2. Welche Arten von Codes finden ihren Einsatz in der Technik?

Codewandler

1. Wozu werden Codewandler benötigt?

Signalumsetzer

1. Welche Art von Signalumsetzern kennen Sie?

2. Wozu werden Signalumsetzer benötigt?

3. Zeichnen Sie das Schaltzeichen eines Analog-Digital-Umsetzers.

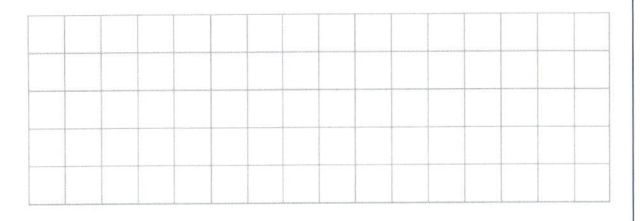

4. Wie sieht das Schaltzeichen des Digital-Analog-Umsetzers aus?

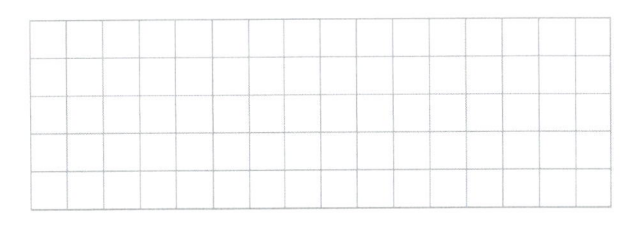

5. Was ist mit Quantisierung gemeint?

6. Was stellt das LSB dar?

10 Steuerungstechnik

Arbeitsauftrag

1. Welche Arten von Schieberegistern gibt es?

2. Beschreiben Sie die Arbeitsweise eines SR-Schieberegisters mit seriellem Ein- und Ausgang.

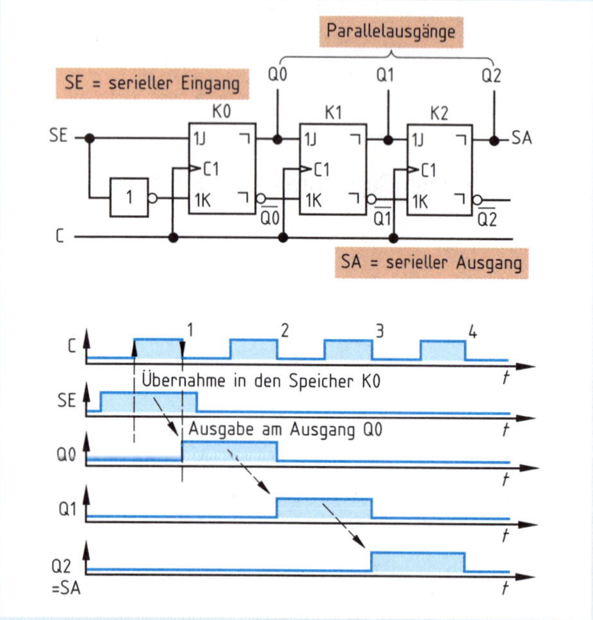

Bild 1: Schieberegister mit seriellem Eingang, seriellen und parallelen Ausgängen.

3. In der SPS-Technik werden FIFO-Speicher verwendet. Wie arbeiten diese Speicher?

4. Worin unterscheiden sich monostabile und astabile Kippstufen?

5. Wie arbeitet ein Schmitt-Trigger?

6. Wandeln Sie die Dezimalzahl 43 in eine Dualzahl um.

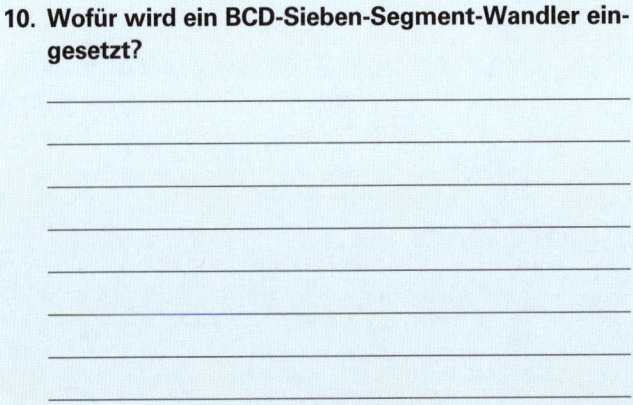

Zusatzfrage:

Welche Segmente müssen für die Ziffer 2 angesteuert werden?
BCD-Code: 0010 liegt an D0 – D3.
a = „1", b = „1", c = „0", d = „1", e = „1", f = „0", g = „1"

7. Wandeln Sie die Hexadezimalzahl A3F in eine Dualzahl um.

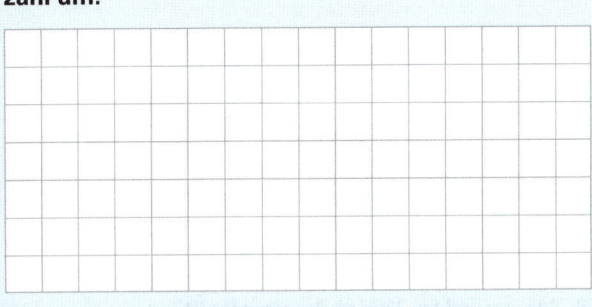

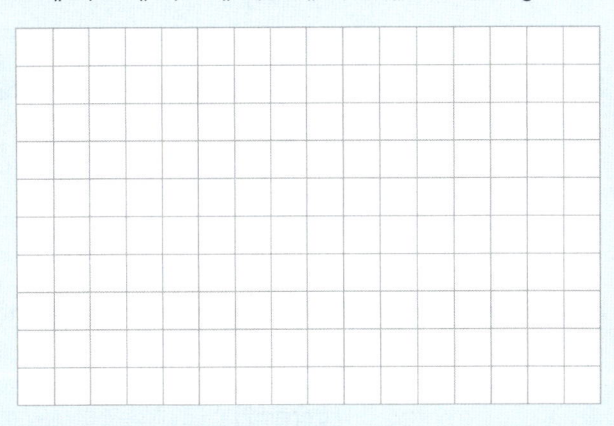

11. Welche Signalumsetzer gibt es? Geben Sie jeweils ein Beispiel an.

8. Was versteht man unter einem Code?

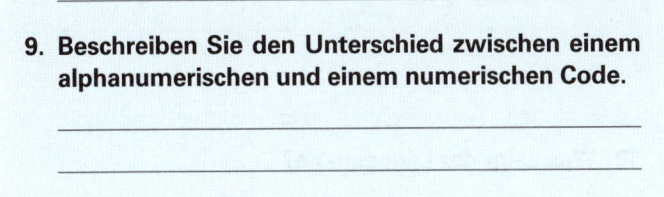

9. Beschreiben Sie den Unterschied zwischen einem alphanumerischen und einem numerischen Code.

12. Ein Spannungsbereich von 20 V soll mit 4 Bit digitalisiert werden. Entwickeln Sie das entsprechende Diagramm.

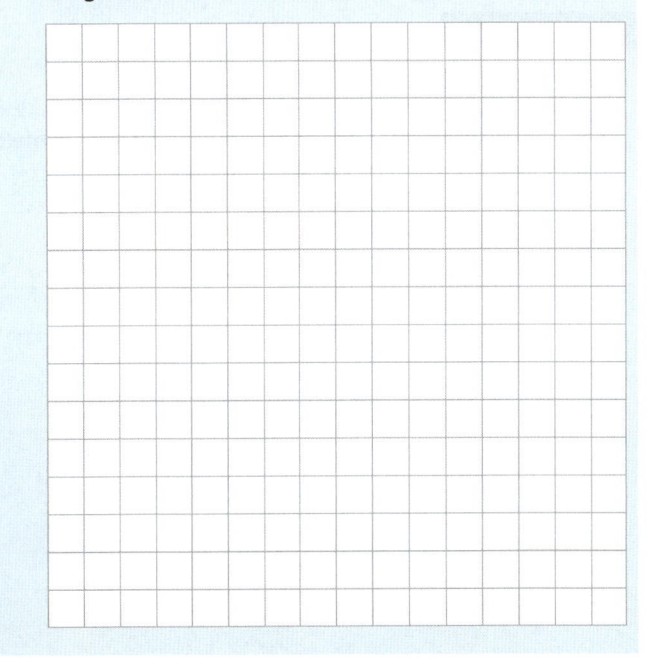

10. Wofür wird ein BCD-Sieben-Segment-Wandler eingesetzt?

10.3 Zeichnerische Darstellung von Steuerungen

1. Welche Aufgabe haben Wegeventile?

2. Nach welchen Kriterien wird ein Wegeventil benannt?

3. Was bedeuten die Zahlen bei den Anschlüssen des 5/2 Wegeventils?

4. Was ist ein GRAFCET?

5. Wie ist ein GRAFCET aufgebaut?

6. Wie setzt sich der Strukturteil zusammen?

7. Wie wird die Transition dargestellt und was sagt sie aus?

8. Was wird im Wirkteil dargestellt?

9. Was wird in einem Schaltplan dargestellt?

10. Was zeigt der Lageplan an?

Arbeitsauftrag

1. Skizzieren Sie
   a) 5/3 Wegeventil mit Sperr-Mittelstellung, druckluftbetätigt, federzentriert
   b) 4/3 Wegeventil mit Schwimmmittelstellung, elektromagnetische Betätigung, federzentriert
   und beschreiben Sie die Wirkungsweise.

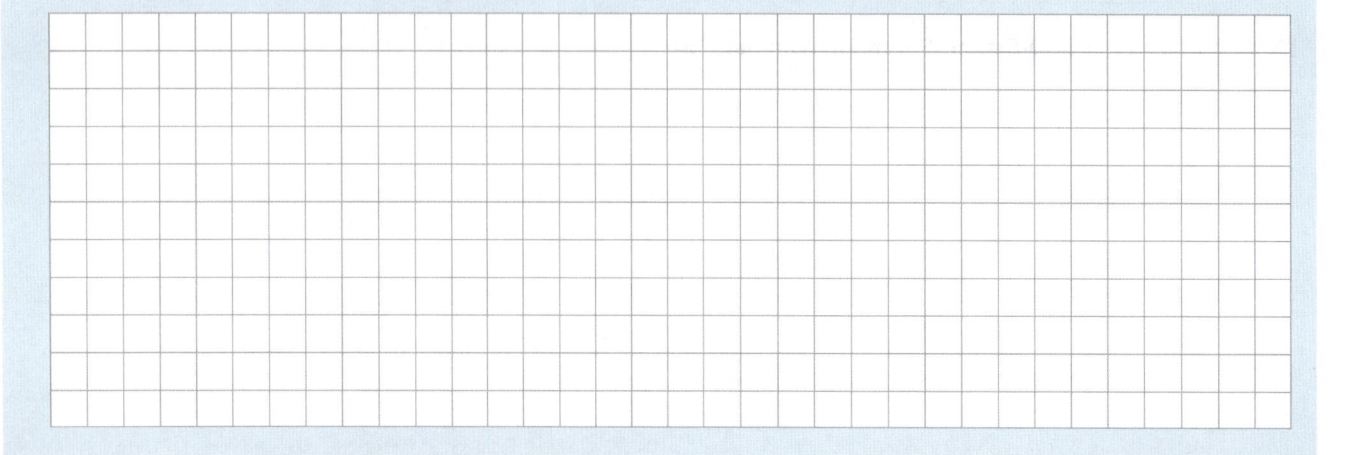

10.3 Zeichnerische Darstellung von Steuerungen

2. Die Anlage dient zum Ablängen von Blechen.

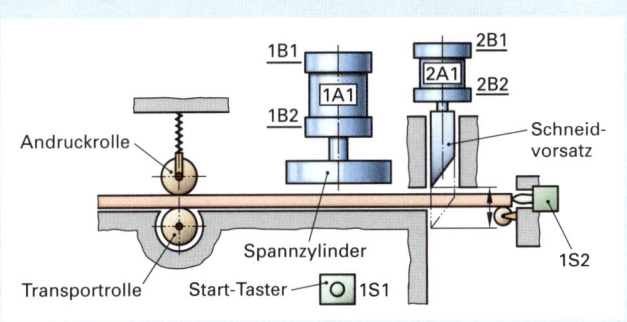

a) Erstellen Sie einen Funktionsplan.

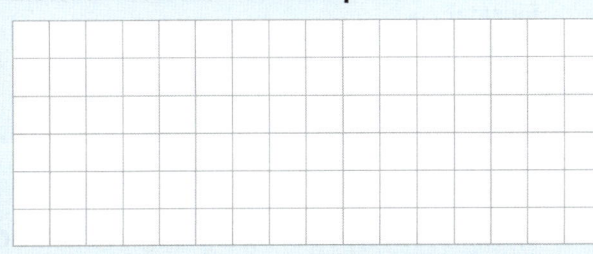

b) Erstellen Sie den GRAFCET.

c) Erstellen Sie einen pneumatischen Schaltplan.

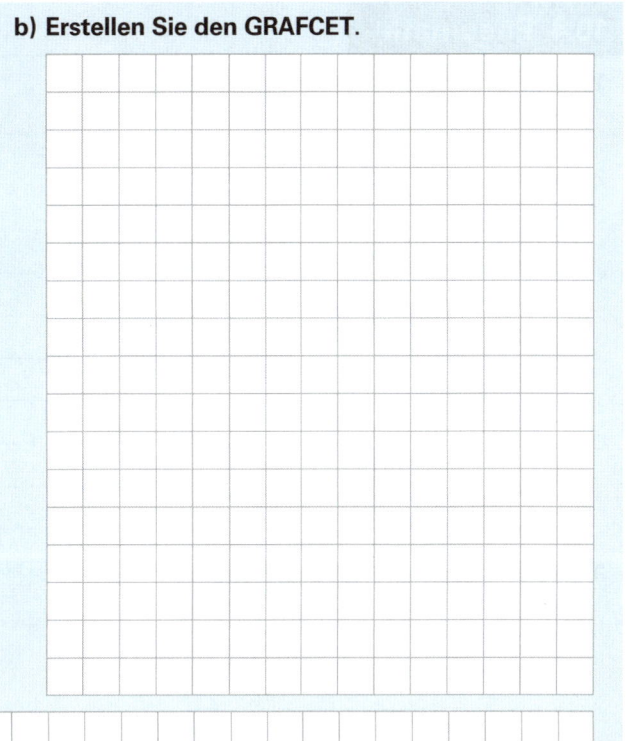

Zur Vertiefung

1. Was bedeutet im GRAFCET eine kontinuierlich wirkende Aktion?

2. Was bedeutet diese kontinuierlich wirkende Aktion?

3. Was bedeutet im GRAFCET eine speichernd wirkende Aktion?

4. Was bedeutet diese speichernd wirkende Aktion?

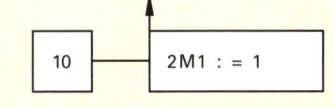

5. Was bedeutet bei einer speichernd wirkenden Aktion ein seitwärts weisender Pfeil (1)?

10.4 Pneumatik

1. Was versteht man unter Druckluft?

2. Nennen Sie Vorteile der Pneumatik

3. Welche Nachteile hat die Pneumatik

4. Aus welchen Elementen setzt sich die Luft zusammen?

5. Wie lautet die allgemeine Gasgleichung?

Verdichten-Aufbereiten-Verteilen

1. In welche zwei Kategorien werden Verdichter nach dem Funktionsprinzip eingeteilt?

2. In welchen Bereichen kommen Turboverdichter zum Einsatz?

3. Welche Filterarten gibt es, um die gewünschte Güteklasse bei der Druckluft herzustellen?

4. Welche Anforderungen werden an das Druckluftnetz gestellt?

5. Aus welchen Einzelteilen besteht eine Aufbereitungseinheit?

Arbeitsauftrag

1. Welchem Druck p_{abs} in hPa entspricht der Druck von $p_e = 1{,}25$ bar?

2. Wie groß ist der Überdruck p_e und der absolute Druck p_{abs} in 18 m und in 40 m Wassertiefe (in bar, hPa und psi)?

3. Ein Kompressor saugt 2290 Liter Luft bei p_{amb} = 1 bar an und presst sie in einen Kessel von 200 Liter.
   a) Wie groß ist der Druck im Behälter bei gleich bleibender Temperatur?
   b) Wie groß ist der Druck im Behälter, wenn sich die Luft von 20 °C auf 50 °C erwärmt?

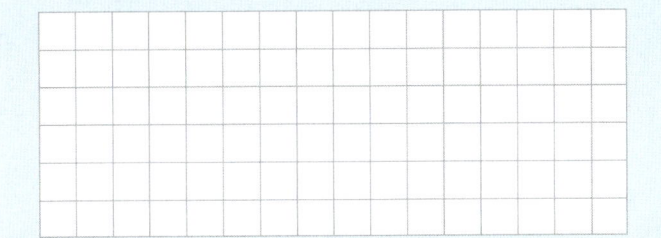

4. Eine Sauerstoffflasche fasst 50 Liter. Der Fülldruck beträgt p_e = 200 bar. Wie viele Liter Gas (bei p_{amb} = 1 bar) wurden entnommen, bei einem Restdruck von p_e = 10 bar?

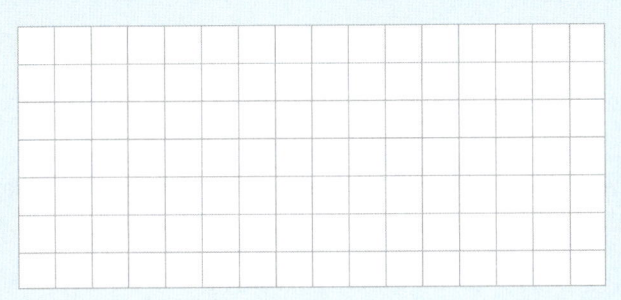

5. In einem Zylinder ist 1 Liter Luft bei p_{amb} = 1 bar eingeschlossen. Wie groß ist der Unterdruck im Zylinder, wenn das Volumen auf 3 Liter vergrößert wird?

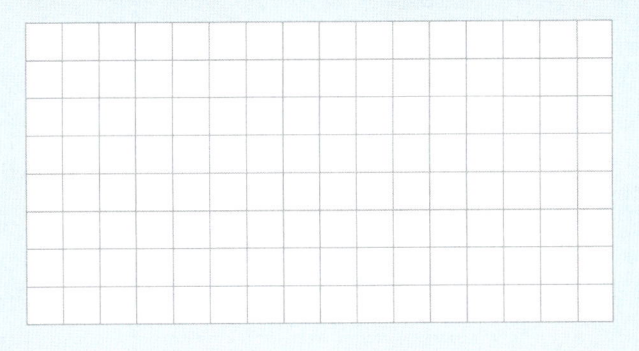

6. Aus einer Schutzgasflasche einer MAG-Schweißanlage mit einem Volumen von 50 Liter wurden bei einer Schweißarbeit 4360 Liter entnommen. Der Druck der Flasche vor den Schweißarbeiten betrug laut Manometer 190 bar. Welchen Wert zeigt das Manometer nach der Schweißarbeit bei p_{amb} = 1 bar an?

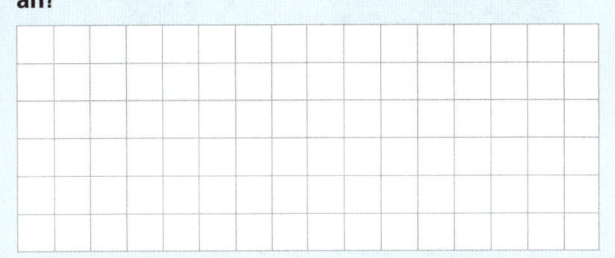

7. Eine Pumpe liefert einen Volumenstrom von 60 l/min. Wie groß muss der Innendurchmesser der Rohrleitung mindestens gewählt werden, damit die zulässige Durchflussgeschwindigkeit von 3,5 m/min nicht überschritten wird?

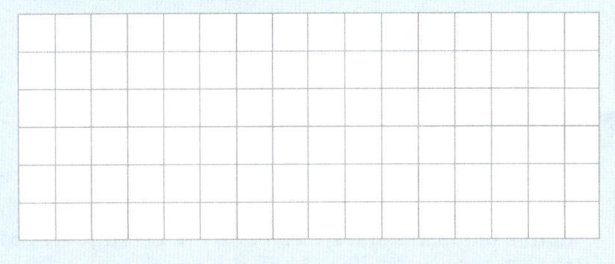

8. Welcher Volumenstrom ist erforderlich, um mit einem Zylinder eine Vorschubgeschwindigkeit von 110 m/min zu erreichen, wenn der Zylinderdurchmesser 100 mm beträgt?

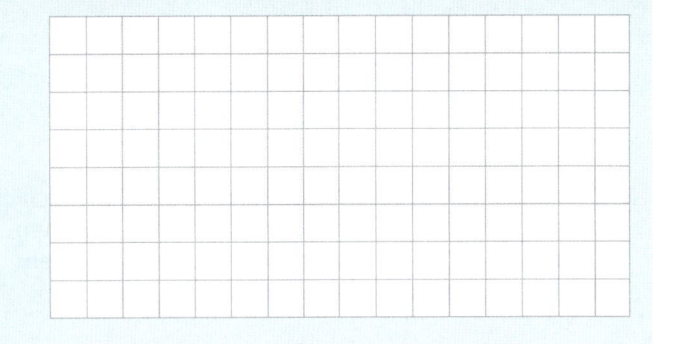

Arbeitsglieder (Aktoren)

1. Warum hat ein doppeltwirkender Zylinder beim Ausfahren eine andere Kraft als beim Einfahren?

2. Warum werden Endlagendämpfungen bei den meisten Zylindern angebracht?

3. Wie kann die Zylinderkolbenendlage zum Steuern benützt werden?

4. Was bedeutet dieses Bildzeichen?

10 Steuerungstechnik

5. Um welche Zylinder handelt es sich?

a)

b)

c)

d)

a) _____

b) _____

c) _____

d) _____

6. Nennen Sie die Formel für die Kraft $F = p_e \cdot A \cdot \eta$ in Worten.

_____

_____

_____

_____

7. Mit welchem Wirkungsgrad wird beim Betrieb von Zylinderbewegungen gerechnet?

_____

_____

_____

Arbeitsauftrag

1. Welcher Druck muss mindestens beim Einfahren eines doppeltwirkenden Zylinders vorhanden sein, damit eine Spannkraft von 2300 N erzeugt werden kann?
(D = 80 mm; d = 25 mm; η = 90%)

2. Ein doppeltwirkender Zylinder mit D = 100 mm soll eine Spannkraft von 2 kN erzeugen. Auf welchen Druck muss das Druckbegrenzungsventil vor dem Zylinder eingestellt werden?

3. Ermitteln Sie mithilfe eines Tabellenbuchs den Nenndurchmesser eines doppeltwirkenden Zylinders, der beim Ausfahren eine Spannkraft von mindestens 4 kN bei 90% Wirkungsgrad und 6 bar Betriebsdruck erzeugt.

4. Erklären Sie die Wirkungsweise des Druckübersetzers.

Entlüftung — Hydrauliköl — Rückstellfeder — Druckluft p_e 6 bar

_____

_____

_____

_____

_____

_____

_____

_____

_____

_____

5. Ermitteln Sie mithilfe eines Tabellenbuches den Mindestkolbenstangendurchmesser für eine Hubkraft von 6 kN und eine Hubhöhe von 500 mm.

_____

_____

_____

_____

_____

_____

10.4 Pneumatik

6. Erläutern sie die Funktionsweise eines Mehrfachzylinders (Tandemzylinder) mit 2 bzw. 3 bzw. 4 hintereinander geschalteten Zylindern.

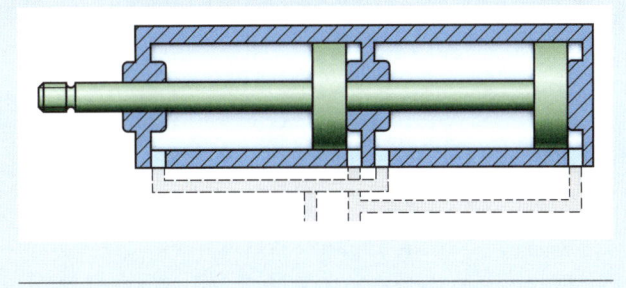

_____
_____
_____
_____
_____

7. Erläutern Sie den Aufbau und die Funktionsweise eines Doppelkolbenzylinders.

_____
_____
_____

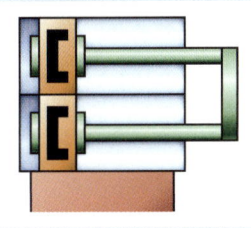

8. Vergleichen Sie die Daten eines Doppelkolbenzylinders mit den Daten eines einfachen doppelt wirkenden Zylinders.

_____
_____
_____

9. Beschreiben Sie den Aufbau und die Funktionsweise von kolbenstangenlosen Zylindern.

_____
_____

Magnetische Kraftübertragung:

_____
_____

Mechanische Kraftübertragung:

_____
_____

10. Ermitteln Sie mithilfe von Tabellen den Luftverbrauch eines doppelt wirkenden Zylinders mit den technischen Daten $D = 70$ mm; $d = 20$ mm; $p_e = 6$ bar; $p_{amb} = 1$ bar und vergleichen Sie diese Werte mit den nach der Formel errechneten.

11. Aus einer Leckstelle, deren Querschnitt einem kreisrunden Loch von 0,6 mm Durchmesser entspricht, entweichen 12 Liter Luft je Minute. Wie viele Euro Verlust entstehen jedes Jahr, wenn 1 m³ Luft den Betrieb 3 Cent kostet?

12. Was versteht man unter dem spezifischen Luftverbrauch?

_____
_____
_____

13. Ermitteln Sie mit Hilfe von Tabellen für einen Kolbendurchmesser $D = 63$ mm mit einem Hub von 30 mm den spezifischen Luftverbrauch q und den Luftverbrauch Q bei 60 Hübe/min

10 Steuerungstechnik

14. Mit Hilfe des doppelt wirkenden Zylinders wird durch das Zahnstangengetriebe eine Drehbewegung erzeugt. Gegeben sind:

Modul $m = 2{,}5$ mm; Zähnezahl $z = 36$; Betriebsdruck $p_e = 4$ bar; Hub $s = 25$ mm; Hubzahl $n = 35$/min; Durchmesser $D = 70$ mm

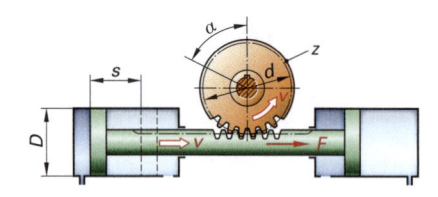

Berechnen Sie:
a) den Luftverbrauch in 8 Stunden,
b) die Kraft F in der Zahnstange bei einem Wirkungsgrad von 90 %,
c) das Drehmoment des Zahnrades,
d) den Drehwinkel α.

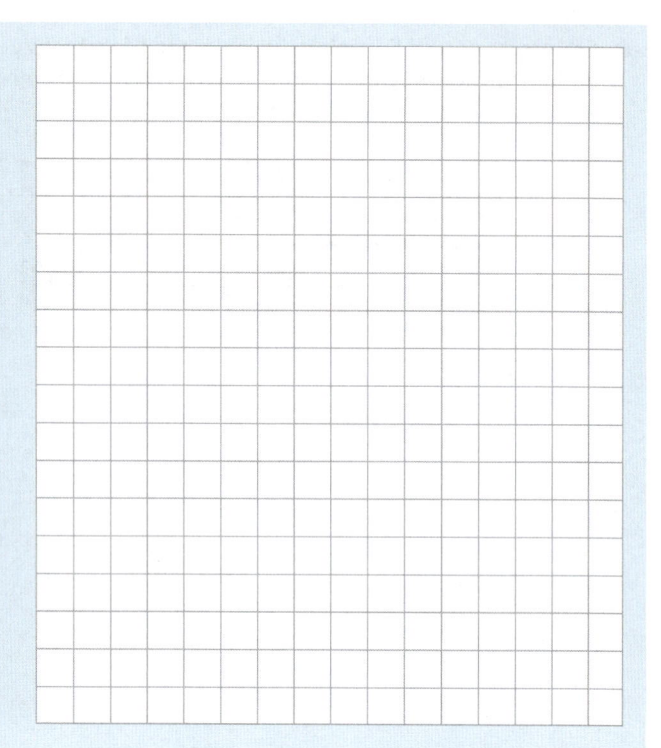

Druckluftmotoren

1. In welchen Bereichen werden Druckluftmotoren eingesetzt?

Arbeitsauftrag

1. Ein Motor benötigt 3,6 m³/min und muss mit einem Druck im Bereich von 4,4 bar bis 4,6 bar betrieben werden. Bisher verband ein Schlauch von 12 m Länge mit einer NW 19 mm den Motor mit der Ringleitung.
   a) Welcher Druck war am Druckregler an der Ringleitung für diesen Zustand einzustellen?
   b) Wegen Umbauarbeiten an der Anlage wird ein Motor mit 5,0 m³/min Luftverbrauch, der im Bereich von 5,5 bar bis 5,7 bar betrieben werden muss, eingebaut. Reicht die Nennweite der Zuleitung noch aus, wenn an der Ringleitung maximal 6 bar zur Verfügung stehen?

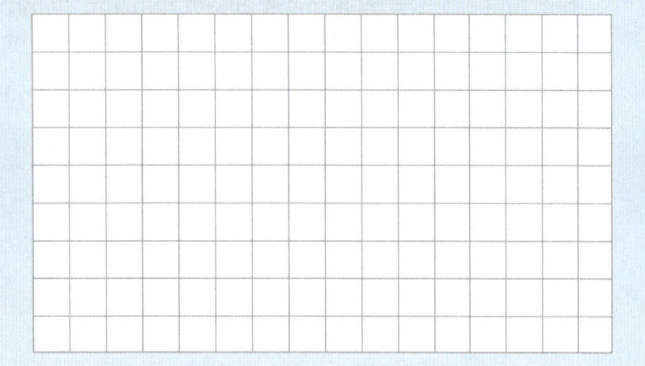

2. Wie groß ist der einzustellende Druck für eine Drehzahl $n = 550$ min⁻¹ und ein Drehmoment $M = 20$ Nm bei einem Druckluftmotor mit $M_{nenn} = 28{,}2$ Nm und $n_{nenn} = 750$ min⁻¹?

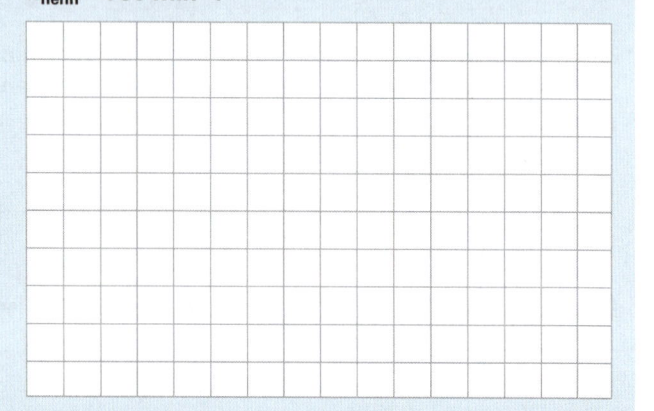

3. Erläutern Sie Einsatzbereiche von Druckluftmotoren in einem Betrieb.

Pneumatische Ventile

1. In welche Bereiche werden pneumatische Ventile unterteilt?

Arbeitsauftrag

1. Skizzieren Sie ein Verzögerungsventil mit Durchfluss-Nullstellung und beschreiben Sie die Funktion.

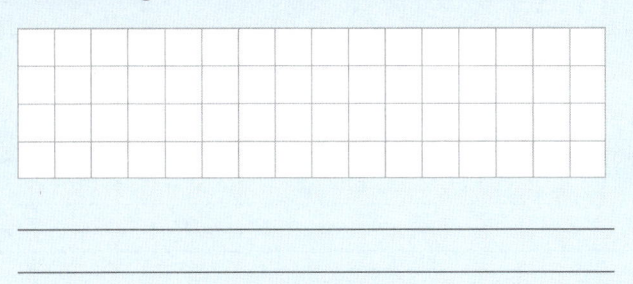

2. Skizzieren sie ein pneumatisches 5/2-Impulsventil (Schiebeventil) mit Handhilfsbetätigung.

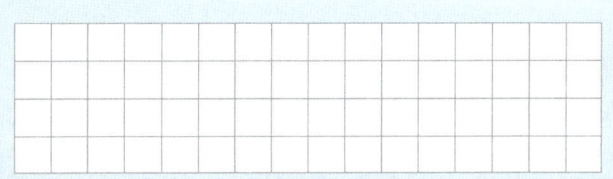

3. Wieso kann durch ein Zweidruck-Ventil Luft strömen, wenn zuerst der Eingang 10 und später der Eingang 11 mit Druckluft beaufschlagt wird?

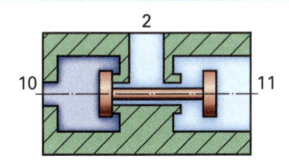

4. Wieso kann die ODER-Funktion des Wechselventils nicht durch einfaches Zusammenführen der Ausgänge von zwei 3/2-Wegeventilen ersetzt werden?

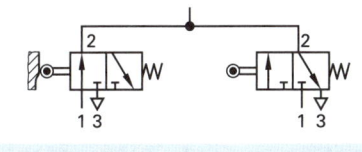

5. Beschreiben Sie folgende Steuerung.

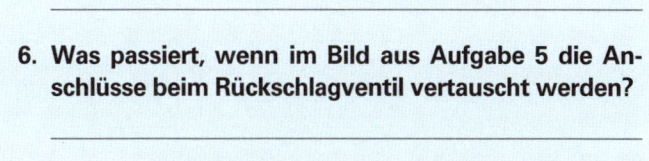

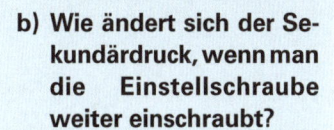

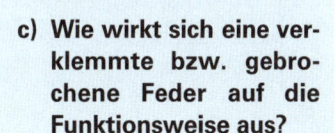

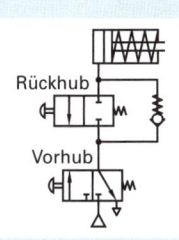

6. Was passiert, wenn im Bild aus Aufgabe 5 die Anschlüsse beim Rückschlagventil vertauscht werden?

7. Welche Aufgaben übernehmen Druckventile in Pneumatikanlagen?

8. Gegeben ist ein Druckregelventil. Erklären sie bei diesem Druckregelventil

   a) die Funktionsweise bei Druckschwankungen.

   b) Wie ändert sich der Sekundärdruck, wenn man die Einstellschraube weiter einschraubt?

   c) Wie wirkt sich eine verklemmte bzw. gebrochene Feder auf die Funktionsweise aus?

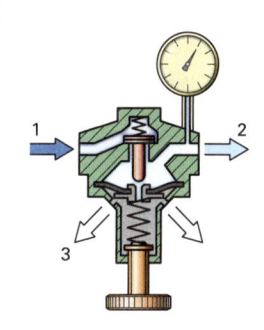

   d) Erklären sie die Notwendigkeit der Bohrung 3.

   e) Weshalb schreibt man Druckbegrenzungsventile bei pneumatischen Steuerungen vor?

Grundschaltungen

1. Was ist der Unterschied zwischen einer „direkten" Ansteuerung bzw. einer „indirekten" Ansteuerung eines Zylinders?
   _____
   _____
   _____
   _____

2. Mit welchen pneumatischen Bauteilen können die Aus- bzw. die Einfahrbewegungen des Zylinderkolbens beeinflusst werden?
   _____
   _____
   _____
   _____

Arbeitsauftrag

1. Beurteilen Sie, ob das Fixieren und Anhalten eines doppelt wirkenden Zylinders mit zwei 3/2-Wegeventilen Sinn macht?
   _____
   _____
   _____

2. Entwerfen Sie einen Schaltplan für einen einfach wirkenden Zylinder, der mit einem 5/2-Wegeventil gesteuert werden soll.

3. Erklären Sie in folgender Steuerung:
   a) Lässt sich die Kolbenstange in der Ausgangsstellung bewegen?
   b) Wie verhält sich die Kolbenstange bei Schalterbetätigung?
   _____
   _____
   _____
   _____

4. Warum baut man die Drossel zur Steuerung der Kolbengeschwindigkeit nicht vor dem Stellglied, sondern nach dem Stellglied ein?
   _____
   _____
   _____

5. Skizzieren Sie eine Schaltung, in der ein doppelt wirkender Zylinder bis zur Mitte seines Vorhubes mit reduzierter und ab der Mitte mit maximaler Geschwindigkeit ausfährt.

6. Die Druckluft muss in einer Leitung in beiden Richtungen gedrosselt werden. Es stehen aber nur Drosselrückschlagventile zur Verfügung. Zeichnen Sie die Leitung.

7. Ein Druckluftmotor mit Rechts- oder Linkslauf soll von Hand gesteuert werden. Bei Nichtbetätigung des Ventils muss die Bewegung des Motors blockiert werden. Entwerfen Sie den Schaltplan

10.4 Pneumatik

Verknüpfung von Signalen

1. Geben Sie die logischen Verknüpfungen in der Steuerungstechnik an.

2. Geben Sie die Realisierung der logischen Grundfunktionen in der Pneumatik an.

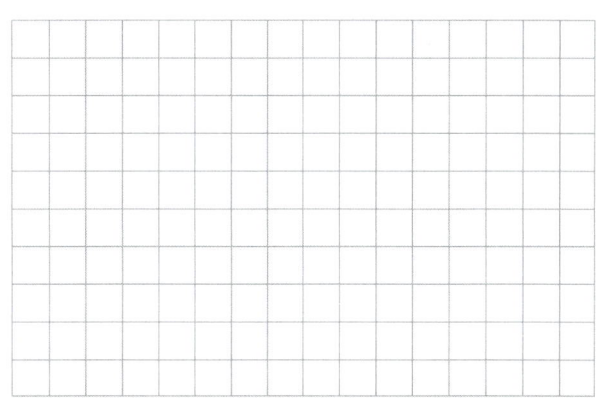

Arbeitsauftrag

1. Zeichnen sie einen Schaltplan für einen doppelt wirkenden Zylinder mit folgenden Aus- und Einfahrbedingungen:
   (1S1 UND 1S2) ODER (1S3 UND $\overline{1S4}$) = 1A1 +
   1S5 ODER 1S6 = 1A1-

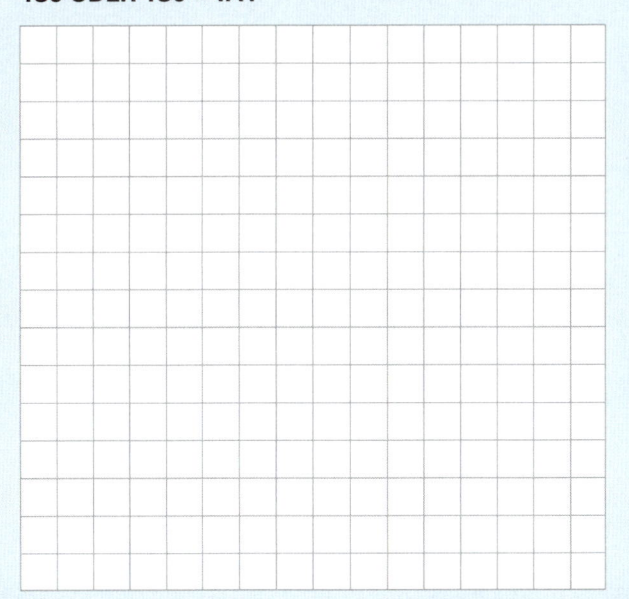

2. Ein doppelt wirkender Zylinder soll auf Knopfdruck auf einen Schalter so lange ein- und wieder ausfahren, bis der Schalter nicht mehr betätigt ist.

3. Wieso macht es keinen Sinn, ein T-Stück statt eines Wechselventils zu verwenden?

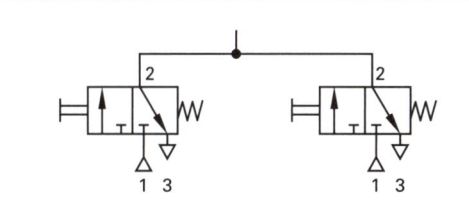

4. Wie kann die UND-Verknüpfung auch mit zwei 3/2-Wegeventilen realisiert werden?

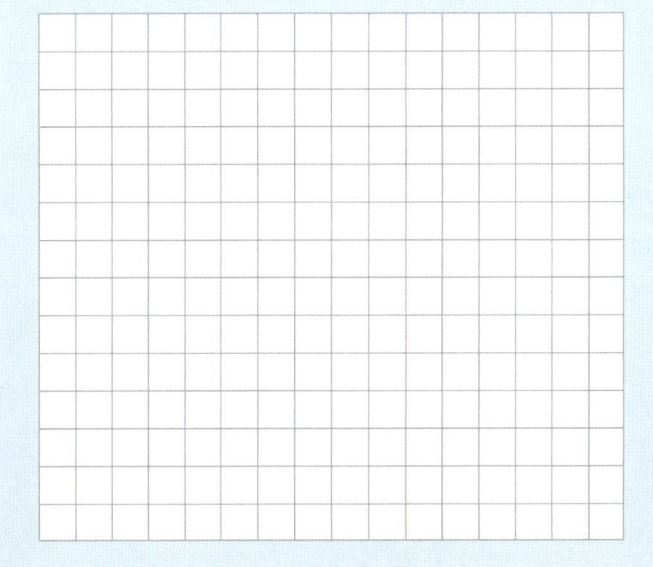

5. Zeichnen Sie die Wertetabelle
   a) E1 ODER E2 = A1
   b) E1 ODER (E2 UND $\overline{E3}$) = A1

6. Geben Sie folgende Logik
   a) in Worten,
   b) als schaltalgebraische Gleichung an

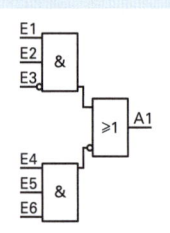

a) _____

b) _____

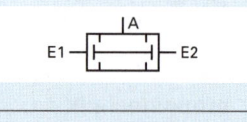

7. Erklären Sie, welches der zwei Eingangssignale am Ausgang des Zweidruckventils bzw. Wechselventils ankommt, wenn
   a) die beiden Eingangssignale zeitlich versetzt ankommen;
   b) die beiden Eingangssignale unterschiedlichen Druck haben.

Zeitabhängige Steuerungen

1. Welches pneumatische Zeitglied ist
   a) bei einer Einschaltverzögerung,
   b) bei einer Ausschaltverzögerung einzusetzen?

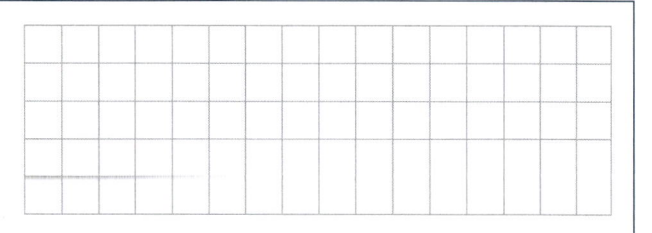

Arbeitsauftrag

1. Ein doppelt wirkender Zylinder, der in einer Klebepresse zwei zu klebende Teile aufeinander presst, fährt aus, wenn zwei Taster 1S1 und 1S2 betätigt sind. Nach Erreichen der vorderen Endlage (die Endlage muss abgefragt werden) fährt er automatisch nach einer eingestellten Zeit wieder ein. Entwerfen Sie den Schaltplan.

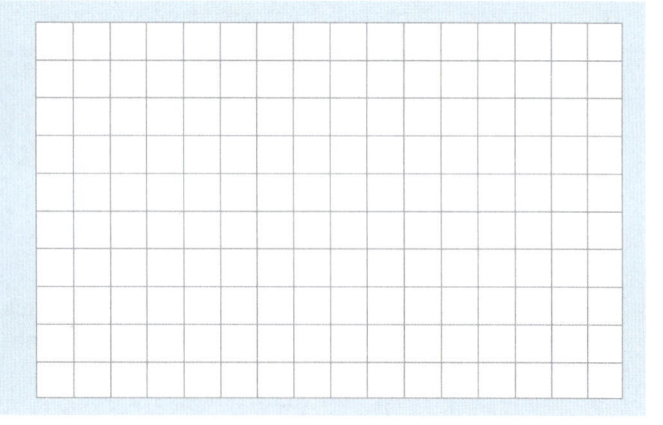

Signalüberschneidung

1. Was versteht man unter Signalüberschneidung?

2. Welche Möglichkeiten der Signalabschaltung gibt es, um Signalüberschneidungen zu vermeiden?

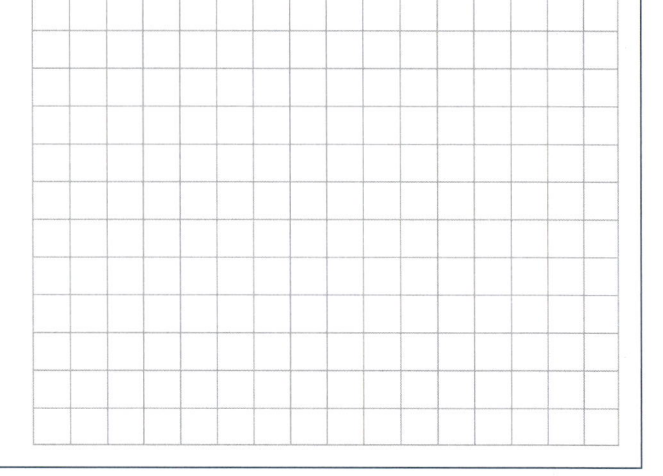

Arbeitsauftrag

1. Eine pneumatische Steuerung mit den Zylindern 1A1 und 2A1 soll folgenden Ablauf haben:
   1A1+ 1A1– 2A1+ 2A1–
   Als Nebenbedingungen gelten:
   1A1 fährt aus, wenn 1S1 betätigt wird und
   2A1 in der hinteren Endlage ist.
   Vervollständigen Sie den Schaltplan
   a) durch Signalabschaltung mittels Tastrollen mit Leerrücklauf,
   b) durch Signalabschaltung mittels Signalverkürzung,
   c) durch Signalabschaltung mittels Umschaltventil.

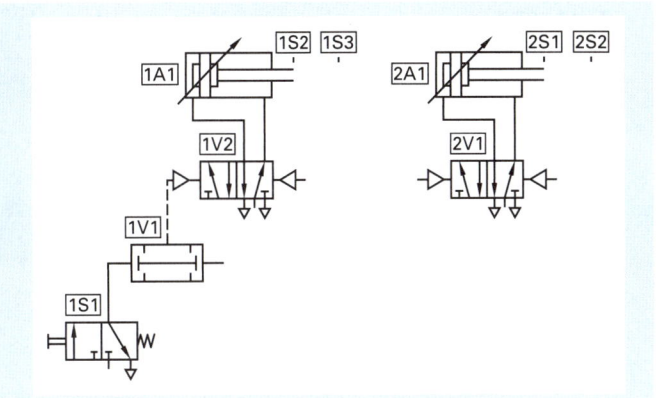

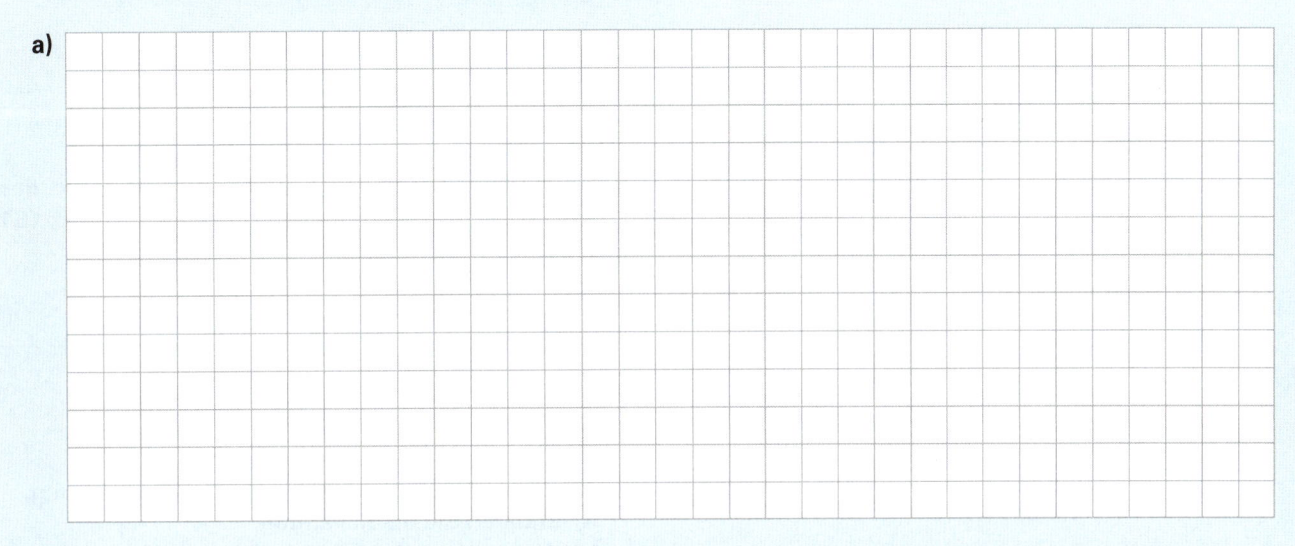

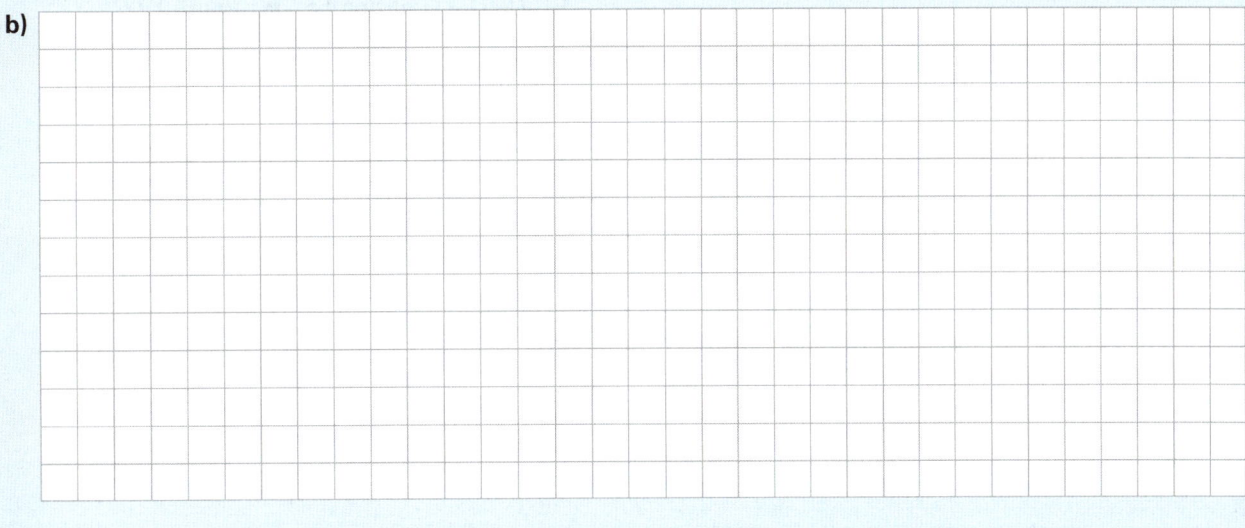

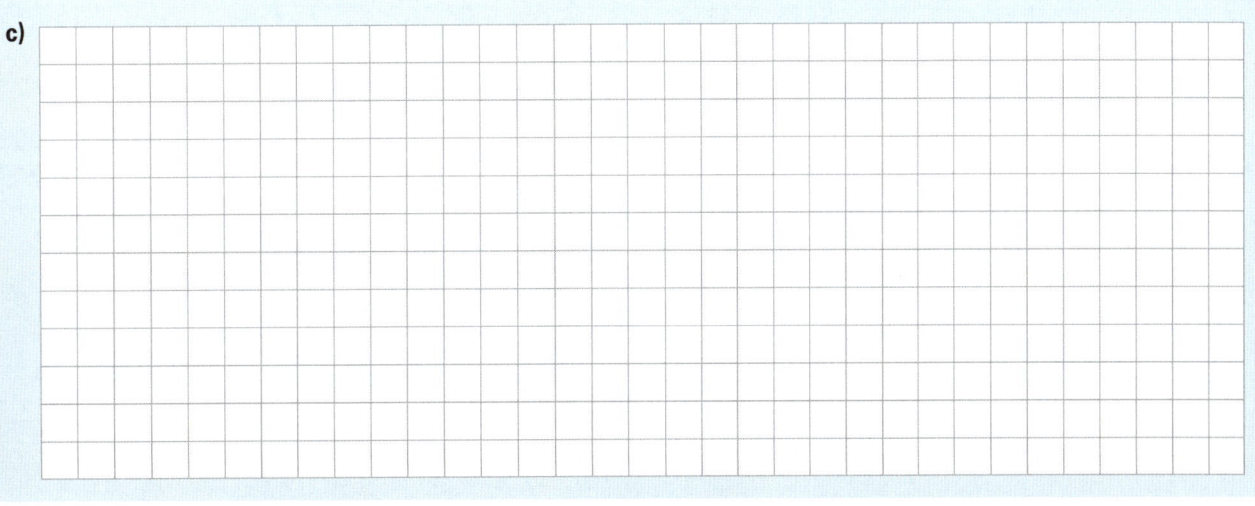

a)

b)

c)

2. Fertigen Sie zur Steuerung aus Aufgabe 1a) den GRAFCET.

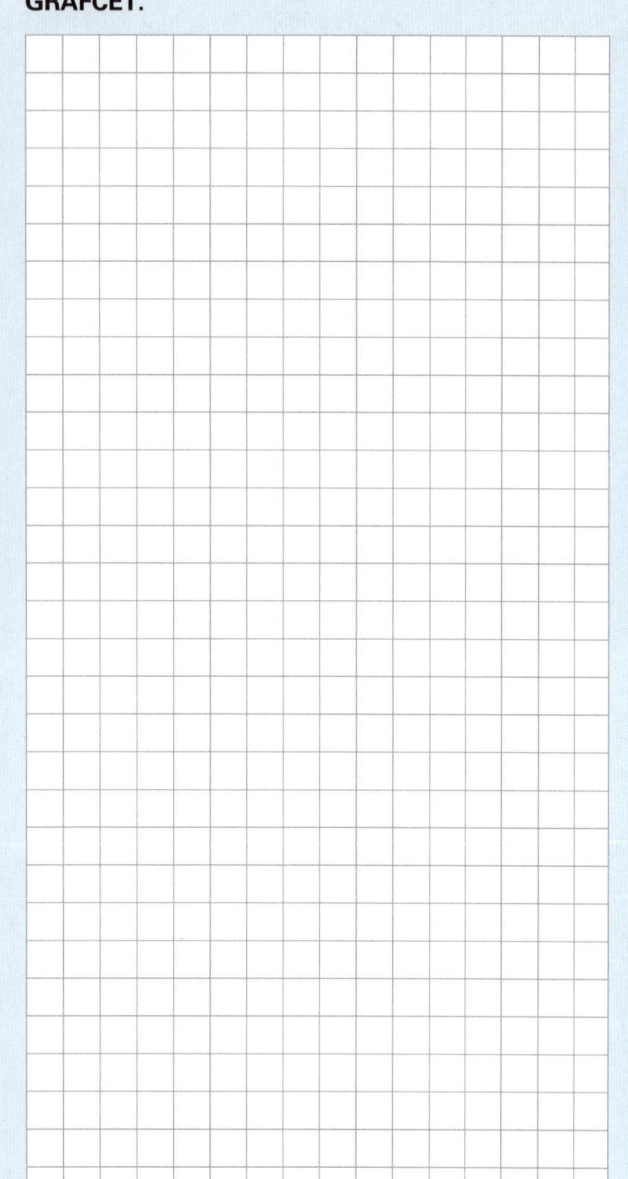

5. Was passiert, wenn bei der Kaskadensteuerung (Aufgabe 1c)
   a) die Anschlüsse 12 und 14,
   b) die Anschlüsse 2 und 4
   am Umschaltventil 0V1 vertauscht werden?

   a) _____

   b) _____

6. Analysieren Sie, was passiert, wenn während des Arbeitszyklus bei Aufgabe 1c das Signalglied 1S1 unbeabsichtigt gedrückt wird?

7. Gegeben ist folgende druckabhängige Steuerung.
   a) Erklären Sie die Schaltung.
   b) Welche Funktion hat das Ventil 1V2?

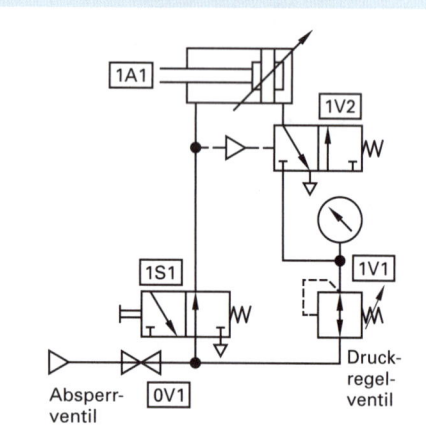

   a) _____

   b) _____

3. Erklären Sie mithilfe der Steuerung aus Aufgabe 1 den Begriff Signalüberschneidung.

4. Erklären Sie, was passiert, wenn die Rückstellfeder im Signalglied 1S1 bricht.

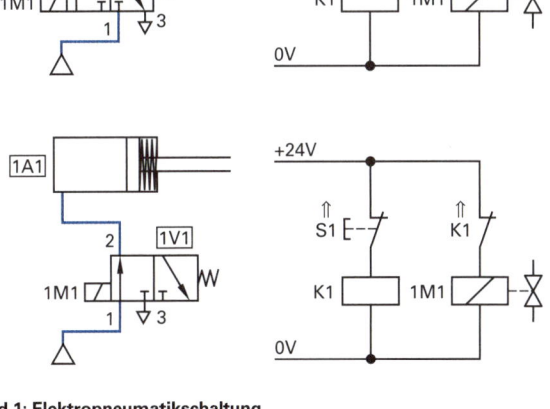

10.5 Elektropneumatik

1. Was ist unter Elektropneumatik zu verstehen?

2. Beschreiben Sie das Verhalten eines Stellschalters, Stelltasters, Öffners und Schließers.

3. Welche Sensoren werden häufig eingesetzt, wenn Endlagen von Zylindern abgefragt werden sollen?

4. Welche Eigenschaften besitzen diese?

5. Welche Eigenschaften haben Relais und Schütze?

6. Nennen Sie die Anschlussbezeichnungen von Relais.

7. Was unterscheidet ein 5/2-Magnetventil mit Federrückstellung von einem 5/2-Magnetimpulsventil?

8. Beschreiben Sie kurz die Funktionsweise der abgebildeten Schaltung.

Bild 1: Elektropneumatikschaltung

9. **Beschreiben Sie kurz die Funktionsweise der abgebildeten Schaltung.**

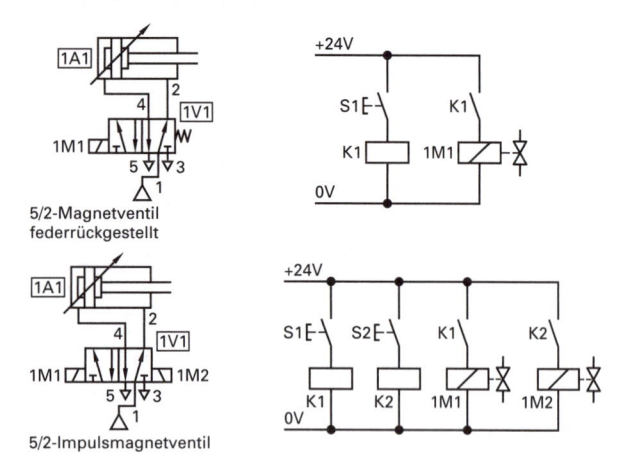

Bild 1: Elektropneumatikschaltungen

_____
_____
_____
_____
_____
_____
_____
_____
_____
_____
_____
_____
_____
_____

Arbeitsauftrag

1. Skizzieren Sie einen elektropneumatischen Schaltplan für einen einfach wirkenden Zylinder, der bei gleichzeitiger Betätigung von zwei Tastern ausfährt und selbstständig wieder einfährt.

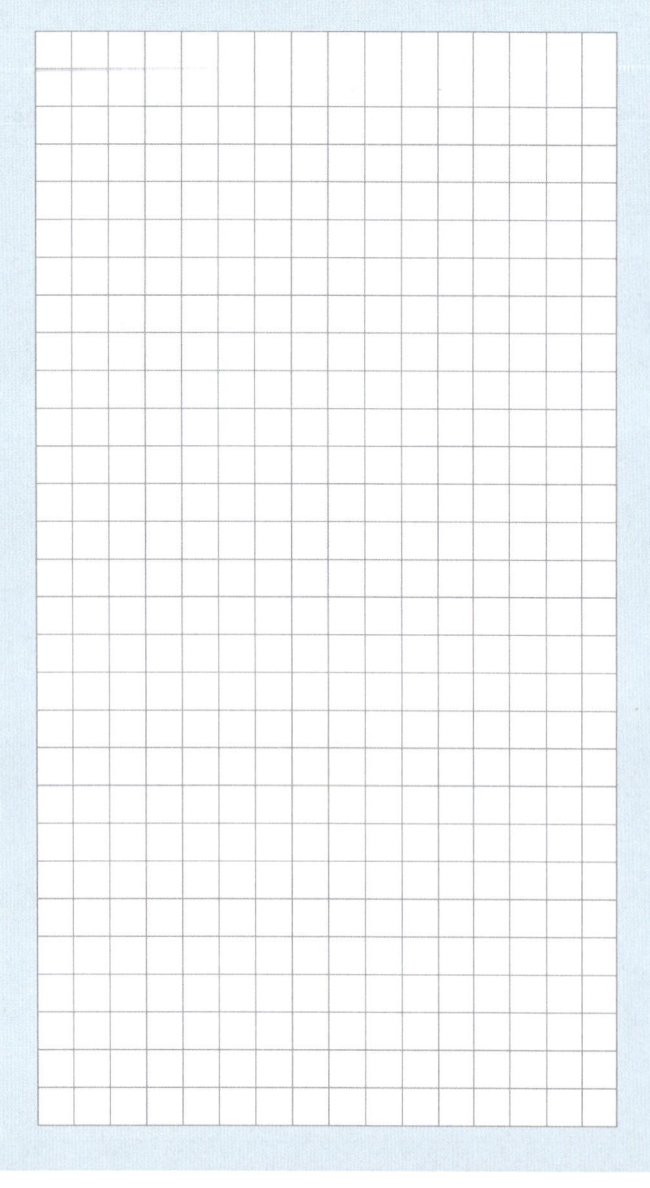

2. Skizzieren Sie für den gegebenen Logikplan den Stromlaufplan.

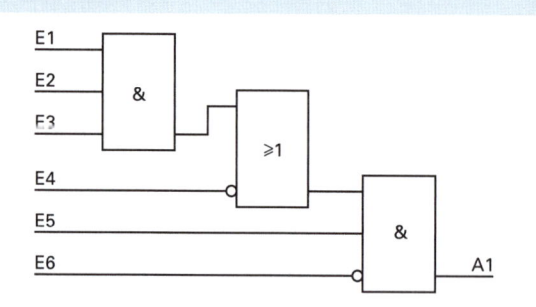

Bild 2: Logikplan

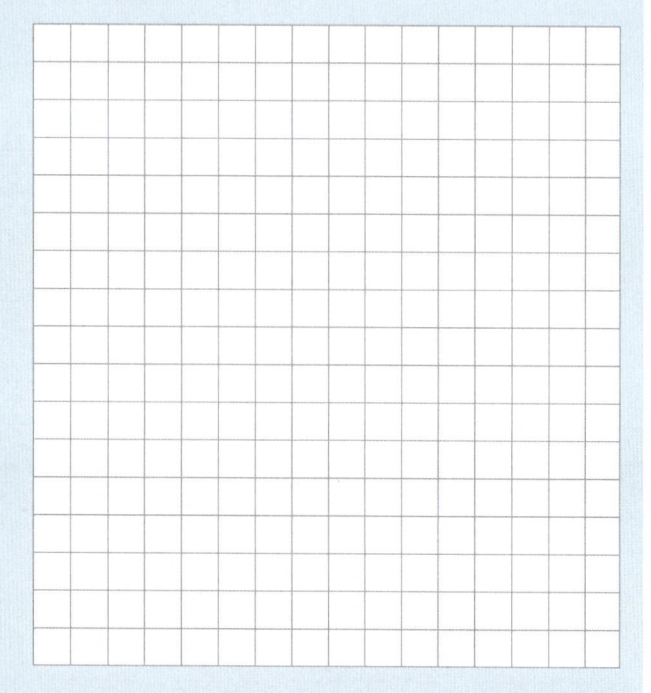

3. Wie wirkt sich die Parallelschaltung von mehreren Verbrauchern auf den Gesamtwiderstand in diesen Strompfaden aus?

_____

10.5 Elektropneumatik

4. Ein Schieber einer Abfüllanlage wird durch einen doppelwirkenden Zylinder betätigt. Der Abfülltrichter öffnet sich (Zylinder fährt ein), wenn der Taster S1 (NO) „Füllen" gedrückt wird, S2 (NO), die Behälterabfrage, betätigt ist, und S3 (NC), die Abfrage des Füllgewichtes, nicht betätigt ist. Erstellen Sie eine Zuordnungsliste, zeichnen Sie die Funktionstabelle, den Logikplan und den Schaltplan (pneumatisch und elektrisch).

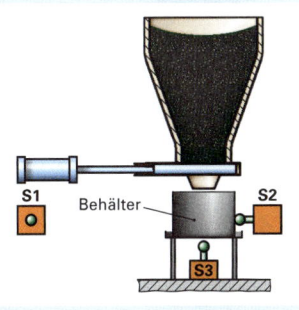

Bild 1: Abfüllanlage

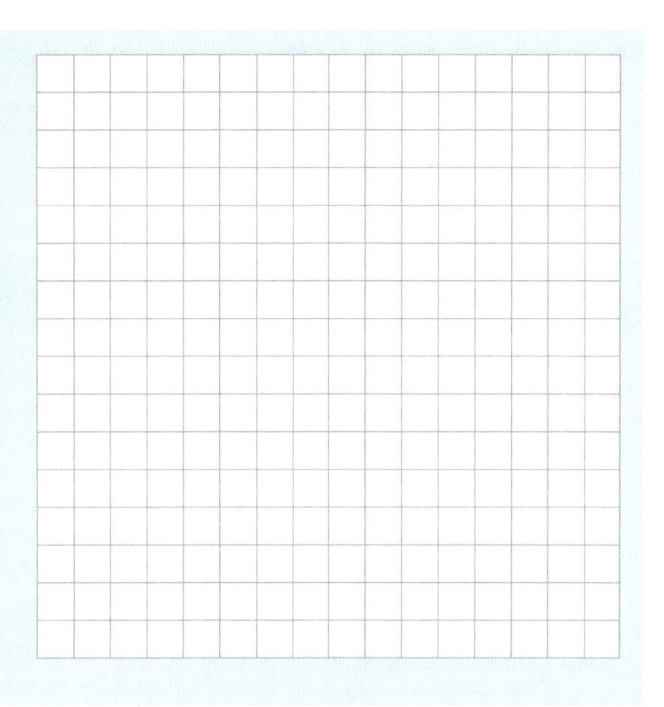

Arbeitsauftrag

1. Erklären Sie die Wirkungsweise eines RC-Gliedes

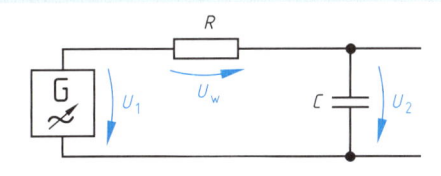

Bild 2: RC-Glied

2. Skizzieren Sie einen elektropneumatischen Schaltplan für einen doppelt wirkenden Zylinder, der nur bei gleichzeitiger Betätigung von zwei Tastern S1 und S2 ausfährt. Nach Erreichen der vorderen Endlage zieht der Zylinder nach 10 s selbstständig zurück. Der Rückhub kann auch von einem Schalter S3 ausgelöst werden.

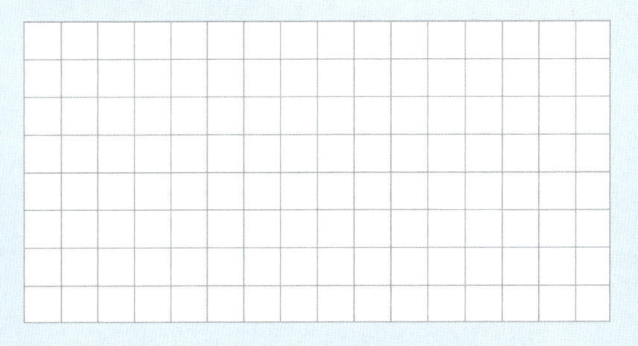

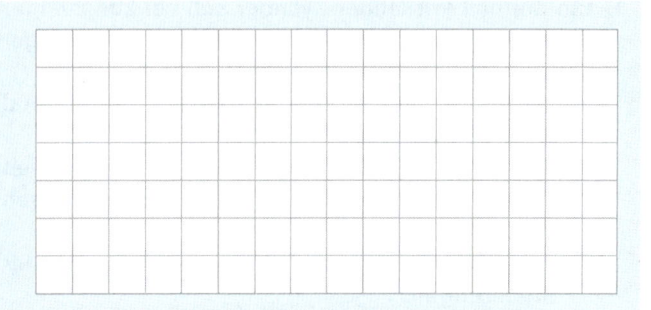

3. Erklären Sie die Schaltzeichen nach DIN

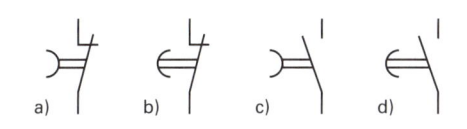

Bild 3: Schaltzeichen

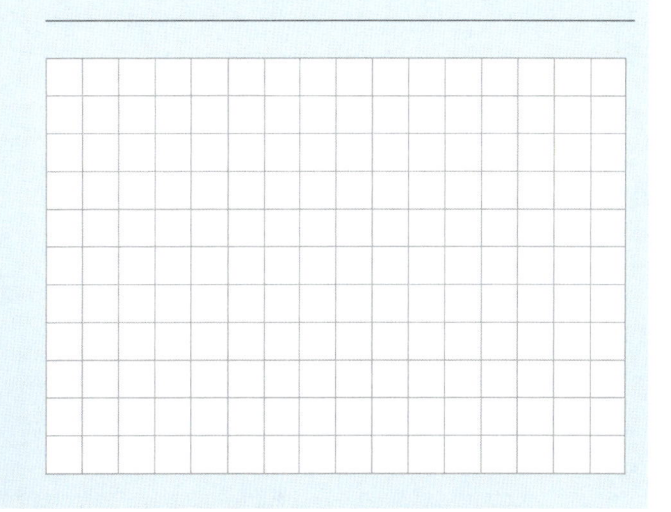

4. Erläutern Sie, wie in der Elektropneumatik Anzugs- und Abfallverzögerung realisiert werden.

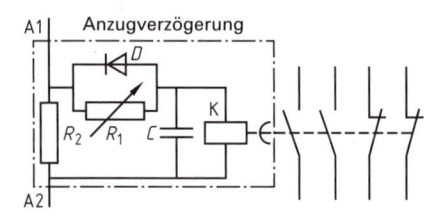

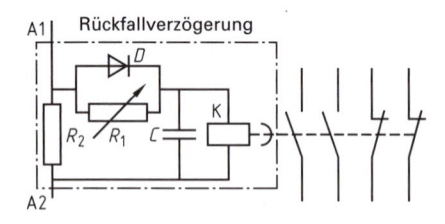

Bild 1: Schaltverzögerungen

Arbeitsauftrag

1. Ein doppelt wirkender Zylinder soll bei kurzzeitiger Betätigung von S1 ausfahren und bei kurzzeitiger Betätigung von S2 wieder einfahren.
   a) Lösen Sie die Aufgabe einmal mit und einmal ohne Selbsthaltung.
   b) Begründen Sie, ob ein Bediener im Normalbetrieb einen Unterschied zwischen beiden Steuerungen feststellen kann.
   c) Vergleichen Sie das Notaus-Verhalten beider Steuerungen.

2. Entwickeln Sie den Funktionsplan (Logikplan) einer Selbsthaltung „dominant setzen" und „dominant rücksetzen".

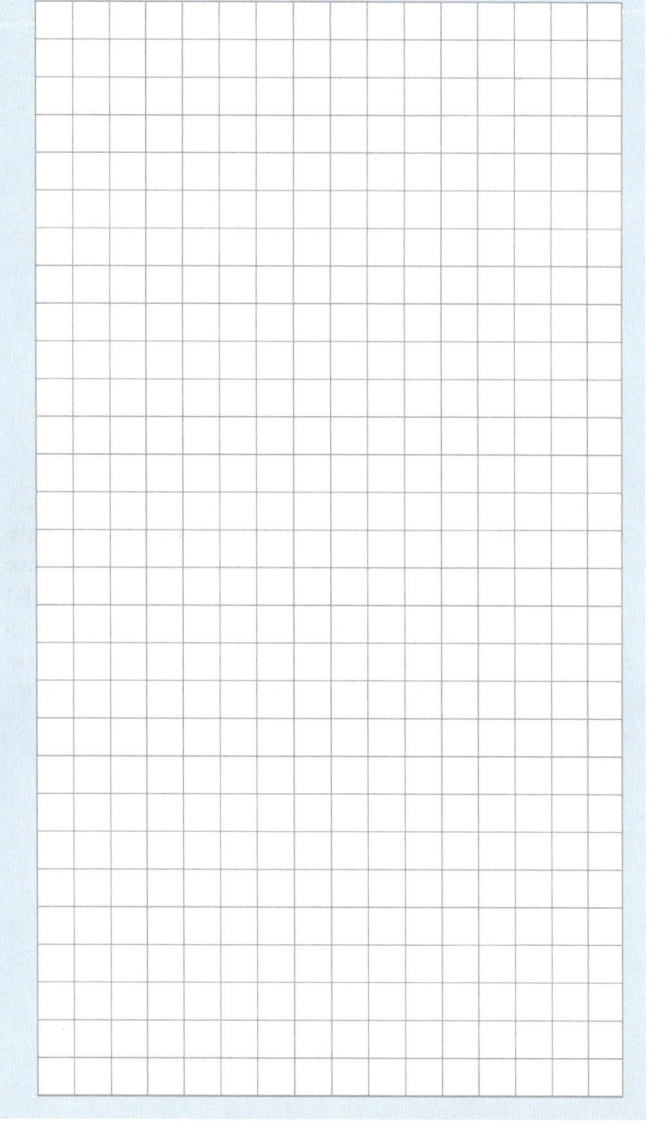

10.5 Elektropneumatik

3. Erstellen Sie den Logikplan für die abgebildete Steuerung.

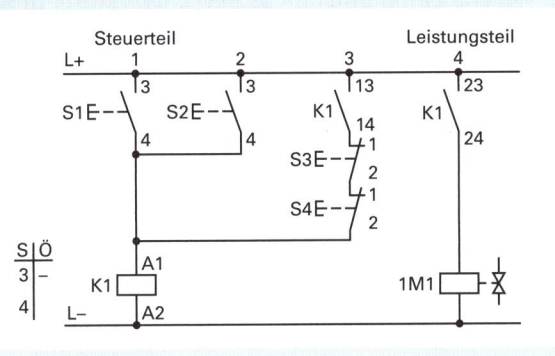

Bild 1: Stromlaufplan

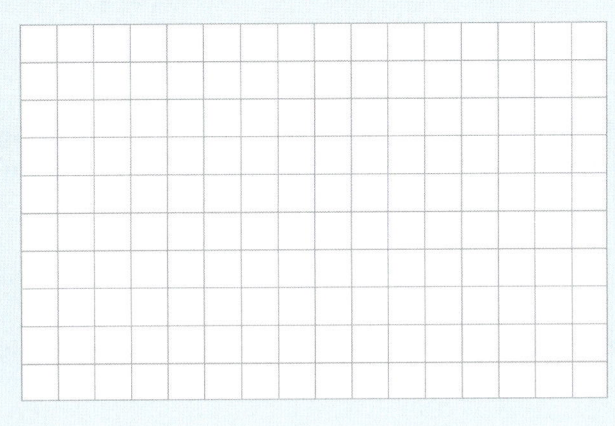

4. Erstellen Sie die Steuerung für den Logikplan.

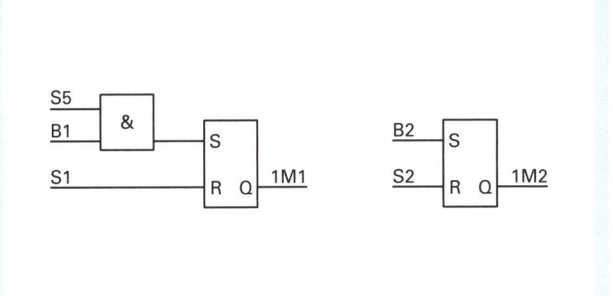

Bild 2: Logikplan

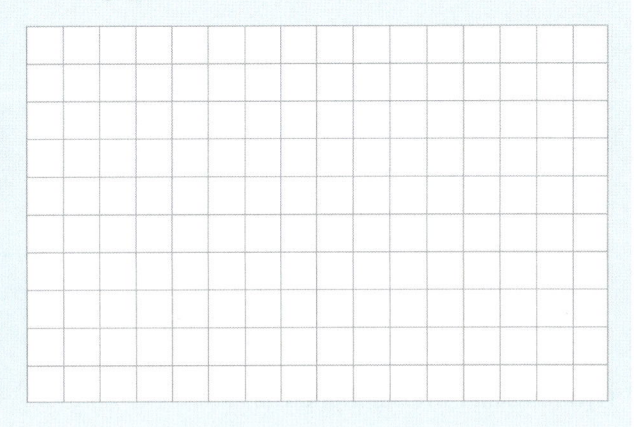

Zur Vertiefung

1. **Die Türe eines Sinterofens wird durch Betätigung des Tasters S1 mit einem doppelt wirkenden Zylinder langsam geöffnet. Nach Beschickung mit Teilen wird die Türe über S2 langsam wieder geschlossen.**

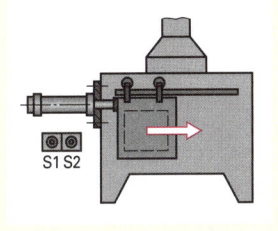

   Für die Aufgabe ist eine elektropneumatische Lösung mit einem monostabilen Stellglied zu erstellen.

Kennung	Artikelbenennung
	Druckluftquelle
	Spannungsquelle (0V)
	Spannungsquelle (24 V)
1A1	Zylinder, doppelt wirkend
1V1	5/2-Wegeventil
1V2	Drosselrückschlagventil
1V3	Drosselrückschlagventil
1M1	Ventilmagnet
K1	Relais
K1	Schließer
K1	Schließer
S1	Taster (Schließer)
S2	Taster (Öffner)

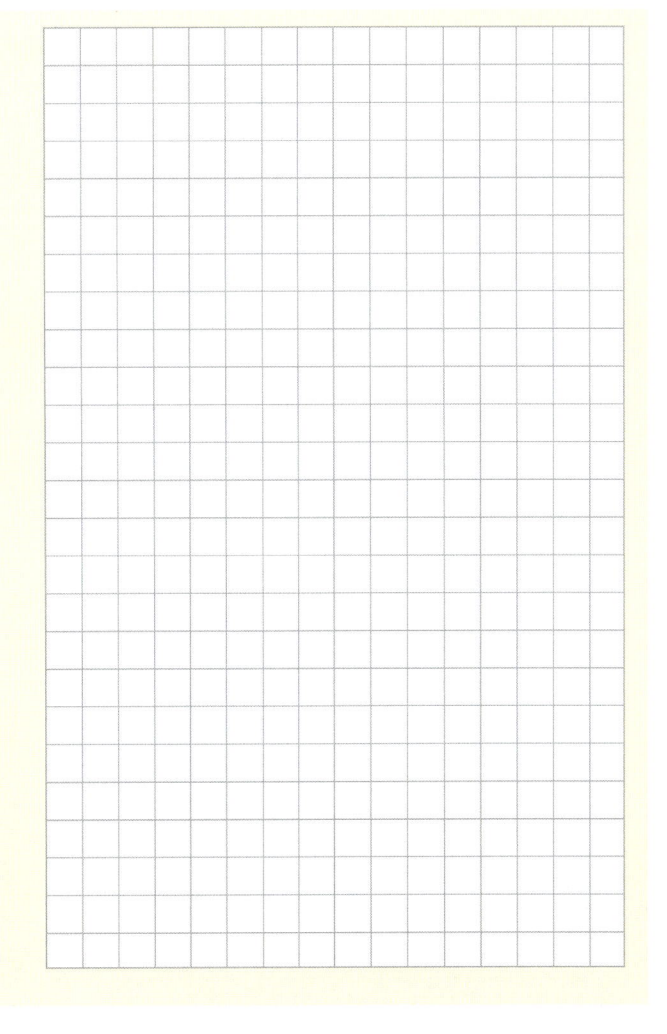

10.6 Hydraulische Steuerungen

1. Nennen Sie Vorteile der Hydraulik

2. Welche Nachteile hat die Hydraulik?

Hydraulischer Kreislauf und Öle

1. Aus welchen Bauteilen besteht das Hydraulikaggregat?

2. Welche Anforderungen müssen Druckflüssigkeiten in hydraulischen Anlagen erfüllen?

3. Welche Einteilung gibt es bei schwerentflammbaren Hydraulikflüssigkeiten?

4. Was versteht man unter wasserfreien Druckflüssigkeiten?

5. Warum müssen die Angaben von Herstellern bezüglich Druckflüssigkeiten immer eingehalten werden?

6. Was versteht man unter der Viskosität einer Flüssigkeit?

7. Welche Neigung haben Flüssigkeiten
   a) mit zu niedriger Viskosität,
   b) mit zu hoher Viskosität?

   a)

   b)

8. Welche Eigenschaften spielen bei hydraulischen Flüssigkeiten noch eine große Rolle?

10.6 Hydraulische Steuerungen

Arbeitsauftrag

1. Erklären und beschreiben Sie den Unterschied zwischen einem geschlossenen und einem offenen Hydraulikkreislauf.

2. Was bedeutet der Begriff „Wassergefährdungsklasse"?
   Alle Stoffe lassen sich in verschiedene Wassergefährdungsklassen (WGK) einteilen. Diese Klassen sind:

3. Was bedeutet der Begriff „biologisch abbaubar"?

4. Berechnen Sie
   a) die Volumenänderung einer Hydraulikflüssigkeit ($E = 1,4 \cdot 10^4$ bar) bei einem Druckunterschied von 300 bar und einem Ausgangsvolumen von 1 Liter.
   b) Wie groß ist bei diesem Druck die Wegungenauigkeit bei einem Zylinder mit $d_i = 80$ mm?

5. a) Wie groß ist die Kraft, die man an einem hydraulischen Wagenheber ($D = 40$ mm und $d = 5$ mm bei einem Öldruck von 8 bar) beim Reifenwechsel aufbringen muss, wenn das Auto insgesamt eine Masse von 1800 kg hat und an der Ansatzstelle des Wagenhebers 40 % der Autogesamtmasse gehoben werden müssen?
   b) Wie groß ist der Weg, den man pumpen muss, um die Last 15 cm anzuheben?

6. Eine Hydraulikpumpe liefert einen einstellbaren Volumenstrom von $q_v = 30 \ldots 40$ l/min.
   Es wird eine Kolbengeschwindigkeit von 5 m/min gefordert. Zylinder stehen mit $d_1 = 80$ mm; $d_2 = 90$ mm usw. bis $d_5 = 120$ mm zur Verfügung.
   a) Begründen Sie, welchen Zylinder sie auswählen.
   b) Wie muss dann der Volumenstrom eingestellt werden?
   c) Überprüfen Sie, ob es noch andere Zylindermöglichkeiten gibt, diese konstruktiven Vorgaben zu erreichen.

7. Welcher Volumenstrom muss an einer Hydraulikpumpe eingestellt werden, damit ein Hydraulikzylinder mit dem Innendurchmesser von 80 mm eine Ausfahrgeschwindigkeit von 10,5 m/min erreicht?

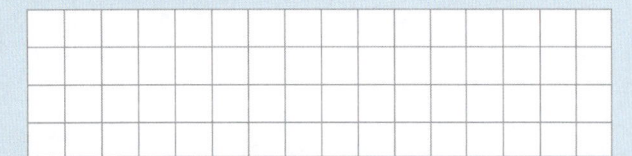

8. Ein Zylinder mit D = 70 mm (Kolbenstangendurchmesser d = 20 mm) wird von einer Pumpe versorgt, die einen Volumenstrom von q_v = 20 l/min liefert. Berechnen Sie für einen Hub von 400 mm
   a) die Vorlaufgeschwindigkeit,
   b) die Rücklaufgeschwindigkeit,
   c) die Vorlaufzeit,
   d) die Rücklaufzeit.

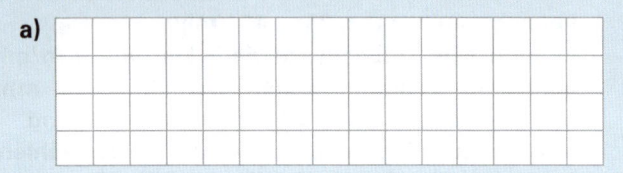

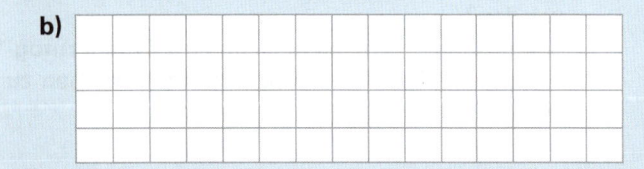

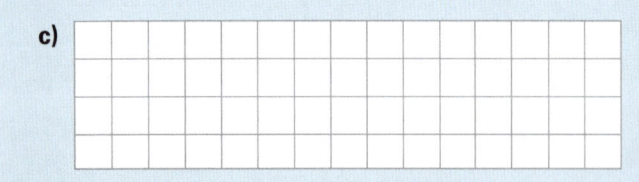

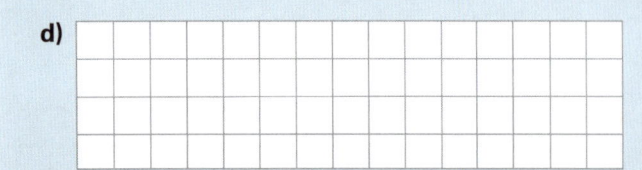

9. Das skizzierte hydraulische System (Bild 1) ist aus zwei Pumpen aufgebaut. Bei der Eilgangbewegung des Zylinders sind beide Pumpen im Betrieb. Und bei der Vorschubbewegung nur die Pumpe 1. Pumpe 1 liefert einen Volumenstrom q_v = 7 l/min und Pumpe 2 einen Volumenstrom q_v = 22 l/min.

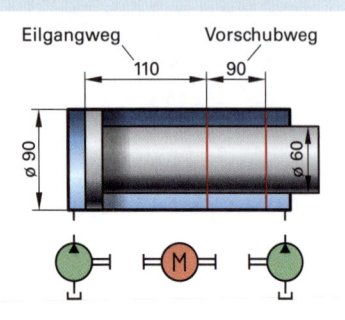

Bild 1: Hydrauliksystem

Berechnen Sie
a) die Eilgangsgeschwindigkeit,
b) die Vorschubgeschwindigkeit,
c) die Rücklaufgeschwindigkeit, wenn beide Pumpen in Betrieb sind, und die Rücklaufgeschwindigkeit, wenn nur die Pumpe 2 in Betrieb ist,
d) die Zeiten für einen kompletten Vor- und Rückhub jeweils mit den Rücklaufgeschwindigkeiten aus c).
e) Wie groß ist die Zeitersparnis in Prozent bzw. in Stunden im Jahr bei 1000 Takten in der Woche?

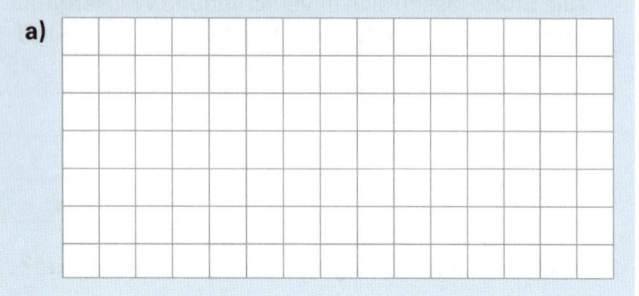

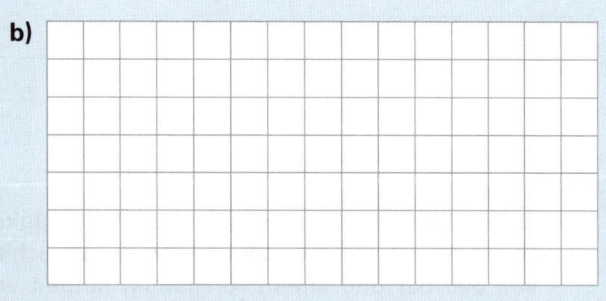

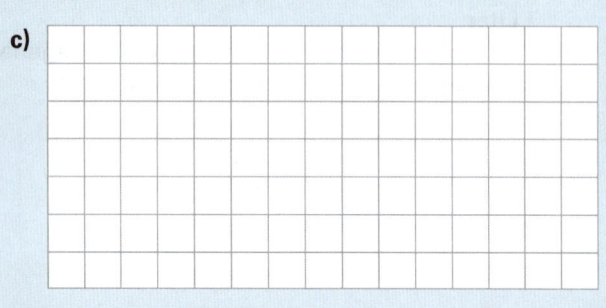

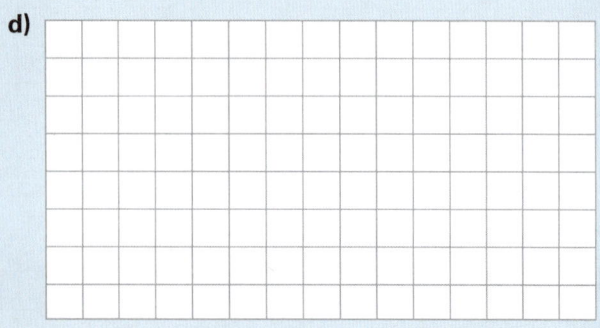

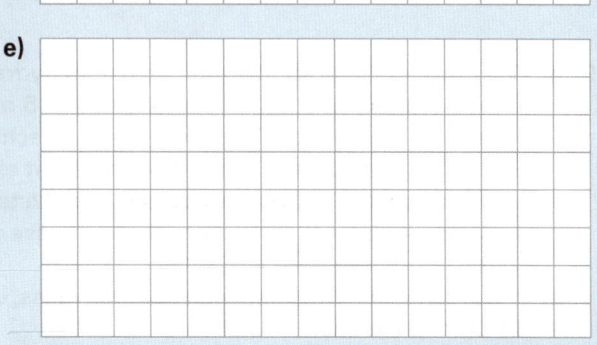

10. Ein Hydraulikrohr mit dem Innendurchmesser $d = 50$ mm ist an einer Pumpe ($q_v = 300$ l/min) angeschlossen.
    a) Wie groß sind die Ausfahr- und Einfahrgeschwindigkeit des Kolbens?
    b) Wie groß ist die Strömungsgeschwindigkeit des Hydrauliköls im Rohr?
    c) Das Hydraulikrohr ist defekt. Im Lager befinden sich Rohre mit $d = 25$ mm, 35 mm, 40 mm, 60 mm und 80 mm.

    Welches Rohr kann eingesetzt werden, wenn die zulässige Strömungsgeschwindigkeit von 3 m/s nicht überschritten werden soll, mindestens aber 2 m/s gefordert sind?

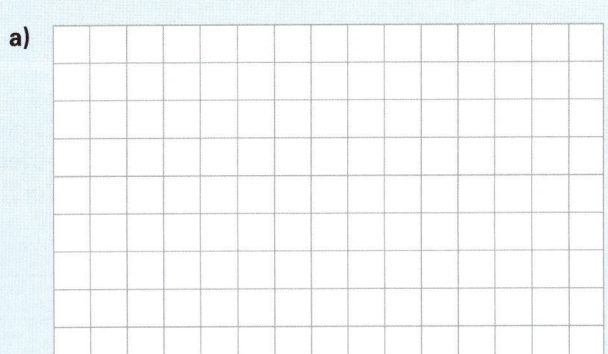

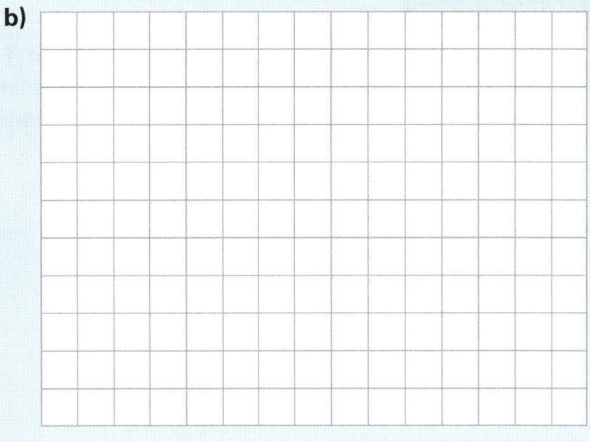

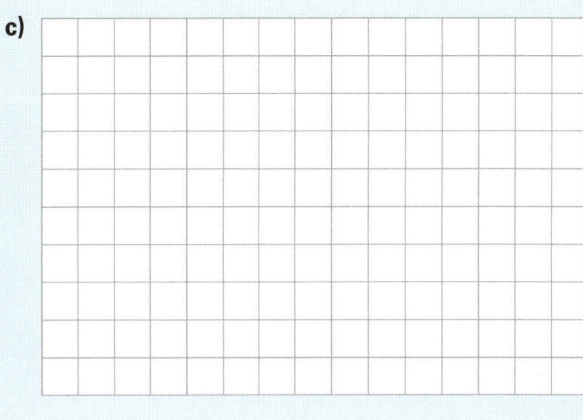

    a)

    b)

    c)

Hydraulikpumpen und Hydraulikmotoren

1. Was versteht man unter einer Hydraulikpumpe bzw. einem Hydraulikmotor?

2. Was stellen folgende Sinnbilder dar?
    a)   b)   c)

3. Wie setzt sich der Gesamtwirkungsgrad η zusammen?

4. Was wird mit dem volumetrischen Wirkungsgrad η_v ausgedrückt?

5. Was wird mit dem hydraulisch-mechanischen Wirkungsgrad η_{hm} ausgedrückt?

6. Welche Kenngrößen sind bei einem Hydromotor bzw. einer Hydropumpe von Interesse?

Hydraulikzylinder

1. Was stellen folgende Sinnbilder dar?
    a)   b)   c)
    A B   A B   A

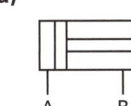

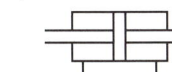

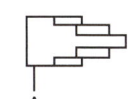

2. Was versteht man unter einer statischen Dichtung?

3. Was versteht man unter dynamischen Dichtungen?

10 Steuerungstechnik

Arbeitsauftrag

1. Warum ist die Ausfahrgeschwindigkeit beim Teleskopzylinder nicht über den ganzen Hub konstant? Zeichnen sie ein prinzipielles Geschwindigkeits-Hub-Diagramm.

2. Erklären Sie die Funktionsweise eines Schwenkmotors.

3. Erläutern sie die v-s-Diagramme bei der Endlagendämpfung

4. Erläutern Sie das Funktionsprinzip eines Druckübersetzers. Geben Sie die Formel für den Druckübersetzer an.

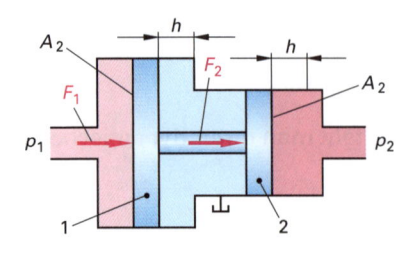

5. Erläutern Sie den Unterschied zwischen Antrieben mit Konstantpumpen und Antrieben mit Verstellpumpen.

6. Ein E-Motor mit einem Wirkungsgrad von 90 % hat eine Leistungsaufnahme von 0,8 kW aus dem Netz. Er treibt eine Hydropumpe mit einem Wirkungsgrad von 87 % an.
   a) Welche Leistung gibt die Ölpumpe ab?
   b) Wie groß ist der Volumenstrom bei 60 bar?

7. Erklären Sie den Begriff Kavitation.

8. Eine Zahnradpumpe hat folgende Zahnabmessungen:
   Zähnezahl $z_1 = z_2 = 12$;
   Modul $m = 3$ mm;
   Zahnbreite $b = 18$ mm;
   Drehzahl $n = 1600$ min^{-1}.
   Wie groß ist der näherungsweise Volumenstrom der Pumpe?

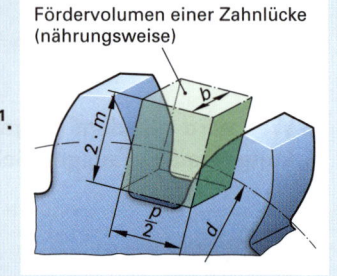

10.6 Hydraulische Steuerungen

11. Ein Hydrozylinder mit vorderer Flanschbefestigung und einem Kolbenstangendurchmesser von $d = 56$ mm soll mit einer Zylinderkraft von 30 kN ausfahren. Dabei wird die Last einseitig geführt. Ermitteln sie die maximal zulässige Hublänge für den Zylinder.

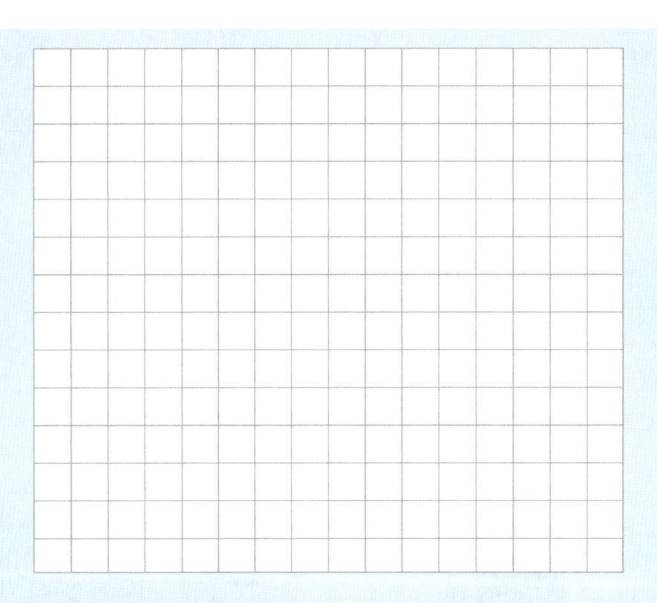

9. Beschreiben Sie die Funktionsweise des Sonderzylinders.

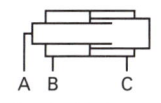

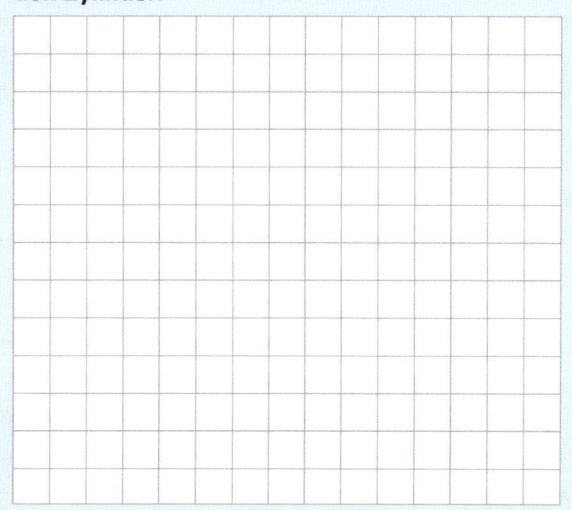

A B C

12. Ein Hydrozylinder soll mit 20 kN ausfahren. Der konstruktiv notwendige Hub h beträgt 500 mm. Der Zylinder ist hinten mit einem Flansch befestigt, und die Last wird einseitig geführt. Welcher Kolbenstangendurchmesser ist zu wählen?

10. Zeigen Sie, dass für die Größengleichung für die hydraulische Leistung $P = q_v \cdot p_e$ die Zahlenwertgleichung $P = \dfrac{q_v \cdot p_e}{600}$ gilt.

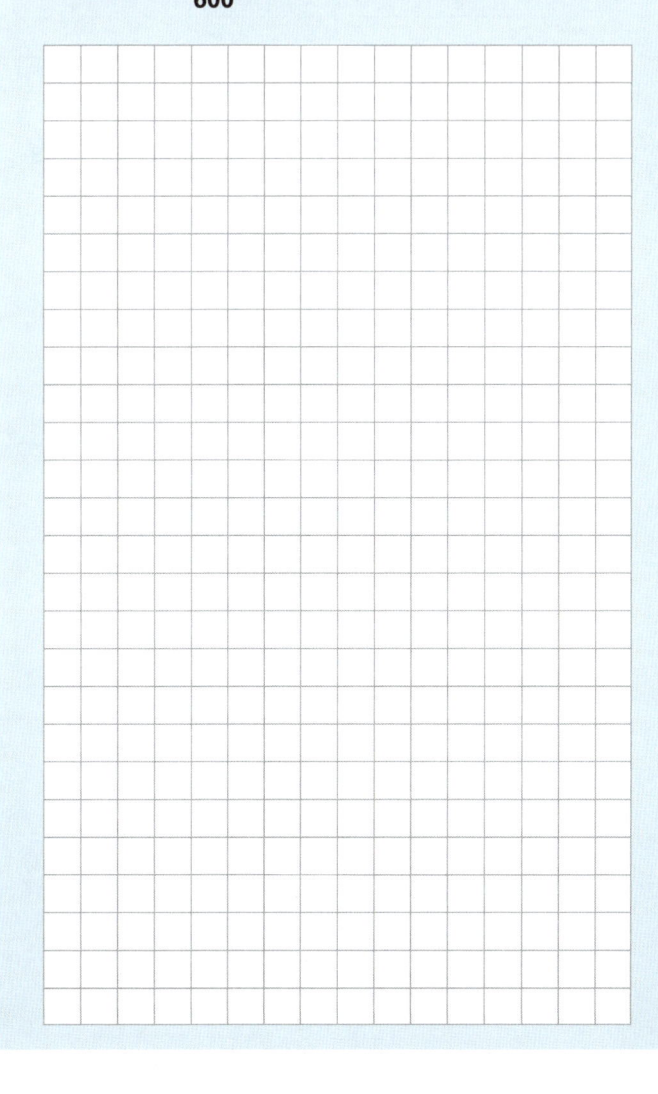

13. Für eine Axialkolbenpumpe mit $i = 9$ Kolben seien folgende Werte gegeben:
$p_e = 50$ bar
$n = 1400$ min^{-1}
$q_v = 150$ l/min
$\eta = 0{,}8$

a) Wie groß ist die zugeführte Leistung an die Pumpe?

b) Wie groß ist beim gegebenen Volumenstom der erforderliche Schwenkwinkel α, wenn gilt:
$d_L = 140$ mm;
$d = 16$ mm.

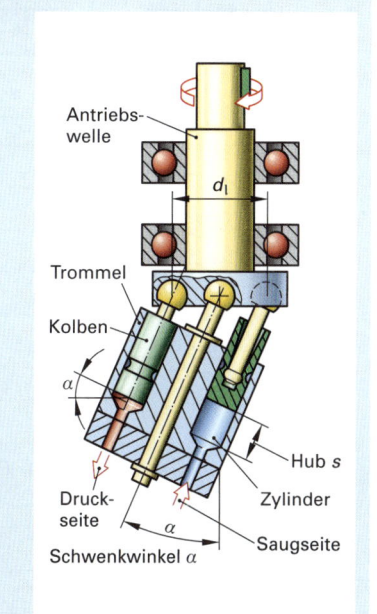

10 Steuerungstechnik

Hydraulik-Ventile

1. Welche Aufgabe haben Ventile in der Hydraulikanlage?

2. Nennen Sie die vier Ventilarten in der Hydraulik.

3. Welche Aufgabe haben Wegeventile?

4. Wie funktioniert ein Drehschiebeventil?

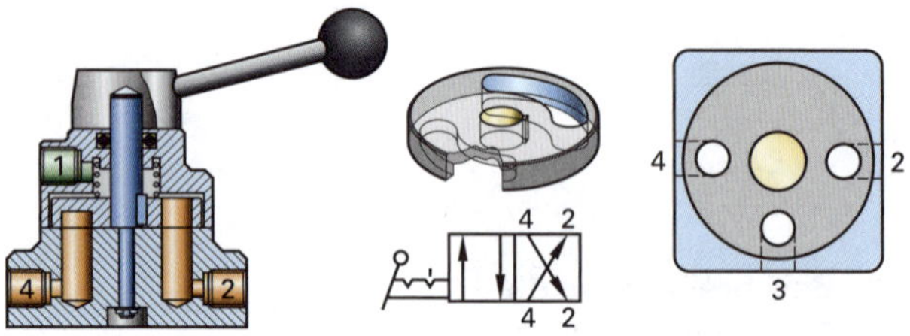

Arbeitsauftrag

1. Bezeichnen Sie die Ventilkörper nach DIN ISO 1219 und erklären Sie das jeweilige Funktionsprinzip.

   a) 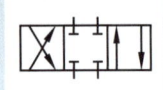   b) 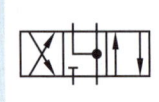   c)

   d) 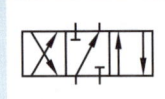   e) 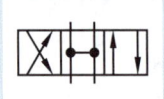   f)

2. Zeichnen Sie die Schaltzeichen nach DIN ISO 1219 für folgende Ventile
   a) Sitzventil

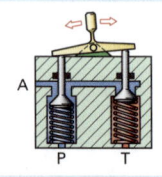

   b) Längsschiebeventil

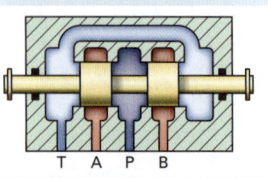

   c) Drehschiebeventil

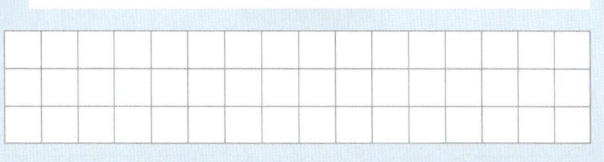

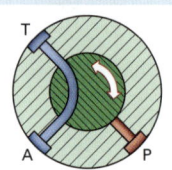

10.7 Sensoren

Bedeutung von Sensoren

1. Welche Informationen liefern Sensoren?
   _____
   _____

2. Welche Aufgabe haben Sensoren?
   _____
   _____

3. Erläutern Sie das Prinzip eines Messfühlers anhand der Bilder.

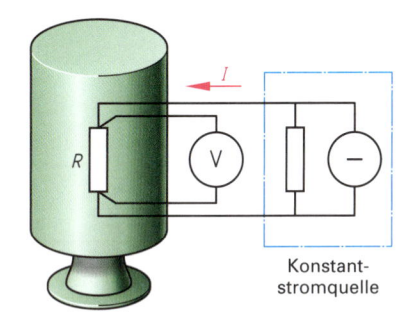

   Bild 1: Messwerterfassung

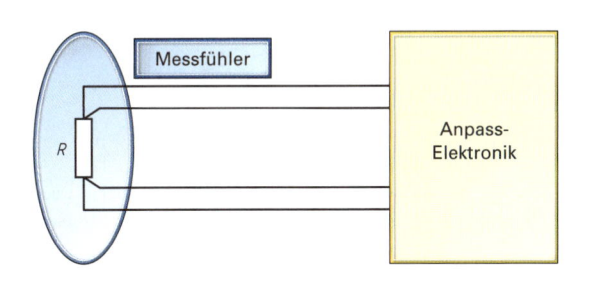

   Bild 2: Messwertaufnehmer

   _____
   _____
   _____
   _____
   _____
   _____

4. Aus welchen beiden Elementen besteht ein Messwertaufnehmer?
   _____
   _____

5. Welche nichtelektrischen Größen können mit einem Sensor gemessen werden? Nennen Sie einige Beispiele.
   _____
   _____
   _____

6. Was ist ein aktiver Messfühler?
   _____
   _____
   _____

7. Was ist ein passiver Messfühler? Woher kommt der Begriff?
   _____
   _____
   _____
   _____
   _____
   _____
   _____

8. Welche anderen Begriffe für „Sensor" sind noch üblich?
   _____
   _____

9. Was unterscheidet den binären Sensor vom digitalen Sensor?
   _____
   _____
   _____
   _____
   _____

10. Was misst ein analoger Sensor?
    _____
    _____

Mechanische Grenztaster

1. Wodurch unterscheidet sich der Grenztaster von der Arbeitsweise her von den anderen Sensoren?

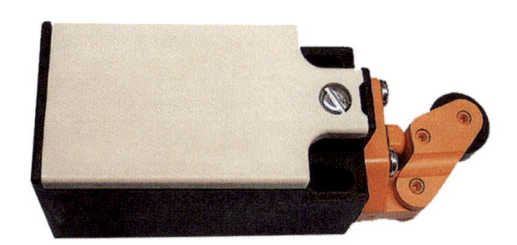

   Bild 3: Grenztaster

   _____
   _____

10 Steuerungstechnik

2. Welche Vorteile haben Grenztaster gegenüber anderen Sensoren?

s_r: _____

3. Was ist beim Einsatz von Sicheitsgrenztastern bezüglich der Trennung zu beachten?

s_u: _____

Induktive Sensoren

1. Erklären Sie die Begriffe s_n, s_r und s_u.

s_n: _____

2. Wofür steht die Bezeichnung s_a?

Arbeitsauftrag

Korrekturfaktoren

1. Erklären Sie die Funktionsweise des induktiven Sensors.

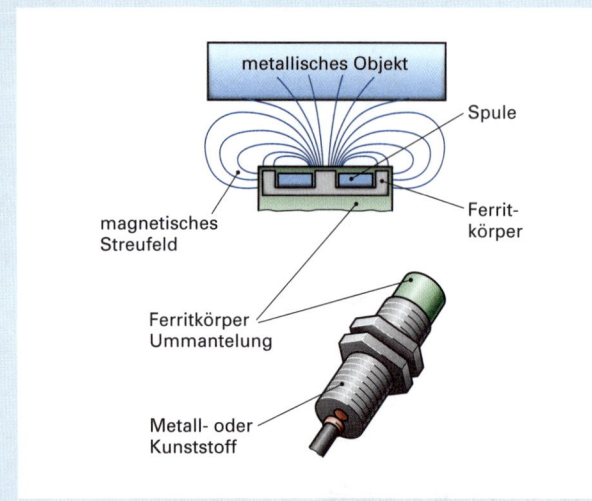

Bild 1: Arbeitsweise des induktiven Sensors

2. Auf welche Materialien spricht der induktive Sensor an?

3. Wie lautet die Faustformel für den Schaltabstand?

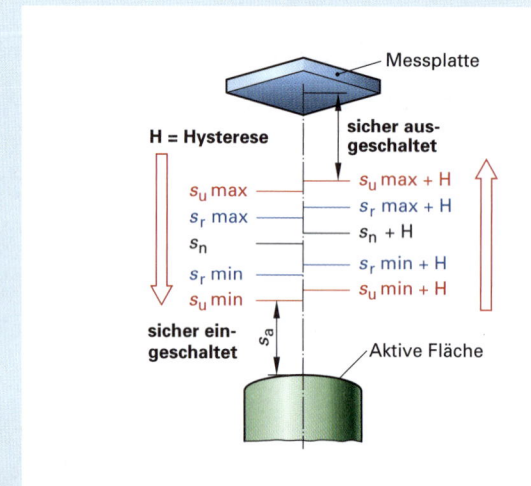

Bild 2: Schaltabstände

4. Für welchen Werkstoff gilt s_n? Was geschieht bei Verwendung von Messing oder Kupfer?

10.7 Sensoren

5. Was bedeutet bündiger Einbau?

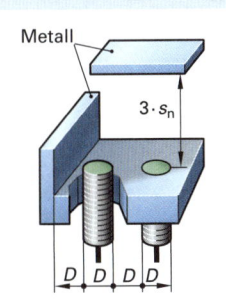

Bild 1: Bündiger Einbau
Bild 2: Nichtbündiger Einbau 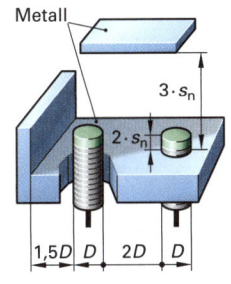

6. Welche Abstände sind einzuhalten?

7. Wann ist in einer Anwendung zwingend ein mechanischer Grenztaster vorgeschrieben?

8. Nennen Sie weitere Beispiele für den Einsatz von Sicherheitsgrenztastern.

Kapazitive Sensoren

1. Auf welche Materialien reagiert der kapazitive Sensor?

2. Die Reproduzierbarkeit des Schaltpunktes ist beim kapazitiven Schalter geringer als beim induktiven Sensor. Wo findet der kapazitive Sensor folglich seinen Einsatzbereich?

Zur Vertiefung

1. Was ist ein „gesicherter Schaltabstand"?

2. Wie viele Teile kann ein Sensor mit einer Schaltfrequenz von 300 Hz in der Sekunde erkennen?

3. Wo werden magnetinduktive Sensoren eingesetzt?

Arbeitsauftrag

1. Erklären Sie die Funktionsweise des kapazitiven Sensors.

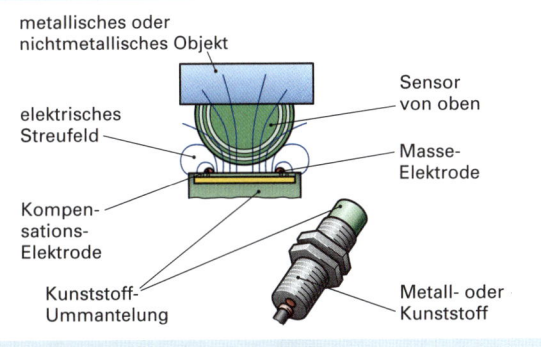

Bild 3: Aufbau des kapazitiven Sensors

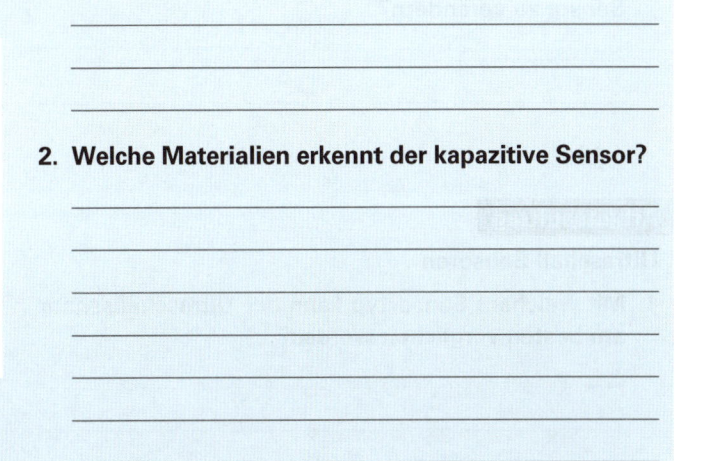

2. Welche Materialien erkennt der kapazitive Sensor?

3. Welcher Unterschied besteht bei der Erfassungsdistanz einer dünnen und dicken Kunststofffolie?

4. Geben Sie die Erfassungsdistanz eines kapazitiven Sensors als M12- und M30-Typ an.

Zur Vertiefung

1. Was bedeutet der Begriff „Reduktionsfaktor"?

Material	Korrekturfaktor
Wasser	
Alkohol	
Keramik	
Glas	
PVC	
Eis	
Öl	

Tabelle 1: Reduktionsfaktoren

3. Weshalb gilt der Sensor als empfindlich gegenüber Wasserdampf?

4. Erklären Sie den Betriff NAMUR-Sensor. Wo werden diese Sensoren eingesetzt?
NAMUR:

2. Eine kapazitiver Sensor hat einen Nennschaltabstand von 10 mm. Auf welchen Wert reduziert sich dieser, wenn Glas detektiert werden soll? Was ist am Sensor zu verändern?

Arbeitsauftrag

Ultraschall-Sensoren

1. Mit welchem Sensortyp kann der Ultraschallsensor am besten verglichen werden?

2. Erklären sie, warum ein Ultraschallsensor einen Blindbereich aufweist.

10.7 Sensoren

3. Was versteht man unter Fensterbetrieb?

Bild 1: Reflexions-Schranke, Fensterbetrieb

_____
_____
_____
_____

4. Nennen Sie zwei physikalische Größen, die den aufgenommenen Messwert des Sensors beeinflussen können.

_____
_____
_____
_____
_____

5. Wodurch können störende Schallreflexionen verursacht werden?

_____
_____
_____
_____
_____
_____

6. Was ist bei der Montage von Ultraschall-Sensoren zu beachten?

_____
_____
_____
_____
_____

7. Welchen Abstand muss ein Ultraschall-Sensor mit einem Erfassungsbereich von 40 cm bis 300 cm von einer parallelen Wand haben?

_____
_____
_____

Zur Vertiefung

1. Wozu verwendet man den Fensterbetrieb?

_____
_____

2. Wozu verwendet man die Einweg-Schranke?

_____
_____

3. Wie funktioniert das Prinzip der analogen Abstandsmessung?

_____
_____
_____
_____

4. Wie soll ein Ultraschall-Sensor zum Objekt ausgerichtet sein?

_____
_____
_____
_____
_____
_____
_____
_____

Optische Sensoren

1. Welche Objekte werden von Einweglichtschranken erkannt?

_____
_____

2. Was können Reflexionslichttaster mit Hintergrundausblendung erkennen?

_____
_____
_____

3. Wie hängen Erfassungsgeschwindigkeit und Erfassungsdistanz bei optischen Sensoren zusammen?

4. Erklären Sie: Funktionsreserve = 50

5. Wie wird die Funktionsreserve berechnet?

Arbeitsauftrag

1. In welche Grundtypen werden Opto-Sensoren eingeteilt?

2. Mit welchem Sensortyp lässt sich die größte Reichweite erzielen?

3. Warum werden Reflexionslichtschranken mit Polarisationsfiltern ausgestattet?

4. Nennen Sie besondere Eigenschaften von Einweg-Lichtschranken.

5. Wie werden Reflexionslichttaster justiert?

6. Erklären Sie die Funktionsweise der Hintergrundausblendung.

a) Wie funktioniert das Triangulationsverfahren?

b) Wie funktioniert das Winkellichtverfahren?

_____

8. Was bedeutet Hell- bzw. Dunkelschaltung?

_____

9. Welche Einflüsse können optische Sensoren in ihrer Funktionsweise stören?

_____

7. Welche Arten von Lichtwellenleitern gibt es? Nennen Sie ihre besonderen Eigenschaften.

_____

10. Bild 1 zeigt die optische Erfassung eines Objektes. Welches optische Prinzip wird hierbei angewandt?

Bild 1: Optische Objekterfassung

Zur Vertiefung

1. Weshalb sind optische Sensoren für den EX-Bereich ungeeignet?

_____

2. Was bedeutet der Begriff „Reproduzierbarkeit" in der Sensortechnik?

_____

3. Erklären, sie den Begriff „Hysterese" am Beispiel eines Lichttasters.

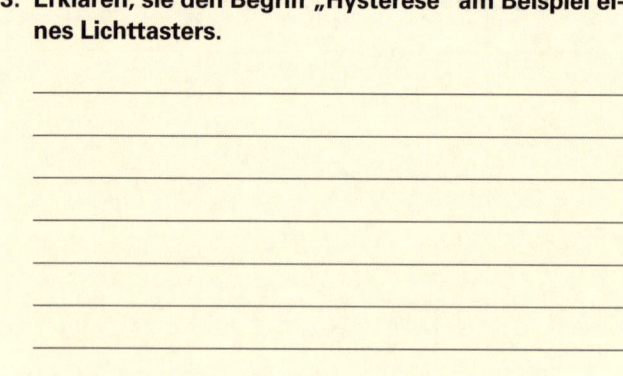

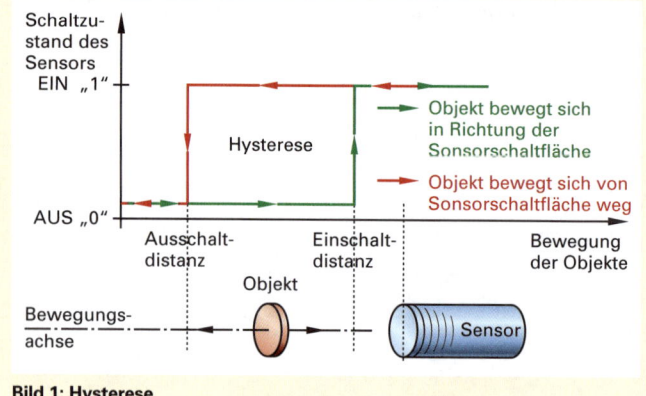

Bild 1: Hysterese

Drehgeber als Sensoren zur Weg- und Winkelmessung

1. Welche Größe muss beim inkrementalen Drehgeber bekannt sein, um den überfahrenen Winkel oder die zurückgelegte Strecke aus der Pulszahl ermitteln zu können?

2. Wozu brauchen manche Inkrementalgeber zwei Kanäle?

Arbeitsauftrag

1. Warum haben Inkrementalgeber meist zwei Ausgänge mit Impulsfolgen?

2. Erklären Sie den Unterschied zwischen Inkremental- und Absolut-Drehgeber?

3. Was zeichnet den Gray-Code aus?

4. Die Auflösung eines Drehgebers beträgt 2500. Was bedeutet dies?

Spannungsversorgung und Lastanschluss

1. Mit welcher Spannungsart werden Sensoren betrieben?

2. Auf welches Potential wird die Last in der Dreileitertechnik gelegt?

3. Wann gilt ein Stromkreis als „eigensicher"?

10.7 Sensoren

Arbeitsauftrag

1. Erläutern Sie die Abkürzungen NC und NO.

NO-Schließerfunktion; immer dann anwenden, wenn ein Start auszulösen ist.

NC-Öffnerfunktion; anzuwenden, wenn ein Stopp auszulösen ist.

Bild 1: NO-, NC-Funktion

_____
_____
_____
_____
_____

2. Ein Opto-Sensor ist hellschaltend, was bedeutet dies?

_____
_____
_____

3. Welche Sensoren können als NAMUR-Sensoren angewandt werden und warum?

_____
_____
_____
_____
_____
_____

4. Skizzieren Sie eine Parallelschaltung von Sensoren in Zwei-Leitertechnik.

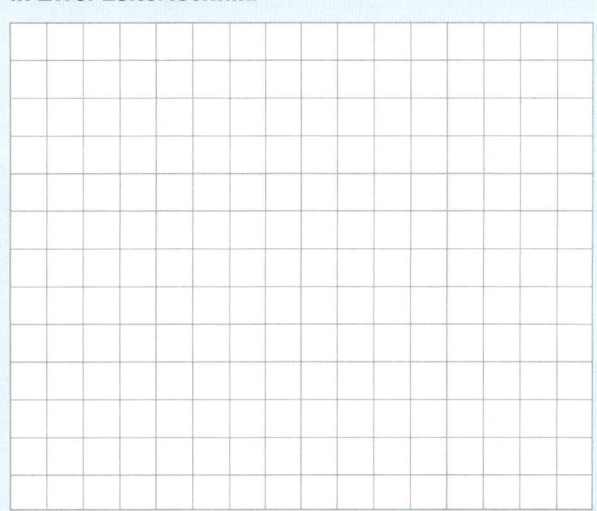

Zur Vertiefung

1. Worin liegt der Unterschied bei Zwei- und Dreileitertechnik?

_____
_____
_____
_____
_____
_____
_____

2. Wie müssen diese Sensoren angeschlossen werden?

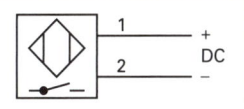

Bild 2: Sensor in Zweileitertechnik

Bild 3: Sensor in Dreileitertechnik

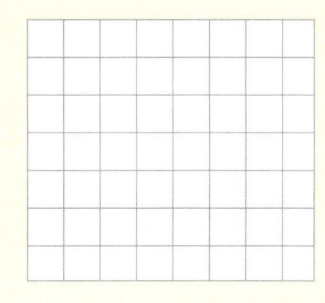

Messschaltung mit Brückenschaltung

1. Temperaturmessungen werden anband einer Brückenschaltung durchgeführt. Skizzieren Sie den Aufbau einer solchen Messschaltung.

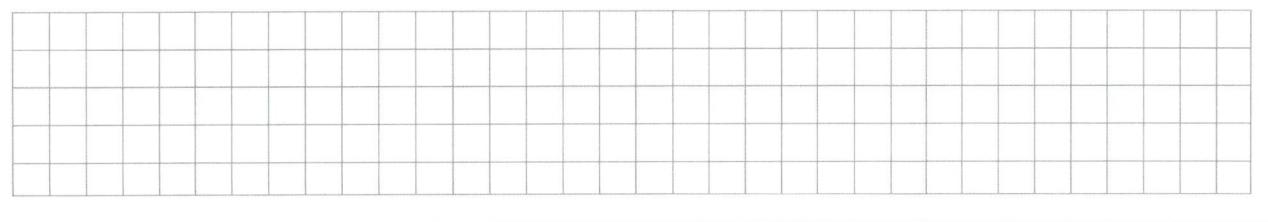

2. Als temperaturabhängiger Widerstand soll ein Pt100 verwendet werden. Was bedeutet die Bezeichnung Pt100?

3. Die Messspannung U_M verändert sich in Abhängigkeit von der Temperatur. Erklären Sie diesen Sachverhalt.

4. Eine Brückenschaltung (Bild 1) hat folgende Werte: U_B = 6 V, R_1 = 100 Ω, R_3 = R_4 = 1 kΩ, R_2 = Pt100. Geben Sie bei 0°C an: U_1, U_2, U_3, U_4, U_M.

5. Was ist die Vorraussetzung dafür, dass physikalische Größen anhand einer Brückenschaltung gemessen werden können?

Arbeitsauftrag

Gegeben ist folgende Schaltung. U_B = 10 V, der Temperaturkoeffizient α wird als konstant mit $\alpha = 0{,}00385 \, \frac{1}{K}$ angenommen.

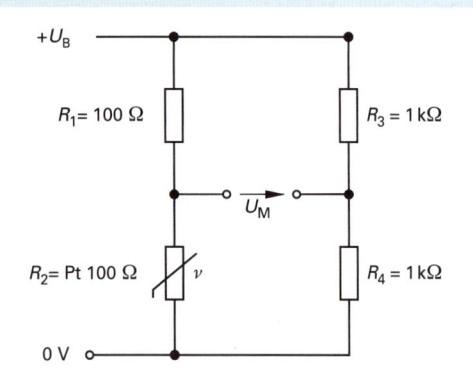

Bild 1: Brückenschaltung

1. Berechnen Sie alle Spannungen bei einer Temperatur von 0°C.

2. Auf welchen Wert steigt R_2, wenn die Temperatur auf 120°C ansteigt?

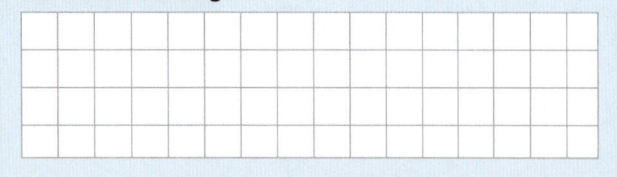

3. Wie groß ist ist die Brückenspannung U_M bei einem Wert von 120°C?

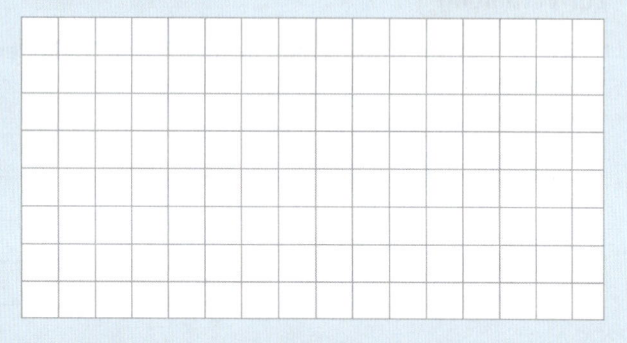

4. Die Brückenspannung beträgt nun U_M = 0,6 V. Welche Temperatur wird gemessen? (Hinweis: Berechnen Sie zuerst die Teilspannungen U_2 und U_1)

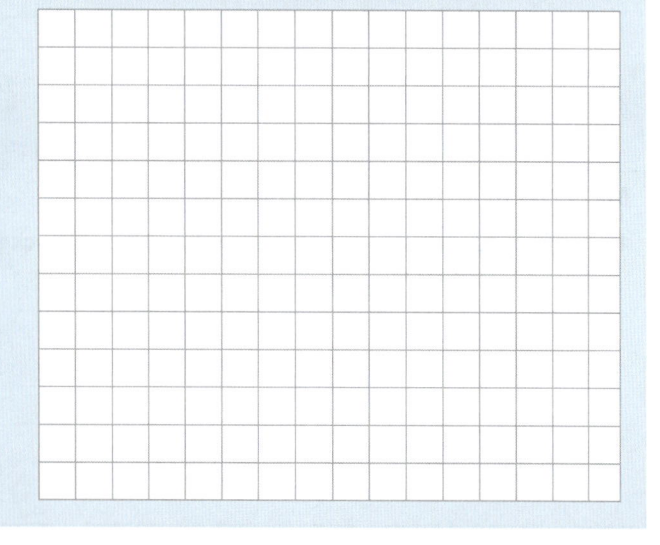

10.8 Speicherprogrammierbare Steuerungen SPS

Aufbau und Funktionsweise

1. Welche Aufgabe hat eine speicherprogrammierbare Steuerung?

2. Was ist bezüglich der Verdrahtung einer SPS zu beachten?

3. Was bestimmt hauptsächlich die Reaktionszeit einer speicherprogrammierbaren Steuerung?

4. Welche Funktion haben Merker?

Arbeitsauftrag

1. Welche Baugruppen gehören zur Grundausstattung einer SPS?

2. Welche Arten von SPS-Typen gibt es?

3. Welche Aufgaben übernehmen Optokoppler in der Ausgabegruppe?

4. Die SPS arbeitet zyklisch, was bedeutet dies?

5. Erläutern Sie den Begriff „Zykluszeit" der SPS.

6. Worin unterscheiden sich Soft- und Hardware-SPS?

7. Erläutern Sie den Begriff „Prozessabbild".

8. Was verstehen Sie unter Reaktionszeit?

9. Die Bearbeitung einer Anweisung heutiger SPS beträgt 0,5 µs? Wie schnell wird ein Programm mit 1000 Zeilen Anwenderprogramm durchlaufen?

Projektierung

1. Welche Aufgaben hat das Betriebssystem der CPU einer SPS?

2. Welche Programmiersprachen gibt es für speicherprogrammierbare Steuerungen?

10.8 Speicherprogrammierbare Steuerungen SPS

7. In welche Teile gliedert sich eine Steueranweisung bei einer marktüblichen SPS?

8. Welche Bausteintypen stellt die S7-Firmware zur Verfügung?

3. Wie kann ein Automatisierungsprozess überschaubar gestaltet werden?

4. Welche Vorteile ergeben sich aus einer Zerlegung in Teilaufgaben?

5. Welche Hauptaufgaben müssen in Projekten gelöst werden?

Grundfunktionen

1. Welche Basisfunktionen stehen zur Programmierung einer SPS zur Auswahl?

6. Welcher Softwarestatus ist nötig, um eine marktübliche SPS zu konfigurieren?

2. Was kennzeichnet die Programmiersprache KOP?

3. Erläutern Sie die UND-Funktion als KOP.

4. Erläutern Sie die ODER-Funktion als KOP.

Arbeitsauftrag

1. Die Endschalter E1 bis E4 sind als Schließer verdrahtet. Welche Änderungen sind im Programm vorzunehmen, wenn E1 bis E4 als Öffner verdrahtet werden sollen?

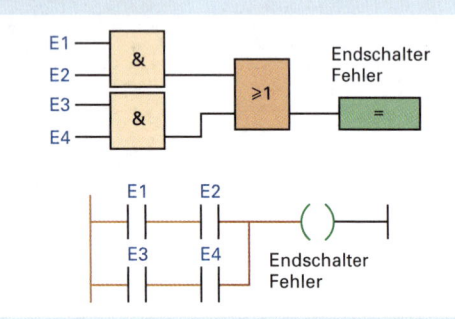

Bild 1: Programm

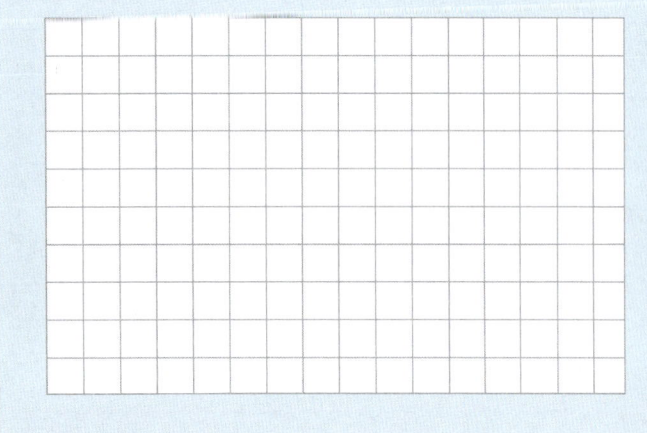

Speicherfunktionen

2. Speicher gibt es als RS-Speicher oder als SR-Speicher. Erklären Sie den Unterschied.

3. Wann wird der RS-Speicher eingesetzt?

4. Wann wird der SR-Speicher eingesetzt?

Arbeitsauftrag

1. Mit welcher Eingangskombination führt Ausgang 4 (Bild 2) ein „1"-Signal? Wie kann dieser Zustand in ein „0"-Signal geändert werden?

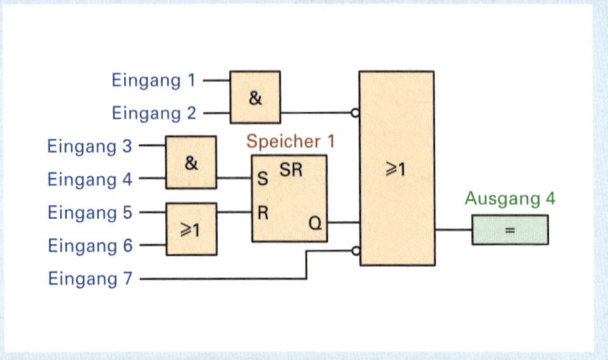

Bild 2: Beispiel zum SR-Speicher

2. Vervollständigen Sie das Impulsdiagramm für das Beispiel in Bild 2 auf der vorherigen Seite, indem Sie das Ausgangssignal skizzieren. Beschreiben Sie die Vorgehensweise.

Bild 1: Zykluszeit und Reaktionszeit

Flankenauswertung

1. Wann wird ein Flankenmerker eingesetzt?

2. Welche Arten von Signalflanken werden unterschieden?

3. Welche Zeitfunktionen werden unterschieden?

4. Was ist eine Zählfunktion?

5. Welches Signal muss am Zähleingang anliegen?

Ablaufsteuerung

1. Erklären Sie den Unterschied zwischen prozessgeführten und zeitgeführten Ablaufsteuerungen.

2. Wie lauten die Regeln für die Programmierung von Schrittketten?

3. In welche Teile lassen sich Ablaufsteuerungen unterteilen?

4. Welcher Pfad wird bei alternativen Verzweigungen durchlaufen, wenn keine Prioritätenvergabe erfolgt ist und mehrere Transitionen erfüllt sind?

Arbeitsauftrag

Ein Transportband transportiert Maschinenteile zu einem Spritzautomaten.

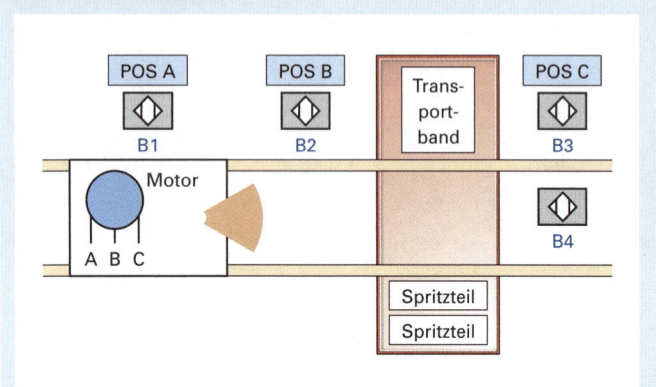

Bild 1: Technologie-Schema Spritzautomat

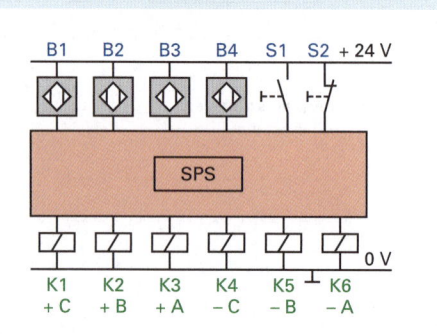

Bild 2: Verdrahtungsplan

Die Spritzpistole wird durch die Zweiachsbewegung eines motorgesteuerten Schlittens bewegt. Durch die Motoransteuerung kann der Schlitten mit zwei unterschiedlichen, konstanten Geschwindigkeiten verfahren werden (s. Tabelle 1).

Bewegungsrichtung und Geschwindigkeit	Pluspol an Anschluss	Minuspol an Anschluss
rechts, langsam	A	C
rechts, schnell	A	B
links, langsam	C	A
links, schnell	B	C

Tabelle 1: Bewegungsanweisungen

Nach folgenden Vorgaben ist der Motor anzusteuern:
- Aus der Grundstellung (Position A) wird der Schlitten bewegt.
- Ist der Schlitten in POS A und wird der Start-Taster S1 (Schließer) betätigt, so ist der Spritzautomat betriebsbereit.
- Meldet B4, dass ein zu spritzendes Teil vorhanden ist, fährt der Schlitten „schnell" nach rechts.
- In POS B (Meldung B2 = „1") beginnt der Spritzvorgang. Dazu fährt der Schlitten zwischen den Positionen B und C je nach Vorgaben in „langsamer" Fahrt hin und her.
- Nach dem letzten Durchlauf fährt der Schlitten „schnell" nach links.
- In POS A (B1 = „1") wartet der Schlitten auf ein neu zu spritzendes Teil.
- In POS A kann durch Betätigen des Tasters S2 (Öffner) die Anlage ausgeschaltet werden.

Symbol	Adresse	Datentyp	Kommentar
B1	E 1.0	BOOL	Initiator POS A
B2	E 1.1	BOOL	Initiator POS B
B3	E 1.2	BOOL	Initiator POS C
B4	E 1.3	BOOL	Initiator Spritzteil in POS
S1	E 1.4	BOOL	EIN-Taster
S2	E 1.5	BOOL	AUS-Taster
K1	A 2.1	BOOL	Motor-Plus-Anschluss C
K2	A 2.2	BOOL	Motor-Plus-Anschluss B
K3	A 2.3	BOOL	Motor-Plus-Anschluss A
K4	A 2.4	BOOL	Motor-Minus-Anschluss C
K5	A 2.5	BOOL	Motor-Minus-Anschluss B
K6	A 2.6	BOOL	Motor-Minus-Anschluss A

Tabelle 2: Symboltabelle

Folgende Merker werden verwendet:
- Merker 1: Motor rechts schnell.
- Merker 2: Motor rechts langsam.
- Merker 3: Motor links langsam.
- Merker 4: Motor links schnell.
- Merker 5: Wartezeit.

Zu Beginn wird festgelegt, dass der Lackiervorgang 5 x wiederholt wird. Dazu wird der Zählwert auf 5 gesetzt. Nach jedem Lackiervorgang wird der Zählwert um 1 reduziert. Solange der Zählwert > 0 ist, wird weiter lackiert. Sobald der Zählwert = 0 ist, wird Schritt 7 gesetzt.

Nun wird die Zeit T1 abgewartet. Befindet sich ein neues Spritzteil auf dem Transportband, wird im Programm auf Schritt 2 gesprungen. Wenn kein neues Spritzteil vorhanden ist, geht das Programm in den Anfangszustand (Schritt 1).

Das Programm wurde in 8 Teilschritte zerlegt.
- Schritt 1 → Initialisierung.
- Schritt 2 → Fahrt nach rechts, schnell, Festlegung der Anzahl der Fahrten.
- Schritt 3 → Fahrt nach rechts, langsam.
- Schritt 4 → Zählen der Fahrten nach rechts.
- Schritt 5 → Fahrt nach links, langsam.
- Schritt 6 → Zählen der Fahrten nach links.
- Schritt 7 → Fahrt nach links, schnell.
- Schritt 8 → Nach Ablauf der Zeit T1 ist der Schlitten in der Grundstellung.

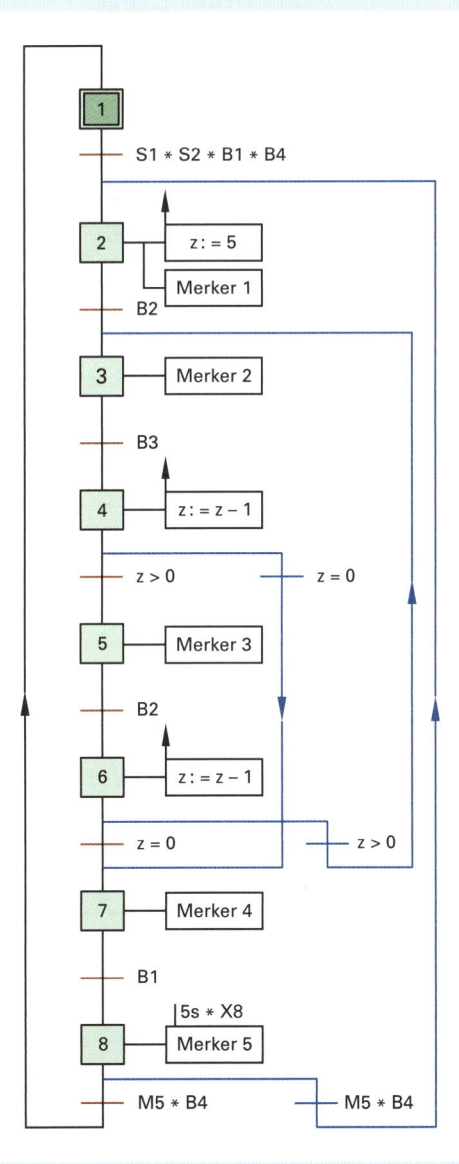

Bild 1: Ablaufkette

1. Ändern Sie die Ablaufkette so ab, dass über einen Wahlschalter S3 die Möglichkeit besteht, die angelieferten Teile in zwei verschiedenen Farben zu spritzen. Die Reversierbewegungen (Wiederholungen) sind unterschiedlich, da die eine Farbe besser deckt als die zweite. Ist der erste Schließer von S3 (Kontakte 13/14) geschlossen, soll die erste Farbe mit 5 Wiederholungen aufgetragen werden. Ist der zweite Schließer von S3 (Kontakte 23/24) geschlossen, wird die zweite Farbe mit 7 Wiederholungen gespritzt. Die Wartezeit T1 soll bei beiden Spritzvorgänge unverändert bleiben.

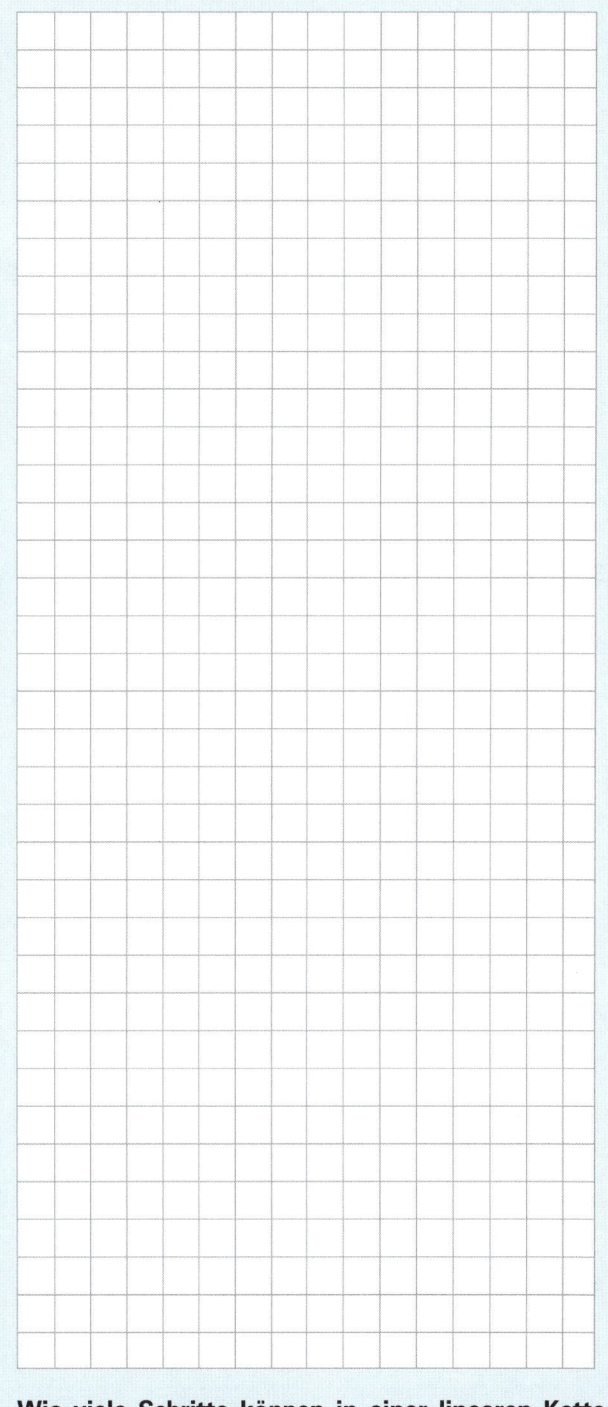

2. Wie viele Schritte können in einer linearen Kette gleichzeitig gesetzt sein?

3. Wann wird von einem Schritt auf den nächsten weitergeschaltet?

Funktionale Sicherheit von Steuerungen

1. Wann entstehen an Maschinen und Anlagen Gefahren?

2. Wann ist bei einem Drucktaster die Farbe Rot vorgeschrieben?

3. Benennen Sie die Handlungen im Notfall.

4. Erklären Sie den Begriff „Zwangsöffnung".

5. Was sind Freigabekontakte?

6. Was bedeutet „Zwangsführung"?

7. Erklären Sie den Begriff „Rückführkreis".

8. Was bedeutet „Ruhestromprinzip"?

9. Was bedeutet „Redundanz"?

10. Erklären Sie den Begriff „Diversität".

11. Was bedeutet „Zweikanaligkeit"?

12. Wie können Schutzeinrichtungen, wie z. B. Schütztüren, überwacht werden?

13. Wie muss ein Befehlsgeräten zum sicheren Abschalten der Maschine aufgebaut sein?

14. Wozu werden Sicherheitsschaltgeräte verwendet?

15. Darf eine sicherheitsrelevante Funktion, z. B ein Stillsetzen, im Notfall über ein SPS-Programm realisiert werden?

16. Erläutern Sie die Stopp-Kategorien.

17. Welche Elemente werden für AS-I Safety at Work benötigt?

Zur Vertiefung

1. Der Aufzug steht im 4. Stock (B4). Im 5. Stock wird der Rufknopf S5 betätigt. Damit wird die Türe geschlossen und die Fahrt nach oben ausgelöst. Diese Fahrt stoppt, wenn Initiator B5 erreicht wird. Die Türe öffnet sich.

   Entsprechendes gilt, wenn der Rufknopf S3 im 3. Stock betätigt wird.

   Schreiben Sie eine FUP-Lösung für diesen Fall. Die Fahrt nach oben wird über einen Schütz Q5 ausgelöst, die fahrt nach unten über eine Schütz Q3.

Symbol	Adresse	Kommentar
Taste_S3	E0.3	Rufknopf S3_ 3. Stock
Taste_S4	E0.4	Rufknopf S4_ 4. Stock
Taste_S5	E0.5	Rufknopf S5_ 5. Stock
Ini_B3	E1.3	indukt. Sensor; Fahrstuhl 3. Stock
Ini_B4	E1.4	indukt. Sensor; Fahrstuhl 4. Stock
Ini_B5	E1.5	indukt. Sensor; Fahrstuhl 5. Stock
Schütz_Q4	A4.0	Fahrt nach oben Q4
Schütz_Q3	A3.0	Fahrt nach unten Q3

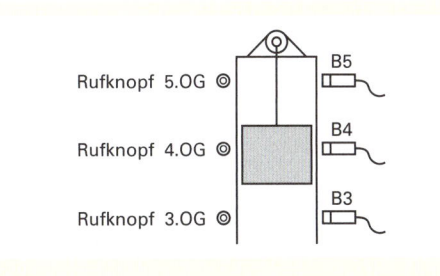

11 Regelungstechnik

11.1 Grundbegriffe

1. Was versteht man unter einer Regelung?

2. Wie funktioniert eine Regelung?

3. Was ist der Unterschied zwischen Steuern und Regeln?

4. Was versteht man unter einem Blockschaltbild einer Regelung?

5. Wie sieht das Blockschaltbild einer Temperaturregelung eines Lötzinnbades aus?

6. Was versteht man unter folgenden Begriffen aus der Regelungstechnik?

Strecke:

Regeleinrichtung:

Stellglied:

Stellort:

Regelgröße:

Messort:

Sollwertgeber:

Regelabweichung:

Stellgröße:

Störgröße z:

11.1 Grundbegriffe

Zur Vertiefung

1. Welche Regelungsarten gibt es?

2. Was versteht man unter Festwertregelung?

3. Was versteht man unter Folgeregelung?

4. Was versteht man unter Zeitplanregelung?

5. Die Drehzahl eines Gleichstromgenerators, der durch eine Dampfturbine angetrieben wird, soll geregelt werden.

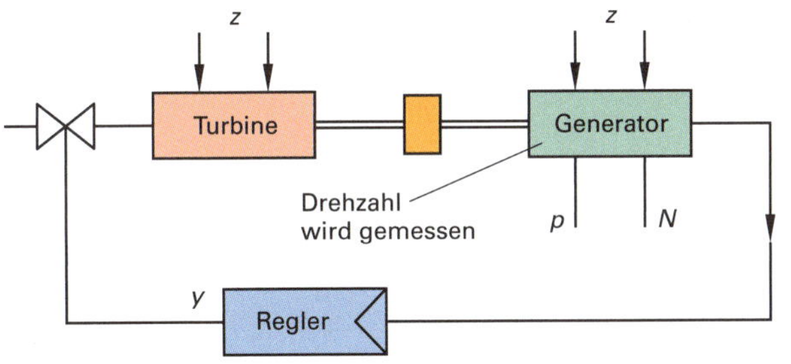

   a) Um welche Regelung handelt es sich?

   b) Welche Störgrößen z können auftreten?

6. Um welche Regelungsart handelt es sich
   a) bei der Regelung der Temperatur in einem Härtofen?
   b) bei einer Regelung des Füllstandes in einem Kühlwasserbehälter?
   c) bei der automatischen Kurssteuerung eines Flugzeugs beim Landeanflug?
   d) bei der Nachführung von Solarzellen nach der Sonneneinstrahlung?

7. Bei der Wassertemperaturregelung (Gemischregelung) handelt es sich um eine Festwertregelung.

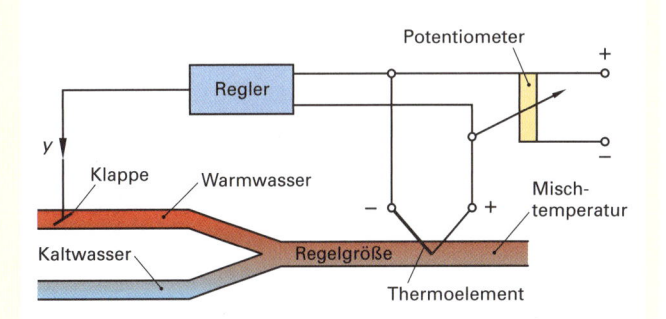

   Durch ein Rohrsystem fließt kaltes Wasser, durch ein anderes Rohrsystem warmes Wasser. Mit Hilfe eines Thermoelements wird die Mischtemperatur erfasst.

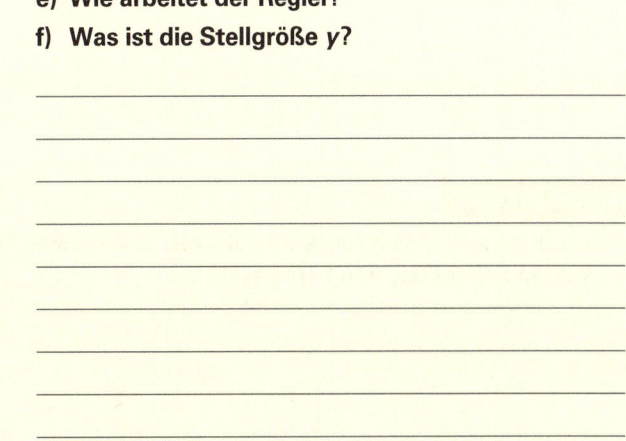

   a) Was ist die Regelgröße x?
   b) Was dient als Messwerteinrichtung?
   c) Wie wird der Istwert erfasst?
   d) Wie wird der Sollwert vorgegeben?
   e) Wie arbeitet der Regler?
   f) Was ist die Stellgröße y?

11.2 Regelkreiselemente

1. Was versteht man unter Regelkreiselement?

2. Was kennzeichnet ein Regelkreiselement?

3. Was versteht man unter Sprungantwort?

4. Was wird in einem Bodediagramm dargestellt?

P-Glieder

1. Charakterisieren Sie ein P-Glied.

Arbeitsauftrag

1. Das Getriebe (Bild 1) hat eingangsseitig ein Zahnrad mit 150 Zähnen und ausgangsseitig ein Zahnrad mit 50 Zähnen. Ermitteln Sie den Verstärkungsfaktor K_p.

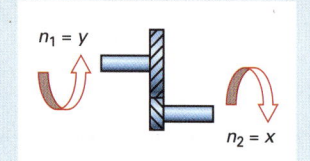

   Bild 1

2. Was ist der Unterschied zwischen einem P-Glied und einem PT_1-Glied?

3. Wie kann man sich ein PT_n-Glied vorstellen?

4. Was kann über den Anstieg einer Sprungantwort bei einem PT_1-Glied gegenüber einem PT_n-Glied ausgesagt werden?

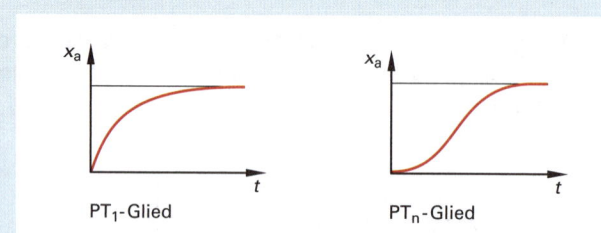

   PT_1-Glied PT_n-Glied

I-Glied

1. Wie arbeitet ein Integral-Glied

2. Wie ist die Integrationszeitkonstante T_I definiert?

3. Was versteht man unter dem Integrationsbeiwert K_I?

Arbeitsauftrag

1. Ermitteln Sie den Integrationsbeiwert K_I für einen Tank mit der Grundfläche 1 m², wenn dieser mit dem konstanten Durchfluss von 5 l/s befüllt wird.

11.2 Regelkreiselemente

D-Glied

1. Wie reagiert bei einem D-Glied das Ausgangssignal auf das Eingangssignal?

2. Wie reagiert bei deinem D-Glied das Ausgangssignal bei einem Eingangssprung?

Arbeitsauftrag

1. Eine Geschwindigkeitsänderung von 10 m/s bewirkt eine Stromänderung von 5 mA/s. Ermitteln Sie den Differenzierbeiwert.

T_t-Glied

1. Was versteht man unter dem Begriff Totzeit?

2. Wo treten Totzeitglieder in der Signalverarbeitung auf?

3. Wie kommt die Totzeit bei einer SPS zustande?

4. Bei welchen Strecken treten häufig Totzeiten auf?

Zur Vertiefung

1. Was versteht man in der Regelungstechnik unter dem Begriff Strecke?

2. Wie werden Strecken hinsichtlich ihres zeitlichen Verhaltens bzw. des Beharrungszustandes eingeteilt?

3. Was versteht man unter Strecken mit Ausgleich?

4. Was versteht man in der Regelungsstrecke unter dem Begriff Übertragungsbeiwert einer Strecke?

5. Was bedeuten in der Formel $K_s = \dfrac{X_h}{Y_h}$ für den Übertragungsbeiwert die Größen X_h bzw. Y_h?

6. Was versteht man unter einer PT_0-Strecke?

7. Was versteht man unter einer PT_1-Strecke?

8. Wie kann bei einer PT₁-Strecke die Zeitkonstante T_s bestimmt werden?

9. Nach welcher Zeit hat die Strecke ihren neuen Beharrungszustand erreicht?

10. Beim Test der Temperaturregelstrecke eines Wärmeschranks liefert der Schreiber beim Einschalten des Heizstroms von 8 A folgenden Verlauf (Bild 1). Zu ermitteln sind:

a) der Übertragungsbeiwert K_S der Strecke,
b) die Zeitkonstante T_S und
c) die Zeit, nach der die Temperatur ihren neuen Beharrungszustand erreicht hat.

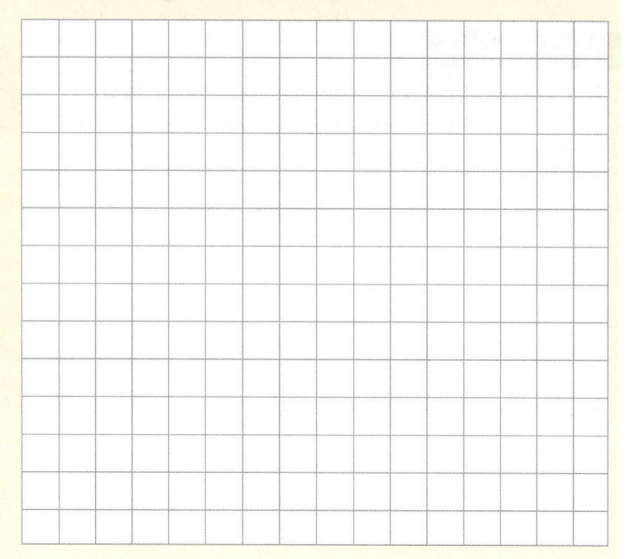

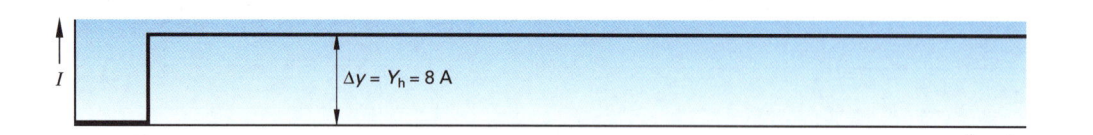

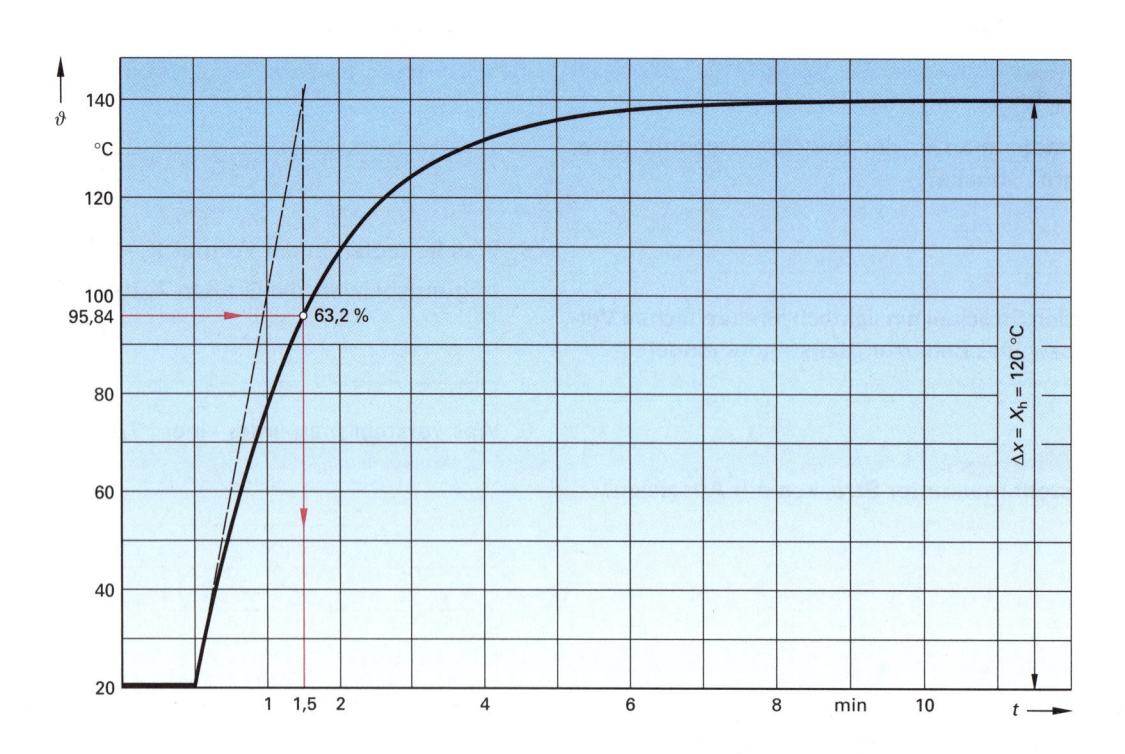

Bild 1: Temperaturregelstrecke

11.2 Regelkreiselemente

11. Wie verhält sich eine PT_n-Strecke nach einem Stellsprung?
___

12. Wie können bei einer PT_n-Strecke aus dem Graph der Übergangsfunktion die Verzugszeit T_u und die Ausgleichszeit T_g ermittelt werden?

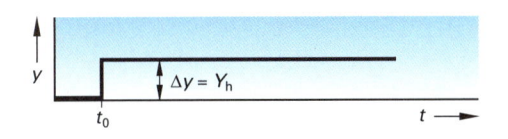

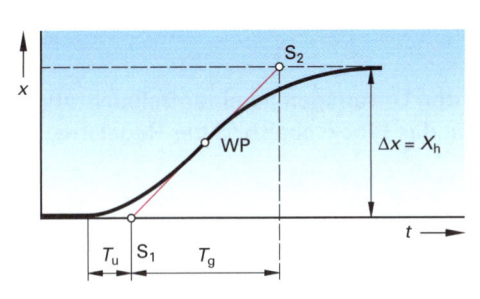

Bild 1: Graph der Übergangsfunktion einer PT_n-Strecke
___

13. Wie kann der Schwierigkeitsgrad s einer Strecke berechnet werden?

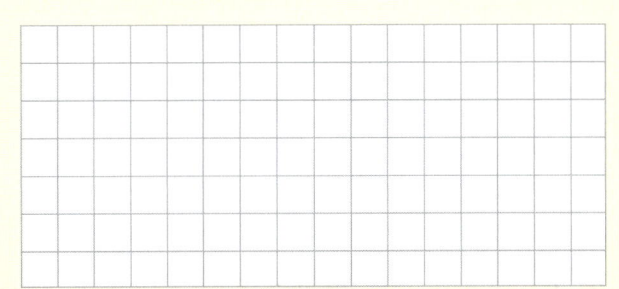

14. Wie wird die Regelbarkeit einer Strecke mittels Schwierigkeitsgrad beurteilt?

$s \leq 0{,}1$	
$0{,}1 < s \leq 0{,}2$	
$0{,}2 < s \leq 0{,}3$	
$s > 0{,}3$	

15. In der Regelungstechnik werden aus Gründen der Übersicht und der schnelleren Information das Verhalten der Strecke bei einem Stellsprung oder bei einer Störung in Blockschaltbildern angegeben.

Strecke	Blockschaltbild
PT_0-Strecke	
PT_0-T_t-Strecke	
PT_1-Strecke	
PT_1-T_t-Strecke	
PT_n-Strecke	

Tabelle 1: Blockschaltbilder von Strecken mit Ausgleich

a) Um welche Strecke handelt es sich bei der Übersetzung eines Zahnradgetriebes?

b) Geben Sie für jede Strecke aus der Tabelle zwei Beispiele an.
___

16. Bei einer Durchflussregelstrecke kann der Ventilhub des Stellgliedes von 0 mm (ZU) bis 12 mm (AUF) verändert werden. Bei einer Messung wird festgestellt, dass sich bei einer Änderung des Ventilhubes von 4 mm auf 6 mm die Durchflussmenge von $24 \frac{l}{min}$ auf $36 \frac{l}{min}$ erhöht.

    Gesucht ist
    a) der Stellbereich Y_h,
    b) die Stellgrößenänderung Δy und
    c) die Regelgrößenänderung Δx an.

    Berechnen Sie
    d) den Übertragungsbeiwert K_S der Strecke und
    e) den Regelbereich.

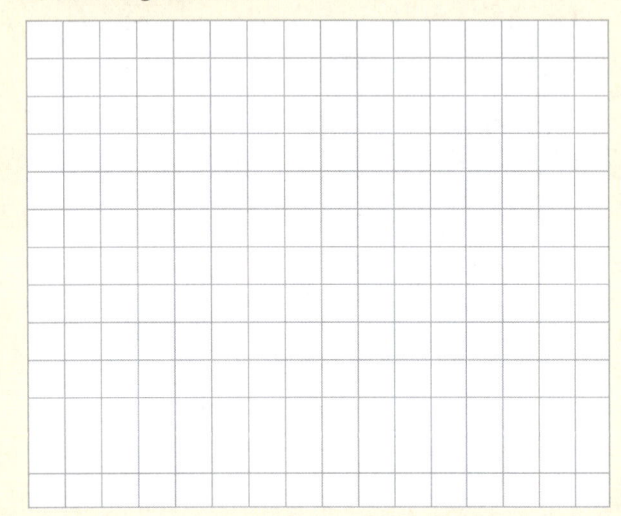

17. Beim Test einer Raumtemperaturregelstrecke steigt nach dem Einschalten der elektrischen Heizleistung von 5 kW die Temperatur von 20 °C auf 42 °C. Nach dem Auswerten der PT_n-Strecke ergibt sich für $T_u = 2$ min und $T_g = 18$ min.

    Ermitteln Sie
    a) den Übertragungsbeiwert der Strecke.
    b) Berechnen Sie den Schwierigkeitsgrad der Strecke und schließen Sie auf die Regelbarkeit.

18. Die Programmzykluszeit T_z einer SPS wird vom Hersteller bei maximaler Größe des Programms mit 30 ms angegeben. Wie groß ist bei dieser SPS die maximale Totzeit T_t?

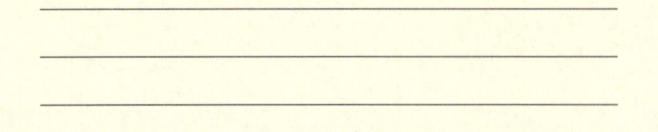

19. Bei der Mischung zweier Flüssigkeiten zur Regelung eines bestimmten Säuregehalts wird der Meßfühler im Abstand von 2,8 m nach der Zusammenführung installiert. Die mittlere Fließgeschwindigkeit der Flüssigkeiten beträgt 1,2 m/s.
    a) Berechnen Sie die Totzeit T_t der Regelstrecke.
    b) Die Auswertung der Strecke hat für T_s den Wert 17,8 Sekunden geliefert. Berechnen Sie den Schwierigkeitsgrad s der Strecke und schließen Sie auf die Regelbarkeit.

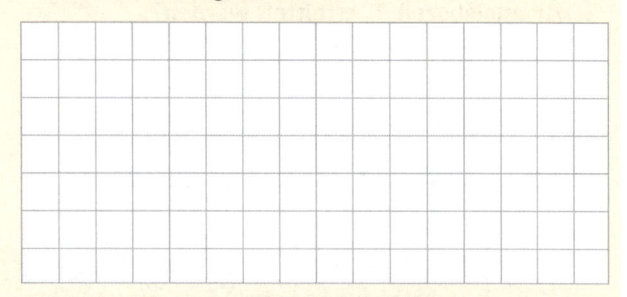

20. In den Unterlagen zu einer Beleuchtungsstrecke ist u. a. das Blockschaltbild der Regelstrecke gegeben.

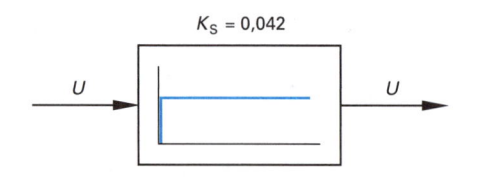

    a) Um welche Strecke handelt es sich?
    b) Was sind bei dieser Strecke die Eingangsgröße und die Ausgangsgröße?
    c) Was bedeutet die Bezeichnung $K_S = 0{,}042$?

21. Der Antrieb eines Stellgliedes wird mit einer Stellgröße von 0 … 20 mA angesteuert. Berechnen Sie den Übertragungsbeiwert der Strecke, wenn sich dabei eine Durchflussmenge von 0 … 140 l/min einstellt.

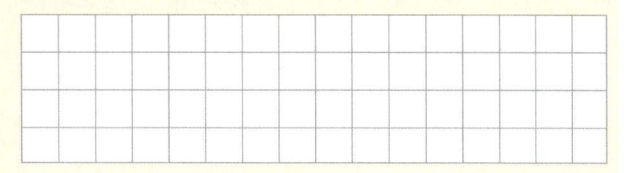

11.3 Regler

1. Was versteht man unter Regeleinrichtung?

2. Wie arbeitet eine Regeleinrichtung?

3. In welche Kategorien werden die Regler eingeteilt?

4. Welche Regler werden als unstetige Regler bezeichnet?

5. Wie arbeitet ein Zweipunktregler?

6. Wo werden Zweipunktregler eingesetzt?

7. Was versteht man bei einem unstetigen Regler unter Schalthysterese?

8. Was versteht man bei einem unstetigen Regler unter Zykluszeit?

9. Was versteht man bei einem unstetigen Regler unter Schaltfrequenz?

10. Was ist der Unterschied zwischen unstetigen Reglern und stetigen Reglern?

11. Wie arbeitet ein stetiger Regler?

12. Welche stetigen Regler gibt es?

13. Welche Regler haben den Nachteil einer Regelabweichung?

14. Welchen Vor- und Nachteil hat ein P-Regler?

15. Welchen Vor- und Nachteil hat ein I-Regler?

16. Warum müssen analoge Signale digitalisiert werden?

17. Wie geht die Digitalisierung vor sich?

18. Wie geht die Abtastung des Eingangssignals vor sich?

12 Bussysteme in der Automatisierungstechnik

1. Was ist unter „Zykluszeit" zu verstehen?
   _____
   _____
   _____

2. Wann spricht man von einem „deterministischen Bussystem"?
   _____
   _____
   _____

3. Welche Aussagen kann man bei höheren Automatisierungsebenen bezüglich der Datenmenge und der Übertragungszeit treffen?
   _____
   _____
   _____
   _____
   _____

4. Was ist unter Echtzeitfähigkeit zu verstehen?
   _____
   _____
   _____
   _____
   _____

5. Was ist ein „Gateway"?
   _____
   _____
   _____
   _____

Arbeitsauftrag

1. Gegeben sind folgende Größen:

   Sensorverzögerung 1 ms; Buszykluszeit 5 ms; Programmabarbeitungszeit 20 ms; Aktorverzögerung 100 ms.

   Ermitteln Sie die Reaktionszeit des Systems.

12.1 Kommunikationsmodell

1. Nach welchem Modell ist die Kommunikation in der Automatisierungstechnik organisiert?
   _____
   _____
   _____
   _____

12.2 Topologien

1. Welche Topologien werden in der Feldbusebene verwendet?
   _____
   _____
   _____

2. Wie arbeitet ein Repeater (Prinzip)?
   _____
   _____
   _____

3. Wann müssen bei den meisten Bussystemen Repeater eingesetzt werden?
   _____
   _____
   _____
   _____
   _____

12.3 Übertragungsmedien

1. Welche Leitungstypen finden in der Feldbus-Automatisierung ihren Einsatz?

2. Wie kann bei einer Kupferleitung eine Störung durch EMV vermieden werden?

3. Wie entsteht in der Automatisierung eine Verschmutzung mit elektromagnetischen Störfeldern?

4. Wann kann der Einsatz von Lichtwellenleitern von Vorteil sein?

12.4 Übertragungsarten

1. Erklären Sie den Begriff „Breitbandübertragung".

2. Wie funktioniert die „Basisbandübertragung"?

12.5 Buszugriffsverfahren

1. Erklären Sie folgende Begriffe in Grundzügen:

   a) Kontrolliertes Zugriffsverfahren

   b) Zufälliges Zugriffsverfahren

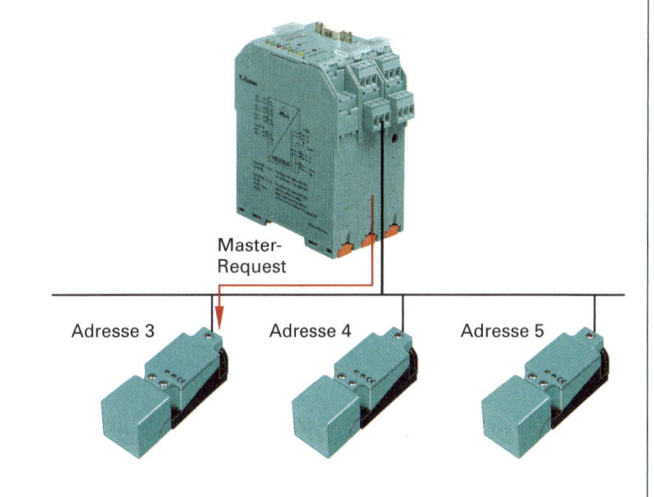

Bild 1: Master/Slave-Prinzip

Master/Slave-Verfahren

1. Erklären Sie die Kommunikation beim Master/Slave-Verfahren.

2. Weshalb benötigen die Teilnehmer beim Master/Slave-Verfahren eine Adcesse?

3. Was passiert, wenn ein Slave ausgefallen ist?

4. Welche Aussage kann über die Zykluszeit beim Master/Slave-Verfahren getroffen werden?

Das Token-Prinzip

1. Was ist ein „Token"?

2. Wie unterscheiden sich die Teilnehmer des Token-Verfahrens von den Teilnehmern im Master/Slave-Verfahren?

3. Was ist ein „hybrides Zugriffsverfahren"?

Das CSMA-Verfahren

1. Für was steht die Abkürzung CSMA?

2. Wie funktioniert der Datenaustausch beim CSMA?

3. Welchen Nachteil hat dieses Buszugriffsverfahren?

4. Wie regelt das CSMA-Verfahren gescheiterte Sendeversuche?

5. Womit wird CSMA/CD bezeichnet?

Das CSMA/CA

1. Wofür steht die Abkürzung CA?

2. Wie funktioniert das CSMA/CA-Verfahren im Unterschied zum CSMA/CD-Verfahren im Prinzip?

12.6 Datensicherheit

1. Wozu werden Datensicherungsmechanismen benötigt?

2. Werden fehlerhafte Telegramme durch die Datensicherungsmechanismen repariert?

12.7 AS-Interface

1. Was bedeutet die Abkürzung AS?

2. Erklären Sie den Begriff „offenes System".

3. An welcher Stelle der Busleitung sollte das AS-i-Netzteil angeschlossen werden?

4. Ist eine Zusammenschaltung von AS-i-Netzteilen erlaubt?

5. Kann im AS-i-System die negative Ader geerdet werden?

6. Worauf ist zu achten, wenn ein AS-i-Slave für seine Ausgänge eine separate Spannungsversorgung benötigt?

7. Welche Topologien sind beim AS-Interface möglich?

8. Wie viele Repeater darf ein AS-Interface-System aufweisen?

9. Welche Eigenschaften hat die gelbe AS-i-Flachleitung?

10. Weshalb kann bei der Adressierung der Module nicht die Adresse 0 vergeben werden?

11. Wie kann ein Modul adressiert werden?

12. Wann kann ein Slave automatisch adressiert werden?

13. Wie viele Module sind nach der Spezifikation 2.0 maximal anschließbar?

14. Die Spezifikation 2.11 erlaubt eine Teilnehmerzahl von 62 Slaves. Wodurch ist das möglich?

15. Wie erfolgt die Übertragung von Analogwerten?

16. Wann ist die Zykluszeit mit 10 ms anzugeben?

12.8 InterBus

1. Mit welchem Feldbus ist der InterBus-Loop am ehesten zu vergleichen?

2. Wozu wird das Loop-Back-Wort benötigt?

3. Welche Aussage kann man bezüglich der Anzahl der Eingangs- und Ausgangsbits je Teilnehmer treffen?

12.9 Profibus

1. Wie lautet die genaue Bezeichnung des Profibusses?

2. Wofür ist der Profibus geignet?

3. Welches Kommunikationsprofil von Profibus wird am häufigsten verwendet?

4. Wofür wurde der Profibus PA entwickelt?

5. Welcher Schnittstellen-Typ wird für Profibus-DP verwendet?

6. Beschreiben Sie den Unterschied zwischen einem Master und einem Slave.

7. Nennen Sie unterschiedliche Profibus-Slaves.

8. Wie viele Teilnehmer (Master und Slaves) können an ein Profibussystem angeschlossen werden?

9. In welcher Weise beeinflussen sich beim Profibus Leitungslänge und Übertragungsrate?

10. Welchen Versorgungsstrom benötigt jeder PROFIBUS-PA-Teilnehmer?

11. Wer übernimmt beim PROFIBUS-PA die Verantwortung über die Einhaltung von Kennwerten?

Arbeitsauftrag

1. Eine Anlage soll mit AS-Interface automatisiert werden. Es sollen Standardsensoren und -aktoren eingesetzt werden, die über Module mit dem Master verbunden werden. Eine Analogübertragung ist nicht notwendig. Die Anlage besteht aus 150 binären Sensoren und 75 binären Aktoren.

   Wie viele Module werden mindestens benötigt?

   Wie viele AS-Interface-Master werden für diese Anlage benötigt, wenn
   a) Master der Spezifikation 2.0 eingesetzt werden?
   b) Master der Spezifikation 2.11 eingesetzt werden?

2. Bei der oben beschriebenen Anlage hat jeder Sensor eine maximale Versorgungsstromaufnahme von 15 mA und jeder Aktor benötigt 80 mA. Jedes Modul hat zusätzlich eine Stromaufnahme von 20 mA. Können die Aktoren über die AS-Interface-Leitung mitversorgt werden? Begründen Sie Ihre Entscheidung.

3. Erläutern Sie, wie die InterBus-Anschaltbaugruppe Fehlerorte lokalisiert.

4. An einem InterBus werden folgende Komponenten betrieben:
   a) 3 Teilnehmer mit jeweils einem Eingangswort (16 Bit),
   b) 2 Teilnehmer mit jeweils einem Eingangs- und einem Ausgangswort,
   c) 4 Teilnehmer mit 8 Bit Ausgangsdaten.

   Wie viele Datenbytes werden in einem InterBus-Zyklus übertragen?

13 Mechatronische Systeme

1. Was versteht man unter einem mechatronischen System?

2. Aus welchen Teilsystemen kann ein mechatronisches System bestehen?

3. Welche Aufgaben entfallen auf das mechanische Teilsystem?

4. Welche Aufgaben entfallen auf das elektrische Teilsystem?

5. Welche Aufgaben entfallen auf das pneumatische bzw. elektropneumatische Teilsystem?

6. Welche Aufgaben entfallen auf das hydraulische bzw. elektrohydraulische Teilsystem?

7. Welche Komponenten kann ein mechanisches Teilsystem beinhalten?

8. Welche Komponenten kann ein hydraulisches bzw. elektrohydraulisches Teilsystem beinhalten?

9. Welche Komponenten kann ein pneumatisches bzw. elektropneumatisches Teilsystem beinhalten?

10. Welche Komponenten kann das elektrische Teilsystem beinhalten?

14 Montage, Inbetriebnahme und Instandhaltung von mechatronischen Systemen

14.1 Montagetätigkeit Fügen

1. Was versteht man unter dem Begriff Montage?

2. Wie lauten die Hauptaufgaben bei der Montage?

3. In welche drei Verbindungsarten werden die Fügeverbindungen eingeteilt?

4. Welche Verbindungen zählen zu den formschlüssigen Verbindungen?

5. Wie werden bei formschlüssigen Verbindungen die Kräfte oder Drehmomente übertragen?

6. Welche Verbindungen zählen zu den kraftschlüssigen Verbindungen?

7. Wie werden Kräfte oder Drehmomente bei kraftschlüssigen Verbindungen übertragen?

8. Welche Verbindungen zählen zu den stoffschlüssigen Verbindungen?

9. Wie werden Kräfte oder Drehmomente bei stoffschlüssigen Verbindungen übertragen?

10. Geben Sie je eine Schraubensicherung für
    a) Formschluss,
    b) Kraftschluss,
    c) Stoffschluss an.

11. Bauteile sollen durch Stoffschluss gefügt werden. Welche Vorteile bietet das Kleben gegenüber dem Schweißen beim Fügen?

12. Kupplungen zählen zu den formschlüssigen oder kraftschlüssigen Fügeverbindungen. Welche Aufgaben übernehmen Kupplungen?
    a) Welche Eigenschaften und Vorteile haben elastische Kupplungen gegenüber starren Kupplungen?
    b) Wo werden elastische Kupplungen eingebaut?

14.2 Prüfen und Justieren

1. Nennen Sie Prüfaufgaben
   a) aus dem Bereich der Mechanik,
   b) aus dem Bereich der Pneumatik/Hydraulik,
   c) aus dem Bereich der Elektrik.

2. Nennen Sie Justieraufgaben aus dem Bereich der Mechatronik.

3. Welche Prüftätigkeiten fallen vor der Montage an?

4. Welche Prüftätigkeiten fallen während der Montage an?

5. Welche Prüftätigkeiten fallen nach der Montage an?

6. Welche Prüfungen müssen vor dem Aufstellen einer mechatronischen Anlage vor Ort durchgeführt werden?

Arbeitsauftrag | Kontrollstation

1. Prüfungen an der Kontrollstation nach der Vormontage

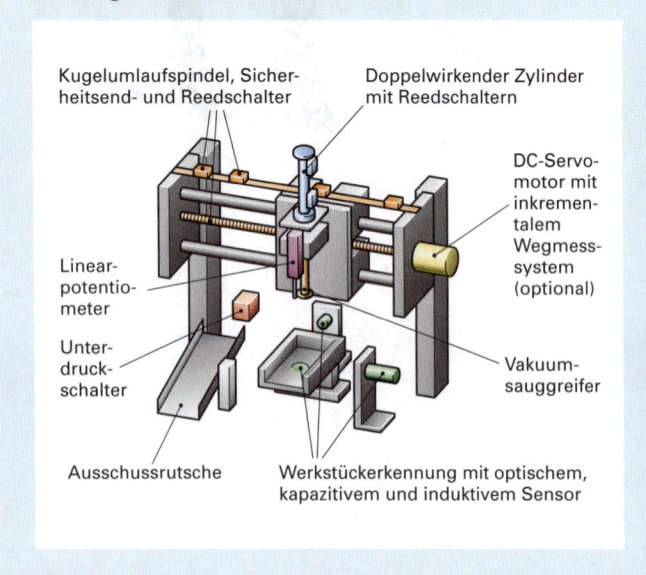

Bauteile: Kugelumlaufspindel, Sicherheitsend- und Reedschalter; Doppelwirkender Zylinder mit Reedschaltern; DC-Servomotor mit inkrementalem Wegmesssystem (optional); Linearpotentiometer; Unterdruckschalter; Vakuumsauggreifer; Ausschussrutsche; Werkstückerkennung mit optischem, kapazitivem und induktivem Sensor

Checkliste		
01	☐ Ja	☐ Nein
02	☐ Ja	☐ Nein
03	☐ Ja	☐ Nein
04	☐ Ja	☐ Nein
05	☐ Ja	☐ Nein
06	☐ Ja	☐ Nein
07	☐ Ja	☐ Nein
08	☐ Ja	☐ Nein
09	☐ Ja	☐ Nein
10	☐ Ja	☐ Nein
11	☐ Ja	☐ Nein
12	☐ Ja	☐ Nein

14.3 Montageplanung

1. Nennen Sie die Hauptziele einer montagegerechten Konstruktion

2. Was muss ein Montageplan enthalten?

3. Was muss bei der Planung einer fachgerechten Montage und Demontage beachtet werden?

4. Was ist bei der Montagefolge zu beachten?

5. Welches Kriterium spielt in der Planung zu einem Projekt neben der Wirtschaftlichkeit eine immer größere Rolle?

6. Warum werden bei der Planung von Hydraulikanlagen häufig Schnellkupplungen vorgesehen?

7. Ein Montageplatz soll geplant werden. Was ist zu beachten?

8. Was versteht man unter dem Begriff Demontage?

9. Was ist bei Montage- bzw. Demontageanweisungen von Firmen zu beachten?

10. Was ist als erstes bei der Demontage einer Anlage oder Maschine zu tun?

11. Welche Maßnahmen müssen bei der Demontage getroffen werden, wenn es sich um eine Elektrohydraulische Anlage handelt?

12. Was muss beim Demontieren von elektrischen Zuleitungen beachtet werden?

14.4 Organisationsformen der Montage

1. Wie kann die Montage von Einzelteilen und Baugruppen erfolgen?

2. Was versteht man unter Einzelmontage?

3. Was wird hauptsächlich in Einzelmontage gefertigt?

4. Was versteht man unter Reihen- oder Fließmontage?

14.5 Montagehinweise

1. Warum sind Montagehinweise unbedingt einzuhalten?

2. Wer darf mechatronische Systeme montieren?

3. Was ist nach dem Transport von Maschinen oder Systemen zu beachten?

4. Was gilt für den Aufstellungsort von Maschinen?

5. Was gilt für die Versorgungs- und Medienanschlüsse am Aufstellungsort?

6. Welche Maßnahmen sind bei der Überprüfung von pneumatischen Baugruppen zu treffen?

7. Was gilt für das Fachpersonal bezüglich
   a) Sicherheit am Montageplatz,
   b) Sauberkeit am Montageplatz?

Zur Vertiefung

1. Wie könnte eine Prüfliste für den elektrischen Anschluss einer Werkzeugmaschine aussehen?

2. Welche Vorgehensweise ist bei der Abarbeitung der Prüfliste angebracht?

3. Der Drehstrommotor eines Späneförderers muss wegen eines Defekts durch einen neuen Motor ersetzt werden.
   Welche Schritte sind von der Elektrofachkraft bei der Demontage und der folgenden Montage des Motors durchzuführen?

4. An der elastischen Kupplung sind die Gummipuffer Pos. 3 defekt und müssen ausgetauscht werden.

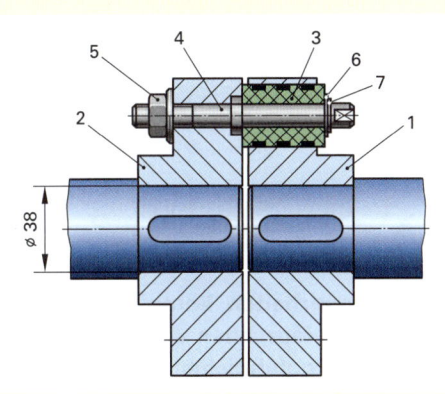

Bild 1: Elastische Kupplung

Pos.	Menge	Benennung	Bezeichnung
1	1	Kupplungsnabe	C35
2	1	Kupplungsnabe	C35
3	8	Gummipuffer	Fa. Weich
4	8	Bolzen	10SPb20
5	8	Sechskantmutter	ISO 7040 M-10
6	8	Scheibe	DINEN 28738-10
7	8	Sicherungsring	DIN 471-10x1

Stückliste

a) Erstellen Sie einen Montageplan zum Austausch der Gummipuffer (Pos. 3).
b) Bei der Montage dürfen die Kupplungshälften keinen radialen Versatz aufweisen. Wie kann der radiale Versatz geprüft werden?
c) Warum ist bei dieser elastischen Kupplung eine Schraubensicherung erforderlich?

14.6 Arbeitssicherheit bei der Montage und bei der Arbeit im Betrieb

1. Wie können Gefahren bei der Montage entstehen oder Gefahrensituationen auftreten?

2. Wer sind gefährdete Personen bei der Montage?

3. Welche Maßnahmen können durch vorbeugendes Verhalten zur Erhöhung der Arbeitssicherheit beitragen?

4. Welche Maßnahmen sind bei einem Arbeitsunfall einzuhalten?

5. Welche Angaben müssen bei einem Notruf gemacht werden?

6. Wie sind die Verunfallten zu versorgen?

7. Was kann die Ursache für einen Brand bei Montagearbeiten sein?

8. Was kann die Ursache für einen Brand am Arbeitsplatz sein?

9. Welche vorbeugenden Brandschutzmaßnahmen können bei Montagearbeiten getroffen werden?

10. Wie muss sich im Brandfall verhalten werden?

11. Bei Montagearbeiten kommt die Fachkraft sehr häufig mit gefährlichen Arbeitsstoffen in Berührung. Welche gefährlichen Inhaltsstoffe können in den in Tabelle 1 aufgeführten Arbeitsstoffen enthalten sein?

Farben	
Lacke	
Klebstoffe	
Lösungsmittel	
Schneidöl	
Hydrauliköl	

Tabelle 1: Inhaltsstoffe

12. Was bedeuten die Kennbuchstaben E, F+, F, O, T+, T, Xn, Xi, C und N, die über dem Gefahrensymbol bei Gefahrstoffen angegeben sind?

E	
F+	
F	
O	
T+	
T	
Xn	
Xi	
C	
N	

14.7 Inbetriebnahme

1. Was versteht man unter Inbetriebnahme?

2. Welche Tätigkeiten zählen zur Inbetriebnahme?

3. Was ist der Unterschied zwischen einer Erstinbetriebnahme und einer Wiederinbetriebnahme?

4. Welche Faktoren können die Inbetriebnahme beeinflussen?

5. Wo sind die wichtigsten Vorschriften für die Inbetriebnahme von Maschinen, Anlagen und Systemen geregelt?

6. Wie ist eine Inbetriebnahme durchzuführen?

7. Wie ist bei einer Abnahme bzw. Übergabe einer Maschine oder Anlage zu verfahren?

8. Wie ist mit auftretenden Fehlern bei der Inbetriebnahmen zu verfahren?

9. Was ist nach der Inbetriebnahme und noch vor dem Verlassen des Inbetriebnahmestandortes zu beachten?

10. Was ist bei pneumatischen bzw. elektropneumatischen Anlagen vor der Inbetriebnahme zu beachten?

11. Wie ist eine pneumatische bzw. elektropneumatische Anlage in Betrieb zu nehmen?

12. Welche Vorsichtsmaßnahmen sind unbedingt bei der Inbetriebnahme von Anlagen mit Zylindern zu beachten?

13. Was ist bei hydraulischen bzw. elektrohydraulischen Anlagen vor der Inbetriebnahme zu beachten?

14. Wie ist eine hydraulische bzw. elektrohydraulische Anlage in Betrieb zu nehmen?

15. Welche Schritte sind bei der Inbetriebnahme von elektrischen Maschinen zu befolgen?

16. Was ist bei der Inbetriebnahme einer SPS zu beachten, bevor an die SPS Spannung angelegt wird?

17. Was bezeichnet man als Fehler bei der Inbetriebnahme?

18. Was können die Ursachen für einen Fehler sein?

19. Welche Vorgehensweise ist zu wählen, wenn bei der Inbetriebnahme eines mechatronischen Systems ein Fehler auftritt?

20. Welches Vorgehen ist bei der Fehlereingrenzung ratsam?

21. Wie ist bei der Fehlereingrenzung vorzugehen?

Arbeitsauftrag

1. Erläutern Sie den Begriff Inbetriebnahme

2. Von welchen Faktoren wird die Inbetriebnahme von mechatronischen Systemen beeinflusst?

3. Beschreiben Sie den grundsätzlichen Aufbau der Inbetriebnahme von mechatronischen Systemen.

4. Erstellen Sie für die Inbetriebnahme einer elektropneumatischen Zweizylindersteuerung eine „Inbetriebnahmecheckliste".

Nr.			
01		☐ Ja	☐ Nein
02		☐ Ja	☐ Nein
03		☐ Ja	☐ Nein
04		☐ Ja	☐ Nein
05		☐ Ja	☐ Nein
06		☐ Ja	☐ Nein
07		☐ Ja	☐ Nein
08		☐ Ja	☐ Nein
09		☐ Ja	☐ Nein
10		☐ Ja	☐ Nein
11		☐ Ja	☐ Nein
12		☐ Ja	☐ Nein
13		☐ Ja	☐ Nein
14		☐ Ja	☐ Nein
15		☐ Ja	☐ Nein
16		☐ Ja	☐ Nein
17		☐ Ja	☐ Nein
18		☐ Ja	☐ Nein
14		☐ Ja	☐ Nein

5. Zählen sie wesentliche Punkte der Inbetriebnahme von pneumatischen, hydraulischen, elektrischen und SPS-Systemen auf.

6. Welche Fehler können bei der Inbetriebnahme auftreten?

14.8 Instandhaltung von mechatronischen Systemen

1. Was versteht man unter Instandhaltung von technischen Systemen?

2. In welche Bereiche wird die Instandhaltung eingeteilt?

3. Das Ausfallverhalten von mechatronischen Systemen kann in einer Grafik dargestellt werden

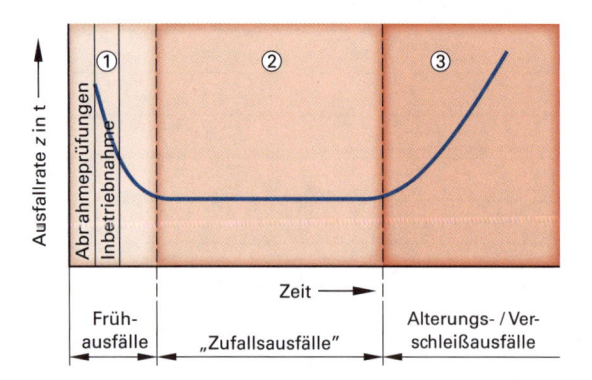

   a) Geben Sie Gründe an, warum die Ausfallrate im Bereich (1) so groß ist.
   b) Warum bezeichnet man die Ausfälle in Teilbereich (2) als Zufallsausfälle?
   c) Warum steigt die Ausfallrate im Bereich (3) wieder stark an?

4. Was versteht man unter dem Begriff Abnutzungsvorrat?

5. Der Abnutzungsvorrat kann nach der Abnutzung bis zur Abnutzungsgrenze durch Instandhaltung wieder zu 100 % hergestellt werden oder durch Verbesserung höher sein als zur Anfangszeit.

   Durch welche Instandhaltungsmaßnahme kann dies erreicht werden?

6. Nennen Sie die unterschiedlichen Instandhaltungsstrategien.

7. Wie wird die vorbeugende Instandhaltung noch bezeichnet und welches Konzept beinhaltet sie?

8. Welches Konzept verfolgt die ausfallbedingte Instandhaltung?

9. Welches Konzept verfolgt die zustandsabhängige Instandhaltung?

14.8 Instandhaltung von mechatronischen Systemen

10. Die Wartung ist eine vorbeugende Instandhaltungsmaßnahme. Wozu dient sie?

11. Welche Zielsetzung wird mit der Wartung verbunden?

12. Welche Arbeiten zählen zur Wartung, und welche Arbeitsschritte können sie beinhalten?

13. Wann und durch wen sollte eine regelmäßige Wartung einer Maschine durchgeführt werden?

14. Was ist das Ziel einer Inspektion?

15. Welche Aufgabe hat die Inspektion?

16. Welche Maßnahmen verfolgt eine Inspektion?

17. Welche Arbeitsschritte beinhaltet die Inspektion?

18. Nennen Sie einfache Inspektionsmöglichkeiten bei der Istzustandüberprüfung

19. Während der Lebensdauer eines technischen Systems stehen unterschiedliche Inspektionen an.

Geben Sie eine Erklärung der einzelnen Typen.

20. Was sind die Ziele der Instandsetzung?

21. Welche Arbeitsschritte beinhaltet die Instandsetzung?

22. Was ist die Grundlage der Instandsetzung?

23. Welche Möglichkeiten gibt es, um Fehlerquellen zu ergründen?

24. Was sind die Ziele der Verbesserung?

25. Welche Arbeitsschritte beinhaltet die Instandsetzung?

26. Wie können Verbesserungen
    a) an Bauteilen,
    b) bei der Konstruktion,
    c) durch Systemveränderungen verwirklicht werden?

Arbeitsauftrag

1. Welche Teile sind Bestandteil der Instandhaltung?

2. Erläutern Sie die Ziele dieser Gebiete.

3. Beschreiben sie die Abschnitte der so genannten „Badewannenkurve", die aus der Instandhaltung bekannt ist.

4. Beschreiben Sie die unterschiedlichen Instandhaltungsstrategien.

Zur Vertiefung

1. Welche wirtschaftlichen Ziele verfolgt die Instandhaltung?

2. Welche humanitären und ökologischen Ziele verfolgt die Instandhaltung?

3. Welche Vorteile bietet die intervallabhängige Instandhaltung?

4. Welche Nachteile hat die intervallabhängige Instandhaltung?

5. Welche Vorteile bietet die zustandsabhängige Instandhaltung?

6. Welche Nachteile hat die zustandsabhängige Instandhaltung?

7. Welche Vorteile bietet die störungsbedingte Instandhaltung?

8. Welche Nachteile hat die störungsbedingte Instandhaltung?

9. Warum müssen alle durchgeführten Wartungsarbeiten in das Logbuch eingetragen werden?

10. Warum müssen die verbindlichen Wartungsintervalle eingehalten werden?

11. Eine Werkzeugmaschine besitzt eine Kühlschmierstoffeinrichtung. Der Hersteller schreibt vor, dass sie täglich geprüft werden muss und bei Bedarf der Kühlschmierstoff nachzufüllen ist.

    Welche Bedingungen muss der nachzufüllende Kühlschmierstoff erfüllen?

12. Die Führungsbahnen der X-, Y- und Z-Achse werden mithilfe eines Zentralschmieraggregates für Führungsbahnen alle 120 Minuten mit Fließfett versorgt (Bild 1).

Bild 1: Zentralschmieraggregat

Der Maschinenhersteller schreibt für das Zentralschmieraggregat folgende Wartungsarbeiten vor:
- Füllstand des Schmierstoffbehälters prüfen.
- Füllstand nie unter Marke „min" sinken lassen.
- Bei Bedarf Fließfett nachfüllen

Nachfüllen:
1. Deckel der Einfüllöffnung entfernen.
2. Fließfett bis zur Marke „max" auffüllen.
3. Einfüllöffnung mit Deckel verschließen.

Sie führen Wartungsarbeiten am Ende des Schichtbetriebes am Schmierstoffbehälter durch und stellen fest, dass der Schmierstoff knapp über der Marke „min" steht.

a) Warum darf die Marke „min" nicht unterschritten werden?
b) Welches Fließfett muss nachgefüllt werden?
c) Warum darf der Füllstand nicht über der Marke „max" liegen?
d) Was ist bei der Abnahme des Deckels aus der Einfüllöffnung zu beachten?
e) Warum muss die Einfüllöffnung wieder korrekt verschlossen werden?

15 Sozialkunde

15.1 Der Jugendliche in Ausbildung und Beruf

1. Welche Vorteile bringt es für einen Betrieb, selbst auszubilden?

2. Welche Inhalte müssen im Berufsausbildungsvertrag enthalten sein?

3. Welche Gesetze regeln die Berufsausbildung in Deutschland?

4. Wer überwacht in Deutschland die berufliche Ausbildung?

5. Wer sind die Vertragspartner in einem Ausbildungsvertrag?

6. Welche Pflichten hat der Auszubildende gegenüber dem Ausbildungsbetrieb?

7. Welche Pflichten hat der Ausbildungsbetrieb gegenüber dem Auszubildenden?

8. Wann kann ein Ausbilder einen Ausbildungsvertrag kündigen?

9. Einem Auszubildenden wird eine Woche vor Ausbildungsende mitgeteilt, dass ihn der Ausbildungsbetrieb nicht weiterbeschäftigen möchte. Erläutern Sie die Rechtslage.

10. Welche Vorteile hat ein Facharbeiter gegenüber einer Anlernkraft?

11. Welche Rolle spielen Flexibilität und Mobilität bei der Wahl eines Ausbildungsberufes und Ausbildungsortes?

12. Wie kommt ein Arbeitsvertrag zustande?

13. Welche Unterlagen müssen Sie Ihrem Arbeitgeber aushändigen?

14. Welche Vertragsinhalte können Sie mit einem neuen Arbeitgeber aushandeln?

15. Welche Pflichten eines Arbeitgebers gegenüber dem Arbeitnehmer ergeben sich aus dem Arbeitsvertrag?

16. Welche Pflichten eines Arbeitnehmers gegenüber dem Arbeitgeber ergeben sich aus dem Arbeitsvertrag?

17. Was ist ein befristeter Arbeitsvertrag?

18. Wann endet ein Arbeitsverhältnis?

19. Wann kann eine außerordentliche Kündigung ausgesprochen werden?

20. Was ist unter dem Begriff „Duales System" zu verstehen?

21. Welche Vorteile hat das „Duale System"?

22. Welche Nachteile hat das „Duale System"?

23. Welche Verordnungen und Gesetze für den technischen Arbeitsschutz kennen Sie?

24. Welche Verordnungen und Gesetze für den sozialen Arbeitsschutz kennen Sie?

25. Wer überprüft die Einhaltung der Schutzvorschriften?

26. Welche Bestimmungen schreibt das Jugendarbeitsschutzgesetz vor?

27. Erklären Sie den Begriff „Mobbing"?

28. Was wird vom Betriebsklima beeinflusst?

29. Wie kann das Betriebsklima positiv beeinflusst werden?

30. Für welche Streitigkeiten ist das Arbeitsgericht zuständig?

31. Zeichnen Sie den Instanzenweg beim Arbeitsgericht auf.

32. Was ist im Allgemeinen das Ziel der Verhandlung in der ersten Instanz?

33. Arbeitgeberverbände vertreten die Interessen von Arbeitgebern. Welche sind das?

34. Gewerkschaften vertreten die Interessen von Arbeitnehmern. Welche sind das?

35. Erläutern Sie, woran erkennbar ist, dass die IHK kein Arbeitgeberverband ist?

36. Welche Aufgaben haben die IHKs?

37. Worin unterscheiden sich Betriebsvereinbarungen und Tarifverträge?

38. Nennen Sie mögliche Inhalte einer Betriebsvereinbarung?

39. Welche Gesetze regeln die Interessenvertretung von Arbeitnehmern?

40. Wo kann ein Betriebsrat eingesetzt werden?

41. Wann kann eine Jugend- und Auszubildendenvertretung installiert werden?

42. Wie oft muss der Betriebsrat eine Betriebsversammlung abhalten?

43. In welchen Bereichen hat der Betriebsrat Mitbestimmungsrecht?

44. Wann hat der Betriebsrat nur eingeschränktes Mitbestimmungsrecht?

45. Erklären Sie: Weiterbildung, Fortbildung, Umschulung.

46. Wieso ist es wichtig, regelmäßig an einer Fortbildungsmaßnahme teilzunehmen?

47. Wann wird eine berufliche Umschulung notwendig? Nennen Sie Beispiele.

48. Was versteht man unter beruflicher Flexibilität?

49. Was ist unter dem Begriff „Lebenslanges Lernen" zu verstehen?

50. Welche staatlichen Fördermaßnahmen in den Bereichen Arbeitsförderung und Ausbildungsförderung kennen Sie?

51. Was war das ursprüngliche Ziel der Europäischen Union?

52. Welche Förderprogramme der Europäischen Union zum Thema „Lebenslanges Lernen" kennen Sie?

53. Erklären Sie den Begriff „Freizügigkeit" in der EU.

54. Welche Bedeutung hat der europäische Binnenmarkt für den Einzelnen?

15.2 Nachhaltige Existenzsicherung

1. Was steckt hinter dem Begriff „soziales Netz"?

2. Nennen Sie fünf Beispiele für das soziale Netz in Deutschland.

3. Wer finanziert die Sozialversicherungen?

4. Nennen Sie die wichtigsten Arten der gesetzlichen Sozialversicherungen.

5. Wer bezahlt die Beiträge dieser Sozialversicherungen?

6. Wie heißen die Sozialversicherungsträger der Sozialversicherungen?

7. Welche Leistungen erbringen die Sozialversicherungen? Nennen Sie jeweils ein Beispiel.

8. Welche Aufgaben hat die gesetzliche Unfallversicherung?

9. Welche Leistungen erbringt die Arbeitslosenversicherung?

10. Wie wird das Arbeitslosengeld II finanziert?

11. Nennen Sie die wesentlichen Unterschiede zwischen Arbeitslosengeld I und Arbeitslosengeld II.

12. Welche Aufgaben haben die gesetzlichen Krankenversicherungen?

13. Wer ist in der gesetzlichen Rentenversicherung pflichtversichert?

14. Was ist der Unterschied zwischen den gesetzlichen Sozialversicherungen und den privaten Zusatzversicherungen?

15. Weshalb sind die Sozialversicherungen als verpflichtend vorgeschrieben?

16. Nennen Sie sechs private Zusatzversicherungen.

17. Was ist unter der „Dynamisierung der Altersrente" zu verstehen?

18. Welche Probleme gefährden die „sichere Altersrente"?

19. Die Lebenserwartung steigt. Welche Probleme könnten dadurch für die einzelnen gesetzlichen Sozialversicherungen entstehen?

20. Stellen Sie sich vor, dass die Zahl von Arbeitslosen langanhaltend hoch bleibt. Welche Probleme könnten dadurch für die einzelnen gesetzlichen Sozialversicherungen entstehen?

21. Wofür ist die Sozialgerichtsbarkeit zuständig?

22. Wozu wurde die Sozialgerichtsbarkeit geschaffen?

23. Sie erhalten einen Bescheid Ihrer Krankenkasse, in der diese die Kostenübernahme einer Leistung ablehnt. Wie können Sie dagegen vorgehen?

24. Müssen Sie bei einer Klage vor einem Sozialgericht Gerichtskosten bezahlen?

25. Nennen Sie Möglichkeiten der privaten Vorsorge.

26. Nennen Sie Gründe dafür, Geld zu sparen.

27. Welche Möglichkeiten haben Sie, Ihr Geld zu sparen?

28. Was sind die Einnahmequellen des Staates?

29. Welche Steuerarten kennen Sie?

15.3 Unternehmen und Verbraucher in Wirtschaft und Gesellschaft sowie im Rahmen weltwirtschaftlicher Verflechtungen

1. Was sind die drei betriebswirtschaftlichen Prinzipien?

2. Was lässt sich mit der „Produktivität" ausdrücken?

3. Was ist mit Arbeitsproduktivität gemeint?

4. Wie wird die Wirtschaftlichkeit eines Produktes ermittelt?

5. Wie ist die ermittelte Größe der Wirtschaftlichkeit zu deuten?

6. Was steht hinter dem Begriff „Rentabilität"

7. Welche Gründe hat ein Unternehmen, zunehmend ökologische Aspekte bei der Produktion zu beachten?

8. Erklären Sie den Begriff „Kartell".

9. Nennen Sie verschiedene Kartellarten.

10. Welche Nachteile können für den Verbraucher durch Kartelle entstehen?

11. Wer überwacht die Wettbewerbsregeln in der Bundesrepublik Deutschland?

12. Was sind die Kernaussagen des „Gesetzes gegen Wettbewerbsbeschränkung"?

13. Welche Kartelle sind erlaubt?

14. Welche Kartelle sind verboten?

15. Was ist ein Konzern?

16. Welche Vorteile bringen Konzerne mit sich?

17. Welche Nachteile bringen Konzerne mit sich?

18. Was ist ein Oligopol?

19. Welche negativen Auswirkungen hat ein Oligopol auf den Markt?

20. Welche Arten der Personengesellschaften kennen Sie?

21. Nennen Sie Formen von Kapitalgesellschaften.

22. Was ist der wesentliche Unterschied zwischen Personen- und Kapitalgesellschaften?

23. Nennen Sie die wichtigsten Merkmale für die
    a) offene Handelsgesellschaft

    b) Kommanditgesellschaft

    c) Gesellschaft mit beschränkter Haftung

    d) Aktiengesellschaft

24. Der Mensch hat viele Bedürfnisse. Welche sind das? Nennen Sie jeweils ein Beispiel.

25. Erklären Sie den Begriff „Bedarf".

26. Welche Ursachen haben Kaufkraftveränderungen?

27. Wie wird der Verbraucherindex ermittelt?

28. Erklären Sie den Begriff „Warenkorb".

29. Welche Ursachen haben starke Kaufkraftschwankungen?

30. Welche Folgen haben starke Kaufkraftschwankungen?

31. Welche Institution legt den Wechselkurs des Euro fest?

32. Erklären Sie den Begriff „Rechtsfähigkeit".

33. Erklären Sie den Begriff „Geschäftsfähigkeit".

34. Benennen und erläutern Sie die drei Stufen der Geschäftsfähigkeit.

35. Welche Pflichten ergeben sich bei einem Kaufvertrag für beide Vertragsparteien?

36. Unter welchen Umständen kann ein Käufer von einem Kaufvertrag zurücktreten?

37. Welche Angaben muss ein Kaufvertrag bei Ratenzahlung enthalten?

38. Sie haben sich ein Handy gekauft. Im Geschäft bekommen Sie ein Gerät in seiner Originalverpackung ausgehändigt. Zu Hause stellen Sie fest, dass das Gehäuse beschädigt ist. Was können Sie tun?

39. Was können Sie tun, wenn das Handy nach drei Monaten nicht mehr funktioniert?

40. Ein Defekt eines Gerätes tritt erst nach 9 Monaten auf. Wie ist hier die Rechtslage?

41. Wie heißt die freiwillige Gewährleistung beim Kauf von technischen Geräten?

42. Was dient als Nachweis von Gewährleistungsansprüchen?

43. Welche Möglichkeiten gibt es, um eine Ware zu bezahlen?

44. Nennen Sie Gründe für eine Verschuldung eines Privathaushaltes.

45. Wie hilft die Schuldnerberatung?

46. Was sieht das Verbraucherinsolvenzverfahren vor?

47. Benennen Sie die Verfahrensschritte des Verbraucherinsolvenzverfahrens.

48. Welche Kredite oder Darlehensarten können Sie als Privatperson nutzen?

49. Was verbirgt sich hinter dem Begriff Globalisierung?

50. Benennen Sie die drei Stufen der wirtschaftlichen Globalisierung.

51. Welche Auswirkungen hat die weltweite Arbeitsteilung für einzelne Regionen?

Zur Vertiefung – Englische Aufgabenstellungen

1 Grundlagen der Datenverarbeitung

1. **Sie sollen die englischen Schulungsunterlagen über Excel stichpunktartig übersetzen.**

   Changing the width of a cell

   a) Insert a blank column in front of the existing column containing the target data (column F) by selecting the cells F2 to F10 and using **Insert, Columns**.

   b) In cell F6 enter the label "Costs of spare parts for filling station" and confirm the entry. The label will not fit in the column width, so you must widen the column.

   c) Now move the cursor across the labels: notice that the cursor changes from a crosshair to a vertical line with arrows.

   d) Move the cursor in between the labels for the F and G columns so that the cursor changes form.

   e) Click and drag the mouse to the right. A dotted line appears under the cursor, indicating the new column width.

   f) When this looks large enough release the mouse button. The column adopts the new width.

   a) _____

   b) _____

   c) _____

   d) _____

   e) _____

   f) _____

2 Technische Kommunikation

1. **Ein englischer Kollege beschreibt Ihnen den Kolben für den neuen Pneumatikzylinder am Telefon. Skizzieren Sie das Werkstück mit den entsprechenden Maßen.**

   ..."right, I will explain the front view of the cylindrical part now. The overall length of the part is 84 mm. Starting from the left hand side, the diameter of the shaft is 12 mm. It has a chamfer of 1.5 mm at an angle of 59°. The length of this cylinder is 15 mm. To the right of it is a shoulder of 25 mm diameter with a tolerance of f7. It also has a chamfer of 2 mm by 45°. Then the shaft steps down to 18 mm diameter. From the left hand side to the start of this groove the measurement is 21 mm. The shaft has a second ring with a diameter of 25 mm with a length of 6mm. The length of the second ring is 30 mm from the left hand side till the end of the ring and it is toleranced with +/–0.1 mm. It steps down again to the diameter of 18 mm and this diameter is constant till it reaches 52 mm from the left hand side. Finally it steps down to a dimension of 10 mm in diameter with a tolerance of f7.

   This cylinder has a total length of 32 mm, measured from the right-hand side. In the centre of the cylinder is a hole with a thread M5. The hole is 14 mm deep and the thread has a depth of 10 mm.

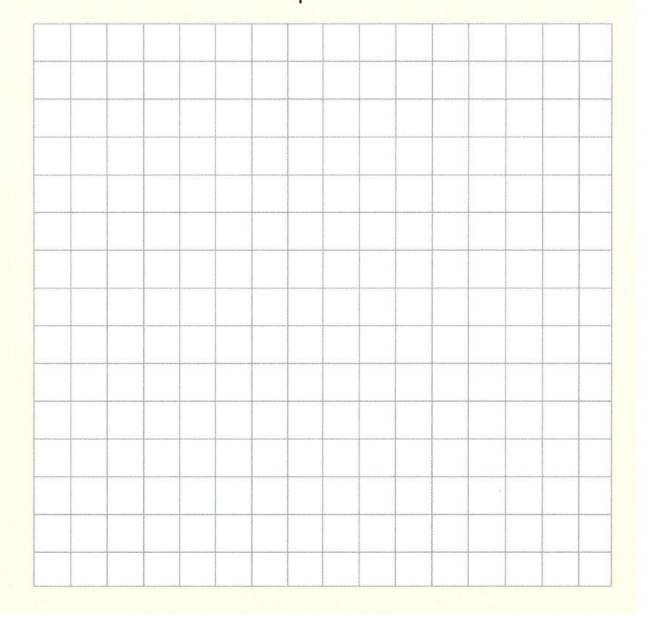

3 Prüftechnik

1. In einem englischen Fachbuch über Prüfgeräte finden Sie diese Beschreibung.

The micrometer screw gauge can be used to measure smaller dimensions than the vernier callipers. There are metric and imperial micrometers, as well as digital and mechanically operated versions. The micrometer screw gauge also has an auxiliary scale (measuring hundredths of a millimetre) which is on a rotary thimble and the main scale which is on the sleeve of the micrometer.

In order to measure a workpiece, the part is placed between the measuring surfaces between the anvil and the spindle, the two jaws. These parts are connected by the frame and an insulation plate. The thimble is rotated using the ratchet until the object is secured.

While measuring you have to make sure that the surfaces of the workpiece and the two jaws are clean and the workpiece has been deburred. Be careful that the ratchet is used to secure the object firmly between the jaws, otherwise the instrument could be damaged or the reading could be incorrect. The manufacturer recommends 3 clicks of the ratchet before reading a measurement. The clicking noise comes from a little spring inside the ratchet.

Beantworten Sie die folgenden Fragen.

a) Welche verschiedenen Arten von Messschrauben gibt es?

b) Welche Skalenarten gibt es und wo befinden sich diese?

c) Was ist bei dem Messen mit Messschrauben zu beachten? Was empfiehlt der Hersteller?

4 Qualitätsmanagement

1. Ein englischer Kollege erklärt Ihnen die wichtigsten Arbeitsschritte bei der statistischen Auswertung einer Stichprobenprüfung. Übersetzen Sie diese Ihrem Kollegen.

..."when you want to get an overview of a sampling test you have to use the following steps to get an accurate result:

a) Collect data of the sample (raw data list of measurements).

b) Classify data (tally sheet).

c) Summarize data.

d) Present data (histogram or cumulative frequency curve) and mark important values (mean, median, mode, standard deviation).

e) Proceed to the statistical calculation (mean, range, standard deviation)."

a)

b)

c)

d)

e)

5 Werkstofftechnik

1. In einer technischen Dokumentation über die Ermittlung der Zugfestigkeit einer Zugstange finden Sie den folgenden Text.

   A tensile test is carried out by stretching a bar or rod of the test material while simultaneously measuring the force (load) and extension. The bar or rod must have a rectangular or round cross section and should consist of the same material. The entire rod or bar must be uniform in width and diameter over the whole length of the sample. Usually, both ends of the specimen are wider than the gauge length so that the ends can be clamped or screwed into grips that transmit the force to the gauge length.

   Beantworten Sie die folgenden Fragen.

   a) Wie erfolgt ein Zugversuch und was wird dabei ermittelt?

   b) Wie muss die Zugstange beschaffen sein?

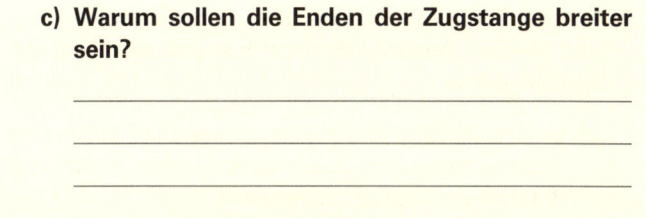

   c) Warum sollen die Enden der Zugstange breiter sein?

2. Welche Antwort enthält die fachgerechte Beschriftung der markanten Punkte im Spannungs-Dehnungsdiagramm?

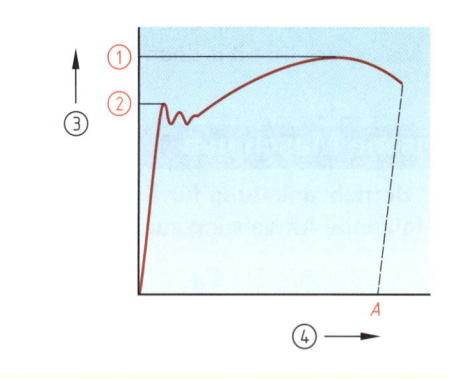

   a) tensile force – yield force – length – diameter
   b) max. force – min. force – tension – stress
   c) tensile strength – yield strength – stress – strain
   d) yield strength – tensile strength – strain – stress

6 Mechanische Systeme

1. Welche Beschriftung der Zahnradgetriebe ist falsch?

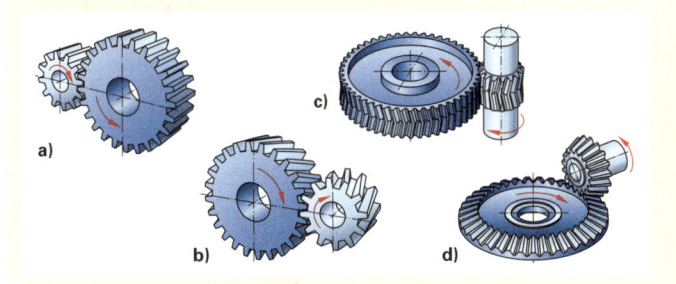

   a) spur gear ☐
   b) helical gear ☐
   c) double helical gear ☐
   d) worm gear ☐

7 Fertigungstechnik

1. Übersetzen Sie die folgenden Bohrwerkzeuge aus einem englischsprachigen Katalog:

   a) Core drill with 3 flutes and straight shank, long series

   b) Countersink 90°, 3 flutes, HSS relieved, for chatter free operation

   c) Sheet metal drill HSS single-ended

   d) Set of high performance twist drill in metal case, carbide tipped

   a) _____
   b) _____
   c) _____
   d) _____

8 Grundlagen der Elektrotechnik

1. In einer Betriebsanleitung über Getriebemotoren lesen Sie die folgenden Bedienungshinweise. Übersetzen Sie diese.

   a) Before starting the motor, check that the mains voltage frequency and mains voltage match the data on the motor rating plate.

   b) Connect the motor and the equipment grounding conductor according to the circuit diagram.

   c) Check the rotation of the motor and correct if necessary by reversing phases.

   d) Seal any unused cable entries and the terminal box. Make sure that it is dustfree and watertight.

a) _____

b) _____

c) _____

d) _____

9 Elektrische Maschinen

1. In einer Betriebsanleitung für Kreiselpumpen lesen Sie die folgende Anweisung zur Fehlerbehebung.

possible cause	solution
too little torque with star connection	If delta circuit current is not too high, close the circuit directly, otherwise check motor/pump design
contact fault on switch	correct error

Übersetzen Sie die Ursachen und Lösungsvorschläge für das Problem, dass der Motor nur in Dreieckschaltung anläuft und nicht in Sternschaltung.

mögliche Ursache	Lösung

10 Steuerungstechnik

1. Bei der halbjährlichen Inspektion stellen Sie fest, dass die Aushebevorrichtung des Gestells nicht fachgerecht ausfährt. Deswegen wird ein neuer Inkrementaldrehgeber eingebaut. Finden Sie anhand der erforderlichen Daten das richtige Ersatzteil aus der Betriebsanleitung.

- Wellendurchmesser ⌀ 6,25 mm
- Hohlwelle mit langer Drehmomentstütze
- Schnittstelle/Speisespannung Gegentakt
- 2400 Impulse pro Umdrehung
- Leitungszuführung seitlich
- Anschlussart 6-polig, 1 m PVC-Kabel
- Gehäuse aus nichtrostender Legierung

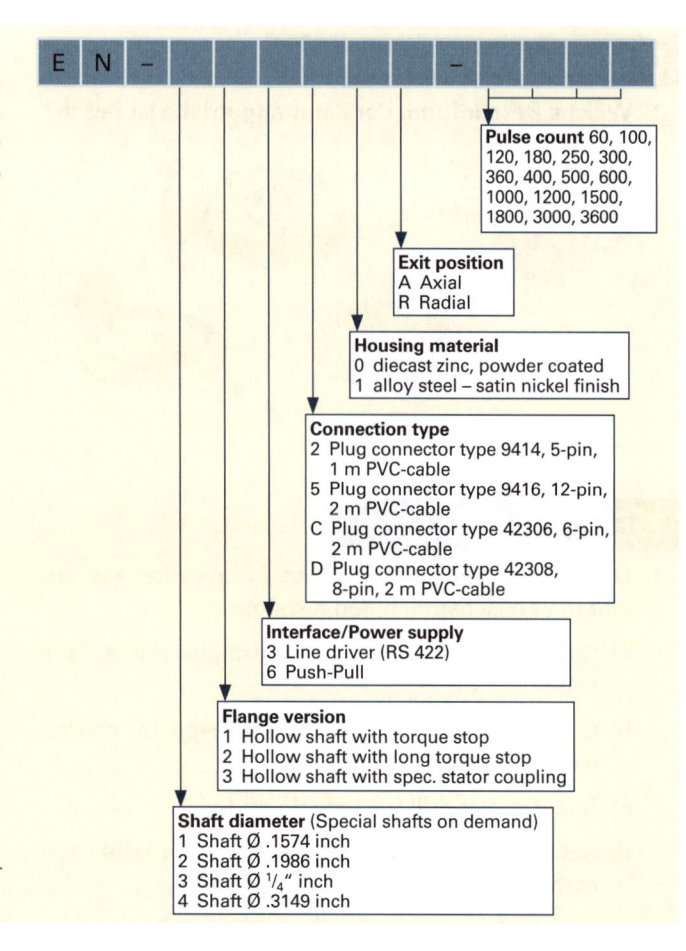

EN– _____

EN – ☐ ☐ ☐ ☐ ☐ ☐ – ☐ ☐ ☐ ☐

Pulse count 60, 100, 120, 180, 250, 300, 360, 400, 500, 600, 1000, 1200, 1500, 1800, 3000, 3600

Exit position
A Axial
R Radial

Housing material
0 diecast zinc, powder coated
1 alloy steel – satin nickel finish

Connection type
2 Plug connector type 9414, 5-pin, 1 m PVC-cable
5 Plug connector type 9416, 12-pin, 2 m PVC-cable
C Plug connector type 42306, 6-pin, 2 m PVC-cable
D Plug connector type 42308, 8-pin, 2 m PVC-cable

Interface/Power supply
3 Line driver (RS 422)
6 Push-Pull

Flange version
1 Hollow shaft with torque stop
2 Hollow shaft with long torque stop
3 Hollow shaft with spec. stator coupling

Shaft diameter (Special shafts on demand)
1 Shaft ⌀ .1574 inch
2 Shaft ⌀ .1986 inch
3 Shaft ⌀ ¼" inch
4 Shaft ⌀ .3149 inch

11 Regelungstechnik

1. In einer Betriebsanleitung für eine Bussteuerung von Systex lesen Sie die folgende Fehlerdiagnose.

A fault of an INTERBUS participant is shown by a message periphery error. The bus segment and the position of the participant concerned is presented on the master display and a periphery error bit is set in the control system. A periphery error can be triggered by a short circuit at input or output, a missing periphery voltage or an overload at an output module. Systex products include the visual indication of a periphery error. A short circuit at an input is indicated in a module-related way via an error LED.

Beantworten Sie die Fragen.

a) Wie wird eine Störung bei einem Interbus-Teilnehmer auf dem Display und in der Steuerung angezeigt?

b) Wie kann ein Peripheriefehler entstehen?

c) Welche Besonderheit hat das Systex-Produkt bei der Fehlerdiagnose?

12 Automatisierungstechnik

1. In einer Systembeschreibung einer komplexen Förderanlage für Milchprodukte lesen Sie die folgenden englischsprachigen technischen Daten.

- **Transmission medium**
  Shielded twisted pair of copper cable
- **Network topology**
  Due to special cabling systems, it is built as a ring, therefore no terminating resistors are needed.
- **Partial systems in the Interbus**
  The **Remote Bus** has been produced for long distances. It connects the master with the first bus terminal and other remote buses with each other.
  The **Installation Remote Bus** is a variety of the remote bus.
  A **Local Bus** is a bus connection which branches from the remote bus via a bus terminal and connects the local buses with each other.

Übersetzen Sie die Technischen Daten.

13 Mechatronische Systeme

1. In der technischen Dokumentation des Lastüberwachungsmoduls einer hydraulischen Presse lesen Sie die englischsprachige Beschreibung des Moduls.

Instructions for the manual override of the hydraulic press:
The manual override allows the valve to be switched when it is in de-energized status or is not activated electrically.
By pushing the manual override the valve can be switched. The switched valve can also be locked by switching to the manual override.
Alternative solution:
A cover can be placed over the manual override to prevent it from being locked. When the valve is pushed it can still be activated.

Beantworten Sie hierzu die folgenden Fragen:

a) Welche Funktion hat die Handhilfsbetätigung?

b) Was kann durch Drehen der Handhilfsbetätigung erreicht werden?

c) Was kann durch eine Abdeckung erzielt werden?

14 Montage, Inbetriebnahme und Instandhaltung mechatronischer Systeme

1. In einer Betriebsanleitung für Getriebe und Getriebemotoren lesen Sie die folgende Montageanleitung.

All output shafts are supplied with an anti-corrosion coating that has to be removed using a standard solvent.

The solvent must not come into contact with the shaft sealing ring!

The output shafts are produced to tolerance zone ISO k6 up to a diameter of 50 mm and to ISO m6 over 55 mm diameter.

The output shaft should not be subjected to shocks because they could damage the bearings.

Mount mechanical components that exert radial forces on the output shaft such as sprockets as close as possible to the output bearing.

Finden Sie die falschen Montagetipps und berichtigen Sie diese (es gibt 3 falsche Antworten).

Montageanleitung:

a) ☐ Die Antriebswellen sind mit einem Antikorrosionsmittel versehen. Diese Schicht nie entfernen.

b) ☐ Das Lösungsmittel darf nicht an die Dichtlippen der Wellendichtringe kommen.

c) ☐ Die Antriebswellen sind bis zu einem Durchmesser von 50 mm nach Toleranzfeld ISO m6 und ab 55 mm nach Toleranzfeld ISO k6 gefertigt.

d) ☐ Schläge und Stöße auf die Wellenmitte unbedingt vermeiden, da die Lagerung dadurch beschädigt werden kann.

e) ☐ Mechanische Antriebselemente, die Radialkräfte auf die Antriebswelle ausüben, sollten möglichst nah am Abtriebslager montiert werden.

2. In der Montageanleitung eines Getriebes mit Hohlwelle sehen Sie die folgende Zeichnung mit Montage- und Demontagehinweisen.

Montage: **Demontage:**

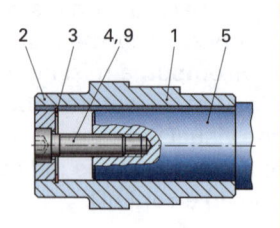

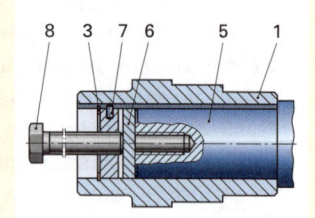

Ordnen Sie die richtigen Bauteile 2–9 dem englischsprachigem Text a)–i) zu. *(Hinweis: das erste Bauteil ist als Beispiel vorgegeben)*

Assembling:

Mount the gear unit with hollow shaft (1) on the machine shaft. Insert the circlip (a) and disc (b) in the hollow shaft and fix in place with the socket head screw (c).

Dismantling:

Remove the screw (d), disc (e), and circlip (f), place the thrust washer (g) and jack nut (h) in the hollow shaft, insert the circlip and remove the gear unit from the shaft with the jack screw (i).

Beispiel: 1 (Hohlwelle)

a) _____

b) _____

c) _____

d) _____

e) _____

f) _____

g) _____

h) _____

i) _____

Lösungen zur PRÜFUNGSVORBEREITUNG AKTUELL

1 Grundlagen der Datenverarbeitung

1.1 Betriebssysteme (zu Seite 6–7)

1. Analoge Signale können in einem vorgegebenen Wertebereich jeden beliebigen Wert annehmen. Beispiel: Analoguhr, die Uhrzeiger überstreichen alle Zeiten.
   Digitale Signale können in einem vorgegebenen Bereich nur ganz bestimmte, festgelegte Werte annehmen. Beispiel: Digitaluhr, die Uhrzeit wird nur in bestimmten Zeitsprüngen angezeigt.

2. Systemsoftware und Anwendersoftware
   - Die Systemsoftware organisiert, steuert und kontrolliert den Datentransfer im PC sowie der PC-Peripherie. Beispiele: Betriebssystem, Dienst- bzw. Hilfsprogramme (Treiberprogramme).
   - Anwendersoftware sind die Vielzahl von privat und beruflich genutzten Programmen. Zu unterscheiden sind hierbei Standard- bzw. Individualanwendungen.

3. - Starten und Beenden des Computers,
   - Dateien in Verzeichnissen verwalten,
   - Steuerung der Hardwarekomponenten,
   - Organisation und Verwalten der Speicher und der Bildschirmanzeige,
   - Laden und Kontrollieren der Anwenderprogramme,
   - Verwalten und bedienen mehrerer Benutzer,
   - Bereitstellung von Dienstprogrammen.

   Ein Betriebssystem stellt dem Anwender Werkzeuge zur Kommunikation mit dem Betriebssystem zur Verfügung. Diese werden „Shell" genannt. Beispiel: Zeilenorientierte Befehle bei DOS-Betriebssystemen oder grafisch-orientierte Anweisungen bei WIN-XP.

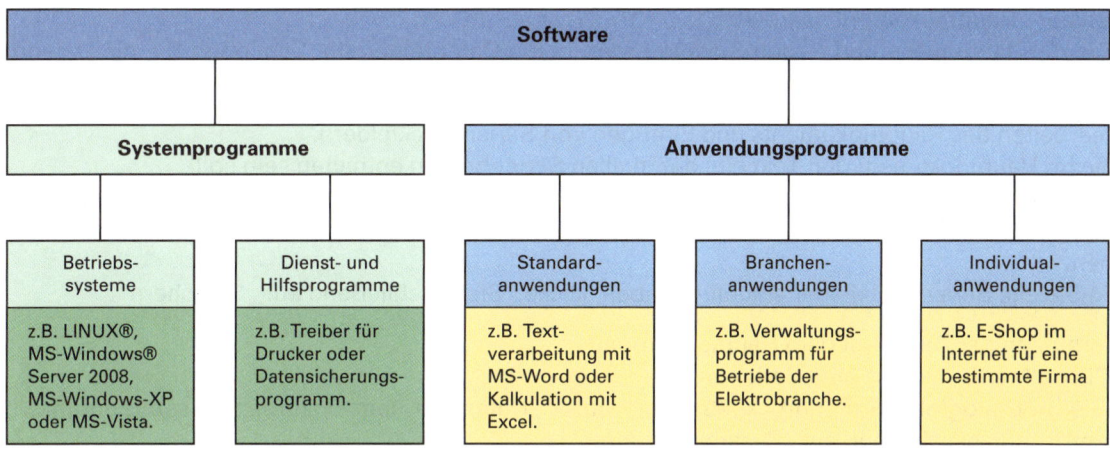

Bild 1: Einteilung Computerprogramme (Beispiele)

4. Das Betriebssystem ist in der Lage, mehrere Prozesse gleichzeitig zu bearbeiten, z. B. Textverarbeitung und Tabellenkalkulation.

5. Das Betriebssystem legt fest, wie viel Zeit jedem aktiven Programm zugeteilt ist.

6. Benötigt ein Programm keine Rechnerleistung mehr, dann gibt dieses Programm die Rechnerleistung an andere aktive Programme ab. Vorteil: Die Rechnerleistung wird effektiver genutzt.

7. Bei Betriebssystemen für Single-User-Betrieb kann nur ein Benutzer gleichzeitig mit dem Computer arbeiten.

8. Echtzeitbetriebssysteme müssen in der Lage sein, bestimmte vorgegebene Zeitbedingungen garantiert einzuhalten. Die Information muss immer „rechtzeitig" zu Verfügung stehen, damit ein Prozess gesteuert werden kann. Beispiel: Sensorsignal muss alle 10 ms abgefragt werden. Anwendung: Speicherprogrammierbare Steuerungen (SPS) in der Automatisierungstechnik. Bei nicht echtzeitfähigen Betriebssystemen hängt die Abarbeitung von Befehlen stets mit der Auslastung der CPU zusammen und variiert dementsprechend zeitlich. Anwendung: PC-Arbeitsplatz im Büro.

9. Ein Client-Server-Betriebssystem erstellt eine hierarchische Aufgabenverteilung. Der Server (Anbieter) stellt Ressourcen, Dienstleistungen und Daten zur Verfügung, die Clients (Arbeitsstationen) können diese nutzen. Beispiel: Win-XP-Professional

10. Ein Treiber ist eine Software, die dem Betriebsystem die Kommunikation mit einer bestimmten Hardware, z. B. Videokarte, Netzwerkkarte, Scanner ermöglicht. Die Treiber werden von Hardwareherstellern zur Verfügung gestellt und müssen auf dem Rechner installiert werden.

11. Bei einer Festplatte werden Daten in Sektoren gespeichert. Ein Dateisystem hat die Aufgabe, eine Liste mit den freien Sektoren zu erstellen und ständig zu aktualisieren. Werden neue Daten gespeichert, dann werden aus der Liste die freien Sektoren für die Speicherung verwendet.

1.2 Office-Anwendungen (zu Seite 7–8)

1. Beispielhaft wird die Software „Excel" der Fa. Microsoft verwendet. Um ein Diagrammblatt zu erstellen, das den Standarddiagrammtyp verwendet, markieren Sie die darzustellenden Daten, und drücken Sie dann F11. Das erscheinende Diagramm kann durch Anklicken des Diagramms individuell formatiert werden. Alternativ können die darzustellenden Daten markiert werden und anschließend unter dem Menüpunkt „Einfügen" „Diagramm …" mithilfe des „Diagramm-Assistenten – Schritt 1 bis 4" individuell formatiert werden.

2. Beispielhaft wird die Software „Word" der Fa. Microsoft verwendet.

Schritt 1: Öffnen oder erstellen Sie ein Hauptdokument.
a) Klicken Sie im Menü „Extras" auf „Serienbrief".
b) Klicken Sie unter Hauptdokument auf „Erstellen" und anschließend auf „Serienbriefe".
c) Klicken Sie auf „Aktives Fenster". Das aktive Dokument ist jetzt das Hauptdokument.

Schritt 2: Öffnen oder Erstellen einer Datenquelle.
a) Klicken Sie im Menü „Extras" unter „Seriendruck" auf „Daten importieren" und wählen Sie „Datenquelle erstellen" aus. Bringen Sie die Feldnamen in die für den Serienbrief benötigte Reihenfolge, bzw. entfernen oder fügen Sie Feldnahmen hinzu. Speichern Sie anschließend die Datenquelle ab.
b) Klicken Sie unter „Datenquelle" auf „Datenquelle importieren" und anschließend auf „Datenquelle öffnen". Wählen Sie die entsprechende Datenquelle aus und öffnen Sie diese. Klicken Sie anschließend auf das erscheinende Fenster „Hauptdokument bearbeiten".
c) Öffnen Sie die Datenquelle und tragen Sie alle Daten in die Datenfelder ein. Schließen Sie die Datenquelle wieder.

Schritt 3: Bearbeiten des Hauptdokuments und Einfügen von Seriendruckfeldern.
a) Geben Sie im Hauptdokument den Text ein, der in allen Serienbriefen enthalten sein soll.
b) Fügen Sie anschließend die Seriendruckfelder aus der Datenquelle in das Hauptdokument ein. Klicken Sie hierfür auf der Symbolleiste „Seriendruck" auf „Seriendruckfeld einfügen". Klicken Sie auf den gewünschten Feldnamen.
c) Nachdem Sie alle Seriendruckfelder eingefügt haben, klicken Sie anschließend auf „Speichern".

Schritt 4: Verbinden der Daten mit dem Hauptdokument.
a) Klicken Sie im Menü „Extras" auf „Seriendruck".
b) Klicken Sie im Dialogfeld „Seriendruck-Manager" unter „Daten mit dem Dokument zusammenführen" auf „Ausführen" und anschließend auf „Zusammenführen".
c) Speichern Sie die entstandenen Serienbriefe in einem neuen Dokument ab, so dass sie zu einem späteren Zeitpunkt eventuell überarbeitet werden können.

2 Technische Kommunikation (zu Seite 9)

1. Unter Technischer Kommunikation versteht man die Bearbeitung, Weiterleitung und Speicherung technischer Informationen.

2. Technische Kommunikation kann:
   - zwischenmenschlich (Technische Zeichnung: Konstrukteur – Facharbeiter)
   - zwischen Mensch und Maschine (CNC Programm: Facharbeiter – CNC-Maschine)
   - zwischen unterschiedlichen Maschinen (Datenübertragung eines CAD-Modells: PC – CNC-Maschine) stattfinden.

2.1 Die technische Zeichnung als Kommunikationsmittel (zu Seite 9)

1. Technische Zeichnungen sind Unterlagen in der für den jeweiligen technischen Zweck erforderlichen Art.

Darstellungsarten (zu Seite 9)

1. Man unterscheidet zweidimensionale Ansichten (3-Tafel Bild) oder dreidimensionale Darstellungen (Perspektiven).

2. Es ist eine Vorstellung über die klare Gestalt des Werkstückes möglich, ein räumlicher Eindruck kann vermittelt werden.

3. a) Isometrische Projektion: Die Länge und Breite des Körpers werden im Maßstab 1:1 angetragen, dabei werden sie jeweils um einen Winkel von 30° gedreht.
   b) Dimetrische Projektion: Die Länge und Breite des Körpers werden im Maßstab 1:0,5 angetragen. Dabei wird die Länge um 7°, die Breite um 42° gedreht.
   c) Kabinett-Perspektive: Die Länge und Breite des Körpers werden im Maßstab 1:0,5 angetragen. Dabei wird die Länge horizontal angetragen, die Breite um 45° gedreht.
   d) Kavalier-Perspektive: Die Länge und Breite des Körpers werden im Maßstab 1:1 angetragen. Dabei wird die Länge horizontal angetragen, die Breite um 45° gedreht.

4. 1. Dimetrische Projektion
   2. Kabinett-Perspektive
   3. Kavalier-Perspektive
   4. Isometrische Projektion

Arbeitsauftrag (zu Seite 10)

1. a) Projektionsmethode 1   b) Projektionsmethode 2

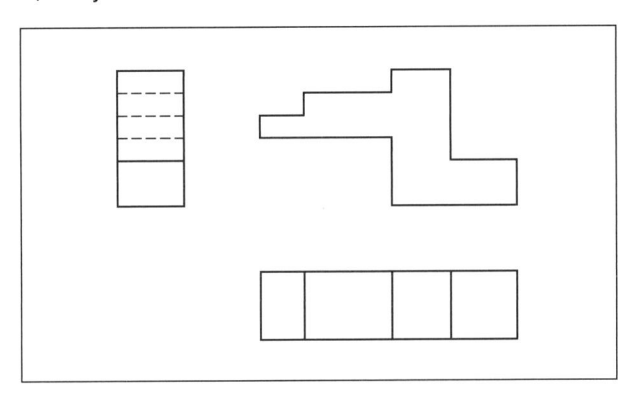

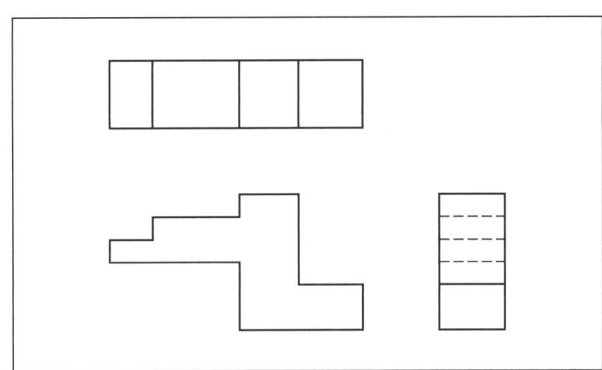

   c) alle möglichen Ansichten

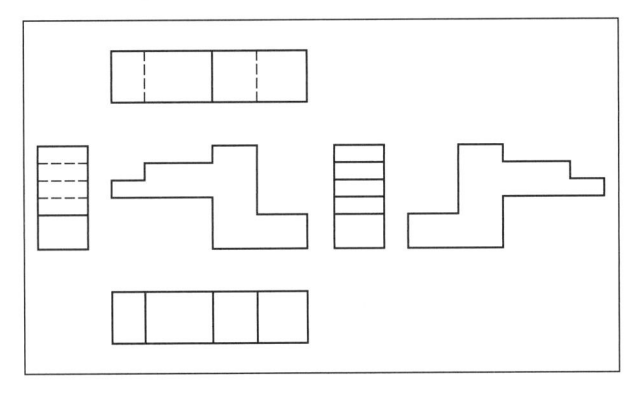

1. Die Einzelteilzeichnung, auch Fertigungszeichnung genannt, dient zur Herstellung von Werkstücken.

2. Sie enthält alle zur Fertigung notwendigen Angaben wie z.B. Benennung, Form, Maße, Toleranzen, Werkstoff- und Oberflächenangaben.

3. a) Volllinie (breit) – 0,7
   b) Volllinie (schmal) – 0,35
   c) Strichpunktlinie (schmal) – 0,35
   d) Strichlinie (schmal) – 0,35
   e) Strichpunktlinie (breit) – 0,7
   f) Volllinie (schmal) – 0,35

4. • schmale Strichpunktlinie
   • Länge der Striche abhängig von Werkstückgröße
   • Beginn und Ende der Symmetrieachse werden mit einem Strich dargestellt, der die äußere Werkstückkante um ca. 3 mm überragt
   • Mittellinie schneidet Werkstückkante mit einem Strich
   • Mittellinienkreuz kennzeichnet ein in zwei Richtungen symmetrisches Werkstück

5. Bohrung, Abschrägung, Nut, Ausklinkung, Durchbruch, Außen- und Innenrundung

6.
- schmale Strichlinie
- gleiche Länge der Striche, Unterbrechung durch kurze Lücke
- Länge der Striche abhängig von Werkstückgröße
- schmale Strichlinie direkt an Körperkante
- stoßen zwei verdeckte Kanten zusammen, so bilden sie eine Ecke
- Beginn mit Lücke als Verlängerung von Körperkante

Arbeitsauftrag (zu Seite 11)

1. a) Bauteil 1   b) Bauteil 2

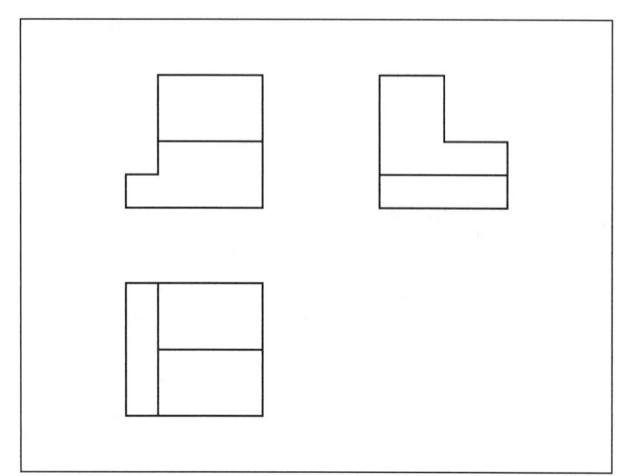

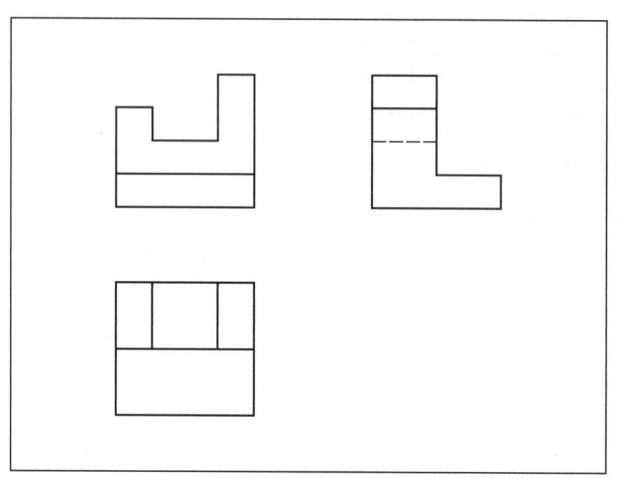

c) Bauteil 3 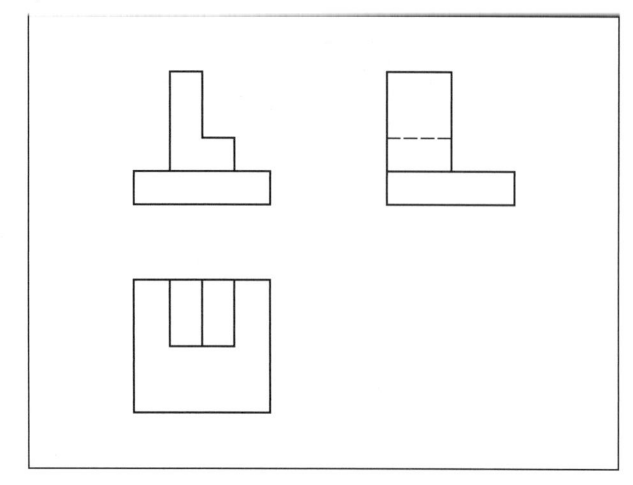   d) Bauteil 4

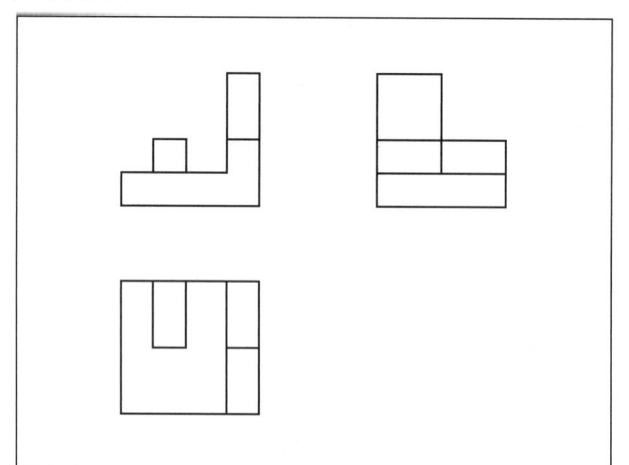

Schnittdarstellungen (zu Seite 11–12)

1. Eine Schnittdarstellung ist das gedachte Zerlegen eines Werkstückes durch eine oder mehrere Ebenen.

2.
- breite Strichpunktlinie des Schnittverlaufes und Großbuchstaben
- Begrenzung von Teilschnitten durch schmale Freihandlinie
- breite Volllinie für die durch Schnitt sichtbaren Körperkanten
- Schraffur der Schnittflächen: parallele schmale Volllinien, 45°, gleiche Abstände, von Größe der Schnittfläche abhängig
- keine Volllinie durch Schnittfläche
- verdeckte Kante nur als Ausnahme
- gleiche Richtung der Schnittflächen eines Werkstückes

3. • Schnittverlauf verläuft durch die Mittelachse des Werkstückes
   • es wird nur eine Hälfte geschnitten und gezeichnet
   • nur bei rotationssymmetrischen Werkstücken zulässig

4. • Dargestellt wird der untere oder die rechte Werkstückshälfte
   • die durch das Abschneiden eines Viertels des Werkstückes bei Halbschnitten entstehende Kante entlang der Mittellinie wird nicht gezeichnet

Bemaßung von Einzelteilen (zu Seite 12)

1. DIN 406-11

2. Maßzahl, Maßlinie mit Pfeilen, Maßbegrenzungslinie (Maßhilfslinie)

3. Maße beziehen sich auf Maßbezugselemente, wie Flächen oder Kanten

4. • keine Doppelbemaßung (jedes Maß nur einmal)
   • bei der Darstellung eines Teiles in mehreren Ansichten Maße dort eintragen, wo die Werkstückform am besten erkennbar ist
   • symmetrische Teile über Mittellinie bemaßen
   • Maße immer in Originalgröße eintragen, auch wenn Teil nicht maßstabsgetreu gezeichnet ist
   • keine Hilfsmaße in Klammern
   • keine Kettenmaße (⇒ Fertigungsfehler)

5. • Maßhilfslinien von Winkelbemaßung zeigen zum Scheitelpunkt des Winkels
   • die Maßlinien als Kreisbogen zeichnen
   • bei Winkelbemaßung erfolgt °-Symbol nach Zahlenwert

6. • Bei Durchmesserbemaßung Ø-Symbol vor Zahl hinzufügen
   • bei Radienbemaßung R vor Zahl hinzufügen
   • wenn Radiusmittelpunkt nicht eindeutig ist, muss er angegeben sein und bemaßt werden
   • bei mehreren gleich großen Radien reicht Angabe „alle nichtbemaßten Radien ... mm"

Gewindedarstellung (zu Seite 12)

1. Sie enthält die Darstellung des Gewindegrundes, der Gewindespitzen und in der Seitenansicht den Gewindeabschluss.

2. Der Gewindegrund wird durch einen Dreiviertelkreis, Öffnung im zweiten Quadranten, in schmaler Volllinie dargestellt.

3. Schraffurlinien werden bis zur breiten Volllinie (Gewindespitze) gezeichnet

4. • Kurzzeichen für Gewindeart (z. B. M – metrisch)
   • Nenndurchmesser
   • weitere Angaben, wie z. B. Gewindelänge, Steigung, Richtung der Steigung

5. Trapezgewinde, Nenndurchmesser 40 mm, Gewindesteigung 7 mm, Linksgewinde

Genormte Einzelheiten (zu Seite 12)

1. a) Zentrierbohrung nach DIN 332, Form A, d_1 = 3,15 mm, d_2 = 6,7 mm
   b) Rändel nach DIN 82, Links-Rechts-Rändel, Spitzen erhöht, genormte Teilung t = 1,0 mm
   c) Freistich nach DIN 509, Form F, Radius r = 1,2 mm, Einstechtiefe t_1 = 0,2 mm

2. a) Ein Freistich ist ein abgerundeter Übergang eines Absatzes einer Welle oder eines Gewindeauslaufes, um scharfe Kanten zu vermeiden.
   b) Die Rändelung bezeichnet das Eindrücken von Kerbungen in die Oberfläche von Teilen, wie z. B. Stellschrauben oder Handräder zur besseren Handhabung.
   c) Die Zentrierbohrungen ist die Bohrung zum Spannen von Drehteilen.

Arbeitsauftrag (zu Seite 13)

1. • Technische Zeichnung: z. B. Pleuel
   • Plan: z. B. Werkstattplan
   • Diagramm: z. B. Firmenhierarchie
   • Stückliste: z. B. Schraubstock
   • Tabelle: z. B. Arbeitszeitkonto
   • Programme: z. B. CAD, Textverarbeitung

2. Man unterscheidet Skizzen, Fertigungszeichnungen, Zusammenbauzeichnungen und Montagezeichnungen. Zur schnellen Erklärung sind handgefertigte Skizzen ausreichend. Fertigungszeichnungen sind erforderlich zur Herstellung von Komponenten. Zusammenbau- und Montagezeichnungen sind sinnvoll, wenn mehrere Bauteile in einer bestimmten Anordnung montiert werden sollen.

3. Ein Werkstück wird immer in so vielen Ansichten dargestellt, wie zum eindeutigen Erkennen und Bemaßen erforderlich ist.

4. Das Innere von Werkstücken ist durch die Darstellung oder Anhäufung von verdeckten Kanten nicht sehr aussagekräftig. Um die innere Geometrie übersichtlich darzustellen, wird eine Schnittdarstellung gezeichnet.

5. siehe Fragen zu 2.1.4:
   - Bemaßungsregeln generell
   - Bemaßungsregeln bei Winkeln
   - Bemaßungsregeln bei Radien und Durchmessern
   - Bemaßungsregeln von Gewinden

6. a) Gewindespitzen
      Außengewinde: breite Volllinie
      Innengewinde: schmale Volllinie
   b) Gewindegrund
      Außengewinde: schmale Volllinie
      Innengewinde: breite Volllinie
   c) Gewindeabschluss: breite Volllinie
   In der Seitenansicht werden der Gewindegrund bzw. die Gewindespitzen durch einen Dreiviertelkreis (Öffnung im 1. Quadranten) dargestellt.

Gruppenzeichnungen (zu Seite 13)

1. Eine Gruppenzeichnung zeigt die zu einer Baugruppe oder zu einem System zusammengefassten Teile in ihrer räumlichen Lage zueinander.

2. Eine Gruppenzeichnung beinhaltet alle Teile der Baugruppe mit Normteilen und Stückliste.

3. Eine Stückliste enthält Informationen über Teilname, -nummer, -werkstoff, Anzahl der verwendeten Teile

2.2 Tabellen und Diagramme (zu Seite 13–14)

1. Ein Diagramm ist eine grafische Darstellung in einem Koordinatensystem. Dabei werden wertmäßige Zusammenhänge zwischen veränderbaren Werten dargestellt. Beispiele: Eisen-Kohlenstoff-Diagramm, Stromverlauf, Ladekennlinien etc.

2. Eine Tabelle hat einen Tabellenkopf, Zeilen und Spalten mit entsprechenden Werten. Tabellen können durch ein Textverarbeitungsprogramm, z.B. Word, oder durch ein Tabellenkalkulationsprogramm, z.B. Excel, dargestellt werden.

3. - Diagramm in kartesischem Koordinatensystem
   - Diagramm in Polarkoordinatensystem
   - Flächendiagramm (Balken-, Säulendiagramm)
   - Kreisdiagramm, Sankey-Diagramm
   - Zustandsdiagramm

4. - x-Achse (waagrechte Abszisse)
   - y-Achse (senkrechte Ordinate)
   - Nullpunkt
   - positive bzw. negative Werte in einheitlicher Skalenaufteilung (linear oder logarithmisch)

5. Koordinaten werden nach Radius und Gradzahl gezeichnet, da das Polarkoordinatensystem einer Kreisfläche von 360° entspricht.

6. Ein Flächendiagramm hat zwei Achsen, die rechtwinklig zueinander stehen. Auf der senkrechten Achse werden i.d.R. Mengenangaben, auf der waagrechten Achse bestimmte Eigenschaften abgetragen. Sie werden verwendet, um einfache Veränderungen oder die anteilmäßige Zusammensetzung zu veranschaulichen.

7. Dieses Kreisdiagramm stellt den Ausstoß von CO_2 dar. Dabei werden die einzelnen Komponenten wie Straßenverkehr, Haushalt, Industrie etc. beleuchtet. Die gesamte Kreisfläche entspricht dabei 100 %, die einzelnen Teile werden in Kreissegmenten mit entsprechenden Anteilen eingezeichnet.

8. Steuerungsabläufe und Verknüpfung der Bauteile

9. a) Kreisdiagramm
   b) Zustandsdiagramm
   c) kartesisches Koordinatensystem
   d) Flächendiagramm (Balken-, Säulendiagramm)

Arbeitsauftrag (zu Seite 14)

1. Beispiele mit linearem, kartesischem Koordinatensystem:
   a) Spannungs-Dehnungsdiagramm
   b) Temperaturabhängigkeit von Widerständen
   c) Zusammenhang zwischen Zugfestigkeit und Brinellhärte
   d) Zusammenhang zwischen Federkraft und Federweg
   e) Wärme beim Schmelzen und Verdampfen

2. a) Spannungs-Dehnungsdiagramm zeigt die Dehnung in Prozent in Abhängigkeit von der Zugspannung. Man kann aus dem Diagramm einige markante Werte ablesen, z. B. Streckgrenze, Einschnürung etc.
   b) Das Diagramm zeigt die Temperaturabhängigkeit von Widerständen. Je höher der Kaltwiderstand, desto geringer die Temperatur.
   c) Das Diagramm zeigt den Zusammenhang zwischen Zugfestigkeit und Brinellhärte. Je höher die Brinellhärte, desto größer die Zugfestigkeit.
   d) Das Diagramm zeigt den Zusammenhang zwischen Federkraft und Federweg. Je größer die Federkraft, desto größer der Federweg.
   e) Das Diagramm zeigt die erforderliche Wärme beim Schmelzen und Verdampfen. Das Diagramm zeigt die Wärmeaufnahme in Abhängigkeit von der Temperatur.

3. • **Diagramm mit logarithmischer Achse:**
     Summenlinie im Wahrscheinlichkeitsnetz einer statistischen Auswertung
   • **Diagramm mit Polarkoordinaten:**
     Phasenzustandsdiagramm

3 Prüftechnik (zu Seite 15)

1. Unter Prüfen versteht man das Vergleichen eines tatsächlichen Zustandes mit einem gewünschten Zustand. Der Begriff beinhaltet Messen und Lehren.

2. Bei einem Bauteil können u. a. die Maße (angegeben in der Technischen Zeichnung), die Oberflächenqualität und die Form geprüft werden.

3.1 Längen- und Winkelprüfung (zu Seite 15)

1. a) Man unterscheidet 7 Basiseinheiten
   b) Basiseinheiten:
   • Länge: Meter (m)
   • Masse: Kilogramm (kg)
   • Zeit: Sekunde (s)
   • Elektrische Stromstärke: Ampere (A)
   • Thermodynamische Temperatur: Kelvin (K)
   • Stoffmenge: Mol (mol)
   • Lichtstärke: Candela (Cd)

2. Ein Meter ist die Weglänge, die von einer bestimmten Wellenart in einer Zeiteinheit zurückgelegt wird.

3. a) Die Einheit für Winkel ist Grad (°).
   b) Ein Grad ist der 360ste Teil eines Vollkreises.
   c) 1 Grad (°) = 60 Minuten (′); 1 Minute (′) = 60 Sekunden (″)

4. a) 16° 30′
   b) 45° 45′
   c) 83° 13′ 23″
   d) 67° 7′ 12″

5. a) 5,333°
   b) 18,755°
   c) 90,176°
   d) 115,786°

3.2 Mechanische Prüfmittel

Messschieber (zu Seite 15)

1. Mit einem Messschieber erreicht man eine Ablesegenauigkeit zwischen 0,05 mm und 0,1 mm.

2. Mit einem Messschieber können Außen-, Innen-, und Tiefenmessungen ausgeführt werden.

3.
   - fester Messschenkel mit Millimeter-Skala
   - beweglicher Messschenkel mit Nonius
   - 2 Kreuzspitzen für Innenmessungen
   - Klemmschraube zum Fixieren eines Maßes
   - Tiefenmessstange

4.
   - 10er Nonius (0,1 mm)
   - 20er Nonius (0,05 mm)
   - 50er Nonius (0,02 mm)
   - Inch-Nonius (0,001 in)

5. Der Nullstrich des Nonius wird als Komma betrachtet. Die links davon liegenden Werte sind die ganzen Millimeter. Dann wird rechts davon der Teilstrich des Nonius gesucht, der sich mit einem Strich auf der festen Skala deckt. Dieser gibt die $^1/_{10}$-, $^1/_{20}$- oder $^1/_{50}$-Millimeter an.

6.
   - saubere und gratfreie Mess- und Prüfflächen
   - Messschenkel beim Ablesen nicht verkanten
   - keine zu kleine oder zu große Messkraft
   - Messungen nicht an bewegten oder erwärmten Teilen durchführen
   - auf Blickwinkel beim Ablesen achten (Parallaxegefahr)

Messschrauben (zu Seite 16)

1. 0,01 mm

2.
   - feststehende Skala auf Skalenhülse mit Millimeterteilung
   - drehbare Skalentrommel mit Hundertstel-Millimeterteilung
   - Bügel mit Isolierplatte gegen Handwärme
   - Werkstück liegt zwischen zwei Messflächen an
   - zylinderförmiger Amboss (fest) und bewegliche Spindel
   - Klemmring zur Fixierung von Messwerten

3. Es werden die ganzen und halben Millimeter auf der Skalenhülse gezählt und die Hundertstelmillimeter auf der drehbaren Skalentrommel dazuaddiert.

4.
   - saubere und gratfreie Mess- und Prüfflächen
   - Vermeiden von Verkanten von Werkstück- oder Messschraube
   - vorgeschriebene Bezugstemperatur einhalten
   - Betätigen der Messschraube beim Messvorgang nur über Rutschkupplung

5. a) 65,34 mm
   b) 38,95 mm

Zur Vertiefung (zu Seite 16)

1. Sie haben eine Rutschkupplung, um die unterschiedlichen Messkräfte bei der Handhabung auszugleichen.

Messuhren (zu Seite 16)

1. 0,01 mm (1 Drehbewegung entspricht 1 mm).

2. Die Messuhr wird in ein Stativ fixiert. Dann wird eine Einstellvorgabe durch ein entsprechendes Endmaß darunter gelegt und die Messuhr auf 0 mm justiert. Das Endmaß wird entnommen und das Werkstück wird darunter geschoben. Anschließend wird die Maßabweichung abgelesen.

3. Sie beruhen auf dem Vergleich der Messgrößen mit dem eingestellten Nennmaß durch Maßverkörperung eines Endmaßes (Sollmaß) und den tatsächlichen Istmaß am Werkstück.

Winkelmesser (zu Seite 16)

1. 5´ (Winkelminuten).

2. • fester Messschenkel und bewegliches Messlineal
   • Hauptskala mit Teilkreis von 4 x 90° als Maßverkörperung
   • Noniusskala mit Unterteilung von 5´
   • Feststellschraube zur Fixierung von Messwert

3. Beim Ablesen geht man von 0° an der Hauptskala aus und zählt bis zum Nullstrich des Nonius die Winkelgrade. Dann liest man am Nonius in der gleichen Ablesrichtung die Minuten ab.

4. Ein stumpfer Winkel liegt zwischen 90–180°. Er ergibt sich aus der Differenz von 180° minus dem Ablesewinkel.

5. Sie sind leichter ablesbar und es kann der gemessene Winkel in Winkelgrade, -minuten, -sekunden oder als Dezimalzahl ausgegeben werden.

6. • saubere und gratfreie Mess- und Prüfflächen
   • Messschenkel müssen rechtwinklig zu den Prüfflächen stehen
   • Kein sichtbarer Lichtspalt zwischen Messschenkeö und Prüffläche

Arbeitsauftrag (zu Seite 17)

1. Mit einem Messschieber wird die zu prüfende Größe, z. B. Durchmesser 30, mit dem Wert auf der Skala und dem Nonius verglichen. Es wird ein konkreter Zahlenwert von 30,00 mm abgelesen.
   Mit einer Radiuslehre wird die zu prüfende Größe, z. B. R 15, verglichen, die den gewünschten Radius verkörpert. Man erfährt dadurch, ob der Radius „gut" oder „schlecht" (Ausschuss) ist oder ob Nacharbeit erforderlich ist.

2. Der Nonius unterteilt die feste Millimeterskala in 1/10, 1/20 oder 1/50 mm, so dass je nach Nonius ein genauerer Wert abgelesen werden kann.

3. Die erforderliche Linearbewegung der beweglichen Messfläche wird über die Drehbewegung der Messspindel erreicht.

4. Die Linearbewegung des Messbolzens wird in eine kreisförmige Bewegung eines Messzeigers auf einer runden Skala umgeformt. Dies erfolgt mittels einer Zahnstange und Zahnrädern.

5. a) 137,6 mm
   b) 17,8 mm
   c) 37° 40´

3.3 Pneumatische Messgeräte (zu Seite 17)

1. 0,01 mm

2. Es eignet sich für die Serienprüfung.

3. Druck- oder Volumenmessverfahren (durch Druck- oder Durchflussänderung)

4. • Ändert sich der Abstand eines Werkstückes zu einer Messdüse (Veränderung seiner Abmessungen), so ändert sich auch der Druck der ausströmenden Luft.
   • Die Druckänderung wird über ein Manometer auf eine Längeskala übertragen.

5. • Sie besitzen eine hohe Messgenauigkeit.
   • Die Messstelle wird durch die austretende Luft gesäubert.
   • Es gibt keine Beschädigung der Werkstücke, da die Messung berührungslos erfolgt.

3.4 Elektrische Messgeräte (zu Seite 17)

1. 0,001 mm

2. • Messwertaufnehmer (Taster)
   • Messwertwandler
   • Anzeigegerät

3. Die mechanisch abgetasteten Messgrößen werden in elektrische Signale umgewandelt.

4. • Der Taster ist mit einem Eisenkern (zwischen zwei Spulen beweglich gelagert) verbunden.
   • Die Bewegung des Tasters führt zu einer Veränderung der elektrischen Spannungen in den Spulen.
   • Die Erfassung des Signals, Verstärkung und Anzeige erfolgt über geeignete Geräte.

5. • großer Messbereich
   • hohe Messgenauigkeit
   • Erfassung und Nutzung der Daten in Rechnern und Steuerungen
   • leichte Handhabung durch digitale Anzeige

3.5 Elektronische Messgeräte (zu Seite 18)

1. 0,001 mm

2. - Der bewegliche Abtastkopf fährt über einen Glasmaßstab und erfasst den zurückgelegten Wegabschnitt (Inkremente).
   - Der Glasmaßstab ist in sehr kleine Abschnitte unterteilt.
   - Die von der Optik erfassten Signale werden elektronisch verarbeitet.

3. CNC-gesteuerte Bearbeitungsmaschine, Koordinatenmessmaschine

3.6 Prüfen mit Lehren (zu Seite 18)

1. Es kann geprüft werden, ob ein Maß zwischen den erlaubten Grenzwerten liegt. Man erhält die Aussage: gut, Ausschuss oder Nacharbeit

2. Man unterscheidet u. a. Grenzrachenlehren, Grenzlehrdorne, Radiuslehren und Gewindelehren.

3. - Es gibt immer eine Gutseite und eine Ausschussseite, die rot gekennzeichnet ist.
   - Sie werden für Außenmessungen, z. B. für das Prüfen eines Durchmessers einer Welle, eingesetzt.

4. Die Gutseite verkörpert das zulässige Höchstmaß. Sie soll lediglich durch Eigengewicht (ohne Druck) über die Welle gleiten. Die Ausschussseite ist um eine Toleranz kleiner und darf nur anschnäbeln.

5. Für Innenmessungen verwendet man Grenzlehrdorne.

3.7 Prüfen von Oberflächen

Grundbegriffe der Oberflächenprüfung (zu Seite 18)

1. Die Soll-Oberfläche wird durch Oberflächenangabe in der Zeichnung festgelegt, die Ist-Oberfläche ist die tatsächlich vorliegende und gemessene Oberfläche.

2. - P-Profil (Istprofil)
   - R-Profil (Rauheitsprofil)
   - W-Profil (Welligkeitsprofil)

3. Gestaltabweichungen sind die Abweichungen der Ist-Oberfläche von der in der Zeichnung geforderten Idealform. Es gibt 6 Untergruppen.

4. - 1. Ordnung: Unebenheit, Unrundheit; Ursache: Durchbiegung
   - 2. Ordnung: Wellen; Ursache: Schwingungen
   - 3. Ordnung: Rillen; Ursache: Vorschub
   - 4. Ordnung: Riefen, Schuppen; Ursache: Spanbildung
   - 5. Ordnung: Gefüge; Ursache: Kristallisationsvorgänge
   - 6. Ordnung: Gitteraufbau; Ursache: Enthärtung

Oberflächenprüfverfahren (zu Seite 18)

1. Sichtprüfung, Tastschnittverfahren

2. Bei der Sichtprüfung wird die Oberfläche eines Werkstückes mit Oberflächen-Vergleichsmuster verglichen. Dabei wird der Fingernagel abwechselnd über Vergleichsmuster und die Werkstückoberfläche gestrichen. Der entsprechende Rauheitswert kann am Vergleichsmuster abgelesen werden.

3. Bei der Sichtprüfung handelt es sich um ein subjektives Prüfverfahren, d. h., sie erfolgt durch die Sinneswahrnehmung des Prüfers.

4. Ein Taster wird mit einer Spitze aus Diamant über die zu prüfende Oberfläche bewegt (analog der Nadel eines Schallplattenspielers). Die Tastspitze führt dabei Bewegungen rechtwinklig zur Vorschubrichtung aus. Diese Bewegungen werden erfasst und in elektrische Signale umgewandelt. Ein Drucker gibt anschließend die entsprechenden Rauheitsmessgrößen und das Rauheitsprofil auf einem Papierstreifen aus.

Rauheitsmessgrößen (zu Seite 19)

1. - Maximale Rautiefe R_{max}
   - Gemittelte Rautiefe R_z
   - Mittenrauwert R_a
   - Glättungstiefe R_p

   a) Die Angabe der Oberflächen erfolgt in µm.
   b) 1 µm = 0,001 mm

2. a) $R_z = 1/5 \,(Z_1 + Z_2 + Z_3 + Z_4 + Z_5) \Rightarrow R_z = 4{,}5\ \mu m$
   b) $R_{max} = 8{,}6\ \mu m$
   c) Ein Kratzer verfälscht das Ergebnis von R_z.
   d) Bei R_a wird jede Abweichung nach oben und nach unten von der Mittellinie berücksichtigt. Bei R_z begutachtet man nur die 5 größten Werte der einzelnen Teilstrecken. Daher ist R_a ein genauerer Wert.

3. Die Messstrecke wird in 5 gleich große Teile geteilt (Cut-offs). Für jeden Abschnitt wird dabei die größte Auslenkung ermittelt. Danach wird der Mittelwert aus den fünf Einzelrautiefen Z_1 bis Z_5 gebildet.
   Formel: $R_z = 1/5\,(Z_1 + Z_2 + Z_3 + Z_4 + Z_5)$

4. Der Mittenrauwert R_a entspricht dem arithmetischen Mittelwert aller Abweichungen von der Mittellinie.

5. Die Glättungstiefe R_p ist der Abstand der höchsten Profilspitze zur Mittellinie.

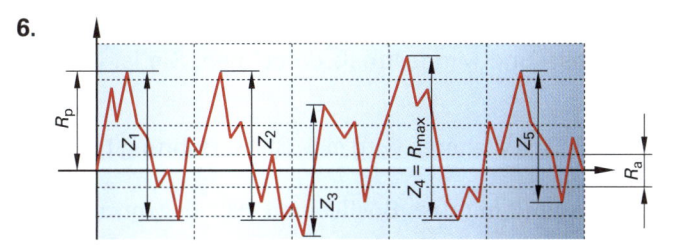

6.

7. • Fertigungsverfahren
   • Wirkpaar (Werkzeug und Werkstück)
   • Schnittdaten
   • Qualität der Fertigungsmaschine
   • Sorgfalt bei der Herstellung

Angabe von Oberflächengüten in Technischen Zeichnungen (zu Seite 19)

1. Der Grundsatz bezieht sich auf alle Maße und Oberflächenbeschaffenheiten eines zu fertigenden Werkstückes. Dabei sind die erforderlichen Maße aus der Technischen Zeichnung zu entnehmen.

2. a) Oberflächenkenngröße
   b) Anforderung an die Oberflächenbeschaffenheit
   c) Fertigungsverfahren
   d) Oberflächenrillen und -ausrichtung
   e) Bearbeitungszugabe in mm

Arbeitsauftrag (zu Seite 20)

1.

Symbol	Erklärung	Fertigungsverfahren
∇	Materialabtragung unzulässig (Oberfläche wird nicht behandelt)	Urformverfahren (z. B. Guss)
∇ Rz 1	materialabtragende Bearbeitung mit $R_z = 1\ \mu m$	z. B. Läppen, Honen
∇ geläppt / Rz 1	materialabtragende Bearbeitung mit $R_z = 1\ \mu m$	Läppen
∇ Rz 16	materialabtragende Bearbeitung mit $R_z = 16\ \mu m$	z. B. Fräsen

3.8 Toleranzen und Passungen (zu Seite 20)

1. Eine Toleranz ist die aus Fertigungs- und Kostengründen akzeptierte Abweichung des Ist-Zustandes vom Sollzustand.

2. Die Größe der Toleranz ist abhängig von der Funktion des Bauteiles.

3. Die Toleranzen sollten so groß wie funktionstechnisch möglich gewählt werden (möglichst geringe Fertigungskosten).

4. Eine Passung ist der gewünschte Zusammenbauzustand zweier Bauteile, die zusammen eine Funktion erfüllen.

Maßtoleranzen (zu Seite 20–21)

1. a) Das Nennmaß ist das Ausgangsmaß in der Technischen Zeichnung. Es beträgt 30 mm.
   b) Das Istmaß ist das gemessene Maß des Werkstückes.
   c) Die Grenzmaße sind die Grenzen (Höchstmaß und Mindestmaß), in denen ein Maß liegen darf. Sie betragen 30,2 mm und 29,6 mm.
   d) Das Höchstmaß G_o ist der obere Grenzwert für ein Maß. Es wird aus Nennmaß N und oberem Abmaß ES (es) berechnet und ist 30,2 mm groß.
   e) Das Mindestmaß G_u ist der untere Grenzwert für ein Maß. Es wird aus Nennmaß N und unterem Abmaß EI (ei) berechnet, also 29,6 mm.
   f) Das obere Abmaß ES (es) ist die Differenz zwischen Höchstmaß und Nennmaß. Es kann aus der Toleranzangabe abgelesen: 0,2 mm
   g) Das untere Abmaß EI (ei) ist die Differenz aus Mindestmaß und Nennmaß. Es kann ebenfalls aus der Toleranzangabe abgelesen werden und ist –0,4 mm groß.
   h) Die Maßtoleranz lässt sich aus der Differenz zwischen Höchst- und Mindestmaß berechnen. Sie ist 0,6 mm groß.

2. • Die Abmaße einer Bohrung erhalten Großbuchstaben, z. B. ES. Des Weiteren wird ein „B" für Bohrung hinzugefügt, z. B. G_{OB}.
   • Die Abmaße einer Welle werden mit Kleinbuchstaben, z. B. es, und mit dem Buchstaben „W" gekennzeichnet, z. B. G_{OW}.
   a) Ein Toleranzfeld ist die grafische Darstellung von Höchst- und Mindestmaß in Bezug auf die Nulllinie.
   b) Das Toleranzfeld ist abhängig von der Funktion und von der Größe des Nennmaßes.

3. Je kleiner das Toleranzfeld, desto größer die Qualität.

4. • Mit Buchstaben kennzeichnet man das Toleranzfeld zur Nulllinie (Großbuchstaben – Außenmaß, Kleinbuchstaben – Innenmaß).
   • Mit Zahlen (01–18) wird die Qualität eines Passmaßes angegeben.

5. Es gelten die Allgemeintoleranzen.

6. Ihre Größe richtet sich nach der Toleranzklasse (fein, mittel, grob, sehr grob) und nach dem Nennmaß.

7.

N	G_o	G_u	ES/es	EI/ei	T
30,8	31,1	30,5	0,3	–0,3	0,6
42	42,15	41,95	0,15	–0,05	0,2
67	67,019	67,00	0,019	0	0,019

   a) Allgemeintoleranz
   b) frei gewähltes Abmaß
   c) ISO-Toleranz (System Einheitswelle)

Passungen (zu Seite 21)

1. Man unterscheidet Spiel- Übermaß- und Übergangspassungen.
   • Eine Spielpassung gewährleistet immer ein „Spiel" zwischen den Bauteilen.
   • Bei Übermaßpassungen tritt immer ein „Übermaß" auf, die zu verbindenden Teile werden gepresst.
   • Übergangspassungen können sowohl Spiel als auch Übermaß haben.

2. a) Höchstspiel: $P_{SH} = G_{OB} - G_{UW}$
      Mindestspiel: $P_{SM} = G_{UB} - G_{OW}$
   b) Höchstübermaß: $P_{ÜH} = G_{UB} - G_{OW}$
      Mindestübermaß: $P_{ÜM} = G_{OB} - G_{UW}$

3. Bei einer Übergangspassung berechnet man das Höchstspiel (P_{SH}) und Höchstübermaß ($P_{ÜH}$).
   Höchstspiel: $P_{SH} = G_{OB} - G_{UW}$
   Höchstübermaß: $P_{ÜH} = G_{UB} - G_{OW}$

Passungssysteme (zu Seite 21)

1. Sie dienen dem unkomplizierten Austausch von Teilen (Austauschbau), da die Werkstücke nach einem standardisierten System toleriert sind.

a) Die Bohrung erhält ein Standardabmaß, bei dem die Lage des Toleranzfeldes immer konstant H ist. Der Bohrung werden Wellen mit unterschiedlichem Toleranzfeld zugeordnet.
b) Die Lage des Toleranzfeldes der Welle bleibt konstant h und die Lage der Toleranzfelder der Bohrung wird verändert.
c) In der Fertigung ist es einfacher, Wellenmaße oder Außenmaße zu variieren als Innenmaße, deshalb wird das System Einheitsbohrung häufiger eingesetzt.

4 Qualitätsmanagement (zu Seite 22–23)

1. Qualität ist die Gesamtheit der Merkmale und Merkmalswerte eines Produktes oder einer Dienstleistung bezüglich ihrer Eignung, festgelegte und vorausgesetzte Erfordernisse zu erfüllen.

2. Qualität ist, was den Kunden zufrieden stellt.

Qualitätsmanagement

Input → Output

Kunde → Betrieb → Kundenzufriedenheit

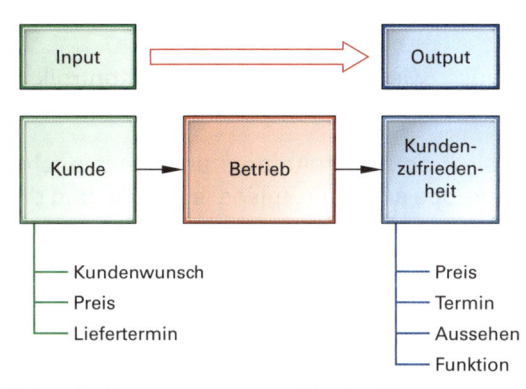

- Kundenwunsch
- Preis
- Liefertermin

- Preis
- Termin
- Aussehen
- Funktion

Bild 1: Qualitätsmanagement aus Kundensicht

3. Qualität ist die Summe aus den folgenden Faktoren:
   - **Qualität des Produktes:** Funktionalität, Lebensdauer, Design, Wartungsfreundlichkeit, Preis.
   - **Qualität der Dienstleistung:** Umgang mit Kunden, Garantieleistungen, Pünktlichkeit der Lieferung, Ehrlichkeit, Beratung.
   - **Sonstige Qualitäten:** Unternehmenskultur (Betriebskultur), Image, Qualität des Managements, Qualität des Umweltschutzes.

4. Die Qualitätsplanung erfasst alle planerischen Tätigkeiten vor Beginn der Produktion.
   Die meisten Fehler entstehen schon in der Planungsphase. Je eher Fehler entdeckt werden, desto einfacher und kostengünstiger lassen sich diese korrigieren. Fehler die erst spät entdeckt werden, im schlimmsten Fall erst beim Kunden, sind sehr teuer und beschädigen das Image der Firma. Qualitätsplanung soll diese Fehler in einem frühen Stadium der Produktion aufdecken helfen.

5. Die Störgrößen werden als die „7M" bezeichnet und sind im Einzelnen:
   - **M**ensch
   - **M**aschine
   - **M**aterial
   - **M**ilieu (Umwelt, **M**itwelt)
   - **M**ethode
   - **M**essbarkeit
   - **M**anagement

6. - **M**ensch: Ist der Bediener der Maschine für die Maschinenbedienung umfassend ausgebildet? Wie ist seine Tagesform (gesund oder krank, evtl. betrunken)? Wie verantwortungsbewusst ist der Bediener?
   - **M**aschine: Ist das Werkzeug abgenutzt? Hat die Maschine die Betriebstemperatur erreicht? Läuft die Maschine rund?
   - **M**aterial: Welche Qualität hat das Ausgangsmaterial vor der Bearbeitung (Spannungen, Festigkeit etc.)?
   - **M**ilieu (Umwelt, **M**itwelt): Wie sind die Umweltbedingungen: heiß oder kalt, feucht, nass, trocken? Ist die Fertigung Vibrationen oder Schwingungen ausgesetzt? Entstehen Stäube oder andere Verschmutzungen?
   - **M**ethode: Welche Prüfmethode wird ausgewählt? Ist die Fertigungsmethode für das Produkt geeignet?
   - **M**essbarkeit: Kann das Produkt, die Eignung des einzelnen Produkts überhaupt gemessen werden? Wie genau muss und kann gemessen werden? Sind Temperaturschwankungen vorhanden?
   - **M**anagement: Wie sind die Mitarbeiter geschult wor-den? Welche Qualität wurde eingekauft bei der fertigenden Maschine und beim Ausgangsmaterial? Welche Qualitätsziele werden verfolgt?

7. Ziel ist es, den Einfluss der sieben Störgrößen so weit wie möglich zu reduzieren. Dazu müssen Stichproben entnommen und diese anhand statistischer Methoden bewertet werden.

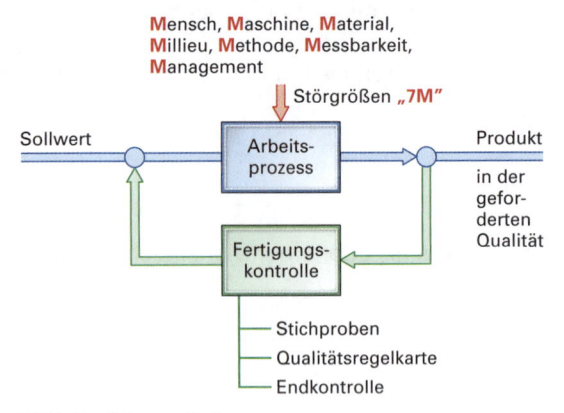

Bild 1: Qualitätsregelkeis

Zur Qualitätslenkung gehört die Qualifizierung der Mitarbeiter genauso, wie z.B. die regelmäßige Kontrolle der Werkzeuge und Maschinen.

8. Qualitätsprüfung bezeichnet alle Maßnahmen, um festzustellen, ob ein Produkt den Anforderungen entspricht. In der industriellen Serienfertigung werden für jedes Teil und jede Baugruppe exakte Prüfpläne festgelegt und diese dokumentiert.

9. Beispiele:
   - Überprüfung der Produkte nur stichpunktartig, etwa in der Massenfertigung mit statistischen Methoden.
   - Überprüfung jedes einzelnen Endprodukts mit Prüfung aller Funktionen bei kundenspezifischer Einzelanfertigung (100%-Prüfung).

10. - Zufällige Fehler: Schwankungen der Umgebungstemperatur, Unterschiede in der Materialzusammensetzung, Vibrationen durch benachbarte Fertigung.
    - Systematische Fehler: Prüfmittelfehler, Fehler im Schneidwerkzeug (Abnutzung), vorhersehbare Abweichungen (Temperaturabweichung zu bestimmten Zeiten).

    Beide Einflüsse überlagern sich. Nur die systematischen Fehler können beeinflusst werden, indem man in den Prozess eingreift.

11. Der Kunde soll wiederkommen, nicht das Produkt.

12. Er muss die DIN EN ISO 9000 erfüllen.

13. - Messwerttabelle,
    - Histogramm (Säulendiagramm),
    - Qualitätsregelkarte.

14. - Die Maschine sollte möglichst nur von einem Bediener gefahren werden.
    - Dieser Bediener soll erfahren sein und die Einrichtarbeiten übernehmen.
    - Das Ausgangsmaterial soll nur aus einer Charge sein.
    - Umweltbedingungen wie z.B. die Temperatur sollen möglichst konstant gehalten werden.
    - Es darf nur ein Fertigungsschritt untersucht werden.
    - Für die Gültigkeit der Untersuchung müssen mindestens 50 Messungen durchgeführt werden.
    - Es wird vor der Prüfung ein Prüfplan verfasst.
    - Die Messwerte werden in eine Tabelle eingetragen und anschließend ausgewertet.

15. Die Qualitätsregelkarte ist ein wichtiges Hilfsmittel zur Beurteilung der Qualitätsentwicklung und Stabilität einer Produktion. Sie wird eingesetzt, um im laufenden Produktionsprozess eingreifen zu können. Hierbei werden laufend Stichproben entnommen und erfasst. Um diese bewerten zu können, müssen zwei Arten von Grenzwerten unterschieden werden.

    Zum einen gibt es die Warngrenzen. Hier wird zwischen der oberen Warngrenze (= OWG) und der unteren Warngrenze = (UWG) unterschieden. Wird eine der Warngrenzen erreicht, wird der Prozess nochmals besser überwacht.

    Zum anderen gibt es die Eingriffsgrenzen. Auch hier wird zwischen der oberen Eingriffsgrenze (= OEG) und der unteren Eingriffsgrenze (= UEG) unterschieden. Wird eine Eingriffsgrenze erreicht, muss der Prozess angehalten werden. Nun muss die Störung ermittelt und beseitigt werden.

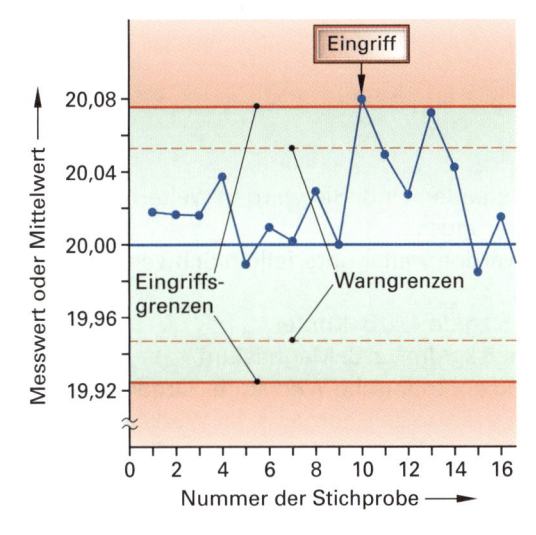

Bild 1: Qualitätsregelkarte — Aufbau

Arbeitsauftrag (zu Seite 24)

1. In der Norm DIN 55350 ist der Begriff Qualität folgendermaßen definiert: Qualität ist die Gesamtheit der Merkmale und Merkmalswerte eines Produktes oder einer Dienstleistung bezüglich ihrer Eignung, festgelegte und vorausgesetzte Erfordernisse zu erfüllen.

2. Qualitätsmanagement soll gewährleisten, dass die Qualität des Produktes möglichst hoch ist. Dazu sind viele Einzelmaßnahmen erforderlich, die aufeinander abgestimmt und koordiniert werden müssen. Die Summe aller Maßnahmen, die zur Qualitätsverbesserung beitragen, wird als Qualitätsmanagement-System (= QM-System) bezeichnet. Dieses kann nur funktionieren, wenn alle Beteiligten in einer Firma sich im gleichen Maße dafür einsetzen.

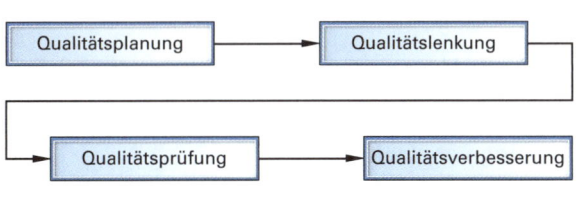

Bild 2: Qualitätsmanagement

3. Wenn ein Kunde wiederkommt, weil er von einem bereits gekauften Produkt überzeugt ist, so führt das zu weiteren Aufträgen und einem guten Image der Firma. Wenn das Produkt wiederkehrt, hat das in der Regel mit einer Reklamation zu tun. Das ist nicht nur teuer, sondern schadet auch dem Image der Firma. Im Leitsatz „der Kunde soll wiederkommen, nicht das Produkt" steckt die Kundenzufriedenheit als ein großes Ziel des Qualitätsmanagements.

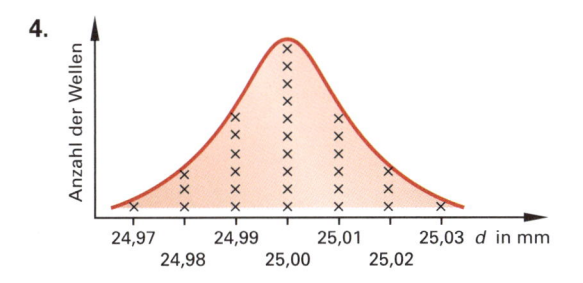

4.

Zur Vertiefung (zu Seite 24)

Der größte Messwert x_{max} = 25,3 mm, der kleinste gemessene Wert x_{min} = 24,97 mm.

Spannweite $R = x_{max} - x_{min}$
R = 25,03 mm − 24,97 mm
 = **0,06 mm**

Mittelwert $\bar{x} = \dfrac{\sum \text{aller Messwerte}}{\text{Anzahl der Messwerte}}$

$\bar{x} = \dfrac{475\,\text{mm}}{19} = 25,0\,\text{mm}$

5 Werkstofftechnik

5.1 Einteilung der Werkstoffe (zu Seite 25)

1. Metalle, Nichtmetalle, Verbundwerkstoffe

2. a) Eisenwerkstoffe: Alle Werkstoffe, die auf der Basis von Eisen entstanden sind. Sie werden weiterhin unterteilt in Stähle, z. B. Werkzeugstahl, und Gusseisenwerkstoffe, z. B. Sphäroguss.
   b) Nichteisenmetalle: Alle Werkstoffe, die kein Eisen enthalten. Sie werden weiter unterteilt in Schwermetalle, z. B. Blei, und Leichtmetalle, z. B. Aluminium.
   c) Schwermetalle: Nichteisenmetalle mit einer Dichte von mehr als 5 kg/dm³, z. B. Kupfer.
   d) Leichtmetalle: Nichteisenmetalle mit einer Dichte von weniger als 5 kg/dm³, z. B. Magnesium.
   e) Nichtmetalle: Sie bestehen aus zwei Hauptgruppen: organische und anorganische Werkstoffe. Organische Werkstoffe werden unterteilt in Kunststoffe, z. B. PVC, oder Naturstoffe, z. B. Holz. Anorganische Werkstoffe werden unterteilt in künstlich hergestellte Stoffe, z. B. Beton, und natürlich vorkommende Mineralien, z. B. Grafit.
   f) Verbundwerkstoffe: Sie bestehen aus zwei oder mehr Einzelstoffen, z. B. Glasfaserverstärkte Kunststoffe.

3. a) Verbundwerkstoffe
   b) Schwermetalle – Nichteisenmetalle
   c) Künstlich hergestellte Stoffe – Anorganische Stoffe – Nichtmetalle
   d) Natürlich vorkommende Stoffe – Anorganische Stoffe – Nichtmetalle
   e) Kunststoffe – Organische Werkstoffe
   f) Stahl – Eisenwerkstoffe

5.2 Eigenschaften von Werkstoffen (zu Seite 25–26)

1. 1. Physikalische Eigenschaften
   2. Mechanisch-technologische Eigenschaften
   3. Chemische Eigenschaften
   4. Fertigungstechnische Eigenschaften

2. Leitfähigkeit für Wärme und Strom, Dichte, Schmelzpunkt, Magnetisierbarkeit

3. Sie beschreiben die Werkstoffzusammensetzung sowie die stoffliche Umwandlung der Stoffe durch die Wirkung der sie umgebenden Stoffe und Umweltbedingungen.

4. Sie beschreiben das Verhalten der Werkstoffe unter der Einwirkung von Kräften.

5. Festigkeit, Härte, Elastizität, Sprödigkeit und Zähigkeit.

6. Unter der Festigkeit eines Stoffes versteht man den maximalen Widerstand, den er äußeren Verformungskräften bis zu einer Zerstörung entgegensetzt.

7. Zug, Druck, Abscherung, Biegung, Torsion (Verdrehung), Knickung

8. a) Zug, Abscherung
   b) Verdrehung
   c) Druck
   d) Biegung
   e) Abscherung

9. Zugfestigkeit R_m und Streckgrenze R_e.

10. $R_m = F_m / S$ [N/mm²]
    Die Zugfestigkeit R_m ist die maximale Zugkraft F_m dividiert durch den Querschnitt der Probe S.

11. $R_e = \sigma_{zzul} \cdot v$ [N/mm²]
    Die Streckgrenze R_e ist die zulässige Spannung σ_{zzul} multipliziert mit der Sicherheitszahl v.

12. Die Zugfestigkeit gibt die maximale Belastbarkeit von Bauteilen an. Mit diesem Wert kann der erforderliche Querschnitt ermittelt werden.

13. a) elastischer Bereich
    b) Streckgrenze R_e
    c) Umformbereich
    d) Zugfestigkeit R_m
    e) Bruch

Arbeitsauftrag (zu Seite 26)

$R_m = F_m / S$

$R_m = 2000 \text{ N} \cdot 2/5 \text{ mm} \cdot 40 \text{ mm} = 20 \text{ N/mm}^2$

1. Unter Härte versteht man den Widerstand, den ein Körper einem eindringenden Körper entgegensetzt.

2. Spanbarkeit, Schmiedbarkeit, Schweißbarkeit, Härtbarkeit.

3. Ökologische Eigenschaften beziehen sich auf den Energieaufwand zur Herstellung sowie die beim Herstellungsprozess anfallenden Umweltbelastungen durch Gase und Staub. Außerdem wird auf die spätere Entsorgung und Wiederverwertbarkeit geachtet.

5.3 Aufbau metallischer Stoffe (zu Seite 26)

1. Metallionen sind in einem Kristallgitter regelmäßig angeordnet und werden von Elektronenwolken umgeben.

2. - Kubisch-raumzentriert (krz): Cr, V, W
   - Kubisch-flächenzentriert (kfz): Cu, Ni, Al
   - Hexagonal (hex): Ti, Mg, Zn

3. a) Kubisch-flächenzentriert
   b) Hexagonal
   c) Kubisch-raumzentriert

5.4 Eisen und Stahlwerkstoffe (zu Seite 27)

1. Als Stahl werden alle ohne Nachbehandlung in warmem oder kaltem Zustand umformbaren Eisenwerkstoffe mit einem Kohlenstoffgehalt von bis zu 2,06 % bezeichnet.

2. Sie werden erzeugt, indem dem im Hochofen aus Eisenerz erzeugten Roheisen der Kohlenstoffanteil reduziert und die Eisenbegleiter wie Silizium, Mangan, Phosphor und Schwefel entzogen werden.
   a) Stahlbaustähle, Maschinenbaustähle, Werkzeugstähle, Eisen-Gusswerkstoffe
   b) Sie unterscheiden sich aufgrund ihres Kohlenstoffgehaltes.
   c) unlegierte, legierte, hochlegierte Stähle bzw. Einteilung nach Güteklassen: Grundstähle, Qualitätsstähle, Edelstähle

3. Stahl lässt sich maschinell bearbeiten. Er lässt sich walzen, pressen, biegen, zerspanen und härten. Außerdem ist er schmiedbar und schweißbar.

4. Durch Zusetzung von Legierungselementen wie z. B. Chrom, Mangan, Molybdän, Vanadium.

5. Der Werkstoff ist aus der Stückliste oder dem Schriftfeld der Technischen Zeichnung zu entnehmen und wurde vom Konstrukteur festgelegt.
   a) Europa-Norm EN 10027
   b) 1. Bezeichnung durch Kurznamen (Gruppe 1: Verwendungszweck und mechanische und physikalische Eigenschaften, oder Gruppe 2: chemische Zusammensetzung)
      2. Bezeichnung mit Werkstoffnummern

6. a) S
   b) P
   c) R
   d) E

7. a) Der Kurzname aus der Gruppe 1 setzt sich zusammen aus einem Hauptsymbol für die Stahlgruppe, einer Ziffer für die Streckgrenze und einer Buchstaben-Zahlenkombination (Zusatzsymbole) für typische Eigenschaften dieser Stahlgruppe.
   b) S355J2W bezeichnet einen unlegierten Stahl für den Stahlbau mit einer Streckgrenze von $R_e = 355$ [N/mm²] und einer Kerbschlagarbeit von 27 J bei −20° (J2). Er ist wetterfest (W).

8. a) Der Kurzname aus der Gruppe 2 setzt sich zusammen aus der Angabe des Kohlenstoffgehaltes und bei legierten Stählen aus der Angabe der Legierungselemente. Es gibt verschiedene Umrechnungsfaktoren für die Elemente, z.B. 4 für Cr, Ni, Mn, Co, Si, W; 10 für Al, Cu, Mo, Ta, Ti, V und 100 für C, P, S, N, Ce.
   b) 16MnCr5 ist ein legierter Einsatzstahl mit 16/100 = 0,16 % C und 5/4 = 1,25 % Mn. Der Chromgehalt ist nicht angegeben.

9. Der Kurzname besteht aus dem Kennbuchstaben „X", der Kennzahl für den Kohlenstoffgehalt, den chemischen Symbolen der Legierungselemente und dem Prozentanteil der Legierungselemente.

10. Sie sind sehr gut für den Einsatz in EDV-Systemen geeignet.

Arbeitsauftrag (zu Seite 28)

1. S: unlegierter Baustahl
   420: Streckgrenze $R_e = 420$ N/mm²
   N: normalgeglüht oder normalisierend umgeformt

2. 9: niedriglegierter Automatenstahl mit 0,09 % Kohlenstoffgehalt
   S20: 0,2 % Schwefelanteil

3. C10: unlegierter Stahl mit 0,1 % Kohlenstoffgehalt
   E: maximaler Schwefelgehalt

4. 31CrMo12: legierter Werkzeugstahl mit 0,31 % Kohlenstoffgehalt, 3 % Chrom, Spuren von Molybdän

5. C22: unlegierter Qualitätsstahl mit 0,22 % Kohlenstoffgehalt

6. C75: unlegierter Edelstahl mit 0,75 % Kohlenstoffgehalt
   E: maximaler Schwefelgehalt

7. C55: unlegierter Stahl mit 0,55 % Kohlenstoffgehalt
   U: für Werkzeuge

8. 120WV4: legierter Stahl mit 1,2 % Kohlenstoff, 1 % Wolfram und Spuren von Vanadium

9. HS: Schnellarbeitsstahl
   12-1-4-5: 12 % Wolfram, 1 % Molybdän, 4 % Vanadium, 5 % Kobalt

10. GS: Stahlguss
    70: Zugfestigkeit $R_m = 700$ N/mm²

11. GTW: entkohlend geglühter (weißer) Temperguss
    40: Zugfestigkeit $R_m = 400$ N/mm²
    5: Bruchdehnung A = 5 %

12. GS: Stahlguss
    17: Zugfestigkeit $R_m = 170$ N/mm²
    CrMo5 5: 1,25 % Chrom, 0,5 % Molybdän

(zu Seite 28–29)

1. Sie werden für Träger, Rohre oder Rund- und Rechteckprofile verwendet. Da sie gut schweißbar sind, werden sie im Stahlbau und Maschinenbau verwendet.
   a) Sie sind besonders zäh, alterungs- und sprödbruchunempfindlich sowie gut schweißbar. Sie besitzen eine hohe Festigkeit.
   b) Sie werden im Maschinen-, Stahl- und Apparatebau verwendet.

2. a) Ein Vergütungsstahl wird nach dem Härten angelassen.
   b) Er wird aufgrund der hohen Zähigkeit und Festigkeit für dynamisch stark beanspruchte Bauelemente wie z. B. Schrauben, Muttern, Zahnräder und Wellen verwendet.

3. a) Automatenstähle eignen sich für die spanende Herstellung von Bauteilen.
   b) Schwefel, Blei
   c) Schwefel und Blei begünstigen den Spanbruch beim Zerspanen.

4. Einsatzstähle sind Stähle mit geringem Kohlenstoffgehalt unter 0,22 %. Sie werden durch Einsatzhärten in der Randschicht aufgekohlt und bekommen dadurch eine erhöhte Festigkeit.
   a) Bei Nitrierstählen wird Stickstoff beim Aufkohlen in die Randschicht mit eingebracht.
   b) Der Stickstoff bewirkt eine temperaturstabile Nitritschicht, die eine hohe Härte hat.

5. Nickel und Chrom

6. Gusseisen, Temperguss, Stahlguss
   a) Gusseisen mit Lamellengrafit und Gusseisen mit Kugelgrafit
   b) Gusseisen mit Kugelgrafit

7. a) Temperguss hat eine hohe Zähigkeit, die durch eine besondere Glühbehandlung nach dem Gießen erreicht wird.

b) Beim Tempern wird das Gussteil entweder in sauerstoffabgebender Umgebung (weißer Temperguss) oder in neutraler Umgebung (schwarzer Temperguss) geglüht.

c) Durch die hohe Festigkeit wird er für mechanisch beanspruchte Teile wie z. B. Hebel, Pleuel, Schraubenschlüssel oder Rohrfittings verwendet.

8. Stahlguss wird z. B. für Motorblöcke, Verdichtergehäuse und Turbinenschaufeln verwendet.

5.5 Nichteisenmetalle (zu Seite 29)

1. Nichteisenmetalle sind alle reinen Metalle außer Eisen und alle Legierungen von Metallen, bei denen der Eisenanteil nicht größer als alle anderen Anteile ist.

2. Sie unterscheiden sich hinsichtlich der Dichte der Stoffe. Leichtmetalle besitzen eine Dichte von weniger als 5 kg/dm^3, Schwermetalle von mehr als 5 kg/dm^3.

3. Die Dichte ist die Masse dividiert durch das Volumen des Körpers.

4. Aluminium, Kupfer, Zinn
   a) Kupfer hat eine hohe Wärmeleitfähigkeit und elektrische Leitfähigkeit. Es ist gut schweiß- und lötbar sowie korrosionsbeständig.
   b) Kupfer findet sich in z. B. in elektrischen Leitungen oder Rohrleitungen und in Wärmetauschern.

5. a) Sie sind beide NE Schwermetalllegierungen und haben das Schwermetall Kupfer enthalten. Messing ist eine Kupfer-Zink-Legierung, Bronze eine Kupfer-Zinn-Legierung.
   b) Kupfer-Zink-Legierungen werden für viele mechanische Kleinteile in der Feinmechanik und Elektroindustrie verwendet.
   Kupfer-Zinn-Legierungen werden aufgrund der guten Gleiteigenschaften für Gleitlagerbuchsen und Lagerschalen verwendet.

6. Aluminiumlegierungen haben eine geringe Dichte, sind gut bearbeitbar, löt-, schweiß- und gießbar. Sie sind korrosionsbeständig und haben eine hohe Festigkeit.
   a) Guss- und Knetlegierungen
   b) Gusslegierungen werden zu Fertigteilen in der Fahrzeugindustrie wie Gehäuse, Motorblöcke und Zylinderköpfe verarbeitet.
   Knetlegierungen werden für Halbzeuge wie Bleche, Rohre und Profile verwendet.

5.6 Weitere wichtige Metalle (zu Seite 30)

1. Niedrigschmelzende Metalle: Zinn, Blei, Zink
   Hochschmelzende Metalle: Molybdän, Tantal, Wolfram

2. Silber: elektrische Leitungen und Kontakte
   Gold: Elektrokontakte, Schutzüberzüge für Chemieapparate, Schmuck
   Platin: Thermoelemente, Kleingeräte im Chemiebereich, Schmuck

5.7 Sinterwerkstoffe (zu Seite 30)

1. Unter Sintern versteht man das Glühen von gepressten Metallpulvern, bei dem durch Diffusion und Kristallisation ein zusammenhängendes Gefüge entsteht.

2. Sintermetalle sind meistens porös und luftdurchlässig, und haben jedoch eine hohe Festigkeit. Sie werden für Filter, Schalldämpfer und Lager verwendet.

5.8 Korrosion (zu Seite 30–31)

1. Unter Korrosion versteht man die Zerstörung der metallischen Werkstoffe durch chemische oder elektrochemische Reaktionen.

2. Elektrochemische Korrosion: Die Korrosion erfolgt auf der Oberfläche in einer elektrisch leitenden Flüssigkeit.
   Chemische Korrosion: Sie entsteht beim Schweißen. Der Werkstoff verbindet sich mit dem Sauerstoff aus der Luft und ein Verzundern der Oberfläche folgt.

3. a) Ein Elektrolyt ist eine elektrisch leitende Flüssigkeit wie z. B. Wasser.
   b) Ein galvanisches Element besteht aus zwei unterschiedlichen Metallen, die sich berühren und von einem Elektrolyt umgeben sind.
   c) Lochfraß findet statt, wenn sich bei legierten Stählen die Korrosion in die Werkstücktiefe frisst.
   d) Kristalline Korrosion verursacht feine Haarrisse, die äußerlich nicht erkennbar sind.

4. Der Stahl korrodiert im Freien durch gleichmäßige Flächenkorrosion.

5. In der Mitte des Wassertropfens lösen sich Eisenatome Fe in H_2O als Fe^{++}-Ionen auf und reagieren mit dem im Wasser gelösten Luftsauerstoff, den OH^--Ionen. Durch diese Reaktion entstehen $Fe(OH)_2$-Ionen, also Rost. Der Rost erscheint zunächst fleckenförmig und breitet sich zunehmend über die gesamte Stahloberfläche aus.

6. a) Muldenfraß oder Lochfraß
   b) Kontaktkorrosion
   c) Flächenkorrosion
   d) Kristalline Korrosion

7. Die zu fügenden Teile werden durch eine Oberflächenbeschichtung geschützt. Dies kann in Form von Einfetten, einem Korrosionsschutzanstrich oder einer Pulverbeschichtung realisiert werden.

8. • Legieren mit Bestandteilen wie Chrom, Nickel oder Molybdän
   • Galvanische Behandlung, z. B. Feuerverzinken
   • Ausbessern von verletzten Schutzüberzügen

5.9 Kunststoffe (zu Seite 31)

Arbeitsauftrag

1. Sie werden aufgrund der Dichte, der variablen, mechanischen Eigenschaften (von hart bis fest, zäh bis weich, leder- oder gummiartig), ihrer Isolierungsart (nichtleitend, wärme- oder kälteisolierend) sowie nach ihrer Korrosionsbeständigkeit eingeteilt und für verschiedenste Verwendungszwecke eingeteilt.

2. Duroplaste, Thermoplaste und Elastomere

3. a) Duroplaste: Sie sind bei Raumtemperatur hart, ändern gering ihre Eigenschaften bei Erwärmung und zersetzen sich bei zu großer Wärme. Sie haben eine engmaschig vernetzte Molekülstruktur. Sie werden für Kleinteile im Fahrzeugbereich, für Verkleidungen sowie für Isolier-Formteile und Zweikomponenten-Kleber verwendet.
   b) Thermoplaste: Sie sind bei Raumtemperatur fest, können über 100 °C umgeformt werden und werden bei höherer Erwärmung flüssig. Sie bestehen aus nicht vernetzten Makromolekülen. Sie werden für Behälter, Rohre, Profile, Verpackungen und Gehäuse verwendet.
   c) Elastomere: Sie sind gummielastische Kunststoffe, die unter Krafteinwirkung ihre Form verändern und danach wieder in ihre Ausgangsform zurückgehen.
   Sie werden für Autoreifen, Gummihammer, Dichtungen und Fugendichtmasse verwendet.

4. Kunststoffe sind alle synthetisch hergestellten, organischen Werkstoffe

5. Kunststoffe haben folgende Eigenschaften:
   • Sie sind elektrisch nicht leitend und gering wärmeleitend
   • Sie haben eine geringe Dichte und Gewicht
   • Sie sind gut verformbar und korrosionsbeständig
   • Sie sind einfärbbar und resistent gegen viele Chemikalien
   • Sie sind vergleichsweise preiswert

6.

Eigenschaft	Kunststoffe	Metalle
Winkel am Werkzeug	großer Span- und Freiwinkel, kleiner Keilwinkel	kleiner Span-, und Freiwinkel, großer Keilwinkel
Vorschub	gering	abhängig von Material, Verfahren, Schnitttiefe etc.
Schnittgeschwindigkeit	hoch	
Zustellung	hoch	gering

5.10 Verbundstoffe (zu Seite 32)

1. Verbundwerkstoffe sind Werkstoffe, die aus mindestens zwei Werkstoffen mit unterschiedlichen Eigenschaften bestehen.

2. Verbundwerkstoffe vereinigen die guten Eigenschaften der einzelnen Komponenten, z. B. Stahlbeton. Stahl besitzt eine hohe Zugfestigkeit und der Beton ist gut verformbar und besitzt eine hohe Druckfestigkeit.

3. Bei Legierungen wird der Grundstoff gelöst, bei Verbundwerkstoffen ist der Ausgangswerkstoff unverändert.

4. Faserverstärkte Verbundwerkstoffe: Es werden hochfeste Fasern wie z. B. Glasfasern oder Kohlefasern in Kunststoffe eingearbeitet, die die Festigkeit erhöhen.
Teilchenverstärkte Verbundwerkstoffe: In einer Grundmasse, z. B. Kunststoff, werden kleine Teilchen aus z. B. Karbid eingebracht, die die Festigkeit, Härte und Formstabilität erhöhen.
Schicht- und Strukturverbundwerkstoffe: Sie bestehen aus mehreren Lagen unterschiedlicher Werkstoffe.

5.11 Hilfsstoffe (zu Seite 32)

1. Hilfsstoffe sind Zusatzstoffe, die zum Gelingen eines Prozesses beitragen.

2. Kühlschmierstoffe, Lötmittel und Schweißdraht, Schleifmittel, Druckluft und Hydrauliköl.

5.12 Werkstoffe und Umweltschutz (zu Seite 32)

1. Die Herstellungsprozesse von Metallen und Nichtmetallen erfordern große Energiemengen. Bei der Verarbeitung entstehen giftige Gase oder Stäube, die durch aufwendige Anlagen gefiltert werden.

2. Eine Vermeidung ist der Verwertung und eine Verwertung ist der Entsorgung vorzuziehen.

3. Es sind möglichst nur Werk- und Hilfsstoffe einzusetzen, die gesundheits- und umweltschonend zu erzeugen, zu verarbeiten und zu entsorgen sind.

Arbeitsauftrag (zu Seite 32)

1. Jedes Bauteil hat bestimmte Funktionen zu erfüllen, deshalb werden unterschiedliche Materialien mit bestimmten Materialeigenschaften verwendet.

2. Die Greifbacken sind Funktionsteile aus gehärtetem Stahl. Dadurch sind sie besonders verschleißfest.

3. Die Rückstellfedern sind aus Federstahl, dadurch haben sie eine hohe Elastizität. Sie werden dauerhaft stark auf Druck beansprucht.

4. Dichtungen und Dämpfungselemente sollen die Fähigkeit besitzen, sich an andere Werkstoffe gummielastisch anzupassen, deshalb verwendet man für diese Teile Kunststoffe.

6 Mechanische Systeme

6.1 Grundlagen des Systemgedankens

6.2 Physikalische Grundlagen von mechanischen Systemen

Arbeitsauftrag (zu Seite 33)

1. Ein Technisches System ist ein abgegrenztes Gebilde, das eine zuvor festgelegte Funktion erfüllt.

2. Technische Systeme werden durch folgende Elemente beschrieben:
   - die Systemgrenzen
   - die Eingangsgrößen mit ihren Eigenschaften
   - die Ausgangsgrößen mit ihren Eigenschaften
   - die Teilsysteme innerhalb der Systemgrenzen mit ihren Eigenschaften
   - die Systemumwelt

3. Die Hauptfunktion eines technischen Systems steht im Mittelpunkt der jeweiligen Systembetrachtung.
   Sie kann in
   - der Umsetzung,
   - dem Transport oder
   - der Speicherung

   der Eingangsgrößen (Energie, Stoff, Information) bestehen und erfüllt den eigentlichen Zweck des technischen Systems.
   Beispiele:
   - Umsetzung von Energie: Elektrische Energie wird in einem Elektromotor in Bewegungsenergie umgewandelt
   - Transport von Stoff: Roboter transportieren Teile von einer Position an eine andere
   - Speicherung von Information: CD-Rom zur Speicherung von Daten

4. a) Arbeit:
   Sind die Richtung von Kraft und Weg identisch, gilt:
   Arbeit = Kraft · Weg
   $W = F \cdot s$ $[W] = Nm = J$

b) Leistung:
Leistung ist der Quotient aus Arbeit und Zeit.

$$\text{Leistung} = \frac{\text{Arbeit}}{\text{Zeit}}$$

$$P = \frac{W}{t} = \frac{F \cdot s}{t} \qquad [W] = \frac{J}{s} = \frac{Nm}{s}$$

c) Wirkungsgrad:
Der Wirkungsgrad eines Systems gibt das Verhältnis von Ausgangsleistung zu Eingangsleistung an.

$$\text{Wirkungsgrad} = \frac{\text{Ausgangsleistung}}{\text{Eingangsleistung}}$$

$$\eta = \frac{P_{ab}}{P_{zu}}$$

5. $\text{Wirkungsgrad} = \frac{\text{Ausgangsleistung}}{\text{Eingangsleistung}}$

Eine Maschine nimmt stets mehr Leistung auf, als sie abgibt, da durch Reibung und ungenutzte Wärme Verluste entstehen. Die Ausgangsleistung ist also stets kleiner als die Eingangsleistung. Der Wirkungsgrad ist daher stets kleiner als 1 bzw. kleiner als 100 %.

6. Geg. $s = 2000$ mm $= 2$ m
   $m = 4000$ kg
   $t = 20$ s

   a) $F = m \cdot g = 4000$ kg $\cdot 9{,}81$ m/s² $= 39240$ N
   $W = F \cdot s = 39240$ N $\cdot 2$ m $= 78480$ Nm

   b) $P = \frac{W}{t} = \frac{78480 \text{ Nm}}{20 \text{ s}} = 3924$ W $\approx$ **3,9 kW**

6.3 Funktionseinheiten von mechanische Systemen (zu Seite 33–36)

1. Wellen werden zur Übertragung von Drehmomenten verwendet.

2. Das Produkt aus Kraft und Hebelarm ist das Drehmoment.
   Drehmoment = Kraft · Hebelarm
   $M = F \cdot l$
   Als Hebelarm wird dabei der senkrechte Abstand von der Wirkungslinie der Kraft zum Drehpunkt definiert.

3. Wellen werden unterschieden in
   - Starre Wellen
   - Biegsame Wellen
   - Gelenkwellen

4. Starre Wellen werden nach der Bauform unterschieden in:
   - glatte Wellen
   - abgesetzte Wellen
   - gekröpfte Wellen
   - Form- und Profilwellen

5. Gekröpfte Wellen ermöglichen eine Umwandlung von Drehbewegungen in geradlinige Bewegungen und umgekehrt. Als Kurbelwellen werden sie z. B. in Kolbenpumpen eingebaut.

6. Abgesetzte Wellen haben unterschiedliche Durchmesser. Die Wellenabsätze dienen der leichten Montierbarkeit und der axialen Festlegung von Maschinenelementen, wie z. B. Lagern und Zahnrädern.

7. Gelenkwellen werden dann eingesetzt, wenn im Betrieb der Abstand und die Lage von Antrieb- und/oder Abtriebseite sich verändern.

8. Nicht schaltbare Kupplungen sind Kupplungen, bei denen die Antriebs- und Abtriebswelle fest miteinander verbunden sind.

9. Neben der Korrektur geringfügiger radialer und axialer Wellenversetzung können elastische Kupplungen Stöße und Schwingungen dämpfen.

10. Schaltbare Kupplungen ermöglichen ein zeitweises Trennen der Wellen und damit ein Unterbrechen der Drehmomentübertragung im Stillstand oder im Betrieb.

11. Klauenkupplungen dürfen nur im Stillstand geschaltet werden.

12. Bei formschlüssigen Kupplungen übertragen ineinander greifende Formteile (Klauen oder Zähne) das Drehmoment. Bei kraftschlüssigen Kupplungen erfolgt die Drehmomentübertragung durch Reibungskräfte. Dazu muss durch eine äußere Kraft die Reibungskraft zwischen den Berührungsflächen erhöht werden. Dies kann z. B. durch Federkraft, Spannhebel erfolgen.

13. Mehrscheibenkupplungen werden verwendet, wenn die Drehmomentübertragung der verbundenen Wellen häufig unterbrochen werden muss und große Drehmomente mit einer kompakten Kupplung übertragen werden sollen.

14. Brechbolzenkupplungen haben die Aufgabe, die Drehmomentübertragung zu unterbrechen, wenn ein zulässiges Drehmoment überschritten wird. Dies geschieht durch einen Brechbolzen bzw. Abscherstift.

15. Anlaufkupplungen werden eingesetzt, um Kraftmaschinen im Leerlauf anlaufen zu lassen und erst beim Erreichen einer bestimmten Drehzahl andere Funktionsgruppen zugeschaltet werden sollen.

16. Getriebe übertragen Energie und können Drehfrequenzen, Drehrichtungen und Drehmomente umformen.

17. Als Zugmittelgetriebe werden alle Rädergetriebe bezeichnet, bei denen die Radpaare nicht unmittelbar miteinander in Berührung stehen. Die Kraftübertragung erfolgt mittelbar über ein Zugmittel. Als Zugmittel werden Flachriemen, Keilriemen, Zahnriemen, Ketten u. a. eingesetzt.

18. Die wichtigsten Bestimmungsgrößen eines Zahnrades sind:
    - die Teilung p
    - der Modul m
    - die Zähnezahl z

19. Die Teilung p gibt den Abstand von Zahnflanke zu Zahnflanke gemessen als Bogenmaß auf dem Teilkreis an.

20. Je größer der Modul ist, desto größer sind die Teilung und das Zahnprofil.

21. Teilkreisdurchmesser $d = \dfrac{z \cdot p}{\pi}$

22. Achsabstand $a = \dfrac{m \cdot z_1}{2} + \dfrac{m \cdot z_2}{2} = \dfrac{m(z_1 + z_2)}{2}$

23. Sie werden eingeteilt in:
    - Stirnradgetriebe
    - Kegelradgetriebe
    - Schraubradgetriebe
    - Schneckenradgetriebe
    - Zahnstangengetriebe

24. Folgende Verzahnungsarten werden unterschieden:
    - geradverzahnt
    - schrägverzahnt
    - pfeilverzahnt

25. Vorteile:
    - Kompakte Bauweise
    - Große Kraftübertragung möglich

    Nachteile:
    - Aufwendige Herstellung
    - Wartungsintensiv
    - Hohe Wärme- und Geräuschentwicklung

26. Vorteile:
    - Größere Entfernungen können überbrückt werden
    - Preiswerter als Zahnradgetriebe
    - Geräuscharm
    - Schlupffrei (außer Riementriebe)

    Nachteile:
    - Kraftübertragung nicht so groß
    - Höherer Verschleiß
    - Größerer Platzbedarf
    - Große Lagerbelastung durch Vorspannung

27. - Schmalkeilriemen
    - Normalkeilriemen

- Breitkeilriemen
- Mehrrippenkeilriemen

28. Bei Zahnriementrieben erfolgt die Drehmomentübertragung zusätzlich zum Kraftschluss durch die Zähne des Riemens noch über Formschluss. Dadurch können erheblich größere Momente übertragen werden, ohne auf die Vorteile des Riementriebes verzichten zu müssen.

29. Vorteile:
    - Übertragung großer Kräfte bzw. Drehmomente
    - Konstantes Übersetzungsverhältnis
    - Schlupffreie Kraftübertragung

    Nachteile:
    - Hohe Laufgeräusche
    - Schmierung erforderlich

30. Übersetzungsverhältnis
    $$i = \frac{n_1}{n_2}\,;\ i = \frac{d_2}{d_1}\,;\ i = \frac{z_2}{z_1}$$

31. Für die einzelnen Getriebeteile können die Teilübersetzungen berechnet werden. Das Produkt der Teilübersetzungen ($i_1, i_2, ...$) ergibt die Gesamtübersetzung i.
    $$i = \frac{n_a}{n_e};\ i = i_1 \cdot i_2 \cdot \ldots$$

32. Die Reibungskraft ist abhängig von:
    - der Werkstoffpaarung
    - der Oberflächenbeschaffenheit
    - der Normalkraft F_N
    - der Reibungsart
    - dem Schmierzustand

33. Es werden folgende Reibungsarten unterschieden:
    - Haftreibung
    - Gleitreibung
    - Rollreibung

34. Führungen werden hauptsächlich nach
    - der Form der Führungsbahn und
    - der Art der Reibung

    unterschieden.

35. - Flachführungen
    - V-Führungen
    - Schwalbenschwanzführungen
    - Rundführungen

36. - Sie können je nach Dimensionierung große Normal- und Querkräfte aufnehmen.
    - Ein Abheben des Gleitkörpers ist aufgrund der Form nicht möglich.
    - Durch Nachstellleisten kann das Führungsspiel eingestellt werden.

37. Im Gegensatz zu anderen Führungen lassen Rundführungen auch Bewegungen um den Führungskörper herum zu, wie dies z. B. bei der Säulenbohrmaschine möglich ist.

38. Bei diesen Gleitführungen wird den Gleitstellen über ein Leitungssystem unter Druck stehendes Öl zugeführt. Dies bewirkt, dass der Schlitten auf einem Ölfilm schwimmt und dadurch nur noch eine sehr geringe Reibung ausgeübt wird.

39. Die Reibung ist geringer, weil bei aerostatischen Gleitführungen an Stelle eines Öles Luft verwendet wird.

40. Bei aerostatischen und hydrostatischen Führungen kann kein Ruckgleiten auftreten, da ein Berühren der Gleitflächen durch den Ölfilm bzw. das Luftpolster schon im Ruhezustand verhindert wird.

41. - Geringes Spiel
    - Hohe Genauigkeit
    - Geringe Reibung
    - Gute Dämpfungseigenschaften

- Hohe Biege- und Torsionsfestigkeit
- Einfache Schmier- und Wartungsmöglichkeiten
- Abdichtung gegen das Eindringen von Fremdkörpern

Arbeitsauftrag (zu Seite 36–37)

1. Funktionseinheiten übernehmen folgende Aufgaben:
   - Antreiben
   - Energieübertragung
   - Arbeiten
   - Steuern und Regeln
   - Tragen und Stützen

2. Beim Antreiben wird durch Antriebe, z. B. Elektromotoren und Hydromotoren, die zugeführte Energie in die erforderliche Form umgeformt und bereitgestellt.

3. Im Gegensatz zu den Achsen, die nur zum Tragen dienen, übertragen Wellen Drehmomente

4. - Starre Wellen, z. B. Kurbelwellen
   - Biegsame Wellen, z. B. Tachometerwellen
   - Gelenkwellen, z. B. bei Achsantrieben von Kraftfahrzeugen

5. Kupplungen werden nach ihrer Art und Funktion unterschieden in:
   a) nicht schaltbare Kupplungen
      - starre Kupplungen (Scheibenkupplung)
      - drehstarre Kupplungen (Bogenzahnkupplung)
      - elastische Kupplungen (Metallbalgkupplung)
   b) schaltbare Kupplungen
      - formschlüssige Kupplungen (Klauenkupplung)
      - kraftschlüssige Kupplungen (Mehrscheibenkupplung)
   c) Kupplungen für Sonderzwecke
      - Sicherheitskupplungen (Brechbolzenkupplung)
      - Anlaufkupplungen (Rutschkupplung)
      - Freilaufkupplungen (Freilaufnabe)

6. Siehe Schülerpräsentationen

7. Bei kraftschlüssigen Getrieben wird die Reibung zwischen den sich berührenden Teilen ausgenutzt. Diese kann durch die Anpresskraft und die Reibungszahl beeinflusst werden. Kraftschlüssige Getriebe sind z. B. die Keilriemengetriebe und Reibradgetriebe.
   Reicht die Reibungskraft zum Übertragen der Drehmomente nicht mehr aus, werden Getriebe nach dem Prinzip Formschluss eingesetzt. Formschluss herrscht überall dort, wo sich die Konturen der sich berührenden Teile verkanten. Formschlüssige Getriebe sind z. B. alle Zahnriemengetriebe, Kettengetriebe und Zahnradgetriebe.

8. a) Nicht schaltbare Getriebe:
      Sie werden eingesetzt, wenn eine feste Übersetzung zwischen Antrieb und Abtrieb ausreicht. Diese verändert die Drehzahl und das Drehmoment in einer festen Größe. Änderungen der Abtriebsdrehzahl erfordern eine Veränderung der Antriebsdrehzahl.
   b) Schaltbare Getriebe:
      Sie werden eingesetzt, wenn die Anforderung besteht, die Drehzahlen und Drehmomente je nach Betriebsbedingung zu ändern. Bei schaltbaren Getrieben geschieht dies durch Zu- oder Abschalten einer oder mehrerer Stufen. Dadurch ist das Übersetzungsverhältnis stufenweise veränderlich.
   c) Stufenlos einstellbare Getriebe:
      Soll der Drehmoment- und Drehzahlwechsel kontinuierlich und nicht in Sprüngen erfolgen, werden stufenlos einstellbare Getriebe eingesetzt.

9. Geg. $d_2 = 80$ mm, $i = 2,5/1$
   $$i = \frac{d_2}{d_1} \rightarrow d_1 = \frac{d_2}{i} = \frac{80 \text{ mm}}{2,5} = \mathbf{32 \text{ mm}}$$

10. Führungen übernehmen die Aufgabe, Kräfte von beweglichen Teilen auf Gehäuse und Gestelle zu übertragen und die beweglichen Teile exakt geradlinig zu führen.

Lager (zu Seite 37–38)

1. Lager haben die Aufgabe, sich drehende Teile zu tragen und zu führen.

2. Sie werden eingeteilt:
   - nach der Reibungsart in Gleit- und Wälzlager
   - nach der auf das Lager wirkenden Kraft in Radial- und Axiallager
   - nach der Beweglichkeit in der axialen Richtung in Fest- und Loslager

3. Wenn die Lager quer zur Längsachse Kräfte aufnehmen.

4. Wenn die Lager entlang der Längsachse wirkende Kräfte aufnehmen.

5. - Trockenreibung
   - Mischreibung
   - Flüssigkeitsreibung

6. Durch die Drehbewegung des Zapfens in der Lagerschale wird der Schmieröldruck erzeugt. Das Schmieröl wird an der unbelasteten Lagerseite zugeführt und durch den Zapfen in den Schmierspalt transportiert. Im Schmierspalt steigt der Öldruck so stark an, dass der Zapfen auf dem Schmierfilm schwimmt.

7. Durch geeignete Maßnahmen, wie z.B. das Einpumpen von Drucköl, wird der Zustand der Flüssigkeitsreibung auch schon im Stillstand erreicht und nicht erst bei höheren Drehzahlen.

8. Als Werkstoffe werden:
   - Sintermetalle
   - Legierungen aus Kupfer, Zinn, Zink, Blei und Aluminium
   eingesetzt.

9. Gleitlager werden eingesetzt bei Lagern
   - mit hohen Lagerbelastungen und hoher Betriebsdauer
   - mit geringer Drehfrequenz und stoßartigen Belastungen

10. Als Wälzkörper kommen Kugeln, Zylinderrollen, Kegelrollen, Tonnenrollen oder Nadelrollen zum Einsatz.

11. Radiallager bestehen aus zwei Laufringen, dem Außen- und dem Innenring, und den dazwischen laufenden Wälzkörpern und dem Laufkäfig. Bei Axiallagern treten an die Stelle der Laufringe zwei Laufscheiben.

12. Während das Festlager seine Lage zur Welle und zum Gehäuse nicht ändert, können sich Loslager bei Änderung der Temperatur axial geringfügig verschieben. Durch das Verschieben des Lagers in Achsrichtung wird ein Verspannen der Wälzkörper in den Laufringen verhindert.

13. Der Schmierstoff hat die Aufgabe, eine Trennschicht zwischen den abrollenden und gleitenden Teilen eines Wälzlagers zu bilden. Dadurch sollen die Reibung und der Verschleiß minimiert werden. Außerdem soll das Lager durch den Schmierstoff vor Korrosion geschützt werden.

14. Das Öl wird über eine Ölpumpe den Schmierstellen zugeführt und durchströmt die Lager. Das durch die Lager gelaufene Öl wird über den Rücklauf der Ölpumpe zugeführt und erneut in den Schmierölkreislauf gepumpt.

15. Bei der Montage von Lagern ist vor allem darauf zu achten, dass die Einpresskraft gleichmäßig wirkt und somit ein Verkanten des Lagers verhindert wird. Die Kraft darf dabei nicht über die Wälzkörper übertragen werden.

Arbeitsauftrag (zu Seite 38–39)

1. Das Kegelradgetriebe dient zur Übertragung von Drehmomenten von der Antriebswelle bzw. Ritzelwelle auf die Abtriebswelle, die im rechten Winkel dazu steht. Dazu wird das Drehmoment der Antriebswelle über das Ritzel auf das Kegelrad und von dort über die Passfeder auf die Abtriebswelle übertragen. Die Abtriebswelle ermöglicht bei diesem Kegelradgetriebe einen zweiseitigen Abtrieb.

2.

Pos.	Bezeichnung	Pos.	Bezeichnung
1	Rillenkugellager	8	Ölablassschraube
2	Schrägkugellager	9	Öleinfüllschraube
3	Zylinderschrauben mit Innensechskant	10	Kegelrad
4	Radial-Wellendichtring	11	Lagerdeckel rechts
5	Gehäusedeckel	12	Abtriebswelle zweiseitig
6	Lagerdeckel links	13	Antriebs- bzw. Ritzelwelle
7	Gehäuse		

3. Bei den Rillenkugellagern (Pos. 1) handelt es sich um universell einsetzbare Lager. Sie eignen sich für Radial-, Axialbelastung und hohe Drehzahlen. Des Weiteren zeichnen sie sich durch eine hohe Belastbarkeit aus. Die Schrägkugellager (Pos. 2) werden eingesetzt, um durch ihre O-Anordnung eine große Stützbreite, eine hohe Führungsgenauigkeit und damit eine starre Lagerung zu erreichen. Außerdem sind Schrägkugellager bei Radial-, Axialbelastung und hohen Drehzahlen gut geeignet.

4. Bei dem Kegelradgetriebe werden die Innenringe der Lager auf Umfangslast und die Außenringe auf Punktlast beansprucht. Für diesen Lastfall ist für den Innenring eine Übergangs- oder Übermaßpassung und für den Außenring eine Spielpassung erforderlich. Passungsauswahl: Welle m5 und Gehäuse H6

5. Die Radialwellendichtringe erfüllen die Funktion, die umlaufenden Wellen in den Gehäusebohrungen abzudichten. Sie sollen das Eindringen von Fremdstoffen und das Austreten von Betriebsstoffen (Öl) verhindern.

6. Bei der Befestigung des Kegelrades auf der Welle handelt es sich um eine Passfederverbindung. In die Welle und in das Kegelrad werden Nuten eingearbeitet, die die Passfeder aufnehmen. Es handelt sich um eine formschlüssige Verbindung, da die Drehmomentübertragung nur über die Seitenflächen der Passfeder erfolgt.

7.

Nr.	Demontageschritte	Nr.	Demontageschritte
1	Öl über Ölablassschraube (Pos. 8) ablassen	5	Zylinderschrauben (Pos. 3) an beiden Lagerdeckeln (Pos. 6+11) entfernen
2	Zylinderschrauben (Pos. 3) am Gehäusedeckel (Pos. 5) entfernen	6	Lagerdeckel (Pos. 6+11) entnehmen
3	Gehäusedeckel entnehmen	7	Gesamte Baugruppe der Abtriebswelle (Pos.12) mit Rillenkugellagern (Pos. 1) und Kegelrad (Pos. 10) entnehmen
4	Gesamte Baugruppe der Antriebswelle (Pos. 13) mit Schrägkugellagern aus Gehäuse (Pos. 7) ziehen		

Zur Vertiefung (zu Seite 39)

1. a) Vorteile der hydrostatischen Schmierung:
   - Geringe Erwärmung
   - Hohe Rundlaufgenauigkeit
   - Kein Verschleiß beim Anlauf
   - Kein Ruckgleiten

   b) Nachteile der hydrostatischen Schmierung:
   - Teure Schmiereinrichtung
   - Überwachung des Schmiersystems

   Bei dem „Stick-Slip-Effekt" handelt es sich um ein Ruckgleiten. Es entsteht bei Beginn der Bewegung oder bei unzureichender Schmierung, wenn sich Welle und Lagerschale an einzelnen Stellen berühren und somit Mischreibung auftritt.

2. Die wichtigsten Aufgaben der Schmierstoffe sind:
   - Reibung und Verschleiß vermindern
   - Stöße dämpfen
   - Schutz vor Korrosion
   - Wärmeabfuhr
   - Abfuhr von Verschleißteilchen

3. Bei der Trockenreibung berühren sich die aufeinander gleitenden Flächen und ebnen die Oberflächenerhöhungen ein.

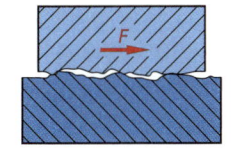

   Bei ungünstiger Werkstoffpaarung und großer Flächenpressung verschweißen die Oberflächen (Fressen).

4. Die Viskosität (Zähflüssigkeit) ist ein Maß für die innere Reibung des Schmierstoffes. Schmierstoffe mit niedriger Viskosität sind dünnflüssig (z. B. Wasser), solche mit hoher Viskosität sind zähflüssig (z. B. Honig).

7 Herstellung mechanischer Systeme

7.1 Grundlagen der Fertigungstechnik (zu Seite 40)

1. Die Fertigungstechnik beschäftigt sich mit den Methoden, Verfahren und Einrichtungen für die Herstellung technischer Produkte.

2. • Welches Fertigungsverfahren ist zur Herstellung eines bestimmten Teiles aus einem festgelegten Werkstoff geeignet?
   • Welche Fertigungseinrichtungen stehen dazu zur Verfügung bzw. sind sinnvoll?
   • Welche Fertigungsmittel werden benötigt?
   • Welche Fertigungshilfsmittel sind erforderlich?

7.2 Fertigungshauptgruppen (zu Seite 40)

1. Die Hauptgruppen der Fertigungsverfahren sind Urformen, Umformen, Trennen, Fügen, Beschichten und Stoffeigenschaft Ändern. Bei den einzelnen Hauptgruppen können Form und Zusammenhalt des Werkstoffes geschaffen, geändert, beibehalten, vermehrt oder vermindert werden.

2. Ein Stoffzusammenhalt wird z. B. durch die Fertigungsverfahren Sintern, Gießen und Aufdampfen geschaffen. Bei diesen Fertigungsverfahren entsteht aus formlosem Stoff ein fester Körper.

3. Zur Hauptgruppe Trennen zählen z. B. Abschneiden, Bohren, Drehen, Fräsen, Schleifen und Auseinanderschrauben. Bei diesen Fertigungsverfahren wird die Form eines festen Körpers geändert und der Zusammenhalt der Stoffteilchen wird aufgehoben.

4. Der Stoffzusammenhalt wird z. B. durch Abschneiden, Bohren, Brennschneiden aufgehoben.

5. Beim Fügen wird eine neue feste Form durch Zusammenbringen mehrerer Werkstücke oder mit formlosem Stoff geschaffen. Der Zusammenhalt der Stoffteilchen wird im Ganzen vermehrt oder auch örtlich neu geschaffen.

6. Die Beschichtungsverfahren werden unterteilt in
   • Beschichten aus dem gasförmigen oder dampfförmigen Zustand
   • Beschichten aus dem flüssigen, breiigen oder pastenförmigen Zustand
   • Beschichten aus dem ionisierten Zustand
   • Beschichten aus dem festen (körnigen oder pulvrigen) Zustand

7. Durch Glühen, Härten, Anlassen, Vergüten, Magnetisieren, Entkohlen, Tempern, Aufkohlen und Nitrieren können die Eigenschaften eines Werkstoffs geändert werden.

7.3 Das Urformen (zu Seite 40)

1. Die beiden wichtigsten Urformverfahren sind das Gießen (flüssiges Metall) und das Sintern (Metallpulver)

Urformen durch Gießen (zu Seite 40–41)

1. Da sich die Metalle beim Abkühlen zusammenziehen, müssen die Modelle und Formen um die Schwindmaße vergrößert werden. Würde das „Schwindmaß" bei der Herstellung des Modells nicht berücksichtigt, so wäre das Gussstück zu klein.

2. Kann eine Form nur zu einem einmaligen Abguss verwendet werden, spricht man von einer verlorenen Form; kann sie immer wieder benutzt werden, von Dauerform.

3. Dauermodelle sind meist aus Holz. Verlorene Modelle sind aus Wachs oder bei großen Formen aus Styropor.

4. Kerne dienen zur Erzeugung von Hohlformen. Dazu müssen die Kerne vor dem Abguss in die Form eingebracht werden.

5. Werkstücke werden gegossen, wenn ihre Herstellung durch andere Fertigungsverfahren, z. B. aufgrund des Materialeinsatzes, unwirtschaftlich oder nicht möglich ist oder besondere Eigenschaften des Gusswerkstoffes genutzt werden sollen.

Urformen durch Sintern (zu Seite 41)

1. Sintern ist ein Glühen von gepressten Metallpulvern, bei dem durch Diffusion und Rekristallisation ein zusammenhängendes Gefüge entsteht.

2. a) Herstellung des Metallpulvers
   b) Mischen der Metallpulver

c) Pressen der Form
d) Sintern
e) Kalibrieren

3. • Herstellung einbaufertiger, preisgünstiger Massenteile
   • Herstellung von Legierungen aus Metallen mit stark unterschiedlichen Schmelzpunkten
   • Poröse und dichte Sinterteile herstellbar
   • Werkstoffeigenschaften durch entsprechende Pulvermischungen wählbar

4. • Pressen mit großer Presskraft erforderlich
   • Teure Pressformen
   • Begrenzte Werkstückgröße durch hohe Presskräfte
   • Einschränkung in der Formgebung, z. B. keine Hinterschneidungen, Querbohrungen und Gewinde möglich.

7.4 Umformen (zu Seite 41–42)

1. Umformen ist Fertigen durch plastisches Ändern der Form des festen Körpers unter Einwirkung äußerer Kräfte.

2. • Auch schwierige Formen sind herstellbar
   • Gute Maß- und Formgenauigkeit
   • Kostengünstige Großserienfertigung
   • Verbesserte Werkstückfestigkeit

3. Zu den Umformverfahren zählen das Zugumformen, Druckumformen, Zugdruckumformen, Biegeumformen und das Schubumformen.

4. Beim Biegen wird ein Teil des Werkstücks auf Zug, das andere auf Druck beansprucht.

5. Beim Biegen überlagern sich zwei Belastungsvorgänge. Die äußere, auf Zug beanspruchte Seite dehnt sich, was als Querschnittsverengung sichtbar wird. Die innenliegende, auf Druck beanspruchte Seite wird gestaucht, was sich querschnittsverbreiternd auswirkt.

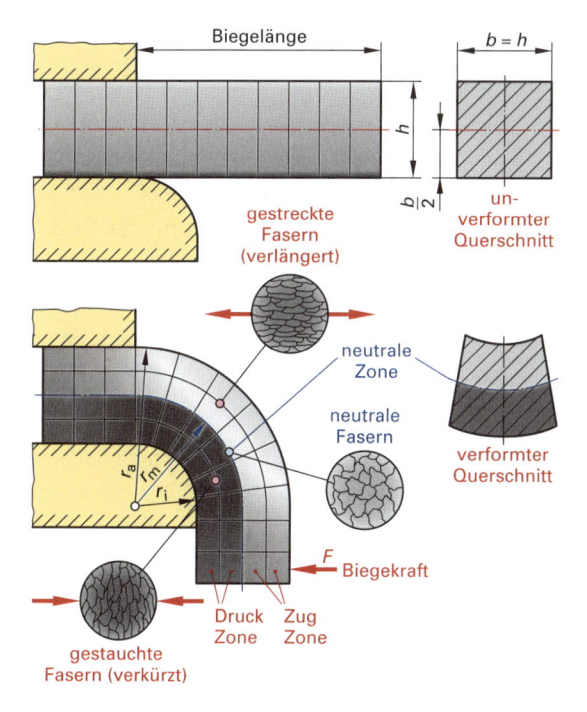

6. Die neutrale Faser ist diejenige Werkstückfaser, die beim Biegen weder gestreckt noch gedehnt wird.

7. • Einhalten eines Mindestbiegeradius, abhängig von Material und Durchmesser
   • Füllen des Hohlraums mit einer nicht zusammendrückbaren Masse, einer Zugfeder oder einem Dorn
   • Biegen der Rohre in einer dem Durchmesser entsprechenden Form

8. Werden beim Biegen von Blech genaue Biegewinkel verlangt, muss die Rückfederung durch Überbiegen ausgeglichen werden.

9. Wenn die Biegeachse längs der Walzrichtung verläuft (siehe rechtes Bild), kann es trotz Einhaltung des Mindestbiegeradius zu Rissen in der Zugzone kommen. Deshalb ist in diesem Fall ein größerer Biegeradius einzuhalten ($2 \cdot r_{min}$).

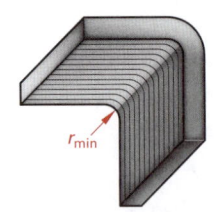

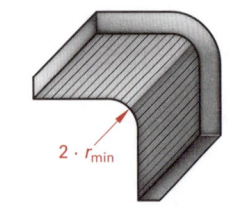

Arbeitsauftrag (zu Seite 42–43)

1. Nur Werkstoffe mit ausreichender Zähigkeit und der Eigenschaft, sich plastisch (bildsam) verformen zu lassen, sind für die Anwendung der Umformverfahren geeignet.

2. Damit ein Werkstück gebogen werden kann, muss die Streckgrenze (Elastizitätsgrenze) des Werkstoffs überschritten werden, darf seine Bruchgrenze nicht erreicht werden und muss der Werkstoff ausreichend dehnbar sein. Beim Biegen darf an den äußeren Zonen die Bruchdehnung nicht überschritten werden, weil dort sonst Risse entstehen. Aufschluss über die Eignung gibt das Spannungs-Dehnungsdiagramm. Das Umformen erfolgt in dem plastischen Bereich zwischen R_e bzw. der Dehngrenze $R_{p0,2}$ und der Zugfestigkeit R_m.

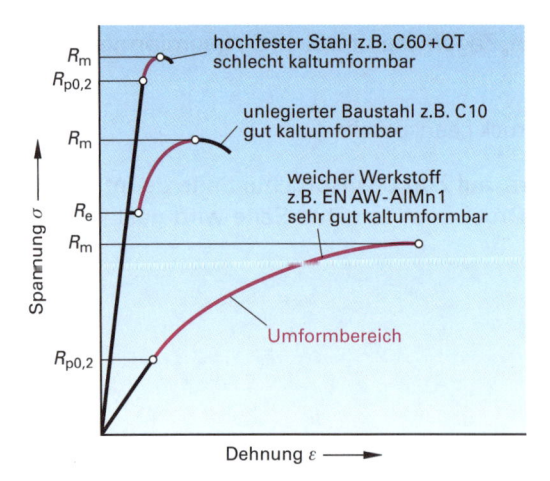

3. Beim Kaltwalzen werden die Kristallite des Bleches durch den Walzendruck in der Bewegungsrichtung des Stranges gestreckt und kaltverfestigt. Es entsteht ein nach der Walzrichtung ausgerichtetes Werkstoffgefüge.

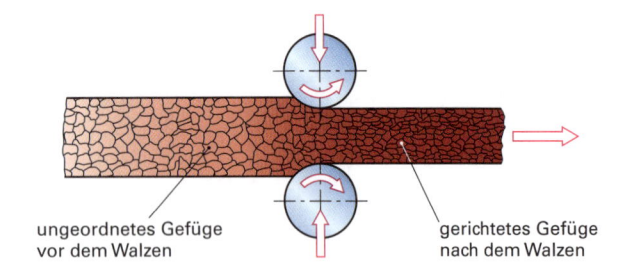

4. Beim Biegen werden die äußeren Fasern des Werkstoffs verlängert und die inneren Fasern verkürzt. Je näher die Fasern an der neutralen Faser liegen, umso geringer wird bei ihnen der plastisch verformte Anteil. In der Nähe der neutralen Faser gibt es einen Bereich, der sich lediglich elastisch verformt. Ist der Biegevorgang beendet, haben die elastisch verformten Bereiche das Bestreben, in ihre Ausgangslage zurückzukehren, wodurch das verformte Blech zurückfedert.

5. Das Biegeteil muss überbogen werden, weil es nach dem Biegen wieder etwas zurückfedert. Die Rückfederung ist bei elastischen Werkstoffen und bei großem Biegeradius am größten.

6. Zu kleine Biegeradien bedeuten größere Verformung und dadurch höhere Spannungen im Material. Dies führt zu Rissgefahr in der Zugzone und Quetschfalten in der Druckzone.

7. Größere Biegeradien ergeben kleinere Verformungen, also auch geringere Spannungen in der Verformungszone. Dicke und harte Werkstoffe sowie solche mit geringer Dehnbarkeit erfordern größere Biegeradien.

8. Beim Biegen von Blechen ist ein Mindestbiegeradius einzuhalten. Seine Größe ist vom Werkstoff, dessen Festigkeit und Dehnbarkeit sowie von der Walzrichtung und der Blechdicke abhängig.
Die Mindestbiegeradien der wichtigsten Blechsorten sind genormt.

Mindestfestigkeit in N/mm²	Blechdicke s				
	≦ 1	> 1...1,5	>1,5...2,5	> 2,5...3	> 3...4
	Mindestbiegeradius r_{min}				
bis 380	1	1,6	2,5	3	5
≦ 390 390...490	1,2	2	3	4	6

Tabelle 1: Mindestbiegeradien beim Kaltbiegen von Stahlblech, Beispiele (Auszug aus DIN 6935)

9. Beim freien Biegen wird die Werkstückform frei ausgeformt. Für kompliziertere Formen bedeutet das mehrere Arbeitsgänge. Beim Gesenkbiegen wird das Werkstück zwischen Biegestempel und Gesenk geformt. So ist nur ein Arbeitsgang nötig.

10. Das freie Biegen wird in Werkstätten und auf Bauteilen bei Einzelfertigung und Reparaturarbeiten dem Gesenkbiegen vorgezogen, da die Herstellung eines Gesenkes für einen solchen Zweck unwirtschaftlich wäre.

11. a) Rohrbiegevorrichtung
    b) Hydraulische Rohrbiegemaschine
    c) Ringbiegemaschine

7.5 Trennen (zu Seite 43)

1. • Zerteilen: Schneiden
   • Spanen: Meißeln
   • Abtragen: Erodieren
   • Zerlegen: Auseinanderschrauben
   • Reinigen: Bürsten
   • Evakuieren: Auspumpen

2. Die Grundform ist der Keil.

3. Die Grundform der Werkzeugschneide ist der Keil.

4. Freiwinkel α, Keilwinkel β und Spanwinkel γ.
   Frei-, Keil- und Spanwinkel ergeben stets 90°.

5. Es entsteht große Reibung und Erwärmung zwischen Freifläche und Werkstück und damit vorzeitiger Verschleiß an der Freifläche.

6. Von der Härte und Festigkeit des zu bearbeitenden Werkstoffes. Für harte Werkstoffe sind große, für weiche Werkstoffe kleine Keilwinkel erforderlich.

7. Der Spanwinkel wird umso größer gewählt, je weicher der Werkstoff ist. Ein großer Spanwinkel begünstigt die Spanbildung, verringert aber die Stabilität der Schneidkante.

8. a) Reißspan
   b) Scherspan
   c) Fließspan

9. • Erwünscht: Schraubenbruchspäne, Spiralbruchspäne
   • Unerwünscht: Bandspäne, Wirrspäne

Sägen (zu Seite 44)

1. Sägen ist Spanen mit einem vielzahnigen Werkzeug geringer Schnittbreite und geometrisch bestimmten Schneiden mit kreisförmiger oder gerader Schnittbewegung.

2. • Zähne schränken
   • Zähne hinterschleifen
   • Zähne einsetzen
   • Sägeblatt wellen

3. Man unterscheidet:
   - Handsägen, z. B. Bügelsäge
   - Maschinensägen, z. B. Bügel- und Kreissäge

4. - Sägeblätter immer fest einspannen.
   - Maschinensägeblätter vor dem Einbau auf Risse prüfen.
   - Keine Maschinenabdeckungen entfernen.
   - Beim Handsägen gegen Ende des Schnittes Druck verringern, um ein Abgleiten zu verhindern.

Arbeitsauftrag (zu Seite 44)

1. Die Größe des Spanraumes ist abhängig von der Zahnform, dem Winkel an der Schneide und vom Abstand der Zähne zueinander. Um den Spanraum zu verändern, müssen folgende Maße verändert werden:
   a) Spanwinkel
   b) Zahnteilung

2. Beim Sägen sind mehrere Zähne gleichzeitig im Eingriff. Dadurch können die Späne während des Sägeschnittes nicht abgeführt werden. Es muss ein entsprechend großer Spanraum vorhanden sein.

3. Angegeben wird die Zahl der Zähne je 25,4 mm (1 inch) Sägeblattlänge.
   $$\text{Zahnteilung} = \frac{\text{Bezugslänge}}{\text{Zähnezahl}}$$
   Eine große Zähnezahl entspricht einer feinen Zahnteilung.

4. Um ein Klemmen des Sägeblattes zu verhindern, muss die Säge frei schneiden. Dies wird durch Schränken, Wellen der Zähne und bei Kreissägeblättern durch Hinterschleifen oder durch Einsetzen breiter Zähne erreicht.

5. Sind weniger als drei Zähne im Eingriff, z. B. bei dünnen Werkstücken, haken Sägen leicht ein und die Zähne brechen aus. Bei dünnen Werkstücken sind daher Sägen mit feiner Zahnteilung oder kombinierten Sägeblättern (Sägeblätter mit zunehmender Teilung) zu wählen.

6. Bei der Kreissäge und der Bandsäge ist ein kontinuierlicher Schnitt möglich; somit entfällt der Leerhub.

Feilen (zu Seite 44)

1. Feilen ist Spanen mit wiederholter, meist geradliniger Schnittbewegung. Das Werkzeug besitzt eine Vielzahl dicht hinter- und nebeneinanderliegender, geometrisch bestimmter Schneidzähne.

2. Feilenblatt und Feilenheft

3. Gefräste Feilen haben einen positiven Spanwinkel und somit schneidende Wirkung. Gehauene Feilen haben einen negativen Spanwinkel und dadurch schabende Wirkung.

4. Man unterscheidet Flachstumpfe-, Flachspitze-, Dreikant-, Vierkant-, Halbrund-, Rundfeilen.

Spanende Fertigung mit Werkzeugmaschinen (zu Seite 45)

1. In maschinelle Spanungsverfahren mit
   a) geometrisch bestimmten Schneiden und
   b) geometrisch unbestimmten Schneiden.

2. a) Schnitt- oder Hauptbewegung
   b) Vorschubbewegung
   c) Zustellbewegung
   d) Anstellbewegung

3. Die Spanabnahme erfolgt durch die Schnittbewegung, die kreisförmig oder geradlinig sein kann.

4. Der Spanungsvorgang wird beeinflusst von:
   a) Bearbeitungsverfahren
   b) Werkzeugmaschine
   c) Werkzeug
   d) Werkstück

Arbeitsauftrag (zu Seite 45)

1. a) Hauptbewegung (Schnittbewegung): Die Spanabnahme bzw. der Schnitt erfolgt durch die Hauptbewegung (Schnittbewegung). Sie kann kreisförmig sein wie beim Drehen oder geradlinig wie beim Stoßen.

b) **Vorschubbewegung:** Die Vorschubbewegung sorgt für eine stetige oder schrittweise Spanabnahme. Sie kann kontinuierlich (gleichmäßig) erfolgen wie beim Drehen und Fräsen oder schrittweise wie beim Hobeln und Stoßen erfolgen.
c) **Zustellbewegung:** Die Zustellbewegung bestimmt die Schnitttiefe (Spantiefe), das heißt, wie tief das Werkzeug in das Werkstück eindringt.
d) **Anstellbewegung:** Die Anstellbewegung führt vor dem Zerspanvorgang das Werkzeug an das Werkstück heran. Sie wird in der Regel im Eilgang durchgeführt.

2.

Verfahren	Schnittbewegung	Vorschubbewegung
Drehen	Wst	Wz
Bohren	Wz	Wz
Walzfräsen	Wz	Wst
Rundschleifen	Wz	Wst

3. Die Schnittgeschwindigkeit v_c wird im Allgemeinen im m/min gemessen, beim Schleifen in m/s.

4. Der Zerspanungsvorgang wird beeinflusst von:
   - Bearbeitungsverfahren (Fräsen, Drehen, ...)
   - Werkzeugmaschine (Größe, Antriebsart, ...)
   - Werkzeug (Schneidewerkstoff, Form, Standzeit)
   - Werkstück (Werkstoff, Abmessungen, Oberfläche)

5. Um eine hohe Spangröße und damit eine große Zerspanungsmenge zu erzielen, benötigen harte Werkstoffe und Werkstoffe mit großer Festigkeit einen harten Schneidstoff.

6. Kühlschmiermittel senken wegen der Minderung der Reibung durch Schmieren die Temperatur von Werkzeug, Werkstück und Maschine. Sie erhöhen damit die Standzeit der Werkzeuge und die Oberflächengüte der Werkstücke. Außerdem wird durch das Kühlen des Werkzeuges der Werkzeugverschleiß geringer, wodurch eine höhere Schnittleistung ermöglicht wird.

7. Die Anstellbewegung führt vor dem Zerspanvorgang das Werkzeug an das Werkstück heran. Sie wird in der Regel im Eilgang durchgeführt.

8.
   - Unlegierter Werkzeugstahl
   - Schnellarbeitsstahl
   - Hartmetall
   - Oxidkeramik
   - Diamant

Bohren (zu Seite 46)

1. Bohren ist Zerspanen mit kreisförmiger Schnittbewegung. Die Vorschubbewegung verläuft geradlinig in Richtung der Bohrungsachse.

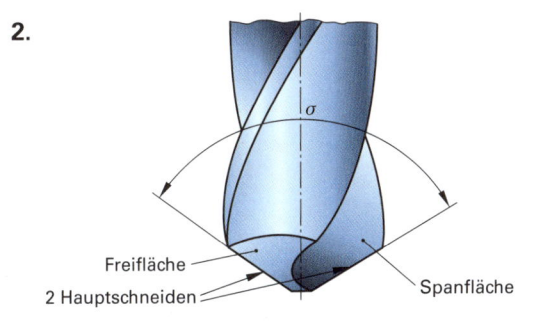

2.

3. Die Führungsphasen dienen zur Führung des Bohrwerkzeugs in der Bohrung und zur Glättung der Bohrungswand. Die Spannuten dienen der Spanabfuhr und bringen Kühlflüssigkeit an die Schneiden.

4. Man unterscheidet die beiden Hauptschneiden, die beiden Nebenschneiden und die Querschneide.

5. Sie werden eingeteilt in die Werkzeugtypen N, H und W.

6. Spitzenwinkel 118°, Seitenspanwinkel 19° bis 40°.

7. Er wird als Spitzenwinkel bezeichnet.

8. Um ein Verlaufen des Bohrers zu verhindern und die Vorschubkraft zu verringern.

9. Wirtschaftliches Bohren mit hoher Zerspanleistung, guter Standzeit und einfachem Schneidenwechsel. Außerdem ist kein Vorbohren mehr nötig, da keine Querschneide vorhanden ist.

Senken (zu Seite 46)

1. Mit Stufenbohrern stellt man abgesetzte Bohrungen in einem Arbeitsgang her.

2. Senker dienen zum Herstellen von ebenen Auflageflächen sowie zur Herstellung von kegeligen oder profilierten Senkungen.

3. • Kleidung mit engen Ärmeln tragen
   • Bei langen Haaren Kopfbedeckung aufsetzen
   • Keiltreiber aus der Bohrspindel und Schlüssen auf dem Bohrfutter nach Gebrauch sofort herausnehmen
   • Flache und kurze Werkstücke gegen Herumreißen sichern. Ab 8 mm Bohrerdurchmesser alle Werkstücke festspannen.
   • Schutzvorrichtungen müssen während des Arbeitens angebracht sein. Riemen nur bei Stillstand umlegen.
   • Bohrspäne mit dem Pinsel entfernen.
   • Beim Bohren spröder Werkstoffe Schutzbrille tragen.
   • Fehler an Teilen der elektrischen Ausrüstung sofort melden (nicht selber reparieren).

4. Durch Reiben erhalten Bohrungen kleine Maß- und Formtoleranzen und eine hohe Oberflächengüte.

Arbeitsauftrag (zu Seite 46–47)

1. Beim Innengewindeschneiden wird der Werkstoff durch den Gewindebohrer zum größten Teil geschnitten, es findet also eine überwiegend spanende Bearbeitung statt. Ein Rest des Werkstoffs wird verdrängt (spanlos), sodass die Bohrung kleiner wird („Aufschneiden"). Deshalb muss der Durchmesser des Kernlochbohrers immer etwas größer (0,2 mm ... 0,4 mm) als der Kerndurchmesser des Gewindes sein.

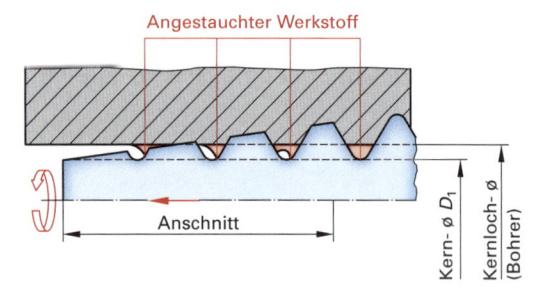

2. Die Schneidengeometrie wird vom zu bearbeitenden Werkstoff bestimmt. Für weiche, langspanende Werkstoffe (Cu, Al) sind größere Spanbrechernuten erforderlich als für harte, kurzspanende Werkstoffe. Dadurch ändert sich der Spanwinkel γ.

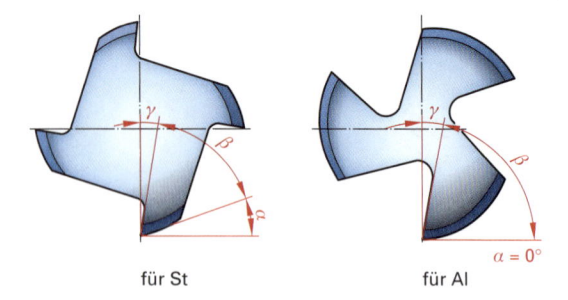

3. Für Gewinde, die in Grundlöcher geschnitten werden, bohrt man die Kernlöcher immer tiefer als die nutzbare Gewindetiefe, da das Gewinde aufgrund des kegeligen Anschnitts nicht bis auf den Grund der Bohrung geschnitten werden kann.

4. Gewindebohren von Hand:
   • Satzgewindebohrer (dreiteilig oder zweiteilig für Feingewinde): Das Gewindeprofil wird in zwei bzw. drei Arbeitsgängen geschnitten.
   • Muttergewindebohrer: Sie werden für geringe Gewindetiefen (bis 1,5 · Gewindedurchmesser) eingesetzt
   Gewindebohren auf Maschinen:
   • Linksgedrallte Maschinengewindebohrer: Sie führen die Späne nach unten ab und sind damit geeignet für Durchgangsbohrungen.

- Rechtsgedrallte Maschinengewindebohrer: Sie führen die Späne nach oben ab und sind damit geeignet für Grundlöcher.
- Maschinenkombigewindebohrer: Für Gewindelängen bis maximal 1 · Gewindedurchmesser.

5. Arbeitsregeln zum Innengewindeschneiden von Hand:
   - Mit richtigem Kernlochdurchmesser vorbohren
   - Bohrloch mit Kegelsenker 90° ansenken.
   - Gewindebohrer Nr. 1 in das Bohrloch einsetzen und anschneiden.
   - Rechtwinkligkeit zum Werkstück prüfen.
   - Den Gewindebohrer unter gleichmäßigem Druck beider Hände mit dem Windeisen drehen.
   - Ausreichend Kühl-/Schmierstoff verwenden.
   - Bei Schwergängigkeit kurzes Zurückdrehen des Gewindebohrers, damit die Späne brechen.
   - Die Reihenfolge der Satzgewindebohrer beachten.
   - Bei Grundlöchern Spänestau vermeiden und vorsichtig bis zum Grund drehen.

6. Wie beim Innengewindeschneiden tritt auch beim Außengewindeschneiden mit dem Schneideisen, nachdem der größte Teil des Gewindeprofils eingeschnitten ist, ein Stauchen des Werkstoffs auf. Der Bolzendurchmesser muss deshalb einen etwas kleineren Durchmesser (0,1 mm ... 0,3 mm) haben als der zu schneidende Gewindedurchmesser.

7. - Gewindeschneideisen (geschlossen und geschlitzt)
   - Gewindeschneidkluppen

8. Gewindeschneidkluppen haben verstellbare Schneidbacken. Die Spanabnahme erfolgt in mehreren Arbeitsgängen, die Messer werden zum Vor- und Nachschneiden verstellt. Wegen der regulierbaren Spanabnahme werden Gewindeschneidkluppen für größere Gewinde verwendet sowie bei verschieden Gewindedurchmessern mit gleicher Steigung.

9. Um eine gute Oberflächengüte zu erzielen, ist für den jeweiligen Werkstoff der geeignete Kühlschmierstoff (z.B. Schneidöl für Stahl, Emulsion für Grauguss und Kupfer, Druckluft für Mg-Legierungen und Kunststoffe) zu verwenden.

10. Die Aufschraubbarkeit von Gewinden lässt sich mit Gewindelehren oder mit optischer Gewindemessung prüfen.
    - Innengewinde mit Gewinde-Grenzlehrdorn
    - Außengewinde mit Gewinde-Lehrring oder Gewinde-Grenzrachenlehre

Drehen (zu Seite 48)

1. Drehen ist Spanen mit kreisförmiger Schnittbewegung und quer zur Schnittrichtung liegender Vorschubbewegung. Dabei werden die Schnittbewegung (Hauptbewegung) vom Werkstück und die Vorschubbewegung vom Werkzeug ausgeführt.

2. In Längs- und Querdrehen. Es sind Kombinationen von Bezeichnungen möglich, z.B. Längs-Runddrehen, Quer-Plandrehen.

3. Der Einstellwinkel ist der Winkel zwischen der Hauptschneide des Drehmeißels und der Vorschubrichtung. Durch den Einstellwinkel werden Spanungsbreite und Spanungsdicke verändert.

4. Geschruppt wird mit großer Schnitttiefe, mittlerem Vorschub und etwas kleinerer Schnittgeschwindigkeit als beim Schlichten. Ziel ist es, ein möglichst großes Zeitspanungsvolumen bei ausreichender Standzeit zu erreichen.

5. Span-, Keil- und Freiwinkel an Haupt- und Nebenschneide, den Eckenwinkel zwischen Haupt- und Nebenschneide, den Neigungswinkel und den Einstellwinkel.

6. $\alpha + \beta + \gamma = 90°$

7. Als Schneidstoffe beim Drehen kommen überwiegend Hochleistungsschnellarbeitsstahl (HSS), Hartmetall (HM) und oxidkeramische Schneidstoffe zum Einsatz.

8. Die Schnittgeschwindigkeit entspricht der Umfangsgeschwindigkeit des Werkstücks am Eingriffspunkt des Drehmeißels und kann wie folgt berechnet werden:
   $v_c = \pi \cdot d \cdot n$

9. Die Schnittgeschwindigkeit hängt ab von:
   - dem Werkstoff des Werkzeugs,
   - der gewünschten Standzeit des Werkzeugs,

- dem Vorschub,
- der Schnitttiefe,
- dem Werkstoff des Werkstücks,
- der gewünschten Oberflächengüte und
- der Kühlung.

10. Die Form des Spanungsquerschnittes wird durch den Einstellwinkel sowie durch das Verhältnis von Vorschub- und Schnitttiefe bestimmt. Die Größe des Spanungsquerschnittes kann aus dem Produkt von Vorschub- und Schnitttiefe berechnet werden:
$A = a_p \cdot f$

11. Das Verhältnis von Schnitttiefe und Vorschub beträgt im Allgemeinen zwischen 3:1 bis 8:1.

12. Meist zur Erzielung scharfkantiger Absätze. Neben dem Seitendrehmeißel kann auch der Eckdrehmeißel für scharfkantige Absätze verwendet werden.

13. Man verwendet einen gebogenen Drehmeißel.

14. Es werden feste und mitlaufende Zentrierspitzen sowie Bohr-, Senk- und Reibwerkzeuge eingesetzt.

15. Beim Drehen längerer Teile sowie für Teile, die auch nach dem Umspannen genau rund laufen müssen.

16. Die Erzeugung ebener Flächen im rechten Winkel zur Drehachse.

17. Die Zugspindel ist eine Welle mit Längsnut oder Sechskantprofil. Sie dient zum Antrieb des Längs- und Quervorschubes. Die Leitspindel ist eine Trapezgewindespindel, die über die Schlossmutter den Bettschlitten beim Gewindedrehen bewegt.

Arbeitsauftrag (zu Seite 49)

1. a) Die Schneide steht über Spitzenhöhe:
   - Freiwinkel wird kleiner
   - Keilwinkel bleibt gleich
   - Spanwinkel wird größer

   Aufgrund des größeren Spanwinkels ist die Spanverformung geringer und somit erhält man einen besseren Spanabfluss. Diese Einstellung eignet sich bei Schrupparbeiten.

   b) Die Schneide steht unter Spitzenhöhe:
   - Freiwinkel wird größer
   - Keilwinkel bleibt gleich
   - Spanwinkel wird kleiner

   Aufgrund des kleineren Spanwinkels werden die Späne stark abgebogen und dadurch die Schnittbedingungen ungünstig beeinflusst. Beim Lockerwerden des Drehmeißels besteht die Gefahr, dass dieser in das Werkstück hineingezogen wird. Diese Einstellung sollte nicht gewählt werden.

2. Für die Ermittlung der Drehfrequenz n sind folgende Werte notwendig:
   - Schnittgeschwindigkeit v_c
   - Werkstückdurchmesser d

   Formel zur Berechnung der Drehfrequenz
   $$n = \frac{v_c}{\pi \cdot d}$$

3. Beim Schlichten wendet man zur Erzielung glatter Oberflächen große Schnittgeschwindigkeit, kleinen Vorschub und geringe Schnitttiefe an.

4. Hartmetallbestückte Drehmeißel lassen aufgrund einer höheren Warmfestigkeit (ca. 900 °C) höhere Schnittgeschwindigkeiten zu.

5.

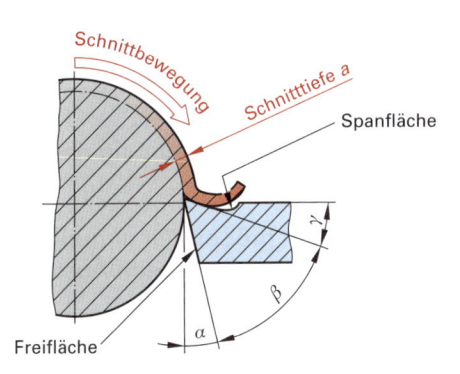

6. Der Spindelstock mit dem Hauptantrieb (E-Motor) überträgt über die Arbeitsspindel die Energie auf das Werkstück.

7. • Steuerung
   • Vorschub-Antriebssysteme
   • Wegmesssysteme

8. Bei der klassischen Drehmaschine beobachtet der Maschienenbediener den Fertigungsfortschritt an der Maschine und stellt das Werkzeug entsprechend zu. Die Maße werden vom Facharbeiter z. B. mit dem Messschieber aufgenommen (Istwerte) und mit den vorgegebenen Maßen auf der Zeichnung (Sollwerte) verglichen. Solange das Maß noch nicht erreicht ist, stellt der Facharbeiter um den noch fehlenden Betrag zu, wenn das Maß erreicht ist, beendet er die Bearbeitung. Bei einer CNC-Drehmaschine werden diese Arbeiten von der Steuerung übernommen. Die Steuerung vergleicht ständig die erreichten Ist-Werte mit den im CNC-Programm angegebenen Soll-Werten. Die Bearbeitung ist beendet, wenn der Soll-Wert erreicht ist.

Fräsen (zu Seite 50–51)

1. Fräsen ist Spanen mit einem mehrschneidigen Werkzeug und kreisförmiger Schnittbewegung zur Erzeugung beliebiger Werkstückoberflächen.

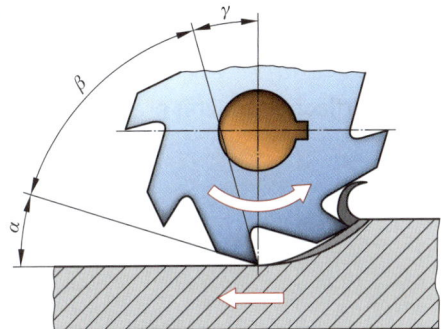

2.

3. • Weiche Werkstoffe → große Zahnlücken
   → kleine Zähnezahl
   • Harte Werkstoffe → kleine Zahnlücken
   → große Zähnezahl

4. • Typ N (normal)
   • Typ W (weich)
   • Typ H (hart)
   Die Typen besitzen unterschiedliche Zahnteilungen und Schneidenwinkel.

5. Beim Fräsen wird die kreisförmige Schnittbewegung vom Werkzeug ausgeführt. Die Vorschubbewegungen erfolgen durch das Werkstück. Die Zustellbewegungen können vom Werkstück und vom Werkzeug durchgeführt werden.
   a) Schnittbewegung
   b) Vorschubbewegung
   c) Zustellbewegung

6.
   - Umfangsfräsen (Walzfräsen)
   - Stirnfräsen
   - Stirn-Umfangsfräsen

7. Im Eingriffsbereich der Fräserschneiden sind die Drehrichtung des Fräsers und die Vorschubrichtung des Werkstücks gleichgerichtet.

8. Beim Gleichlauffräsen wird die Oberfläche glatter und die Standzeit des Werkzeugs ist größer. Der unruhige Lauf beim Gegenlauffräsen beruht auf dem Hochziehen des Werkstücks und der großen Spandicke beim Austritt des Fräserzahnes aus dem Werkstück.

9. Weil der Fräser versucht, das Werkstück in Vorschubrichtung zu reißen, darf die Vorschubeinrichtung kein Spiel haben.

10. Bevor die Schneiden beim Gegenlauffräsen in den Werkstoff eindringen, gleiten sie leicht unter Druck auf dem Werkstück, wodurch die Schneiden früher abgenutzt sind.

11.
    - Aufsteckfräser
    - Schaftfräser
    - Messerköpfe
    - Fräsköpfe

12. Die Schnittgeschwindigkeit ist abhängig von:
    1. dem zu bearbeitenden Werkstoff
    2. dem Schneidstoff
    3. der Fräserart
    4. der Konstruktion der Fräsmaschine
    5. den Schnittbedingungen

13. Der Vorschub ist abhängig von:
    1. dem zu bearbeitenden Werkstoff
    2. dem Schneidstoff
    3. der Fräserart
    4. der Konstruktion der Fräsmaschine
    5. den Schnittbedingungen
    6. der Güte der Werkstückoberfläche

    Beim Schlichten ist ein so kleiner Vorschub zu wählen, dass die geforderte Oberflächenqualität erreichbar ist.

14. Das Stirn-Umfangsfräsen ist dem Umfangsfräsen vorzuziehen.

15. Die auftretende Axialkraft muss in Richtung der Spindellagerung wirken.

16.

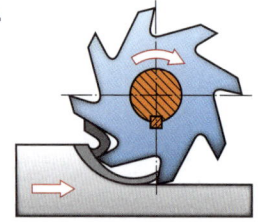

Bild 1: Gegenlauffräsen 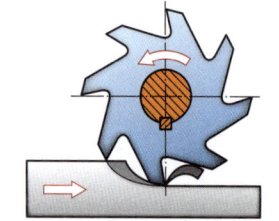   Bild 2: Gleichlauffräsen

17.

Fräsverfahren	Gegenlauffräsen	Gleichlauffräsen
Spanbildung	Kommaspan, Schneide greift mit voller Spandicke in den Werkstoff ein	Kommaspan, Schneide beginnt zuerst schabend am dünnsten Spanquerschnitt
Schneidenbeanspruchung	Schlagbeanspruchung beim Fräsereintritt	Schneide gleitet und schabt über die Werkstückoberfläche
Oberflächengüte	Gut	Schlecht
Standzeit	Hohe Standzeit	Durch Quetschgleiten entsteht geringere Standzeit

Schleifen (zu Seite 51–52)

1. Schleifen ist ein spanendes Fertigungsverfahren mit vielschneidigen Werkzeugen und geometrisch unbestimmten Schneiden zur Erzeugung vielfältiger Werkstückoberflächen.

2. Durch das Schleifmittel und seine Körnung sowie die Bindung und ihre Festigkeit (Härte) und das Gefüge.

3. Durch die unterschiedliche Form und Lage der Körner sind Spanwinkel und Spanungsdicke je Korn nicht festgelegt, also unbestimmt.

4. Die Körnung ist die Korngröße des gemahlenen Schleifmittels. Von der gewählten Korngröße hängen die Oberflächengüte und die Schleifzeit ab.

5. Sie werden durch Zahlen angegeben. Die Zahlen entsprechen der Maschenzahl des Siebes je 25,4 mm (1 inch), durch das die jeweilige Körnung gesiebt wurde.

6. Die Korngröße richtet sich nach der geforderten Zerspanleistung und Oberflächengüte.

7. Die Härte eines Schleifkörpers ist ein Maß für die Kraft, mit der die Schleifkörper durch das Bindemittel festgehalten werden.

8.
   - Keramische Bindung (V)
   - Gummibindung (R)
   - Gummifaserstoffverstärkte Bindung (RF)
   - Kunstharzbindung (B)
   - Kunstharzfaserstoffverstärkte Bindung (BF)
   - Metallbindung (M)

9. Sie sind unempfindlich gegen Wasser, Öl und Wärme sowie unelastisch und spröde.

10. Durch Buchstaben von A bis Z.
    Schleifscheiben von:
    - A bis D sind äußerst weich
    - E bis G sehr weich
    - H bis K weich
    - L bis O mittel
    - P bis S hart
    - T bis W sehr hart
    - X bis Z äußerst hart

11. Für weiche Werkstoffe wählt man harte und für harte Werkstoffe weiche Schleifscheiben. Bei harten Werkstoffen verschleißen die Körner schneller und müssen daher früher von der Bindung freigegeben werden. Diesen Vorgang nennt man Selbstschärfung.

12. Das Gefüge muss umso offener sein, je größer die Zustellung und die Vorschubgeschwindigkeit sind. Die Spankammern müssen so groß sein, dass sie die beim Werkzeugeingriff auf der ganzen Kontaktlänge entstehenden Späne aufnehmen und anschließend wieder herausschleudern können.

13. Form 1 (gerade Schleifscheibe), Randform N, Außendurchmesser 300 mm, Breite 50 mm, Bohrungsdurchmesser 76,2 mm, Schleifmittel A (Elektrokorund), Korngröße F36 (mittel), Gefüge 5, Keramikbindung, Höchstumfangsgeschwindigkeit 50 m/s

14. Damit die Schleifscheibe durch die Fliehkräfte nicht auseinander gerissen wird.

7.6 Fügen (zu Seite 52)

1. Fügen ist das Zusammensetzen von einzelnen Werkstücken oder Bauteilen, wodurch funktionstüchtige Apparate, Baugruppen und Maschinen entstehen.

2. Sie werden in kraftschlüssige, formschlüssige und stoffschlüssige Verbindungen unterschieden.

3. Sie werden in bewegliche Fügeverbindungen und feste (lösbare und unlösbare) Fügeverbindungen unterschieden.

4. Durch das Schrauben werden Bauteile durch Kraftschluss lösbar miteinander verbunden.

5. Die Befestigungsgewinde an Befestigungsschrauben haben einen kleinen Steigungswinkel und sind selbsthemmend. Die Bewegungsgewinde haben einen großen Steigungswinkel und sind nicht selbsthemmend.

Arbeitsauftrag (zu Seite 52–53)

1. Bei lösbaren Verbindungen lassen sich die verbundenen Teile im Gegensatz zu unlösbaren Verbindungen ohne Zerstörung des Verbindungsmittels trennen. Lösbare Verbindungen:
   - Schrauben
   - Stifte
   - Keile

   Unlösbare Verbindungen:
   - Schweißen
   - Löten
   - Nieten

2. a) Stoffschlüssige Verbindungen:
   Dabei werden die Werkstoffe der zu verbindenden Teile miteinander vereinigt.
   - Schweißen
   - Löten
   - Kleben

   b) Formschlüssige Verbindungen:
   Dazu ist das Ineinanderpassen von Formflächen der Bauteile und der Verbindungselemente erforderlich.
   - Stifte
   - Kaltnieten
   - Passfedern

   c) Kraftschlüssige Verbindungen:
   Sie entstehen durch das Zusammenpressen der Oberflächen.
   - Schrauben
   - Warmnieten
   - Schrumpfen

3. Die Verbindung wird durch Verschrauben eines Außengewindes mit einem passenden Innengewinde erreicht. Die Gewinde können in die Werkstücke eingearbeitet sein oder es werden, wie im Bild dargestellt, die folgenden Verbindungselemente verwendet:
   - Schraubenbolzen
   - Unterlegschraube
   - Schraubenmutter

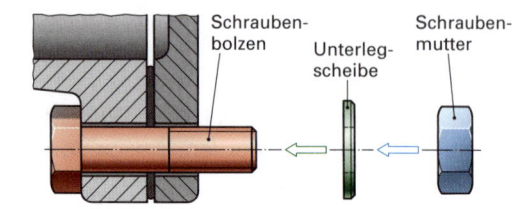

4. Die Schraubenlinie eines Gewindes entspricht der Linie, die entsteht, wenn man ein rechtwinkliges Dreieck um einen Zylinder wickelt (Bild). Seine Hypotenuse stellt die Schraubenlinie dar.

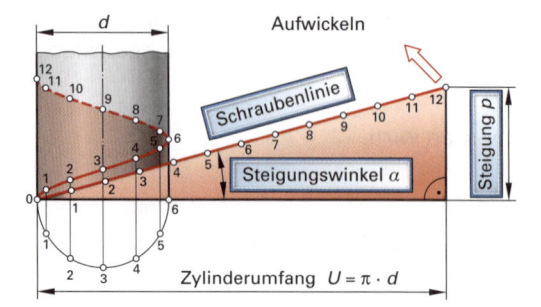

5. Befestigungsschrauben sind selbsthemmend und haben einen kleinen Steigungswinkel. Bewegungsgewinde haben einen großen Steigungswinkel.

6. Kraftübersetzung bei Befestigungsschrauben durch:
   - Hebelwirkung
   - Schiefe Ebene

Gewindeeinteilung (zu Seite 53)

1. Man unterteilt sie nach:
   - Lage
   - Verwendung
   - Gangzahl
   - Gangrichtung
   - Steigung
   - Profil

2. Man unterscheidet sie nach:
   - Trapezgewinde
   - Sägengewinde
   - Rundgewinde
   - Spitzgewinde

3. Linksgewinde sind üblich, wenn:
   - Längsbewegungen bei vorgegebener Drehrichtung erforderlich sind, z. B. bei einem Spannschloss
   - sich ein Rechtsgewinde selbsttätig lösen würde, z. B. bei einer Schleifscheibenbefestigung
   - Verwechslungen vermieden werden sollen, z. B. an den Anschlüssen von Propangasflaschen

4. Beim Regelgewinde ist dem Nenndurchmesser jeweils eine bestimmte Steigung zugeordnet. Die Angaben über die Größe der Steigung müssen Tabellen entnommen oder mit Formeln berechnet werden. In der Gewindebezeichnung wird nur der Nenndurchmesser angegeben, z. B. M 10.

5. Feingewinde haben gegenüber dem Regelgewinde beim gleichen Nenndurchmesser kleinere Steigungen. In der Gewindebezeichnung wird neben dem Nenndurchmesser auch die Steigung angegeben, z. B. M 10 x 1.

6. Dieses Trapezgewinde hat einen Außendurchmesser von 30 mm, eine Gewindesteigung von 16 mm, eine Teilung von 2 mm und ist damit 8-gängig.

7. M16: metrisches Gewinde mit 16 mm Außendurchmesser
   M12 x 1,5: metrisches Feingewinde mit 12 mm Außendurchmesser, 1,5 mm Steigung
   M8-LH: metrisches Linksgewinde mit 8 mm Außendurchmesser
   R 1": Whitworth-Rohrgewinde mit 1 inch Rohrnennweite
   Tr 48 x 24 P8: Trapezgewinde mit 48 mm Außendurchmesser, 24 mm Steigung, 24:8 = 3-gängig
   S 18 x 2: Sägengewinde mit 18 mm Außendurchmesser, 2 mm Steigung
   Rd 40 x 1/8": Rundgewinde mit 40 mm Außendurchmesser, 1/8 inch Steigung

8. Sägengewinde ist besonders für größere, einseitig wirksame, axiale Belastung geeignet.

Arbeitsauftrag (zu Seite 54)

1. Gewindeeinteilung nach:
   - Lage (Außen-, Innengewinde)
   - Verwendung (Befestigungs-, Bewegungsgewinde)
   - Gangzahl (Ein-, Mehrgängig)
   - Gangrichtung (Rechts-, Linksgewinde)
   - Steigung (Regel-, Feingewinde)
   - Profil (Trapez-, Sägen-, Rund-, Spitzgewinde)

2. Je größer die Steigung, desto größer die Gewindetiefe.

3. Unter Selbsthemmung eines Gewindes versteht man den Widerstand gegen das selbstständige Lösen eines Gewindes. Der Widerstand entsteht durch die Wirkung der Reibkräfte an den Gewindeflächen. Der kleinere Steigungswinkel bei Feingewinden bewirkt eine größere Reibkraft F_R. Ist die Reibkraft F_R größer als die Abtriebskraft F_A, so wird eine Abwärtsbewegung verhindert. Das Gewinde ist dann selbsthemmend.

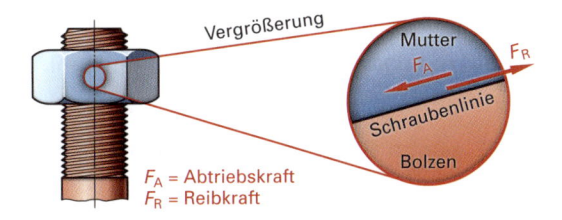

F_A = Abtriebskraft
F_R = Reibkraft

4. Mehrgängige Gewinde sind Bewegungsgewinde, z. B. bei Spindelpressen und Schnecken.

5. • Gewindeprofil
   • Außendurchmesser

6. Trapezgewinde:
   • Vorwiegend als Bewegungsgewinde verwendet
   • Gewindeprofil ist trapezförmig
   • Flankenwinkel 30°
   • Beidseitig axial belastbar
   Sägengewinde:
   • Für größere einseitig wirkende axiale Belastung geeignet
   Spitzgewinde:
   • Vorwiegend als Befestigungsgewinde verwendet
   • Kleine Steigungswinkel
   • Gewindeprofil ist dreieckig
   • Flankenwinkel bei Metrischen Gewinden 60° und bei Whitworth-Gewinden 55°

7. Verbindungen mit Whitworth-Rohrgewinden bestehen aus einem zylindrischen Innengewinde und einem kegeligen Außengewinde. Durch diese Kombination ist gewährleistet, dass die Rohrverbindung zum größten Teil schon durch die Pressung von Metall auf Metall abgedichtet wird.

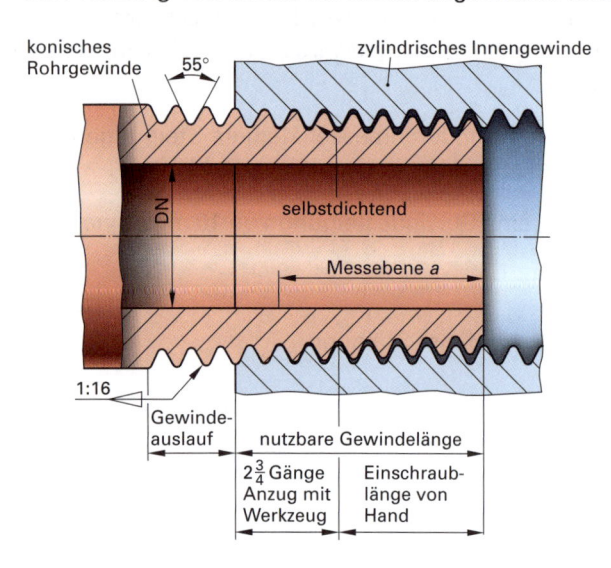

Schraubenverbindungen (zu Seite 54–55)

1. Man unterscheidet Kopfschrauben, Stiftschrauben und Gewindestifte.

2. Aus dem Schraubenkopf, Schraubenschaft und dem Gewinde.

3. Man verwendet sie, wenn beim Anziehen und Lösen wenig Platz vorhanden ist. Sie können somit Sechskantschrauben an schwer zugänglichen Stellen ersetzen. Diese Schrauben werden auch verwendet, wenn kleine Schraubenabstände erforderlich sind.

4. Dehnschrauben besitzen im Unterschied zu den übrigen Schrauben einen langen, dünnen Schaft.

5. Nutmuttern haben meist Feingewinde und sind besonders zum Einstellen des axialen Spiels von Lagern und Wellen geeignet.

6. Zur Kennzeichnung erhalten die Schrauben eine verschlüsselte Angabe über ihre Festigkeitsklasse, z. B. 5.8, 8.8, 12.9.

7. Die Mindestzugfestigkeit R_m erhält man, wenn die erste Zahl mit 100 multipliziert wird.
   $R_m = 10 \cdot 100 \text{ N/mm}^2 = 1000 \text{ N/mm}^2$
   Die Mindeststreckgrenze ergibt sich durch Multiplikation der ersten Zahl mit dem 10-fachen der zweiten Zahl.
   $R_e = 10 \cdot 9 \cdot 10 \text{ N/mm}^2 = 900 \text{ N/mm}^2$

8. Sechskantschraube nach DIN 931. Die Schraube hat ein Gewinde M12, 50 mm Schaftlänge, Mindestzugfestigkeit $R_m = 800 \text{ N/mm}^2$, Mindeststreckgrenze $R_e = 640 \text{ N/mm}^2$.

9. Nach der Wirkungsweise der Schraubensicherung werden diese in kraft-, form- und stoffschlüssig eingeteilt.

10. Kraftschlüssige Schraubensicherungen wirken durch Vorspannung eines federnden Teils bei Federring, Zahnscheibe usw. oder infolge erhöhter Reibung. Diese wird z.B. durch Einlegen von Kunststoffringen, veränderte Steigungen oder Verspannung mit Gegenmuttern hervorgerufen.

11. Es handelt sich um eine Sechskantschraube mit einem Regelgewinde bis zum Kopf, die in DIN EN ISO 4017 genormt ist. Die Schraube hat ein Gewinde M12 und eine Länge von 80 mm. Die Mindestzugfestigkeit beträgt 1200 N/mm^2 und die Mindeststreckgrenze 1080 N/mm^2.

12. Man verwendet sie, wenn eine formschlüssige Sicherung durch Splinte vorgesehen ist. Die Splinte verhindern ein Verlieren der Mutter.

13. Bei stoffschlüssigen Schraubensicherungen werden in der Regel die Gewinde durch Verkleben mit flüssigem, aushärtbarem Kunststoff gesichert.

Arbeitsauftrag (zu Seite 55)

1. • Passstift
   • Befestigungsstift
   • Abscherstift

2. • Passstifte verbinden Maschinenteile, die eine genaue Lage zueinander erhalten sollen. Diese Bauteile sind so gegen Verschieben gesichert.
   • Abscherstifte schützen Maschinen bei Überbeanspruchung. Sie werden als Sollbruchstelle z.B. zwischen Antriebs- und Arbeitsspindel eingebaut.

3. • Zylinderstift
   • Kegelstift
   • Kerbstift
   • Spannstift

4. Man verwendet:
   • Längsrille, damit die Luft bei der Montage aus dem Grundloch entweichen kann.
   • Innengewinde, um den Stift aus dem Grundloch zu ziehen.

5. Der kleine Durchmesser des Kegelstiftes (Nenndurchmesser) ist für die Normbezeichnung maßgebend.

6. • Gestuft Bohren
   • Reiben der Bohrung
   • Eindrücken, Eintreiben des Kegelstifts

7. Der Vorzug der Kerb- und Spannstifte liegt darin, dass die Bohrungen nicht wie bei den Zylinder- und Kegelstiften aufgerieben werden müssen. Der Einsatz dieser Stifte ist daher kostensparend.

Arbeitsauftrag (zu Seite 56 oben)

1. Durch die geringe Neigung des Keils wird bewirkt, dass aus einer kleinen Eintreibkraft F_1 eine große Normalkraft F_N und damit eine große Reibkraft F_R zwischen Keil und Nabe entsteht.

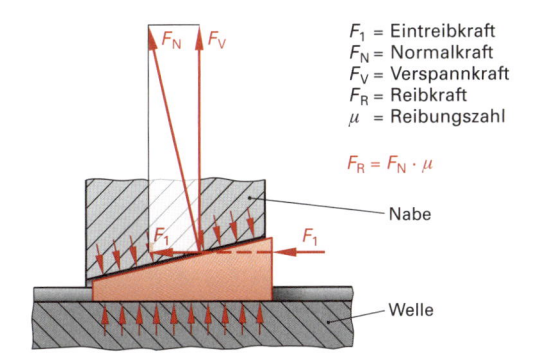

F_1 = Eintreibkraft
F_N = Normalkraft
F_V = Verspannkraft
F_R = Reibkraft
μ = Reibungszahl

$$F_R = F_N \cdot \mu$$

2. Keilverbindungen können zur Übertragung von größeren Drehmomenten zwischen einer Welle und einer Nabe eingesetzt werden, bei denen Schraub- oder Stiftverbindungen nicht geeignet wären. Das ist z.B. bei Schwermaschinen der Fall.

3. Die genormte Neigung beträgt 1:100, d.h., auf 100 mm Keillänge ändert sich die Höhe um 1 mm.

4.

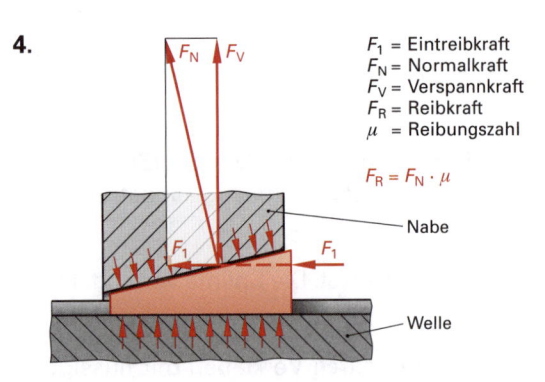

F_1 = Eintreibkraft
F_N = Normalkraft
F_V = Verspannkraft
F_R = Reibkraft
μ = Reibungszahl

$$F_R = F_N \cdot \mu$$

5. In Abhängigkeit von der Eintreibkraft F_1 entstehen Kräfte, die die Welle und Nabe so gegeneinander verspannen, dass keine zusätzliche axiale Sicherung notwendig ist.

Arbeitsauftrag (zu Seite 56 unten)

1. Ein Keil hat eine Neigung, eine Feder nicht.

2. Durch das Einlegen von Federn werden Bauteile mittels Formschluss lösbar miteinander verbunden.

3. Keilverbindung: Das Verspannen zwischen Welle und Nabe durch einen Keil führt zu einer geringfügigen Verschiebung der Mittelachsen und damit zur Exzentrizität der Verbindung. Hierdurch kann eine Unwucht entstehen, die Schwingungen bewirken kann.
Federverbindung: Die Federverbindung trägt an den Seitenflächen und hat in der Höhe Spiel. Dadurch verhindert man ein gegenseitiges Verspannen von Welle und Nabe und erhält einen gleichmäßigen Rundlauf.

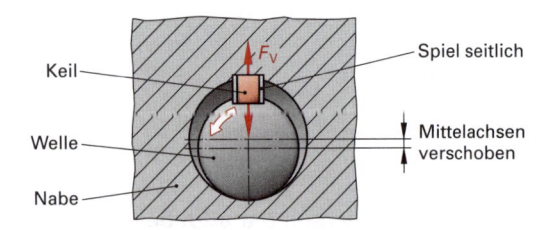

4. Bei Federverbindungen muss die Nabe auf der Welle gegen axiales Verschieben gesichert werden, da die Federverbindung nur an den Seitenflächen trägt und somit keine Kräfte in axialer Richtung übertragen werden können. Die Sicherung kann durch Stellringe, Stifte usw. erfolgen.

5.
- Passfeder rundstirnig DIN 6885 Form A
- Passfeder geradstirnig DIN 6885 Form B
- Passfeder für 2 Halte- und 1 Abdrückschraube DIN 6885 Form E
- Scheibenfeder DIN 6888

6. Gleitfedern sind Passfedern, die ein Verschieben der Nabe auf der Welle ermöglichen. Durch sie werden z. B. eine axiale Bewegung der Zahnräder auf der Welle und damit das Schalten verschiedener Übersetzungen in einem Getriebe möglich.

Löten (zu Seite 57)

1. Durch das Löten lassen sich Metalle mittels Stoffschluss unlösbar miteinander verbinden.

2.
- Benetzen
- Fließen
- Legieren

3. Die Arbeitstemperatur ist die niedrigste Oberflächentemperatur des Bauteils, bei der das Lot benetzt, fließt und legiert.

4. Das selbstständige Ausbreiten eines Lottropfens nach Erreichen der Arbeitstemperatur.

5. Ein Tropfen flüssiges Lot breitet sich aus unter Vergrößerung seiner Oberfläche und fließt in kleinste Zwischenräume.

6. Die Phase der Legierungsbildung erfolgt, sobald das Lot die Oberfläche benetzt hat. Die Atome des flüssigen Lotes diffundieren in die Randschichten des festen Grundwerkstoffes. Ebenfalls diffundieren Atome aus dem Grundwerkstoff in das Lot. Es entsteht eine sehr dünne Legierungsschicht zwischen Lot und Grundwerkstoff.

7. Wenn der Zwischenraum zwischen den Fügeteilen kleiner als 0,2 mm (in Ausnahmefällen kleiner als 0,5 mm) ist, so wird er als Lötspalt bezeichnet.

8. Darunter versteht man das Hineinziehen des flüssigen Lotes in den Lötspalt. Die Kapillarwirkung ist von der Breite des Lötspaltes abhängig. Sie ist bei einer Lötspaltbreite von 0,05 bis 0,02 mm am größten.

9. Sie werden in Weichlöten, Hartlöten und Hochtemperaturlöten unterteilt.

10. Beim Weichlöten ist die Verbindungsstelle weich und nicht für große Kraftübertragungen geeignet. Außerdem ist die Festigkeit der hauptsächlich verwendeten Blei-Lote gering. Wegen der Wärmeempfindlichkeit der Lötnaht werden Eisenwerkstoffe nur selten verbunden.
Bei Kupfer, Zinn und Zink und deren Legierungen wird Weichlöten sehr häufig zum Verbinden und Abdichten sowie zum Einlöten elektronischer Bauelemente verwendet.

11. Wenn die Werkstoffoberflächen ausreichend mechanisch vorgereinigt sind, sollen Flussmittel die Oxidhaut verhindern oder vorhandene Oxidschichten beseitigen.

Schweißen (zu Seite 57–58)

1. Durch Schweißen lassen sich Werkstoffe mittels Stoffschluss unlösbar miteinander verbinden.

2. Die Werkstoffe werden an der Fügestelle erwärmt, bis sie teigig sind und sich vereinigen lassen. Nach dem Erstarren der Schmelze sind die Bauteile durch ein gemeinsames Gefüge miteinander verbunden.

3. Bei den Pressschweißverfahren erfolgt die Vereinigung der Werkstoffe durch Einwirkung von Wärme und Druck.

4. Schweißbar sind fast alle Metalle und Legierungen sowie thermoplastische Kunststoffe.

5. Beim Schmelzschweißen erfolgt die Werkstoffvereinigung durch Vermischen der verflüssigten Werkstoffe.

6. Man unterscheidet Gasschmelzschweißen (autogenes Schweißen) und Lichtbogenschmelzschweißen (elektrisches Schweißen).

7. Es wird ein Sauerstoff-Gas-Gemisch verbrannt. Als Brenngas wird hauptsächlich Acetylen verwendet.

8. Sie formen Wechselstrom mit hoher Spannung (aus dem Netz) in Gleichstrom mit niedriger Spannung um.

9. Der zum Schweißen erforderliche Strom muss eine hohe, verstellbare Stromstärke und eine niedrige Spannung haben.

10. Bei diesem Verfahren wird die erforderliche Schmelzwärme durch einen elektrischen Lichtbogen erzeugt.

11. Die Umhüllung erzeugt einen Gasmantel um die Schweißnaht, die eine Oxidierung der Schweißstelle mit Sauerstoff aus der Luft verhindert. Es wird ein gleich bleibender Lichtbogen erzeugt. Die dadurch erzeugte Schlacke verhindert ein zu schnelles Abkühlen der Schweißnaht.

12. Beim Schutzgas-Schweißen wird durch bestimmte Gase das Schmelzbad vor den schädlichen Einflüssen der Luft abgeschirmt.

13. Beim Metall-Inertgas-Schweißen (MIG) werden die inerten (reaktionsträgen) Gase Argon oder Helium, beim Metall-Aktivgas-Schweißen (MAG) die aktiven Gase CO_2 oder Mischgase verwendet.

14. Beim Wolfram-Inert-Gas-(WIG-) Schweißen brennt der Lichtbogen zwischen einer nicht abschmelzenden Wolframelektrode und dem Werkstück. Zusatzwerkstoffe können seitlich zugeführt werden.

Kleben (zu Seite 58)

1. Durch Kleben lassen sich Werkstoffe mittels Stoffschluss unlösbar miteinander verbinden.

2. Es wirken Adhäsions- und Kohäsionskräfte.

3. Sie werden in Lösungsmittel- und Reaktionskleber eingeteilt.

4. Bei Reaktionsklebern tritt durch chemische Vorgänge eine Aushärtung ein, die eine feste Verbindung zur Folge hat. Bei der Aushärtung werden die monomeren Klebstoffmoleküle zu Ketten und Netzen verbunden.

5. Beim Zweikomponenten-Kleber wird der Kleber zur Aushärtung mit einer zweiten Komponente, dem Härter, vermischt. Im Einkomponenten-Kleber sind schon alle Bestandteile gemischt enthalten. Die Aushärtung erfolgt durch Erwärmung unter Druck.

6. Torsion und Scherung sind für Klebeverbindungen geeignete Beanspruchungsarten.

7. - Vorbereiten der Klebestellen
   - Mischen und Dosieren des Klebers
   - Auftragen der Klebstoffe
   - Zusammendrücken der Werkstoffe
   - Aushärten der Klebeschicht

8. Das Kleben hat folgende Vorteile:
   1. Keine Erwärmung der zu verbindenden Werkstücke
   2. Keine Gefügeveränderung, d.h., der Gefügezustand des Stahls bleibt erhalten

Pressverbindungen (zu Seite 58)

1. Sie werden unterteilt in Längs- und Querpressverbindungen. Die Querpressverbindungen lassen sich weiter in Schrumpf- und Dehnverbindungen unterteilen.

2. Diese Fügeverfahren beruhen auf einer Presspassung, also auf einem Übermaß zwischen dem Innen- und Außenteil. Die Presspassung bewirkt hohe Reibungskräfte und führt damit zu einer kraftschlüssigen Verbindung.

3. Bei Schrumpfverbindungen wird das Außenteil gleichmäßig, z.B. durch Wärmeplatte, Ölbad oder Brenner, erwärmt, dehnt sich aus und kann leicht mit dem Innenteil gefügt werden. Beim Abkühlen schrumpft das Außenteil und presst sich auf die Wellenoberfläche.

Arbeitsauftrag (zu Seite 59)

1. Die Höhe der Arbeitstemperatur grenzt die beiden Verfahren Weichlöten und Hartlöten gegeneinander ab.
   - Weichlöten unter 450°C
   - Hartlöten über 450°C

2. Im Unterschied zum Schweißen wird beim Löten eine stoffschlüssige Verbindung mithilfe eines geschmolzenen Zusatzmetalls, dem Lot erzeugt, dessen Schmelztemperatur unterhalb der Schmelztemperatur der zu verbindenden Grundwerkstoffe liegt.

3. a) Löten:
   Die Grundwerkstoffe und ein leicht schmelzender Zusatzstoff, das Lot, werden auf Arbeitstemperatur des Lotes erwärmt. Dabei bleibt der Werkstoff der zu verbindenden Teile im festen Zustand und das Lot wird flüssig. Beim Abkühlen erstarrt das Lot und verbindet die zusammengelegten Bauteile.
   b) Schweißen:
   Die Werkstoffe werden an der Verbindungsstelle erwärmt, bis sie teigig oder flüssig sind und sich vereinigen lassen. Nach dem Erstarren der Schmelze sind die Bauteile durch ein gemeinsames Gefüge miteinander verbunden.

4. - Die zu verbindenden Flächen müssen mechanisch oder chemisch von Oxid-, Staub- und Fettschichten befreit werden.
   - Das Flussmittel wird aufgetragen.
   - Die Lötstelle wird mit einem geeigneten Werkzeug gleichmäßig erwärmt.
   - Das Lot wird mit der Lötstelle in Verbindung und zum Schmelzen gebracht.
   - Die Lötstelle wird gegebenenfalls gesäubert, indem die Reste des Flussmittels beseitigt werden.

7.7 CNC-Steuerungen (zu Seite 59)

1. Alle Vorschubeinheiten besitzen einen eigenen Antrieb (Einzelantrieb). Eine CNC-Fräsmaschine besitzt somit mindestens 3 Vorschub-Antriebssysteme.

2. - Lageregelkreis
   - Geschwindigkeitsregelkreis

3. Ein Spielfreier Vorschubantrieb wird durch die Verwendung von spielfreien Kugelumlaufspindeln erreicht.

4. Unterscheidung der Wegmesssysteme nach:
   - Ort der Messwertaufnahme (direkt, indirekt)
   - Art des Bezugssystems (absolut, inkremental)

- Art der Messwerterfassung (analog, digital)
- Bewegungsart des Wegmessgliedes (linear, analog)

5. Beim direkten Messverfahren erfolgt die Messwertaufnahme direkt am Maschinenschlitten, d. h. ohne mechanische Umsetzung.

6. 1. Maschinennullpunkt M
   2. Werkstücknullpunkt W
   3. Werkzeugträgerbezugspunkt T
   4. Referenzpunkt R

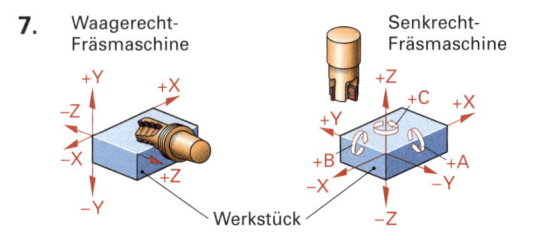

7. Waagerecht-Fräsmaschine   Senkrecht-Fräsmaschine

Arbeitsauftrag (zu Seite 60–63)

1. a) Direkte Wegmessung:
   Die Messwertaufnahme erfolgt direkt am Maschinenschlitten. Sie liefert die genauesten Messwerte, muss jedoch zum Schutz vor Verschmutzung und Beschädigung sorgfältig abgedeckt sein.
   b) Indirekte Wegmessung:
   Die Messwertaufnahme erfolgt durch Messung der Spindelumdrehungen, z. B. an der Vorschubspindel, und Umrechnung in Schlittenwege. Systematische Fehler, z. B. durch Fehler der Spindelsteigung, können durch die Software der CNC-Steuerung ausgeglichen werden. Gegen Verschmutzung ist das Messsystem unempfindlich, da es vollständig gekapselt werden kann.

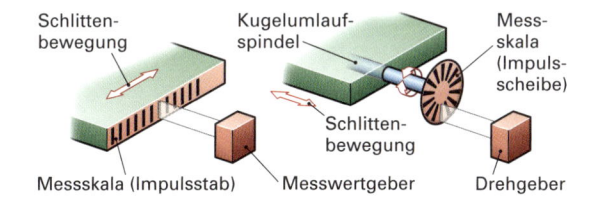

2. a) Inkrementale Wegmessung:
   Sie misst den Zuwachs (Inkrement) vom vorherigen Stand aus. Bei inkrementalen Wegmesssystemen muss nach dem Einschalten der Versorgungsspannung oder nach einem Stromausfall zuerst eine Referenzmarke angefahren werden.
   b) Absolute Wegmessung:
   Bei absoluten Wegmesssystemen ist jedem Teilungsschritt ein exakter Zahlenwert zugeordnet. Nach dem Einschalten der Versorgungsspannung oder Problemen nach einer Unterbrechung steht die Position der Maschinenachse ohne Anfahren einer Referenzmarke fest.

3. Im Gegensatz zu konventionellen Maschinen besitzen CNC-Maschinen:
   - eigene stufenlos regelbare Antriebsmotoren (Einzelantrieb) für alle Vorschubachsen
   - stufenlos regelbarer Antriebsmotor für die Hauptspindel

4. a) Punktsteuerung:
   Bei der Punktsteuerung wird – meist im Eilgang – vom Start- zum Zielpunkt verfahren. Der Weg zwischen Anfangs- und Endpunkt ist nicht exakt vorhersehbar. Mit Punktsteuerungen werden z. B. NC-Bohrmaschinen, Stanz- oder Punktschweißmaschinen ausgerüstet.
   b) Streckensteuerung:
   Mit Streckensteuerungen sind meist nur achsparallele Vorschubbewegungen möglich. Streckensteuerungen werden bei der Werkstückhandhabung und zur Steuerung einfacher Maschinen eingesetzt.
   c) Bahnsteuerung:
   Mit Bahnsteuerungen können Schlitten oder Werkzeugträger gleichzeitig in 2 oder mehr Achsen mit programmiertem Vorschub verfahren werden.
   Erfolgt die Interpolation nur in 2 Achsen, genügt eine 2-D-Bahnsteuerung. Eine 2 ½-D-Bahnsteuerung liegt vor, wenn die Interpolation wahlweise auf jeweils zwei der drei Hauptebenen umgeschaltet werden kann. Mit 3-D-Bahnsteuerungen können Schlitten gleichzeitig in drei Achsen der programmierten Bahn folgen.
   Müssen zusätzlich zu den translatorischen Achsen auch noch rotatorische Achsen geregelt werden, spricht man je nach Achsenzahl von 4-D- bzw. 5-D-Steuerungen.

5. Die Anzahl der Antriebsmotoren für die Vorschübe hängt von der Zahl der steuerbaren Achsen ab. So benötigt eine 2-D-Bahnsteuerung mindestens 2 Vorschubantriebe um die 2 Achsen gleichzeitig zu verfahren.

Bahnsteuerung	Mindestanzahl der Vorschubantriebe
2-D	2
2 ½-D	3
3-D	3
4-D	4
5-D	5

6. a) Mit Bahnsteuerungen können Schlitten oder Werkzeugträger gleichzeitig in 2 oder mehr Achsen mit programmiertem Vorschub verfahren werden. Dazu müssen die Geschwindigkeiten aufeinander abgestimmt werden. Diese Aufgabe übernimmt der Interpolator der CNC Steuerung.
   b) Bei den drei Interpolationsarten handelt es sich um: Kurve 1: Bahnsteuerung; Linearinterpolation
   Kurve 2: Bahnsteuerung; Kreisinterpolation
   Kurve 3: Punktsteuerung (synchron)

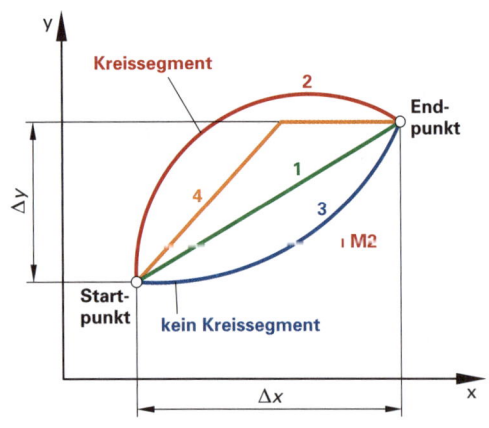

   c) Bei der Bewegung auf einer Geraden, siehe Kurve 1 im Bild, ist eine Linearinterpolation notwendig: Da $s_x > s_y$ und beide Achsen zum gleichen Zeitpunkt im Endpunkt ankommen sollen, müssen v_x und v_y ungleich sein.

7. Interpolatoren benötigt man bei allen numerisch gesteuerten Maschinen mit Bahnsteuerungen (2-D-, 2 ½-D-, 3-D-, 4-D-, 5-D-Bahnsteuerungen). Bei diesen Steuerungen kann die Bewegung zwischen zwei Punkten im Raum auf einer vorgeschriebenen Bahn erfolgen. Für die Berechnung der vorgeschriebenen Bahn ist ein Interpolator notwendig. Dieser ermittelt alle auf dieser mathematisch definierten Bahn liegenden Zwischenpunkte und führt dabei die einzelnen zu verfahrenden Achsen entsprechend der Raumkurve.

8. Um eine Kugel auf einer Drehmaschine herstellen zu können, ist mindestens eine 2-D-Bahnsteuerung erforderlich.

9. Um die Kugel auf einer Drehmaschine herzustellen, muss der Drehmeißel einen Kreisbogen verfahren. Da beide Achsen zum gleichen Zeitpunkt im Endpunkt ankommen sollen, sind v_x und v_y ungleich, wobei zusätzlich $v_x \neq$ const und $v_y \neq$ const gilt. Wie man bei v_y sieht, erfolgt sogar eine Richtungsumkehr des Geschwindigkeitsvektors.

10. Koordinaten des Werkstücknullpunktes
    Bild 1: X 0 Z 257 (156 + 101 = 257)
    Bild 2: X 38 Y 52 Z 21

11. Koordinaten des Fräsmittelpunktes in Maschinenkoordinaten
    X68   (38 + 30 = 68)
    Y 72 (52 + 20 = 72)
    Z 11 (21 + (–10) = 11)

12. Werkzeugkorrekturwerte:
    Außendrehmeißel: X 71 Z 39
    Innendrehmeißel: X-60 Z 102

13. a)

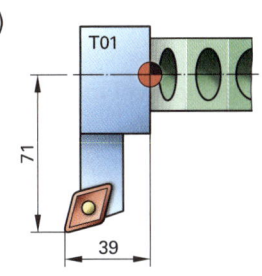

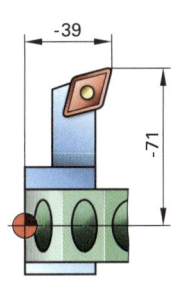

b) Werkzeugkoordinaten in Maschinenkoordinaten
   Außendrehmeißel:
   X30 (101 − 71 = 30)
   Z 265 (304 − 39 = 265)
   Innendrehmeißel:
   X161 (101 + 60 = 161)
   Z 202 (304 − 102 = 202)

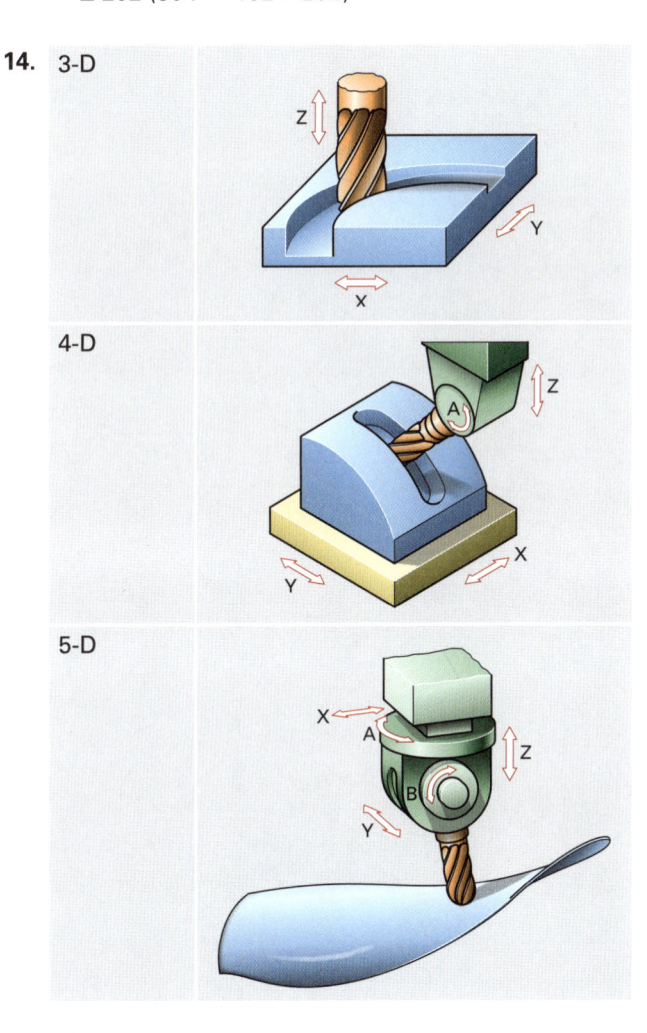

14. 3-D

4-D

5-D

15. Zur Eichung von inkrementalen Wegmesssystemen muss nach dem Einschalten der Maschine der Maschinennullpunkt mit dem Schlitten angefahren werden. Dies ist nicht bei allen Maschinen möglich. In diesen Fällen wird ein anderer, genau festgelegter Punkt, der Referenzpunkt, angefahren.

16. Als **Winkellagegeber**, auch **Winkelgeber** (engl. Resolver) bezeichnet man in der Elektrotechnik einen elektromagnetischen Messumformer zur Wandlung der Winkellage eines Rotors in eine elektrische Größe.

17. Siehe Herstellerangaben

18. Siehe Herstellerangaben

Arbeitszyklus (zu Seite 63)

1. Ein Arbeitszyklus ist werksseitig fest einprogrammiert und kann durch den Programmierer nicht verändert werden. Ein Unterprogramm ist vom Programmierer beeinflussbar, er kann es verändern und löschen.

Arbeitsauftrag (zu Seite 63–67)

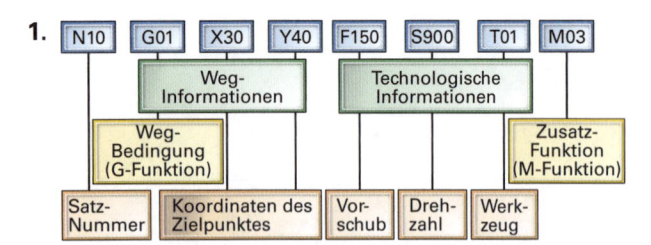

1. N10 G01 X30 Y40 F150 S900 T01 M03
   - N10: Satz-Nummer
   - G01: Weg-Bedingung (G-Funktion)
   - X30 Y40: Koordinaten des Zielpunktes — Weg-Informationen
   - F150: Vorschub
   - S900: Drehzahl
   - T01: Werkzeug — Technologische Informationen
   - M03: Zusatz-Funktion (M-Funktion)

2.

		Programm		
N	G	X	Y	Z
N10	G00	X20	Y20	Z1
N20	G91			
N30	G01			Z-9
N40			Y80	
N50		X120		
N60			Y-80	
N70		X-120		
N80	G00			Z9
N90	G90			

3.

	Polarkoordinaten	
Punkt	r	φ
P1	35	40°
P2	35	90°
P3	35	110
P4	35	248° oder –112°
P5	35	270° oder –90°
P6	35	305° oder –55°
P7	45	55°
P8	45	170°
P9	45	199° oder –161°
P10	45	270° oder –90°
P11	45	298° oder –62°

4. Berechnung am Beispiel von P4 mit $r = 35$ und $\varphi = 248°$ bzw. $-112°$:
   $x = r \cdot \cos\varphi = 35 \cdot \cos 248° = -13{,}11$
   $y = r \cdot \sin\varphi = 35 \cdot \sin 248° = -32{,}45$
   Beim Umrechnen von Polar- in kartesische Koordinaten muss darauf geachtet werden, dass der Winkel immer von der Nulllinie aus gemessen wird. Beim Umrechnen von kartesischen in Polarkoordinaten treten Eindeutigkeitsprobleme (sin-Funktion) auf.

5.

N	G	X	Y	I	J
N10	G00	10	90		
N20	G02	40	60	0	−30
N30	G03	100	60	30	0
N40	G02	120	80	20	0
N50	G03	130	90	0	10
N60	G02	210	90	40	0
N70	G03	230	70	20	0
N80	G00	0	0		

6.

P1 → P2:

G	X	Y	I	J
G03	40	0	20	0

P3 → P4:

G	X	Y	I	J
G02	10	−10	0	−10

7. Modale G-Funktionen sind gespeicherte wirkende Funktionen, die so lange aktiv sind, bis sie durch eine andere Funktion überschrieben werden.
Beispiele G00, G01, G02, G03, G17, G40, G41, G42 usw.

8. a) Absolut (G90)

N	G	X	Z	I	K
N10	G00	−0,8	1		
N20	G01		0		
N30		16.925			
N40		19.925	−1.5		
N50			−20.05		
N60		22			
N70	G03	26	−22.05	0	−2
N80	G01		−30		
N90		40.039	−40.025		
N100		45.963			
N110	G03	49.963	−42.025	0	−2
N120	G01		−62.467		
N130		54	−70		
N140		59.4			
N150		62	−71.3		

b) Inkremental (G91)

N	G	X	Z	I	K
N10	G00	−0,8	1		
N20	G91				
N30	G01		−1		
N40		8.863			
N50		1.5	−1.5		
N60			−18.55		
N70		1.038			
N80	G03	2	−2	0	−2
N90	G01		−9.95		
N100		7.020	−10.025		
N110		2.962			
N120	G03	2	−2	0	−2
N130	G01		−20.442		
N140		2.019	−7.533		
N150		2.7			
N160		1.3	−1.3		
N170	G90				

9. Werkzeug: T01
Schaftfräser ⌀ 10 mm, HSS
v_c = 50 m/min → n = 1592 1/min
f_z = 0,1 mm, z = 3 → v_f = 478 mm/min
Es wird nur das Schlichten der Kontur programmiert.

a) Absolut (G90)

N10	G0	X0	Y0	Z500	
N20		F478	S1592	T01	M06
N30	G00	X106	Y-1		M03
N40	G00			Z-5	
N50	G41				
N60	G00		Y5		
N70	G01	X17,5			M08
N80	G01	X5	Y17,5		
N90	G01		Y53		
N100	G02	X17	Y65	I12	J0
N110	G01	X40			
N120	G01	X95	Y52		
N130	G01		Y17		
N140	G03	X83	Y5	I0	J-12
N150	G01	Y-5			M09
N160	G40				
N170	G00			Z500	
N180	G00	X0	Y0		M30

b) Inkremental (G91)

N10	G0	X0	Y0	Z500	
N20			S1592	T01	M06
N30	G00	X106	Y-1		M03
N40	G00			Z-5	
N50	G41				
N60	G00		Y5		
N70	G91				
N80	G01	X-88,5			M08
N90	G01	X-12,5	Y12,5		
N100	G01		Y35,5		
N110	G02	X12	Y12	I12	J0
N120	G01	X23			
N130	G01	X55	Y-13		
N140	G01		Y-35		
N150	G03	X-12	Y-12	I0	J-12
N160	G01	Y-10			M09
N170	G40				
N180	G90				
N190	G00			Z500	
N200	G00	X0	Y0		M30

10. Siehe Schülerpräsentationen

11.

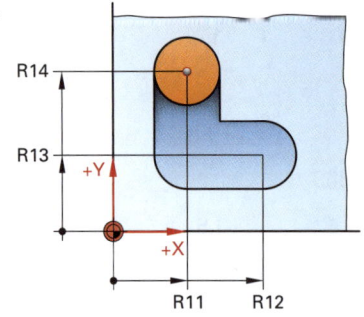

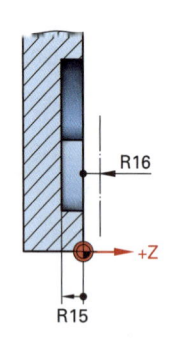

Unterprogramm (L40)					
N10	G00	X R11	Y R14	Z R16	
N20	G01			Z R15	M08
N30	G01		Y R13		
N40	G01	X R12			
N50	G00			Z R16	

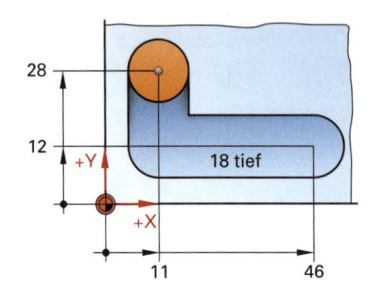

Unterprogramm (L40)		
R11 11	R12 46	R13 12
R14 28	R15 -18	R16 2

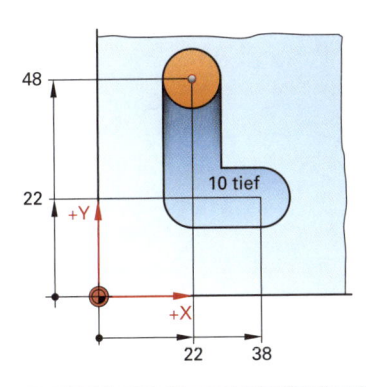

Unterprogramm (L40)		
R11 22	R12 38	R13 22
R14 48	R15 -10	R16 2

12. Siehe Schülerpräsentationen

13.

Tabelle 1: Werkzeuge		
Werk-zeug	Benennung	
	NC-Anbohrer ⌀ 16 HSS, rechts	
T01	Plandrehmeißel r_ε 0,8 HC-P20, links	
T02 T03	Seitenandrehmeißel r_ε 0,6 Seitenandrehmeißel r_ε 0,4 HC-P20, links 55°	
T04	Gewindedrehmeißel HC, rechts	über Kopf gespannt

Tabelle 2: Einrichteblatt (vereinfacht)				
Nullpunktverschiebung: X0 Z200		Drehteil		
Arbeitsgang	Werk-zeug	r_ε in mm	v_c in m/min	f in mm
1 Planen	T01	0,8	280	0,5
2 Außenkontur vordrehen (schuppen)	T02	0,6	280	0,5
3 Außenkontur fertigdrehen (schlichten)	T03	0,4	350	0,07
4 Gewinde drehen (mit Gewindefreistichen)	T04		150	4 bzw. 8

Planen und Außenkontur vordrehen							
N10	G95, G96	F0,5			S280	T01	M06
N20	G00	X82	Z0				M04
N30	G01	X-1,6					M08
N40	G01		Z1				M09
N50	G00	X150	Z50				
N60	G95, G96	F0,5			S280	T02	M06
N70	G00	X80	Z1				M08

N80	G82	X68	Z-100	L-100	R80	D2,5	H0,5	
N90	G82	X48	Z-50	L-65	R69	D2,5	H0,5	
N100	G82	X32	Z-25	L-30	R49	D2,5	H0,5	
N110	G82	X24	Z-25	L-25	R33	D2,5	H0,5	
N120	G00	X150	Z50					M09
Schlichten								
N130	G95, G96		F0,07	S350			T03	M06
N140	G42							
N150	G00	X16	Z1					
N160	G01	X24	Z-3					M08
N170	G01		Z-17,5					
N180	G01	X19,6	Z-21,3					
N190	G01		Z-23.4					
N200	G02	X22,8	Z-25	I1,6	K0			
N210	G01	X32						
N220	G01	X48	Z-30					
N230	G01		Z-50					
N240	G01	X68	Z-65					
N250	G01		Z-100					
N260	G01	X76						
N270	G01	X82	Z-103					M09
N280	G40							
N290	G00	X150	Z50					
Gewindedrehen								
N300	G97					S1989	T04	M06
N310	G00	X24	Z6					M03
N320	G83	X24	Z-22	F3	D0,12	H1,84		M08
N330	G00	X150	Z50					M30

14. Der Ein- und Auslauf ist zum Beschleunigen und Abbremsen der bewegten Massen (Drehmeißel, Revolver etc.) notwendig.

15. Die Startposition S entspricht der Endposition E.

7.8 Handhabungstechnik und Robotertechnik (zu Seite 68)

1. Die VDI Richtlinie 2860 versteht unter Handhaben das Schaffen, definierte Verändern oder vorübergehende Aufrechterhalten einer vorgegebenen räumlichen Anordnung von geometrisch bestimmten Körpern.

2. Aus den sechs Freiheitsgraden ergibt sich die räumliche Anordnung eines starren Körpers.

3. Der Materialfluss unterteilt sich in die Teilfunktionen:
   - Fördern
   - Lagern
   - Handhaben

4. Der Unterschied besteht darin, dass beim Handhaben geometrisch bestimmte Körper bewegt werden und somit auch die Orientierung dieser Körper eine Rolle spielt.

5.

```
                          Bewegungseinrichtungen
                  ┌───────────────┴───────────────┐
          Bewegungseinrichtungen          Bewegungseinrichtungen
          mit variabler Hauptfunktion     mit fester Hauptfunktion
                                          d. h. eine Veränderung
                                          des Bewegungsprogram-
                                          mes ist nicht möglich
                                          – Dreheinrichtungen
                                          – Orientierungsein-
                                            richtungen
```

Bewegungseinrichtungen mit variabler Hauptfunktion:
- **programmgesteuerte Bewegungsautomaten**
- **manuell gesteuerte Bewegungseinrichtungen**
  – Manipulator
  – Teleoperator

programmgesteuerte Bewegungsautomaten:
- **festprogrammierte Bewegungsautomaten**: eine Veränderung des Bewegungsprogrammes ist teilweise durch mech. Umbau möglich – Einlegegeräte
- **freiprogrammierte Bewegungsautomaten**

freiprogrammierte Bewegungsautomaten:
- **ohne selbsttätige Programmbeeinflussung**: Industrieroboter mit einem festen oder mehreren festen, manuell wählbaren Programmen
- **mit selbstständiger Programmauswahl**: Industrieroboter mit mehreren festen Programmen, die selbstständig ausgewählt werden können; z. B. je nach Werkstück wird ein entsprechendes Programm in die Steuerung geladen
- **mit selbstständiger Programmanpassung**: Industrieroboter, die ihr Programm durch äußere Signale selbstständig anpassen. z. B. Schweißen mit Bahnsensor

Industrieroboter nach VDI

6. Das Handhaben gliedert sich in die Teilfunktionen:
- Speichern
- Menge verändern
- Bewegen
- Sichern
- Kontrollieren

Handhabungseinrichtungen (zu Seite 68–69)

1. Die Handhabungseinrichtungen lassen sich in folgende Hauptfunktionen einteilen:
- Einrichtungen zum Speichern
- Einrichtungen zum Verändern von Mengen
- Einrichtungen zum Bewegen
- Einrichtungen zum Sichern
- Einrichtungen zum Kontrollieren

2. Balancer sind Hebehilfen, um das Heben schwerer Lasten zu ermöglichen und Ermüdungserscheinungen auch beim Heben kleiner Lasten zu vermeiden.

3. Manipulatoren sind Handhabungsgeräte, deren Bewegungsabläufe manuell gesteuert werden. Sie kommen häufig zum Handhaben von unhandlichen Werkstücken zum Einsatz.

4. Ein Industrieroboter ist ein universelles Handhabungsgerät mit mindestens drei Achsen, dessen Bewegungsmuster frei programmierbar ohne mechanische Hilfsmittel entsteht. Es kann ein Endeffektor, z. B. ein Greifer oder ein Werkzeug, angebracht werden.

5. Das Programmierhandgerät (PGH) kann als Teil der Steuerung gesehen werden. Über das PGH ist ein kompletter Dialog mit der Steuerung möglich. Es wird jedoch hauptsächlich während des Teachens benutzt, um die Arbeitspunkte für den Bewegungsablauf zu finden.

6. Die Hauptaufgaben der Roboter-Steuerung sind:
- Achsregelung (Geschwindigkeit und Lage)
- Bahninterpolation (z.B. linear oder kreisförmig)
- Koordinatentransformation
- Kommunikation mit den Schnittstellen
- Kommunikation mit externem PC
- Kommunikation mit dem PGH
- Programmverwaltung

7. Mit diesen Teilkomponenten werden die eigentlichen Handhabungsaufgaben durchgeführt. Man unterteilt die Effektoren in die Hauptgruppen Greifer und Werkzeuge.

8. Geometrische Kenngrößen:
   - Raumaufteilung
   - Arbeitsbereich

   Belastungs-Kenngrößen:
   - Nennlast
   - Nennmoment

   Kinematische Kenngrößen:
   - Geschwindigkeit
   - Beschleunigung

   Genauigkeits-Kenngrößen:
   - Wiederholgenauigkeit (Position und Orientierung)
   - Wiederholgenauigkeit (Bahn)

Kinematik des Roboters (zu Seite 69–70)

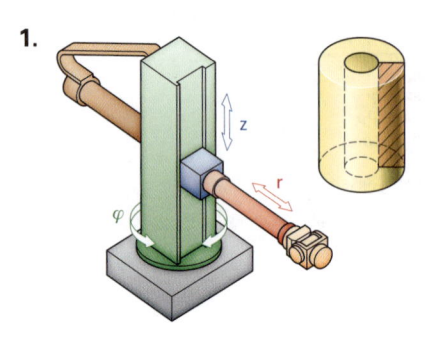

1.

Der Arbeitsraum eines Roboters mit RTT-Kinematik ist zylinderförmig.

2. Kugelförmiger Arbeitsraum

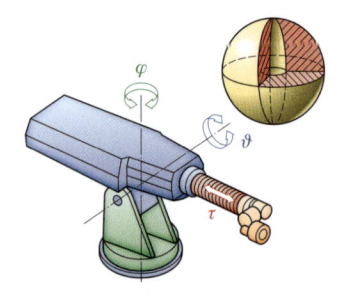

Zylinderförmiger Arbeitsraum „Scara-Roboter"

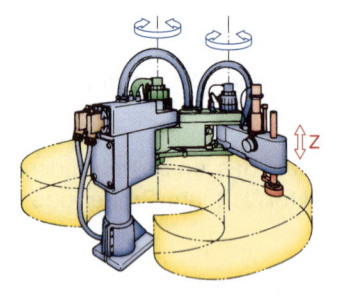

3. Bei Knickarm-Robotern sind alle Hautachsen als rotatorische Achsen ausgeführt (RRR-Kinematik). Der durch die Anordnung der Achsen entstehende Arbeitsraum ist kugelförmig.

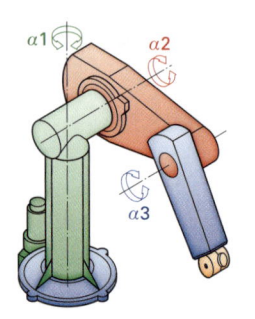

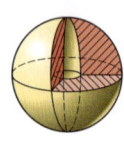

4. Die TTT-Kinematik (Lineararm-Roboter) besitzt drei translatorische Hauptachsen. Diese Anordnung hat einen kubischen Arbeitsraum.

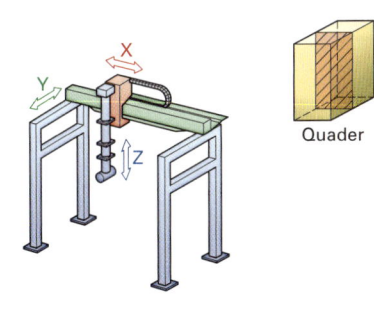

Arbeitsauftrag

Handhabungstechnik und Robotertechnik (zu Seite 70)

1. Man unterscheidet rotatorische und translatorische Achsen.
   Rotatorische Achsen werden unterteilt in:
   - Vertikale Achsen bzw. fluchtende Achsen
   - Horizontale oder nicht fluchtende Achsen

   Bei den translatorischen Achsen gibt es drei Teilgruppen:
   - Verschiebeachsen, die nicht fluchtend sind
   - Teleskopachsen, die fluchtend sind
   - Verfahrachsen, z. B. Linearschlitten

2. Der Freiheitsgrad f ist die Anzahl der möglichen unabhängigen Bewegungen. Demnach hat ein im Raum frei beweglicher starrer Körper maximal den Freiheitsgrad $f = 6$, der sich aus drei translatorischen und drei rotatorischen Bewegungsmöglichkeiten zusammensetzt.
   Beschreibt man die Bewegung eines Körpers im Raum, wird sehr häufig die vereinfachende Annahme gemacht, dass es sich bei dem Körper um einen Massenpunkt handelt. Somit sind zur eindeutigen Beschreibung der Lage eines Massenpunktes lediglich die drei Koordinaten x, y und z notwendig. Schwieriger wird es, wenn die räumliche Ausdehnung des bewegten Körpers beachtet werden muss; wie z. B. bei Bewegungen von Werkstücken im Raum.
   Im Unterschied zum Freiheitsgrad eines starren Körpers ist der Begriff des Getriebefreiheitsgrades bzw. der Freiheitsgrad eines Systems von starren Körpern zu sehen. Es handelt sich dabei um mehrere hintereinander oder parallel zueinander angeordnete starre Körper, die über Gelenke verbunden sind.

3. Sind drei Stäbe mit Gelenken miteinander verbunden, welche Rotationsbewegungen erlauben, haben sie den Getriebefreiheitsgrad fünf; d.h., es sind zur eindeutigen Beschreibung der Lage dieser Starrkörperkette in der Ebene lediglich die Angabe des Mittelpunktes des Stabes l_1 und der Orientierungswinkel α_1 notwendig. Zur Beschreibung des Stabes 3 genügen die Winkel α_2 und α_3, die die Orientierung von Stab 2 und Stab 3 beschreiben.

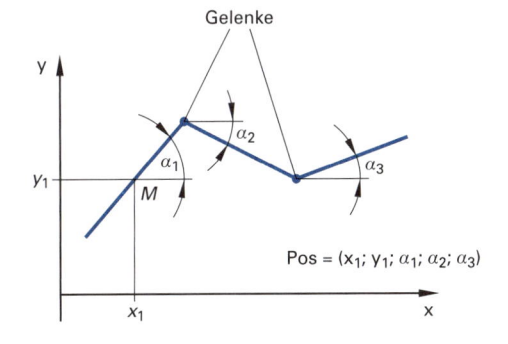

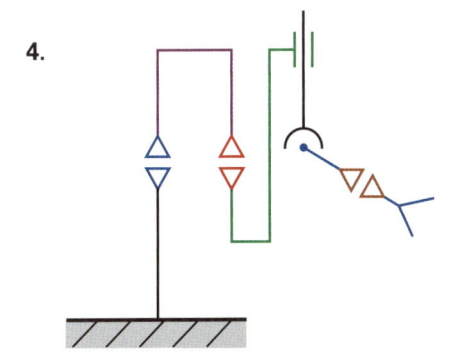

   Pos = $(x_1; y_1; \alpha_1; \alpha_2; \alpha_3)$

4.

Roboter-Steuerung (zu Seite 71)

1. Folgende Mehrdeutigkeiten können entstehen:
   - Elbow up/down
   - Front-/Backside
   - Flip/No Flip

2. Weltkoordinaten:
   BK = (x [mm]; y [mm]; z [mm]; a [°]; b [°]; c [°])
   Gelenkkoordinaten:
   GK = (x [mm]; α [°]; β [°]; γ [°]; δ [°]; ε [°]; φ [°])

3. Bei der Mehrdeutigkeit Flip/No Flip können die Achsen 4 und 5 jeweils um 180° gedreht die gleiche absolute Position durch zwei verschiedene Gelenkwerte erreichen.

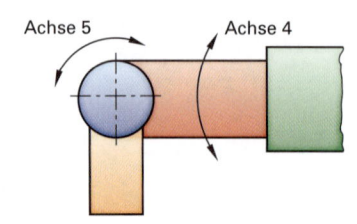

4.

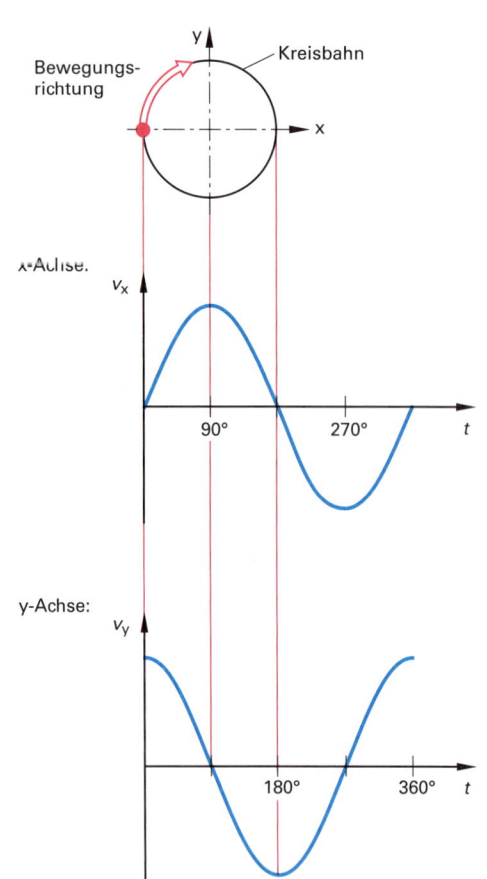

Programmierung von IR (zu Seite 71)

1. Man unterscheidet folgende Programmierverfahren:
   - Play-Back-Verfahren
   - Online-Programmierung (Teachen)
   - Offline-Programmierung

2. Beim Play-Back-Verfahren wird der Industrieroboter bei abgeschalteten Antrieben vom Bediener entlang der zu programmierenden Bahn geführt. Bei dieser Variante werden sowohl die Punkte als auch die Verfahrwege mit den jeweiligen Beschleunigungen und Geschwindigkeiten in einem Arbeitsgang ermittelt.

3.

Antwort	Roboter 1	Roboter 2
1	Knickarm-Roboter	Portal-Roboter
2	RRR-Kinematik	TTT-Kinematik
3	Kugel	Quader

8 Grundlagen der Elektrotechnik (zu Seite 72)

1. Gleichartige elektrische Ladungen stoßen einander ab, ungleichartige Ladungen ziehen sich an.

8.1 Das Bohr'sche Atommodell (zu Seite 72)

1.
   - Neutronen sind elektrisch neutral.
   - Protonen sind elektrisch positiv geladen.
   - Elektronen sind elektrisch negativ geladen.

2. Die elektrische Ladung ist die Elektrizitätsmenge, die sich auf der Oberfläche eines Körpers befindet. Die kleinste in der Natur vorkommende Elektrizitätsmenge ist die Elementarladung.

8.2 Ladungstrennung (zu Seite 72)

1. Immer, wenn gegensätzliche elektrische Ladungen unter Energieaufwand getrennt werden, entsteht elektrische Spannung.
Die elektrische Spannung ist ein Maß für die Ladungstrennungsarbeit je Ladung.

8.3 Elektrischer Strom (zu Seite 72)

1. Elektrischer Strom ist die gerichtete Bewegung von Ladungen.

2. Elektrische Leiter sind Materialien, die im Gegensatz zu Nichtleitern frei bewegliche Ladungsträger (z. B. Elektronen) besitzen.

3. Die technische Stromrichtung ist, entgegengesetzt der Bewegung der Elektronen, vom Plus-Pol zum Minus-Pol der Spannungsquelle.

4. Die Stromdichte J ist die auf den Leiterquerschnitt A bezogene Stromstärke I.

8.4 Elektrischer Widerstand (zu Seite 72)

1. Der elektrische Widerstand ist die Eigenschaft eines Werkstoffes, sich dem elektrischen Strom zu widersetzen.

8.5 Das Ohm'sche Gesetz (zu Seite 72)

1. Der elektrische Widerstand R ist der Proportionalitätsfaktor zwischen der Spannung U und der Stromstärke I.

$$\boxed{R = \frac{U}{I}} \qquad [R] = \frac{V}{A} = \Omega \text{ (Ohm)}$$

2. Der Leitwert G ist der reziproke Wert des Widerstandes.

$$\boxed{G = \frac{1}{R} = \frac{I}{U}} \qquad [G] = \frac{1}{\Omega} = S \text{ (Siemens)}$$

3. Wenn eine elektrische Leistung über einen Zeitraum erbracht wird, wird elektrische Arbeit verrichtet.

Arbeitsauftrag (zu Seite 73)

1. $I = \dfrac{U}{R} = \dfrac{9\,V}{300\,\Omega} = 0{,}03\,A$

8.6 Elektrische Arbeit und elekrische Leistung (zu Seite 73)

1. Die elektrische Leistung P ist elektrische Arbeit W pro Zeitdauer t.

$$\boxed{P = \frac{W}{t}} \quad [P] = \frac{Ws}{s} = W \text{ (Watt)}$$

8.7 Wirkungsgrad (zu Seite 73)

1. $\boxed{\eta = \frac{P_{ab}}{P_{zu}}} \quad [\eta] = 1 \quad \text{(sprich eta)}$

Je kleiner die Verlustleistung, desto besser ist der Wirkungsgrad. Der Wirkungsgrad ist immer < 1.

8.8 Elektrisches Feld (zu Seite 73)

1. Zwischen zwei unterschiedlich geladenen Leitern besteht ein elektrisches Feld. Das elektrische Feld übt eine Kraft auf elektrische Ladungen aus. Die Kraft steigt proportional zum elektrischen Feld.

2. Die Ursache für das elektrische Feld ist die elektrische Spannung U.

3. Je größer die Plattenfläche und je geringer der Plattenabstand, desto größer ist die Kapazität des Kondensators. Zusätzlich kann durch Einbringen von Nichtleitern die Kapazität erhöht werden.

$$C = \varepsilon_0 \cdot \varepsilon_r \cdot \frac{A}{l} \quad [C] = \frac{As}{V} = F \text{ (Farad)}$$

$\varepsilon = \varepsilon_0 \cdot \varepsilon_r$

C Kapazität
ε_0 Elektrische Feldkonstante
$\varepsilon_0 = 8{,}85 \cdot 10^{-12} \frac{As}{Vm} = 8{,}84 \frac{pF}{m}$
ε_r Permittivitätszahl (früher: Dielektrizitätszahl)
ε Permittivität (früher: Dielektrizitätskonstante)
A Plattenfläche
l Plattenabstand

8.9 Magnetisches Feld (zu Seite 73–75)

1. Elektrische Ströme, sind bewegte elektrische Ladungen. Diese verursachen ein magnetisches Feld in ihrer Umgebung.

2. • Magnetische Feldlinien haben keinen Anfang und kein Ende, sie sind in sich geschlossen.
   • Sie verlaufen außerhalb eines Magneten vom Nord- zum Südpol und innerhalb vom Süd- zum Nordpol.
   • Sie treten immer senkrecht aus der Magnetoberfläche aus bzw. ein.

3. Permanentmagnete (Dauermagnete) entstehen durch Ausrichtung der Elementarmagnete eines ferromagnetischen Stoffes. Ferromagnetische Stoffe behalten die Ausrichtung der Elementarmagnete auf Dauer bei.

4. Greift man um einen stromdurchflossenen Leiter mit der rechten Hand so, dass der Daumen in Richtung des elektrischen Stromes zeigt, so zeigen die gekrümmten Finger die Verlaufsrichtung der magnetischen Feldlinien an.

5. Ein magnetischer Kreis beschreibt den für die Ausbreitung der magnetischen Feldlinien vorgesehenen Raum.

6. Jede bewegte elektrische Ladung verursacht ein magnetisches Feld. Das Produkt aus der Stromstärke I und der Anzahl der Windungen einer Spule N nennt man magnetische Durchflutung Θ.
$\boxed{\Theta = I \cdot N} \quad [\Theta] = A \quad \text{(sprich Theta)}$

7. Die magnetische Feldstärke H entspricht der magnetischen Durchflutung bezogen auf die mittlere Feldlinienlänge l_m.

$\boxed{H = \frac{\Theta}{l_m}} \quad [H] = \frac{A}{m}$

8. Die magnetische Flussdichte ist ein Maß für die Stärke eines Magnetfeldes. Sie steigt mit der magnetischen Feldstärke H und mit der Permeabilität μ des Materials, das von den magnetischen Feldlinien durchdrungen wird.

$\boxed{B = \mu \cdot H} \quad [B] = \frac{Vs}{m^2} = T \quad \text{(sprich Tesla)}$

9. Der magnetische Fluss ist die Gesamtheit aller Feldlinien in einem magnetischen Kreis.
$\boxed{\Phi = B \cdot A}$ $[\Phi] = \text{Vs} = \text{Wb}$ (sprich Weber)

10. • Ferromagnetische Werkstoffe (Eisen, Nickel Kobalt, Ferrite) verstärken das sie durchdringende Magnetfeld, $\mu_r \gg 1$.
    • Paramagnetische Werkstoffe (z. B. Al, Mn, Cr, W) verstärken das Magnetfeld nur gering, $\mu_r > 1$.
    • Diamagnetische Werkstoffe (z. B. Cu, Zn, Ag, Wasser) schwächen Magnetfelder ab, $\mu_r < 1$.

11. Die Leiterwerkstoffe Kupfer und Aluminium besitzen ein sehr ähnliches magnetisches Verhalten wie Luft, $\mu_r \approx 1$.

12. Ferromagnetische Werkstoffe.

13. Wird der magnetische Kreis im Sättigungsbereich betrieben, steigt trotz einer Erhöhung der magnetischen Feldstärke H die magnetische Flussdichte B nicht mehr an. Trotz zusätzlichen Energieaufwandes steigt die Magnetisierung nicht mehr an.

14. Wird der Magnetisierungsstrom bei Dauermagneten abgeschaltet, dann kehren nur wenige Elementarmagnete in ihre Ausgangslage zurück. Es bleibt ein hoher Restmagnetismus (Remanenz) zurück.

15. Der Restmagnetismus kann mittels der Koerzitivfeldstärke gelöscht werden. Hierbei wird ein entgegengerichtetes magnetisches Feld angelegt und erhöht, bis der Eisenkern entmagnetisiert ist.

16. Sie führt zur Umwandlung elektrischer Energie in Wärmeenergie.

17. Parallel geführte stromdurchflossene Leiter ziehen sich an, wenn deren Stromrichtung übereinstimmt, bei gegensinniger Stromrichtung stoßen sie sich ab.

18. In einem Leiter wird eine elektrische Spannung induziert, wenn dieser von einem sich ändernden Magnetfeld durchsetzt wird oder sich die wirksame Fläche im Magnetfeld ändert.

19. Der Induktionsstrom ist so gerichtet, dass er seiner Erregerursache, der Magnetflussänderung, entgegenwirkt.

20. Bewegt sich ein Leiter durch ein Magnetfeld, werden die in ihm enthaltenen freien Elektronen an ein Leiterende verschoben.
Wenn die Richtung des Magnetfeldes und die Bewegungsrichtung des Leiters senkrecht zueinander stehen, gilt:
$\boxed{F = B \cdot Q \cdot v}$ $[F] = \dfrac{\text{Vs}}{\text{m}^2} \cdot \text{As} \cdot \dfrac{\text{m}}{\text{s}} = \dfrac{\text{kgm}}{\text{s}^2} = \text{N}$ (Newton)
v: Bewegungsgeschwindigkeit
B: magnetische Flussdichte
Q: elektrische Ladung

21. Der Stromänderung in der ersten Spule folgt ein sich änderndes Magnetfeld, welches seinerseits in der zweiten Spule aufgrund der magnetischen Kopplung eine Spannung induziert. Diese Erscheinung wird als Induktion bezeichnet.

22. Die Änderung des Magnetfeldes in einer Spule infolge einer Stromänderung hat in dieser Spule wiederum eine Selbstinduktionsspannung zur Folge.

23. Die Induktivität hängt ausschließlich von den Spulendaten ab, sie steigt
    • mit der Windungszahl N,
    • mit der Permeabilität des Kernmaterials μ_r,
    • durch Verringerung der mittleren Feldlinienlänge l_m,
    • mit steigendem Wicklungsquerschnitt A.
Die Spulendaten werden als Induktivität L zusammengefasst.
$\boxed{L = N^2 \cdot \mu_0 \cdot \mu_r \cdot \dfrac{A}{l_m}}$ $[L] = \dfrac{\text{Vs}}{\text{A}} = \text{H}$ (sprich Henry)

Arbeitsauftrag (zu Seite 75–76)

1. Bei einer Änderung des Stromflusses in einer Spule entsteht in dieser eine Selbstinduktionsspannung, die der Ursache entgegengesetzt ist (Lenzsche Regel).

- Schalter S wird geschlossen. An H1 liegt sofort die Betriebsspannung an, H1 leuchtet sofort. Ebenso liegt an L1 die Betriebsspannung an. Der Strom durch die Spule beginnt anzusteigen. In der Spule entsteht deshalb eine Selbstinduktionsspannung, die der Ursache entgegengerichtet ist. Der Stromfluss wird gehemmt und erreicht erst nach einer zeitlichen Verzögerung seinen Höchstwert. H2 leuchtet später auf.

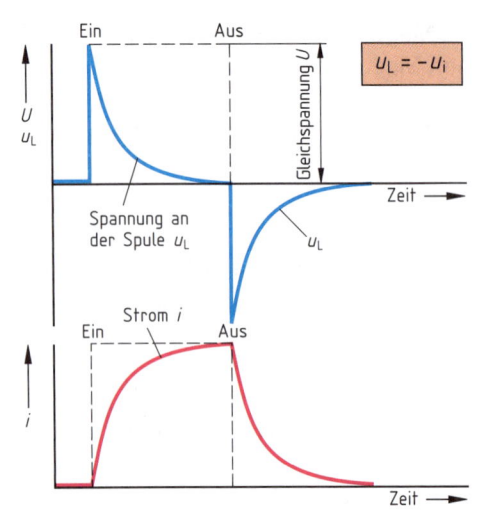

Bild 1: Strom- und Spannungsverlauf beim Ein- und Ausschalten einer Spule

- Schalter S wird geöffnet: Beim Ausschalten wird in der Spule L1 wieder eine Selbstinduktionsspannung erzeugt, die versucht, den Strom weiter fließen zu lassen. Beim Abbau des Magnetfeldes sinkt der Strom mit einer zeitlichen Verzögerung ab. H1 und H2 gehen mit einer zeitlichen Verzögerung aus.

2. Beim Einschalten leuchtet die Glimmlampe nicht auf, da die angelegte Spannung 6 V beträgt und eine Zündspannung von 100 V nötig ist. Beim Ausschalten entsteht durch die Stromänderung in der Spule eine hohe Selbstinduktionsspannung, welche die Glimmlampe kurzzeitig aufleuchten lässt.

3. $U_i = -N \dfrac{\Delta \Phi}{\Delta t}$

  - $t = 0$ bis $2s$
    $U_i = -100 \dfrac{-4 \cdot 10^{-3} \text{ Vs}}{2 \text{ s}} = 0{,}20 \text{ V}$
  - $t = 2s$ bis $4s$
    $U_i = -100 \dfrac{1 \cdot 10^{-3} \text{ Vs}}{2 \text{ s}} = -0{,}05 \text{ V}$
  - $t = 4s$ bis $6s$
    $U_i = -100 \dfrac{6 \cdot 10^{-3} \text{ Vs}}{2 \text{ s}} = -0{,}30 \text{ V}$
  - $t = 6s$ bis $8s$
    $U_i = -100 \dfrac{0 \text{ Vs}}{2 \text{ s}} = 0 \text{ V}$
  - $t = 8s$ bis $10s$
    $U_i = -100 \dfrac{-3 \cdot 10^{-3} \text{ Vs}}{2 \text{ s}} = 0{,}15 \text{ V}$

4.

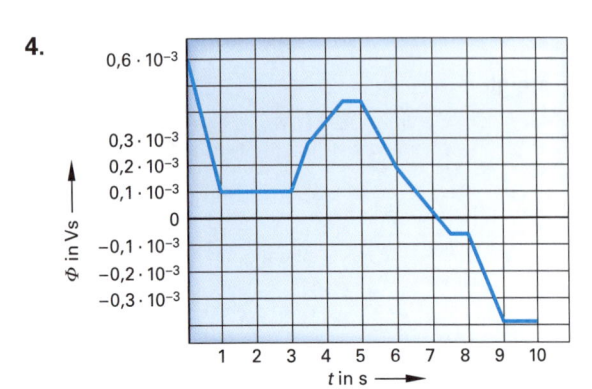

Bild 2: Verlauf des Elektrischen Flusses

5.

$$U_i = \frac{\Delta I}{\Delta t} \cdot \frac{N^2 \cdot \mu_r \cdot \mu_0 \cdot A}{l_m}$$

$$l_m = \frac{\Delta I}{\Delta t} \cdot \frac{N^2 \cdot \mu_r \cdot \mu_0 \cdot A}{U_i}$$

$$l_m = 5\,\frac{A}{s} \cdot \frac{1000^2 \cdot 200 \cdot 1{,}257 \cdot 10^{-6}\,\frac{Vs}{Am} \cdot 800 \cdot 10^{-6}\,m^2}{10\,V}$$

$$l_m = \underline{0{,}1\,m}$$

6.
- Keramik: $\mu_r = 5-6$; U_i steigt auf den 5- bis 6-fachen Wert.
- Hexaferrit: $\mu_r = 1{,}2$; U_i steigt auf den 1,2-fachen Wert.

8.10 Grundlagen elektrischer Widerstände (zu Seite 77)

1.
- Strommessgeräte müssen vom zu messenden Strom durchflossen werden, das Strommessgerät wird mit dem Verbraucher in Reihe geschaltet.
- Spannungsmessgeräte werden parallel zu den Verbrauchern angeschlossen.

Arbeitsauftrag (zu Seite 77)

1. Widerstände von links nach rechts:
R1: rot – rot – rot – gold
R1 = 2,2 kΩ ± 5 %
R2: gelb – violett – orange – gold
R2 = 47 kΩ ± 5 %
R3: braun – schwarz – orange – gold
R3 = 10 kΩ ± 5 %
R4: rot – orange – orange – gold
R4 = 23 kΩ ± 5 %
R5 = orange – orange – orange – gold
R5 = 33 kΩ ± 5 %

2. 1 Ring: braun,
2 Ring: schwarz,
3 Ring: orange,
4 Ring: gold.

3. 1 Ring: orange,
2 Ring: orange,
3 Ring: rot,
4 Ring: silber.

Zur Vertiefung (Reihenschaltung) (zu Seite 77)

1. Die Stromstärke I ist innerhalb einer Reihenschaltung an jeder Stelle im Stromkreis gleich groß.
$$\boxed{I = I_1 = I_2 = \ldots = I_n}$$

2. Der Gesamtwiderstand in einer Reihenschaltung ist gleich der Summe der Einzelwiderstände.
$$\boxed{R = R_1 + R_2 + \ldots + R_n}$$

3. In einer Reihenschaltung stehen die Spannungen im gleichen Verhältnis wie die dazugehörigen Widerstände.
$$\boxed{\frac{U_1}{U_2} = \frac{R_1}{R_2}}$$

4. Die Gesamtleistung in der Reihenschaltung von Widerständen ist gleich der Summe der Einzelleistungen.
$$\boxed{P = P_1 + P_2 + \ldots + P_n}$$

Arbeitsauftrag (zu Seite 78)

1. $R = R_1 + R_2 + R_3 = 1\,\text{k}\Omega + 2\,\text{k}\Omega + 3\,\text{k}\Omega = \mathbf{6\,k\Omega}$

   $I = \dfrac{U_0}{R} = \dfrac{12\,\text{V}}{6\,\text{k}\Omega} = \mathbf{2\,mA}$

   $U_1 = I \cdot R_1 = 2\,\text{mA} \cdot 1\,\text{k}\Omega = \mathbf{2\,V}$

   $U_2 = I \cdot R_2 = 2\,\text{mA} \cdot 2\,\text{k}\Omega = \mathbf{4\,V}$

   $U_3 = I \cdot R_3 = 2\,\text{mA} \cdot 3\,\text{k}\Omega = \mathbf{6\,V}$

   $P_1 = I \cdot U_1 = 2\,\text{mA} \cdot 2\,\text{V} = \mathbf{4\,mW}$

   $P_2 = I^2 \cdot R_2 = (2\,\text{mA})^2 \cdot 2\,\text{k}\Omega = \mathbf{8\,mW}$

   $P_3 = \dfrac{U_3^2}{R_3} = \dfrac{6\,\text{V}^2}{3\,\text{k}\Omega} = \mathbf{12\,mW}$

   $P = P_1 + P_2 + P_3$

   $P = 4\,\text{mW} + 8\,\text{mW} + 12\,\text{mW} = \mathbf{24\,mW}$

Zur Vertiefung (Parallelschaltung) (zu Seite 78)

1. An parallel geschalteten Widerständen liegt dieselbe Spannung.
   $$\boxed{U = U_1 = U_2 = \ldots = U_n}$$

2. Der Gesamtleitwert in einer Parallelschaltung ist gleich die Summe der Einzelleitwerte.
   $$\boxed{G = G_1 + G_2 + \ldots + G_n}$$

3. Bei einer Parallelschaltung ist der Gesamtstrom gleich die Summe der Teilströme.
   $$\boxed{I = I_1 + I_2 + \ldots + I_n}$$

8.11 Grundlagen der Wechselstromtechnik (zu Seite 78–79)

1. Wechselspannungen bzw. Wechselströme sind physikalische Größen, deren Werte und Richtung sich innerhalb eines Zeitabschnittes verändern.

2. Eine gleichförmige oder gleichmäßig rotierende Leiterschleife in einem Magnetfeld erzeugt eine Wechselspannung.

3. Wird die Leiterschleife mit einer konstanten Geschwindigkeit in einem homogenen Magnetfeld bewegt, so erzeugt dies eine periodische (sich wiederholende) sinusförmige Wechselspannung.

4. Periodische Signale wiederholen sich nach der Zeitdauer T (Periodendauer). Der Drehwinkel einer Leiterschleife beträgt entsprechend der Periodendauer T genau 360°.

5. Der Momentanwert einer Wechselgröße lässt sich durch die Angabe der dazugehörenden Zeigerlänge und des Drehwinkels α bzw. der Zeit t exakt beschreiben. Beispiel:
   $$\boxed{u = \hat{u} \cdot \sin\alpha = \hat{u} \cdot \sin(\omega t) = \hat{u} \cdot \sin(2 \cdot \pi \cdot f \cdot t)}$$

6. Die Anzahl der Perioden pro Sekunde wird als Frequenz bezeichnet.
   $\boxed{f = \dfrac{1}{T}}$ $\quad [f] = \dfrac{1}{\text{s}} = \text{Hz}$ (sprich Hertz)

7. Der Radius des Einheitskreises hat die Länge $r = 1$.
   Der Umfang des Einheitskreises berechnet sich aus der Formel $U = d \cdot \pi$ für den Kreisumfang.
   - $U = 2 \cdot r \cdot 3{,}14 = 2 \cdot 1 \cdot 3{,}14 = 6{,}28 = 2\pi$

   Das Bogenmaß gibt die Länge des Kreisbogens an, welche die Spitze des Radius (Zeiger) von einem Schenkel zu einem zweiten Schenkel überstreicht. Die Einheit für das Bogenmaß ist Radiant (rad).
   $\boxed{360° = 2 \cdot \pi \text{ rad}}$ $\quad [\text{rad}] = 1$

8. Nach einer Umdrehung des Zeigers im Einheitskreis ist die Periodendauer T verstrichen. Die Geschwindigkeit ergibt sich aus Wegstrecke pro Zeit. Die Wegstrecke beträgt im Einheitskreis $2 \cdot \pi$.
   $\boxed{\omega = \dfrac{2 \cdot \pi}{T} = 2 \cdot \pi \cdot f}$ $\quad [\omega] = \dfrac{1}{\text{s}}$

   Die Kreisfrequenz bzw. Winkelgeschwindigkeit ω gibt an, welchen Winkel (gemessen in Bogenmaß) ein Zeiger je Sekunde überstreicht.

9. Der Effektivwert einer Wechselgröße gibt eine Gleichgröße an, die dieselbe Wärmewirkung an einem ohmschen Widerstand hervorruft. Der Effektivwert für Spannung und Strom ist definiert:

$$U = \frac{\hat{u}}{\sqrt{2}} \quad I = \frac{\hat{i}}{\sqrt{2}}$$

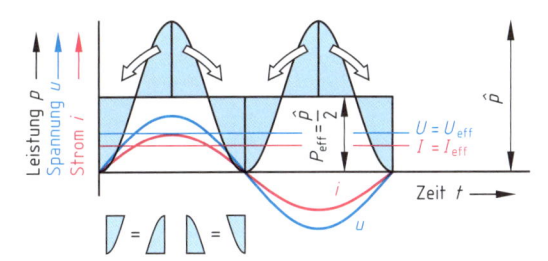

Bild 1: Sinusgrößen

10. $\boxed{P = U_{eff} \cdot I_{eff}}$

    Im Falle sinusförmiger Wechselgrößen:

    $$\boxed{P = \frac{\hat{u}}{\sqrt{2}} \cdot \frac{\hat{i}}{\sqrt{2}} \quad P = \frac{\hat{u} \cdot \hat{i}}{2}}$$

    Ein ohmscher Widerstand R wird in der Wechselspannungstechnik Wirkwiderstand genannt.

8.12 Der Kondenssator im Wechselstromkreis (zu Seite 79)

1. Von einem geladenen Kondensator können Gefahren für Menschen und Geräte ausgehen. Deshalb sollte man vor dem Arbeiten mit Kondensatoren diese über einen hochohmigen Widerstand entladen.

2. Ein Kondensator verhält sich im Wechselstromkreis wie ein Widerstand (Blindwiderstand X_C).

3. $\boxed{X_C = \dfrac{1}{2 \cdot \pi \cdot f \cdot C}} \quad [X_C] = \dfrac{1}{\dfrac{1}{s} \cdot \dfrac{As}{V}} = \Omega$

    Mit $\omega = 2 \cdot \pi \cdot f$ erhält man $\quad X_C = \dfrac{1}{\omega \cdot C}$

4. Der Strom eilt beim idealen Kondensator im Wechselstromkreis der Spannung um $\varphi = 90°$ bzw. $\pi/2$ voraus.

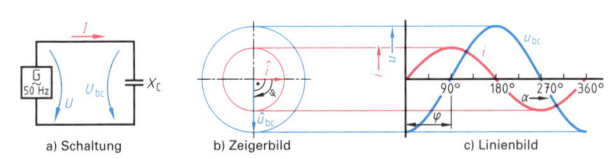

    a) Schaltung   b) Zeigerbild   c) Linienbild
    Bild 2: Strom und Spannung bei einem kapazitiven Blindwiderstand

5. Da Strom und Spannung um 90° phasenverschoben sind, verläuft die Leistungskurve beim Kondensator zu gleichen Teilen im positiven und negativen Bereich. Die mittlere Wirkleistung ist somit null.

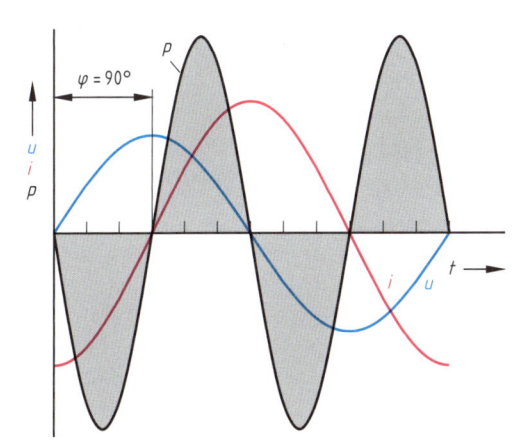

Bild 3: Kapazitive Blindleistung

6. Das Produkt der Effektivwerte des Stromes I_C und der Spannung U_C wird kapazitive Blindleistung Q_C genannt.
$\boxed{Q_C = I_C \cdot U_C}$ $\quad [C_C]$ = var $\quad$ (sprich Volt – Ampere – reaktiv)

8.13 Die Spule im Wechselstromkreis (zu Seite 80)

1. In einem rein induktiven Wechselstromkreis (ideale Spule) eilt der Strom der Spannung um φ = 90° nach.

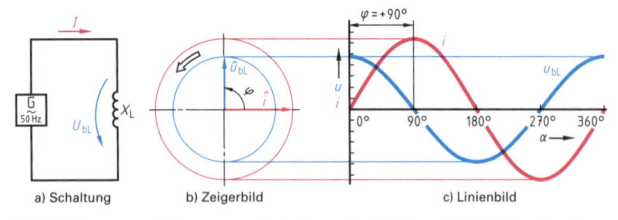

Bild 1: Strom und Spannung bei einem induktiven Blindwiderstand

2. $\boxed{X_L = 2 \cdot \pi \cdot f \cdot L}$ $\quad [X_L] = \dfrac{1}{s} \cdot \dfrac{Vs}{A} = \dfrac{V}{A} = \Omega$

Mit $\omega = 2 \cdot \pi \cdot f$ erhält man $X_L = \omega \cdot L$

3. Da der Strom durch die Spule und der Spannungsfall über der Spule um 90° phasenverschoben sind, verläuft die Leistung zu gleichen Teilen im positiven und im negativen Bereich. Bei einer idealen Spule im Wechselstromkreis beträgt die mittlere Wirkleistung null.

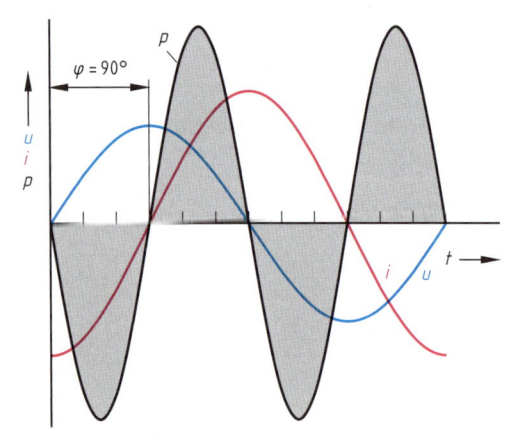

Bild 2: Induktive Blindleistung

8.14 Dreiphasenwechselstrom (Drehstrom) (zu Seite 80–81)

1. Drei um 120° phasenverschobene und verkettete Wechselspannungen nennt man Dreiphasenwechselspannung.

2. Werden die drei Strangenden U2, V2 und W2 verbunden, entsteht die Sternschaltung. An den Sternpunkt kann ein Neutralleiter angeschlossen werden.

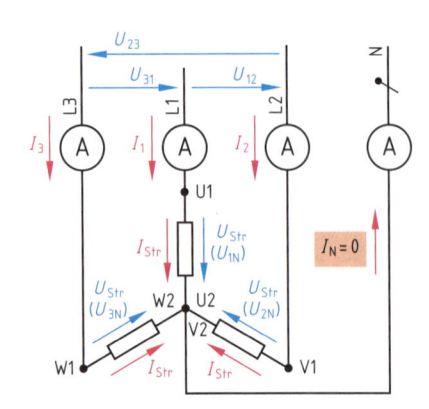

Bild 3: Sternschaltung von Verbrauchern

3. Wird das Ende eines Stranges mit dem Anfang des nächsten Stranges verbunden, z.B. U2 mit V1, V2 mit W1 und W2 mit U1, entsteht die Dreieckschaltung.

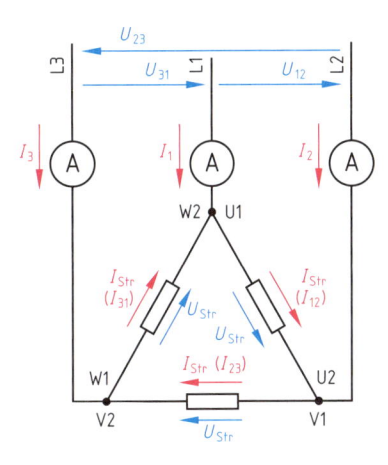

Bild 1: Dreieckschaltung von Verbrauchern

4. Die drei Leiter L1, L2 und L3, die vom Erzeuger kommen und an die Stranganfänge U1, V1 und W1 führen, werden Außenleiter genannt.

5. Das Verbinden der drei Spulen wird als Verkettung bezeichnet. Das Verhältnis der Spannung zwischen zwei Außenleitern zu der Spannung zwischen einem Außenleiter und dem Neutralleiter wird als Verkettungsfaktor bezeichnet.

   Verkettungsfaktor: $\boxed{\dfrac{U_{31}}{U_{1N}} = \dfrac{400\ \text{V}}{230\ \text{V}} = \sqrt{3}}$

6. Bei der Sternschaltung sind die Leiterströme so groß wie die Strangströme.

7. Bei der Sternschaltung ist die Leiterspannung $\sqrt{3}$-mal so groß wie die Strangspannung.

8. Bei der symmetrischen Belastung eines Drehstromnetzes fließt im Neutralleiter kein Strom.

9. Bei der Aufteilung sollte darauf geachtet werden, dass alle drei Außenleiter etwa gleich belastet werden.

10. Der Neutralleiter ist unterbrochen oder nicht angeschlossen.

11. Bei der Dreieckschaltung ist die Strangspannung gleich der Leiterspannung.

12. Bei der Dreieckschaltung ist der Leiterstrom I $\sqrt{3}$-mal so groß wie der Strangstrom I_{Str}.

13.

Netzspannung		690 V	400 V	230 V	480 V
zulässige Strangspannung der Motorwicklung	400 V	Y	△		
	230 V		Y	△	
	480 V				△
	277 V				Y

Arbeitsauftrag (zu Seite 81)

1. a) Außenleiterspannung oder Leiterspannung
   b) Strangspannung oder Sternspannung

2. Werden an ein Drehstromnetz drei gleiche Verbraucher angeschlossen (symmetrische Belastung), dann fließt im Neutralleiter kein Strom. Beispiel: Drehstromasynchronmotor

3. a) Sternschaltung:
   $\boxed{U = \sqrt{3} \cdot U_{Str} \quad I = I_{Str}}$

   b) Dreieckschaltung:
   $\boxed{U = U_{Str} \quad I = \sqrt{3} \cdot I_{Str}}$

4. Man berechnet bei der Sternschaltung und bei der Dreieckschaltung die Leistungen mit den gleichen Formeln.

$$S = \sqrt{3} \cdot U \cdot I$$
$$P = \sqrt{3} \cdot U \cdot I \cdot \cos\varphi$$
$$Q = \sqrt{3} \cdot U \cdot I \cdot \sin\varphi$$

$[S]$ = VA
$[P]$ = W
$[Q]$ = var

U: Leiterspannung
I: Leiterstrom

5. Bei gleicher Netzspannung nimmt ein Verbraucher in Dreieckschaltung die dreifache Leistung auf wie in Sternschaltung.

$$\frac{P_{Dreieck}}{P_{Stern}} = 3$$

6. Leistungsmessumformer wandeln Messwerte der elektrischen Leistung in einen proportionalen elektrischen Gleichstrom um.

8.15 Kompensation (zu Seite 82)

1. Das Ausgleichen der induktiven Blindleistung durch kapazitive Blindleistung wird als Kompensation bezeichnet.

2. Benötigte Blindleistung für induktive Verbraucher muss das Netz liefern. Dadurch werden Erzeugeranlagen, Leitungen und Übertragungseinrichtungen zusätzlich belastet. Durch Kompensation der Blindleistung muss ein Teil der Blindleistung nicht mehr vom Netz zur Verfügung gestellt werden. Die Blindleistung pendelt zwischen induktivem Verbraucher und Kompensationsanlage hin und her und entlastet somit das Netz.

3. Es wird ein Leistungsfaktor von 0,9 bis 0,95 induktiv angestrebt.

4. • Einzelkompensation,
   • Gruppenkompensation,
   • Zentralkompensation.

5. Bei 230 V 50 Hz werden pro 1 kvar 60 μF benötigt. Bei 400 V 50 Hz werden pro 1 kvar 20 μF benötigt.

Arbeitsauftrag (zu Seite 82–85)

1. $E = \dfrac{F}{Q} = \dfrac{0{,}025\,\text{N}}{3 \cdot 10^5\,\text{As}} = \mathbf{83{,}3 \cdot 10^{-9}\,\dfrac{V}{m}}$

2. a) $E = \dfrac{U}{d} = \dfrac{2000\,\text{V}}{0{,}01\,\text{m}} = \mathbf{200\,\dfrac{kV}{m}}$

   b) $H = \dfrac{I \cdot N}{l_m} = \dfrac{1\,\text{A} \cdot 1500}{0{,}30\,\text{m}} = \mathbf{5000\,\dfrac{A}{m}}$

   $\phi = \mu_0 \cdot H \cdot A = 1{,}257 \cdot 10^{-6}\,\dfrac{Vs}{A} \cdot 5 \cdot 10^3\,\dfrac{A}{m} \cdot 0{,}0015\,\text{m}^2$

   $\phi = \mathbf{9{,}43 \cdot 10^{-6}\,Vs}$

3. a) Wird ein ferromagnetischer Stoff von einem Magnetfeld durchdrungen, richten sich die in ihm vorhandenen Elementarmagnete nach dem äußeren Magnetfeld aus. Dadurch wird das vorhandene Magnetfeld zusätzlich verstärkt. Sind nahezu alle Elementarmagnete ausgerichtet, liefert der ferromagnetische Stoff kein zusätzliches Magnetfeld. Der Sättigungsbereich ist erreicht (Punkt A).
   Wird das äußere Magnetfeld abgeschaltet, $H = 0$, dann kehren nicht alle Elementarmagnete in ihre Ausgangslage zurück. Es bleibt eine restliche magnetische Flussdichte, Remanenz B_r genannt, zurück (Punkt B).
   Um die vorhandene Remanenz B_r zu beseitigen, muss ein entgegengerichtetes Magnetfeld mit der Koerzitivfeldstärke H_c erzeugt werden (Punkt C).
   Wird die Feldstärke weiter erhöht, wird das ferromagnetische Material wieder magnetisiert, bis die Sättigung in der entgegengesetzten Richtung erreicht ist (Punkt D).
   Der Eisenkern kann jetzt keinen zusätzlichen Beitrag zum Magnetfeld liefern. Wird das äußere Magnetfeld abgeschaltet, bleibt ebenfalls ein Restmagnetismus bestehen (Punkt E).

   b) Bei einem hartmagnetisierbaren Werkstoff ist eine große magnetische Feldstärke H notwendig, damit sich die Elementarmagnete ausrichten. Wird $H = 0$, drehen sich nur wenige Elementarladungen in ihre Ausgangsposition zurück. Es bleibt eine große Remanenz erhalten. Anwendung: Dauermagnete.
   Bei einem weichmagnetischen Werkstoff reicht eine geringe magnetische Feldstärke H, damit sich die Elementarmagnete im Magnetfeld ausrichten. Es ist nur eine geringe Koerzitivfeldstärke notwendig, damit der Eisenkern ummagnetisiert wird.
   Anwendung: Elektroblech bei Elektromotoren und Transformatoren.

4. $U_i = -N \cdot B \cdot I \cdot v$

   $U_i = -1 \cdot 1{,}5 \dfrac{Vs}{m^2} \cdot 0{,}30\,m \cdot 10 \dfrac{m}{s}$

   $U_i = \mathbf{-4{,}5\,V}$

   $I = \dfrac{U_i}{R} = \dfrac{4{,}5\,V}{5\,\Omega} = \mathbf{0{,}9\,A}$

5. $Q = I \cdot t = 0{,}15\,A \cdot 7\,h = \mathbf{1{,}05\,Ah}$

6. $R = \dfrac{U}{I} = \dfrac{9\,V}{0{,}1\,A} = \mathbf{90\,\Omega}$

7. $W = U \cdot I \cdot t = 3\,V \cdot 0{,}14\,A \cdot 30\,h$

   $W = \mathbf{12{,}6\,Wh}$

   $1\,kWh = 1000\,Wh$

   $\dfrac{Preis}{1000\,Wh} = \dfrac{1\,\text{\euro}}{12{,}6\,Wh}$

   $Preis = \dfrac{1000\,Wh \cdot 1\,\text{\euro}}{12{,}6\,Wh} = \mathbf{79{,}37\,\text{\euro}}$

8. $P = U \cdot I = 4\,V \cdot 0{,}2\,A = \mathbf{0{,}8\,W}$

9. Ein unbelasteter Spannungsteiler besteht aus zwei in Reihe geschalteten Widerständen R_1 und R_2. Die Gesamtspannung U liegt an den beiden Widerständen an. Ist am Spannungsteiler kein Verbraucher an R_2 angeschlossen, ist er unbelastet. Die Ausgangsspannung wird mit U_{20} bezeichnet.

   $I = \dfrac{U_1}{R_1} = \dfrac{3\,V}{4{,}7\,\Omega} = 0{,}64\,A$

   $U_2 = U - U_1 = 9\,V - 3\,V = 6\,V$

   $R_2 = \dfrac{6\,V}{0{,}64\,A} = \mathbf{9{,}4\,\Omega}$

10. Ein belasteter Spannungsteiler besteht aus zwei in Reihe geschalteten Widerständen R_1 und R_2. Parallel zu R_2 ist ein Verbraucher RL geschaltet.

    $q = \dfrac{I_q}{I_L}$

    $I_q = q \cdot I_L = 5 \cdot 6\,mA = \mathbf{30\,mA}$

    $R_2 = \dfrac{U_2}{I_q} = \dfrac{0{,}7\,V}{30\,mA} = \mathbf{23{,}3\,\Omega}$

    $U_1 = U - U_2 = 12\,V - 0{,}7\,V = \mathbf{11{,}3\,V}$

    $I = I_q + I_L = 30\,mA + 6\,mA = \mathbf{36\,mA}$

    $R_1 = \dfrac{U_1}{I} = \dfrac{11{,}3\,V}{36\,mA} = \mathbf{313{,}9\,\Omega}$

11. Bei einer zweiadrigen Leitung beträgt die Ausbreitungsgeschwindigkeit etwa 240 000 km/s

    $\lambda = \dfrac{0{,}8 \cdot c_0}{f} = \dfrac{0{,}8 \cdot 300000\,\dfrac{km}{s}}{50\,\dfrac{1}{s}}$

    $\lambda = \mathbf{4800\,km}$

12.
$\Theta = I \cdot N$
$\Theta = H \cdot I_m$
$I \cdot N = H \cdot I_m$

$I = \dfrac{H \cdot I_m}{N} = \dfrac{4500 \dfrac{A}{m} \cdot 0,4\,m}{1200} = \mathbf{1,5\,A}$

$R = \dfrac{U}{I} = \dfrac{24\,V}{1,5\,A} = \mathbf{16\,\Omega}$

$R = \dfrac{\rho_{Cu} \cdot l}{A} \quad A = \dfrac{d^2 \cdot \pi}{4} = \dfrac{(0,5\,mm)^2 \cdot \pi}{4} = \mathbf{0,196\,mm^2}$

$l = \dfrac{R \cdot A}{\rho_{Cu}} = \dfrac{16\,\Omega \cdot 0,196\,mm^2}{0,01786 \dfrac{\Omega \cdot mm^2}{m}} = \mathbf{175,6\,m}$

13. a) $X_L = 2 \cdot \pi \cdot f \cdot L = 2 \cdot \pi \cdot 60\,\dfrac{1}{s} \cdot 3\,\dfrac{Vs}{A} = \mathbf{1131\,\Omega}$

b) Der induktive Blindwiderstand X_L verhält sich wie die Frequenz. Sinkt die Frequenz um 15 %, dann sinkt auch X_L um 15 %.

14.
$I = \dfrac{\hat{i}}{\sqrt{2}} = \dfrac{1,6\,mA}{\sqrt{2}} = \mathbf{1,13\,mA}$

$U = \dfrac{\hat{u}}{\sqrt{2}} = \dfrac{3,5\,V}{\sqrt{2}} = \mathbf{2,47\,V}$

$X_C = \dfrac{U}{I} = \dfrac{2,47\,V}{1,13\,mA} = \mathbf{2186\,\Omega}$

$X_C = \dfrac{1}{2 \cdot \pi \cdot f \cdot C}$

$C = \dfrac{1}{2 \cdot \pi \cdot f \cdot X_C} = \dfrac{1}{2 \cdot \pi \cdot 1500 \cdot \dfrac{1}{s} \cdot 2186\,\dfrac{V}{A}}$

$C = \mathbf{48,5\,nF}$

15. a) $U = \dfrac{u_{Spitze}}{\sqrt{2}} = \dfrac{326\,V}{\sqrt{2}} = \mathbf{230,5\,V}$

b) Vielfachmessgeräte sind Effektivwertmessgeräte. $U_{Anzeige} = 230,5\,V$

c) Der Taschenrechner ist auf rad einzustellen

$u = \hat{u} \cdot \sin \omega t$

$t = \dfrac{\arcsin \dfrac{u}{\hat{u}}}{2 \cdot \pi \cdot f}$

$t_1 = \dfrac{\arcsin \dfrac{25\,V}{326\,V}}{2 \cdot \pi \cdot 50\,\dfrac{1}{s}} = \mathbf{0,24\,ms}$

$t_2 = \dfrac{\arcsin \dfrac{-30\,V}{326\,V}}{2 \cdot \pi \cdot 50\,\dfrac{1}{s}} + 10\,ms = \mathbf{10,29\,ms}$

$t_3 = \dfrac{\arcsin \dfrac{211\,V}{326\,V}}{2 \cdot \pi \cdot 50\,\dfrac{1}{s}} = \mathbf{2,24\,ms}$

16.
$U_{Str} = \dfrac{U}{\sqrt{3}} = \dfrac{400\,V}{\sqrt{3}} = \mathbf{230\,V}$

$I = \dfrac{U_{Str}}{R} = \dfrac{230\,V}{16,255\,\Omega} = \mathbf{14,14\,A}$

$P_{Str} = U_{Str} \cdot I = 230\,V \cdot 14,14\,A = \mathbf{3,25\,kW}$

$P = 3 \cdot P_{Str} = 3 \cdot 3,25\,kW = \mathbf{9,75\,kW}$

17.
$I_{Str} = \dfrac{U}{R_{Str}} = \dfrac{400\text{ V}}{100\text{ }\Omega} = $ **4 A**

$P_{Str} = U \cdot I_{Str} = 400\text{ V} \cdot 4\text{ A} = $ **1600 W**

$P = 3 \cdot P_{Str} = 3 \cdot 1600\text{ W} = $ **4800 W**

oder:

$I = \sqrt{3} \cdot I_{Str} = \sqrt{3} \cdot 4\text{ A} = $ **6,9 A**

$P = \sqrt{3} \cdot U \cdot I = \sqrt{3} \cdot 400\text{ V} \cdot 6,9\text{ A} = $ **4800 W**

18. $\cos\varphi_1 = \dfrac{P}{S_1}$

$S_1 = U \cdot I_1 = 230\text{ V} \cdot 0,43\text{ A} = 98,9\text{ VA}$

$\cos\varphi_1 = \dfrac{60\text{ W}}{98,9\text{ VA}} = 0,607$

$Q_C = P \cdot (\tan\varphi_1 1 - \tan\varphi_2 2)$

$\cos\varphi_1 = 0,607$

$\Rightarrow \varphi_1 = \cos^{-1}(0,607) = 52,7°$

$\Rightarrow \tan\varphi_1 = \tan 52,7° = 1,31$

$\cos\varphi_2 = 0,95$

$\Rightarrow \varphi_2 = \cos^{-1}(0,95) = 18,19°$

$\Rightarrow \tan\varphi_2 = \tan 18,19° = 0,33$

$Q_C = 60\text{ W} \cdot (1,31 - 0,33) = 58,8\text{ var}$

$C = \dfrac{Q_C}{2 \cdot \pi \cdot f \cdot U^2} = \dfrac{58,8\text{ var}}{2 \cdot \pi \cdot 50\,\dfrac{1}{s} \cdot (230\text{ V})^2} = $ **3,54 μF**

Zur Vertiefung (zu Seite 86)

1. a)

$U_{ges} = 100\text{ V}$; $U_1 = 80\text{ V}$; $U_{2,3,4} = 20\text{ V}$; $I_{ges} = 0,5\text{ A}$

$R_1 = 200\text{ }\Omega$, $I_1 = 0,400\text{ A}$
$R_2 = 100\text{ }\Omega$, $I_2 = 0,200\text{ A}$
$R_3 = 125\text{ }\Omega$, $I_3 = 0,160\text{ A}$
$R_4 = 500\text{ }\Omega$, $I_4 = 0,040\text{ A}$
$R_5 = 1000\text{ }\Omega$, $I_5 = 0,100\text{ A}$

$G_{2,3,4} = G_2 + G_3 + G_4 = \dfrac{1}{100\text{ }\Omega} + \dfrac{1}{125\text{ }\Omega} + \dfrac{1}{500\text{ }\Omega} = 0,020\text{ S}$

$R_{2,3,4} = \dfrac{1}{G_{2,3,4}} = \dfrac{1}{0,020\text{ S}} = 50\text{ }\Omega$

$R_{1,2,3,4} = R_1 + R_{2,3,4} = 200\text{ }\Omega + 50\text{ }\Omega = 250\text{ }\Omega$

$R_{ges} = \dfrac{R_{1,2,3,4} \cdot R_5}{R_{1,2,3,4} + R_5} = \dfrac{250 \cdot 1000}{250 + 1000} = \dfrac{250.000}{1250} = 200\text{ }\Omega$

b) $\dfrac{U_1}{U_{ges}} = \dfrac{R_1}{R_{1,2,3,4}} \Rightarrow U_1 = U_{ges} \cdot \dfrac{R_1}{R_{1,2,3,4}} = 100\text{ V} \cdot \dfrac{200\text{ }\Omega}{250\text{ }\Omega} = 80\text{ V}$

$U_2 = U_3 = U_4 = U_{2,3,4} = U_{ges} - U_1 = 100\text{ V} - 80\text{ V} = 20\text{ V}$

c) $I_{ges} = \dfrac{U_{ges}}{R_{ges}} = \dfrac{100\text{ V}}{200\text{ }\Omega} = 0,500\text{ A}$ $I_1 = \dfrac{U_1}{R_1} = \dfrac{80\text{ V}}{200\text{ }\Omega} = 0,400\text{ A}$

$I_2 = \dfrac{U_2}{R_2} = \dfrac{20\text{ V}}{100\text{ }\Omega} = 0,200\text{ A}$ $I_3 = \dfrac{U_3}{R_3} = \dfrac{20\text{ V}}{125\text{ }\Omega} = 0,160\text{ A}$

$I_4 = \dfrac{U_4}{R_4} = \dfrac{20\text{ V}}{500\text{ }\Omega} = 0,040\text{ A}$ $I_5 = \dfrac{U_5}{R_5} = \dfrac{100\text{ V}}{1000\text{ }\Omega} = 0,100\text{ A}$

8.16 Grundlagen elektronischer Bauelemente (zu Seite 87)

1. Ein Halbleiter ist ein spezieller Werkstoff, der in Abhängigkeit von seiner Zusammensetzung und von äußeren Einflüssen entweder leitend oder nicht leitend ist.

2. Die Leitfähigkeit lässt sich durch Zusetzen von Fremdstoffen oder durch äußere Einflüsse, z. B. durch Lichteinstrahlung oder durch elektrische oder magnetische Felder, stark verändern.

3. Heißleiter (NTC), Kaltleiter (PTC), Spannungsabhängige Widerstände (Varistor), Magnetfeldabhängige Widerstände (MDR), Diode, Zener-Diode, Fotodiode, Fotowiderstand, alle Arten von Transistoren.

Die Diode (zu Seite 87–89)

1. Dioden lassen den Strom nur in einer Richtung durch.

2. A: Anode, K: Kathode; dies sind die Anschlüsse einer Diode. Der Kathodenanschluss ist häufig durch einen Ring gekennzeichnet.
U_{AK} bezeichnet den Spannungsfall zwischen Anode und Kathode. Die Diode ist in Durchlassrichtung betrieben, wenn zwischen Anode und Kathode eine positive Spannung $U_{AK} > 0$ V anliegt. Die Diode wird in Sperrrichtung betrieben, wenn $U_{AK} < 0$ V ist.

3. Liegt an der Diode eine positive Spannung $U_{AK} > 0$ V, wird die Diode leitfähig. Üblich ist hier die Bezeichnung U_F (F für engl. forward = vorwärts). Erst wenn ein bestimmter Wert, der Schwellwert oder Schleusenwert U_s überschritten wird, wird die Diode leitend. Es fließt ein Strom I_F.
Liegt an der Diode eine negative Spannung $U_{AK} < 0$ V, sperrt die Diode. Hier ist die Bezeichnung U_R (R für reverse = umgekehrt, entgegengesetzt) üblich. Wird die Sperrspannung U_R zu groß, zerstört dies die Diode (Durchbruchspannung). Die im Betrieb maximal auftretende Sperrspannung muss kleiner als die Durchbruchspannung sein.

4. Die Schleusenspannung hängt vom Material der Diode ab. Bei Germaniumdioden liegt die Durchlassspannung bei etwa 0,3 V, bei Siliziumdioden bei etwa 0,7 V.

5. Gleichrichtung, Freilaufdiode, Verpolungsschutz.

6. Freilaufdioden werden zum Schutz vor Induktionsspannungen eingesetzt. Beim Schalten von induktiven Stromkreisen (Spulen z. B. im Schütz oder Relais) entstehen Induktionsspannungen. Diese können zu Kontaktbrand führen oder elektronische Bauelemente zerstören. Bild 1 zeigt die Schutzbeschaltung eines Schützes mit einer Freilaufdiode.

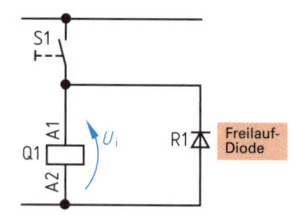

Bild 1: Freilaufdiode

7.

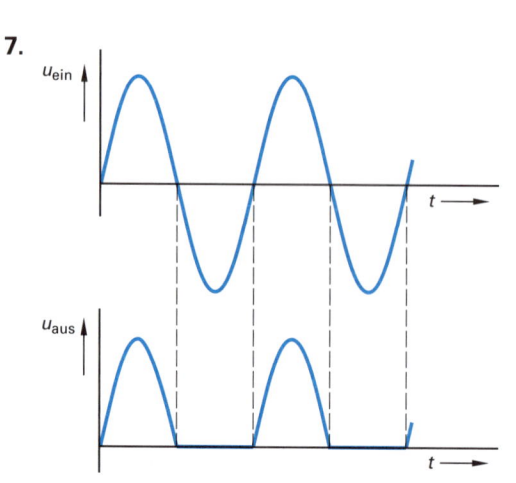

Bild 2: Ausgangsspannung Einweggleichrichter

Die Einweggleichrichtung nutzt nur die positive Halbwelle aus. Bei der positiven Halbwelle leitet die Diode, die Spannung an der Anode ist positiver als an der Kathode. Liegt die negative Halbwelle an, sperrt die Diode. Die Last wird mit einer pulsierenden Gleichspannung versorgt.

8. Eine Glättung erfolgt mithilfe eines Kondensators. Der Kondensator wird mit der positiven Halbwelle aufgeladen.

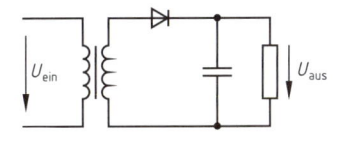

Bild 1: Einweggleichrichtung mit Glättung

Sinkt die Spannung unter den Maximalwert, entlädt sich der Kondensator. Damit wird die negative Halbwelle „überbrückt". Mit der nächsten positiven Halbwelle wird der Kondensator erneut geladen.

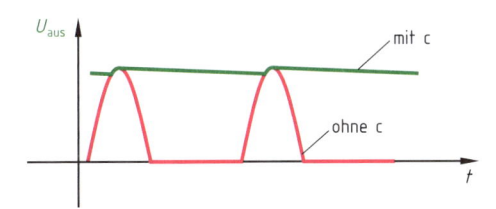

Bild 2: Geglättete Spannung

9.

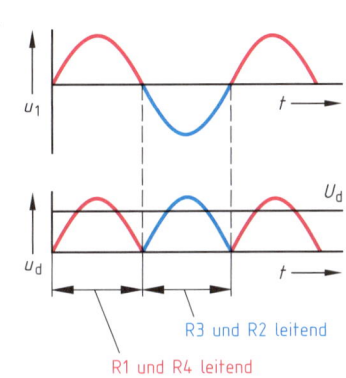

Bild 3: Spannungsverläufe am Brückengleichrichter

Bei der positiven Halbwelle sind die Dioden R1 und R4 leitend, es fließt ein Strom I_{z1} über die Last R_L. Bei der negativen Halbwelle sind die Dioden R3 und R2 leitend, es fließt ein Strom I_{z2} über die Last R_L. Dieser Strom hat an der Last die gleiche Fließrichtung wie der Strom I_{z1}. Es entsteht eine pulsierende Gleichspannung U_d an der Last.

10. Eine Zener-Diode (Z-Diode) ist ein Halbleiter-Bauelement, das auch Begrenzerdiode genannt wird.

11.

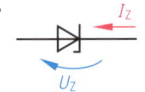

Bild 4: Schaltsymbol der Z-Diode

12. Die Z-Diode wird im Sperrbereich betrieben. Beim Erreichen der Durchbruchspannung U_z steigt der Strom sehr stark an, die Spannung ändert sich nur noch gering. Aufgrund des starken Anstiegs des Stromes müssen Z-Dioden immer mit einem Vorwiderstand zur Strombegrenzung betrieben werden.

13. Zur Spannungsstabilisierung und als Überlastschutz.

14.

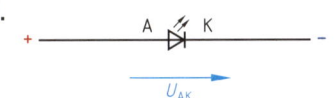

Bild 5: Schaltsymbol der Leuchtdiode

15. In Durchlassrichtung und mit Vorwiderstand.

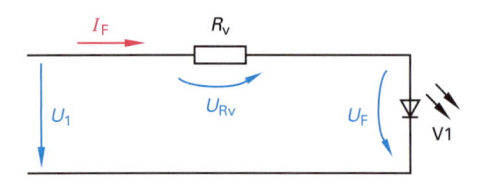

Bild 1: LED mit Vorwiderstand

U_1: Anschlussspannung
U_F: Durchlassspannung
I_F: Durchlassstrom
R_v: Vorwiderstand

16. $R_v = \dfrac{U_1 - U_F}{I_F} = \dfrac{24\,\text{V} - 1{,}6\,\text{V}}{10\,\text{mA}} = 2{,}24\,\text{k}\Omega$

Der Transistor (zu Seite 89)

1.

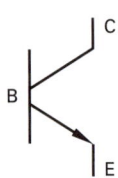

Bild 2: Schaltbild eines npn-Transistors

2. B: Basis
C: Kollektor
E: Emitter

3.

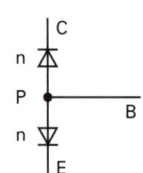

Bild 3: Ersatzschaltbild eines npn-Transistors

4. Die Basis muss gegenüber dem Emitter positiver sein. Die Größe der Basis-Emitter-Spannung entspricht der Schleusenspannung einer entsprechenden Diode und wird meist mit 0,7 V angenommen.

5. Der Transistor wird als Verstärker oder als Schalter eingesetzt.

6.

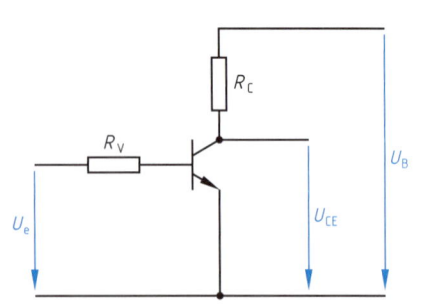

Bild 4: npn-Transistor als Schalter

7. Liegt am Eingang U_E keine Spannung, so ist auch die Spannung von Basis zu Emitter $U_{BE} = 0$ V, der Transistor sperrt. Die Betriebsspannung U_B liegt voll an der Kollektor-Emitter-Strecke an (Ausgangsspannung $U_A = U_{CE}$).
Liegt am Eingang eine positive Spannung an, so wird die Basis gegenüber dem Emitter positiver (ca. 0,7 V). Die Kollektor-Emitter-Strecke des Transistors wird leitend, er schaltet durch. Es fließt ein Strom durch den Widerstand R_C und durch den Transistor vom Kollektor zum Emitter. Der Großteil der Betriebsspannung liegt nun am Widerstand R_C an, U_{CE} geht gegen 0 V. (Ausgangsspannung $U_A = 0$ V).

8.17 Grundlagen der elektrischen Messtechnik (zu Seite 90–91)

1. • Verluste bei der Umwandlung der physikalischen Größen.
   • Anzeigefehler durch Abstufung der Messwerte.
   • Ablesefehler (= Parallaxenfehler).

2. Analog (Zeigerinstrument) oder digital (Digitalmultimeter mit Ziffernanzeige)

3. Die zu messende elektrische Größe wird in eine Drehbewegung gewandelt.

4. Der Messbereich sollte immer möglichst klein gewählt werden, da die Anzeigegenauigkeit im oberen Drittel der Skala am größten ist.

5. Digitalmultimeter wandeln analoge elektrische Größen in digitale Werte um. Dazu wird ein Analog-Digital-Wandler benötigt. Die gewandelten Werte werden mit einer Digitalanzeige dargestellt.

6. • Keine Ablesefehler,
   • Lage des Messgerätes spielt keine Rolle,
   • Messbereich wird oft automatisch angepasst,
   • robust,
   • höhere Genauigkeit.

7. • Der gesamte Messbereich wird auf einen Blick erfasst,
   • Messwertschwankungen können besser erkannt werden,
   • meist kein Einsatz von Batterien erforderlich.

8. Für die Messung der elektrischen Spannung muss das Messgerät in Parallelschaltung angeschlossen werden.

9.

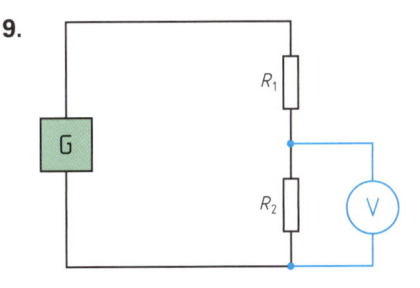

Bild 1: Spannungsmessung

10. Der Innenwiderstand des Spannungsmessgerätes muss sehr viel größer sein als der des betrachteten Widerstandes.

11.

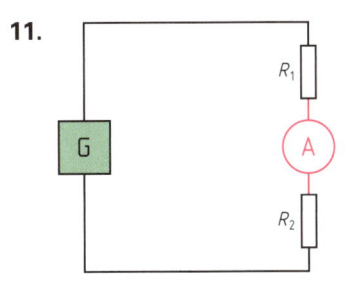

Bild 2: Strommessung

12. Der Innenwiderstand des Strommessgerätes sollte sehr klein sein.

13. In der Schaltung wird der Strom durch den Verbraucher gemessen. Die Spannung wird über Strommessgerät und Verbraucher gemessen. Das Strommessgerät hat einen kleinen Spannungsfall über das Messwerk, der am Spannungsmessgerät mit angezeigt wird.

14. Die Spannungsfehlerschaltung wird zur Bestimmung großer Widerstände verwendet. Hat der Verbraucher einen großen Widerstand, so beeinflusst der Innenwiderstand des Strommessgerätes die Messung weniger.

15.

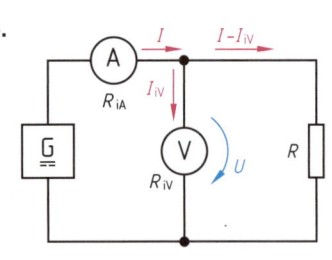

Bild 1: Stromfehlerschaltung

In dieser Schaltung wird die Spannung direkt am Verbraucher gemessen, also „richtig". Jedoch fließt zur Messung der Spannung ein kleiner Strom durch das Messwerk des Spannungsmessgerätes, welcher vom Strommessgerät mit gemessen wird.

16. Die Stromfehlerschaltung wird zur Bestimmung kleiner Widerstände verwendet. Hat der Verbraucher einen kleinen Widerstand, so ist der Stromfluss durch den Verbraucher wesentlich größer als der Stromfluss durch das Messwerk des Spannungsmessers mit hohem Innenwiderstand.

17. Multimeter (analog oder digital) zeigen stets den Effektivwert der zu messenden periodischen elektrischen Wechselgröße an.

18. Die gängigen Multimeter sind im Allgemeinen für sinusförmige Wechselgrößen ausgelegt.

19. • Messkreiskategorie I (CAT I) gilt für Messungen an elektrischen Betriebsmitteln, an denen nur geringfügige Überspannungen auftreten können, z. B. innerhalb elektronischer Geräte nach dem Eingangstransformator.
• Messkreiskategorie II (CAT II) gilt für Messungen an elektrischen Betriebsmitteln, an denen nur Überspannungen durch Schalthandlungen auftreten können, z. B. innerhalb elektrischer Geräte ohne Eingangstransformator.
• Messkreiskategorie III (CAT III) gilt für Messungen an elektrischen Betriebsmitteln mit besonderen Anforderungen in Bezug auf die Sicherheit, z. B. Hausinstallation, Schutzeinrichtungen, Schalter.
• Messkreiskategorie IV (CAT IV) gilt für Messungen an elektrischen Betriebsmitteln, an denen auch Blitzeinwirkungen zu berücksichtigen sind, z. B. Freileitungen.

20. Ein Oszilloskop kann nur Spannungen messen und darstellen.

21. Zur Messung des Stromes muss ein Messwiderstand R_m bekannter Größe verwendet werden. Nun wird der Spannungsverlauf über diesen Messwiderstand dargestellt und der Strom nach dem Ohmschen Gesetz ermittelt.

22. a) $T = x \cdot A_x$

$T = 8 \, \text{div} \cdot 0{,}2 \, \dfrac{\text{ms}}{\text{div}} = 1{,}6 \, \text{ms}$

$f = \dfrac{1}{T} = \dfrac{1}{1{,}6 \, \text{ms}} = 625 \, \text{Hz}$

b) $\hat{u} = y \cdot A_y$

$\hat{u} = 3 \, \text{div} \cdot 5 \, \dfrac{\text{V}}{\text{div}} = 15 \, \text{V}$

$U = \dfrac{\hat{u}}{\sqrt{2}} = \dfrac{15 \, \text{V}}{\sqrt{2}} = 10{,}61 \, \text{V}$

9 Elektrische Maschinen

9.1 Transformatoren (zu Seite 92)

1. Zwei Spulen sind über einen gemeinsamen Kern aus magnetisierbarem Material magnetisch miteinander verbunden.

2. Die Eingangswicklung erzeugt bei Wechselstrom ein sich änderndes Magnetfeld. Über den Eisenkern durchdringt dieses magnetische Wechselfeld mit der Frequenz der Eingangsspannung die Ausgangswicklung und induziert in der Ausgangswicklung die Ausgangsspannung.

3. Beim Transformator ohne Belastung verhalten sich die Spannungen wie die Windungszahlen.
Das Verhältnis der Eingangsspannung zur Ausgangsspannung wird als Übersetzungsverhältnis bezeichnet.

$\boxed{\ddot{u} = \dfrac{U_1}{U_2} = \dfrac{N_1}{N_2}}$ $\ddot{u}$: Übersetzungsverhältnis

4. Beim belasteten Transformator verhalten sich die Ströme umgekehrt wie die Windungszahlen.

$$\ddot{u} = \frac{I_2}{I_1}$$

5. Der unbelastete Transformator verhält sich wie eine Spule mit großer Induktivität.

6. Luftspalte im Eisenkern erhöhen die Stromaufnahme und die Leistungsaufnahme im Leerlauf (Leerlaufverluste).

Arbeitsauftrag (zu Seite 92–93)

1. Der Scheitelwert u_0 der Leerlaufspannung hängt vom Scheitelwert B der magnetischen Flussdichte, vom Eisenquerschnitt A des Kerns, von der Frequenz f und der Windungszahl N ab.

2. Der magnetische Fluss Φ und die Ausgangsspannung U_2 ändern sich ebenfalls.

3. Der Streufluss ist der Teil des magnetischen Flusses, der nur die Eingangs- bzw. Ausgangswicklung durchdringt.

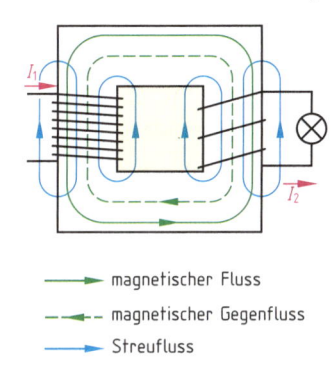

Bild 1: Magnetische Feldlinien beim belasteten Transformator

4. Die Ausgangsspule des Transformators und ein angeschlossener Kondensator bilden eine Reihenschaltung aus R, L und C und somit einen Reihenschwingkreis. Dadurch kommt es bei Resonanz zu Spannungsüberhöhungen an Spule und Kondensator. Deshalb dürfen große Kondensatoren nicht allein ans Netz angeschlossen werden.

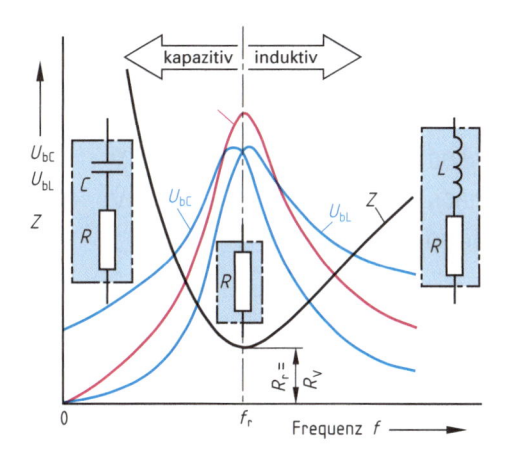

Bild 2: Resonanzkurve eines Reihenschwingkreises

5. Die Ausgangsseite des Transformators wird kurzgeschlossen. Anschließend wird die Eingangsspannung soweit erhöht, bis der Bemessungsstrom des Transformators fließt. Die eingestellte Eingangsspannung ist die Kurzschlussspannung

6. Eine kleine Kurzschlussspannung bedeutet, dass der Innenwiderstand des Transformators gering ist. Deshalb sinkt die Ausgangsspannung bei Belastung nur wenig ab.

Zur Vertiefung (Transformator) (zu Seite 93–95)

1. Als Eisenverluste werden die Ummagnetisierungsverluste und die Wirbelstromverluste des Transformators bezeichnet. Im unbelasteten Zustand entstehen in der Ausgangswicklung keine Wicklungsverluste und in der Eingangswicklung aufgrund des kleinen Leerlaufstromes nur geringe Wicklungsverluste. Deshalb werden Eisenverluste im Leerlaufversuch gemessen.

2. Die Wicklungsverluste des Transformators hängen von der Stromaufnahme und somit von der Scheinleistung des angeschlossenen Verbrauchers ab. Je größer der Wirkleistungsfaktor des Verbrauchers ist, desto besser ist der Transformatorwirkungsgrad.

3. Beim Kurzschlussversuch wird die Spannung soweit erhöht, bis die Bemessungsströme in den Transformatorwicklungen fließen. Durch die niedrige Eingangsspannung entstehen nur wenige Feldlinien, die kaum Eisenverluste verursachen. Die aufgenommene Wirkleistung ist die Wicklungsverlustleistung bei Bemessungsleistung. Wicklungsverluste werden im Kurzschlussversuch gemessen.

4. Kleintransformatoren haben Bemessungsleistungen bis 16 kVA, Eingangsspannungen bis 1000 V und Frequenzen bis 500 Hz.

5. Sicherheitstransformatoren liefern ausgangsseitig Kleinspannungen für SELV- und PELV-Stromkreise. Die höchstzulässige Bemessungsleistung beträgt 10 kVA, die höchstzulässige Bemessungsfrequenz beträgt 500 Hz. Sie sind kurzschlussfest oder bedingt kurzschlussfest.

6. - SELV: (Safety Extra Low Voltage) Die maximal zulässigen Spannungen betragen AC 50 V und DC 120 V. Bei SELV-Stromkreisen dürfen weder Körper von Betriebsmitteln noch Stromkreise sekundärseitig geerdet werden.
   - PELV: (Protective Extra Low Voltage) Die maximal zulässigen Spannungen betragen AC 50 V und DC 120 V. Bei PELV-Stromkreisen ist ein sekundärseitiger Anschluss der Kleinspannung geerdet.

7. Klingeltransformatoren

8. $U = 24$ V

9. Die Wicklungsprüfung erfolgt mit Hochspannungsprüfgeräten.

   Prüfspannung[2] für Kleintransformatoren bis 16 kVA, 1000 V, 500 Hz   nach DIN VDE 0550

Größte Bemessungsspannung des Transformators	50 V	250 V	500 V	1000 V
Prüfspannung in V bei Transformatoren der Schutzklasse I (Schutzleiter) und III (Kleinspannung)				
Eingangskreis gegen Körper Ausgangskreis gegen Körper Eingangskreis gegen Ausgangskreis	1000 V	1500 V	2500 V	3500 V
Prüfspannung in V bei Transformatoren der Schutzklasse II (Schutzisolierung)				
Eingangskreis gegen Metallteile	–	1500 V	2000 V	2500 V
Metallteile gegen Körper	–	2500 V	2500 V	2500 V
Eingangskreis gegen Ausgangskreis	–	3000 V	3500 V	4500 V
Eingangskreis gegen Körper	1000 V	1500 V	2500 V	3000 V
Ausgangskreis gegen Körper	1000 V	1500 V	2500 V	3000 V

   [2] Dauer der Prüfspannung 1 min. Bei Wiederholungsprüfungen genügen 80 % der Werte.

   Bild 1: Prüfspannungen für Kleintransformatoren

10. Die Isolationswiderstandsmessung ist mit $U = 500$ V DC durchzuführen. 1 Minute nach Anlegen der Prüfspannung ist der Isolationswiderstand zu messen.
    1. Messen zwischen Eingangs- und Ausgangskreis $R_{iso} > 5$ MΩ.
    2. Messen zwischen den Wicklungen und berührbaren metallischen Teilen $R_{iso} > 2$ MΩ.

11. Ein Spartransformator besteht aus einer Wicklung mit mindestens einer Anzapfung.

12. Durch Spartransformatoren werden Leiterwerkstoff und Kerneisen eingespart. Sie besitzen einen hohen Wirkungsgrad bis 99,8 % und sind spannungsfest.

13. Vorschaltgerät für Natriumdampflampen.
    Anlasstransformator für Drehstrommotoren.
    Stelltransformator in Hochspannungsnetzen.
    Höchstspannungstransformation (220 kV auf 380 kV)

14. Streufeldtransformatoren werden als Schweißtransformatoren oder bei Leuchtröhrenanlagen eingesetzt.

15. Der Schweißstrom wird durch das Ändern der Ausgangsspannung eingestellt. Dies kann über einen Stufenschalter erfolgen, der Windungen zu- bzw. wegschaltet.

16. $\dfrac{U_1}{U_2} = \dfrac{I_2}{I_1} \Rightarrow I_2 = \dfrac{I_1 \cdot U_1}{U_2} = \dfrac{0{,}5\,\text{A} \cdot 230\,\text{V}}{50\,\text{V}} =$ **2,3 A**

$\ddot{u} = \dfrac{U_1}{U_2} = \dfrac{230\,\text{V}}{50\,\text{V}} =$ **4,6**

17. Die Stromaufnahme und somit die Leistungsaufnahme vergrößern sich. Damit die magnetische Flussdichte konstant bleibt, ist in einem magnetischen Kreis mit Luftspalt eine größere Durchflutung notwendig. Deshalb steigt auch der Magnetisierungsstrom.

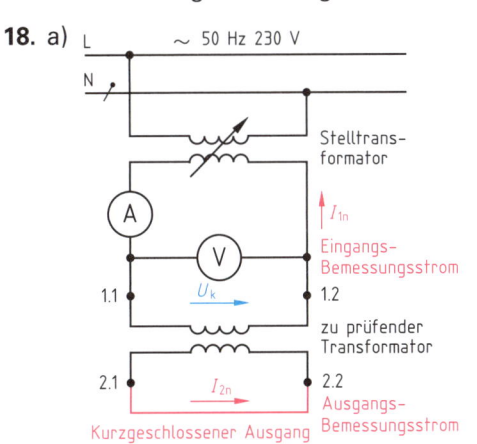

18. a)

Bild 1: Messen der Kurzschlussspannung

b) $u_k = \dfrac{U_k}{U_n} \cdot 100\% = \dfrac{24\,\text{V}}{400\,\text{V}} \cdot 100\% =$ **6%**

c) Eine niedrige Kurzschlussspannung bedeutet, dass der Innenwiderstand des Transformators gering ist. Somit sinkt die Ausgangsspannung bei Belastung nur gering ab. Im Kurzschlussfall fließen hohe Ströme. Solche Transformatoren werden als spannungssteif bezeichnet. Tritt eine hohe Kurzschlussspannung auf (spannungsweich), sinkt die Ausgangsspannung bei Belastung stark ab.

19. a) Der Eisenkern wird durch die anliegende Wechselspannung ständig ummagnetisiert. Dadurch entstehen Ummagnetisierungsverluste. Weiterhin entstehen durch das Wechselfeld Wirbelströme im Metall, die ebenfalls Verluste verursachen. Zusammen werden sie als Eisenverluste bezeichnet.

b) $P_{ab} = S_2 \cdot \cos\varphi = 3000\,\text{VA} \cdot 1 =$ **3000 W**

$\eta = \dfrac{P_{ab}}{P_{zu}} = \dfrac{P_{ab}}{P_{VFE} + P_{ab} + P_{VWi}}$

$\eta = \dfrac{3000\,\text{W}}{200\,\text{W} + 3000\,\text{W} + 250\,\text{W}} =$ **0,87**

20. a) Messwandler sind Transformatoren zum Anschluss von Messgeräten. Sie transformieren hohe Spannungen oder Ströme in messbare Größen.

b) Spannungswandler dürfen nur mit geringer Belastung oder im Leerlauf betrieben werden, ansonsten wird der Spannungswandler zerstört.

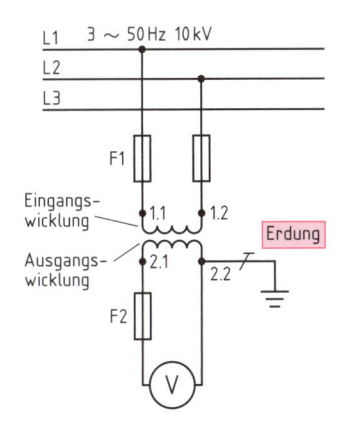

Bild 2: Schaltung eines Spannungswandlers am Hochspannungsnetz

c) Stromwandler dürfen nur mit belasteter oder kurzgeschlossener Ausgangswicklung betrieben werden. Im Leerlaufbetrieb würde in der Ausgangswicklung kein Gegenfeld entstehen. Dadurch entstünde durch den Stromfluss in der Eingangswicklung ein zu großer magnetischer Fluss, der gefährlich hohe Spannungen auf der unbelasteten Ausgangsseite zur Folge hätte. Die Isolierung würde dabei beschädigt. Stromwandler dürfen deshalb nicht abgesichert werden.

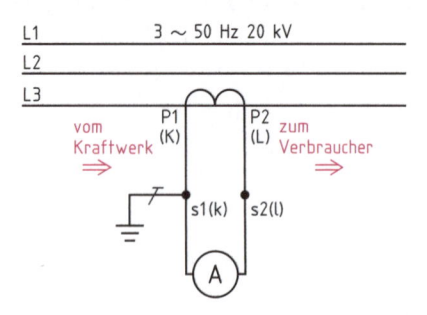

Bild 1: Schaltung eines Stromwandlers am Hochspannungsnetz

21. a) D: Oberspannungsseite in Dreieck geschaltet.
    y: Unterspannungsseite in Stern geschaltet.
    n: Sternpunkt (Neutralleiteranschluss) herausgeführt
    5: Phasenverschiebung 5 × 30° = 150°

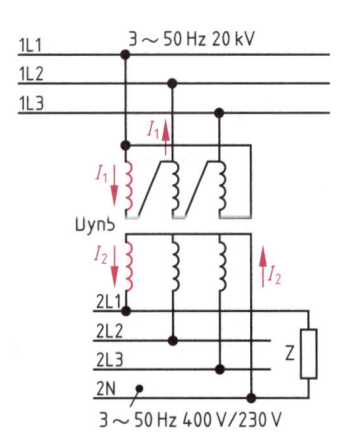

Bild 2: Drehstromtransformator in Dyn5-Schaltung

b) Die Schaltung Dyn5 wird zur Versorgung von Niederspannungsnetzen verwendet. Der Neutralleiter ist voll belastbar.

9.2 Elektrische Antriebe (zu Seite 96)

1. Werden drei um 120° versetzte Spulen von Dreiphasenwechselstrom durchflossen, entsteht ein Drehfeld.
2. Die Drehfelddrehzahl n_s wird bestimmt durch die Netzfrequenz f und die Polpaarzahl p.

Drehfelddrehzahl			
$n_s = \dfrac{f}{p}$	$[n_s] = \dfrac{1}{s}$		
n_s Drehfelddrehzahl (Umdrehungsfrequenz)			
f Netzfrequenz			
p Polpaarzahl			
Drehzahlen des Drehfeldes bei $f = 50$ Hz			
p	n_s in 1/min	p	n_s in 1/min
1	3000	3	1000
2	1500	4	750

Bild 3: Drehfelddrehzahl

3. $M = \dfrac{P}{2 \cdot \pi \cdot n}$ $[M] = \dfrac{W}{\frac{1}{s}} = Ws = Nm$ mit P in W und n in $\dfrac{1}{s}$

Da auf dem Leistungsschild oftmals die Bemessungsleistung in kW und die Bemessungsdrehzahl in 1/min angegeben wird, kann auch nachfolgende Formel verwendet werden.

$M = \dfrac{P \cdot 9549}{n}$ mit P in kW und n in $\dfrac{1}{min}$

4. Eisenverluste, Wicklungsverluste, Lüfterverluste, Reibungsverluste.

5. Der Wirkungsgrad gibt das Verhältnis der abgegebenen zur aufgenommenen Leistung an.

6. Die an der Welle verfügbare mechanische Leistung wird als Bemessungsleistung bezeichnet.

7. Wenn der Motor bei Bemessungsdrehzahl sein Bemessungsmoment abgibt.

8. Am Leistungsschild des Motors.

9. Die Leistungsaufnahme bei Abgabe der Bemessungsleistung lässt sich aus den Leistungsschildangaben des Motors berechnen.

$P_{zu} = \sqrt{3} \cdot U \cdot I \cdot \cos\varphi$ $[P_{zu}] = W$

10. Die Motorwelle zeigt auf den Betrachter. Drehrichtung im Uhrzeigersinn gilt als Rechtslauf, Drehrichtung gegen den Uhrzeigersinn als Linkslauf.

11. Drehstromasynchronmaschinen haben Rechtslauf, wenn die Außenleiter L1, L2 und L3 auf die Klemmen U1, V1 und W1 des Klemmbrettes geführt werden.

12. Drehrichtungsumkehr ergibt sich durch Tausch zweier Außenleiter.

Arbeitsauftrag (zu Seite 97–98)

1. Der Stator besteht aus einem Statorblechpaket, in dem die Drehfeldwicklung eingelegt ist. Der Läufer besteht aus einer Welle die ein Blechpaket trägt. In den Nuten des Blechpaketes befinden sich Leiterstäbe aus Kupfer oder Aluminium, die an den Stirnseiten durch Kurzschlussringe miteinander verbunden sind.

2. Durch das äußere Drehfeld wird in den kurzgeschlossenen Läuferstäben ein Strom induziert, der wiederum ein Läufermagnetfeld zur Folge hat. Das Läufermagnetfeld eilt dem äußeren Statordrehfeld nach. Der Motor beginnt sich zu drehen. Würde der Läufer die Drehfelddrehzahl erreichen, dann würde kein Strom mehr im Läufer induziert. Das Drehmoment wäre null. Die Läuferdrehzahl ist deshalb immer kleiner als die Drehfelddrehzahl.

3. Der Schlupf vergrößert sich mit zunehmender Last.

4.

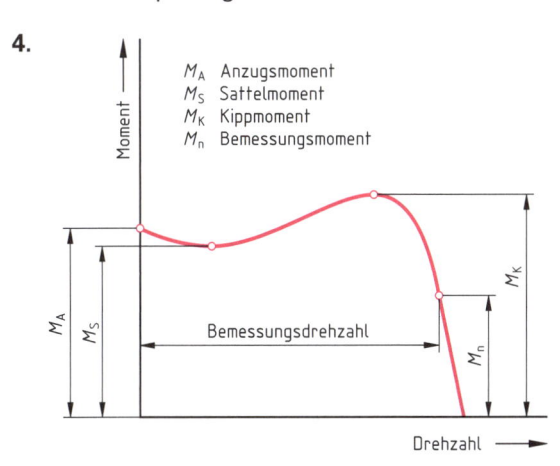

Bild 1: M-n-Kennlinie eines DASM

- Im Einschaltzeitpunkt gibt der Motor das Anzugsmoment M_A ab.
- Das Kippmoment M_K ist das größte Drehmoment, das der Motor abgeben kann.
- Das Sattelmoment M_S ist das kleinste Drehmoment, das der Motor während des Anlaufs abgibt.
- Beim Bemessungsmoment M_n gibt der Motor seine Bemessungsdrehzahl n_n ab.

5. Die Kurzschlusswicklungen des Kurzschlussläufermotors sind durch drei Wicklungen ersetzt, deren Anfänge auf drei Schleifringe geführt sind. Durch die drei Schleifringe auf der Welle können von außen Anlasswiderstände zugeschaltet werden. Dadurch verringert sich der Anlaufstrom und erhöht sich das Anlaufdrehmoment.

6. Bei der Bemessungsdrehzahl n_n liefert der Motor das Bemessungsdrehmoment M_n.

7.

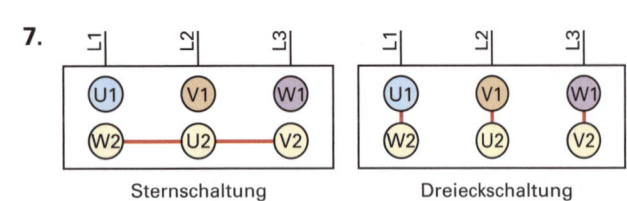

Bild 1: Motorschaltungen

8. Durch die Steinmetzschaltung. Das Anlaufmoment beträgt jedoch nur noch 30 % des Moments bei Drehstrom. Die Leistung verringert sich um 20 %.

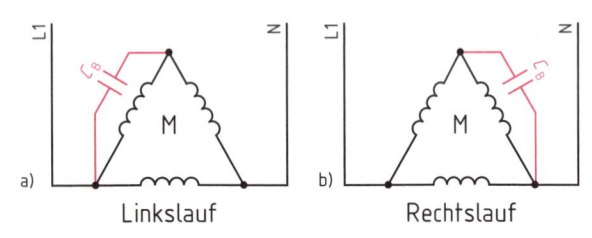

Bild 2: Steinmetzschaltung

9. Der Strom im Läufer verursacht ein Magnetfeld um jeden Läuferstab, das sog. Streufeld. Der untere Stab wird von einem größeren Streufeld umgeben. Dadurch ist im Einschaltzeitpunkt, wenn die Frequenz 50 Hz beträgt, der induktive Widerstand im unteren Stab höher. Dadurch wird der Strom nach außen gedrängt. Der effektive Leiterquerschnitt verringert sich dadurch, was zur Folge hat, dass sich der Wirkwiderstand vergrößert.

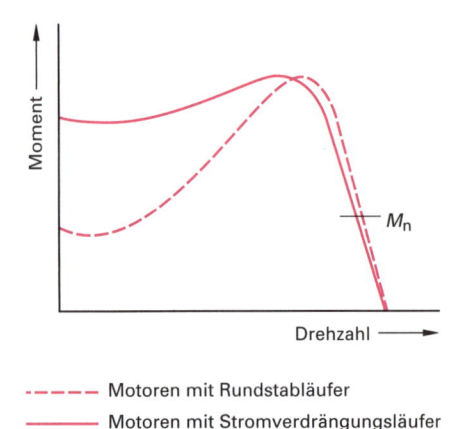

Bild 3: Drehmomentkennlinie

Aus diesem Grund verringert sich der Anlaufstrom und die Phasenverschiebung wird kleiner. Dies hat zur Folge, dass sich das Anlaufdrehmoment erhöht.

10. Stromverdrängungsläufer haben ein großes Anzugsmoment und einen kleinen Anzugsstrom.

11. 3 % – 8 %

Induktionsmotoren (zu Seite 98)

1. In das Ständerblechpaket sind zwei Wicklungsstränge eingebaut. Die Hauptwicklung liegt in $2/3$ der Ständernuten und hat die Bezeichnung $U_1 - U_2$. Die Hilfswicklung mit der Bezeichnung $Z_1 - Z_2$ ist um 90° versetzt zu der Hauptwicklung in den restlichen Nuten eingelegt. Als Läufer wird ein Käfigläufer verwendet.

2. Die Ströme in der Haupt- und Hilfswicklung müssen zeitlich verschoben sein.

3. Wird eine Kapazität, ein Wirkwiderstand oder eine Induktivität in die Hilfswicklung geschaltet, dann entsteht ein Drehfeld.

4. Anlasskondensatoren erhöhen das Anzugsdrehmoment. Sie müssen nach dem Hochlaufen abgeschaltet werden, da sonst dauerhaft ein zu großer Strom durch die Hilfswicklung fließt.

5. Der Betriebskondensator soll je kW Motorleistung 1,3 kvar Blindleistung aufweisen. Sie müssen für die größte auftretende Spannung bemessen sein.

Synchrongenerator (zu Seite 99)

1. Synchrongeneratoren bestehen aus drei um 120° versetzen Strängen im Stator, in denen die Spannung induziert wird. Der Läufer besteht aus einer Erregerwicklung, die von Gleichstrom durchflossen wird und ein stillstehendes Magnetfeld zum Stator erzeugt. Der Gleichstrom wird über Schleifringe dem Läufer zugeführt. Da sich das Magnetfeld im Läufer nicht ändert, wird der Läufer meist aus massivem Stahl hergestellt. Bei Läufern mit geringen Drehzahlen werden die Pole ausgeprägt gefertigt (Polrad). Bei hohen Drehzahlen werden Vollpolläufer verwendet.

2. Die Höhe der erzeugten Spannung hängt von der Höhe des Erregerfeldes im Läufer und somit vom Erregerstrom und von der Drehzahl ab. Die Frequenz ergibt sich aus der Läuferdrehzahl.

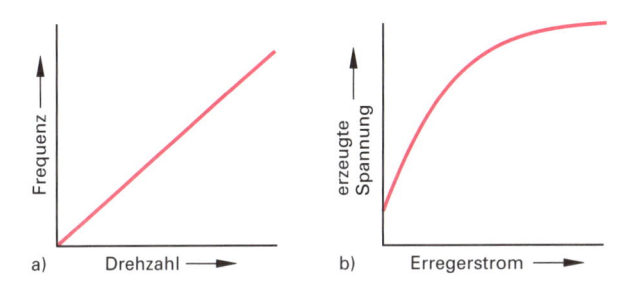

Bild 1: Kennlinien des Synchrongenerators

3. Werden Synchrongeneratoren parallel geschaltet, dann müssen Phasenfolge, gleiche Phasenlage, gleiche Frequenz und gleicher Effektivwert der Spannung vorliegen.

4. Wird der Synchrongenerator mit einem höheren Erregerstrom als für den Leerlauf notwendigem Wert gespeist, dann erzeugt der Generator induktive Blindleistung.

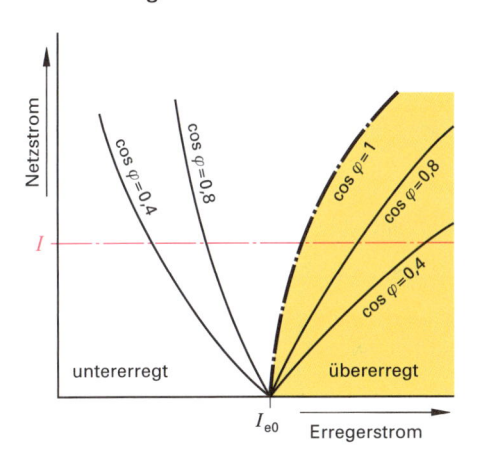

Bild 2: Regelkennlinien des Synchrongenerators

Gleichstromgenerator (zu Seite 99–100)

1. Bei einem Außenpolgenerator wird die im Läufer induzierte Spannung über den Stromwender abgenommen. Durch den Stromwender wird die erzeugte Spannung zu einer stark pulsierenden Gleichspannung umgeformt.

2. Die induzierte Spannung eines Gleichstromgenerators steigt mit der Drehzahl und mit dem Erregerstrom.

3. Ein Gleichstromnebenschlussgenerator erregt sich nicht selbst, wenn kein Restmagnetismus vorhanden ist. Ist ein Restmagnetismus im Stator vorhanden, dann wird im Anker beim Hochlaufen aus dem Stillstand eine kleine Spannung induziert. Wird die Erregerwicklung verkehrt an die Ankerwicklung angeschlossen, dann schwächt der Erregerstrom den Restmagnetismus des Statorfeldes. Die Maschine erregt sich nicht.

4. Die Spannung kann über einen Feldsteller (Dreh- oder Schiebewiderstand) verändert werden.

5. Beim Nebenschlussgenerator sinkt die abgegebene Spannung bei Belastung gegenüber der Leerlaufspannung stärker ab als beim fremderregten Generator. Der Spannungsfall bei Belastung am Ankerwiderstand verursacht auch eine Verringerung der Erregerspannung und daher einen kleineren Erregerstrom. Bei einem fremderregten Generator bleibt die Erregerspannung stets konstant.

6. Bei Belastung fließt in der Ankerwicklung ein Strom, der ein Magnetfeld zur Folge hat. Dieses Magnetfeld des Ankers liegt um 90° versetzt zum Hauptfeld. Das Ankermagnetfeld liegt quer zum Hauptmagnetfeld, deshalb wird es auch als Ankerquerfeld bezeichnet. Ankerquerfeld und Hauptfeld bilden ein gemeinsames Magnetfeld. Dieser Effekt wird als Ankerrückwirkung bezeichnet.

7. Im Generatorbetrieb verschiebt sich die neutrale Zone in Drehrichtung.

8. Durch Magnetfelder, die dem Ankerquerfeld entgegenwirken, kann die Ankerrückwirkung aufgehoben werden. Zwischen den Hauptpolen werden dazu Wendepole verwendet (Bild 2). Die Wendepole werden in Reihe zum Anker geschaltet, da die Stärke des Ankerquerfeldes vom Ankerstrom abhängt. Eine Verschiebung der neutralen Zone wird dadurch aufgehoben.

9. Die Wendepole haben die Aufgabe das Ankerquerfeld aufzuheben. Wird bei Drehrichtungsänderung nur der Ankerstrom umgepolt, dann würde das Magnetfeld der Wendepole das Ankerquerfeld verstärken und nicht aufheben.

10. Das Magnetfeld der Hauptpole wird durch das Ankerquerfeld an die Hauptpolkante abgedrängt. Das Magnetfeld der Hauptpole ist somit ungleich verteilt. Dadurch werden in den Ankerspulen unterschiedlich hohe Spannungen induziert, was zu Spannungsüberschlägen an benachbarten Stromwenderlamellen führen kann. Kompensationswicklungen heben die Feldverzerrung an den Hauptpolen wieder auf.

Gleichstrommotor (zu Seite 101–102)

1. Gleichstrommotoren drehen sich im Rechtslauf, wenn der Strom in jeder Wicklung vom Wicklungsanfang zum Wicklungsende fließt.

2. Zur Drehrichtungsänderung wird die Ankerstromrichtung umgepolt.

3. Beim fremderregten Motor wird der Erregerstrom von einer unabhängigen Spannungsquelle geliefert. Dies können auch Dauermagnete sein.

4. Die Drehzahl bleibt bei Belastungsänderungen nahezu konstant.

5. a) R_E: Mit dem Feldsteller R_E kann die Drehzahl über die Bemessungsdrehzahl hinaus erhöht werden.
   R_A: Mit dem Anlasswiderstand R_A wird der Motor angelassen und die Drehzahl eingestellt.
   b) A1 und A2: Ankerwicklung
   E1 und E2: Nebenschlusswicklung
   c) Wendepole verhindern die Verschiebung der neutralen Zone durch das Ankerquerfeld.

6. Bei einem Doppelschlussmotor (Compound-Motor) befinden sich wie beim Doppelschlussgenerator auf den Hauptpolen eine Nebenschluss- und eine Reihenschlusswicklung.

7. Doppelschlussmotoren werden eingesetzt, wenn ein hohes Anzugsmoment notwendig ist, z. B. bei Hebezeugen.

8. Gleichstrommotoren haben ein großes Anzugsmoment und können in der Drehzahl stufenlos gesteuert werden. Die Drehzahl kann weit über der von Wechsel- oder Drehstrommotoren liegen.

9. Die Drehrichtungsänderung kann durch Änderung der Erregerstromrichtung oder Ankerstromrichtung erfolgen. Vorzugsweise wird die Ankerstromrichtung geändert.

10. Die Höhe des Drehmoments hängt von der Höhe des Erregermagnetfeldes und vom Ankermagnetfeld ab. Diese sind wiederum abhängig von der Höhe des Erregerstromes bzw. des Ankerstromes.

11. Gleichstrommotoren besitzen einen kleinen Ankerwiderstand. Beim Einschalten an der vollen Netzspannung würde der Anlassstrom den Nennstrom um ein Vielfaches überschreiten. Der Anlassstrom muss mit einem Anlasswiderstand begrenzt werden.

    Dreht sich der Anker beim Hochlaufen im Erregerfeld, dann wird mit steigender Drehzahl durch das Erregerfeld in den Ankerspulen eine Ankergegenspannung U_i induziert. Diese steigt mit der Drehzahl und wirkt der angelegten Netzspannung entgegen. Die Ankergegenspannung erreicht bei Bemessungsdrehzahl über 95% der Netzspannung. Dadurch fließt trotz des geringen Ankerwiderstandes nur ein geringer Strom.

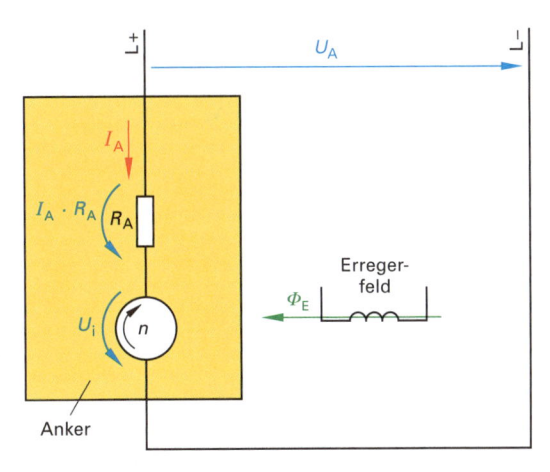

    Bild 1: Ersatzschaltbild des Ankers

12. Durch Verringern der Erregerspannung, z. B. durch einen Feldsteller, fließt ein geringerer Erregerstrom. Dadurch wird das Erregerfeld geschwächt. Ein geringeres Erregerfeld hat eine kleinere Ankergegenspannung U_i zur Folge. Somit steigt die Spannung an den Ankerspulen und der Ankerstrom steigt an. Dadurch erhöht sich auch die Drehzahl über die Bemessungsdrehzahl hinaus, bis die Ankergegenspannung U_i ihren ursprünglichen Wert wieder erreicht hat.

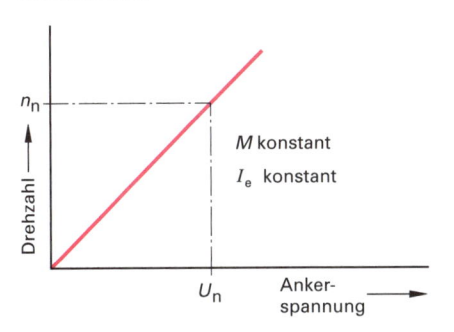

    Bild 2: Drehzahl und Ankerspannung

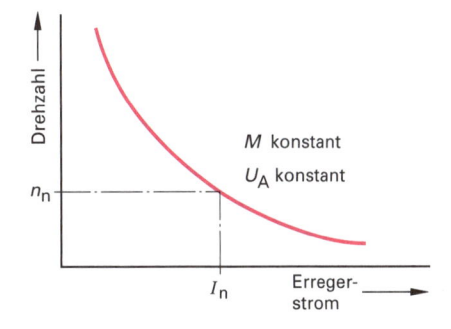

    Bild 3: Drehzahl und Erregerstrom

13. Bei Belastung verschiebt sich die neutrale Zone entgegen der Drehrichtung.

14. Beim Gleichstrommotor folgt in Drehrichtung auf den Hauptpol immer ein Wendepol gleicher Polarität, z. B. auf einen Hauptpol Nord ein Wendepol Nord.

15. Nebenschlussverhalten bedeutet, dass die Drehzahl bei Belastung nur gering abfällt. Des weiteren gehen Motoren mit Nebenschlussverhalten nicht durch.

16. Reihenschlussmotoren haben ein hohes Anzugsmoment, sie gehen im Leerlauf durch, und die Drehzahl ist stark lastabhängig.

17. Reihenschlussmotoren werden vorwiegend für Elektrofahrzeuge verwendet, z. B. Straßenbahn und Elektrokarren.

Universalmotoren (zu Seite 102–103)

1. Universalmotoren werden vorwiegend bis zu einer Leistung von 1,5 kW gebaut und für Elektrohandwerkzeuge, z. B. Handbohrmaschinen, verwendet.

2. Universalmotoren haben bei kleiner Baugröße eine große Leistung. Ihre Drehzahl ist stark lastabhängig, das Drehmoment ist hoch.

3. Mit einem Gleichstrom-Reihenschlussmotor. Bei Stromänderung werden die Magnetfelder in Erreger- und Ankerwicklung gleichzeitig umgepolt. Damit wirkt das resultierende Drehmoment weiterhin in die gleiche Richtung.

4. Die Drehzahländerung erfolgt durch eine Änderung der Motorspannung.
   1. Durch einen Vorwiderstand R_V kann eine einfache Drehzahlsteuerung erfolgen.
   2. Barkhausenschaltung: Ein veränderbarer Widerstand wird parallel zur Läuferwicklung geschaltet (Spannungsteiler).

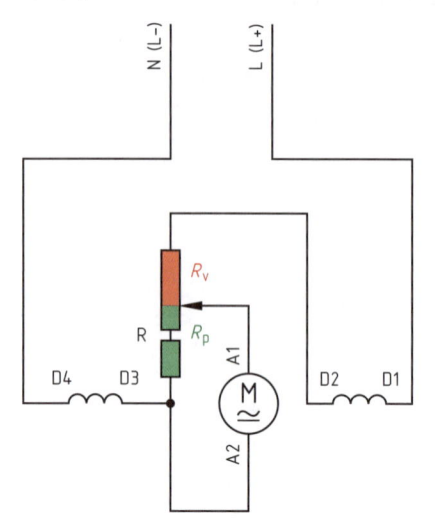

   Bild 1: Barkhausenschaltung

   3. Verändern der Erregerwindungszahl durch Anzapfungen.
   4. Phasenanschnittsteuerung.

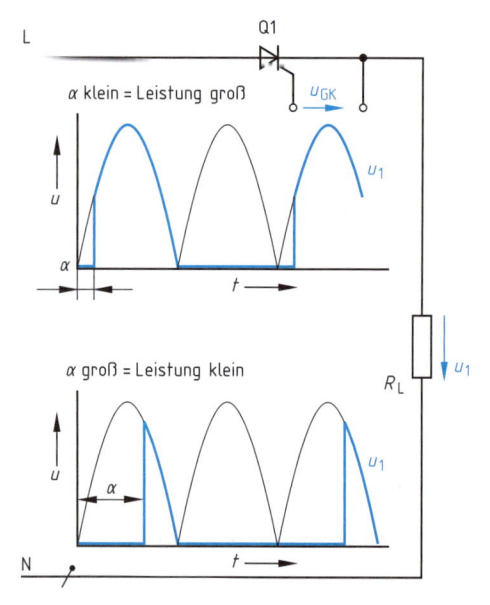

   Bild 2: Phasenanschnittsteuerung

Die Halbleiterbauelemente (Thyristor oder Triac) werden zu einem bestimmten Zeitpunkt während der Halbwelle gezündet und somit leitend. Die Halbleiterbauelemente sperren automatisch, wenn der Laststrom den Haltestrom unterschreitet.

Scheibenläufermotoren (zu Seite 103)

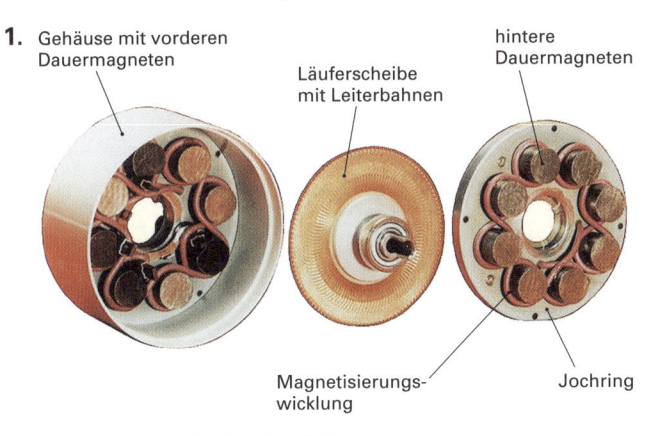

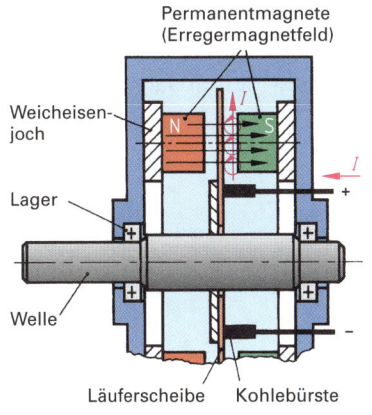

1. Gehäuse mit vorderen Dauermagneten; Läuferscheibe mit Leiterbahnen; hintere Dauermagneten; Magnetisierungswicklung; Jochring

Permanentmagnete (Erregermagnetfeld); Weicheisenjoch; Lager; Welle; Läuferscheibe; Kohlebürste

Bild 1: Einzelteile des Scheibenläufermotors

Bild 2: Scheibenläufermotor mit Läufer- und Erregermagnetfeld

Der Scheibenläufermotor ist ein Gleichstrommotor, dessen Läufer keinen Eisenkern besitzt. Die Ankerwicklung besteht aus Leiterbahnen, die auf einer Kunststoffscheibe aufgeklebt sind. Die Stromzuführung erfolgt über Kohlebürsten auf die Leiterbahnen. Im Stator befinden sich Dauermagnete, die das Erregerfeld erzeugen.

2. Durch den eisenlosen Läufer ist das Trägheitsmoment sehr gering. Aus diesem Grund können Scheibenläufermotoren schnell anlaufen und abstoppen. Sie werden im Leistungsbereich 20 W bis 10 kW hergestellt und als Servomotoren verwendet.

Frequenzumformer (zu Seite 104)

1. Als Umformer wird ein Maschinensatz bezeichnet, der in der Lage ist, Spannung, Frequenz, Stromart oder Phasenzahl zu verändern. Ein asynchroner Frequenzumformer besteht aus einem Drehstromkurzschlussläufermotor und einem Schleifringläufergenerator. Die Ständerwicklungen beider Maschinen sind an das vorhandene Netz (Eingangsnetz) angeschlossen. Das Ausgangsnetz wird über die Schleifringe des Schleifringläufers versorgt.

2. Der Drehstrom in den angeschlossenen Statorwicklungen des Schleifringläufergenerators erzeugt ein magnetisches Drehfeld. In den Läuferwicklungen wird eine Spannung induziert, die an den Schleifringen abgenommen werden kann.

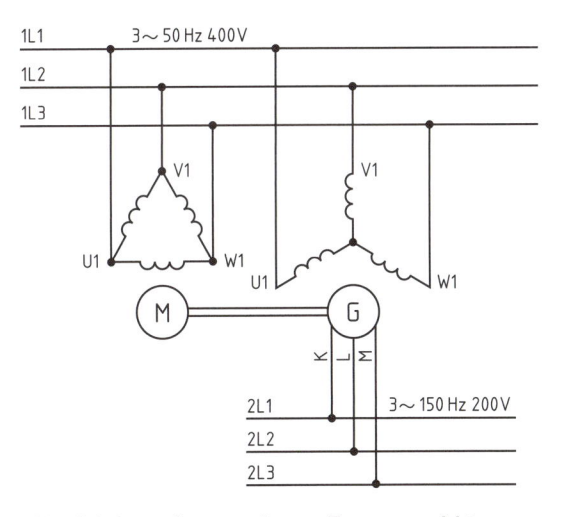

Bild 3: Schaltung eines asynchronen Frequenzumrichters

Bei Motorstillstand ist die Ausgangsfrequenz gleich der Eingangsfrequenz. Wird der Schleifringläufer gegen sein Statordrehfeld angetrieben, dann wird die Ausgangsfrequenz größer als die Eingangsfrequenz. Wird der Schleifringläufer in Richtung des Statordrehfeldes angetrieben, dann erniedrigt sich die Ausgangsfrequenz.

Kenngrößen von Drehfeldmaschinen (zu Seite 105–106)

1. Nach DIN EN 60034-1 (VDE 530 Teil 1) werden die Betriebsarten S1 bis S10 unterschieden.
   a) S1 – Dauerbetrieb: Die Maschine kann zeitlich unbegrenzt mit konstanter Bemessungslast betrieben werden. Die Angabe der Betriebsart S1 kann auf dem Leistungsschild entfallen.

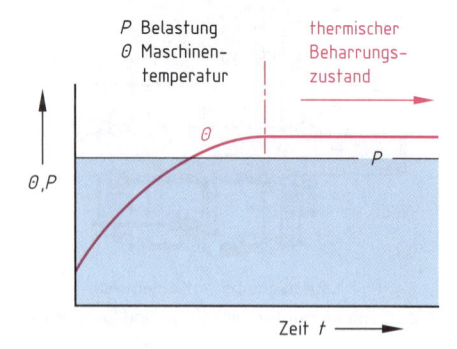

   Bild 1: Dauerbetrieb S1

   b) S2 – Kurzzeitbetrieb: Die konstante Belastung ist größer als die Bemessungslast, jedoch so kurz, dass eine thermische Überlastung nicht eintritt. Nach dem Betrieb erfolgt die Abkühlung auf Kühlmitteltemperatur. Verwendung: Motoren von Kühlschränken oder Haushaltsgeräten.

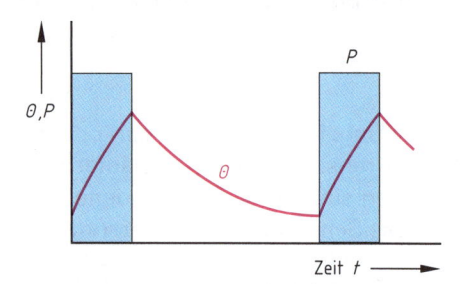

   Bild 2: Kurzzeitbetrieb S2

   c) S3, S4, S5 – periodischer Aussetzbetrieb: Die Betriebsdauer und Pausen folgen kurz aufeinander. In den Pausen kann die Maschine nicht mehr auf die Kühlmitteltemperatur abkühlen. Bei der Betriebsart S3 trägt der Anlaufvorgang nicht zur Erwärmung bei, bei S4 trägt der Anlaufvorgang zur Erwärmung bei, und bei S5 tragen der Anlaufvorgang und der elektrische Bremsvorgang zur Erwärmung der Maschine bei. Verwendung: Motoren von Hebezeugen.

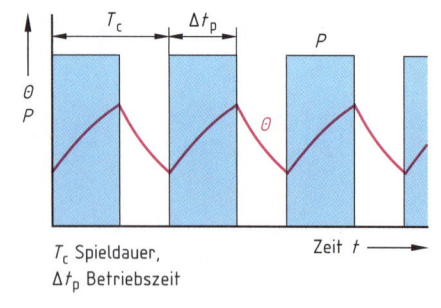

   Bild 3: Aussetzbetrieb S3, S4, S5

   d) S6 – Ununterbrochener periodischer Betrieb: Es tritt kein stromloser Motorstillstand mehr auf. Arbeits- sowie Stillstandszeiten wiederholen sich periodisch. Verwendung: Werkzeugmaschinen.

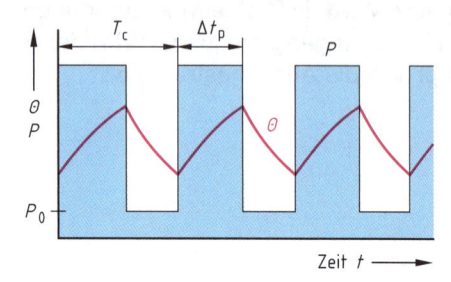

   Bild 4: Ununterbrochener periodischer Betrieb S6

e) S7 – Ununterbrochene periodische Belastung mit elektrischer Bremsung: Der Motor besitzt keine Stillstandszeit. Arbeitszeit sowie elektrische Bremszeit wiederholen sich periodisch.
f) S8 – Ununterbrochener periodischer Betrieb mit Last- und/oder Drehzahländerung.
g) S9 – Betrieb mit nichtperiodischen Last- und Drehzahländerungen.
h) S10 – Betrieb mit einzelnen konstanten Belastungen.

2. Die Temperatur von elektrischen Maschinen erhöht sich bei Betrieb, bis ein Gleichgewicht von Verlustwärme zu abgebebener Wärme erreicht ist. Die höchstzulässige Dauertemperatur der verwendeten Isolierung darf dabei nicht überschritten werden.

Isolierstoffklassen für elektrische Maschinen (Auswahl nach DIN VDE 0530)

Klasse	Höchstzulässige Dauertemperatur in °C	Isolierstoffe Beispiele
E	120	Hartpapier, Hartgewebe, ausgehärtete Pressmassen, Triacetatfolie
B	130	Glas, Silikat-Fiber, Glimmer mit Bindemitteln, Kunstharzlacke der Klasse B
F	155	Glasfaser, Silikat-Fiber und Glimmer mit Kunstharzen getränkt
H	180	Silikone, Glimmer, Glasfaser mit Silikonharzen getränkt

Bild 1: Isolierstoffklassen

3. Die zulässige Temperaturzunahme wird als Grenzübertemperatur bezeichnet. Als Bezugspunkt wird bei Luftkühlung eine Raumtemperatur von 40 °C verwendet. Bei anderen Kühlmitteln ist die Kühlmitteltemperatur zu verwenden. Davon abgezogen wird ein Sicherheitsabstand von 10 °C.

4. • Wicklungen werden gegeneinander und auf Körperschluss geprüft. Die Prüfung erfolgt mit sinusförmiger Hochspannung 50 Hz. Die Prüfspannung ist abhängig von der Bemessungsspannung der Maschine.
   • Messung des Isolationswiderstandes mit 500 V Gleichspannung. Der Isolationswiderstand ist abhängig von der Maschinenart und Maschinengröße.

Frequenzumrichter (zu Seite 106–107)

1. • Polpaarzahl der Statorwicklung,
   • Frequenz der Netzspannung.

2. A: Der **Gleichrichter** formt die dreiphasige Wechselspannung in eine pulsierende Gleichspannung um.
   B: Der **Zwischenkreis** glättet die pulsierende Gleichspannung.
   C: Der **Wechselrichter** formt die Gleichspannung in eine dreiphasige Wechselspannung um, bei der Spannung und Frequenz verstellbar sind.

3. Bremschopper oder Bremswiderstand. Im Generatorbetrieb wird die in den Zwischenkreis zurückgespeiste Energie im Bremswiderstand in Wärme umgesetzt.

4. Insulated Gate Bipolar Transistor

5. Der IGBT ist eine Kombination aus bipolarer Transistortechnik und Feldeffekttransistortechnik. Wird eine positive Spannung $U_{GE} \approx 15$ V angelegt, schaltet der IGBT durch und die Spannung U_{CE} sinkt von U_b auf ca. 2 V bis 4 V ab.
   • GBTs besitzen einen kleinen Durchlasswiderstand R_{CE} und somit geringe Durchlassverluste.
   • Die Ansteuerung erfolgt fast leistungslos.
   • IGBTs sind in Rückwärtsrichtung nur begrenzt sperrfähig.

6. • Im Generatorbetrieb wird die elektrische Energie über die parallel liegende Freilaufdiode an den Zwischenkreis zurückgeführt.
   • Die Freilaufdiode verhindert eine Zerstörung des IGBT bei zu hohen Sperrspannungen am IGBT.

7. PWM = Pulsweitenmodulation

8. Da der Motor eine Induktivität darstellt (Energiespeicher), verzögern sich der Stromanstieg und Stromabfall. Der Stromfluss hat deshalb einen sinusförmigen Verlauf.

9. RCD vom Typ B, allstromsensitiv.

Servoantrieb (zu Seite 107–108)

1. Als Servoantriebe werden elektrische Antriebe bezeichnet, die mit einem Servoregler (FU) betrieben werden. Der Betrieb kann dabei momentengeregelt, geschwindigkeitsgeregelt oder positionsgeregelt sein.

2. • Hohe Dynamik,
   • hohe Positioniergenauigkeit,
   • hohe Überlastfähigkeit in einem großen Drehzahlbereich,
   • großer Drehzahlstellbereich 0 – 15000 1/min.

3. • Positionieraufgaben bei Industrierobotern,
   • Werkzeugmaschinen,
   • Verpackungsmaschinen.

4. • Der Stator besitzt eine Drehstromwicklung.
   • Der bürstenlose Läufer hat an seinem Umfang Permanentmagnete befestigt, oder der Läufer mit Bürsten besitzt eine Erregerwicklung.

5. Durch das permanente Magnetfeld im Läufer dreht sich der Läufer synchron zum Statorfeld.

6. • Der Stator besitzt Gleichstromwicklungen.
   • Der bürstenlose Läufer besteht aus Permanentmagneten.

7. Die Gleichstromwicklungen im Stator werden schrittweise mit Gleichstromimpulsen mit wechselnder Polarität angesteuert. Der Läufer richtet sich nach dem Statormagnetfeld aus. Je nach Ansteuerung der Gleichstromwicklungen kann sich der Läufer schrittweise oder in gleichförmiger Drehbewegung bewegen.

8. Bauform A: Zweiphasenschrittmotor, unipolarer Aufbau. Der Strom fließt nur in einer Richtung durch die Spule.
   Bauform B: Zweiphasenschrittmotor, bipolarer Aufbau. Der Strom fließt in beiden Richtungen durch die Spule.

9. Schrittwinkel $\alpha = \dfrac{360°}{2\ p\ m}$

   α Schrittwinkel
   p Polpaarzahl des Läufers
   m Phasenzahl (Strangzahl) im Stator

   $\alpha = \dfrac{360°}{2 \cdot 1 \cdot 2} = \mathbf{90°}$

   Schrittzahl je Umdrehung $z_u = 2 \cdot p \cdot m$
   $z_u = 2 \cdot 1 \cdot 2 = \mathbf{4}$

10. Halbschrittbetrieb: Zwischen jedem Vollschritt wird jeweils nur eine Spule von Strom durchflossen. Dadurch wird die Schrittzahl verdoppelt, das Drehmoment jedoch halbiert.
    Vollschrittbetrieb: Es werden beide Statorspulen vom Strom durchflossen.

11. Zur exakten Positionierung von mechanischen Systemen, z. B. Druckern, Scannern, kleinen Fräsmaschinen und Robotern.

Arbeitsauftrag (zu Seite 108–109)

1. a) Sternschaltung

   b)

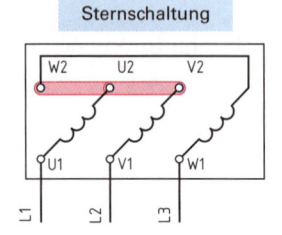

Bild 1: Motorklemmbrettschaltung für Sternschaltung

2. a) $n = 1450 \frac{1}{\text{min}} \Rightarrow n_s = 1500 \frac{1}{\text{min}}$

$p = \frac{f}{n_s} = \frac{50 \frac{1}{s}}{1500 \cdot \frac{1}{60} \frac{1}{s}} = 2$

Polzahl $= 2 \cdot p = 2 \cdot 2 = \underline{4}$

$s = \frac{(n_s - n) \cdot 100\%}{n_s}$

$= \frac{\left(1500 \frac{1}{\text{min}} - 1450 \frac{1}{\text{min}}\right) \cdot 100\%}{1500 \frac{1}{\text{min}}}$

$s = \mathbf{3{,}3\%}$

b) Dreieck: $S = \sqrt{3} \cdot U \cdot I$
$S = \sqrt{3} \cdot 400\,\text{V} \cdot 10{,}7\,\text{A} = 7{,}4\,\text{kVA}$

Stern: $I = \frac{S}{\sqrt{3} \cdot U} = \frac{7{,}4\,\text{kVA}}{\sqrt{3} \cdot 690\,\text{V}} = \mathbf{6{,}2\,A}$

c) $\mu = \frac{P_{ab}}{P_{zu}} = \frac{5{,}5\,\text{kW}}{\sqrt{3} \cdot 400\,\text{V} \cdot 10{,}7\,\text{A} \cdot 0{,}88} = \mathbf{0{,}84}$

d) $M = \frac{P_{ab} \cdot 9549}{n} = \frac{5{,}5\,\text{kW} \cdot 9549}{1450 \frac{1}{\text{min}}} = \mathbf{36{,}2\,Nm}$

e) $F = \frac{M}{r} = \frac{36{,}2\,\text{Nm}}{0{,}06\,\text{m}} = \mathbf{603{,}3\,N}$

3. Betriebsart S1: Dauerbetrieb
IP 54: Vollständiger Berührungsschutz, staubgeschützt und Schutz gegen Spritzwasser aus allen Richtungen.

4. a) Gleichstromnebenschlussmotoren gehen im Leerlauf nicht durch und fallen in der Drehzahl bei Belastung kaum ab. Gleichstromreihenschlussmotoren gehen im Leerlauf durch und fallen in ihrer Drehzahl bei Belastung stark ab.
b) Bei Gleichstromnebenschlussmotoren liegt die Erregerwicklung parallel zur Ankerwicklung, bei Gleichstromreihenschlussmotoren liegt die Erregerwicklung in Reihe zum Anker.
c) Bei Unterbrechung der Erregerwicklung können GL-Nebenschlussmotoren durchgehen. Bei GL-Reihenschlussmotoren führt eine Unterbrechung der Erregerwicklung zum Stillstand des Motors.

5. • Eine **Netzdrossel** schützt den Umrichter vor Überspannungen aus dem Versorgungsnetz.
   • Ein **Netzfilter** unterdrückt die Störaussendung vom Umrichter auf das Versorgungsnetz.
   • Ein **Bremswiderstand** setzt die im Generatorbetrieb erzeugte Energie in Wärme um.
   • Eine **Ausgangsdrossel** unterdrückt die Störabstrahlung des ungeschirmten Motorkabels.
   • Der **Frequenzumrichter** formt die Netzspannung in eine Wechselspannung um, bei der Spannung und Frequenz verstellbar sind.
   • Ein **Servomotor**.
   a) • Asynchronmotoren,
      • permanenterregte Synchronmotoren,
      • permanenterregte Gleichstrommotoren,
      • Schrittmotoren.
   b) • Nichtfeldorientierte Systeme, z. B. U/f-Verfahren.
      • Feldorientierte Systeme, z. B. VFC (spannungsgeführte Systeme) oder CFC (stromgeführte Systeme).
   c) • Gleichrichter,
      • Zwischenkreis,
      • Wechselrichter.
   d) Der Zwischenkreis glättet die pulsierende Gleichspannung.
   e) Damit bei sich ändernden Frequenzen das Drehmoment konstant bleibt, muss ein konstanter magnetischer Fluss bestehen und somit ein konstanter Strom durch die Motorwicklungen fließen. Der Strom ist proportional zum Verhältnis Motorspannung zu Scheinwiderstand der Motorwicklungen, $I \sim U/Z$. Dies wird erreicht durch ein konstantes Verhältnis der Motorspannung zur Frequenz U/f. Wird die Frequenz verändert, dann ändert sich auch der Scheinwiderstand Z der Motorwicklungen. Bei kleinen Frequenzen wird der Scheinwiderstand Z hauptsäch-

lich aus dem ohmschen Anteil der Motorwicklung gebildet. Das Verhältnis U/f wird nicht mehr eingehalten, es verändert sich. Deshalb wird bei kleinen Drehzahlen der Fußpunkt der U/f-Kennlinie angehoben. Diese Ständerwicklungskompensation wird als Boost bezeichnet.

6. Ein Servoantrieb besteht aus einem Servo-Umrichter und einem Servoantrieb mit Rückführ-System (Gebersystem).
   a) • Asynchronmotoren,
      • permanenterregte Synchronmotoren,
      • permanenterregte Gleichstrommotoren,
      • Schrittmotoren.
   b) Beschleunigungs- und Geschwindigkeitsverlauf in einem Zeitintervall.

9.3 Elektromagnetische Verträglichkeit (zu Seite 110)

1. Die **Elektromagnetische Verträglichkeit** (EMV) kennzeichnet den erwünschten Zustand, dass technische Geräte einander nicht wechselseitig mittels ungewollter elektrischer oder elektromagnetischer Effekte störend beeinflussen.

2. EMV liegt vor,
   • wenn ein Gerät andere Geräte nicht stört und Störaussendungsgrenzwerte einhält
   • und von anderen Geräten nicht gestört wird, also störfest ist.

3. • Erdung
   • Schirmung
   • Filterung

9.4 Schutzmaßnahmen (zu Seite 110–111)

1. Menschen und Tiere leiten den elektrischen Strom. Fast alle menschlichen Organe funktionieren aufgrund elektrischer Impulse. Von außen kommende Ströme (Fremdströme) können deshalb die Funktion von Organen beeinflussen.

2. a) Keine Reaktionen des Körpers.
   b) Gefahr von Herzkammerflimmern.
   c) Keine gefährliche Wirkung.
   d) Herzkammerflimmern ist möglich.

3. Wechselspannung, weil das Herz versucht, in der Frequenz der Wechselspannung mitzuschlagen. Dadurch kommt es zum Herzkammerflimmern.

4. • Direktes Berühren ist das Berühren unter Spannung stehender Teile, z. B. eines Leiters, durch Personen oder Tiere.
   • Indirektes Berühren ist das Berühren von Körpern elektrischer Betriebsmittel, die infolge eines Fehlers unter Spannung stehen, durch Personen und Tiere.

5. Ein „Aktives Teil" ist jeder Leiter oder jedes leitfähige Teil, das bei ungestörtem Betrieb Strom führt. Dazu zählt auch der Neutralleiter, nicht jedoch der PEN-Leiter.

6. Elektrische Betriebsmittel sind Mittel zum Erzeugen, Umwandeln, Übertragen, Verteilen und Anwenden elektrischer Energie, z. B. Generatoren, Transformatoren, Schaltgeräte, Messinstrumente, Schutzeinrichtungen, Leitungen und Kabel sowie Verbrauchsmittel.

7. Erde ist die Bezeichnung für das leitfähige Erdreich mit dem elektrischen Potenzial null.

8. Bei Anlagen und Betriebsmittel mit einer Spannung über 50 V AC bzw. 120 V DC beim Menschen und 25 V AC bzw. 60 V DC bei Tieren.

9. Nur Elektrofachkräfte dürfen elektrische Anlagen errichten, abändern, warten oder instandsetzen.

10. Rechtsgrundlage dafür ist das VDE-Vorschriftenwerk.

11. a) VDE-Zeichen für elektrotechnische Erzeugnisse, z. B. Installationsschalter und Elektrogeräte.
    b) VDE-Elektrotechnik-Prüfzeichen für Bauelemente und Baugruppen der Elektrotechnik, z. B. Netzteile.
    c) VDE-GS-Zeichen nach dem Gerätesicherheitsgesetz für geprüfte Elektrogeräte, z. B. elektrische Werkzeuge.
    d) CE-Kennzeichnung für Industrieerzeugnisse, die den einschlägigen Gemeinschaftsvorschriften in Europa entsprechen.

12.

Schutzklasse	Kennzeichen	Verwendung bei Schutzmaßnahme
I	⏚	Mit Schutzleiter (Betriebsmittel ist mit Schutzleitersystem der Anlage verbunden, z. B. Elektromotor)
II	▫	Schutzisolierung (Betriebsmittel mit Basisisolierung und zusätzlicher oder verstärkter Isolierung, z. B. Leuchten)
III	◇	Kleinspannung (Anschluss nur an SELV- und PELV-Stromkreise, z. B. für Fassleuchten)

Bild 1: Schutzklassen

13. Grundsätzlich sind Arbeiten an unter Spannung stehenden Anlagen verboten. Ausnahmen sind in DIN VDE 0105 festgelegt.

14.

Die fünf Sicherheitsregeln für Arbeiten im spannungsfreien Zustand (nach DIN VDE 0105)	
1. Freischalten	• Freischalten aller Teile der Anlage, an denen gearbeitet werden soll • LS-Schalter abschalten, Schmelzsicherungen entfernen
2. Gegen Wiedereinschalten sichern	• LS-Schalter z. B. mit Klebeband absichern, Sicherungseinsätze mitnehmen, Schalter durch Schloss sichern, Verbotsschilder anbringen
3. Spannungsfreiheit feststellen	• Spannungsfreiheit durch Fachkraft feststellen • Anlage mit zweipoligem Spannungsprüfer prüfen
4. Erden und kurzschließen	• Zuerst immer erden, dann mit den kurzschließenden aktiven Teilen verbinden (muss von der Arbeitsstelle aus sichtbar sein). Regel 4 entfällt bei Anlagen unter 1000 V, z. B. in Kabelanlagen, ausgenommen Freileitungen.
5. Benachbarte unter Spannung stehende Teile abdecken oder abschranken	• Bei Anlagen unter 1 kV genügen zum Abdecken isolierende Tücher, Schläuche, Formstücke; über 1 kV sind zusätzlich Absperrtafeln, Seile, Warntafeln erforderlich. • Körperschutz, z. B. Schutzhelm mit Gesichtsschutz, eng anliegende Kleidung und Handschuhe tragen

Bild 2: 5 Sicherheitsregeln

15. Die Berührungsspannung U_B ist die Spannung, die zwischen gleichzeitig berührbaren Teilen während eines Isolationsfehlers auftreten kann.

Arbeitsauftrag (zu Seite 111–112)

1. a) Kurzschluss ist eine leitende Verbindung zwischen betriebsmäßig gegeneinander unter Spannung stehenden Leitern. Im Fehlerstromkreis befindet sich kein Nutzwiderstand.
   b) Körperschluss ist eine leitende Verbindung zwischen einem Körper und aktiven Teilen der Betriebsmittel, die durch einen Isolationsfehler entstanden ist.
   c) Leiterschluss ist eine fehlerhafte Verbindung zwischen Leitern, wenn im Fehlerstromkreis ein Nutzwiderstand oder ein Teil des Nutzwiderstandes liegt.
   d) Erdschluss entsteht bei der Verbindung eines Außenleiters oder eines betriebsmäßig isolierten Neutralleiters mit der Erde oder mit geerdeten Teilen.

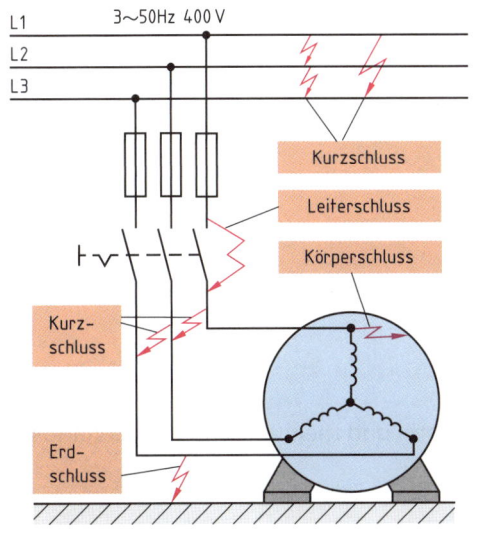

Bild 3: Fehlerarten

2.
- Durch einen Körperschluss kann der Körper eines Betriebsmittels Spannung gegen Erde oder geerdete Teile (Wasserleitung) annehmen. Diese Spannung wird Fehlerspannung U_F genannt.
- Die Berührungsspannung U_B ist die Spannung, die bei einem Isolationsfehler zwischen gleichzeitig berührbaren Teilen besteht.

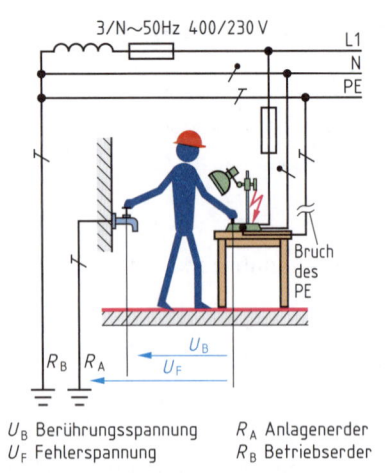

U_B Berührungsspannung R_A Anlagenerder
U_F Fehlerspannung R_B Betriebserder

Bild 1: Fehler-Berührungsspannung

3.

Berührungsspannungen	
• für Menschen	AC 50 V, DC 120 V
• Kinderspielzeuge • Kesselleuchten • im Tierbereich • in landwirtschaftlichen und gartenbaulichen Anwesen	AC 25 V, DC 60 V

Bild 2: Berührungsspannungen

Zur Vertiefung (zu Seite 112–113)

1. DIN VDE 0100, Teil 410 „Errichten von Starkstromanlagen mit Nennspannungen bis 1000 V".

2.
- Schutz durch Kleinspannung mit SELV und PELV.
- Schutz durch Begrenzung von Ladung.

3. Schutz durch
   - Isolierung aktiver Teile,
   - Abdeckungen oder Umhüllungen,
   - Hindernisse,
   - Abstände.

   Zusätzlicher Schutz durch
   - Fehlerstromschutzeinrichtungen (RCDs).

4. Schutz durch automatische Abschaltung der Stromversorgung
   - im TN-System,
   - im TT-System,
   - im IT-System.

   Schutz durch
   - Potenzialausgleich,
   - Schutzisolierung,
   - nichtleitende Räume,
   - erdfreien örtlichen Potenzialausgleich,
   - Schutztrennung.

5. Bei Nennspannungen größer 25 V AC bzw. 60 V DC.

6. Alle aktiven (stromführenden) Teile sind vollständig mit einer elektrischen und mechanischen widerstandsfähigen Isolierung umhüllt, Beispiel: Leitungsisolierung.

7. Abdeckungen und Umhüllungen müssen sicher befestigt sein und nur mit einem Werkzeug entfernbar sein. Beispiel: Abdeckungen und Umhüllungen von Schaltern und Steckdosen schützen gegen direktes Berühren.

8. Schutz durch Hindernisse sind nur zulässig in elektrischen und abgeschlossenen Betriebsstätten. Zutritt ist nur für Elektrofachkräfte erlaubt. Schutz durch Hindernisse erfolgt durch Schutzleisten, Geländer oder Schutzgitter, Beispiel: Transformatorstation.

9. Aktive Teile müssen einen so großen Abstand haben, dass sie nicht vom Menschen berührt werden können, Beispiel: Freileitungen.

10. Versagt bei einem elektrischen Betriebsmittel der Schutz gegen direktes Berühren infolge einer defekten Isolierung und ist die Betriebsspannung größer als 50 V AC bzw. 120 V DC besteht eine Gefahrensituation. Die fehlerhafte Anlage muss in kurzer Zeit abgeschaltet werden.

11. Schutzleiter (PE) und PEN-Leiter sind immer grüngelb gekennzeichnet. PEN-Leiter sind zusätzlich an den Enden hellblau.

12. Im TN-System soll ein auftretender Körperschluss zum Kurzschluss führen und das defekte Betriebsmittel durch Auslösen der vorgeschalteten Überstrom-Schutzeinrichtung oder RCDs abschalten.

13. RCDs haben die Aufgabe, Betriebsmittel innerhalb von 0,2 s bzw. 0,4 s allpolig abzuschalten, wenn durch einen Isolationsfehler bedingt eine gefährliche Berührungsspannung auftritt.

14. • Bei nichtstationären Anlagen (z. B. Baustellen-Verteiler) an jedem Arbeitstag.
    • Bei stationären Anlagen mindestens alle 6 Monate.

15. Im fehlerfreien Zustand ist die Summe der zu- und abfließenden Ströme null. Im Fehlerfall fließt ein Teil des Stromes über Erde ab. Die Summe der zu- und abfließenden Ströme ist nicht mehr null, dadurch wird ein elektromechanischer Auslöser betätigt.

16. Aus einem Körperschluss wird ein Erdschluss. Der auftretende Fehlerstrom soll das defekte Betriebsmittel durch vorgeschaltete Überstrom-Schutzeinrichtungen oder RCDs abschalten.

17. Durch die Isolierung des Erzeugers gegen Erde kann beim Auftreten eines Körperschlusses kein Fehlerstrom fließen. Es kann deshalb keine gefährliche Berührungsspannung entstehen.
Beim Auftreten eines ersten Fehlers (Körperschluss) erfolgt keine Abschaltung, sondern eine Meldung durch eine Isolationsüberwachungseinrichtung (optisches oder akustisches Signal). Beim Auftreten eines zweiten Fehlers kann eine gefährliche Berührungsspannung zwischen zwei Körpern entstehen. Deshalb muss die Anlage innerhalb der geforderten Abschaltzeit abschalten.

Arbeitsauftrag (zu Seite 114–115)

1. Der erste Buchstabe bezeichnet die Erdungsverhältnisse des Verteilungssystems, also der Stromquelle, z. B. Transformator.
Der zweite Buchstabe bezeichnet die Erdungsverhältnisse der Verbraucheranlage, z. B. Einfamilienhaus.
    • TN-System: Der Sternpunkt der Stromquelle (Transformator) des Verteilungssystems ist direkt geerdet. Die Körper der angeschlossenen Verbraucher in der Verbraucheranlage sind direkt mit einem elektrischen Leiter mit diesem Sternpunkt verbunden.
    • TT-System: Der Sternpunkt der Stromquelle (Transformator) des Verteilungssystems ist direkt geerdet. Die Körper der angeschlossenen Verbraucher in der Verbraucheranlage sind mit einem eigenen Erder verbunden. Dieser Erder ist räumlich vom Erder des Verteilungssystems getrennt.
    • IT-System: Der Sternpunkt der Stromquelle (Transformator) des Verteilungssystems und andere spannungsführende Teile sind nicht mit Erde verbunden. Die Körper der angeschlossenen Verbraucher in der Verbraucheranlage sind mit einem Erder vor Ort verbunden.

2.

Maximale Abschaltzeiten im TN-System (nach DIN VDE 0100 Teil 410)		
Stromkreise	**Spannung U_0**	**Abschaltzeit**
• Endstromkreise, die über Steckdosen oder festen Anschluss Handgeräte oder ortsveränderliche Betriebsmittel der Schutzklasse I versorgen	≤ AC 230 V: ≤ AC 400 V: > AC 400 V:	0,4 s 0,2 s 0,1 s
• Verteilungsstromkreise in Gebäuden • Endstromkreise derselben Verteilung, mit nur ortsfesten Verbrauchsmitteln		5 s

Bild 1: Abschaltzeiten im TN-System

3. Als Schleifenimpedanz wird der Widerstand der Fehlerschleife bezeichnet, der bei Körperschluss in der Verbraucheranlage auftritt. Die Schleifenimpedanz Z_S setzt sich zusammen aus dem Scheinwiderstand des Transformators, des Verteilungssystems und der Verbraucheranlage, die in der Fehlerschleife liegen.
Beim Auftreten eines Fehlers muss die Anlage innerhalb der geforderten Abschaltzeit (siehe Tabelle: Maximale Abschaltzeiten im TN-System) vom Netz getrennt werden. Damit dies erfolgt, muss die Schleifenimpedanz so klein sein, dass ein genügend hoher Abschaltstrom I_a fließen kann.

$$\boxed{Z_s \leq U_0/I_a}$$

U_0: Nennspannung gegen Erde.
I_a: Strom der das automatische Abschalten der Schutzeinrichtung innerhalb der geforderten Zeit bewirkt.
Z_S: Schleifenimpedanz

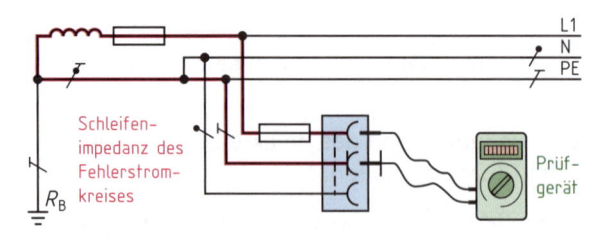

Bild 1: Messen der Schleifenimpedanz

4. Falls in einem TN-System der PEN-Leiter vor der Verbraucheranlage durch einen Leiterbruch unterbrochen ist und es zu einem Körperschluss kommt, ist die Fehlerschleife unterbrochen und das vorhandene Schutzorgan wird nicht auslösen. Es entstehen gefährliche Spannungen am Körper und PE-Leiter. Aus diesem Grund muss zusätzlich die Verbraucheranlage an einen Fundamenterder in der Verbraucheranlage angeschlossen werden.

5.

Maximale Abschaltzeiten im TT-System (nach DIN VDE 0100 Teil 410)		
Stromkreise	**Spannung U_0**	**Abschaltzeit**
• Endstromkreise, die über Steckdosen oder festen Anschluss Handgeräte oder ortsveränderliche Betriebsmittel der Schutzklasse I versorgen	≤ AC 230 V: ≤ AC 400 V:	0,2 s 0,2 s
• Verteilungsstromkreise in Gebäuden • Endstromkreise derselben Verteilung, mit nur ortsfesten Verbrauchsmitteln		1 s

Bild 2: Abschaltzeiten im TT-System

Im Fehlerfall muss innerhalb der geforderten Abschaltzeit der defekte Verbraucheranlagenteil abgeschaltet werden.
Für den Erdungswiderstand gilt die Bedingung:

$$\boxed{R_A \leq U_L/I_a}$$

R_A: Erdungswiderstand aller Körper.
U_L: Höchstzulässige Berührungsspannung (50 V bzw. 25 V AC).
I_a: Strom, der das automatische Abschalten der Schutzeinrichtung innerhalb der geforderten Zeit bewirkt.

6. Ein RCD schaltet bereits bei seinem Bemessungs-Differenzstrom innerhalb von 0,2 s bzw. 0,4 s ab. Dieser ist wesentlich geringer als der Abschaltstrom I_a von LS-Schaltern oder Leitungsschutzsicherungen. Die erforderlichen Werte für die Erdungswiderstände können somit wesentlich höher sein.

Höchstwerte für Erdungswiderstände R_A		
Bemessungs-Differenzstrom	**Erdungswiderstand R_A in Ω**	
	U_L = 50 V	U_L = 25 V
0,01 A	5000	2500
0,03 A	1665	832
0,3 A	165	82
0,5 A	100	50

Bild 3: Erdungswiderstände

7. Im Fehlerfall sind die Abschaltzeiten wesentlich kürzer.
Die erforderlichen Erdungswiderstände sind in der Praxis ohne größere Probleme zu erreichen.

Schutzisolierung (zu Seite 115–116)

1. Alle durch Berührung zugänglichen Teile, die im Fehlerfall Spannung führen können, sind mit einer Basisisolierung und mit verstärkter oder zusätzlicher Isolierung dauerhaft abgedeckt.

2. - Sicherheitstransformatoren
   - Motorgeneratoren mit getrennten Wicklungen.
   - Elektrochemische Spannungsquellen, z. B. Batterie und Akkumulator.
   - Generator mit Verbrennungsmaschine als Antrieb.

3. Die verwendete Spannung darf 50 V AC oder 120 V DC nicht überschreiten. Ein sekundärseitiger Anschluss der Kleinspannung ist geerdet.

4. Bei Nennspannung bis 500 V beträgt der Isolationswiderstand 50 kΩ, über 500 V beträgt er 100 kΩ.

5. Ein Trenntransformator trennt das Versorgungsnetz vom Verbrauchernetz. Dabei kommt es zu einer Potenzialtrennung. Auf der Ausgangsseite besteht keine Spannung gegen Erde.

6. Elektrische Anlagen sind vor der ersten Inbetriebnahme, nach einer Erweiterung, Änderung oder Instandsetzung vom Errichter durch
   - Besichtigen
   - Erproben
   - und Messen

   zu prüfen.

7. Besichtigen umfasst die Feststellung der normgerechten Errichtung bei abgeschalteter Anlage.

   Prüfen durch Besichtigen
   - Abdeckungen, Umhüllungen, Hindernisse
   - Auswahl der Leitungen und Kabel nach Verlegeart, Strombelastbarkeit und zulässigem Spannungsfall
   - Auswahl und Einstellung des Auslösestromes bei Schutz- und Überwachungseinrichtungen
   - Durchgehende farbige Kennzeichnung und Anschluss von Neutralleiter und Schutzleiter
   - Bezeichnung der Stromkreise und Betriebsmittel in der Anlage und in Schaltplänen

8. Es ist festzustellen, ob die Anlage ihre Funktion erfüllt und die vorgeschriebenen Schutzmaßnahmen wirksam sind.

   Prüfen durch Erproben und Messen
   - Prüfen auf durchgehende Verbindung von Schutzleiter, Hauptpotenzialausgleich, zusätzlichem Potenzialausgleich
   - Messen des Isolationswiderstandes der elektrischen Anlage zwischen jedem aktiven Leiter und Erde
   - Prüfen der sicheren Trennung bei Schutztrennung sowie in SELV- und PELV-Stromkreisen
   - Widerstandsmessung isolierender Fußböden und Wände
   - Messen und Berechnen des Auslösestromes in Anlagen mit Schutz durch automatische Abschaltung der Stromversorgung
   - Prüfen der Spannungspolarität. Einpolige Schalter dürfen nur im Außenleiter eingebaut sein.
   - Prüfen des Rechtsdrehfeldes bei Drehstromsteckdosen

9. Ein Prüfprotokoll und ein Übergabebericht mit allen aktuellen Messwerten sind zu erstellen. Sie dienen auch als Nachweis für spätere Reklamationen oder bei Haftungsproblemen.

10. Die Messung wird in der Praxis mit Prüfgeräten mit Gleichspannungsquelle durchgeführt.
    - Messspannung: 4 V bis 24 V
    - Messstrom: > 200 mA
    - Schutzleitersystem: < 1 Ω
    - Potenzialausgleichsleiter: < 0,1 Ω
    - Hauptpotenzialausgleich: < 3 Ω

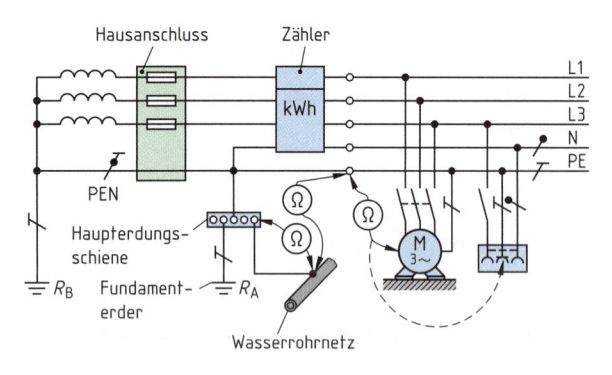

Bild 1: Messen von Schutzleiterverbindungen

11. Der Isolationswiderstand ist zwischen jedem aktiven Leiter und dem Schutzleiter oder der Erde zu messen. Der Neutralleiter muss von Erde getrennt werden, nicht jedoch der PEN-Leiter.

Mindest-Isolationswiderstände		
Anlage	**Messspannung**	**Isolationswiderstand**
Stromkreise und Betriebsmittel für Kleinspannung SELV und PELV	DC 250 V	$\geq 0{,}25\ \text{M}\Omega$
Nennspannung $\leq 500\,\text{V}$ (außer Kleinspannung SELV und PELV)	DC 500 V	$\geq 0{,}5\ \Omega$
Nennspannung $> 500\,\text{V}$	DC 1000 V	$\geq 1{,}0\ \text{M M}\Omega$

Bild 2: Mindest-Isolationswiderstände

12. TN-System
    - Messen des Isolationswiderstandes.
    - Messen der Schleifenimpedanz.
    - Messen des Erdungswiderstandes, I_a muss im Fehlerfall die Schutzeinrichtung auslösen.

    TT-System
    - Messen des Isolationswiderstandes.
    - Messen des Erdungswiderstandes, bei Auslösen der Schutzeinrichtung muss $U_B \leq U_L = 50\ \text{V}$ bzw. 25 V sein.

    IT-System
    - Messen des Erdungswiderstandes.
    - Prüfen der Isolationsüberwachungseinrichtung (künstlichen Fehler, Erdschluss herstellen).
    - Auslösen der Schutzeinrichtung bei zweitem Körper- oder Erdschluss.

13. Für Drehstrommotoren muss sich bei Anschluss ein rechtsdrehendes Drehfeld ergeben.

Zur Vertiefung (zu Seite 117)

1. Um kapazitive Einflüsse auszuschließen, muss Gleichspannung zum Messen verwendet werden.

2. Der Messstrom beträgt mindestens 1 mA.

3. $R_{iso} \geq 1\ \text{M}\Omega$ für Geräte der Schutzklasse I.
   $R_{iso} \geq 2\ \text{M}\Omega$ für Geräte der Schutzklasse II.

4. Um festzustellen, dass der Abschaltstrom Ia bei TT-Systemen fließt, muss als Nachweis der Erdungswiderstand R_A messtechnisch ermittelt werden. Hierbei ist zu beachten, dass sich um den vom Strom durchflossenen Erder und um den Hilfserder ein Potenzial bildet, dass mit zunehmender Entfernung abnimmt. Sonde und Hilfserder müssen soweit voneinander entfernt sein, das sich die Sonde außerhalb der Spannungstrichter der Hilfserder bzw. Erder befindet.

5.

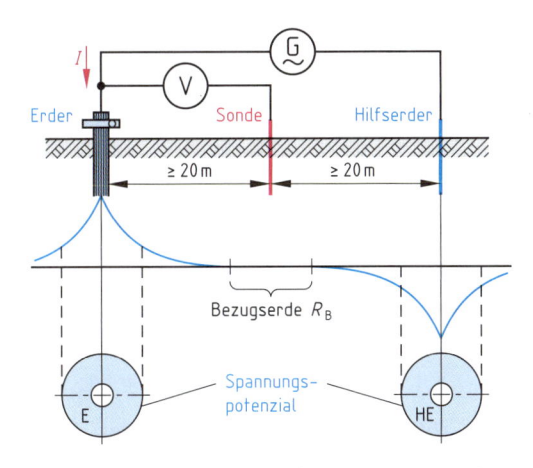

Bild 1: Anordnung von Erder (E), Sonde, Hilfserder (HE) und Potenzialverlauf bei der Erdungsmessung

6. Durch Gleichspannungseinflüsse im Erdreich wäre das Messergebnis bei Gleichspannungsmessung verfälscht. Deshalb wird zur Messung eine Wechselspannung mit einer Frequenz zwischen 95 Hz und 110 Hz, und damit außerhalb des Einflussbereiches der Netzfrequenz von 50 Hz, verwendet.

Arbeitsauftrag (zu Seite 117)

1. • Schutz durch Kleinspannung, SELV und PELV.
   • Schutz durch Begrenzung von Ladung.
   • Schutz durch Isolierung aktiver Teile.
   • Schutz durch Abdeckung oder Umhüllung.
   • Schutz durch Hindernisse.
   • Schutz durch Abstand.
   Zusätzlicher Schutz durch Fehlerstrom-Schutzeinrichtungen.

2. • Stecker und Steckdosen von SELV(Safety Extra Low Voltage)-Stromkreisen dürfen keinen Schutzkontakt aufweisen.
   • Steckvorrichtungen von SELV-Stromkreisen müssen gegenüber Steckvorrichtungen mit anderer Spannung unverwechselbar sein.
   • PELV(Protective Extra Low Voltage)-Steckvorrichtungen dürfen nicht in SELV-Steckvorrichtungen eingeführt werden können und umgekehrt.
   • PELV-Steckvorrichtungen besitzen einen Schutzleiteranschluss. Sie sind durch eine Nase gegenüber anderen Steckvorrichtungen höherer Spannung unverwechselbar.

3. Schutzisolierung wird vorwiegend verwendet bei Haushaltsgeräten, Elektrowerkzeugen, Kleingeräten, Kleinverteilern, Leuchten und Gehäusen von Steckvorrichtungen, z. B. CEE-Steckern.

4. Hohe elektrostatische Spannungen können zu einem Überschlag und somit zur Zerstörung bei sehr dünnen Halbleiterschichten führen.

5. **E**lektrostatisch **g**efährdete **B**augruppen

6. Dadurch wird der eigene Körper entladen.

7. Berührt ein elektrostatisch geladener Körper eine elektrostatisch gefährdete Baugruppe, dann kann durch die Entladung eine Beschädigung oder Zerstörung erfolgen.

8. Verwendung von elektrisch leitfähigen Tischen und Bodenmatten mit Anschluss an eine potenzialfreie Erdung.

10 Steuerungstechnik

10.1 Grundlagen (zu Seite 118–119)

1. Ein System ist eine Anordnung von Gebilden, die miteinander in Beziehung stehen, wobei diese Anordnung durch bestimmte Vorgaben von der Umgebung abgegrenzt wird (DIN 19226 Teil1).

2. Nach DIN 19226 liegt eine Steuerung vor, wenn Eingangsgrößen nach einer vorgegebenen Gesetzmäßigkeit Ausgangsgrößen beeinflussen. Die Ausgangsgrößen wirken nicht auf die Eingangsgrößen zurück, der Wirkungsablauf ist offen. Auswirkungen einer Störgröße werden nicht ausgeglichen. Abweichungen einer Ausgangsgröße zwischen Sollwert und Istwert werden nicht erfasst und auch nicht korrigiert. Beispiel: Heizung des Innenraumes im

PKW. Wird die Temperatur im PKW gesteuert, so stellt man im Winter die Heizung per Hand ein, der Innenraum wird erwärmt. Scheint nun die Sonne auf das Auto (Störgröße), erwärmt sich der Innenraum stärker als gewollt, die Heizung heizt jedoch weiter. Die Steuerung ist nicht in der Lage, diese Abweichung zu erfassen und darauf zu reagieren.

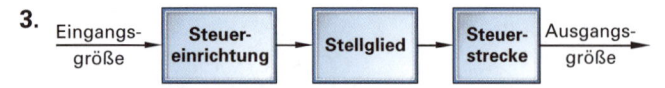

3. Eingangsgröße → **Steuereinrichtung** → **Stellglied** → **Steuerstrecke** → Ausgangsgröße

Bild 1: Steuerkette

4. Innerhalb einer Steuerung kann die Signalverarbeitung in folgende Funktionen eingeteilt werden: **E**ingabe, **V**erarbeitung, **A**usgabe.

5. Die Regelung ist ein Vorgang, bei dem fortlaufend eine Größe – die Regelgröße – erfasst, mit einer anderen Größe, der Führungsgröße, verglichen und im Sinne einer Angleichung an die Führungsgröße beeinflusst wird. Kennzeichen für das Regeln ist der geschlossene Wirkungsablauf, bei dem die Regelgröße im Wirkungsweg des Regelkreises sich selbst fortlaufend beeinflusst. Im oben genannten Beispiel wird eine geregelte Klimaanlage im PKW bei Sonneneinstrahlung die Heizung zurückregeln, die Temperatur im Auto bliebe annähernd gleich.
Siehe auch Kapitel 11 Regelungstechnik.

6. Der wesentliche Unterschied liegt im Wirkungsablauf. Bei einer Steuerung ist der Wirkungsablauf offen, eine Abweichung zwischen Sollwert und Istwert wird nicht erkannt und hat keine Auswirkung. Bei einer Regelung ist der Wirkungsablauf geschlossen, eine Abweichung zwischen Sollwert und Istwert wird erkannt und darauf reagiert, es wird nachgeregelt.

7. Eine **verbindungsprogrammierte** Steuerung ist eine Steuerung, deren Funktion durch die Bauteile und deren Verbindungen festgelegt ist. Beispiel: konventionelle Schützschaltung mit Selbsthaltung, Rechts- und Linkslauf. Bei einer **speicherprogrammierten** Steuerung werden alle Bauteile mit einer Steuerung verdrahtet, die Funktion der Steuerung ist als Programm im Speicher der Steuerung hinterlegt. Wie die Schaltung funktioniert, wird nicht durch die Verdrahtung festgelegt, sondern durch das Programm.

8. - Ist eine Änderung der Funktion der Steuerung gewünscht, so muss nur das Programm im Speicher der speicherprogrammierten Steuerung geändert werden.
   Der Einsatz von speicherprogrammierten Steuerungen bringt also vor allem ein größeres Maß an Flexibilität mit sich.
   - Zusätzlich arbeitet eine speicherprogrammierte Steuerung verschleißfreier und ist somit zuverlässiger als eine verbindungsprogrammierte Steuerung.
   - Die Fehlersuche gestaltet sich einfacher.
   - Eine speicherprogrammierte Steuerung benötigt weniger Platz als die verbindungsprogrammierte Steuerung

9. 1. Steuerung
Der Heizkörper im Bild 1 wird nur von der Außentemperatur gesteuert. Ist es außen kalt, stellt die Steuerung die Heizung an. Bei Sonneneinstrahlung oder geöffnetem Fenster bleibt die Heizleistung die gleiche.
2. Regelung
Der Heizkörper im Bild 2 ist nur von der Innentemperatur abhängig. Dazu wird die Innentemperatur gemessen und mit einer eingestellten Temperatur (Sollwert w) verglichen. Ist die gemessene Temperatur x kleiner oder größer als der Sollwert w, so wird der Heizkörper entsprechend nachgeregelt. Bei geöffnetem Fenster oder Sonneneinstrahlung kann die Regelung entsprechend reagieren und ebenfalls nachregeln.

10. Steuerungen werden dann eingesetzt, wenn Störgrößenänderungen vernachlässigbar sind. Regelungen machen dann Sinn, wenn eben diese Störgrößen die Ausgangsgrößen stark beeinflussen und deren Auswirkungen nicht vernachlässigbar sind.

Arbeitsauftrag (zu Seite 119)

1. Zeitgeführte Steuerung
   - Bei der **zeitgeführten Steuerung** für das gegebene Beispiel fährt zu Beginn Zylinder 1 aus, biegt das Blech vor und fährt wieder zurück. Nach einer vorgegeben Zeit fährt Zylinder 2 aus, biegt das Blech fertig und fährt wieder zurück. Diese Wartezeit zwischen Biegevorgang 1 und Biegevorgang 2 ist festgelegt durch die Zeit, die der erste Zylinder für seine Fahrt hin und zurück benötigt unter Zugabe einer Pufferzeit. Dabei kann es nicht ausgeschlossen werden, dass es zur Kollision der beiden Zylinder kommt, falls z. B. Zylinder 1 sich verklemmt hat und deshalb nicht zurückfahren kann.

Prozessabhängige Steuerung
- Bei der **prozessabhängigen Steuerung** wird der zweite Vorgang erst gestartet, wenn der erste Teilprozess abgeschlossen ist. Die weitere Abarbeitung des Steuerungsprogramms ist also vom Prozessverlauf abhängig. Wenn im Beispiel der erste Teilprozess nicht abgeschlossen ist, also z. B. der Zylinder 1 sich verklemmt hat und nicht einfahren kann, wird der zweite Teilprozess nicht gestartet, folglich kann es hier nicht zu einer Kollision der Zylinder kommen.

2. Tauchbäder, die auf konstanter Temperatur gehalten werden, Geschwindigkeitsregelung bei Förderbändern bei unterschiedlicher Last, geregelte Antriebe.

3. Beispiel: Klimaanlage Auto
   - Als Steuerung: Bedienung von Hand. Ist es im Innenraum zu warm, muss die Klimaanlage von einer Person eingeschaltet werden. Ist es im Fahrgastraum zu kalt, schaltet eine Person die Heizung an. Das System gleicht Störgrößen nicht aus.
   - Als Regelung: Es wird eine gewünschte Temperatur eingestellt. Die Temperaturregelung (Klimatronik) regelt die Temperatur selbstständig nach, Störgrößen werden ausgeglichen.

4. Autoteile werden lackiert, Einzelteile werden gebogen, gestanzt, zusammengebaut ...

10.2 Digitaltechnik

Signalformen (zu Seite 120)

1.

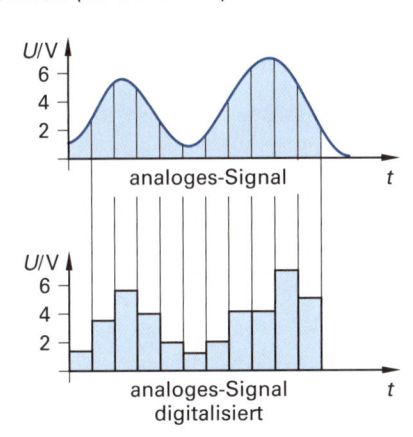

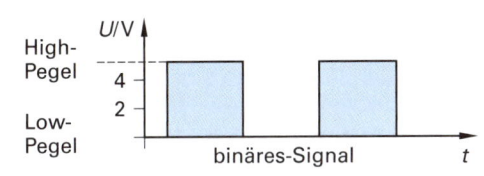

Bild 1: Signalformen

Das **analoge** Signal stellt eine Größe dar, die über die Zeit verschiedene Werte annimmt. Das Signal kann dabei alle Zwischenwerte annehmen, es ist stetig.
Das **digitale** Signal kann dagegen nur bestimmte Zwischenwerte annehmen, es ist stufig.
Ein **binäres** Signal kann nur zwei Zustände, 0 oder 1, annehmen. Es gibt keine Zwischenwerte. Ein Signallämpchen kann entweder an Spannung liegen und leuchten (logisch 1) oder spannungsfrei sein und nicht leuchten (0). Der Informationsgehalt eines binären Signals wird als Bit bezeichnet.
In der Steuerungstechnik werden oft analoge Signale gemessen, die ein Steuerungsprogramm nicht verarbeiten kann, da es digitale Daten benötigt. Dazu müssen die analogen Daten in digitale umgewandelt werden. Diese digitalen Daten bestehen aus einer Kombination von binären Signalen.

2. Den binären Zuständen „0" und „1" sind Spannungspegel zugeordnet.
   - Bei der **positiven Logik** entspricht der größere Spannungswert, der H-Pegel (High-Pegel), dem „1"-Signal und der niedrigere Spannungswert, der L-Pegel (Low-Pegel), dem „0"-Signal.
     Positive Logik: „L" = „0"; „H" = „1".
   - Bei der **negativen Logik** verhält es sich umgekehrt: „L" = „1"; „H" = „0".
     Eine direkte Zuordnung zwischen Spannungspegel und binärem logischem Zustand ist nur dann zulässig, wenn bekannt ist, ob es sich um positive oder negative Logik handelt.

Logische Grundverknüpfungen (zu Seite 120–121)

1. Wahrheitstabelle (Funktionstabelle)
   Impulsdiagramm
   Funktionsgleichung
   Logikplan (Funktionsplan, bestehend aus Funktionssymbolen)
   Kontaktplan

2. UND-Verküpfung: Konjunktion.
   Nur wenn an den Eingängen E1 **und** E2 ein „1"-Signal anliegt, wird an dem Ausgang A eine „1" ausgegeben.

   Schaltzeichen/Funktionssymbol:

   Funktionstabelle:

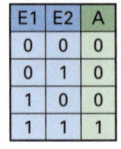

E1	E2	A
0	0	0
0	1	0
1	0	0
1	1	1

   Impulsdiagramm:

   Anweisungsliste:
   U E1
   U E2
   = A

   Kontaktplan:

   Bild 1: UND-Verknüpfung

   Die UND-Verküpfung entspricht einer Reihenschaltung.

3. Logisches Zeichen: ∧ bzw. · (Malpunkt).

4. ODER-Verküpfung: Disjunktion.
   Wenn am Eingang E1 **oder** am Eingang E2 ein „1"-Signal anliegt, wird an dem Ausgang A eine „1" ausgegeben.

   Schaltzeichen/Funktionssymbol:

   Funktionstabelle:

E2	E3	A
0	0	0
0	1	1
1	0	1
1	1	1

   Impulsdiagramm:

   Kontaktplan:

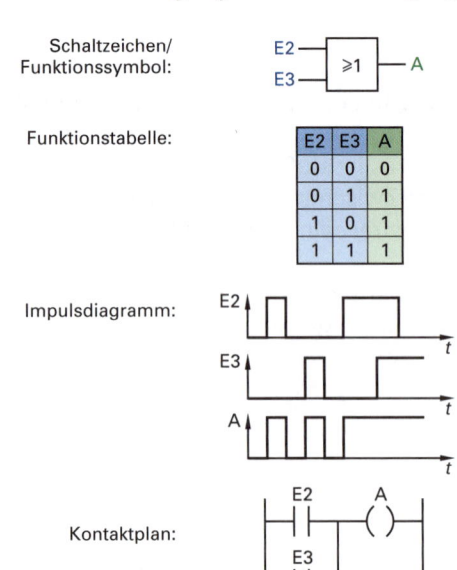

   Bild 2: ODER-Verknüpfung

   Die ODER-Verknüpfung entspricht einer Parallelschaltung.

5. Logisches Zeichen: v bzw. +.

6. NICHT-Funktion: Negation.
   Wenn am Eingang E ein „0" Signal anliegt, wird am Ausgang A eine „1" ausgegeben. Liegt am Eingang E ein „1" Signal an, führt der Ausgang A eine „0". Der jeweilige Eingangssignalzustand wird negiert.

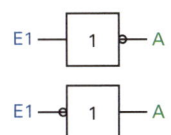

   Schaltzeichen/Funktionssymbol:

   Funktionstabelle:

E1	A
0	1
1	0

   Impulsdiagramm:

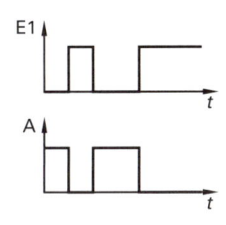

   Bild 1: NICHT-Verknüpfung

   Die NICHT-Funktion entspricht einem Öffner.

7. Ein Querstrich in der Funktionsgleichung negiert die Variable.
   Beispiel: $E = 1 \rightarrow \overline{E} = 0$

8. Die NAND-Verknüpfung wird zusammengesetzt aus einer UND-Verknüpfung, deren Ausgang mit einer NICHT-Verknüpfung verbunden wird.

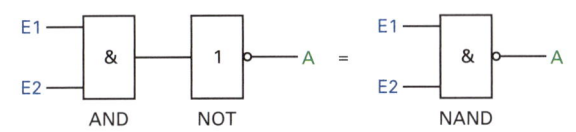

   Bild 2: NAND-Verküpfung

9. Am Ausgang A erscheint eine „1", wenn nur ein Eingang eine „1" führt. Haben beide Eingänge eine „1" oder führen beide Eingänge eine „0", erscheint am Ausgang A eine „0". Diese Funktion wird auch als „Antivalenz" bezeichnet.

E1	E2	A
0	0	0
0	1	1
1	0	1
1	1	0

   Funktionstabelle

   $E1 \wedge \overline{E2} \vee \overline{E1} \wedge E2 = A$

   Antivalenz/Exklusiv ODER

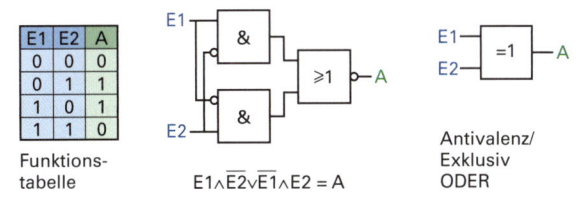

   Bild 3: Exklusiv-ODER

10. Am Ausgang A erscheint nur dann eine „1", wenn beide Eingänge den gleichen Zustand führen. Haben beide Eingänge eine „1" oder beide eine „0", erscheint am Ausgang A eine „1". Sind die Eingangsvariablen unterschiedlich, so wird der Ausgang A auf „0" geschaltet. Diese Funktion wird auch mit „Äquivalenz" bezeichnet.

E1	E2	A
0	0	1
0	1	0
1	0	0
1	1	1

Funktionstabelle

$E1 \wedge E2 \vee \overline{E1} \wedge \overline{E2} = A$

Antivalenz/Exklusiv ODER

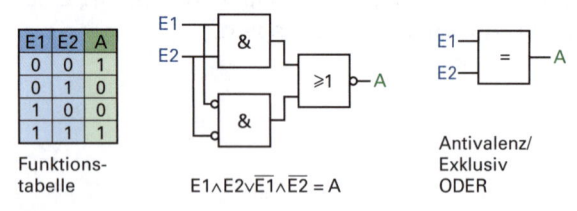

Bild 1: Exklusiv-NOR

11. $\overline{\text{Äquivalenz}}$ = Antivalenz

Elektronische Schaltkreisfamilien (zu Seite 122)

1. Die Logikbausteine müssen übereinstimmen in der Betriebsspannung, der Schalt- und Signallaufzeit, der Höhe der Ein- und Ausgangspegel und der Höhe des Störabstandes.

2. Unbenutzte Eingänge sind auch zu beschalten, z.B. muss ein unbeschalteter Eingang einer UND-Verknüpfung auf H-Pegel, bei einer ODER-Verknüpfung auf L-Pegel gelegt werden.

Arbeitsauftrag (zu Seite 122)

1.

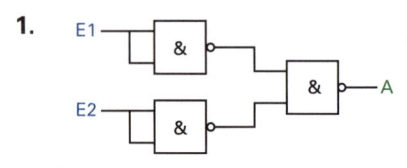

Bild 2: ODER-Funktion mit NAND-Gattern

2.

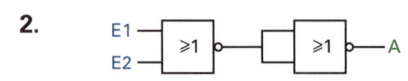

Bild 3: ODER-Funktion mit NOR-Gattern

Entwerfen logischer Verknüpfungsschaltungen (zu Seite 122–123)

1. • Erster Schritt: Aus der Aufgabenstellung wird die Funktionstabelle entwickelt.
   • Zweiter Schritt: Aus der Funktionstabelle werden zeilenweise die Logikgleichungen abgeleitet.
   • Dritter Schritt: Die einzelnen Logikgleichungen werden miteinander zur Funktionsgleichung verknüpft (disjunktive oder konjunktive Normalform).
   • Vierter Schritt: Aus der Funktionsgleichung kann der Logikplan entworfen werden.

2. Die disjunktive Normalform = ODER-Normalform. Diese wird folgendermaßen gewonnen:
   • Es werden nur die Ausgänge mit A1 = 1 betrachtet.
   • Für jede Zeile mit A1 = 1 wird eine Logikgleichung entwickelt. Dazu werden alle Eingangsvariablen durch UND verknüpft. Alle Eingänge, die „0" führen, müssen dazu negiert werden.
   • Durch ODER-Verknüpfung aller Logikgleichungen mit A1 = 1 erhält man die Gesamtverknüpfung.

3. Die konjunktive Normalform = UND-Normalform. Diese wird folgendermaßen gewonnen:
   • Es werden nur die Ausgänge mit A1 = 0 betrachtet.
   • Für jede Zeile mit A1 = 0 wird eine Logikgleichung entwickelt. Dazu werden alle Eingangsvariablen durch ODER verknüpft. Alle Eingänge, die „1" führen, müssen dazu negiert werden.
   • Durch UND-Verknüpfung aller Logikgleichungen mit A1 = 0 erhält man die Gesamtverknüpfung.

4. UND vor ODER.

5. a) Funktionstabelle

E1	E2	A1	Logikgleichung, disjunktiv (ODER)	Logikgleichung, konjunktiv (UND)
0	0	0		$A1 = E1 \vee E2$
0	1	1	$A1 = \overline{E1} \wedge E2$	
1	0	1	$A1 = E1 \wedge \overline{E2}$	
1	1	0		$A1 = \overline{E1} \vee \overline{E2}$

b) ODER-Normalform: $A1 = (\overline{E1} \wedge E2) \vee (E1 \wedge \overline{E2})$
   UND-Normalform: $A1 = (E1 \vee E2) \wedge (\overline{E1} \vee \overline{E2})$

c)

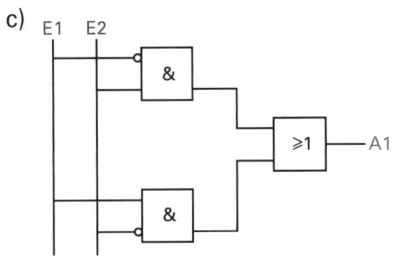

Bild 1: ODER-Normalform 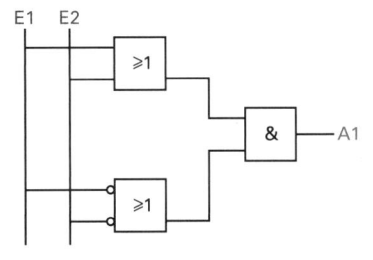   **Bild 2: UND-Normalform**

Arbeitsauftrag (zu Seite 123–124)

1. a) Festlegung:
   Ventil Bunker 1: E1
   Ventil Bunker 2: E2
   Ventil Bunker 3: E3
   Einfüllventil Tankanlage: A1

E1	E2	E3	A1	Logikgleichung, disjunktiv (ODER)	Logikgleichung, konjunktiv (UND)
0	0	0	0		$A1 = E1 \vee E2 \vee E3$
0	0	1	1	$A1 = \overline{E1} \wedge \overline{E2} \wedge E3$	
0	1	0	1	$A1 = \overline{E1} \wedge E2 \wedge \overline{E3}$	
0	1	1	1	$A1 = \overline{E1} \wedge E2 \wedge E3$	
1	0	0	1	$A1 = E1 \wedge \overline{E2} \wedge \overline{E3}$	
1	0	1	1	$A1 = E1 \wedge \overline{E2} \wedge E3$	
1	1	0	1	$A1 = E1 \wedge E2 \wedge \overline{E3}$	
1	1	1	0		$A1 = \overline{E1} \vee \overline{E2} \vee \overline{E3}$

Disjunktive Normalform = ODER-Normalform:
$A1 = (\overline{E1} \wedge \overline{E2} \wedge E3) \vee (\overline{E1} \wedge E2 \wedge \overline{E3}) \vee (\overline{E1} \wedge E2 \wedge E3) \vee (E1 \wedge \overline{E2} \wedge \overline{E3}) \vee (E1 \wedge \overline{E2} \wedge E3) \vee (E1 \wedge E2 \wedge \overline{E3})$
Konjunktive Normalform = UND-Normalform:
$A1 = (E1 \vee E2 \vee E3) \wedge (\overline{E1} \vee \overline{E2} \vee \overline{E3})$

b)

Bild 1: Disjunktive Normalform

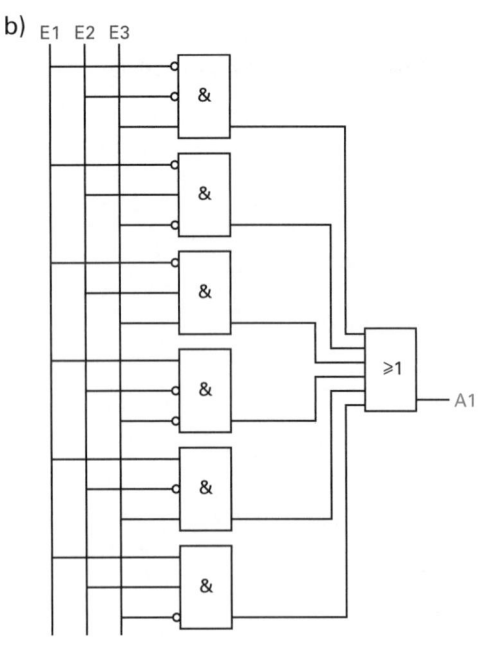

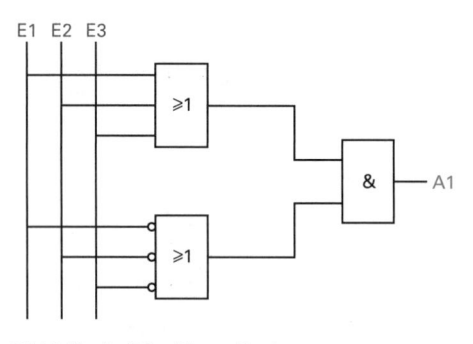

Bild 2: Konjunktive Normalform

2. Sinnvoller ist die UND-Normalform, da nur drei Grundverknüpfungen verwendet werden müssen. Diese Auswahl kann prinzipiell gleich nach der Erstellung der Wahrheitstabelle getroffen werden.

3. A1 führt ein „1"-Signal, sobald E1 einmal betätigt wird und solange E2 nicht betätigt wird. E2 setzt den Ausgang A1 auf „0" zurück

4. Nach dem Loslassen des Tasters E1 hält sich der Ausgang A1 selbst.

5. Die UND-Funktion ist nicht erfüllt, A1 führt „0"-Signal.

6. Einschaltung über Taster E1 mit Selbsthaltung, Ausschaltung über E2. Vorrangige Funktion: Rücksetzen.

7. A1 führt ein „1"-Signal, sobald E1 einmal betätigt wird und solange E2 nicht betätigt wird. E2 setzt den Ausgang A1 auf „0" zurück

8. Nach dem Loslassen des Tasters E1 hält sich der Ausgang A1 selbst.

9. Die ODER-Funktion ist erfüllt. A1 führt „1"-Signal.

10. Einschaltung über Taster E1 mit Selbsthaltung, Ausschaltung über E2. Vorrangige Funktion: Setzen.

Vereinfachung von Funktionsgleichungen (zu Seite 124)

1. Mit der NAND-Verknüpfung.

Minimierung mit KV-Diagramm (zu Seite 124–125)

1. Das KV-Diagramm wird aus der Funktionstabelle entwickelt. Es ist eine grafische Darstellung für die disjunktive Normalform und enthält ebenso viele Felder, wie die Funktionstabelle Zeilen hat. Die Zeilen werden bestimmten Feldern zugeordnet. Benachbarte Felder unterscheiden sich immer nur in einer Variablen.

2. Die logischen Zustände der Ausgangsvariablen werden in die entsprechenden Felder eingetragen.

Zeile	c	b	a	
0	0	0	0	$\bar{a} \wedge \bar{b} \wedge \bar{c}$
1	0	0	1	$a \wedge \bar{b} \wedge \bar{c}$
2	0	1	0	$\bar{a} \wedge b \wedge \bar{c}$
3	0	1	1	$a \wedge b \wedge \bar{c}$
4	1	0	0	$\bar{a} \wedge \bar{b} \wedge c$
5	1	0	1	$a \wedge \bar{b} \wedge c$
6	1	1	0	$\bar{a} \wedge b \wedge c$
7	1	1	1	$a \wedge b \wedge c$

Man beachte die Lage der Zeile

	$\bar{a} \wedge \bar{b}$	$\bar{a} \wedge b$	$a \wedge b$	$a \wedge \bar{b}$
$\bar{c}$	$\bar{a} \wedge \bar{b} \wedge \bar{c}$ (Zeile 0)	$\bar{a} \wedge b \wedge \bar{c}$ (2)	$a \wedge b \wedge \bar{c}$ (3)	$a \wedge \bar{b} \wedge \bar{c}$ (1)
c	$\bar{a} \wedge \bar{b} \wedge c$ (4)	$\bar{a} \wedge b \wedge c$ (6)	$a \wedge b \wedge c$ (7)	$a \wedge \bar{b} \wedge c$ (5)

Bild 1: Lage der Zeilen im KV-Diagramm

3. Benachbarte Felder mit „1" werden in Schleifen (s. Beispiel) zusammengefasst. Diese Schleifen können 2, 4, 8, … 2^n Felder umschließen. Ein Feld darf auch in mehreren Schleifen eingebunden sein. Randfelder sind benachbart!

4. Für jede Schleife wird die Logikgleichung abgeleitet (UND-Verknüpfung!), die einzelnen Logikgleichungen werden mit ODER verknüpft.

E3	E2	E1	A1	Logikgleichung
0	0	0	0	
0	0	1	0	
0	1	0	1	$A1 = \bar{E1} \wedge E2 \wedge \bar{E3}$
0	1	1	1	$A1 = E1 \wedge E2 \wedge \bar{E3}$
1	0	0	1	$A1 = \bar{E1} \wedge \bar{E2} \wedge E3$
1	0	1	1	$A1 = E1 \wedge \bar{E2} \wedge E3$
1	1	0	0	
1	1	1	1	$A1 = E1 \wedge E2 \wedge E3$

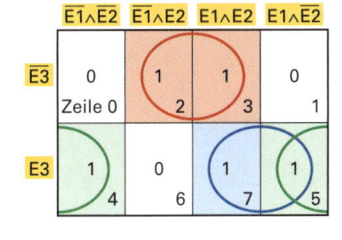

	$\bar{E1} \wedge \bar{E2}$	$\bar{E1} \wedge E2$	$E1 \wedge E2$	$E1 \wedge \bar{E2}$
$\bar{E3}$	0 (Zeile 0)	1 (2)	1 (3)	0 (1)
$E3$	1 (4)	0 (6)	1 (7)	1 (5)

Bild 2: Beispiel: Vereinfachung mit KV-Diagramm

Arbeitsauftrag Analyse logischer Schaltungen (zu Seite 125–126)

1. Aufgabe 1

Funktionsgleichung
A1 = (S2∧S3) ∨ ($\overline{S1}$∧$\overline{S2}$∧$\overline{S3}$)

Logikschaltung

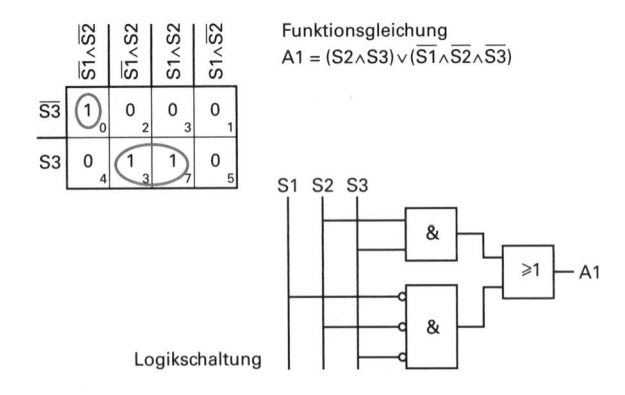

Aufgabe 2

Funktionsgleichung
A1 = ($\overline{S2∧S3}$) ∨ ($\overline{S1∧S2}$)

Logikschaltung

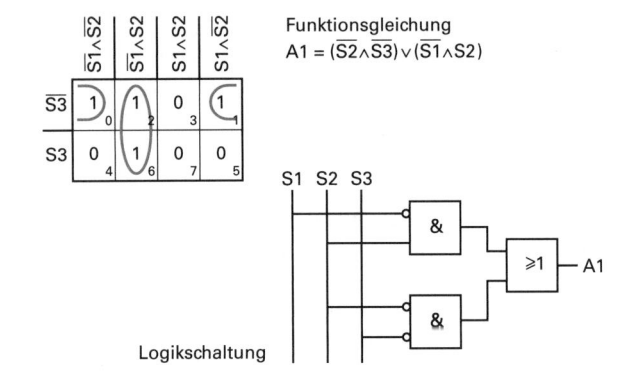

Aufgabe 3

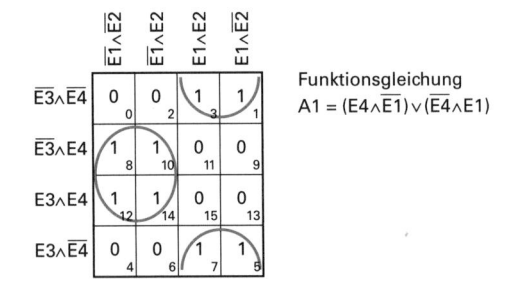

Funktionsgleichung
A1 = (E4∧$\overline{E1}$) ∨ ($\overline{E4}$∧E1)

Logikschaltung

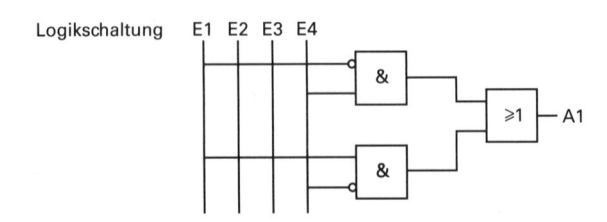

Aufgabe 4

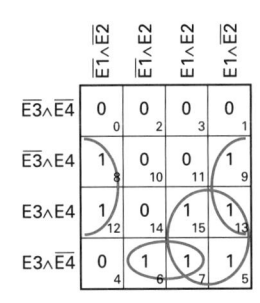

	$\overline{E1}\wedge\overline{E2}$	$\overline{E1}\wedge E2$	$E1\wedge E2$	$E1\wedge\overline{E2}$
$\overline{E3}\wedge\overline{E4}$	0	0	0	0
$\overline{E3}\wedge E4$	1	0	0	1
$E3\wedge E4$	1	0	1	1
$E3\wedge\overline{E4}$	0	1	1	1

Funktionsgleichung
$A1 = (\overline{E2}\wedge E4)\vee(E1\wedge E3)$
$\vee(E2\wedge E3\wedge\overline{E4})$

Logikschaltung E1 E2 E3 E4

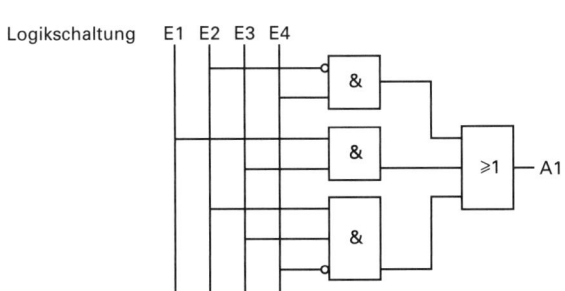

2. a)

Zeile	d	c	b	a	x	Logikgleichungen
0	0	0	0	0	0	
1	0	0	0	1	1	$x = a\wedge\overline{b}\wedge\overline{c}\wedge\overline{d}$
2	0	0	1	0	1	$x = \overline{a}\wedge b\wedge\overline{c}\wedge\overline{d}$
3	0	0	1	1	0	
4	0	1	0	0	1	$x = \overline{a}\wedge\overline{b}\wedge c\wedge\overline{d}$
5	0	1	0	1	0	
6	0	1	1	0	0	
7	0	1	1	1	1	$x = a\wedge b\wedge c\wedge\overline{d}$
8	1	0	0	0	1	$x = \overline{a}\wedge\overline{b}\wedge\overline{c}\wedge d$
9	1	0	0	1	0	
10	1	0	1	0	0	
11	1	0	1	1	1	$x = a\wedge b\wedge\overline{c}\wedge d$
12	1	1	0	0	0	
13	1	1	0	1	1	$x = a\wedge\overline{b}\wedge c\wedge d$
14	1	1	1	0	1	$x = \overline{a}\wedge b\wedge c\wedge d$
15	1	1	1	1	0	

b) $x = (a\wedge\overline{b}\wedge\overline{c}\wedge\overline{d})\vee(\overline{a}\wedge b\wedge\overline{c}\wedge\overline{d})\vee(\overline{a}\wedge\overline{b}\wedge c\wedge\overline{d})\vee(a\wedge b\wedge c\wedge\overline{d})\vee(\overline{a}\wedge\overline{b}\wedge\overline{c}\wedge d)\vee(a\wedge b\wedge\overline{c}\wedge d)\vee(a\wedge\overline{b}\wedge c\wedge d)\vee(\overline{a}\wedge b\wedge c\wedge d)$

c)

	$\overline{a}\wedge\overline{b}$	$\overline{a}\wedge b$	$a\wedge b$	$a\wedge\overline{b}$
$\overline{c}\wedge\overline{d}$	0	1	0	1
$\overline{c}\wedge d$	1	0	1	0
$c\wedge d$	0	1	0	1
$c\wedge\overline{d}$	1	0	1	0

Vereinfachung nicht möglich!

d) Logikplan

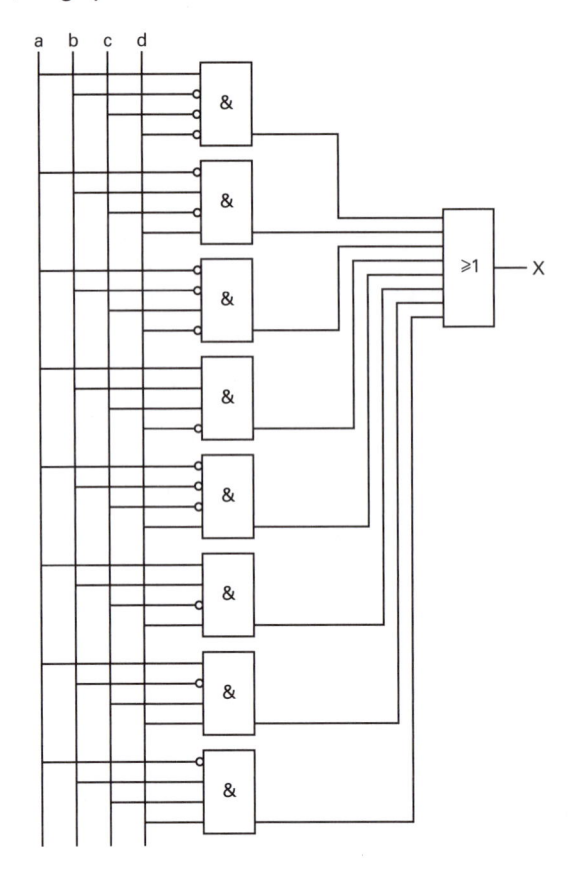

Speicherfunktionen (zu Seite 127)

1. Eine Speicherfunktion liegt vor, wenn der Signalzustand eines kurzzeitig auftretenden Einganssignales dauerhaft festgehalten und am Ausgang abgebildet wird.

2. Die Speicherung erfolgt anhand von bistabilen Kippstufen (bistabil = zwei stabile Zustände), die auch Flipflops (FF) genannt werden.

3. Bistabile Kippstufen haben zwei stabile Schaltzustände. Entweder ist der Ausgang A gesetzt (A = 1) oder er ist zurückgesetzt (A = 0). Beide Zustände schließen sich aus. Eine bistabile Kippstufe hat einen Setzeingang S. Liegt an diesem ein „1"-Signal, wird A = 1 gesetzt. Weitere Setzsignale sind unwirksam. Durch ein „1"-Signal am Rücksetzeingang R wird A = „0" gesetzt. Liegt an S und R ein „0"-Signal, bleibt der bisherige Zustand unverändert. Es ist zu vermeiden, dass an beiden Eingängen S und R ein „1"-Signal anliegt, da nicht vorhersehbar ist, welchen Zustand der Ausgang A annehmen wird.

4. Bei speicherprogrammierbaren Steuerungen werden Speicher verwendet, die einen vorhersagbaren Pegel am Ausgang annehmen, wenn beide Eingänge S und R ein „1"-Signal führen. Beim „vorrangigen Rücksetzen" ist A = „0" wenn S = „1" und R = „1". Beim „vorrangigen Setzen" ist A = „1" wenn S = „1" und R = „1".

5. Ansteuerung mit ansteigender Taktflanke:

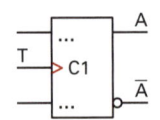

Ansteuerung mit abfallender Taktflanke:

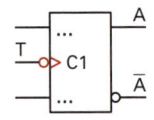

Bild 1: Taktflankensteuerung

6. Erklärung: Hierbei handelt es sich um ein JK-Flipflop. Die Ansteuerung der Eingänge erfolgt mit der positiven Taktflanke von T. Das Symbol ⌐ an den Ausgängen bedeutet, dass die Ausgabe erst mit der negativen Taktflanke von T erfolgt = zweiflankengesteuertes JK-Flipflop.

Zähler (zu Seite 128)

1. Zähler werden zum Zählen von Impulsen und Stückzahlen eingesetzt oder um Wege und Längen anzuzeigen.

2. Beim Anzeigezähler werden am Eingang Impulse gezählt und angezeigt.

3. Beim Vorwahlzähler wird ein beliebiger Sollwert in den Zähler programmiert. Der Vorwahlzähler zählt die Eingangsimpulse. Sobald der vorgewählte Sollwert erreicht ist, schaltet der Zähler z. B. ein Ausgangsrelais.

4. Der Vorwärtszähler zählt mit jedem neuen Eingangsimpuls den Wert 1 zu dem vorher gespeicherten Wert und speichert die neue Zahl ab. Er zählt vorwärts. Diese Art Zähler wird auch als Aufwärtszähler bezeichnet.
Der Rückwärtszähler zieht bei jedem Zählimpuls die Zahl 1 von dem vorher gespeicherten Wert ab und speichert den neuen Wert. Er zählt rückwärts oder abwärts und wird deshalb auch als Abwärtszähler bezeichnet.

5. Zähler werden aus mehreren bistabilen Kippstufen zusammengesetzt. Ein FF kann ein Bit speichern. Die Anzahl der Kippstufen richtet sich nach der Größe der Zahl, die gespeichert werden soll.

Arbeitsauftrag Asynchrone und synchrone Zähler (zu Seite 128–129)

1. Statisch gesteuerte Kippglieder sind taktunabhängig und reagieren direkt auf einen Signalzustand an den Eingängen. Dynamisch gesteuerte Kippglieder übernehmen die Informationen am Setz- und Rücksetzeingang in Abhängigkeit von einem Taktsignal, mit der steigenden oder der fallenden Taktflanke. Dadurch kann genau vorhergesagt werden, wann die Information am Ausgang des Kippgliedes ansteht und dann weiterverarbeitet wird.

2. Ein JK-Master-Slave-FF kann zwei verschiedene Informationen speichern, eine im Master und eine andere im Slave. Der Master übernimmt mit der positiven Flanke eine neue Information, während der Slave am Ausgang noch die alte Information bereithält. Erst mit der negativen Taktflanke übernimmt der Slave die neue Information und gibt diese am Ausgang aus. Jetzt haben beide Flip-Flops die gleiche Information, bis mit der nächsten positiven Taktflanke der Master erneut eine neue Information zwischenspeichert.

3. Beim asynchronen Zähler wird nur das erste Flip-Flop mit einem Taktsignal versorgt, alle anderen Takteingänge werden mit dem Ausgang des vorgeschalteten Flip-Flops angesteuert. Beim asynchronen Zähler wirkt sich die Ansteuerung der hintereinandergeschalteten Flip-Flops nachteilig aus, weil der Zählvorgang erst beendet ist, wenn das letzte Kippglied geschaltet wurde. Bis dahin treten fehlerhafte Übergangszustände auf. Diese Zwischenzustände dürfen keinesfalls ausgelesen werden und sind eine mögliche Fehlerquelle. Asynchrone Zähler eignen sich nur für niedrige Zählfrequenzen.
Beim synchronen Zähler wird jedes Flip-Flop gleichzeitig mit einem Taktsignal angesteuert. Die Ausgänge des vorgeschalteten Flip-Flops versorgen die Eingänge J und K. Beim synchronen Zähler kann durch den an allen Kippstufen gleichzeitig wirksamen Takt die Taktfrequenz deutlich erhöht werden. Außerdem treten keine ungültigen Übergangszustände auf. Somit ist der synchrone Zähler schneller als der asynchrone und eignet sich für höhere Zählfrequenzen.

4.

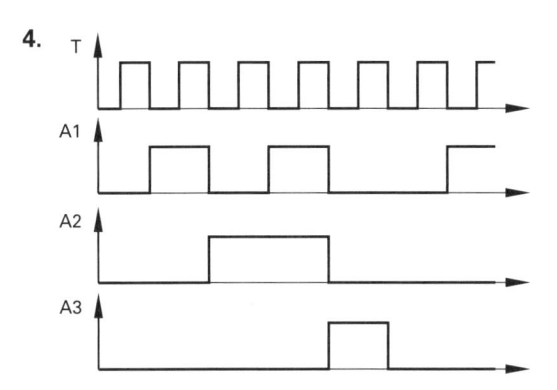

Bild 1: Impulsdiagramm

Es handelt sich um eine Zählerschaltung, die von 0 bis 4 zählt und dann wieder bei 0 beginnt.

5.

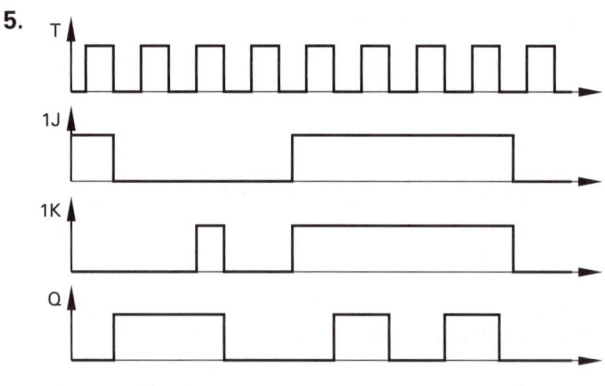

Bild 1: Impulsdiagramm Lösung

Schieberegister (zu Seite 129)

1. Register sind schnelle Mehrbit-Speicher. Sie werden benötigt, um geringe Datenmengen kurzzeitig zu speichern.

2. Register legen Informationen in fester zeitlicher Reihenfolge mit Hilfe eines Taktsignales ab. Es ist genau vorhersehbar, wann welche Information am Ausgang ausgegeben wird.

3. Der Aufbau und die Arbeitsweise entsprechen dem eines Schieberegisters. Die Information wird nach drei Taktsignalen parallel an Q0, Q1 und Q2 ausgelesen.

4. Der Aufbau und die Arbeitsweise ähnelt dem eines Schieberegister. Nur werden die Informationen parallel an die Flipflops gelegt und dann seriell an den Ausgang geschoben.

Spezielle Digitalbausteine (zu Seite 129–130)

1. Monostabile Kippstufen besitzen einen stabilen Zustand, eine stabile Lage (monostabil = einfachstabil). Der Ruhezustand ist ein „0"-Signal am Ausgang A. Wird die monostabile Kippstufe am Eingang E angesteuert, kippt sie in die „nichtstabile" Arbeitslage, am Ausgang E erscheint ein „1"-Signal. Sobald der Eingang E nicht mehr angesteuert wird, kippt das Monoflop nach einer Verzögerungszeit t_v in seine Ruhelage A = „0" zurück.

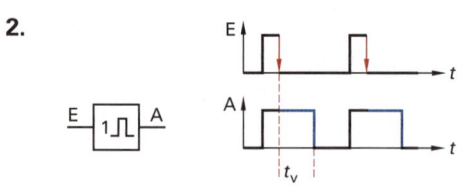

2.

Monostabile Kippstufe: Schaltzeichen, Impulsdiagramm

Bild 2: Monostabile Kippstufe

3. Die astabile Kippstufe besitzt keinen stabilen Zustand (astabil = nicht-stabil). Wird dieser Baustein an Versorgungsspannung gelegt, so kippt der Zustand des Ausgangs A ständig zwischen „0"-Signal und „1"-Signal hin und her. Die astabile Kippstufe wird als Frequenzgenerator von Taktsignalen verwendet.

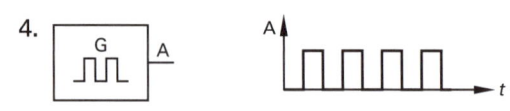

4.

Bild 3: Astabile Kippstufe

5. Ein Schmitt-Trigger ist ein Schwellwertschalter, der ein analoges Signal in zwei definierte Zustände wandelt. Wird ein vorher bestimmter Spannungspegel überschritten, schaltet der Schmitt-Trigger in seine Arbeitslage A = „1." Wird ein anderer niedrigerer Schwellwert unterschritten, schaltet der Schmitt-Trigger wieder in seine Ruhelage A = „0" zurück. Die Ausgangsspannung des Schmitt-Triggers ist folglich rechteckförmig.

Zahlensysteme (zu Seite 130–131)

1. Das Dezimalsystem, das Dualsystem und das Hexadezimalsystem.

	Dezimalsystem	Dualsystem	Hexadezimalsystem
Ziffern	0 bis 9	0 und 1	0 bis 9, A bis F
Basis	10	2	16

Zahlensysteme: Ziffern, Basis

Beispiel: Dezimalsystem

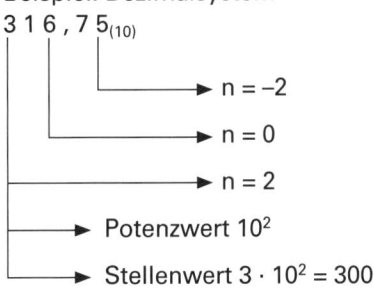

$3\ 1\ 6\ ,\ 7\ 5_{(10)}$

→ n = –2

→ n = 0

→ n = 2

→ Potenzwert 10^2

→ Stellenwert $3 \cdot 10^2 = 300$

Hexadezimalziffern: 0 bis 9; A = 10; B = 11; C = 12; D = 13; E = 14; F = 15

2. Das Dezimalsystem hat die Ziffern 0 bis 9 und die Basis 10 (dezi = 10). Das Dualsystem hat die Ziffern 0 und 1 und die Basis 2 (dual = 2). Das Hexadezimalsystem hat die Ziffern 0 bis 9 und A bis F. Es hat die Basis 16 (hexa = 6, dezi = 10, zusammen 16).

3. Der Potenzwert ergibt sich aus der Basis des Zahlensystems und der Stellennummer. Die Stellennummer gibt an, an welcher Stelle die Zahl links (positiver Potenzwert) oder rechts (negativer Potenzwert) vom Komma steht.

4. Der Stellenwert einer Zahl ergibt sich aus dem Zahlenwert einer Stelle multipliziert mit dem Potenzwert.

5. Die Dezimalzahl wird durch die Basis der Dualzahl dividiert, also durch 2 geteilt. Das Ergebnis wird immer als ganze Zahl notiert. Geht die Rechnung auf, notiert man sich neben die Rechnung eine 0. Geht die Rechnung nicht auf und bleibt ein Rest von 1 übrig, so wird dieser neben der Rechnung notiert. Diese Rechnung wird solange weitergeführt, bis das Ergebnis = 0 ist. Die Restzahlen ergeben, von unten nach oben gelesen, die Dualzahl.
Beispiel: Umwandlung der Zahl $57_{(10)}$ in eine Dualzahl.
Lösung: 57 : 2 = 28 Rest 1   LSB
          28 : 2 = 14 Rest 0
          14 : 2 = 7 Rest 0
           7 : 2 = 3 Rest 1
           3 : 2 = 1 Rest 1
           1 : 2 = 0 Rest 1   MSB
Nun wird das Ergebnis von unten nach oben gelesen – vom MSB zum LSB. Dabei ergibt sich: $57_{(10)} = 111001_{(2)}$

6. MSB ist die Abkürzung für „most significant bit". Es ist das höchstwertigste Bit und steht ganz links. Das LSB bezeichnet das niederwertigste Bit, also die kleinste Stelle der Dualzahl, und steht ganz rechts. LSB steht für „least significant" bit, also das niederwertigste Bit.

7. Die Dualzahl wird in Vierergruppen (Tetraden) aufgeteilt. Jede Vierergruppe wird in eine Hexadezimalziffer gewandelt.

8. 1. Aufteilung in Vierergruppen
   1001|1110|1100
   2. Umwandlung der einzelnen Tetraden
   $1001_{(2)} = 9_{(16)}$
   $1110_{(2)} = E_{(16)}$
   $1100_{(2)} = C_{(16)}$
   3. Zusammensetzen der Hexadezimahlzahl
   $100111101100_{(2)} = 9EC_{(16)}$

Codes (zu Seite 131)

1. Ein Code ist eine Vorschrift für eine eindeutige Zuordnung zwischen zwei Mengen von Zeichen.

2. • **Numerische Codes** zur Darstellung von Ziffern und Zahlen wie Zifferncodes (z. B. BCD-Code), Wortcodes (z. B. Dualcode) oder einschrittige Codes (z. B. Gray-Code)

- **Alphanumerische Codes** zur Codierung von Ziffern und Zahlen, Buchstaben und Sonderzeichen wie z. B. der ASCII-Code, der in der Computertechnik zum Einsatz kommt.

Codewandler (zu Seite 131)

1. Codewandler sind ICs (IC = Integrated Circuit = Integrierte Schaltungen), die eine Information von einem Code in einen anderen Code wandeln, z. B. eine Dezimalziffer in den BCD-Code.

Signalumsetzer (zu Seite 131)

1. Analog-Digital-Umsetzer wandeln ein analoges Signal in ein digitales Signal um. Digital-Analog-Umsetzer wandeln ein digitales Signal in ein analoges um.

2. Viele physikalische Größen wie Temperatur, Druck oder Zeit treten als analoge Größe auf. PCs und Steuerungen können jedoch nur digitale Signale verarbeiten. Dazu müssen die analogen Signale in digitale Signale gewandelt werden. Umgekehrt müssen digitale Signale wieder in analoge Signale gewandelt werden. Wenn z. B. in einer Regelung die Temperatur verändert werden muss, so erfolgt dies z. B. anhand einer Spannungsänderung.

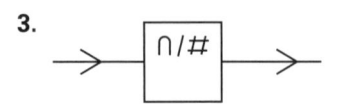

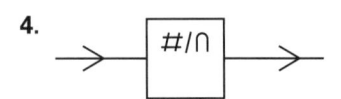

3. ⟶ | ∩/# | ⟶

4. ⟶ | #/∩ | ⟶

5. Der gesamte Spannungsbereich, den das Eingangssignal annehmen kann, wird in kleine Schritte unterteilt.

6. Das LSB ist der kleinste unterscheidbare Amplitudenwert einer Signalumsetzung. LSB bedeutet Least significant Bit = niederstwertiges Bit.
   Beispiel: Ist das LSB einer D-A-Signalumsetzung 9,76 mV groß, so ändert sich bei einer Veränderung des digitalen Wertes um 1 Bit die Ausgangsspannung sprunghaft um 9,76 mV.

Arbeitsauftrag (zu Seite 132–133)

1. Es werden folgende Schieberegister unterschieden:

Registerart	Dateneingabe	Datenausgabe
Schieberegister (SR)	seriell	seriell
SR als Seriell-Parallel-Wandler	seriell	parallel
SR als Parallel-Seriell-Wandler	parallel	seriell
Speicherregister	parallel	parallel

Tabelle: Einteilung der Register nach dem Datenformat

2. Schieberegister werden meist aus zweiflankengesteuerten JK-FF aufgebaut.
   Funktionsweise: Der serielle Eingang SE ist mit dem J-Eingang des ersten FF verbunden, das negierte Eingangssignal liegt am K-Eingang des FF. Das FF K0 übernimmt mit der ansteigenden Flanke von Taktsignal C die Information und gibt diese mit der abfallenden Flanke von Taktsignal C an den Ausgang Q0. Das Eingangssignal wurde von SE auf Q0 geschoben.
   Der Ausgang ist zugleich mit dem Eingang des FF K1 verbunden. Mit der nächsten steigenden Flanke von Taktsignal C wird der Wert von Q0 am K1 übernommen und mit der nächsten fallenden Flanke an Q1 ausgegeben. Der Wert von Q0 wurde um ein FF weiter auf Q1 geschoben. Zeitgleich übernimmt Q0 den neuen Wert von SE.
   So wird die an SE anstehende Information mit jedem Taktsignal um ein FF nach rechts weitergeschoben. Ein Eingangssignal SE erscheint nach drei Taktsignalen mit der fallenden Flanke am Ausgang SA.

3. Diese Speicher arbeiten vom Prinzip her wie ein Schieberegister. FIFO bedeutet „first in first out". Es beschreibt, dass das zuerst am Dateneingang anliegende Bit auch als erstes am Datenausgang ausgegeben wird.

4. Monostabile Kippstufen besitzen einen stabilen Zustand, eine stabile Lage (= monostabil = einfachstabil). Dieser Ruhezustand ist ein „0"-Signal am Ausgang A.
   Dagegen besitzt die astabile Kippstufe keinen stabilen Zustand (= astabil). Wird dieser Baustein an Versorgungsspannung gelegt, so kippt der Zustand des Ausgangs A ständig zwischen „0"-Signal und „1"-Signal hin und her.

5. Ein Schmitt-Trigger ist ein Schwellwertschalter. Überschreitet ein analoges Eingangssignal einen bestimmten Spannungspegel, schaltet der Schmitt-Trigger in seine Arbeitslage A = „1." Wird ein anderer niedrigerer Schwellwert unterschritten, schaltet der Schmitt-Trigger wieder in seine Ruhelage A = „0" zurück. Die Umschaltung erfolgt sprunghaft. Sein Ausgangssignal ist somit rechteckförmig.

Der Schmitt-Trigger wandelt einen analogen, schwankenden Eingangspegel in zwei eindeutige Schaltzustände EIN und AUS. Zwischen beiden Schwellwerten muss ein Abstand bestehen. Diesen Abstand bezeichnet man als Hysterese. Nimmt der Eingangspegel einen Wert innerhalb der Hysterese an, wird der vorherige Schaltzustand beibehalten.

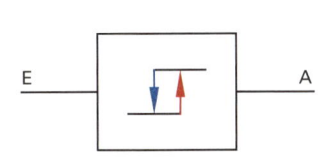

Bild 1: Schmitt-Trigger, Schaltzeichen

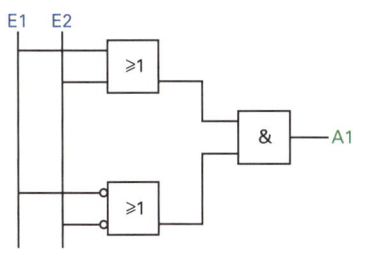

Bild 2: Schaltverhalten des Schmitt-Triggers

6. $43 : 2 = 21$ Rest 1
    $21 : 2 = 10$ Rest 1
    $10 : 2 = 5$ Rest 0
    $5 : 2 = 2$ Rest 1
    $2 : 2 = 1$ Rest 0
    $1 : 2 = 0$ Rest 1

    $43_{(10)} = 101011_{(2)}$

7. $A_{(16)} = 1010_{(2)}$
    $3_{(16)} = 0011_{(2)}$
    $F_{(16)} = 1111_{(2)}$

    $A3F_{(16)} = 1010\ 0011\ 1111_{(2)}$

8. Ein Code ist eine Vorschrift für eine eindeutige Zuordnung zwischen zwei Mengen von Zeichen.

9. In numerischen Codes werden nur Ziffern und Zahlen codiert, z. B. der BCD-Code.
   Der BCD-Code ordnet jeder Dezimalziffer 0-9 einen binären Code von 0000 – 1001 zu. Die binären Zahlen 1010 – 1111 werden Pseudotetraden genannt, weil sie keine Verwendung haben und nicht erlaubte Zustände sind. Mit alphanumerischen Codes werden auch Buchstaben und Symbole codiert. Zum Beispiel wird in der Computertechnik der ASCII-Code eingesetzt, um Buchstaben und andere Symbole abzuspeichern und darzustellen.

10. Eine Ziffer, die im BCD-Code hinterlegt ist, soll dargestellt werden. Dazu wird manchmal eine 7-Segment-Anzeige verwendet. Um diese Zahl darzustellen, müssen die sieben Segmente a – g mit „0"- oder „1"-Signal angesteuert werden. Diese Ansteuerung übernimmt ein BCD-Sieben Segment-Wandler, der als IC zum Einsatz kommt.

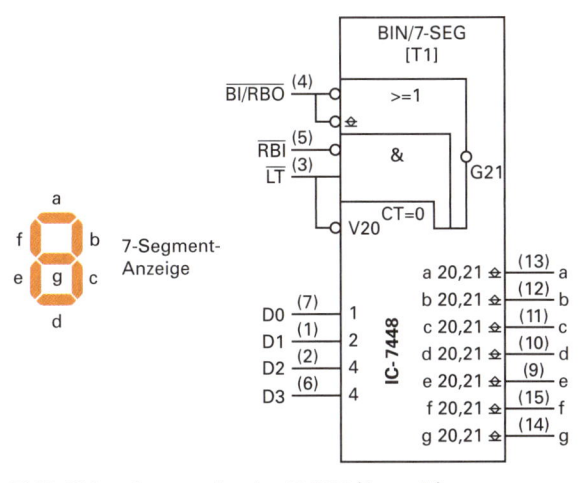

Bild 3: Sieben-Segment-Anzeige; IC 7488 (Auswahl)

Zusatzfrage: BCD-Code: 0010 liegt an D0 – D3.
a = „1", b = „1", c = „0", d = „1", e = „1", f = „0", g = „1"

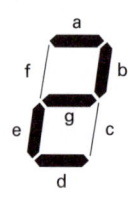

Bild 1: Ziffer 2 (7-Segment-Anzeige)

11. Es gibt Analog-Digital-Umsetzer (AD-Wandler) und Digital-Analog-Umsetzer (DA-Wandler). AD-Wandler werden bei der Signalerfassung benötigt. Soll z.B. eine Temperatur oder eine Schichtdicke erfasst werden, so werden diese Messergebnisse als analoger Spannungswert erfasst. Eine SPS versteht allerdings nur digitale Signale und kann einen Vergleich von Werten nur digital durchführen. Dazu müssen analoge Werte in digitale gewandelt werden.
DA-Wandler wandeln ein digitales Signal in ein analoges Signal um. Soll z.B. eine SPS einen Antrieb stufenlos steuern, so müssen digitale Ausgangssignale der SPS in analoge Spannungen gewandelt werden.

12. Mit 4 Bit lassen sich 16 verschiedene Bit-Kombinationen angeben. Das LSB entspricht einem Spannungswert von $20\ V/2^4 = 20\ V/16 = 1{,}25\ V$.

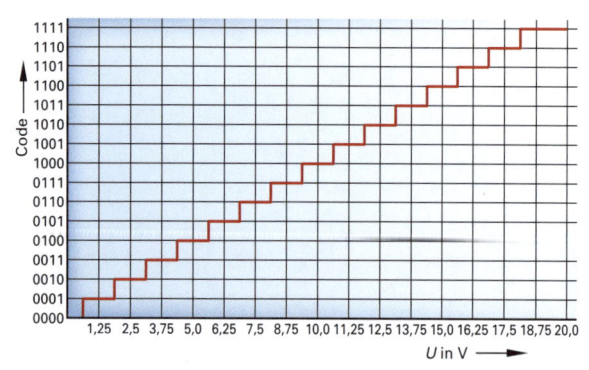

Bild 2: Diagramm 4-Bit-AD-Umsetzung

10.3 Zeichnerische Darstellung von Steuerungen (zu Seite 134)

1. Wegeventile bestimmen Start, Stopp und Durchflussrichtung der Luft bzw. des Öles.

2. Ein Wegeventil wird nach der Anzahl der äußeren gesteuerten Anschlüsse und nach der Anzahl der Schaltstellungen benannt.

3. 1 Anschluss für Druckzufuhr
   2 Anschluss für Arbeitsleitung
   3 Anschluss für Entlüftung (z.B. Schalldämpfer)
   4 Anschluss für Arbeitsleitung
   5 Anschluss für Entlüftung (z.B. Schalldämpfer)
   12 (Steuerleitung) 1-Signal an Anschluss 12:   Druckluft strömt von 1 nach 2
   14 (Steuerleitung) 1-Signal an Anschluss 14:   Druckluft strömt von 1 nach 4

4. Ein GRAFCET ist die Darstellung des Steuerungsablaufs mit Schritten und Weiterschaltbedingungen durch Quadrate und Rechtecke. Die Darstellung ist unabhängig von der gerätetechnischen Ausführung wie Pneumatik oder Hydraulik und deren Kombinationen mit der Elektrik.

5. Ein GRAFCET baut sich auf aus
   - Strukturteil und
   - Wirkteil

6. Der Strukturteil setzt sich aus den Elementen
   - Schritt (der Startschritt erhält Nummer 1 und wird in einem Doppelrahmen dargestellt)
   - und Transition (Übergangsbedingung) zusammen.

7. Die Transition wird als waagerechter Strich zwischen zwei Schritten zeichnerisch dargestellt und gibt die Bedingung für die Einleitung des nächsten Schrittes an.

8. Im Wirkteil werden jedem Ablaufschritt eine oder mehrere Aktionen zugeordnet. Dabei wird zwischen kontinuierlich wirkenden und speichernden Aktionen unterschieden.

9. In Schaltplänen stellt man die Steuerung mit Hilfe genormter Bauteilsymbole dar.

10. Lagepläne stellen in vereinfachter Form die räumliche Anordnung der Bauelemente der Steuerung dar.

Arbeitsauftrag (zu Seite 134–135)

1. a)

   0-Signal an den Steuerleitungen: Alle Anschlüsse abgesperrt; Zylinder abgesperrt und gegen äußere Kräfte nicht beweglich
   1-Signal an Steuerleitung 14: Durchfluss von 1 nach 4; Entlüftung von 2 nach 3
   1-Signal an Steuerleitung 12: Durchfluss von 1 nach 2; Entlüftung von 4 nach 5

   b)

   0-Signal an den Steuerleitungen: Druck abgesperrt; der Zylinder ist gegen äußere Kräfte frei beweglich
   1-Signal an Magnetventil b: Druck von P nach B; Durchfluss von A nach T
   1-Signal an Magnetventil a: Druck von P nach A; Durchfluss von B nach T

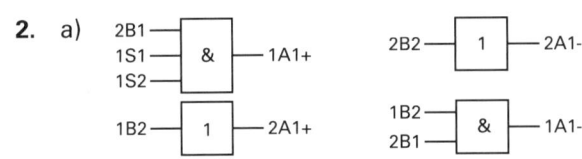

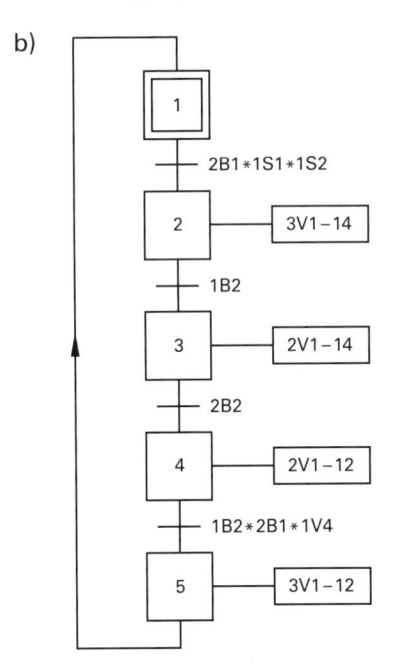

2. a)

   2B1, 1S1, 1S2 → & → 1A1+
   1B2 → 1 → 2A1+
   2B2 → 1 → 2A1−
   1B2, 2B1 → & → 1A1−

   b)

   1
   | 2B1∗1S1∗1S2
   2 — 3V1−14
   | 1B2
   3 — 2V1−14
   | 2B2
   4 — 2V1−12
   | 1B2∗2B1∗1V4
   5 — 3V1−12

c)

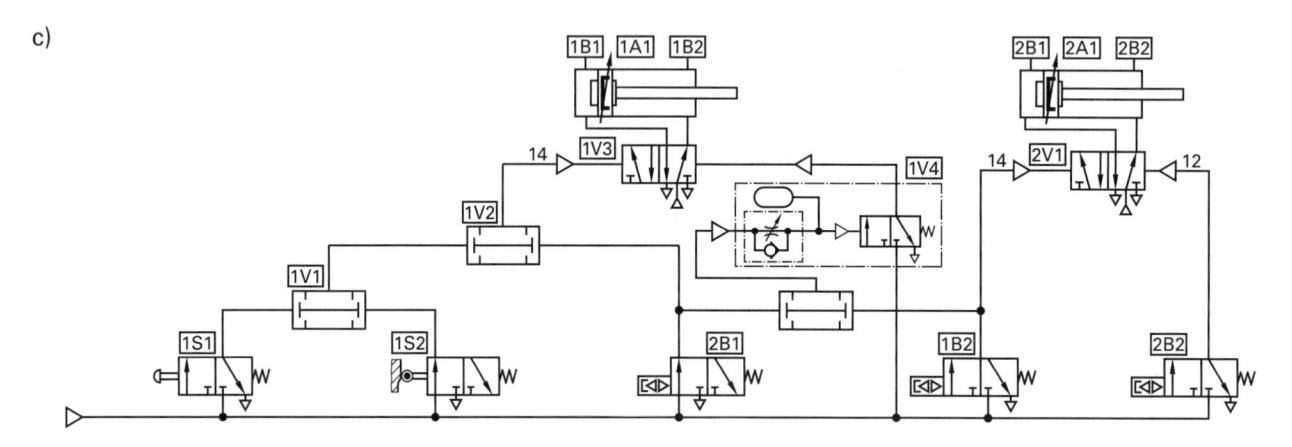

Zur Vertiefung (zu Seite 135)

1. Solange in einer kontinuierlich wirkenden Aktion ein Schritt aktiv ist, erhält die angesteuerte Variable den Wert 1, ist sie nicht mehr aktiv, wird ihr der Wert 0 zugewiesen. Neben der Schrittaktivierung können bei kontinuierlich wirkenden Aktionen zusätzlich Zuweisungsbedingungen erforderlich sein, bevor die Aktion ausgeführt werden kann.

2. Die kontinuierliche Anweisung besagt: Ist Schritt 10 aktiv, liegt nach 5 Sekunden an 3M1 ein 1-Signal an.

3. Speichernd wirkende Aktionen werden bei Aktivierung eines bestimmten Schrittes ausgeführt und bleiben solange aktiv, bis der Schritt zurückgenommen wird. Das bedeutet, der Wert einer Variablen (z. B. 2M2: = 1) bleibt so lange bestehen, bis er durch eine andere Aktion wieder gelöscht wird (2M2: = 0).

4. Die speichernd wirkende Anweisung besagt: Wird Schritt 10 aktiv, wird der Ventilspule 2M1 der Wert 1 zugewiesen und bleibt solange aktiv, bis die Aktivierung gelöscht wird.

5. Die Aktion wird erst nach dem Eintreffen eines Ereignisses ausgeführt.

10.4 Pneumatik (zu Seite 136)

1. Druckluft ist verdichtete atmosphärische Luft

2. Vorteile der Pneumatik:
   - Das Arbeitsmedium (Druckluft) ist einfach zu speichern.
   - Das Arbeitsmedium (Druckluft) ist einfach zu verteilen (transportieren).
   - Geschwindigkeiten der Aktoren sind einfach einzustellen.
   - Pneumatische Steuerungen sind wartungsarm und haben eine lange Lebensdauer.
   - Pneumatische Steuerungen können in feuer- oder explosionsgefährdeten Bereichen eingesetzt werden.
   - Kurze Ansprechzeiten und hohe Schalthäufigkeiten sind bei pneumatischen Steuerungen möglich.

3. Nachteile der Pneumatik:
   - Bei der Verdichtung der Luft muss Schmutz und Wasser abgeschieden werden.
   - Damit die Gängigkeit der Ventile erhalten bleibt, muss der Druckluft Öl beigemischt werden.
   - Wegen der Kompressibilität der Luft sind genaue Positionierungen der Aktoren und gleichmäßige Geschwindigkeiten schwierig zu erreichen.
   - Wegen des geringen Betriebsdruckes sind nur kleine Kraftübertragungen möglich.
   - Leckagen im Verteilnetz verursachen hohe Betriebskosten.

4. Die uns umgebende Luft setzt sich zusammen aus
   - Stickstoff (N_2 mit ca. 77,1 %)
   - Sauerstoff (O_2 mit ca. 20,8 %)
   - Wasserdampf (H_2O mit ca. 1 %)
   - Argon (Ar mit ca. 0,9 %)
   - Wasserstoff (H_2 mit ca. 0,1 %)
   - Kohlendioxid (CO_2) und Edelgasen

5. Die allgemeine Gasgleichung lautet:

$$\frac{p_1 \cdot V_1}{T_1} = \frac{p_2 \cdot V_2}{T_2}$$

Verdichten-Aufbereiten-Verteilen (zu Seite 136)

1. Verdichter werden in die Kategorien
   - Verdrängungsverdichter und
   - Turboverdichter

   eingeteilt.

2. Turboverdichter kommen bei großen Fördermengen und kleinen Drücken (bis 10 bar) zum Einsatz.

3. - Massenkraftfilter
   - Membranfilter
   - Sinterfilter

4. - Druckluftversorgung als Ringleitung auslegen.
   - Leitungsquerschnitte groß auslegen.
   - Verzweigungen immer oben anschließen.
   - Mit ca. 1 % Gefälle verlegen.

5. Eine Aufbereitungseinheit besteht aus
   - Druckluftfilter
   - Druckregelventil
   - Druckluftöler

Arbeitsauftrag (zu Seite 136–137)

1. $p_{abs} = p_e + p_{amb} = 1{,}25$ bar $+ 1$ bar $= 2{,}25$ bar.
   $= 2{,}25 \cdot 10^5$ Pa $= 2{,}25 \cdot 10^3$ hPa $= \mathbf{2250\ hPa}$

2. 10 Meter Wassersäule entsprechen $p_e = 1$ bar
   18 m Tiefe: $p_e = 1{,}8$ bar $= 1800$ hPa $\hat{=} 26{,}1$ psi
    $p_{abs} = 2{,}8$ bar $= 2800$ hPa $\hat{=} 40{,}6$ psi
   40 m Tiefe: $p_e = 4{,}0$ bar $= 4000$ hPa $\hat{=} 58$ psi
    $p_{abs} = 5{,}0$ bar $= 5000$ hPa $\hat{=} 72{,}5$ psi

3. a) T = konstant: $p_1 \cdot V_1 = p_2 \cdot V_2$;
   $$p_2 = \frac{p_1 \cdot V_1}{V_2} = \frac{1\,\text{bar} \cdot 2290\,\text{l}}{200\,\text{l}} = \mathbf{11{,}45\ bar}$$
   b) Allgemeine Gasgleichung: $\dfrac{p_1 \cdot V_1}{T_1} = \dfrac{p_2 \cdot V_2}{T_2}$
   $$p_2 = \frac{p_1 \cdot V_1 \cdot T_2}{T_1 \cdot V_2} = \frac{1\,\text{bar} \cdot 2290\,\text{l} \cdot 323\,\text{K}}{200\,\text{l} \cdot 293\,\text{K}} = \mathbf{12{,}6\ bar}$$

4. Inhalt volle Flasche V_1: $V_1 = 50$ l/bar $\cdot 200$ bar $= 10000$ l
   Inhalt V_2 bei $p_e = 10$ bar: $V_2 = 50$ l/bar $\cdot 10$ bar $= 500$ l
   Entnommenes Gas ΔV: $\Delta V = V_1 - V_2 = 10000$ l $- 500$ l $= \mathbf{9500\ l}$

5. $p_1 \cdot V_1 = p_2 \cdot V_2$
   $$p_2 = \frac{p_1 \cdot V_1}{V_2} = \frac{1\,\text{bar} \cdot 1\,\text{l}}{3\,\text{l}} = 0{,}33\ \text{bar}$$
   $\Rightarrow \mathbf{p_u = 0{,}66\ bar}$

6. $V = 50\,\dfrac{\text{l}}{\text{bar}} \cdot 190$ bar $= 9500$ l
   $V_1 = V - \Delta V = 9500$ l $- 4360$ l $= 5140$ l
   $$p_2 = \frac{p_1 \cdot V_1}{V_2} = \frac{1\,\text{bar} \cdot 5140\,\text{l}}{50\,\text{l}} = \mathbf{102{,}8\ bar}$$

7. $\dot{V} = 60\,\dfrac{\text{l}}{\text{min}} = 1\,\dfrac{\text{l}}{\text{s}}$
   $\dot{V} = A \cdot v = \dfrac{\pi \cdot d^2}{4} \cdot v$;
   $$d = \sqrt{\frac{4 \cdot \dot{V}}{\pi \cdot v}} = \sqrt{\frac{4}{\pi \cdot 35}}\ \text{dm}^2 = \mathbf{0{,}19\ dm} \approx \mathbf{2\ cm}$$

8.
$$\dot{V} = A \cdot v = \frac{\pi \cdot d^2}{4} \cdot v = \frac{\pi \cdot (1\,\text{dm})^2}{4} \cdot \frac{1100\,\text{dm}}{\text{min}} = 864\,\frac{\text{dm}^3}{\text{min}}$$

$$\dot{V} = 864\,\frac{\text{dm}^3}{\text{min}} \triangleq 864\,\frac{\text{l}}{\text{min}}$$

Arbeitsglieder (Aktoren) (zu Seite 137–138)

1. Die wirksame Fläche auf der Kolbenstangenseite ist um die Querschnittsfläche der Kolbenstange kleiner als die wirksame Fläche am Kolbenboden. Für die Kraft F gilt: $F = A \cdot p$.

2. Die Endlagendämpfung vermeidet das schlagartige Einfahren des Kolbens in die Endlage. Durch die einstellbare Dämpfung erreicht man eine elastische Abbremsung des Kolbens und somit eine sanfte Fahrt in die Endlage.

3. Wenn in den Zylinderkolbenboden ein Permanentmagnet eingearbeitet wird, kann durch Reedkontakte, die außen am Zylinder befestigt werden, die Endlage des Kolbens abgefragt werden.

4. Doppeltwirkender Zylinder mit einstellbarer Endlagendämpfung und Dauermagnet im Kolbenboden.

5. a) Balgzylinder
   b) Kurzhubzylinder
   c) Flachzylinder
   d) Zylinder mit Führung

6. Kraft gleich Überdruck mal Fläche mal Wirkungsgrad.

7. Der Wirkungsgrad beträgt ca. 90 %.

Arbeitsauftrag (zu Seite 138–140)

1. $F = p_e \cdot A \cdot \eta$;

$$A = \frac{(D^2 - d^2) \cdot \pi}{4} = \frac{(0,08^2 - 0,025^2) \cdot \pi}{4} = 4,53 \cdot 10^{-3}\,\text{m}^2$$

$$p_e = \frac{F}{A \cdot \eta} = \frac{2300\,\text{N}}{4,53 \cdot 10^{-3}\,\text{m}^2 \cdot 0,9} = 564140\,\frac{\text{N}}{\text{m}^2}$$

$$p_e = 564140\,\frac{\text{N}}{\text{m}^2} \triangleq \mathbf{5{,}64\,bar}$$

2.
$$p_e = \frac{F}{A \cdot \eta} = \frac{F}{\frac{D^2 \cdot \pi}{4} \cdot \eta} = \frac{4 \cdot F}{D^2 \cdot \pi \cdot \eta} =$$

$$= \frac{4 \cdot 2000\,\text{N}}{(0,1\,\text{m})^2 \cdot \pi \cdot 0,9} = 282942\,\frac{\text{N}}{\text{m}^2} \triangleq \mathbf{2{,}83\,bar}$$

3. Aus Tabellen: $D = 100$ mm

4. Wird in einem Druckübersetzer die größere Fläche A_1 mit dem Druck p_1 beaufschlagt, so wird die Kraft F_1 erzeugt. Diese Kraft steht dann an der kleineren Fläche A_2 zu Verfügung und erzeugt dann einen entsprechend größeren Druck p_2.

Es gilt: $\dfrac{p_1}{p_2} = \dfrac{A_2}{A_1}$

Für den Druckübersetzer bedeutet dies, dass im Hydrauliköl ein entsprechend höherer Druck herrscht, der an den Kolben des einfachwirkenden Zylinders weitergegeben wird.

5. Aus Tabellen:
Für eine Druckkraft von 6 kN und einen Betriebsdruck von 6 bar (bei einem Wirkungsgrad von ca. 90 %) benötigt man einen Mindestkolbenstangendurchmesser von $d = 32$ mm ($D = 125$ mm).

6. Ein Tandemzylinder besteht aus zwei doppeltwirkenden Zylindern, die mit einer gemeinsamen Kolbenstange verbunden sind. Werden beide Zylinderkammern mit Druck versorgt, ist die Kraft doppelt so groß wie bei einem Standardzylinder mit gleichem Kolbendurchmesser. Wird ein dritter oder ein vierter Zylinder angereiht, so erhöht sich die Kraft um das Drei- bzw. Vierfache.

7. Der Doppelkolbenzylinder besitzt zwei parallele Kolbenstangen, dadurch besteht eine höhere Steifheit des Systems als bei einer Kolbenstange. Durch die gleichzeitige Beaufschlagung mit Druck entsteht die doppelte Kraft.

8. Bei gleichen Maßen des Kolbens hat der Doppelkolbenzylinder die doppelte Kraftübertragung als der einfache Zylinder.

9. Kolbenstangenlose Zylinder haben keine Kolbenstange, die hinten oder vorne aus dem Zylinder ragt. Die Kolbenstange befindet sich im Inneren des Zylinders, an dem die Last befestigt wird.
Magnetische Kraftübertragung: Die Kraftübertragung auf die Last erfolgt durch starke Permanentmagnete.
Mechanische Kraftübertragung: Die Kolbenbewegung wird formschlüssig durch das geschlitzte Zylinderrohr nach außen geführt.

10. Nach Tabellen: Spezifischer Luftverbrauch $q = 0,28 \frac{l}{cm}$
    Berechnung:
    $$q = \frac{(7\,cm)^2 \pi}{4} \cdot \frac{(6\,bar + 1\,bar)}{1\,bar} = 269,4 \frac{cm^3}{cm} \triangleq \mathbf{0,27 \frac{l}{cm}}$$
    Es ergeben sich ähnliche Werte.

11. Kosten K: $K = Q \cdot t \cdot k$ mit $k = 0,03\,€$
    $$K = 12 \cdot 10^{-3} \frac{m^3}{min} \cdot 60 \cdot 24 \cdot 365\,min \cdot 0,03 \frac{€}{m^3} = 189,2\,€$$
    Es entstehen dem Betrieb durch die Leckage von nur einer Stelle Unkosten von 189,2 € pro Jahr.

12. Der spezifische Luftverbrauch $[q] \frac{l}{cm}$ ist die benötigte Luft in Liter pro Zentimeter Bewegung eines Aktors (z. B. einfach wirkender Zylinder).

13. Nach Tabellen: $q = 0,24 \frac{l}{cm}$
    $$Q = q \cdot s \cdot n = 0,24 \frac{l}{cm} \cdot 3\,cm \cdot 60 \frac{1}{min} = \mathbf{43,2 \frac{l}{min}}$$

14. a) $Q = 2 \cdot A \cdot s \cdot n \cdot \frac{(p_e + p_{amb})}{p_{amb}} =$
    $= 2 \cdot \frac{\pi \cdot (7\,cm)^2}{4} \cdot 2,5\,cm \cdot 35 \frac{1}{min} \cdot \frac{4\,bar + 1\,bar}{1\,bar}$
    $= 33673,9 \frac{cm^3}{min} \triangleq \mathbf{33,7 \frac{l}{min}}$

    Luftverbrauch in 8 Stunden:
    $Q_{8h} = 33,7 \frac{l}{min} \cdot 60 \frac{min}{h} \cdot 8\,h = 16176\,l$
    $16176\,l \triangleq \mathbf{16,2\,m^3}$

    b) $F = p \cdot A \cdot \eta = 40 \frac{N}{cm^2} \cdot \frac{\pi \cdot (7\,cm)^2}{4} \cdot 0,9 = \mathbf{1385,4\,N}$

    c) $d = m \cdot z = 2,5\,mm \cdot 36 = 90\,mm$
    $M = F \cdot \frac{d}{2} = 1385,4\,N \cdot \frac{0,09}{2}\,m = \mathbf{62,3\,N \cdot m}$

    d) $\frac{\alpha}{360°} = \frac{s}{\pi \cdot d}$;
    $\alpha = \frac{360° \cdot s}{\pi \cdot d} = \frac{360° \cdot 25\,mm}{\pi \cdot 90\,mm} = \mathbf{31,83°}$

Druckluftmotoren (zu Seite 140)

1. Druckluftmotoren werden in Bereichen eingesetzt, in denen große Drehzahlen oder hohe Startdrehmomente erforderlich sind, oder in explosionsgeschützten Räumen.

Arbeitsauftrag (zu Seite 140)

1. a) Nach Diagramm: $\Delta p_{100} = 6$ bar

   $$\Delta p = \frac{6\,\text{bar} \cdot 12\,\text{m}}{100\,\text{m}} = 0{,}7\,\text{bar}$$

   $\Rightarrow p_e = p + \Delta p =$ **5,1 bar bis 5,3 bar**

   b) Nach Diagramm: $\Delta p_{100} = 11$ bar

   $$\Delta p = \frac{11\,\text{bar} \cdot 12\,\text{m}}{100\,\text{m}} = 1{,}32\,\text{bar}$$

   $\Rightarrow p_e = p + \Delta p =$ **6,8 bar bis 7 bar**

   Die Nennweite der Druckleitung reicht nicht aus.

2. $$y = \frac{M_{gef} \cdot 100\%}{M_{nenn}} = \frac{20\,\text{Nm} \cdot 100\%}{28{,}2\,\text{Nm}} = 70{,}9\%$$

   $$x = \frac{n_{ref} \cdot 100\%}{n_{nenn}} = \frac{550\,\text{min}^{-1} \cdot 100\%}{750\,\text{min}^{-1}} = 73{,}3\%$$

   Nach Diagramm: **p = 3,7 bar**

3. Druckluftmotoren können zum Schrauben, Senken oder zum Bohren eingesetzt werden.

Pneumatische Ventile (zu Seite 140)

1. Wegeventile werden nach ihren Funktionen unterteilt in:
   - Sperrventile
   - Druckventile
   - Stromventile

Arbeitsauftrag (zu Seite 141)

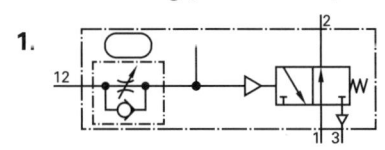

1.

   Liegt am Steuereingang 12 Druckluft an, so schaltet nach einer einstellbaren Zeit (abhängig von der Drosselstellung) das 3/2-Wegeventil von Durchfluss auf Sperrstellung.
   Das dargestellte Zeitglied entspricht in der Elektrotechnik der Ausschaltverzögerung.

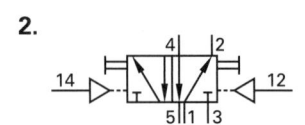

2.

3. Die Druckluft an Eingang 10 versperrt durch Schieberverstellung den Durchgang nach 2. Kommt nun zusätzlich von Eingang 11 Druckluft, so kann sie ungehindert durch den Ausgang 2.

4. Die Luft aus Ausgang 2 des einen 3/2-Wegeventils würde über den Ausgang 3 des anderen Wegeventils ins Freie gehen.

5. Durch Betätigung des Ventils „Vorhub" strömt die Luft über das Rückschlagventil in den Aktor und der Kolben fährt aus. Dabei muss das Ventil so lange betätigt bleiben, bis der Kolben den Anschlag erreicht hat. Nach Loslassen des Ventils bleibt der Kolben ausgefahren.
   Nach Betätigung des Ventils „Rückhub" wird die Kolbenseite entlüftet und der Kolben des Zylinders kann wieder einfahren.

6. Wenn die Anschlüsse vertauscht werden, so ist die Zuleitung zum Zylinder versperrt und der Kolben kann nicht ausfahren und bleibt somit immer in Grundstellung.

7. Druckventile beeinflussen in der Pneumatikanlage den anstehenden Druck oder die durchströmende Luft.

8. a) Das Druckregelventil hat die Aufgabe, bei Druckschwankungen den Arbeitsdruck aufrechtzuerhalten. Dabei regelt das Druckventil über die Membrane den Sekundärdruck (2). Beim Ansteigen des Sekundärdrucks bewegt sich die Membrane entgegen der Federkraft. Dabei wird der Durchgangsquerschnitt am Ventilsitz laufend verändert oder geschlossen. Der Ausgangsdruck wird über die durchfließende Menge geregelt.

b) Durch das weitere Einschrauben der Einstellschraube wird der Sekundärdruck erhöht.
c) Bei eingeklemmter oder gebrochener Feder kann der Sekundärdruck nicht mehr geregelt werden.
d) Bei einem Druckregelventil mit Entlüftung (3) wird durch Drucksenkung der zuvor höhere Sekundärdruck bei Absenkung ins Freie abgelassen.
e) Es dient der Sicherheit, da es bei Überschreiten des maximalen zulässigen Drucks im System eine Öffnung in die Atmosphäre freigibt.

Grundschaltungen (zu Seite 142)

1. Bei der direkten Ansteuerung (bei kleinem Zylindervolumen) eines Zylinders geht der Arbeitsdruck direkt über das Signalglied in den Zylinder.
Bei der indirekten Ansteuerung eines Zylinders wird ein Stellglied angesteuert. Durch dieses Stellglied wird dann der Arbeitsdruck für den Zylinder zur Verfügung gestellt.

2. Die Kolbengeschwindigkeit kann mit einem
   - Drosselventil,
   - Drosselrückschlagventil,
   - Schnellentlüftungsventil

   beeinflusst werden.

Arbeitsauftrag (zu Seite 142)

1. Es macht keinen Sinn, da der Kolben nicht fixiert und auch nicht genau angehalten werden kann. Wenn beide 3/2-Wegeventile unbetätigt sind, kann der Kolben durch eine äußere Kraft bewegt werden.
Das Fixieren und Anhalten des Kolbens eines doppelt wirkenden Zylinders ist z. B. mit einem 5/3-Wegeventil möglich.

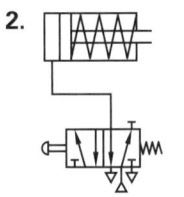

2.

3. a) Die Kolbenstange kann durch äußere Karaft bewegt werden.
   b) Der Zylinder fährt bei Betätigung in die vordere Endlage, weil auf der Kolbenseite die größere Kraft wirkt. Der Druck gleicht sich über die verbundene Leitung aus.

4. Baut man eine Drossel vor dem Stellglied ein, würde der Steuerstrom gedrosselt und somit keine Beeinflussung der Kolbengeschwindigkeit bestehen.

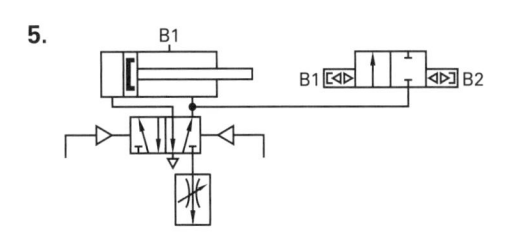

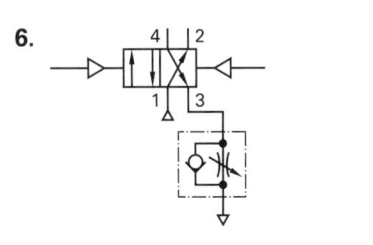

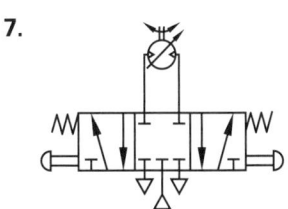

5.

6.

7.

Verknüpfung von Signalen (zu Seite 143)

1. Die vier logischen Grundfunktionen in der Steuerungstechnik lauten:
   - JA-Funktion (IDENTITÄT)
   - NICHT-Funktion (NEGATION)
   - UND-Funktion (KONJUNKTION)
   - ODER-Funktion (DISJUNKTION)

2.

JA-Funktion	Sperr-Nullstellung
NICHT-Funktion	Durchfluss-Nullstellung
UND-Funktion	Zweidruckventil
ODER-Funktion	Wechselventil

Arbeitsauftrag (zu Seite 143–144)

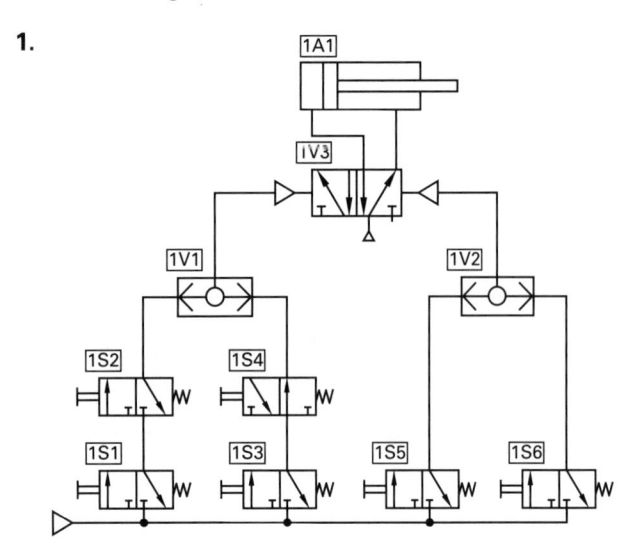

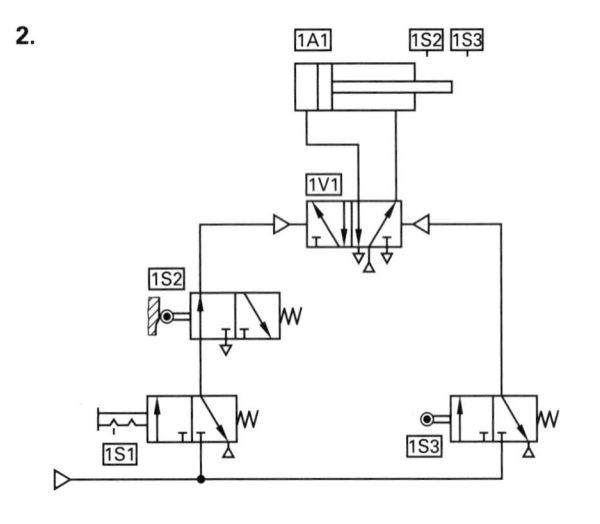

1.

2.

3. Wird nur ein T-Stück verwendet, so strömt die Steuerluft von 2 nach 3 in die Atmosphäre.

4. Durch eine Reihenschaltung der beiden 3/2-Ventile

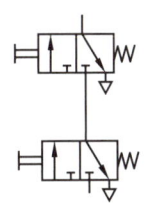

5. a)

E1	E2	A1
0	0	0
1	0	1
0	1	1
1	1	1

b)

E1	E2	E3	A1
0	0	0	0
1	0	0	1
0	1	0	1
1	1	0	1
0	0	1	0
1	0	1	1
0	1	1	0
1	1	1	1

6. a) Am Ausgang A1 steht ein 1-Signal an, wenn gilt: E1 und E2 und Nicht E3
   ODER wenn gilt: E4 und E5 und E6 NICHT
   b) Schaltalgebraische Gleichung: $E1 \wedge E2 \wedge \overline{E3} \vee \overline{E4 \wedge E5 \wedge E6} = A1$

7. Zweidruckventil:
   a) Es kommt das Signal am Ausgang A an, das zeitlich als letztes betätigt wird.
   b) Es kommt das Signal am Ausgang A an, das zeitlich als letztes betätigt wird.
   Wechselventil:
   a) Es kommt das Signal am Ausgang A an, das zeitlich als erstes betätigt wird.
   b) Es kommt das Signal am Ausgang A an, das zeitlich als erstes betätigt wird. Hat jedoch ein Signal einen höheren Druck, so steht nach einiger Zeit das Signal mit dem höheren Druck am Ausgang an.

Zeitabhängige Steuerungen (zu Seite 144)

1. a)

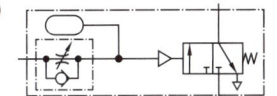

   Verzögerungsventil in Ruhestellung gesperrt

   b)

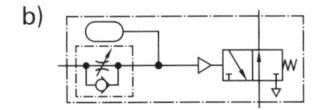

   Verzögerungsventil in Ruhestellung geöffnet

Arbeitsauftrag (zu Seite 144)

1.

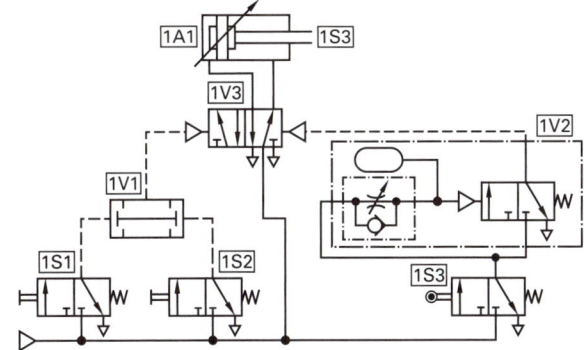

Signalüberschneidung (zu Seite 144)

1. Unter Signalüberschneidung versteht man die Konstellation, dass am Eingang 14 und am Eingang 12 zeitgleich ein 1-Signal (Druck) ansteht.

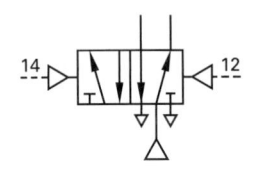

2. Signalabschaltungen bei pneumatischen Steuerungen sind möglich mit

   - Tastrollen am Signalglied mit Leerrücklauf

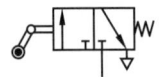

   - Zeitbausteinen

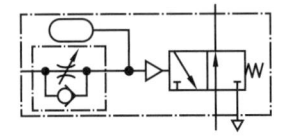

   - Speicherschaltungen (Umschaltventile).

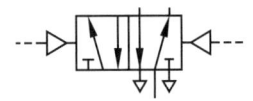

Arbeitsauftrag (zu Seite 145–146)

1. a)

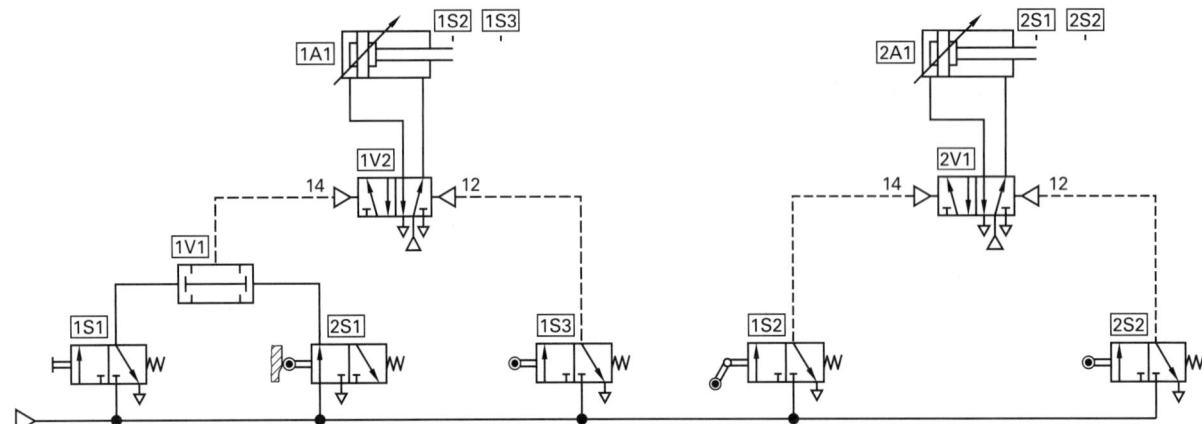

   b)

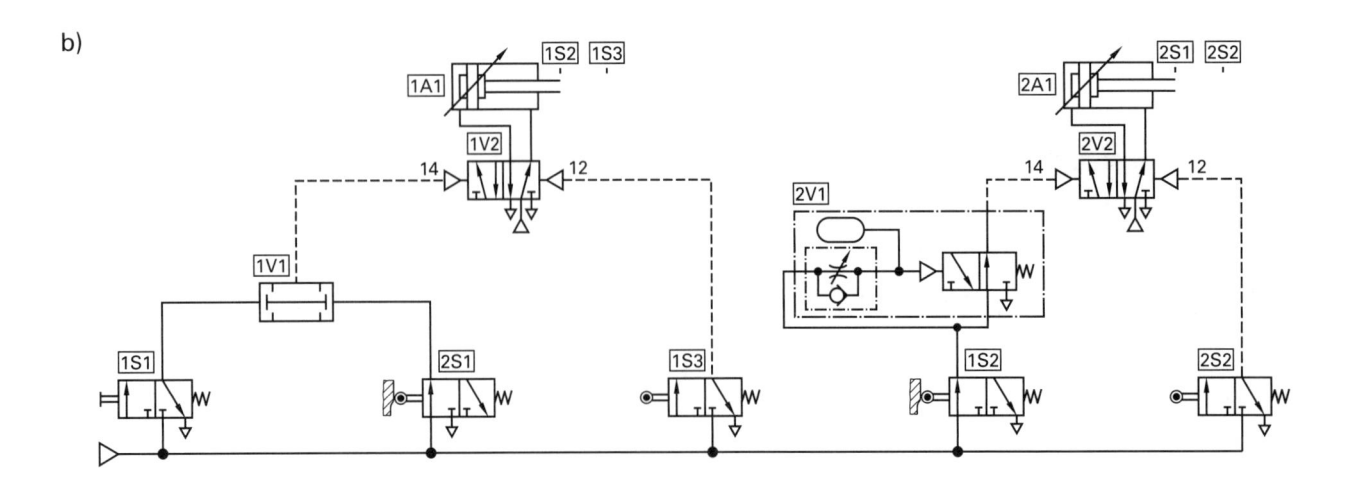

c)

2.

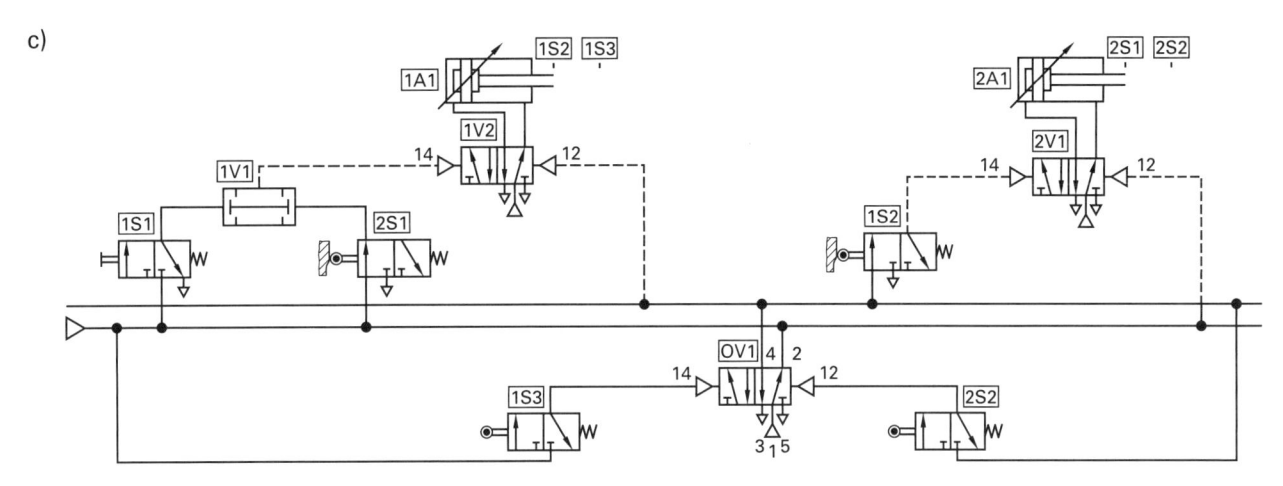

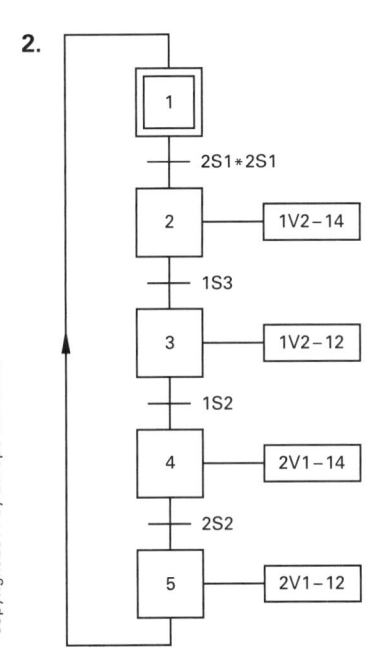

3. Das 1-Signal am Eingang 14 beim Stellglied 2V1 muss „abgeschaltet" werden, da das Signalglied 1S2 sowohl in der Ausgangsstellung als auch bei der Weiterschaltbedingung ein 1-Signal liefert und somit die Bewegung 2A1- nicht möglich wäre, wenn am Eingang 12 ein 1-Signal anliegt.

4. Wenn die Rückstellfeder am Signalglied 1S1 bricht und es wird 1-Signal gegeben, dann bleibt das 1-Signal am Eingang 14 des Stellgliedes 1V2 stehen. Nach der Bewegung 1A1+ kommt es zu einer Signalüberschneidung am Stellglied 1V2, da durch die Weiterschaltbedingung durch 1S3 auch ein 1-Signal am Eingang 12 ansteht. Der Kolben des Zylinders 1A1 bleibt ausgefahren.

5. a) Beim Vertausch der Anschlüsse 12 und 14 am Umschaltventil 0V1 würde nach der Zylinderbewegung 1A1+ der Ablauf abgebrochen, da das 1-Signal an Eingang 12 keine Umschaltung des Systems erfolgt. Der Arbeitszyklus ist abgebrochen.
   b) Beim Vertausch der Anschlüsse 2 und 4 am Umschaltventil 0V1 würde nach der Versorgung mit Druckluft sofort die Zylinderbewegung 1A1+ erfolgen. Ein Start wäre nicht mehr möglich. Der Arbeitszyklus ist abgebrochen.

6. Wegen der UND-Verknüpfung mit dem Grenztaster 2S1 am Zylinder 2A1 passiert während des Arbeitszyklus nichts.

7. a) Bei der druckabhängigen Steuerung handelt es sich um eine Steuerung mit Druckbegrenzung.
   Nach Betätigung von Signalglied 1S1 wird sowohl die Kolbenstangenseite druckfrei als auch das 1-Signal am Stellglied 1V2 gelöscht. Die Feder im Ventil 1V2 stellt den Steuerkolben auf Durchfluss. Der Kolben im Zylinder 1A1 fährt mit dem am Druckbegrenzungsventil eingestellten Druck aus.
   b) Das 3/2-Wegeventil in Durchfluss-Nullstellung dient als Stellglied, um den Energiefluss für die Ein- und Ausfahrbewegungen des Zylinderkolbens zu gewährleisten.

10.5 Elektropneumatik (zu Seite 147–148)

1. Mit elektrischen Signalen wird der Steuerungsteil realisiert, den Leistungsteil übernimmt die Pneumatik.

2. - Bei einem Stellschalter ändert sich der Schaltzustand erst bei erneuter Betätigung des Schalters.
   - Bei einem Stelltaster öffnet oder schließt ein Kontakt nur für die Dauer der Betätigung.
   - Beim Öffner ist der Stromkreis im unbetätigten Zustand geschlossen (NC = normaly closed).
   - Beim Schließer ist der Stromkreis im unbetätigten Zustand geöffent (NO = normaly open).

3. Reedkontakte

4. Keine Betätigungskraft notwendig, kurze Schaltzeit, Wartungsfreiheit, hohe Lebensdauer, geringes Einbauvolumen, nicht einsetzbar bei starken Magnetfeldern im Umfeld.

5. - Sie trennen den Steuer- und Leistungsteil galvanisch voneinander.
   - Es können unterschiedliche Spannungspotenziale für Steuer- und Leistungsteil verwendet werden, da keine elektrisch leitfähige Verbindung zwischen Steuer- und Leistungsteil besteht.
   - Sie können Gleich- und Wechselspannung trennen.

6. - Die Spulenanschlüsse für die Erregerwicklung haben die Bezeichnung A1 und A2.
   - Die Betriebsmittelbezeichnung für ein Relais lautet K.
   - Die Schaltkontakte eines Relais werden im Schaltplan ebenfalls mit K (K1, K2 ...) bezeichnet.
   - Die Schaltkontakte werden durch die erste Ziffer (Ordnungsziffer, dient der Durchnummerierung) und die zweite Ziffer (Funktionsziffer, 1–2 Öffner bzw. 3–4 Schließer) beschrieben.

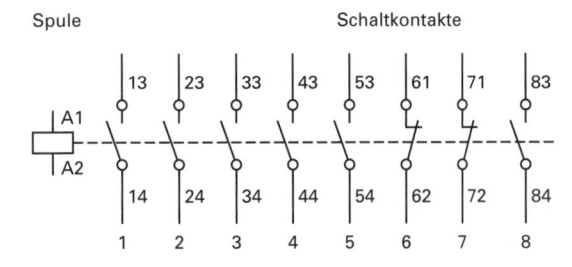

1 → 2		Öffner
3 → 4		Schließer
5 → 6		Öffner, zeitverzögert
7 → 8		Schließer, zeitverzögert
1 → 2	→ 4	Wechsler
5 → 6	→ 8	Wechsler, zeitverzögert

   Bild 1: Anschlussbezeichnungen

7. Ein 5/2-Magentimpulsventil besitzt keine definierte Grundstellung.

8. Wird S1 betätigt, schließt der Kontakt K1 und das Magnetventil 1M1 am Stellglied 1V1 betätigt das 3/2-Wegeventil. Der Zylinder 1A1 fährt aus. Wird S1 nicht mehr betätigt, fährt der Zylinder 1A1 sofort wieder in seine Ruhelage zurück.

9. Bild oben: Der Zylinder 1A1 fährt aus, solange S1 betätigt ist.
   Bild unten: Der Zylinder 1A1 fährt bei Impulsbetätigung von S1 aus und bei Impulsbetägigung von S2 wieder ein. Werden S1 und S2 betätigt, dann bleibt der vorherige Zustand erhalten.

Arbeitsauftrag (zu Seite 148–149)

1.

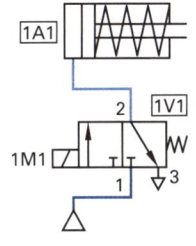

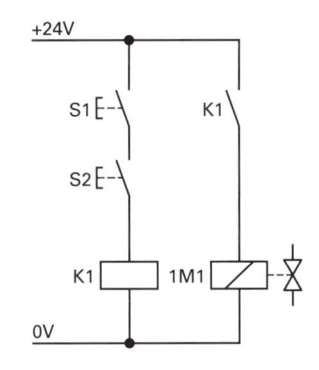

Bild 1: Lösung

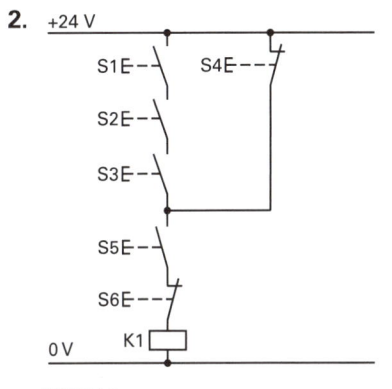

2.

Festlegung:
E1 ≙ S1
E2 ≙ S2
E3 ≙ S3
E4 ≙ S4
E5 ≙ S5
E6 ≙ S6
A1 ≙ K1

Bild 2: Lösung

3. Der Gesamtwiderstand verkleinert sich.

4. Zuordnungsliste

Operand	Symbol	Kommentar	Schaltverhalten
E1	S1	Start Füllvorgang	NO (Schließer)
E2	S2	Behälterabfrage	NO (Schließer)
E3	S3	Gewichtsabfrage	NC (Öffner)
A1	Y1	Schieber	

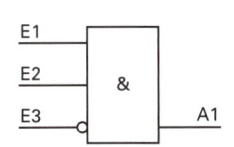

Bild 3: Logikbaustein

Schaltplan
Festlegung:
E1 → S1
E2 → S2
E3 → S3
A1 → K1

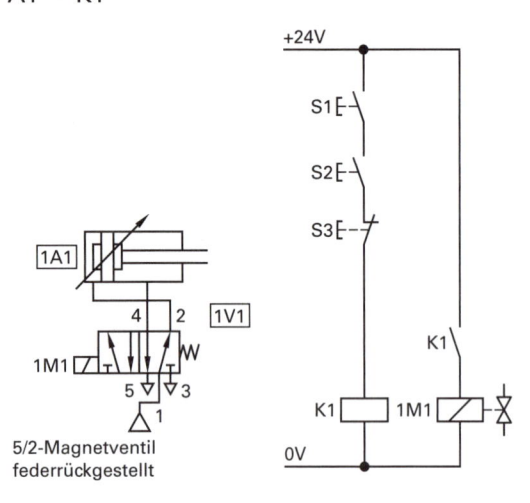

Bild 1: Schaltplan

Arbeitsauftrag (zu Seite 149–150)

1. Ein RC-Glied ist ein Spannungsteiler, bestehend aus einem Widerstand R und einem Kondensator C.
   - Beim Anlegen einer Gleichspannung lädt sich der Kondensator C nach der Zeit $5 \cdot \tau$ ($1\,\tau = R \cdot C$) bis auf die angelegte Spannung U_1 auf.
   - Beim Anlegen einer Wechselspannung fällt am Kondensator in Abhängigkeit von seinem kapazitiven Blindwiderstand X_C die Spannung U_2 ab.

$$U_2 = \frac{U_1 \cdot X_C}{\sqrt{R^2 + X_C^2}} \quad \text{mit} \quad X_C = \frac{1}{2 \cdot \pi \cdot f \cdot C}$$

2.

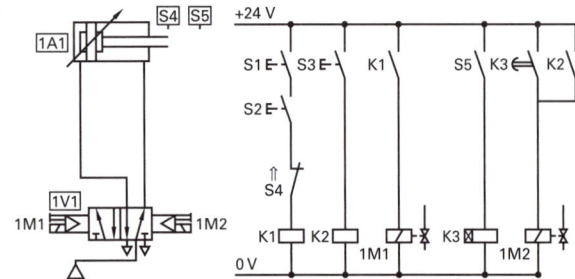

Bild 2: Elektropneumatischer Schaltplan

3. a) Öffner abfallverzögert
   b) Öffner anzugsverzögert
   c) Schließer abfallverzögert
   d) Schließer anzugsverzögert

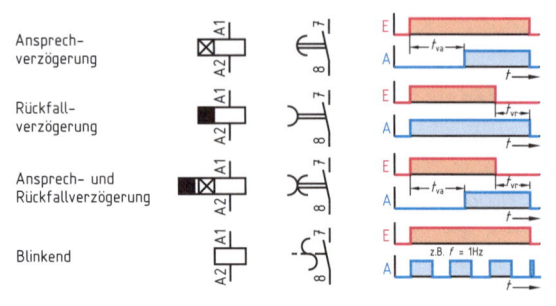

Bild 3: Zeitliches Verhalten der Schaltglieder

4. Anzugsverzögerung:
Der Ladestrom I fließt über A1 durch den Widerstand R1 und lädt den Kondensator bis auf die Eingangsspannung auf. Die Diode wird in Sperrrichtung betrieben. Wird die Schaltspannung des Relais K erreicht, schaltet das Relais. Die verstrichene Zeit wird als Ansprech- bzw. Anzugsverzögerung bezeichnet.

Rückfallverzögerung:
Die Diode wird in Durchlassrichtung betrieben. Die Eingangsspannung liegt sofort an dem Relais K an, es schaltet somit sofort. Der Kondensator lädt sich ebenfalls auf die Betriebsspannung auf. Wird der Stromkreis unterbrochen, fließt ein Entladestrom vom Kondensator über R1 und R2 ab. Die entstehende Spannung verursacht einen Stromfluss durch das Relais, dadurch wird das Magnetfeld der Relaisspule noch für eine gewisse Zeit aufrechterhalten. Diese Zeit wird als Abfall- bzw. Rückfallverzögerung bezeichnet.

Arbeitsauftrag (zu Seite 150–151)

1. a)

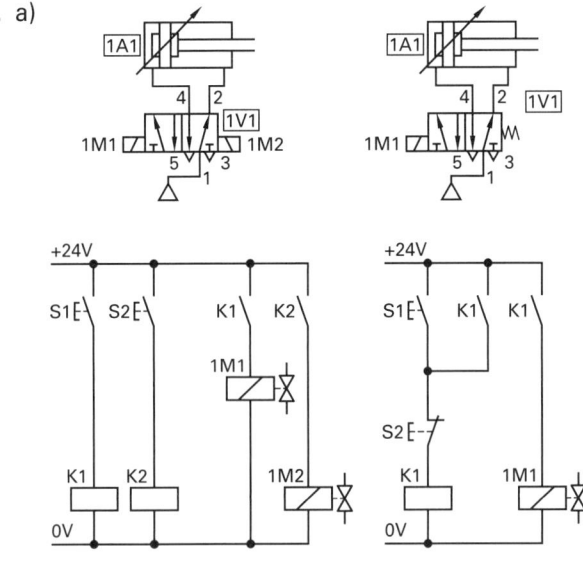

Bild 1: Ohne Selbsthaltung   Bild 2: Mit Selbsthaltung

b) Ein Bediener kann keinen Unterschied während des Betriebes feststellen.
c) Steuerung ohne Selbsthaltung: Der Zylinder bleibt ausgefahren.
   Steuerung mit Selbsthaltung: Der Zylinder fährt zurück.

2.

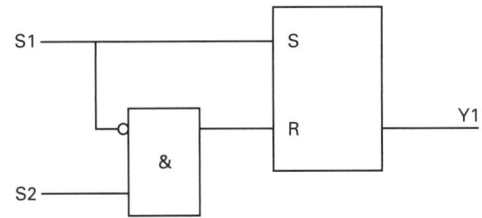

Bild 3: Dominant setzen 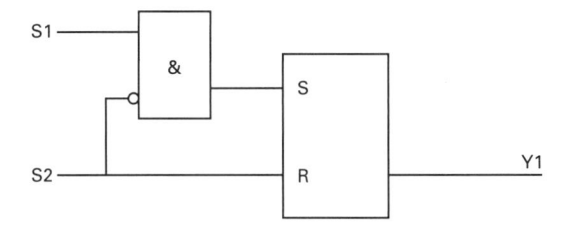   Bild 4: Dominant rücksetzen

3.

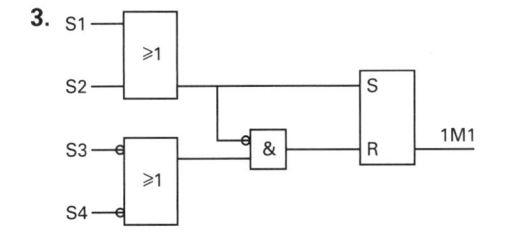

Bild 5: Logikplan

4.

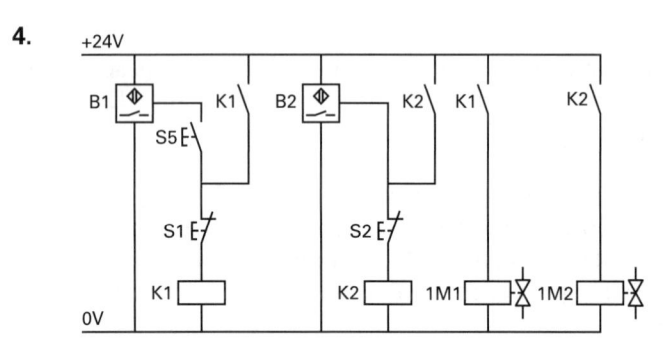

Bild 1: Stromlaufplan

Zur Vertiefung (zu Seite 151)

1. 1. Elektropneumatischer Leistungsteil   2. Stromlaufplan

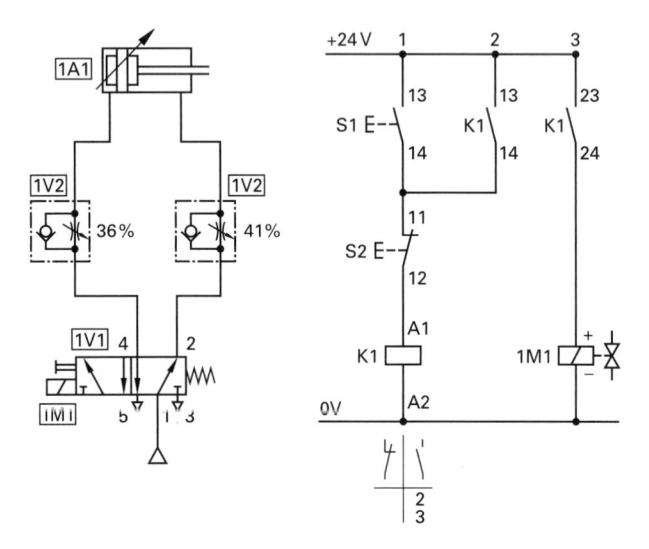

10.6 Hydraulische Steuerungen (zu Seite 152)

1. Vorteile der Hydraulik:
- Durch die hohen Drücke entstehen große Kräfte auf kleinem Raum.
- Die Druckübertragung erfolgt nahezu verlustfrei.
- Hydraulische Bauteile sind überlastsicher.
- Geschwindigkeiten sind stufenlos einstellbar.
- Gleichförmige Bewegungen sind wegen der geringen Kompressibilität des Öls möglich.
- Sehr genaue Positioniermöglichkeit.

2. Nachteile der Hydraulik:
- Durch den hohen Druck des Öls entstehen Unfallgefahren.
- Entstehen von Lärm durch Pumpen und Schaltgeräusche.
- Durch austretendes Lecköl entsteht Brandgefahr durch Umweltverschmutzung.
- Geringere Kolbengeschwindigkeiten als in der Pneumatik.
- Temperaturabhängigkeit der Viskosität des Öles.
- Begrenzte Energiespeichermöglichkeit.

Hydraulischer Kreislauf und Öle (zu Seite 152)

1. Das Hydraulikaggregat ist meist eine selbstständige Baugruppe und besteht aus:
- Antriebsmotor,
- Pumpe,
- Tank,
- Druckbegrenzungsventil,
- Rücklauffilter.

2. • Übertragung der Energie von der Pumpe zum Aktor.
   • Übertragung der Signale zur Steuerung von Ventilen.
   • Schmierung der beweglichen Hydraulikbauteile.
   • Ausgleich der Temperaturunterschiede im Hydrauliksystem.
   • Schutz der Hydraulikbauteile vor Korrosion.
   • Transport von Verunreinigungen.
   • Minderung von Druckstößen.
   • Ermöglichung der Luftabscheidung.
   • Vermeidung der Schaumbildung.

3. Schwerentflammbare Hydraulikflüssigkeiten werden eingeteilt in
   • wasserhaltige Druckflüssigkeiten,
   • wasserfreie Druckflüssigkeiten.

4. Unter wasserfreien Druckflüssigkeiten versteht man künstlich hergestellte (synthetische) Druckflüssigkeiten.

5. Die Garantiegewährleistung des Herstellers erlischt sonst.

6. Unter der Viskosität einer Flüssigkeit versteht man die Zähflüssigkeit oder Gießbarkeit der Flüssigkeit.

7. a) Dünnflüssige Hydraulikflüssigkeiten erhöhen die Leckageverluste und bilden einen zu dünnen Schmierfilm.
   b) Dickflüssige Hydraulikflüssigkeiten führen durch die große innere Reibung an Drosselstellen zu Druckverlusten. Sie erschweren auch das Abscheiden von Luftblasen.

8. Neben der Viskosität spielen bei Hydraulikflüssigkeiten noch
   • die Kompressibilität,
   • das spezifische Gewicht,
   • die Schmierfähigkeit,
   • das Luftabscheidevermögen
   eine große Rolle.

Arbeitsauftrag (zu Seite 153–155)

1. Bei einem offenen Hydraulikkreislauf wird das Öl unter Druck zum Aktor gepumpt, das drucklose Öl fließt zurück zum Tank. Bei einem geschlossenen Hydraulikkreislauf steht das Öl immer unter Druck.

2. Alle Stoffe lassen sich in verschiedene Wassergefährdungsklassen (WGK) einteilen. Diese Klassen sind:
   • WGK 0: nicht wassergefährdend
   • WGK 1: schwach wassergefährdend
   • WGK 2: wassergefährdend
   • WGK 3: stark wassergefährdend

3. Unter dem Begriff biologische Abbaubarkeit versteht man den Abbau organischer Stoffe unter gegebenen Umweltbedingungen. Dabei ist der biologische Abbau die Folge einer Wechselwirkung zwischen organischen Stoffen, Organismen und Umwelt.

4. a) $\Delta V = V_0 \cdot \dfrac{1}{E} \cdot \Delta p$

   $= 1\,\text{l} \cdot \dfrac{1}{1{,}4 \cdot 10^4\,\text{bar}} \cdot 300\,\text{bar} = \mathbf{0{,}0214\,l}$

   b) $\Delta V = A \cdot \Delta s$;

   $\Delta s = \dfrac{\Delta V}{A} = \dfrac{\Delta V}{\dfrac{d^2 \cdot \pi}{4}} = \dfrac{4 \cdot \Delta V}{d^2 \cdot \pi}$

   $= \dfrac{4 \cdot 0{,}0214\,\text{dm}^3}{(0{,}8\,\text{dm})^2 \cdot \pi} = 0{,}0425\,\text{dm} = \mathbf{4{,}25\,mm}$

5. a) $\dfrac{F_W}{F_A} = \dfrac{d_1^2}{d_2^2}$

   mit $F_{Ag} = 1800\,\text{kg} \cdot 9{,}81\,\text{N/kg} = 17658\,\text{N}$
   $\Rightarrow$ bei 40 %: $F_a = 0{,}4 \cdot 17658\,\text{N} = 7063\,\text{N}$

   $F_W = F_A \cdot \dfrac{d_1^2}{d_2^2} = 7063\,\text{N} \cdot \dfrac{(5\,\text{mm})^2}{(40\,\text{mm})^2} = \mathbf{110{,}3\,N}$

b) $\dfrac{s_1}{s_2} = \dfrac{A_2}{A_1} = \dfrac{d_2^2}{d_1^2}$

$s_1 = s_2 \cdot \dfrac{d_2^2}{d_1^2} = 15\,\text{cm} \cdot \dfrac{(40\,\text{mm})^2}{(5\,\text{mm})^2} = \mathbf{960\,cm}$

6. a) $q_v = A \cdot v \Rightarrow A = \dfrac{q_v}{v}$

$A_{min} = \dfrac{30\,\dfrac{dm^3}{min}}{50\,\dfrac{dm}{min}} = 0,6\,dm^2 \Rightarrow d = \mathbf{87\,mm}$

$A_{max} = \dfrac{40\,\dfrac{dm^3}{min}}{50\,\dfrac{dm}{min}} = 0,8\,dm^2 \Rightarrow d = \mathbf{101\,mm}$

b) Gewählt: $d = 90$

$q_v = A \cdot v = \dfrac{(0,9\,dm)^2 \cdot \pi}{4} \cdot 50\,\dfrac{dm}{min} = \mathbf{31,8\,\dfrac{l}{min}}$

Mit $q_v = 31,8\,\dfrac{l}{min}$ kann die geforderte Geschwindigkeit erreicht werden.

c) Gewählt: $d = 100\,\text{mm}$

$q_v = A \cdot v = \dfrac{(1\,dm)^2 \cdot \pi}{4} \cdot 50\,\dfrac{dm}{min} = \mathbf{39,27\,\dfrac{l}{min}}$

Auch mit $q_v = 39,27\,\dfrac{l}{min}$ kann die geforderte Geschwindigkeit erreicht werden

7. $A = \dfrac{d^2 \cdot \pi}{1} = \dfrac{(80\,\text{mm})^2 \cdot \pi}{4} = 5026,5\,\text{mm}^2$

$q_v = A \cdot v = 0,503\,dm^2 \cdot 105\,\dfrac{dm}{min} = 52,8\,\dfrac{dm^3}{min};$

$q_v = \mathbf{52,8\,\dfrac{l}{min}}$

8. a) $A_{Vor} = \dfrac{D^2 \cdot \pi}{4} = \dfrac{(70\,\text{mm})^2 \cdot \pi}{4} = 3848,5\,\text{mm}^2$

$v_{Vor} = \dfrac{q_v}{A_{Vor}}$

$= \dfrac{20\,\dfrac{dm^3}{min}}{0,385\,dm^3} = 51,95\,\dfrac{dm}{min} = \mathbf{5,2\,\dfrac{m}{min}}$

b) $A_{Rück} = \dfrac{(D^2 - d^2) \cdot \pi}{4}$

$= \dfrac{(70^2 - 20^2)\,\text{mm}^2 \cdot \pi}{4} = 3534\,\text{mm}^2$

$v_{Rück} = \dfrac{q_v}{A_{Rück}}$

$= \dfrac{20\,\dfrac{dm^3}{min}}{0,3534\,dm^3} = 56,59\,\dfrac{dm}{min} = \mathbf{5,66\,\dfrac{m}{min}}$

c) $t_{Vor} = \dfrac{s_{Hub}}{v_{Vor}} = \dfrac{0,4\,m}{5,2\,\dfrac{m}{min}} = 0,077\,min = \mathbf{4,6\,s}$

d) $t_{Rück} = \dfrac{s_{Hub}}{v_{Rück}} = \dfrac{0,4\,m}{5,66\,\dfrac{m}{min}} = 0,07\,min = \mathbf{4,24\,s}$

9.

$$q_{eil} = q_{v,P1} + q_{v,P2} = 7\,\frac{dm^3}{min} + 22\,\frac{dm^3}{min} = 29\,\frac{dm^3}{min}$$

$$A_{vor} = \frac{D^2 \cdot \pi}{4} = \frac{(0,9\,dm)^2 \cdot \pi}{4} = 0,636\,dm^2$$

$$A_{rück} = \frac{(D^2 - d^2) \cdot \pi}{4} = \frac{(0,9^2 - 0,6^2)\,dm^2 \cdot \pi}{4} = 0,353\,dm^2$$

a) $v_{eil} = \dfrac{q_{eil}}{A_{vor}} = \dfrac{29\,\frac{dm^3}{min}}{0,636\,dm^2} = 45,6\,\dfrac{dm}{min} = \mathbf{4,56\,\dfrac{m}{min}}$

b) $v_{vor} = \dfrac{q_{v,P1}}{A_{vor}} = \dfrac{7\,\frac{dm^3}{min}}{0,636\,dm^2} = 11\,\dfrac{dm}{min} = \mathbf{1,1\,\dfrac{m}{min}}$

c) Mit beiden Pumpen

$$v_{rück} = \frac{q_{eil}}{A_{rück}} = \frac{29\,\frac{dm^3}{min}}{0,353\,dm^2} = 82\,\frac{dm}{min} = \mathbf{8,2\,\frac{m}{min}}$$

Mit Pumpe 2

$$v_{rück} = \frac{q_{v,P2}}{A} = \frac{q_{v,P2}}{\frac{(D^2 - d^2) \cdot \pi}{4}}$$

$$= \frac{22\,\frac{dm^3}{min}}{\frac{(0,9^2 - 0,6^2) \cdot \pi}{4}\,dm^2} = 62,24\,\frac{dm}{min} = \mathbf{6,22\,\frac{m}{min}}$$

d) $t_{eil} = \dfrac{s_1}{v_{eil}} = \dfrac{0,11\,m}{\frac{4,56\,m}{min}} = 0,0241\,min = \mathbf{1,44\,s}$

$t_{vor} = \dfrac{s_2}{v_{vor}} = \dfrac{0,09\,m}{\frac{1,1\,m}{min}} = 0,082\,min = \mathbf{4,92\,s}$

$t_{rück} = \dfrac{s_1 + s_2}{v_{eil}} = \dfrac{0,2\,m}{\frac{8,2\,m}{min}} = 0,024\,min = \mathbf{1,44\,s}$

$t_{v2} = \dfrac{s_1}{v_{v2}} = \dfrac{0,2\,m}{\frac{6,22\,m}{min}} = 0,032\,min = \mathbf{1,92\,s}$

$t_1 = t_{eil} + t_{vor} + t_{rück} = 1,44\,s + 4,92\,s + 1,44\,s = \mathbf{7,8\,s}$

$t_2 = t_{eil} + t_{vor} + t_{v2} = 1,44\,s + 4,92\,s + 1,92\,s = \mathbf{8,28\,s}$

e) Die Zeitersparnis beträgt 0,48 s
Im Jahr bei 1000 Takten pro Woche:
$t = 0,48\,s \cdot 1000 \cdot 52 = 24960\,s \mathrel{\widehat{=}} \mathbf{6,9\,Stunden}$

Ersparnis in %: $e = \dfrac{0,48 \cdot 100\%}{7,8} = \mathbf{6,15\%}$

10. a)
$$v_{aus} = \frac{q_v}{A} = \frac{300 \frac{dm^3}{min}}{\frac{(2\,dm)^2 \cdot \pi}{4}} = 95,5 \frac{dm}{min} = \mathbf{9,55 \frac{m}{min}}$$

$$v_{ein} = \frac{q_v}{A} = \frac{300 \frac{dm^3}{min}}{\frac{(2^2 - 1^2) \cdot \pi}{4} dm^2} = 127,3 \frac{dm}{min} = \mathbf{12,7 \frac{m}{min}}$$

b)
$$v = \frac{q_v}{A} = \frac{qv}{\frac{d^2 \cdot \pi}{4}} = \frac{300 \frac{dm^3}{min}}{\frac{(0,5\,dm)^2 \cdot \pi}{4}} = 1527,9 \frac{dm}{min} = 152,8 \frac{m}{min}$$

$$A_{min} = \frac{d^2 \cdot \pi}{4} = \frac{q_v}{v_{max}} \Rightarrow d_{min} = \sqrt{\frac{4 \cdot q_v}{\pi \cdot v_{max}}} = \sqrt{\frac{4 \cdot 300 \frac{dm_3}{min}}{\pi \cdot 1800 \frac{dm}{min}}} = 0,460\,dm = \mathbf{46\,mm}$$

c)
$$A_{max} = \frac{d^2 \cdot \pi}{4} = \frac{q_v}{v_{min}} \Rightarrow d_{max} = \sqrt{\frac{4 \cdot q_v}{\pi \cdot v_{min}}} = \sqrt{\frac{4 \cdot 300 \frac{dm^3}{min}}{\pi \cdot 1200 \frac{dm}{min}}} = 0,564\,dm = \mathbf{56,4\,mm}$$

Da kein passendes Rohr auf Lager ist, muss ein passendes mit d = 50 mm oder d = 55 mm besorgt werden.

Hydraulikpumpen und Hydraulikmotoren (zu Seite 155)

1. Hydromotore bzw. Hydropumpen sind hydraulische Bauelemente, in denen mechanische Energie in hydraulische Energie (oder umgekehrt) gewandelt wird.

2. a) Hydropumpe mit konstantem Fördervolumen mit einer Stromrichtung
   b) Hydropumpe mit veränderlichem Fördervolumen mit zwei Stromrichtungen
   c) Hydromotor mit veränderlichem Fördervolumen mit einer Stromrichtung

3. Für den Gesamtwirkungsgrad gilt: $\eta = \eta_v \cdot \eta_{hm}$. Dabei ist η_v der volumetrische Wirkungsgrad und η_{hm} der hydraulisch-mechanische Wirkungsgrad.

4. Der volumetrische Wirkungsgrad ist eine Kenngröße für innere und äußere Leckverluste.

5. Der hydraulisch-mechanische Wirkungsgrad ist eine Kenngröße für die Reibungsverluste im System.

6. Folgende Kenngrößen sind von Interesse:
   - der Volumenstrom q_v,
   - die Drehzahl n,
   - das Drehmoment M,
   - der Druck p_e (Überdruck),
   - die Leistung P.

   Des Weiteren interessieren auch noch
   - die Laufruhe,
   - die Baugröße,
   - die Lebensdauer und
   - die Notlaufeigenschaften.

Hydraulikzylinder (zu Seite 155)

1. a) Doppeltwirkender Zylinder mit einseitiger Kolbenstange.
   b) Gleichgangzylinder mit zweiseitiger Kolbenstange.
   c) Teleskopzylinder

2. Statische Dichtungen dichten ruhende Teile ab.

3. Dynamische Dichtungen befinden sich zwischen sich bewegenden Teilen und dichten ab.

Arbeitsauftrag (zu Seite 156–158)

1. Für die Ausfahrgeschwindigkeit eines Zylinderkolbens gilt allgemein:

   $v = \dfrac{q_v}{A}$.

   Bei einem Teleskopzylinder ändert sich pro Stufe die Fläche. Deshalb kommt es bei jeder Stufe zu einer anderen Geschwindigkeit. Für die Geschwindigkeit eines dreistufigen Teleskopzylinders gilt deshalb:

   $v_1 = \dfrac{q_v}{A_1}$; $v_2 = \dfrac{q_v}{A_2}$; $v_3 = \dfrac{q_v}{A_3}$;

   Dabei gilt: $v_1 < v_2 < v_3$

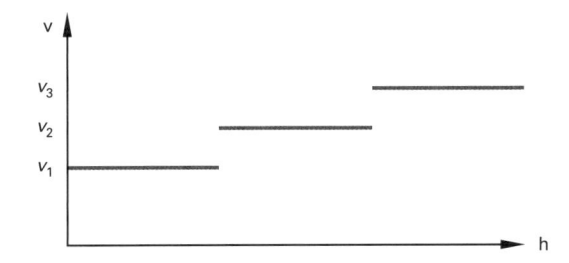

2. Im Schwenkmotor wird ein Kolben durch Druck bewegt. Bei Druckbeanspruchung bewegt sich der Kolben zur Endlage. Bei dieser Bewegung wird der Kolben über ein Gewinde geleitet, so dass sich eine Drehbewegung des Kolbens ergibt.

3. Kurz vor Erreichen der jeweiligen Endlage muss das in den Tank zu verdrängende Ölvolumen über eine Drossel entweichen. Ab dieser Stelle verringert sich die Geschwindigkeit des Kolbens gegen null. Je nach konstruktiver Auslegung der Drosselstelle ergibt sich als Verlauf des Geschwindigkeitsgraphen eine Hyperbel oder eine nach unten geöffnete Parabel.

4. Verbindet man zwei unterschiedlich große Kolben mittels einer Stange und beaufschlagt die Fläche A_1 über die Kraft F_1 mit dem Druck p_1, so entsteht in der Kolbenstange eine Kraft F_2. Die Kraft F_2 wird durch die Stange auf die Fläche A_2 übertragen und bewirkt am Ausgang den Druck p_2.
   Unter Vernachlässigung der gesamten Reibung
   gilt: $F_1 = F_2$
   mit $F_1 = p_1 \cdot A_1$ und $F_2 = p_2 \cdot A_2$

   $\Rightarrow \dfrac{p_1}{p_2} = \dfrac{A_2}{A_1}$

5. Bei Konstantpumpen ist das Fördervolumen entsprechend den Herstellerangaben konstant. Bei Verstellpumpen kann das Fördervolumen in einem festgelegten Bereich variiert werden.

6. a) Gesamtwirkungsgrad η:
   $\eta = \eta_E \cdot \eta_P = 0{,}9 \cdot 0{,}87 = 0{,}783$
   $P_{ab} = \eta \cdot P_{auf} = 0{,}783 \cdot 0{,}8$ kW = **0,6264 kW**

   b) Leistung P:
   $P = \dfrac{p \cdot q_v}{6 \cdot \eta} \Rightarrow q_v = \dfrac{6 \cdot P \cdot \eta}{p}$
   $q_v = \dfrac{78{,}3 \cdot 6 \cdot 0{,}8}{60} = \mathbf{6{,}264}\ \dfrac{\mathbf{l}}{\mathbf{min}}$

7. Unter Kavitation versteht man Geräuschentwicklung mit einem Materialabtrag im System. Diese Erscheinung tritt auf, wenn gelöste Luft im Öl bei Unterdruck ausgeschieden wird. Dadurch entstehen Blasen, die schließlich auf der Hochdruckseite unter hoher Temperatur wieder komprimiert werden.

8. Entsprechend der Skizze gilt:
   Fördervolumen einer Zahnlücke V_1:
   $V_1 \approx \dfrac{p}{2} \cdot 2\,\text{m} \cdot b = p \cdot m \cdot b$

Fördervolumen von z Zahnlücken bei einer Umdrehung beider Räder: $V_z = V_1 \cdot 2 \cdot z = p \cdot m \cdot b \cdot 2 \cdot z$
Volumenstrom = Fördervolumen bei n Umdrehungen: $q_v = p \cdot m \cdot b \cdot 2 \cdot z \cdot n$ mit $p = \pi \cdot m$

$q_v = \pi \cdot m \cdot m \cdot b \cdot 2 \cdot z \cdot n$

$q_v = \pi \cdot 3\,\text{mm} \cdot 3\,\text{mm} \cdot 18\,\text{mm} \cdot 2 \cdot 12 \cdot 1600\,\text{min}^{-1}$

$= 19543219{,}6\,\dfrac{\text{mm}^3}{\text{min}} \triangleq 19{,}54\,\dfrac{\text{l}}{\text{m}}$

9. Beim Sonderzylinder gibt es mehrere wirksame Flächen für Eilgang bzw. Arbeitsgang.

10. Wird die Leistung mit der Größengleichung berechnet, so ergibt sich für die Leistung die missverständliche Einheit $\dfrac{\text{l}}{\text{min}}$, die in kW umgerechnet werden muss.

$1\dfrac{\text{l} \cdot \text{bar}}{\text{min}} = 1\dfrac{\text{l} \cdot \text{bar}}{\text{min}} \cdot \dfrac{\text{dm}^3}{\text{l}} = \dfrac{\text{dm}^3 \cdot \text{bar}}{\text{min}}$

$\dfrac{\text{dm}^3 \cdot \text{bar}}{\text{min}} \cdot \dfrac{1000\,\text{cm}^3}{\text{dm}^3} = \dfrac{1000\,\text{cm}^3 \cdot \text{bar}}{\text{min}}$

$\dfrac{1000\,\text{cm}^3 \cdot \text{bar}}{\text{min}} \cdot \dfrac{10\,\text{N}}{\text{bar} \cdot \text{cm}^2} = \dfrac{10000\,\text{cm} \cdot \text{N}}{\text{min}}$

$\dfrac{10000\,\text{cm} \cdot \text{N}}{\text{min}} \cdot \dfrac{1}{\dfrac{60\,\text{s}}{\text{min}}} = \dfrac{10000\,\text{cm} \cdot \text{N}}{60\,\text{s}}$

$\dfrac{10000\,\text{cm} \cdot \text{N}}{60\,\text{s}} \cdot \dfrac{1\,\text{m}}{100\,\text{cm}} = \dfrac{10}{6} \cdot \dfrac{\text{N} \cdot \text{m}}{\text{s}}$

$\dfrac{10}{6} \cdot \dfrac{\text{N} \cdot \text{m}}{\text{s}} = \dfrac{10}{6}\,\text{W} \cdot \dfrac{1\,\text{kW}}{1000\,\text{W}} = \dfrac{1}{600}\,\text{kW}$

Diese umständliche Umrechnung kann vermieden werden, wenn man mit der Zahlenwertgleichung $P = \dfrac{q_v \cdot p_e}{600}$ rechnet. Es ist allerdings darauf zu achten, dass beim Einsetzen in die Gleichung p_e in bar, q_v in $\dfrac{\text{l}}{\text{min}}$ und P in kW eingesetzt werden.

11. Für die freie Hublänge h gilt: $h = \dfrac{l_k}{K}$

Nach Tabellen für die Befestigungsart und die Lastführung: $K = 2$.
Nach Tabellen für die Knickbelastung:
$l_k = 3200\,\text{mm}$

$h = \dfrac{3200\,\text{mm}}{2} = \mathbf{1600\,mm}$

12. Für die freie Knicklänge l_k gilt: $l_k = h \cdot K$
Nach Tabellen für die Befestigungsart und die Lastführung: $K = 4$
$\Rightarrow l_k = 500\,\text{mm} \cdot 4 = 2000\,\text{mm}$
Nach Tabellen für die Knickbelastung ergibt sich mit den Werten für l_k und f ein Kolbenstangendurchmesser zwischen $d = 36\,\text{mm}$ und $d = 45\,\text{mm}$. Aus Sicherheitsgründen wird ein Kolbenstangendurchmesser mit $d = 45\,\text{mm}$ gewählt.

13. a) Leistung der Pumpe:

$P_2 = \dfrac{q_v \cdot p_e}{600} = \dfrac{150 \cdot 50}{600}\,\text{kW} = \mathbf{12{,}5\,kW}$

Zugeführte Leistung:

$P_1 = \dfrac{P_2}{\eta} = \dfrac{12{,}5\,\text{kW}}{0{,}8} = \mathbf{15{,}625\,kW}$

b) Für die Berechnung des Volumenstroms bei Axialkolbenpumpen gilt die Formel

$q_v = A \cdot d_L \cdot n \cdot i \cdot \sin\alpha \Rightarrow \sin\alpha = \dfrac{q_v}{A \cdot d_L \cdot n \cdot i}$

$= \dfrac{150 \cdot 1000\,\dfrac{\text{cm}^3}{\text{min}} \cdot 4}{\pi \cdot (1{,}6\,\text{cm})^2 \cdot 14\,\text{cm} \cdot 1400\,\text{min}^{-1} \cdot 9} = 0{,}423$

$\Rightarrow \alpha = \arcsin(0{,}423) = \mathbf{25°}$

Hydraulik-Ventile (zu Seite 158)

1. Hydraulik-Ventile dienen zur Steuerung des Energieflusses in der Anlage.

2. Hydraulik-Ventile werden eingeteilt in
   - Wegeventile
   - Stromventile
   - Sperrventile
   - Druckventile

3. Wegeventile steuern die Strömungsrichtung der Druckflüssigkeit.

4. Eine Metallscheibe mit bogenförmiger Öffnung ist mit dem Ventilgehäuse verbunden. Dreht man die Metallscheibe, können verschiedene Verbindungen angesteuert werden. Die Druckspeisung liegt oberhalb der Scheibe. Diese wird somit durch den Betriebsdruck auf die Flachdichtung des Ventilkörpers gepresst. Dadurch erreicht man eine optimale Abdichtung.
   Der Drehschieber wird hauptsächlich als Handventil verwendet.

Arbeitsauftrag (zu Seite 158)

1. a) 4/3-Wegeventil; alle Anschlüsse abgesperrt
   b) 4/3-Wegeventil; Druck abgesperrt; Zylinderleitung mit Tank verbunden
   c) 4/3-Wegeventil; beide Kolbenseiten mit Druck beaufschlagt abgesperrt
   d) 4/3-Wegeventil; P nach A geöffnet, T gesperrt
   e) 4/3-Wegeventil; alle Anschlüsse miteinander verbunden; Neutralumlauf
   f) 4/3-Wegeventil; Zylinder abgesperrt; Neutralumlauf der Pumpe

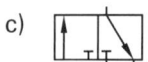

2. a) [Symbol] b) [Symbol] c) [Symbol]

10.7 Sensoren

Bedeutung von Sensoren (zu Seite 159)

1. Sensoren liefern Prozessinformationen zur Steuerung und Regelung von Prozessabläufen.

2. Sensoren erfassen nichtelektrische, physikalische Größen und wandeln sie in elektrische Größen wie z. B. Spannung (0 – 10V) oder Strom (häufig 4 mA ... 20 mA).

3. Der Widerstand des Messfühlers ändert sich in Abhängigkeit einer physikalischen Größe (hier: Temperatur). Dieser Widerstand wird mit einer Konstantstromquelle versorgt. Bei Änderung des Widerstandswertes fließt weiterhin der gleiche Strom durch den Messwiderstand, aber die Messspannung ändert sich. Die Messspannung wird von einer Anpasselektronik erfasst und linearisiert ausgegeben.

4. Der Messwertaufnehmer besteht aus dem Messfühler und der Anpass-Elektronik.

5. Länge, Abstand, Dehnung, Masse, Temperatur, Licht, Geschwindigkeit, Druck ...

6. Aktive Messfühler sind Energiewandler, die keine Hilfsenergie benötigen. Ein aktiver Messfühler erzeugt aus einer physikalischen Größe direkt eine elektrische Größe wie Spannung oder Strom.

7. Ein passiver Messfühler besteht aus Impedanzen (ohmscher Widerstand, Induktivität oder Kapazität). Diese Impedanz wird bei der Messung beeinflusst. Um die Änderung der Impedanz erfassen zu können, wird eine Hilfsenergie benötigt. Wird bei einem Dehnungsmessstreifen z. B. der ohmsche Widerstand durch Einwirken einer Dehnungskraft verändert, so kann diese Widerstandsänderung erst gemessen werden, wenn eine Spannung angelegt wird und die Änderung des Stromflusses erfasst wird. Da zur Messung selbst erst eine Hilfsspannung angelegt werden muss, spricht man von passiven Sensoren.
   → Passive Messfühler benötigen eine Hilfsenergie zur Erzeugung eines elektrischen Signals.

8. Messwertaufnehmer, Messfühler, Detektor, Messwandler, Messumformer, Messwertgeber.

9. Der binäre Sensor kennt nur die zwei Schaltzustände EIN und AUS. Diese werden z. B. mit den Spannungen 0 V und 24 V oder den Strömen 0 mA und 20 mA realisiert.
Digitale Sensoren sind z. B. inkrementale Wegsensoren, die eine Wegstrecke als eine mehrstellige digitale Zahl darstellen.

10. Ein analoger Sensor misst physikalische Größen wie z. B. Temperatur. Der gemessene Wert wird in eine analoge Spannung umgewandelt.

Mechanische Grenztaster (zu Seite 159–160)

1. Er arbeitet taktil, d. h., er muss mechanisch betätigt werden.

2. Sie sind preiswert und durch Fremdfelder nicht zu beeinflussen.

3. Die Trennung bei Einphasensystemen erfolgt immer zweipolig. Die Trennung bei Dreiphasensystemen erfolgt immer dreipolig.

Induktive Sensoren (zu Seite 160)

1. - s_n ist der Bemessungsschaltabstand oder Nennschaltabstand. Dieser wird im Datenblatt genannt.
   - Der Realschaltabstand s_r ist der wirklich erreichte Schaltabstand; er wird bei einer Temperatur von 23 °C – 28 °C ermittelt und enthält auch produktionsabhängige Faktoren (Serienstreuung). Es gilt: $0{,}9 \cdot s_n \leq s_r \leq 1{,}1 \cdot s_n$.
   - Der Nutzabstand s_u wird für einen zulässigen Spannungsbereich und für einen zulässigen Temperaturbereich gewährleistet. Es gilt: $0{,}81 \cdot s_n \leq s_u \leq 1{,}21 \cdot s_n$.

2. s_a wird als gesicherter Schaltabstand bezeichnet. Es ist der Abstand, innerhalb dessen der Sensor mit 100 % Sicherheit schaltet. Es gilt: $s_a \leq 0{,}81 \cdot s_n$.

Arbeitsauftrag

Korrekturfaktoren (zu Seite 160–161)

1. Der induktive Sensor besteht aus einem Oszillator, dessen Spule an der aktiven Fläche ein hochfrequentes magnetisches Streufeld erzeugt. Der Oszillator schwingt mit großer Amplitude. Ein elektrisch und/ oder magnetisch leitendes Objekt, das sich innerhalb der kritischen Reichweite befindet, bedämpft diesen Schwingkreis. Die Amplitude der Oszillatorschwingung wird kleiner. In einer Schaltstufe wird diese Amplitudenverkleinerung erkannt. Die Endstufe des Sensors erzeugt ein Ausgangssignal.

2. Auf alle Metalle und Grafit.

3. Der maximal erreichbare Schaltabstand enspricht in etwa dem halben Sensordurchmesser.

4. Alle Angaben zu Schaltabständen induktiver Sensoren basieren auf der Verwendung von normierten Messplatten aus dem Werkstoff Stahl E 320 (St37). Bei der Verwendung von Messing oder Kupfer reduziert sich der Schaltabstand, die Hersteller der Sensoren geben hierfür Korrekturfaktoren an. Der Korrekturfaktor für Messing liegt zwischen 0,25 und 0,55. Der Korrekturfaktor für Kupfer liegt zwischen 0,15 und 0,45.

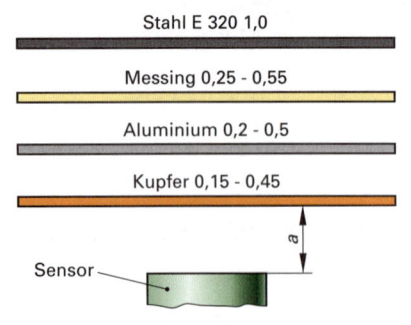

Bild 1: Reduktionsfaktoren

5. Die aktive Fläche eines Sensors schließt plan mit dem umgebenden Material ab.

6. Der Abstand zwischen den Sensoren muss mindestens einmal der Sensordurchmesser sein, die Distanz zu gegenüberliegenden Metallflächen muss mindestens der dreifache Schaltabstand sein.

7. Wenn bei Maschinen personengefährliche Situationen entstehen können, z. B. beim Überfahren einer Endposition, werden mechanische Grenztaster als Sicherheitsschalter zur Endabschaltung eingesetzt. Der Grenztaster führt dann direkt zur Unterbrechung der Stromversorgung.

8. Aufzug, Rolltor, Etagenpressen, Bandanlagen, Kran, Werkzeugmaschinen, Arbeitsmaschinen usw.

Kapazitive Sensoren (zu Seite 161)

1. Der kapazitive Sensor reagiert auf alle Materialien mit ausreichend großer Dielektrizitätskonstante und auf Metall.

2. Der Einsatz des kapazitiven Sensors liegt im Schalterbereich, da hierbei an die Genauigkeit des Schaltpunktes keine großen Ansprüche gestellt werden.

Zur Vertiefung (zu Seite 161)

1. In diesem Bereich schaltet der Sensor mit 100%iger Sicherheit.

2. 300 Teile

3. Magnetinduktive Sensoren werden z. B. in der Elektropneumatik eingesetzt, um Endlagen eines Zylinders zu erfragen.

Arbeitsauftrag (zu Seite 161–162)

1. Der Sensor besteht aus einem „aufgeklappten" Kondensator, der wiederum Bestandteil eines Schwingkreises ist. Sobald sich ein fremdes Objekt im Schaltbereich befindet, wird die Kapazität des Kondensators verändert, der Schwingkreis beginnt zu schwingen. Eine Messvorrichtung bemerkt diese Veränderung, der Sensor schaltet.

2. Der kapazitive Sensor erkennt die meisten Materialien. Voraussetzung ist dabei, dass die Dielektrizitätskonstante groß genug ist, um die Kapazität des Sensors zu verändern. Erfassbare Materialien sind:
   - Metall,
   - fast alle Kunststoffe,
   - Fette, Öle,
   - alle wasserhaltigen Stoffe (Lebensmittel),
   - alle Alkoholarten, Lösungsmittel,
   - Glas, Keramik.

3. Eine dicke Kunststofffolie führt zu einer stärkeren Änderung des Dielektrikums als eine dünne Kunststofffolie. Die dickere Folie wird leichter erfasst. Die Erfassungsdistanz ist größer als bei der dünnen Folie, die eine kleinere Änderung des Dielektrikums bewirkt und somit eine kleinere Erfassungsdistanz aufweist.

4. Justage des kapazitiven Sensors auf 0,7 bis 0,8 · s_n. Somit erfasst ein Sensor M12 (s_n = 4 mm, bündig eingebaut) ein Objekt in einer Distanz von 2,8 bis 3,2 mm. Ein Sensor M30 (s_n = 15 mm, bündig eingebaut) erfasst ein Objekt im Abstand von 10,5 bis 12 mm, nicht bündig (s_n = 30 mm) eingebaut sogar im Abstand von 21 bis 24 mm. Letztendlich hängt die tatsächliche Erfassungsdistanz von dem Material des Objektes ab.

Zur Vertiefung (zu Seite 162)

1. Bei kapazitiven Sensoren wird der Schaltabstand von dem Material, das erfasst werden soll, beeinflusst. Der Schaltabstand wird für das Material Wasser angegeben. Jedes andere Material hat davon abgeleitet einen kleineren Schaltabstand.

Material	Korrekturfaktor
Wasser	1,0
Alkohol	0,75
Keramik	0,6
Glas	0,5
PVC	0,45
Eis	0,3
Öl	0,28

Tabelle 1: Reduktionsfaktoren

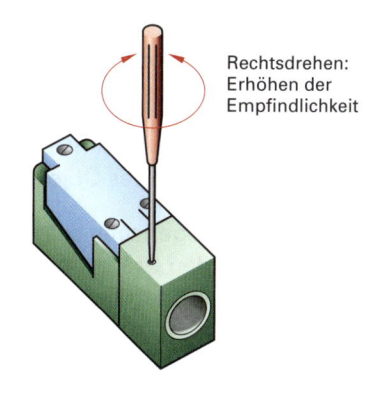

Bild 1: Empfindlichkeitseinstellung

Rechtsdrehen: Erhöhen der Empfindlichkeit

2. Der Schaltabstand reduziert sich bei Glas auf 5 mm. Die Empfindlichkeit des Sensors muss durch Rechtsdrehen an der Einstellschraube vergrößert werden.

3. Weil Wasserdampf an der Oberfläche des Sensors schon einen Schaltvorgang auslösen kann.

4. NAMUR: Normenarbeitsgemeinschaft für Mess- und Regelungstechnik der chemischen Industrie. Diese Sensoren haben einen geringen Stromverbrauch und werden daher in explosionsgefährdeten Bereichen (= ATEX-Bereich) eingesetzt. Als explosionsgefährdet gelten Bereiche, in denen Gasgemische auftreten, die durch Funken entzündet werden können.

Arbeitsauftrag

Ultraschall-Sensoren (zu Seite 162–163)

1. Mit optischen Sensoren

2. Der Ultraschallsensor sendet den Sendeimpuls. Dieser Sendeimpuls wird von einem zu erfassenden Objekt reflektiert. Wenn nun der Abstand zwischen Sensor und Objekt zu klein ist, ist der Sensor noch mit dem Sendeimpuls (z. B. Nachschwingen des Wandlers) beschäftigt und noch nicht empfangsbereit. Dieser Bereich wird deshalb Blindbereich genannt.

3. Bei einigen Sensoren können innerhalb des Erfassungsbereiches sogenannte Fenstergrenzen festgelegt werden. Beim Fensterbetrieb wird ein Reflektor innerhalb dieser Fenstergrenzen fest montiert. Wenn ein Objekt diesen Reflektor vollständig abdeckt, liefert der Sensor ein Signal.

4. Luftgeschwindigkeit (Turbulenzen), Lufttemperatur.

5. In der Nähe befindliche Objekte reflektieren den Schall und führen zu Störungen. Deshalb müssen zwischen der Schaltkeulenachse und einer parallelen Wand oder anderen Objekten ein vorgeschriebener Abstand eingehalten werden (s. Tabelle in Bild 1).

6. Der Sensor muss mit Gummiringen befestigt werden, um eine Übertragung des Schallimpulses auf die Befestigung zu verhindern. Sonst könnte ein dünnes Blech durch den Schallimpuls mitschwingen. Diese Schwingung empfängt der Sensor, ein Objekt wird vorgetäuscht.
Außerdem muss gewährleistet sein, dass sich keine Materialien auf der Sensoroberfläche festsetzen können. Die Abstände zu anderen Objekten (s. Bild 1) müssen eingehalten werden.

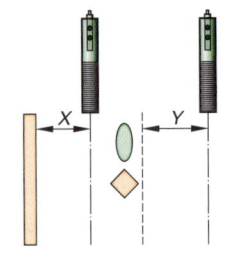

Erfassungs-bereich [cm]	X [cm]	Y [cm]
6 - 30	> 3	> 6
20 - 130	> 15	> 30
40 - 300	> 30	> 60
60 - 600	> 40	> 80
80 - 1000	> 70	>150

Bild 1: Abstände

7. Mindestens 30 cm.

Zur Vertiefung (zu Seite 163)

1. Zur Abtastung von unregelmäßigen Oberflächen, zum Beispiel Abrissüberwachung von Folien oder Papier.

2. Bei der Einweg-Schranke sind Sender und Empfänger gegenüberliegend angebracht. Der Sensor liefert ein Signal, wenn der Schallstrahl unterbrochen wird. Mit dieser Schaltung können z.B. Objekte gezählt werden.

3. Der Schallimpuls wird ausgesendet, die Zeit wird gemessen, bis die Reflexion des Schallimpulses zurückkommt. Daraus kann der Abstand des Objektes ermittelt werden.

4. Der Sensor soll so ausgerichtet sein, dass die Schallwellen das Objekt möglichst senkrecht treffen. Dabei darf das Objekt maximal um den Grenzwinkel von der senkrechten Ausrichtung abweichen, da sonst die Schallwellen vollständig weggespiegelt werden und der Sensor kein auswertbares Echo empfangen kann.

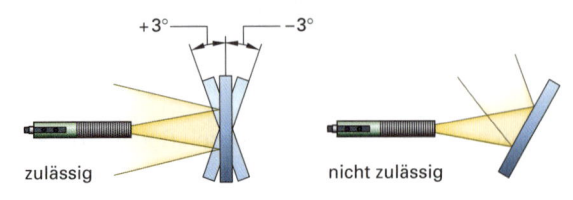

Bild 2: Grenzwinkel

Optische Sensoren (zu Seite 163–164)

1. Einweglichtschranken erkennen alle Objekte, sofern sie nicht transparent sind.

2. Reflexionslichttaster mit Hintergrundausblendung erkennen nicht nur ein Objekt in ihrem Strahlenbereich, sie erkennen auch, ob sich das Objekt im richtigen Abstand befindet. Somit ist dieser Sensor auch zur Abstandsmessung geeignet.

3. Eine hohe Erfassungsgeschwindigkeit geht immer zu Lasten der Signalintensität. Damit sinkt bei steigender Anfahrgeschwindigkeit die Erfassungsdistanz.

4. Der Sensor empfängt 50-mal mehr Licht, als für ein fehlerfreies Schalten nötig wäre.

5. Funktionsreserve = Faktor Umwelt x Faktor Material

Arbeitsauftrag (zu Seite 164–165)

1. Einweg-Lichtschranke, Reflexionslichtschranke, Reflexionslichttaster mit und ohne Hintergrundausblendung.

2. Mit der Einweglichtschranke, die es auf eine Reichweite von max. 40 m bringt.

3. Wenn ein spiegelndes Objekt erfasst werden soll, kann die Spiegelung des Objektes die Reflexionslichtschranke beeinflussen. Im Extremfall erkennt der Sensor das spiegelnde Objekt nicht. Hier kommen Polarisationsfilter zum Einsatz.
Der Sender erzeugt Licht, welches durch einen Polarisationsfilter geleitet wird. Dieser Filter lässt nur Licht passieren, das horizontal schwingt. Vor der Empfängeroptik befindet sich ein weiterer Polarisationsfilter, der wiederum nur vertikal schwingendes Licht passieren lässt. Diese 90°-Drehung der Polarisationsebene erzeugt der Tripelspiegel: Er reflektiert das ankommende Licht und dreht die Polarisationsebene um 90°. Normales Fremdlicht oder reflektiertes Licht eines spiegelnden Objektes werden von der Empfängeroptik nicht erkannt, da sie den Polarisationsfilter nicht passieren können.

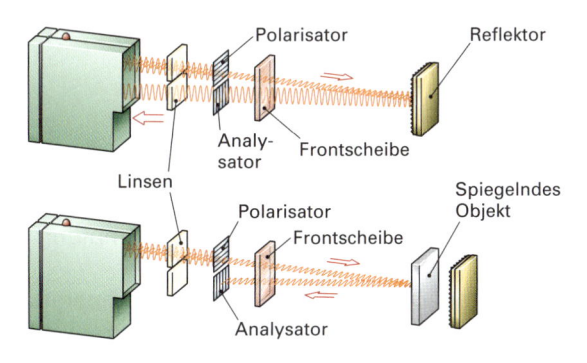

Bild 1: Reflexionslichtschranke mit Polarisationsfilter

4. Sender und Empfänger bilden eine „Keule", damit ist der Bereich gemeint, in dem der Sender Licht aussendet und in dem der Empfänger Licht empfangen kann. Je schmaler die Keule, desto größer ist die Reichweite.
Die Reichweite wird in Zusammenhang mit der Funktionsreserve angegeben. Die Funktionsreserve gibt an, um wievielmal stärker die Lichteinstrahlung am Empfänger ist, als es zum Schalten nötig wäre. Je weiter die Distanz, desto kleiner ist die Funktionsreserve.

5. Zuerst wird mit Objekt das Potentiometer so weit verdreht, dass dieses gerade noch erkannt wird. Als nächstes wird ohne Objekt das Potentiometer so weit verdreht, dass der Hintergrund gerade nicht mehr erkannt wird. Dann stellt man das Potentiometer auf die Mitte von beiden Werten ein.

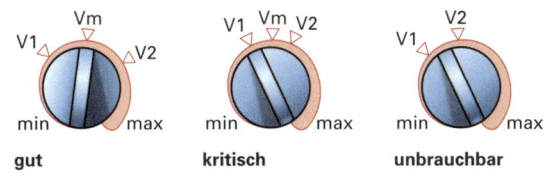

Bild 2: Empfindlichkeitseinstellung

6. Zur Hintergrundausblendung gibt es zwei Verfahren, das Triangulationsverfahren und das Winkellichtverfahren.

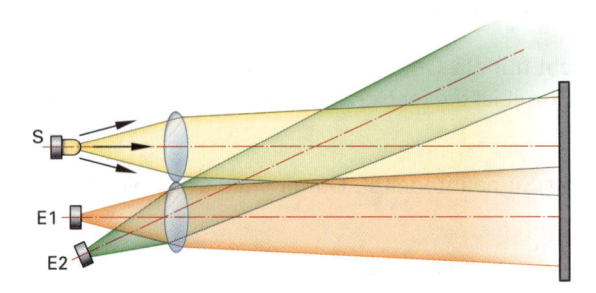

Bild 1: Triangulationsverfahren

a) Beim Triangulationsverfahren sitzen im Gehäuse des Sensors zwei Empfänger E1 und E2. Je weiter das Objekt von den Empfängern entfernt ist, umso mehr Licht wird von E1 empfangen. E2 dagegen empfängt bei einer Entfernung des Objektes immer weniger Licht. Die maximale Tastweite ist der Punkt, an dem E1 und E2 die gleiche Lichtstärke empfangen. Alle Objekte innerhalb dieser Tastweite werden sicher erkannt, Objekte außerhalb der Tastweite werden ignoriert. Am Sensor kann der Winkel zwischen E1 und E2 verstellt werden.

b) Beim Winkellichtverfahren wird das vom Sender erzeugte Licht durch eine Linse sehr stark gebündelt. Dieser gebündelte Lichtstrahl erzeugt nur in einem bestimmten Abstand die richtige Reflexion zum Empfänger, nur dann schaltet der Sensor. Objekte, die weiter weg sind, reflektieren diesen Lichtstrahl nicht in dem Empfänger, der Sensor schaltet nicht.

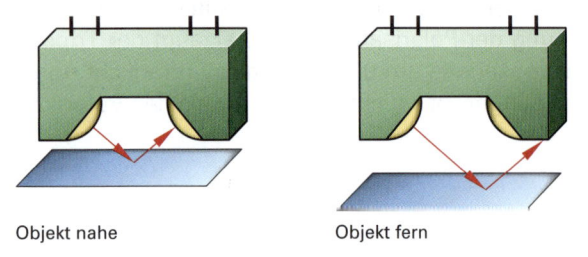

Bild 2: Erfassung kleiner Objekte mit Hilfe des Winkellichtverfahrens

7. Glasfaser-LWL: Bündel mit bis zu 2000 Einzelfasern mit je einem Durchmesser von 50 µm. Einzelne Fasern werden zu Sender oder Empfänger zusammengefasst.
Kunststoff-LWL: Je eine einzelne Faser für Sender und Empfänger, ca 1 mm – 2 mm dick. Nachteil: Dämpfung des Signals größer. Vorteil: Biegeradius kleiner, kann häufiger gebogen werden.
Mit LWL-Sensoren können sehr kleine Objekte erfasst werden. LWL eignen sich für den Einsatz bei Temperaturen bis 300 °C, in stark explosionsgefährdeten Räumen und in Bereichen mit starken magnetischen Feldern.

8. Bei der Hellschaltung ist der Sensor durchgeschaltet, wenn der Empfänger beleuchtet ist. Eine angeschlossene Last ist nun eingeschaltet. Ist der Empfänger unbeleuchtet, ist der Sensor nicht durchgeschaltet.

Lichtempfänger	Last (Verbraucher)
beleuchtet	eingeschaltet
unbeleuchtet	ausgeschaltet

Tabelle 1: Hellschaltung

Die Dunkelschaltung funktioniert genau umgekehrt.

Lichtempfänger	Last (Verbraucher)
beleuchtet	ausgeschaltet
unbeleuchtet	eingeschaltet

Tabelle 2: Dunkelschaltung

Mit der Hellschaltung werden Ausschaltfunktionen realisiert, die Dunkelschaltung benutzt man für Einschaltfunktionen.

9. Optische Sensoren werden in ihrer Funktionalität von Verschmutzungen gestört. Staub und Öl verschmutzen die Linsen der Sensoren, dadurch reduziert sich die empfangene Lichtmenge. Bei Nebel kann ein optischer Sensor ausfallen.

10. Es handelt sich um einen Reflexlichttaster, das Objekt reflektiert den Lichtstrahl und wird dadurch erkannt.

Zur Vertiefung (zu Seite 165–166)

1. Weil die Stromaufnahme zu groß ist.

2. Reproduzierbarkeit bedeutet Wiederholbarkeit. Tritt ein Objekt in den Erfassungsbereich eines Sensors, so soll dieser immer an der gleichen Stelle schalten.

3. Bei der Annäherung eines Objektes schaltet der Sensor, sobald der Einschaltpunkt erreicht ist. Entfernt man nun das Objekt vom Sensor, so bleibt dieser noch geschaltet, bis ein Ausschaltpunkt erreicht ist. Diese Wegdifferenz bezeichnet man als Hysterese.

Drehgeber als Sensoren zur Weg- und Winkelmessung (zu Seite 166)

1. Der überfahrene Winkel bzw. die zurückgelegte Strecke kann aus der Pulszahl nur dann ermittelt werden, wenn die Drehrichtung bekannt ist.

2. Durch die Phasenverschiebung der beiden Kanäle ist es möglich, die Drehrichtung zu erkennen.

Arbeitsauftrag (zu Seite 166)

1. Inkrementalgeber haben meist zwei Kanäle, die mit Kanal A und Kanal B bezeichnet werden. Dadurch ist eine Drehrichtungsbestimmung möglich.

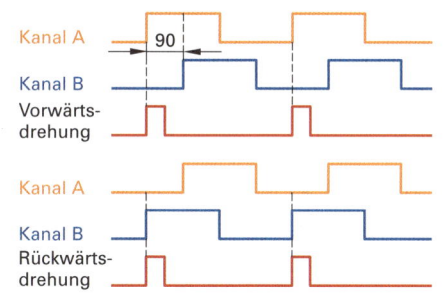

Bild 1: Drehrichtungerkennung

Bei der Vorwärtsdrehung tritt die positive Flanke von Kanal A auf, wenn Kanal B den Signalzustand 0 hat. Bei der Rückwärtsdrehung ist der Signalzustand des Kanals B jedoch 1, wenn bei Kanal A eine positive Flanke auftritt. Es ergibt sich eine Phasenverschiebung der Kanäle, abhängig von der Drehrichtung.

2. Inkrementalgeber verlieren nach Ausfall der Versorgungsspannung oder einer Abschaltung ihre Informationen. Es muss erst nach jedem Einschalten oder einer Spannungsrückkehr eine Initialisierung stattfinden, in welcher der Anfangspunkt wieder eingestellt wird.
Absolut-Drehgeber kennen durch ihren Aufbau beim Einschalten oder einer Spannungsrückkehr ihren absoluten Drehwinkel und benötigen daher keine Initialisierung.

3. Der Gray-Code ist einschrittig, d.h. es ändert sich immer nur ein Bit.

4. Eine Umdrehung wird in 2500 Zählimpulse unterteilt. Jeder Zählimpuls entspricht einem Winkel von 360°/2500 = 0,144°.

Spannungsversorgung und Lastanschluss (zu Seite 166)

1. Sensoren können mit Gleich- und Wechselspannung betrieben werden.

2. Beim NPN-Typ wird die Last nach Plus geschaltet. Beim PNP-Typ wird die Last auf Minus gelegt.

3. Ein Stromkreis ist eigensicher, wenn sein Energiegehalt keinen zündfähigen Funken für explosionsgefährdete Gasgemische hervorrufen kann.

Arbeitsauftrag (zu Seite 167)

1. NC = normaly closed: Öffnerfunktion. Wenn kein Objekt vorhanden ist, schaltet der Sensor durch, die Last ist eingeschaltet. Befindet sich ein Objekt im Schaltbereich, schaltet der Sensor nicht mehr durch, die Last ist ausgeschaltet.

NO = normaly open: Schließerfunktion. Solange kein Objekt im Schaltbereich ist, ist der Sensor nicht durchgeschaltet, die Last ist ausgeschaltet. Sobald ein Objekt in den Schaltbereich kommt, schaltet der Sensor durch, die Last wird eingeschaltet.

2. Sobald der Empfänger des Sensors beleuchtet wird, schaltet der Sensor eine Last, solange er nicht beleuchtet ist, schaltet er nicht.

3. Bisher gibt es nur induktive und kapazitive Sensoren in NAMUR-Ausführung. Diese benötigen wenig Strom und nur kleine elektrische Leistungen. Die NAMUR-Technik kennt nur Sensoren in Zweidrahtausführung.

4.

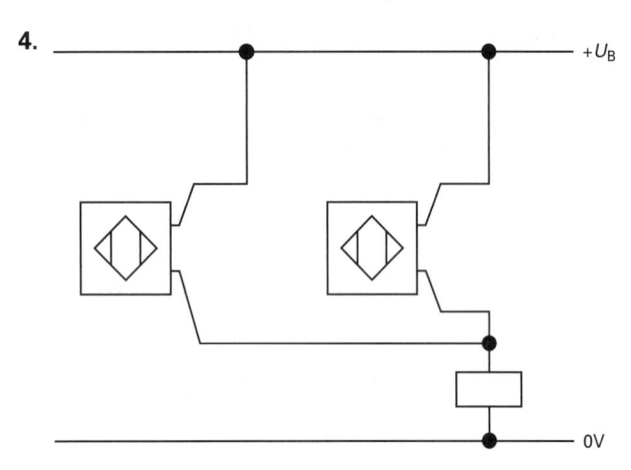

Bild 1: Parallelschaltung von Sensoren

Zur Vertiefung (zu Seite 167)

1. In der Dreileitertechnik ist der Sensor an die Betriebsspannung angeschlossen und hat eine dritte Leitung für die Last. Dabei wird unterschieden zwischen NPN- und PNP-Typen, je nachdem wird die Last zwischen Leitung 4 und Minus oder Plus geschaltet. Das Datenblatt gibt hier Auskunft.
In der Zweileitertechnik wird die Last mit dem Sensor in Reihe geschaltet. Sobald der Sensor durchschaltet, fließt der Laststrom über Sensor und Last. Im nicht geschaltetem Zustand fließt über den Sensor ein kleiner Strom, der gewährleistet, dass die Elektronik im Sensor funktioniert. Dieser Strom muss über die Last abfließen und darf diese nicht schalten. Im durchgeschalteten Zustand fällt immer eine Teilspannung am Sensor ab.

2.

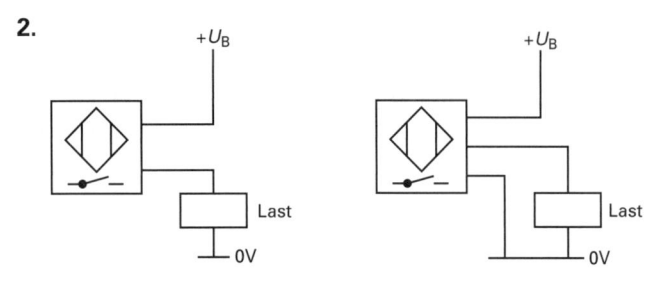

Bild 2: Lösung zu Bild 3   **Bild 3: Lösung zu Bild 4**

Messschaltung mit Brückenschaltung (zu Seite 167–168)

1.

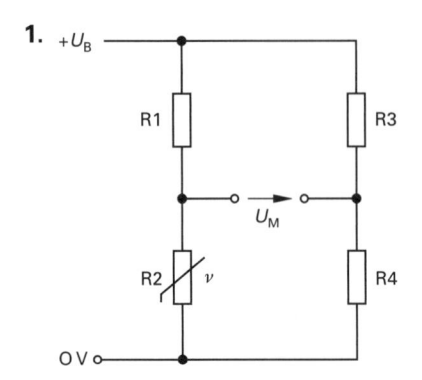

Bild 4: Brückenschaltung – Viertelbrücke

2. Pt100 bezeichnet einen temperaturabhängigen Widerstand. Das Widerstandsmaterial ist Platin (Pt). Bei einer Temperatur von 0 °C hat dieser Widerstand einen Wert von 100 Ω.

3. Die Widerstände der Messbrücke werden so gewählt, dass bei einer Temperatur von 0 °C die Messbrücke abgeglichen ist, $U_M = 0\,V$.
Die Messspannung U_M errechnet sich aus $U_M = U_2 - U_4$ (Maschenregel). Im abgeglichenen Zustand soll $U_M = 0\,V$ sein, das heißt, das U_2 und U_4 gleich groß sind: $U_2 = U_4$ bei $U_M = 0\,V$.
Wird die Temperatur erhöht, so erhöht sich der Widerstand des Pt100, was wiederum führt dazu, dass die Teilspannung U_2 steigt (Spannungsteilerregel). Die Spannung U_4 bleibt konstant. $U_M = U_2 - U_4$, $U_M > 0\,V$.
Wird die Temperatur geringer, so verringert sich auch der Widerstand des Pt100, die Teilspannung U_2 sinkt, U_4 bleibt wiederum konstant, $U_M = U_2 - U_4$, $U_M < 0\,V$.

4. $R_1 = R_2 = 100\,\Omega$ bei 0 °C, $U_1 = U_2 = 3\,V$
$R_3 = R_4 = 1\,k\Omega$ (unabhängig von der Temperatur), $U_3 = U_4 = 3\,V$
$U_M = U_2 - U_4 = 0\,V$, die Messbrücke ist abgeglichen.

5. Die Voraussetzung ist, dass die physikalische Größe eine Widerstandsänderung bewirkt. So können Temperatur, Magnetfelder, Dehnung etc. gemessen werden.

Arbeitsauftrag (zu Seite 168)

1. Bei 0 °C: $R_2 = 100\,\Omega$
$U_1 = U_2 = U_3 = U_4 = \mathbf{5\,V}$
$U_M = \mathbf{0\,V}$

2. $R_2 = R_{2(0°)} \cdot (1 + \alpha \cdot \Delta\vartheta)$
$R_2 = 100\,\Omega \cdot (1 + \alpha \cdot \Delta\vartheta) =$
$R_2 = 100\,\Omega \cdot \left(1 + 0{,}00385 \cdot \dfrac{1}{K} \cdot 120\,K\right)$
$R_2 = \mathbf{146{,}2\,\Omega}$

3. $R_1 = 100\,\Omega$, $R_2 = 146{,}2\,\Omega$
$\dfrac{U_2}{U_B} = \dfrac{R_2}{R_1 + R_2}$ (Spannungsteiler)
$\Rightarrow U_2 = U_B \cdot \left(\dfrac{R_2}{R_1 + R_2}\right)$
$U_2 = 10\,V \cdot \left(\dfrac{146{,}2\,\Omega}{100\,\Omega + 146{,}2\,\Omega}\right)$
$U_2 = 5{,}94\,V$
$U_M = U_2 - U_4 = 5{,}94\,V - 5\,V = \mathbf{0{,}94\,V}$

4. $U_2 = U_M + U_4 = 0{,}6\,V + 5\,V = \mathbf{5{,}6\,V}$
$U_1 = 10\,V - 5{,}6\,V = \mathbf{4{,}4\,V}$
Spannungsteiler
$\dfrac{R_1}{R_2} = \dfrac{U_1}{U_2} \Rightarrow R_2 = \dfrac{R_1 \cdot U_2}{U_1} = \dfrac{100\,\Omega \cdot 5{,}6\,V}{4{,}4\,V} = 127{,}7\,\Omega$
$\Delta R_2 = R_{2(0°)} \cdot \Delta\vartheta \cdot \alpha \Rightarrow \Delta\vartheta = \dfrac{\Delta R}{R_{2(0°)} \cdot \alpha}$
$\Delta\vartheta = \dfrac{27{,}27\,\Omega}{100\,\Omega \cdot 0{,}00385\,K^{-1}} = \mathbf{70{,}84\,K}$

Bei einer Messspannung von 0,6 V wird eine Temperatur von 70,84 °C gemessen.

10.8 Speicherprogrammierbare Steuerungen SPS

Aufbau und Funktionsweise (zu Seite 169)

1. Eine SPS nimmt Signale von Sensoren, Tastern, Endschaltern, Lichtschranken oder Inkrementalgebern auf, wertet diese aus, verknüpft sie mittels eines Steuerungsprogramms, schaltet entsprechende Aktoren und meldet Prozesszustände.

2. Eine SPS darf nur im spannungslosen Zustand verdrahtet werden.

3. Die Reaktionszeit (RZ) einer SPS wird maßgeblich von der Zykluszeit bestimmt.

4. Merker dienen zur Zwischenspeicherung von binären Signalzuständen.

Arbeitsauftrag (zu Seite 169–170)

1. Profilschiene, Stromversorgung (PS, Power Supply), CPU (Central Processing Unit), Signalbaugruppen (Ein-Ausgabe-Baugruppen, sowohl digital als auch analog), Buskoppler.

2. - Kompakte SPS-Steuerungen vereinigen sämtliche Hardwarekomponenten.
   - Modular aufgebaute SPS-Steuerungen haben für jede Hardwarekomponente eigene Baugruppen.
   - Industrie-PCs für den Einsatz unter ungünstigen Umweltbedingungen wie Staub, Verschmutzung, Vibration.
   - Soft-SPS: Ein PC wird mit einer SPS-Software ausgestattet und steuert kleine Anlagen.

3. Sie trennen die CPU galvanisch von den Ausgängen, somit wird die CPU vor zurückwirkenden Überspannungen an den Ausgängen geschützt.
   Vorteil: Die Aktoren können mit einer größeren Spannung als der Versorgungsspannung der SPS arbeiten.

4. Die SPS benötigt für den Programmablauf die Daten, die an den Signaleingängen anliegen. Diese Eingangszustände werden vom Betriebssystem in das Prozessabbild der Digitaleingänge (PAE) der CPU geladen. Dann wird das SPS-Programm schrittweise (alle Anweisungen nacheinander) abgearbeitet (Bild 1). Dabei wird ein Prozessabbild der Ausgänge (PAA) erzeugt. Am Ende dieses Prozesses überträgt das Betriebssystem dieses Prozessabbild der Ausgänge in die Ausgabebaugruppen.
   Nach diesem nun abgeschlossenen Programmzyklus beginnt ein neuer Zyklus, es wird erneut das PAE in die CPU geladen. Dieser Zyklus wiederholt sich, solange die SPS im RUN-Zustand ist, die SPS arbeitet zyklisch.

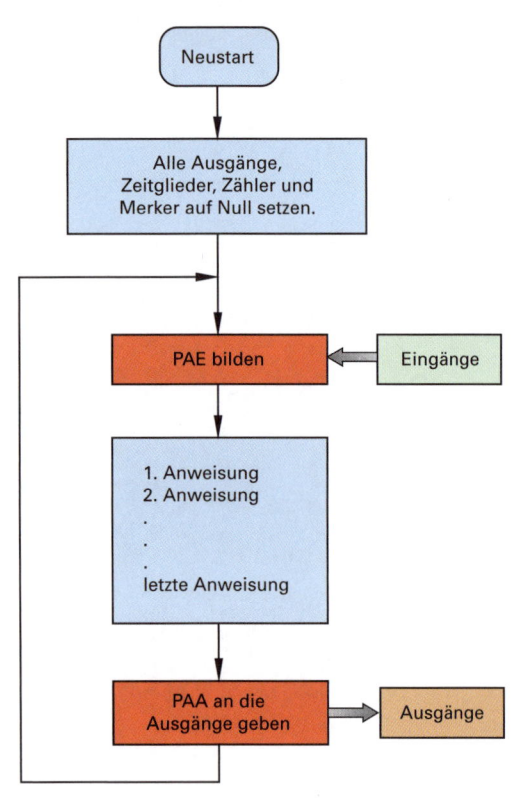

Bild 1: Bearbeitung des Anwenderprogramms

5. Die Zykluszeit umfasst die Zeit, die verstreicht, bis alle Anweisungen nacheinander abgearbeitet wurden zuzüglich der Zeit, um die Eingangsdaten in das Betriebssystem zu laden und am Programmende die Ausgänge zu schreiben (s. Bild 1). Die Zykluszeit ist das Qualitätsmerkmale einer SPS.

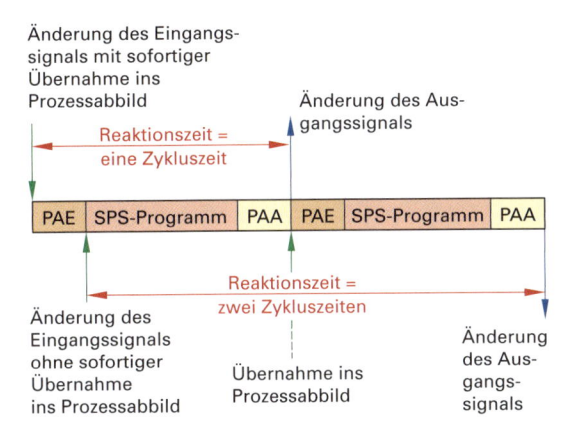

Bild 1: Zykluszeit und Reaktionszeit

6. **Hardware-SPS:** eigenständige Baugruppen, die auf einer Profilschiene befestigt werden. **Software-SPS:** Karte für den PC, die ebenso wie die Hardware-SPS Ein- und Ausgänge hat. Auch hier sind die Ein- und Ausgänge galvanisch mit Optokopplern getrennt. Im Gegensatz zur Hardware-SPS übernimmt nun der PC die Aufgabe der CPU. Sinnvoll ist diese Version einer Steuerung nur, wenn im Prozess ein Computer eingesetzt wird, der z. B. einen Fertigungs- oder Prüfvorgang überwacht und protokolliert. Ist ein solcher PC vorhanden und sind seine Aufgaben eng mit dem Steuerungsablauf verknüpft, so kann er mit einer Software-SPS ausgerüstet werden und die Steuerung von Motoren, Leuchtmeldern etc. übernehmen.

7. Das Prozessabbild ist ein festgelegter Speicherbereich im Systemspeicher. In diesen werden die Eingangszustände vom Betriebssystem abgelegt (PAE = Prozessabbild der Eingänge). Die CPU erzeugt während der Abarbeitung des Programms Ausgangsdaten, die ebenfalls im Systemspeicher in einem dafür ausgewählten Bereich abspeichert werden (PAA = Prozessabbild der Ausgänge).
Das Prozessabbild kann von den tatsächlichen Zuständen der Ein- und Ausgänge abweichen: Die Eingänge werden nur vor jedem neuen Programmablauf abgefragt, eine spätere Änderung wird erst bei der nächsten Abfrage bemerkt. Die Ausgänge werden erst nach der Programmabarbeitung vom PAA zur Ausgangsbaugruppe geladen. Bis dahin kann sich im Programmablauf ein Ausgangszustand mehrfach ohne Auswirkung auf die Ausgangsbaugruppe ändern.

8. Wenn die Verarbeitung läuft, kann auf eine Änderung der Eingänge nicht reagiert werden. Wurde ein Eingang verändert, nachdem das PAE geladen wurde, so kann diese Änderung erst mit dem nächsten PAE registriert werden. Hierfür vergeht maximal eine Zykluszeit. Nun arbeitet die SPS das Programm ab, erzeugt das PAA und lädt dieses in die Ausgänge, erst jetzt wird die Eingangsänderung am Ausgang sichtbar. Bis dahin vergeht eine weitere Zykluszeit. Die Reaktionszeit wird daher mit zwei Zykluszeiten angegeben.

9. Bearbeitungszeit $t = 0{,}5\ \mu s \cdot 1000 = 0{,}5\ ms$

Projektierung (zu Seite 170–171)

1.
   - Anlauf nach Spannungswiederkehr,
   - Datenverkehr mit anderen Baugruppen,
   - Organisation des RAM-Speichers,
   - Überwachung von Hardware und Software,
   - Fehlermanagement.

2. Nach IEC 61131-3 gibt es textorientierte und grafikorientierte Programmiersprachen.
   Textorientierte Programmiersprachen sind:
   - die Anweisungsliste (AWL),
   - Strukturierter Text (AS),
   - Ablaufsprache (AS, textuelle Variante).

   Grafikorientierte Programmiersprachen sind:
   - Kontaktplan (KOP),
   - Funktionsplan (FUP),
   - Ablaufsprache (AS, grafische Variante).

   Die wichtigsten davon sind FUP, KOP und AWL.

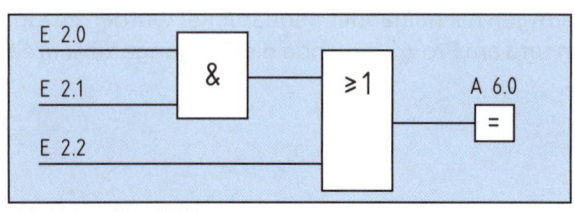

a) Funktionsplan (FUP)

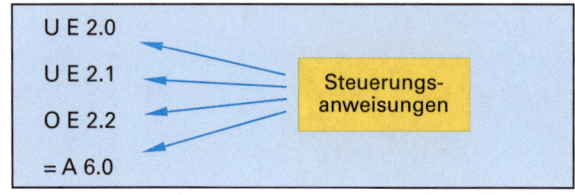

b) Anweisungsliste (AWL)

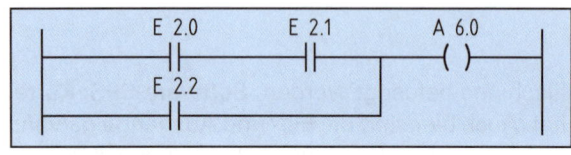

c) Kontaktplan (KOP)

Bild 1: Häufig verwendete Programmiersprachen

Die Ablaufsprache (AS) orientiert sich an der Darstellung von Ablaufketten (s. S. 173 „Ablaufsteuerung"). Der strukturierte Text beinhaltet Elemente der Programmiersprache Pascal.

3. Der gesamte Automatisierungsprozess muss in verschiedene Teilaufgaben zerlegt werden.

4.
   - Die Projektierung wird vereinfacht durch eine klare Struktur,
   - Teilprozesse können von verschiedenen Personen realisiert werden.

5. Hauptaufgaben bei der Erstellung eines Projektes sind:
   - Erfassen von Daten,
   - Programmerstellung.

6. Das Konfigurieren der Hardware und das Projektieren von Netzen sind nur in der Ansicht „offline" durchführbar.

7. Der Operationsteil gibt an, welche Operation mit der Anweisung durchgeführt wird. UND-/ODER-Verknüpfungen sind z.B. Operationen. Der Operandenteil gliedert sich in den Kennzeichenteil und den Parameterteil. Operanden sind Ein- und Ausgänge, Merker, Zähler, Zeiten, Datenbausteine oder Funktionsbausteine.

8.
   - Organisationsbausteine (OB): OBs fungieren als Schnittstellen zwischen Anwenderprogramm und dem Betriebssystem. Der OB1 sorgt für die zyklische Abarbeitung des Hauptprogramms.
   - Funktionsbausteine (FB): FBs sind Programmbausteine, die parametriert werden können. Dazu benötigen sie Daten, die in einen Datenbaustein abgelegt sind.
   - Funktionen (FC): FCs sind parametrierbare Programmbausteine ohne eigenen Datenbereich.
   SFCs sind Funktionen, die bereits vorprogrammiert und getestet sind. Diese sind im Betriebssystem der CPU integriert.
   - Datenbausteine (DB): DBs enthalten Daten, die sowohl fest als auch variabel sein können. DBs stellen ihre Daten FBs zur Verfügung.

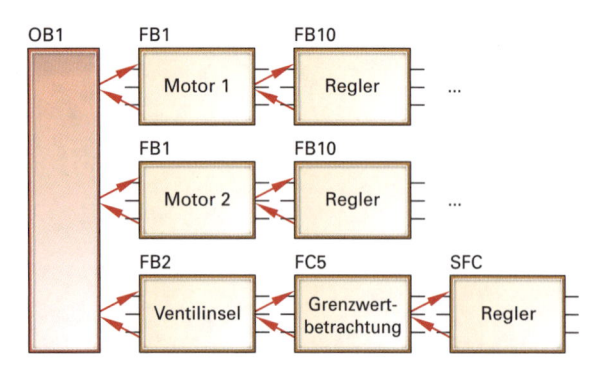

Bild 2: Strukturiertes Anwenderprogramm

Grundfunktionen (zu Seite 171–172)

1. FUP und KOP.

2. Mit der Programmiersprache KOP kann die SPS auf Basis von Schütz- und Relais-Steuerungen programmiert werden.

3. Die UND-Funktion entspricht einer Reihenschaltung. Die Kontakte sind hintereinander angeordnet. Es fließt Strom zur Relaisspule, wenn alle Kontakte geschlossen sind.

4. Die ODER-Funktion entspricht einer Parallelschaltung. Die Kontakte liegen parallel zueinander. Zur Relaisspule fließt ein Strom, wenn einer der Kontakte geschlossen ist.

Arbeitsauftrag (zu Seite 172)

1.

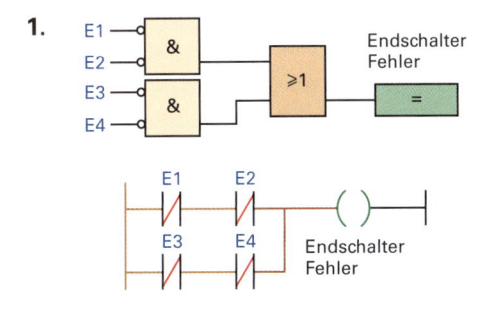

Speicherfunktionen (zu Seite 172)

1. Beim RS-Speicher ist der Setzeingang vorrangig. Liegt an R und an S gleichzeitig eine „1", so wird der Ausgang auf „1" gesetzt, der Speicher ist oder bleibt gesetzt.
Beim SR-Speicher ist dagegen der Rücksetzeingang vorrangig. Wenn hier sowohl R als auch S gleichzeitig eine „1" führen, so wird der Ausgang auf „0" gesetzt, der Speicher ist oder bleibt zurückgesetzt.

2. Vorrangiges Setzen wird verwendet bei Störmeldespeichern, wenn z.B. trotz einer Quittierung die noch aktuelle Störmeldung am Setzeingang ansteht. Der RS-Speicher ist ansonsten nur in Ausnahmefällen einzusetzen.

3. Vorrangiges Rücksetzen wird hauptsächlich als Speicherung eingesetzt. Der zurückgesetzte Signalzustand ist meist der sichere und ungefährlichere Zustand.

Arbeitsauftrag (zu Seite 172–173)

1. Der Ausgang 4 führt ein „1"-Signal, wenn entweder einer oder beide Eingänge 1 und 2 ein „0"-Signal führen oder Eingang 7 ein „0"-Signal führt oder wenn der Speicher 1 gesetzt ist. Der Speicher 1 wiederum wird gesetzt, wenn die Eingänge 3 und 4 ein „1"-Signal führen.
Der Ausgang 4 wird auf „0" zurückgesetzt, wenn Eingang 1 und 2 ein „1"-Signal führen und Eingang 7 ebenfalls. Zudem muss der Speicher 1 zurückgesetzt sein, indem an Eingang 5 oder Eingang 6 ein „1"-Signal anliegt. Dabei ist es unerheblich, ob die Setzbedingung noch erfüllt ist, denn die Rücksetzbedingung ist vorrangig.

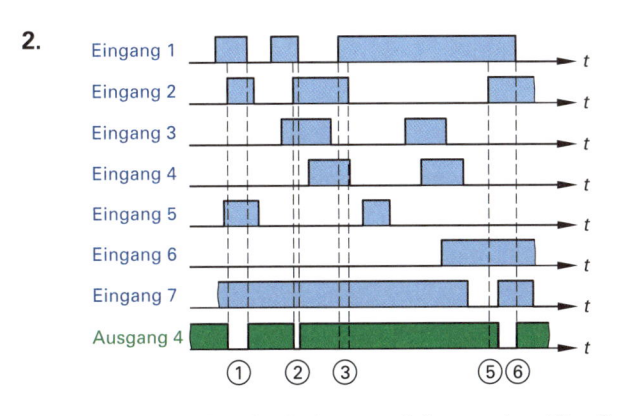

2.

Die meisten Zustände lassen sich von den Eingängen 1 und 2 ableiten. Solange einer von ihnen oder beide eine „0" führen, ist der Ausgang 4 auf „1" gesetzt. Sobald jedoch beide Eingänge 1 und 2 eine „1" führen, müssen die anderen Schaltungsteile mit einbezogen werden:
1. Eingang 1 und Eingang 2 führen „1", Speicher 1 ist bereits über Eingang 5 zurückgesetzt, Eingang 7 führt eine „1", das ODER ist nicht erfüllt, Ausgang 4 führt eine „0".
2. Eingang 1 und Eingang 2 führen „1", der Speicher 1 ist immer noch zurückgesetzt, Eingang 7 führt „1"-Signal, Ausgang 4 führt eine „0".

3. Eingang 1 und Eingang 2 führen „1", Speicher 1 ist bereits gesetzt, Ausgang 4 führt eine „1".
4. Eingang 1 und Eingang 2 führen „1", der Speicher 1 ist wieder zurückgesetzt, aber Eingang 7 führt eine „0", Ausgang 4 führt eine „1".
5. Eingang 1 und Eingang 2 führen „1", der Speicher 1 ist zurückgesetzt, Eingang 7 führt eine „1", Ausgang 4 führt eine „0".

Flankenauswertung (zu Seite 173)

1. Wenn das Programm nicht den Zustand eines Signals, sondern die Änderung des Eingangssignals verarbeiten muss.

2. • Positive Flanke: Ein Anstieg des Signals von „0" auf „1" wird als positive oder steigende Flanke bezeichnet.
   • Negative Flanke: Ein Wechsel eines Signals von „1" auf „0" wird als negative oder fallende Flanke bezeichnet.

3. • Impulsbildung (SI),
   • Verlängerter Impuls (SV),
   • Einschaltverzögerung (SE),
   • Speichernde Einschaltverzögerung (SS),
   • Ausschaltverzögerung (SA).

4. Mit Zählfunktionen kann vorwärts und rückwärts gezählt werden. Bei S7 steht ein Zählerbaustein zur Verfügung, der flexibel auf alle Zählwünsche angepasst werden kann.

5. Sowohl zum Vorwärts- als auch zum Rückwärtszählen benötigt der Zählbaustein positive Flanken zum Zählen.

Ablaufsteuerung (zu Seite 173–174)

1. Ablaufsteuerungen sind prozessgeführt, wenn die Weiterschaltbedingungen von Signalen des zu steuernden Prozesses abhängen. Bei zeitgeführten Ablaufsteuerungen sind die Weiterschaltbedingungen nur von der Zeit (Zeitglieder, Zeitwalzen) abhängig.

2. • Eine Ablaufkette besteht aus Schritten und Weiterschaltbedingungen (Transitionen, Übergänge).
   • Zwischen zwei Schritten befindet sich eine Transition.
   • Schritt und Transition werden durch die Wirkungslinie verbunden. Der Wirkungsablauf ist immer von oben nach unten. Abweichungen sind durch Pfeile zu kennzeichnen (Schleifen, Sprünge).
   • Der Anfangsschritt ist zu Beginn (beim Einschalten) einer Ablaufkette ohne Bedingungen aktiv. Er muss nicht am Anfang einer Ablaufkette stehen.
   • In linearen Ablaufketten ist immer nur ein Schritt aktiv.
   • Der nachfolgende Schritt wird aktiv, wenn der vorherige Schritt bereits aktiv ist UND die Transition erfüllt ist. Der vorherige Schritt bereitet also den nachfolgenden Schritt vor.
   • Der nachfolgende Schritt setzt den vorherigen Schritt zurück.
   • In einem Befehlsfeld sind den Schritten Aktionen zugeordnet, die vom jeweiligen Schritt ausgelöst werden.

3. • Betriebsarten,
   • Ablaufkette,
   • Befehlsausgabe,
   • Melde- und Anzeigeebene.

4. Bei alternativen Verzweigungen ist immer genau ein Pfad des Steuerprogramms aktiv. Erfolgt keine Prioritätenvergabe für die einzelnen Zweige, dann wird der erste am weitesten links stehende Weg eingeschlagen.

Arbeitsauftrag (zu Seite 174–175)

1.

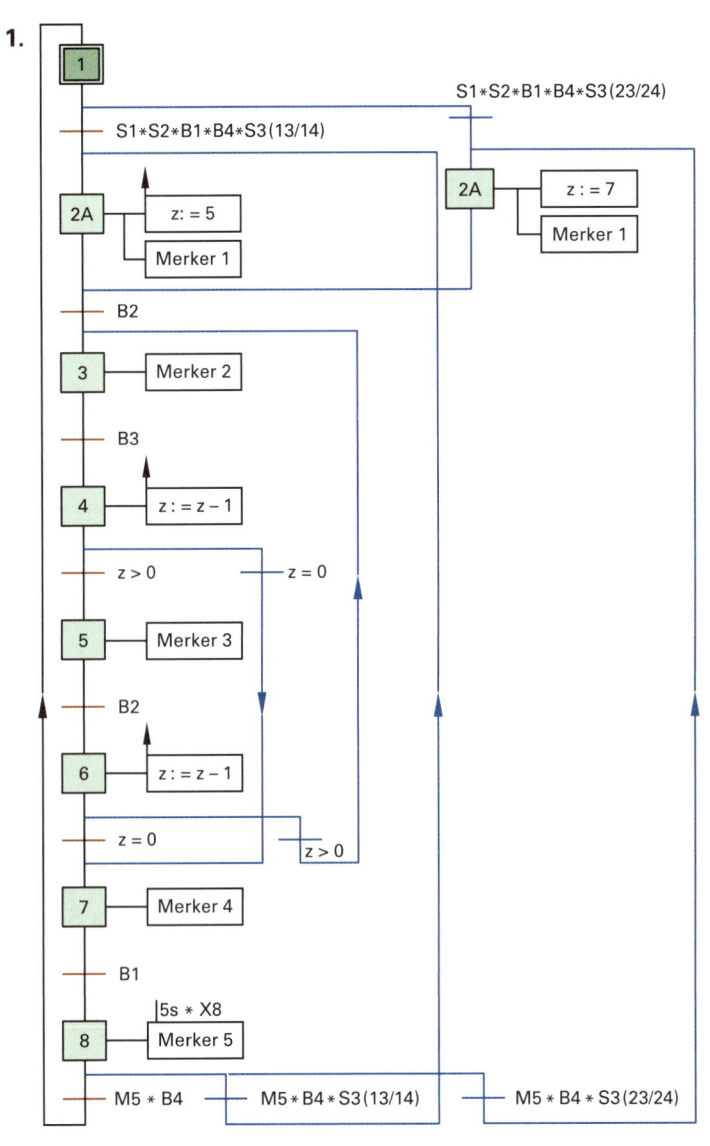

Bild 1: Ablaufkette mit Wahlmöglichkeit

2. In linearen Ketten ist immer nur ein Schritt aktiv.

3. Der nachfolgende Schritt wird aktiv, sobald die Transition erfüllt ist.

Funktionale Sicherheit von Steuerungen (zu Seite 176–177)

1. Gefahren entstehen bei:
   - Einrichtarbeiten,
   - Änderungen im Fertigungsprozess,
   - Reinigungsarbeiten,
   - Normalbetrieb (auch Automatikbetrieb),
   - Wartungs- und Instandsetzungsarbeiten,
   - der Ausbildung von Personal.

2. Bei Befehlsgeräten zum sicheren Abschalten der Maschine (z. B. NOT-AUS). Der rote, pilzförmige Raster auf gelbem Grund ist anlagewirksam. Soll nur ein Anlagenteil stillgesetzt werden, hat der Raster graue Farbe auf gelbem Grund.

3. 1. Stillsetzen im Notfall = Not-Halt: Gefährdung durch Bewegung oder Prozessablauf.
   2. Ingangsetzen im Notfall: Verhinderung/Beseitigung der Gefahr durch Start des Prozesses oder Bewegung.
   3. Ausschalten im Notfall = Not-Aus: Risiko durch elektrische Gefährdung.
   4. Einschalten im Notfall: Energiezuschaltung für Anlagenteile in Notsituation.

4. Zwangsöffnung = Zwangstrennung. Es wird sichergestellt, dass ein Öffner bei Betätigung auf jeden Fall öffnet. Bei verschweißten Kontakten müssen die Zungen bei Betätigung abbrechen oder abreißen. Bei allen sicherheitsrelevanten Befehlsgeräten ist dies zwingend vorgeschrieben.

5. Solange keine Schutzeinrichtung ausgelöst ist, kann die Sicherheitsschaltung aktiviert = freigeschaltet werden. Dazu werden Sicherheitskontakte = Freigabekontakte verwendet, die im Hauptstromkreis einer Maschine liegen und diese „freigeben". Ebenso können redundante Schütze im Hauptstromkreis „freigegeben" werden. Die Sicherheitskontakte der Sicherheitsschaltung sind immer als zwangsgeführte Schließer ausgeführt.

6. Zwangsführung bedeutet, dass die Kontakte eines Schaltgerätes durch eine mechanische Verbindung entweder alle betätigt oder alle unbetätigt sind. Sind z. B. bei einem Schütz die Hauptkontakte (Schließer) betätigt, müssen alle Hilfskontakte ebenfalls betätigt sein (Schließer und Öffner). Schließer und Öffner sind also nie gleichzeitig geschlossen.

7. Im Rückführkreis wird der Zustand der Hauptschütze im Einschaltzeitpunkt überwacht. Es werden zwangsgeführte Öffner-Hilfskontakte der Hauptschütze in Reihe mit einem Taster (Bereit-Ein) geschaltet. Sollte ein Hauptschütz verschweißte Kontakte aufweisen, so ist aufgrund der geforderten Zwangsführung sein Öffner-Hilfskontakt geöffnet, der Rückführkreis kann nicht geschlossen werden, die Schaltung wird nicht freigegeben.

8. Überwachungsprinzip im Sicherheitskreis. Solange der Ruhestrom fließen kann, ist keine Schutzeinrichtung betätigt. Sobald kein Ruhestrom mehr fließt, wurde entweder die Schutzeinrichtung betätigt oder es liegt ein Drahtbruch vor (Drahtbrucherkennung!).

9. Es sind mehr Betätigungen, Sicherheitskreise oder Freigabekreise vorhanden, als für die Aufgabe nötig.
Beispiele:
   - Not-Halt-Betätigungen enthalten zwei mechanische Betätigungen,
   - Sicherheitsschaltgeräte schalten zwei Freigabekreise,
   - im Hauptstromkreis werden zwei in Reihe geschaltete Schütze freigegeben.

10. Diversität bedeutet, das ein redundanter Aufbau mit zwei verschiedenen Prinzipien erfolgt. Beispiel: Zwei redundante Schütze geben den Hauptstromkreis frei. Über den Rückführkreis wird im Einschaltzeitpunkt getestet, ob die Schütze verschweißte Kontakte haben. Sollte im Betrieb ein Hauptkontakt verschweißen, so kann dieses Schütz bei Betätigung des Not-Aus nicht mehr trennen. Sollte das redundante Schütz baugleich sein und aus der gleichen Produktion stammen, ist die Wahrscheinlichkeit eines gleichen Fehlers sehr hoch. Also wird als redundantes Schütz z. B. ein anderes Fabrikat verwendet, somit ist die Wahrscheinlichkeit, das beide Schütze den gleichen Fehler haben, sehr gering. Das zweite Schütz ist somit nicht nur redundant, sondern auch diversitär.

11. Der Sicherheitskreis ist zweimal vorhanden. Beispiel: Die redundanten Öffnerkontakte eines Not-Aus werden in zwei getrennten Schaltkreisen (Kanälen) abgefragt. Fällt ein Kanal aus, ist der zweite Kanal trotzdem wirksam.

12. 1. Mechanische Positionsschalter, mit oder ohne Zuhaltung (Sicherheitskategorie 1 und 2).
    2. Berührungslose, magnetische Sensoren, codiert (Sicherheitskategorie 3 und 4), mit oder ohne Zuhaltung.

13. 1. Farbgebung beachten,
    2. Öffnerkontakte, zwangsöffnend,
    3. Zwangsverrastung.

14. Sicherheitsschaltgeräte überwachen Befehlsgeräte zum sicheren Abschalten der Maschine oder andere Sensoren, die z. B. eine Schutztür überwachen. Je nach Beschaltung kann die Kategorie 4 erreicht werden.

15. Nein. In SPS-gesteuerten Anlagen müssen sicherheitsrelevante Steuerungsfunktionen unabhängig von der SPS verdrahtet werden. Zusätzlich werden die Schaltzustände von z. B. Sicherheitsverriegelungen oder Hilfsstromschaltern an die SPS gemeldet.

16. - Stopp-Kategorie 0: Stillsetzen durch sofortiges Abschalten der Energiezufuhr an den Antrieben = ungesteuertes Stillsetzen.
      Beispiel: Motor wird von Spannung getrennt.
    - Stopp-Kategorie 1: Gesteuertes Stillsetzen, die Energiezufuhr wird erst unterbrochen, wenn die Bewegung gestoppt ist und Stillstand erreicht ist.
      Beispiel: Größerer Antrieb oder bewegte Last, die elektrisch gebremst werden muss.
    - Stopp-Kategorie 2: Gesteuertes Stillsetzen, die Energiezufuhr bleibt auch nach dem Stillstand erhalten.
      Beispiel: gehobene Last, Presse, Kran.

17. Zusätzlich zu einem bestehendem AS-I-System werden sichere Slaves für die sicherheitsrelevanten Funktionen und ein Sicherheitsmonitor benötigt.

Zur Vertiefung (zu Seite 177)

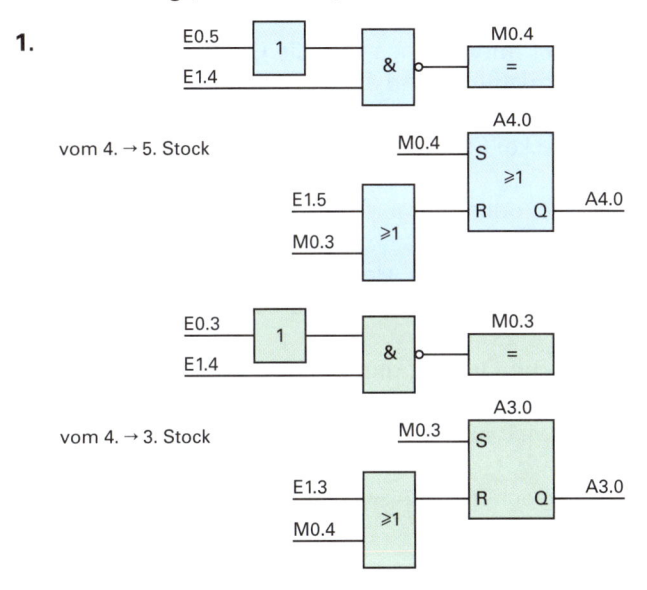

1.

vom 4. → 5. Stock: E0.5, E1.4 → 1 → & → M0.4 (=)
M0.4 → S, E1.5 und M0.3 → ≥1 → R, Q → A4.0

vom 4. → 3. Stock: E0.3, E1.4 → 1 → & → M0.3 (=)
M0.3 → S, E1.3 und M0.4 → ≥1 → R, Q → A3.0

11 Regelungstechnik

11.1 Grundbegriffe (zu Seite 178)

1. Eine Regelung hat einen geschlossenen Wirkungsweg. Dies bedeutet, dass fortlaufend ein Vergleich zwischen Istwert und Sollwert gemacht wird. Tritt eine Abweichung auf, so wird versucht, diese auszugleichen.

2. Der Ausgleich der Störgrößen in einem Regelkreis wird erreicht, indem die Regelgröße x in einer Messeinrichtung fortlaufend gemessen und in eine Strom- oder Spannungsgröße gewandelt wird. Diese gewandelte Größe r wird einem Vergleicher (Regler) zugeführt und mit einem vorgegebenen Wert, dem Sollwert w, verglichen. Tritt eine Abweichung zwischen gemessenem Istwert r und eingestelltem Sollwert w auf, wird diese Differenz e durch einen Stellbefehl auf die Stellgröße y ausgeglichen.

3. Während bei einer Steuerung die Störgrößen z einen sehr großen Einfluss auf die Steuergröße haben und somit die Steuergröße sehr stark beeinflussen (der Wirkungsweg ist offen), versucht man bei einer Regelung, den Einfluss der Störgrößen z auszugleichen.

4. In einem Blockschaltbild wird der Wirkungsplan der Regelung dargestellt.

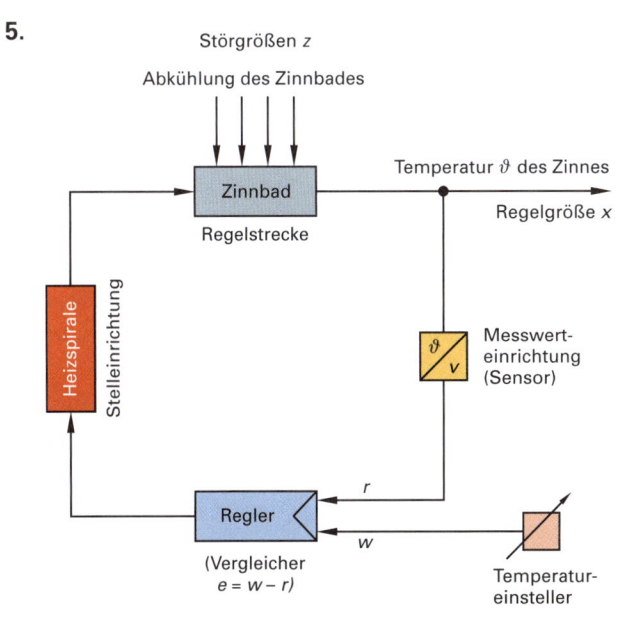

5.

Störgrößen z — Abkühlung des Zinnbades → Zinnbad (Regelstrecke) → Temperatur ϑ des Zinnes, Regelgröße x → Messwerteinrichtung (Sensor) → r → Regler (Vergleicher $e = w - r$) ← w ← Temperatureinsteller → Heizspirale (Stelleinrichtung) → Zinnbad

6. **Strecke:** Unter Strecke versteht man denjenigen Teil der Anlage, in dem eine Größe (Regelungsgröße) beeinflusst wird.
   Regeleinrichtung: Unter Regeleinrichtung versteht man alle Glieder im Wirkungsweg, die Größen in der Strecke über das Stellglied beeinflussen. Mindestbestandteil einer Regeleinrichtung sind eine Messeinrichtung für die Ermittlung einer Regelabweichung und eine Einrichtung zum Verstellen der Stellgröße.
   Stellglied: Das Stellglied befindet sich am Eingang der Regelstrecke. Es beeinflusst den Masse- oder Energiestrom.
   Stellort: Der Stellort ist der Ort, an dem das Stellglied in den Masse- oder Energiestrom eingreift.
   Regelgröße: Die Regelgröße ist die Größe, die geregelt werden soll.
   Messort: Der Messort ist der Ort, an dem der Istwert der Regelgröße durch das Messglied erfasst wird.
   Sollwertgeber: Der Sollwertgeber ist der Teil des Regelkreises, bei dem der Sollwert der Regelgröße eingestellt wird. Der Sollwertgeber ist meist mit dem Regler vereint.
   Regelabweichung: Die Regelabweichung ist der Unterschied zwischen Istwert und Sollwert der Regelgröße. Die Regelabweichung wird im Regler gebildet.
   Stellgröße: Die Stellgröße ist die Ausgangsgröße des Reglers. Sie wirkt auf das Stellglied und beeinflusst dadurch den Masse- oder Energiefluss.
   Störgröße z: Störgrößen wirken auf die Regelstrecke ein und verursachen das Abweichen des Istwertes vom Sollwert.

Zur Vertiefung (zu Seite 179)

1. 1. Festwertregelung
   2. Folgeregelung
   3. Zeitplanregelung

2. Unter Festwertregelung versteht man eine Regelungsart, bei der der Sollwert w einer Regelung konstant gehalten werden soll.
   Die Geschwindigkeit eines Autos soll konstant auf 130 km/h gehalten werden.

3. Unter Folgeregelung versteht man eine Regelung, bei der der Sollwert w einer veränderlichen Führungsgröße folgt.
   Die numerische Steuerung einer CNC-Drehmaschine gibt laufend die Position des Maschinenschlittens vor. Das Werkzeug muss der Lageführungsgröße folgen.

4. Bei einer Zeitplanregelung wird der Sollwert w von einer Zeitschaltuhr oder von einem Programmgeber geändert.
   Im Bürogebäude einer Firma wird um 20 Uhr die Raumtemperatur am Tag von 20 °C auf 16 °C gesenkt (Nachtabsenkung). Um 6 Uhr erfolgt die Rückschaltung auf 20 °C. Die Führungsgröße w wird von einem Programmgeber zeitabhängig vorgegeben.

5. a) Es handelt sich um eine Festwertregelung
      Die Drehzahl des Generators soll konstant gehalten werden.
   b) **Generator:** Durch Zu- oder Abschalen von Verbrauchern.
      Dadurch ändert sich der Belastungsstrom und somit die Drehzahl und die Spannung.
      Turbine: Schwankender Dampfdruck oder unterschiedliche Dampftemperatur.
      Änderung der zugeführten Leistung an die Turbine.

6. a) Es handelt sich um eine Festwertregelung.
      Die eingestellte Temperatur im Härteofen soll konstant gehalten werden.
   b) Es handelt sich um eine Festwertregelung.
      Die Höhe der Kühlmittelsäule soll konstant gehalten werden.
   c) Es handelt sich um eine Folgeregelung.
      Das Flugzeug folgt einem vorgegebenen Leitstrahl.
   d) Es handelt sich um eine Folgeregelung.
      Die Panels müssen dem Sonnenverlauf folgen.

7. a) Die Regelgröße x ist die Mischtemperatur.
   b) Die Messwerteinrichtung ist das Thermoelement.
   c) Die Thermospannung ist der Istwert r der Regelgröße.
   d) Sollwerteinstellung w am Potentiometer.
   e) Im Regler wird die Thermospannung mit der Spannung vom Potentiometer verglichen und die Regeldifferenz e gebildet: $e = w - r$.
   f) Die mechanische Ausgangsgröße zur Klappe.

11.2 Regelkreiselemente (zu Seite 180)

1. Ein Regelkreiselement ist die Regeleinrichtung und die Regelstrecke.

2. • die Sprungantwort
   • die Reaktion auf ein sinusförmiges Eingangssignal
   • das Bodediagramm

3. Die Sprungantwort ist das Verhalten am Ausgang, wenn am Eingang eine sprungförmige Änderung auftritt. Eine sprungförmige Änderung ist z. B. das Einschalten eines Motors.

4. Im Bodediagramm wird der Betrag (Amplitudengang) in Abhängigkeit der Frequenz oder der Phasenwinkel (Phasengang) in Abhängigkeit der Frequenz dargestellt. Dabei werden die Frequenzachse und die Betragsachse logarithmisch, die Phasenachse linear geteilt.

P-Glieder (zu Seite 180)

1. Bei einem P-Glied reagiert das Ausgangssignal proportional zum Eingangssignal ohne Zeitverzögerung. Das Ausgangssignal ist dem Eingangssignal proportional. Der Verstärkungsfaktor ist der Quotient von Ausgangssignal zu Eingangssignal.

Arbeitsauftrag (zu Seite 180)

1. $K_p = \dfrac{x_a}{x_e} = \dfrac{x}{y} = \dfrac{n_2}{n_1} = \dfrac{50}{150} = \dfrac{1}{3}$; es handelt sich um eine Übersetzung in das Schnelle.

2. Ein P-Glied nimmt nach einem Stellsprung am Eingang sofort seinen neuen Beharrungszustand an, während ein PT_1-Glied nach einer Verzögerungszeit seinen neuen Beharrungszustand einnimmt. Die Verzögerungszeit kann mit einer Zeitkonstante T beschrieben werden. Nach $5 \cdot T$ ist der neue Beharrungszustand erreicht.

3. Ein PT_n-Glied kann man sich als n in Reihe geschaltete PT_1-Glieder vorstellen. Das heißt, ein PT_n-Glied hat n in Reihe geschaltete Energiespeicher.

4. Die Sprungantwort eines PT_1-Gliedes beginnt mit einer definierten Steigung, mit deren Hilfe die Zeitkonstante T konstruiert oder berechnet werden kann. Die Sprungantwort eines PT_n-Gliedes beginnt mit der Steigung null.

I-Glied (zu Seite 180)

1. Ein I-Glied summiert das Eingangssignal fortlaufend auf, deshalb steigt das Ausgangssignal stetig an.

2. Unter der Integrationskonstante versteht man die Zeit, die vergeht, bis das Ausgangssignal den Wert 1 hat, wenn das Eingangssignal ebenfalls den Wert 1 hat.

3. Der Integrationsbeiwert ist der Kehrwert der Integrationszeitkonstanten.

Arbeitsauftrag (zu Seite 180)

1. 1 Liter = 10^{-3} m³ ⇒ bei einem Durchfluss von 5 l/s ist nach 200 s der Tankinhalt mit 1 m² Grundfläche um 1 m angestiegen.

$$K_I = \dfrac{x_a}{x_e \cdot t} = \dfrac{x_a}{5 \cdot 10^{-3} \, \dfrac{m^3}{s} \cdot t} = 200 \, \dfrac{x_a}{t} \cdot \dfrac{s}{m^3};$$

für $x_a = 1$ m und $t = 1$ s: $K_I = 200 \, \dfrac{1}{m^2}$

D-Glied (zu Seite 181)

1. Das Ausgangssignal ist der Steigung (Änderung) des Eingangssignals proportional.

2. Die Sprungantwort ist nur ein kurzer Impuls zum Zeitpunkt des Auftretens des Eingangssignals.

Arbeitsauftrag (zu Seite 181)

1. $K_D = \dfrac{\Delta x_a}{\Delta x_e} \cdot \Delta t = \dfrac{5 \, \dfrac{mA}{s}}{10 \, \dfrac{m}{s}} \cdot \Delta t = 0{,}5 \, \dfrac{mA}{m} \cdot \Delta t$

T_t-Glied (zu Seite 181)

1. Unter Totzeit versteht man in der Steuerungs- und Regelungstechnik die Zeit, die vergeht, bis auf einen Stellsprung die Sprungantwort erfolgt. Die Regelbarkeit einer Strecke ist dabei umso schwieriger, je größer die Totzeit ist.

2. Totzeitglieder treten immer bei der Signalverarbeitung bei speicherprogrammierbaren Steuerungen auf.

3. Die Totzeit kommt durch die Abarbeitung des Programmes zustande. Es ist die Zeit zwischen dem Bilden des PAE und dem Bilden des PAA. Sie kann maximal das Doppelte der Zykluszeit der SPS betragen.

4. Totzeiten treten z. B. bei Förderbändern, beim Mischen von strömenden Flüssigkeiten, bei einem Spiel in einer Lenkung oder bei der Signalverarbeitung mit speicherprogrammierbaren Steuerungen auf.

Zur Vertiefung (zu Seite 181–184)

1. In einem Regelkreis wird die zu regelnde Anlage als Regelstrecke bezeichnet. Sie liegt zwischen dem Stellort und dem Meßort.

2. Regelstrecken werden in Strecken mit Ausgleich und in Strecken ohne Ausgleich eingeteilt.

3. Bei Regelstrecken mit Ausgleich nimmt die Ausgangsgröße der Strecke x nach einer Veränderung der Eingangsgröße y innerhalb einer bestimmten Zeit wieder einen neuen Beharrungszustand ein. Deshalb werden diese Strecken als **P-Strecken** (Proportional-Strecken) bezeichnet.

4. Der Übertragungsbeiwert K_S einer Strecke mit Ausgleich gibt an, um wie viele Einheiten Δx sich die Regelstrecke ändert, wenn die Stellgröße y um eine Einheit geändert wird ($\Delta y = 1$).

5. X_h ist der gesamte Regelbereich $\Rightarrow \Delta x =$ **100 %**
   Y_h ist der gesamte Stellbereich $\Rightarrow \Delta y =$ **100 %**

6. Sind in einer Strecke keine Verzögerungsglieder (Speicher), so spricht man von einer verzögerungsfreien Strecke oder Strecke 0. Ordnung. Bei diesen Strecken folgt die Regelgröße einer Stellgrößenänderung ohne merkliche Verzögerung.

7. Folgt die Regelgröße x einer Stellgrößenänderung y nur verzögert, so handelt es sich um eine Strecke mit Anlaufzeit. Befindet sich nur ein Speicher in dieser Strecke, so spricht man von einer Strecke 1. Ordnung. Von Bedeutung ist dabei die Zeitkonstante T_S der Strecke.

8. T_S kann bestimmt werden, wenn im Anfangspunkt des Anstieges der Strecke eine Tangente gelegt und mit einer Parallelen zur Zeitachse geschnitten wird. Wird durch diesen Schnittpunkt eine Parallele zur Ordinatenachse gelegt, so wird die Übergangsfunktion in einer Höhe von 63,2 % vom Endwert geschnitten. Nach einer weiteren Zeiteinheit T_S steigt der Rest der Übergangsfunktion um weitere 63,2 % an usw.
   T_S kann auch bestimmt werden, indem die Regelgröße von 63,2 % berechnet wird und dann mit Hilfe des Lotes auf die Zeitachse der Zeitwert abgelesen wird (Bild 1: Temperaturregelstrecke).
   Es gilt:
   $\Delta x (T_S) = 0{,}632 \cdot \Delta x$
   $X_h (T_S) = 0{,}632 \cdot X_h$

9. Nach $5 \cdot T_S$ hat die Strecke ihren neuen Beharrungszustand erreicht.

10. a) $K_s = \dfrac{X_h}{Y_h} = \dfrac{140\,°C - 20\,°C}{8\,A} = \dfrac{120\,°C}{8\,A} =$ **15 $\dfrac{°C}{A}$**

    b) $\vartheta\,(63{,}2) = 120\,°C \cdot 0{,}632 + 20\,°C = 75{,}84\,°C + 20\,°C = 95{,}84\,°C$.
       Bei $\vartheta = 95{,}84\,°C$ eine Parallele zur t-Achse zeichnen und den Schnittpunkt mit der Strecke suchen.
       Lot auf die Zeitachse fällen oder Parallele zur Ordinate durch den Schnittpunkt. Beim Schnittpunkt dieser Geraden mit der t-Achse kann die Konstante T_S abgelesen werden.
       $\Rightarrow T_S =$ **1,5 min**

    c) Der neue Beharrungszustand der Strecke wird nach $5 \cdot T_S$ erreicht
       $\Rightarrow 5 \cdot 1{,}5\,\text{min} =$ **7,5 min**.

11. Der Anstieg des Graphen der Strecke nach einem Stellsprung ist sehr flach, steigt dann an bis zu einem Wendepunkt und flacht dann wieder ab.

12. Legt man durch den Wendepunkt eine Tangente (Wendetangente), so kommt es zu zwei Schnittpunkten S_1 und S_2. S_1 ist der Schnittpunkt zwischen Tangente und Zeitachse, S_2 der Schnittpunkt zwischen Tangente und Asymptote zum neuen Beharrungszustand (Parallele zur Zeitachse in Höhe des neuen Beharrungszustands). Der Zeitabschnitt T_u ist die Zeitstrecke zwischen t_0 und S_1. Der Zeitabschnitt T_g ist die Strecke zwischen S_1 und dem Schnittpunkt einer Parallelen zur Ordinatenachse durch S_2 mit der Zeitachse.

13. PT$_n$-Strecke: $s = \dfrac{T_u}{T_g}$, Totzeitstrecke: $s = \dfrac{T_t}{T_s}$

14.

$s \leq 0{,}1$	Regelbarkeit: sehr gut
$0{,}1 < s \leq 0{,}2$	Regelbarkeit: gut
$0{,}2 < s \leq 0{,}3$	Regelbarkeit: befriedigend
$s > 0{,}3$	Regelbarkeit: schlecht

15. a) Es handelt sich um eine PT_0-Strecke.
b) PT_0-Strecke: Getriebe für Drehmomentverstärkung; Durchflussregelung mit Flüssigkeiten
PT_0-T_t-Strecke: Fördermengenregelung bei Fließbändern; Signalverarbeitung bei SPS.
PT_1-Strecke: Druckregelung mit Gasen; Drehzahlregelung.
PT_1-T_t-Strecke: Mischung zweier Flüssigkeitsströme in einer Rohrleitung; pH-Wert-Regelung.
PT_n-Strecke: Temperaturregelung; Feder-Masse-Dämpfer-System (z. B. Werkzeugmaschinentisch beim Beschleunigen).

16. a) Für den Stellbereich Y_h ($\Delta y = 100\%$) gilt: $Y_h = 12$ mm $- 0$ mm $= \mathbf{12}$ **mm**

b) $\Delta y = 6$ mm $- 4$ mm $= \mathbf{2}$ **mm**

c) $\Delta x = 36 \dfrac{l}{min} - 24 \dfrac{l}{min} = \mathbf{12} \dfrac{l}{min}$

d) $K_s = \dfrac{\Delta x}{\Delta y} = \dfrac{12 \frac{l}{min}}{2 \text{ mm}} = \mathbf{6} \dfrac{l}{min \cdot mm}$

e) $K_s = \dfrac{X_h}{Y_h}; \quad X_h = K_S \cdot Y_h$

$X_h = 6 \dfrac{l}{min \cdot mm} \cdot 12 \text{ mm} = 72 \dfrac{l}{min}$

17. a) $K_S = \dfrac{X_h}{Y_h} = \dfrac{42\,°C - 20\,°C}{5 \text{ kW}} = \dfrac{22\,°C}{5 \text{ kW}} = \mathbf{4{,}4} \dfrac{°C}{kW}$

b) $s = \dfrac{T_u}{T_g} = \dfrac{2 \text{ min}}{18 \text{ min}} = \mathbf{0{,}11}$

$\Rightarrow$ Strecke ist gut regelbar

18. Der ungünstigste Fall liegt vor, wenn unmittelbar nach dem Lesen der PAE ein Signal am Eingang anliegt. Es muss erst der Arbeitszyklus abgearbeitet werden, bis das neue Signal erfasst wird und das PAA ausgelesen werden kann.
$T_t = 2 \cdot T_z = 2 \cdot 30$ ms $= 60$ ms.

19. a) Für nicht beschleunigte Geschwindigkeit gilt:

$v = \dfrac{s}{T_t} \Rightarrow T_t = \dfrac{s}{v} = \dfrac{2{,}8 \text{ m}}{1{,}2 \text{ m/s}} = 2{,}33 \text{ s}$

b) $s = \dfrac{T_t}{T_s} = \dfrac{2{,}33 \text{ s}}{17{,}8 \text{ s}} = \mathbf{0{,}13}$

$\Rightarrow$ Strecke ist gut regelbar.

20. a) Es handelt sich um eine PT_0-Strecke
b) Eingangsgröße $y =$ Spannung U
Ausgangsgröße $x =$ Spannung U
c) $K_s = 0{,}042$ bedeutet: $K_s = \dfrac{0{,}042 \text{ V}}{1 \text{ V}}$;
d.h., pro 1 V Eingangsspannung steigt die Ausgangsspannung um 0,042 V an

21. $K_S = \dfrac{x_h}{Y_h} = \dfrac{140 \frac{l}{min}}{20 \text{ mA}} = 7 \text{ A} \dfrac{l}{mA \cdot min} = \mathbf{7000} \dfrac{l}{A \cdot min}$

11.3 Regler (zu Seite 185)

1. Unter Regeleinrichtung versteht man die Kombination aus Regler und Stellglied.

2. In der Regeleinrichtung wird die Regelabweichung verarbeitet und als Stellgröße der Regelstrecke zur Verfügung gestellt.

3. Regler werden in folgende Kategorien eingeteilt:
   - unstetige Regler
   - stetige Regler
   - digitale Regler

4. Als unstetige Regler bezeichnet man Zweipunktregler bzw. Dreipunktregler.

5. Ein Zweipunktregler arbeitet wie ein Schalter. Sein Ausgang kann nur zwei Zustände einnehmen, eingeschaltet oder ausgeschaltet.

6. Sie können nur bei PT_1-Strecken, PT_2-Strecken oder I-Strecken eingesetzt werden.

7. Im Idealfall würden der Ein- und Ausschaltpunkt des Reglers zusammenfallen. Praktisch sind der Ein- und Ausschaltpunkt gegeneinander verschoben. Den Abstand zwischen den beiden Schaltpunkten bezeichnet man als Schalthysterese.

8. Unter Zykluszeit T_z versteht man die Zeit, die sich aus der Einschaltdauer t_e und der Ausschaltdauer t_a zusammensetzt.

9. Unter Schaltfrequenz f_z versteht man den Kehrwert der Zykluszeit T_z.
   Es gilt: $f_z = \dfrac{1}{T_z}$

10. Stetige Regler weisen kein Schaltverhalten und somit auch keine Hysterese auf.

11. Bei einem stetigen Regler hat die Änderung der Regeldifferenz eine Änderung der Stellgröße zur Folge.

12.
    - P-Regler
    - I-Regler
    - D-Regler
    - PI-Regler
    - PD-Regler
    - PID-Regler

13. P- und PD-Regler haben immer eine Regelabweichung.

14. Vorteil: Er reagiert sehr schnell
    Nachteil: Es bleibt immer eine Regelabweichung

15. Vorteil: Es bleibt keine Regelabweichung
    Nachteil: Er arbeitet langsam

16. Wenn Prozessgrößen mit einer speicherprogrammierbaren Steuerung erfasst und verarbeitet werden, muss die Ausgangsgröße vor der Verarbeitung von einer analogen in eine digitale Größe gewandelt werden.

17. Die analoge Eingangsgröße wird abgetastet und in diskrete Stufen aufgeteilt. Je kleiner die Digitalisierungsschritte sind, desto genauer wird das System, aber umso größer wird der Rechenaufwand.

18. Die Abtastung geschieht in bestimmten, konstanten Zeitintervallen. Das Signal wird zum Abstandzeitpunkt gewandelt und bis zum nächsten Abstandzeitpunkt konstant gehalten. Dabei sollte die Abstandszeit möglichst klein sein.

12 Bussysteme in der Automatisierungstechnik (zu Seite 186)

1. Unter einer Zykluszeit versteht man die Zeit, die maximal für die Übertragung über das Bussystem benötigt wird. Sie wird auch Buszykluszeit genannt.

2. Man spricht von einem deterministischen Bussystem, wenn die Buszykluszeit berechenbar ist.

3. Je höher man in der Automatisierungshierarchie steigt, desto größer werden die zu übertragenden Datenmengen und desto länger dauert die Übertragung. In höheren Automatisierungsebenen spielt die Zeitdauer keine bedeutende Rolle (zeitunkritisch).

4. Damit ist gemeint, ob ein Steuerungssystem ausreichend schnell auf Vorgänge in einer Anlage reagieren kann. Es ist also nicht die absolute Schnelligkeit gemeint, sondern nur, ob eine Reaktion rechtzeitig passiert.

5. Gateways sind Geräte, die als Schnittstellen zwei unterschiedliche Bussysteme miteinander verbinden.

Arbeitsauftrag (zu Seite 186)

1. $T_R = T_{sensor} + 2 \cdot T_{Bus} + 2\, T_{SPS} + T_{Aktor}$
   $T_R = 1\text{ ms} + 2 \cdot 5\text{ ms} + 2 \cdot 20\text{ ms} + 100\text{ ms}$
   $T_R = \mathbf{151\text{ ms}}$

12.1 Kommunikationsmodell (zu Seite 186)

1. Industrielle Kommunikationssysteme sind, bis auf ganz wenige Ausnahmen, nach dem ISO/OSI-Referenzmodell organisiert.

12.2 Topologien (zu Seite 186)

1. - Linie
   - Baum
   - Ring
   - Stern

2. Repeater arbeiten wie Verstärkerbausteine, die ein eingehendes Signal empfangen, verstärken und galvanisch getrennt am Ausgang wieder senden.

3. Repeater werden verwendet, wenn die Übertragungsleitung verlängert werden soll.
   Ist ein Bussystem in der Lage, mehr als 32 Teilnehmer zu adressieren und werden mehr als 32 Teilnehmer betrieben, müssen z. B. bei Profibus Repeater eingesetzt werden.

12.3 Übertragungsmedien (zu Seite 187)

1. Kupferkabel und Lichtwellenleiter

2. - Verdrillung
   - Schirm
   - 2-Draht-Leitung mit Spannungsdifferenzsignal.

3. Durch Frequenzumrichter, Schweißroboter, Handys u. a.

4. Der Einsatz von Lichtwellenleitern ist dann sinnvoll, wenn EMV die Übertragung stört oder große Leitungslängen nötig sind.

12.4 Übertragungsarten (zu Seite 187)

1. Bei der Breitbandübertragung werden mehrere Signale gleichzeitig übertragen. Die verschiedenen Signale nutzen unterschiedliche Frequenzbereiche.

2. Bei der Basisbandübertragung wird zu einem Zeitpunkt nur ein Signal übertragen. Alle anderen Teilnehmer können nicht gleichzeitig übertragen, sondern müssen warten, bis die laufende Datenübertragung abgeschlossen ist.

12.5 Buszugriffsverfahren (zu Seite 187)

1. a) Beim kontrollierten Zugriffsverfahren steht genau fest, welcher Teilnehmer wann die Sendeberechtigung besitzt.
   b) Beim zufälligen Zugriffsverfahren hört ein sendebereiter Teilnehmer die Datenleitung ab. Ist diese frei, überträgt er sofort seine Daten. Ist die Datenleitung belegt, versucht es der Teilnehmer später noch einmal.

Master/Slave-Verfahren (zu Seite 187–188)

1. Ein Teilnehmer steuert die Kommunikation auf der Leitung. Dieser Teilnehmer wird Master genannt. Alle anderen Teilnehmer werden als Slaves bezeichnet.
   Der Master schickt ein Aufforderungstelegramm (Master Request) an genau einen Slave. Der angesprochene Slave antwortet mit einem Antworttelegramm (Slave Response). Hat der Master das Telegramm erhalten, spricht der Master den nächsten Slave an. Sind alle Slaves abgefragt worden, beginnt der Master wieder von vorne.

2. Über die Adresse kann der Master genau einen Slave ansprechen. Jede Adresse wird genau einmal vergeben und dem Master mitgeteilt.

3. Der Master wartet eine festgelegte Zeit auf die Slaveantwort. Kommt diese Antwort nicht oder zu spät, erkennt dies der Master. Der Master wiederholt die Aufforderung mehrere Male und schließt den Slave dann aus der Kommunikation aus.

4. Die Zykluszeit ist vorhersehbar bzw. kann berechnet werden. In einem Master/Slave-System ist bekannt wie viele Teilnehmer vorhanden sind, welche Datenmenge bei jedem Aufruf/jeder Antwort versendet wird und wie groß die Übertragungsrate ist. Daraus berechnet sich die Zykluszeit.

Das Token-Prinzip (zu Seite 188)

1. Token (englisch) = Zeichen. In der Technik wird mit Token eine kurze Nachricht bezeichnet, die von einem Busteilnehmer an den nächsten Teilnehmer weitergegeben wird.
   Der Besitzer des Tokens ist berechtigt, Daten über den Bus zu übertragen. Alle anderen Teilnehmer sind in dieser Zeit passiv und empfangen diese Daten. Nach einer vorher eingestellten Zeit muss der Token an den nächsten Teilnehmer weitergereicht werden. Diese Weitergabe des Tokens wird als logischer Ring bezeichnet.

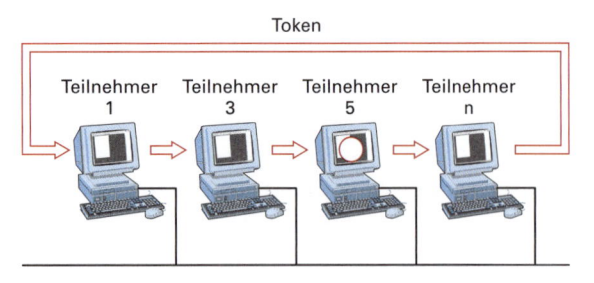

Bild 1: Token-Prinzip

2. Im Unterschied zum Master/Slave-Verfahren können alle Teilnehmer des Token-Verfahrens die Kommunikation auf dem Bus steuern. Angesprochene Teilnehmer senden ihre Antwort nicht sofort, sondern erst, wenn sie selbst den Token besitzen.

3. Reine Tokensysteme sind in der Industrie sehr selten. Häufiger werden sog. hybride Zugriffsverfahren eingesetzt, das sind Mischungen aus dem Token-Verfahren mit dem Master/Slave-Verfahren. Dabei sind an einem Bus mehrere Master und mehrere Slaves angeschlossen. Der Master, der das Token besitzt, nutzt den Bus zum Datenaustausch mit seinen Slaves. Nach Beendigung des Datenaustauschs gibt er das Token an den nächsten Master weiter. Nun kann dieser Master mit seinen Slaves kommunizieren. Dieses Verfahren wird z. B. beim PROFIBUS eingesetzt. Der PROFIBUS wird deshalb als Multi-Master-System bezeichnet.

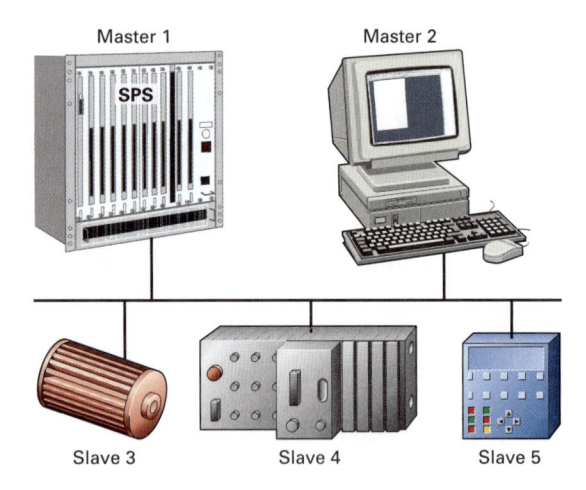

Bild 2: Hybrides Zugriffsverfahren

Das CSMA-Verfahren (zu Seite 188)

1. Die Abkürzung CSMA steht für „carrier sense multiple access".

2. Jeder sendewillige Teilnehmer hört die gemeinsame Busleitung ab (carrier sense) und sendet sofort, falls diese nicht belegt ist. Sendet gerade ein anderer Teilnehmer, versuchen andere sendewillige Teilnehmer zu einer anderen Zeit erneut, ihre Daten zu übertragen (multiple access).

3. Es kann vorher nicht festgelegt oder vorausbestimmt werden, wann welcher Teilnehmer sendet. Deshalb spricht man von einem zufälligen Buszugriffsverfahren. Außerdem kann nicht berechnet werden, wann eine Information beim Empfänger ankommt, da nicht sichergestellt ist, dass die Leitung bei einem Sendewunsch frei ist.

4. Ist ein Sendewunsch gescheitert, da gerade ein anderer Teilnehmer den Bus nutzt, versucht es der sendewillige Teilnehmer zu einer anderen Zeit erneut.

Dabei gibt es zwei Varianten:
Bei Variante 1 versucht es der Teilnehmer nach einer Zufallszeit erneut. Ist die Busleitung immer noch belegt, wird nun eine etwas längere Zeitspanne abgewartet. Dieser Vorgang wird solange wiederholt, bis die Daten gesendet werden konnten. Bei einem stark ausgelasteten Bussystem können hier sehr lange Wartezeiten entstehen!
Bei Variante 2 hört der sendewillige Teilnehmer die Busleitung ständig ab und sendet sofort, sobald die Leitung frei ist. Es entstehen keine Wartezeiten. Jedoch kann es zu Datenkollisionen kommen, wenn mehrere Teilnehmer gleichzeitig mir einer Sendung beginnen. Es sind Zusatzmaßnahmen zur Kollisionserkennung notwendig.

5. Die Endung CD kürzt das Verfahren collision detection = Kollisionserkennung ab. Beim CSMA-Verfahren können bei beiden Sendevarianten Sendekollisionen nicht vermieden werden. Dazu benötigt man eine Kollisionserkennung. Dieses funktioniert prinzipiell so: Der Sender vergleicht seine gesendeten Daten mit den zugleich empfangenen Daten. Stellt er hier eine Abweichung fest, unterbricht er das Senden und überträgt ein Störsignal (jam). Alle anderen Teilnehmer werden durch dieses Signal von der Kollision informiert. Alle sendewilligen Teilnehmer stellen ihren Sendewunsch für eine zufällige Zeit zurück.

Das CSMA/CA (zu Seite 188)

1. CA steht für collision avoidance, also für Kollisionsvermeidung.

2. Wie beim CSMA/CD-Verfahren hört ein sendewilliger Teilnehmer die Busleitung ab und beginnt mit der Übertragung, sobald diese Leitung frei ist. Sollten mehrere Teilnehmer gleichzeitig mit dem Senden beginnen, sind Prioritäten vergeben. Beim Vergleich der Sende- und Empfangsdaten erkennt der Sender mit der geringeren Priorität eine Abweichung und zieht sich zurück. Sobald die Leitung frei ist, sendet er erneut.

12.6 Datensicherheit (zu Seite 189)

1. In industrieller Umgebung kann es passieren, dass Daten z. B. aufgrund von EMV-Störung verfälscht werden. Um diese fehlerhaften Telegramme zu erkennen, werden Datensicherungsmechanismen eingesetzt.

2. Diese Mechanismen sollen Fehler nur erkennen. Fehlerhafte Telegramme werden verworfen und die Daten erneut angefordert. Eine Korrektur der Daten durch Datensicherungsmechanismen ist nicht nötig und wäre viel zu aufwendig.

12.7 AS-Interface (zu Seite 189–190)

1. A: Aktuator
   S: Sensor

2. AS-i-Produkte können von verschiedenen Anbietern hergestellt und verkauft werden. Alle Hersteller halten sich an die vorgegebenen Spezifikationen, somit ist sichergestellt, dass Produkte verschiedener Anbieter miteinander an einem System betrieben werden können.

3. Ein AS-i-Netzteil kann an einer beliebigen Stelle an die AS-i-Übertragungsleitung angeschlossen werden. Es sollte jedoch nach Möglichkeit dort angeschlossen werden, wo die höchste Stromaufnahme zu erwarten ist.

4. Es ist nicht möglich, zwei AS-i-Netzteile an einer Übertragungsleitung zu betreiben. Auch eine Parallelschaltung der Netzteile ist nicht zulässig.

5. Es ist nicht erlaubt, die blaue Ader (AS-i –) an ein externes Massepotential anzuschließen. Das Potenzial dieser Leitung beträgt –15V, eine Erdung stört die Verbindung.

6. Dafür müssen Unterteile verbaut werden, die ein gelbes und ein schwarzes Körbchen haben. Achtung: Niemals in ein gelbes Körbchen eine schwarze Leitung legen, es könnte das AS-i-Netzteil beschädigt werden!

7. Es sind alle Topologien erlaubt. Es darf nur die maximale Gesamt-Leitungslänge von 100 m pro Segment nicht überschritten werden.

8. Es sind maximal 2 Repeater in einer Reihe erlaubt.

9. - Nicht geschirmte, verdrillte Zweidrahtleitung
   - Selbstheilend
   - Durchdringungstechnik
   - Verpolungssicher durch Profilierung
   - Ungeschirmt

10. Module im Auslieferungszustand haben die Adresse 0 voradressiert.

11. As-Interface-Slaves können auf verschiedene Weisen adressiert werden:

- anhand des Bedienfeldes am Master,
- mit einer Konfigurationssoftware,
- unter Verwendung eines Adressiergerätes.

12. Die automatische Adressprogrammierung funktioniert nur bei genau einem fehlerhaften Slave.

13. 31 Teilnehmer.

14. Beim Masteraufruf wird ein Bit der Ausgangsadressierung zur Moduladressierung verwendet. Dadurch haben die Module nur noch maximal 3 Ausgänge zur Verfügung.

15. Das Protokoll der AS-i-Übertragung erlaubt nur maximal 4 Datenbit. Die Daten werden in Paketen übertragen und vom Master zusammengesetzt.

16. Wird ein Slave nach Spezifikation 2.0 an einem Master nach Spezifikation 2.11 betrieben, beträgt die Zykluszeit maximal 5 ms. Wird nur die A-Adresse oder die B-Adresse belegt, beträgt die maximale Zykluszeit ebenfalls 5 ms. Nur wenn beide Adressmöglichkeiten belegt sind, beträgt die Zykluszeit maximal 10 ms.

12.8 InterBus (zu Seite 190)

1. Mit dem AS-Interface, da auch hier auf Aktuator-Sensor-Ebene gearbeitet wird.

2. Der InterBus arbeitet so ähnlich wie ein über alle Teilnehmer verteiltes Schieberegister. An den Anfang der Daten wird ein Loop-Back gestellt. Sind alle Daten von der Busanschaltung aus gesehen in die dazugehörigen Teilnehmer verschoben worden und alle Eingangsdaten in die Busanschaltung, kann die Busanschaltung dies erkennen, da sie zu diesem Zeitpunkt ihr Loop-Back zurückerhält.

3. In jedem InterBus-Teilnehmer ist die Anzahl der Eingangsbits immer identisch mit der Anzahl der Ausgangsbits.

12.9 Profibus (zu Seite 190)

1. Process Field Bus (Prozess-Feld-Bus).

2. Der Profibus ist geeignet für den Einsatz von der Leitebene bis hinunter zu der Aktor-Sensor-Ebene. Eingesetzt wird er vorwiegend zur Vernetzung von komlexeren Geräten in der Feldebene.

3. Profibus DP, DP steht für Dezentrale Peripherie.

4. Der Profibus PA ist speziell für die Prozessautomation entwickelt worden. Durch eine spezielle Physik werden Daten und Energie über die gleiche Leitung übertragen. Diese Technik kann eigensicher ausgeführt werden (zugelassen für explosionsgefährdete Bereiche).

5. Profibus-DP nutzt RS-485-Schnittstellen

6. Master dürfen Daten senden und können Daten von anderen Busteilnehmern empfangen. Slaves dürfen nur nach Aufforderung Daten austauschen. Slaves sind Teilnehmer ohne Zugriffsrecht.

7.
    - Touch Panel
    - Dezentrales Peripheriegerät SPS
    - DP/DP-Koppler (dient dazu, zwei DP-Netze zu verbinden)
    - DP/AS-Interface-Koppler

8. Teilnehmeradressen 1 bis 126. Adressen 1 bis 31 sind für Master vorgesehen. Adresse 0 ist für ein Programmiergerät reserviert. Insgesamt können 127 Teilnehmer angeschlossen werden. Es sind maximal 31 Master erlaubt.

9. Je höher die Übertragungsgeschwindigkeit, desto kürzer ist die Leitungslänge. Mit einem Repeater kann ein Bussegment von 1200 m um weitere 1200 m verlängert werden. Max. sind 10 Bussegmente in Reihe zu schalten (12 km).

10. Jeder PROFIBUS-PA-Teilnehmer muss mindestens 10 mA Versorgungsstrom aus der Übertragungsleitung entnehmen.

11. Die Verantwortung, dass die Spannungs-, Strom- und Leistungskennwerte eingehalten werden, liegt beim Hersteller. Die Verantwortung, dass die Kennwerte zusammenpassen, liegt beim Betreiber der Anlage.

Arbeitsauftrag (zu Seite 191)

1. Folgende Kombination ist denkbar:
   19 4EA-Module, 18 4E-Module und ein 2E-Modul. Dadurch stünden 76 Ausgänge und 150 Eingänge zur Verfügung (Es sind auch andere Modulkombinationen möglich).
   Insgesamt ergibt sich eine Modulanzahl von mindestens 38 Slaves. Dafür wären nach
   a) der Spezifikation 2.0 zwei Master oder ein Master mit zwei Masterkreisen nötig.
   b) der Spezifikation 2.11 ein Master nötig. Jedoch sind nun andere Slaves nötig, da die Module max. 3 Ausgänge haben. Es könnten nun 25 4E3A-Module, 12 4E-Module und 12E-Module verwendet werden. Die Zahl von mindestens 38 Slaves bliebe gleich.

2. Der benötigte Strom wird folgendermaßen berechnet:
   $I_{AS-I} = 150 \cdot 0{,}015 \text{ A} + 75 \cdot 0{,}080 \text{ A} + 38 \cdot 0{,}020 \text{ A}$
   $I_{AS-I} = \mathbf{9{,}01 \text{ A}}$
   Der benötigte Gesamtstrom übersteigt den Maximalstrom eines AS-I-Netzteiles. Die Aktoren können nicht vom AS-I-Netzteil mitversorgt werden und sollten über die schwarze Leitung von einem 24V-Netzteil versorgt werden.

3. Am Ende der Prozessdaten wird ein Datensicherungsteil übermittelt, die Frame Check Sequenz (FCS). Durch diese Sequenz kann die Anschaltbaugruppe erkennen, an welcher Stelle des Busses Übertragungsprobleme auftraten.

4. In jedem InterBus-Teilnehmer ist die Anzahl der Eingangsbits immer identisch mit der Anzahl der Ausgangsbits. Für die Teilnehmer unter a) wird jeweils ein Wort reserviert. Die Teilnehmer unter b) benötigen auch jeweils ein Wort. Die Teilnehmer unter c) benötigten nur jeweils ein Byte.
   Daraus ergibt sich ohne den loop back eine Länge von 5 Worten und 4 Bytes. Das sind insgesamt 14 Byte Daten.

13 Mechatronische Systeme (zu Seite 192)

1. Ein mechatronisches System besteht aus einer Kombination von mechatronischen Teilsystemen

2. Ein mechatronisches System kann z. B. aus den Kombinationen eines
   - mechanischen Teilsystems,
   - elektrischen Teilsystems,
   - pneumatischen Teilsystems,
   - elektropneumatischen Teilsystems,
   - hydraulischen Teilsystems,
   - elektrohydraulischen Teilsystems
   bestehen.

3. Das mechanische Teilsystem kann die Aufgabe des Zusammenhalts der weiteren Teilsysteme haben, aber auch die Aufgabe der Kraftaufnahme und Kraftübertragung.

4. Das elektrische Teilsystem übernimmt hauptsächlich Funktionen der Umwandlung, der Verknüpfung, des Transports und der Speicherung von Signalen und Energien. Des Weiteren umfasst das elektrische Teilsystem die Elemente der Steuerungs- und Leistungsebene.

5. Das pneumatische bzw. elektropneumatische Teilsystem kann die Aufgabe der Signalverarbeitung und Signalweiterleitung haben, aber auch für die Steuerung von schnellen Linear- oder Rotationsbewegungen verantwortlich sein. Des Weiteren kann es für Schutzfunktionen eingesetzt werden.

6. Das hydraulische bzw. elektrohydraulische Teilsystem kann die Aufgabe der Krafterzeugung, der Energiewandlung von elektrischer Energie in Bewegungsenergie und des Energietransports haben.

7. In einem mechanischen Teilsystem können sich Führungssäulen und Führungsbahnen, Zahnräder und Getriebe befinden. Es beinhaltet auch die Aufnahmeelemente für die verschiedenen anderen mechatronischen Teilsysteme.

8. In einem hydraulischen Teilsystem befinden sich die Tankvorrichtung, Rohrleitungen, Schläuche, Hydraulikzylinder, Pumpen und Hydraulikventile.

9. In einem pneumatischen Teilsystem befinden sich die Luftaufbereitungseinheit, die Signal- und Stellglieder und die Aktoren sowie die Leitungen für den Lufttransport.

10. Das Kernstück des elektrischen Teilsystems bildet der Schaltschrank. Er kann beinhalten:
    - Bediengeräte
    - Steuereinrichtungen
    - Signalmelder
    - Schreiber

- Montageplatten und Klemmleisten
- Steckverbindungen
- Schnittstellen für Peripheriegeräte
- Lüfter für die Kühlung der Geräte

Des Weiteren sollen im Schaltschrank folgende Unterlagen greifbar sein:
- Verdrahtungspläne
- Klemmenbeschriftungen
- Lagepläne
- Kenndaten der eingebauten Geräte

Folgende steuerungstechnischen Unterlagen sollen ebenfalls dokumentiert sein:
- SPS-Typ (falls eingebaut)
- Verwendete Ein- und Ausgangskarten
- Spezialkarten
- Zuordnungsliste
- Programm der Steuerung

14 Montage, Inbetriebnahme und Instandhaltung von mechatronischen Systemen

14.1 Montagetätigkeit Fügen (zu Seite 193)

1. Unter der Montage versteht man alle Tätigkeiten, die erforderlich sind, um aus Einzelteilen und vorgefertigten oder schon vormontierten Baugruppen funktionsfähige Systeme zu erhalten.

2. - Fügen von Bauteilen
   - Prüfen und Justieren

3. - Formschlüssige Verbindung
   - Kraftschlüssige Verbindung
   - Stoffschlüssige Verbindung

4. Zu den formschlüssigen Verbindungen zählen Keilwellen-, Stift-, Bolzen-, Passschrauben-, Passfeder- und Nietverbindungen sowie Klauenkupplungen und Schnappverschlüsse.

5. Die Übertragung von Kräften und Drehmomenten erfolgt durch Formschluss. Der Formschluss wird durch die geometrische Formgebung der Bauteile erreicht.

6. Zu den kraftschlüssigen Verbindungen zählen Schrauben-, Klemm-, Kegel- und Keilverbindungen sowie Einscheibenkupplungen.

7. Die Übertragung von Kräften und Drehmomenten erfolgt durch Reibungskräfte. Diese Reibungskräfte werden durch das Aufeinanderpressen von Bauteilen erreicht.

8. Zu den stoffschlüssigen Verbindungen zählen Löt-, Schweiß- und Klebverbindungen.

9. Die Übertragung von Kräften und Drehmomenten erfolgt durch Adhäsionskräfte oder Kohäsionskräfte.

10. a) Mittels Splint bzw. Sicherungsblech wird eine formschlüssige Sicherung hergestellt.
    b) Mittels Federring bzw. Zahnscheibe wird eine Kraftschlüssige Sicherung hergestellt.
    c) Mittels Klebstoff wird eine stoffschlüssige Sicherung hergestellt.

11. Durch Kleben
    - ist das Fügen von unterschiedlichen Werkstoffen möglich,
    - ist keine Gefügeveränderung durch Wärmeeinwirkung zu befürchten,
    - sind keine Maschinen erforderlich.

12. Kupplungen haben die Aufgabe, Wellen durch Form- oder Kraftschluss zu verbinden, Stöße und Schwingungen zu dämpfen sowie vor Überlastung zu schützen. Des Weiteren dienen sie zum Schalten von Getriebestufen oder zur Drehmomentübertragung.
    a) Elastische Kupplungen sind schwingungsdämpfend, elastisch isolierend, spielfrei, steckbar und versatzausgleichend in radialer oder axialer Richtung. Sie ermöglichen ein weiches Anfahren.
    b) Z. B. bei Kolbenpumpen, um Drehmomentstöße auszugleichen, oder bei Hobel- und Stoßmaschinen, um stoßartige Belastungen zu dämpfen.

14.2 Prüfen und Justieren (zu Seite 194)

1. a) Leichtgängigkeit, z. B. von Führungen oder Schlitten.
      Stabilität von Bauteilen.
   b) Dichtheit von Leitungen.
      Dichtheit von Anschlüssen.
      Überprüfung des Betriebsdruckes.
   c) Höhe und Art der eingespeisten Spannung in den Haupt- und Steuerstromkreis.
      Korrekte Bestückung von Sicherungen.

2. • Justieren von Zylindern
   • Justieren von Endschaltern
   • Parametrierung der Sensoren

3. Prüfen der Bauteile auf
   • Vollzähligkeit (entsprechend der Stückliste)
   • Funktionsfähigkeit (Kupplungen, Getriebe, usw.)
   • Sauberkeit (Verschmutzung)
   • Zustand (Alterung, Verschleiß, Korrosion)
   • Form- und Maßhaltigkeit (Prüfung der Kontaktstellen)
   • Hilfsstoffe und Zusatzstoffe (Eignung und Alterungsgrad)

4. • Leichtgängigkeit von Bauteilen prüfen (Wellen, Spindeln, Schlitten)
   • Sitz von Verbindungen prüfen (Belastungsprobe)
   • Maßhaltigkeit prüfen (montierte Bauteile)
   • Kontaktfähigkeit prüfen (Lötstellen, Verdrahtungen)
   • Dichtheit prüfen (Welche Verschraubungen bzw. Verrohrungen)

5. Prüfen auf
   • vollständige Verwendung der einzelnen Bauteile
   • korrekte Ausführung der einzelnen Verbindungen
   • korrekte Menge der Betriebsmittel (Hydrauliköl, Schmierstoffe u. a.)
   • Dichtheit bei Gehäusen, Rohr- und Schlauchverbindungen
   • Sicherheit der Installationen
   • Korrektheit der Softwareinstallation

6. • Prüfen der notwendigen Sicherheitsmaßnahmen
   • Prüfen der Emissionsbelastungen
   • Prüfen der Mindestabstände zu anderen Maschinen, zu Wänden, zu Fluchtwegen
   • Prüfen, ob die Umweltbelastungen für die Maschine oder Anlage geeignet sind
   • Prüfen, ob die Statik am Aufstellungsort gesichert ist
   • Prüfen, ob die Energieversorgung gewährleistet ist

Arbeitsauftrag Kontrollstation (zu Seite 194)

1.

		Checkliste		
01	Sind alle Bauteile nach Plan montiert?		☐ Ja	☐ Nein
02	Sind alle Verbindungen korrekt ausgeführt?		☐ Ja	☐ Nein
03	Grundstellung der Endschalter geprüft?		☐ Ja	☐ Nein
04	Anlage mit Druckluft versorgt?		☐ Ja	☐ Nein
05	Anlage mit elektrischer Energie versorgt?		☐ Ja	☐ Nein
06	Arbeiten die Endschalter korrekt?		☐ Ja	☐ Nein
07	Arbeiten die Sensoren zur Erkennung der Werkstücke korrekt?		☐ Ja	☐ Nein
08	Ablauf der Kontrollstation ohne Werkstücke überprüft?		☐ Ja	☐ Nein
09	Probelauf mit Werkstücken durchgeführt?		☐ Ja	☐ Nein
10	Arbeitet der Sauggreifer korrekt?		☐ Ja	☐ Nein
11	Arbeiten die Sensoren korrekt?		☐ Ja	☐ Nein
12	Ist der Ablauf mit unterschiedlichen Materialen korrekt?		☐ Ja	☐ Nein

14.3 Montageplanung (zu Seite 195)

1.
   - Verringerung der Teilezahl
   - Reduzierung der Fügerichtung
   - Vermeidung von biegeschlaffen Teilen
   - Begrenzung der Produktvarianten
   - Einfügen von Positionier- und Justierhilfen

2. Der Montageplan muss alle erforderlichen Zeichnungen und Anweisungen zur Montagedurchführung enthalten.

3.
   - Montageplan und Zeichnungen müssen erstellt werden.
   - Welche Werkzeuge und Hilfsmittel werden benötigt?
   - Ist die Energieversorgung gewährleistet?
   - Sind die benötigten Transportmittel vorhanden?
   - Ist die Arbeitssicherheit gewährleistet?
   - Sind die Umgebungsbedingungen entsprechend?
   - Sind die Umweltbedingungen akzeptabel?

4.
   - Mit welchen Werkzeugen werden die Teile miteinander verbunden
   - Festlegung der Funktions- und Lageprüfungen

5. Bei der Planung spielt neben der Wirtschaftlichkeit eines Projektes immer mehr die Umweltverträglichkeit eine große Rolle.

6. Schnellkupplungen sind demontagefreundlich und können unter Druck und ohne Leckverluste getrennt werden.

7. Der Platz muss so geplant werden, dass an den Wartungs- und Reparaturbereichen ausreichend Ablageflächen für Werkzeuge und Maschinenteile vorhanden sind. Des Weiteren muss genügend Bewegungsraum für das Fachpersonal eingeplant werden.

8. Unter Demontage versteht man die Zerlegung von Mehrkörpersystemen zu Baugruppen oder Bauteilen.

9. Es muss unbedingt die Reihenfolge der Maßnahmen eingehalten werden.

10. Als erstes muss die Anlage bzw. Maschine außer Betrieb genommen werden. Als nächster Schritt muss die Maschine gegen Wiedereinschalten gesichert werden.

11.
    - Hydrauliköl muss abgekühlt sein
    - Schnellkupplungen der Hydraulikanschlüsse trennen
    - Austretende Flüssigkeiten in geeigneten Behältern auffangen
    - Elektroanschlussleitungen trennen
    - Schutzeinrichtungen und Verkleidungen aller Antriebseinrichtungen demontieren

12. Die elektrischen Zuleitungen müssen vor der Demontage spannungsfrei geschaltet, geprüft und gesichert werden und vor Wiedereinschalten gesichert werden.

14.4 Organisationsformen der Montage (zu Seite 195)

1.
   - manuell
   - mechanisiert
   - teilautomatisch
   - vollautomatisch

2. Unter Einzelmontage versteht man, dass die Montage von Baugruppen oder Systemen an einem Platz vorgenommen wird.

3. In Einzelmontage werden hauptsächlich Einzelstücke und Kleinserien gefertigt.

4. Wenn die Montagetätigkeit in mehrere Teilverrichtungen gegliedert wird, die in zeitlicher Abhängigkeit zueinander stehen, spricht man von Reihen- oder Fließmontage.

14.5 Montagehinweise (zu Seite 196)

1.
   - Um Schaden an Mensch und Maschine zu verhindern.
   - Um einen reibungslosen und funktionsgerechten Betrieb zu gewährleisten.

2. Nur geschultes Personal

3. • Verpackung auf Schäden untersuchen. Im Schadensfall Meldung beim Transporteur oder Hersteller.
   • Gelieferte Systeme auf Vollständigkeit prüfen
   • Hinweise für Beförderungen beachten. Hebezeuge richtig einsetzen.

4. Der Ort, an dem die Maschine aufgestellt wird, ist auf Standfestigkeit (Statik) und Ebenheit zu prüfen.

5. Am Aufstellungsort der Maschine oder Anlage müssen die erforderlichen Anschlüsse vorhanden sein. Der Anschluss der Maschine oder Anlage muss in der festgelegten Reihenfolge erfolgen.

6. • Für die Überprüfung muss der Druck der Pneumatikanlage auf sechs bar eingestellt werden.
   • Zylinder müssen gedämpft in die Endlage fahren.
   • Die eingestellten und justierten Endanschläge, Endschalter und -drosseln sind zu versiegeln.

7. a) Beim Transport und beim Aufstellen der Maschine oder Anlage sind Schutzhandschuhe (gegebenenfalls Schutzhelm) und Sicherheitsschuhe zu tragen.
   b) Arbeitsflächen sind sauber zu halten. Gelagerte Teile sind gegen Staub, Feuchtigkeit und Ablagerungen abzudecken.

Zur Vertiefung (zu Seite 196–197)

1. ☐ Korrekte Netzspannung vorhanden.
   ☐ Netzspannung ist bei der vorgegebenen Blindleistung ausreichend stabil und weicht um nicht mehr als die zulässige Toleranz von der Nennspannung ab.
   ☐ Netzleitung und Netzabsicherung entsprechend der Leistungsaufnahme und den gültigen Vorschriften ausgelegt.
   ☐ Netzleitung entsprechend den gültigen Vorschriften.
   ☐ Netzleitung geschützt vor Beschädigung verlegt.
   ☐ Netzleitung mit Schutzleiter vorschriftsmäßig angeschlossen.
   ☐ Kabeldurchführung und Zugentlastung angebracht.
   ☐ Alle Anschlussstecker und Verbindungskabel eingesteckt und gesichert.
   ☐ Richtige Spannung, Frequenz und rechtsdrehendes Drehfeld vorhanden.
   ☐ Alle elektrischen Kabel sicher vor Beschädigung, z.B. durch Scheuern, Knicken, Quetschen, Abreißen usw.
   ☐ Drehrichtung von Pumpen, Lüftern usw. entspricht dem Pfeil auf dem jeweiligen Gehäuse.

2. Sämtliche Punkte der Prüfliste sind zu beachten und abzuzeichnen.

3. Von der Elektrofachkraft sind bei der Demontage und der Montage des Drehstrommotors die Sicherheitsregeln zu beachten und folgende Schritte durchzuführen:
   1. Freischalten der Maschine,
   2. Gegen Wiedereinschalten sichern,
   3. Spannungsfreiheit feststellen,
   4. Motor abklemmen und ausbauen
   5. Neuen Motor einbauen und anklemmen,
   6. Korrektheit der Anschlüsse überprüfen,
   7. Spannung wieder einschalten.

4. a) 1. Sechskantmutter Pos. 5 entfernen.
      2. Bolzen Pos. 4 herausziehen.
      3. Sicherungsring Pos. 7 abnehmen.
      4. Scheibe Pos 6 entfernen.
      5. Gummipuffer Pos. 3 abziehen.
      6. Neuen Gummipuffer aufziehen.
      7. Scheibe Pos. 6 montieren.
      8. Sicherungsring Pos. 7 montieren.
      9. Bolzen Pos. 4 einbauen.
      10. Sechskantmutter Pos. 5 über Kreuz anziehen.
   b) Grobe Ausrichtung mit dem Lineal, genaue Ausrichtung mit der Messuhr.
   c) Schwingungen beim Anfahren oder im Betriebszustand können die Verbindung lockern.

14.6 Arbeitssicherheit bei der Montage und bei der Arbeit im Betrieb (zu Seite 197–198)

1. Gefahren entstehen durch:
   • Stolperstellen
     – Herumliegen von Bauteilen
     – ungeeignete oder arbeitswidrige Gerüste
     – Podeste
   • Zu schwache oder defekte Hebezeuge und Anschlagmittel

- Falsche körperliche Anstrengungen durch Heben, Halten oder Tragen von Lasten
  - unfachmännisches Anheben aus dem Rücken
- Arbeiten in Zwangshaltung
  - zu wenig Körper- und Bewegungsfreiheit
- Fehlende Absperrungen
- Physische, chemische und biologische Einwirkungen wie
  - Lärm
  - Dämpfe
  - Feuchtigkeit
- Psychische Belastungen wie
  - Zeitdruck
  - ungenaue Aufgabenbeschreibung
  - große Verantwortung
  - fehlende Erfahrung
  - große Freude
  - große Trauer
  - Liebeskummer

2.
- Monteure beim Aufbau der Maschine oder Anlage.
- Inbetriebnehmer beim Anfahren der Maschine oder Anlage.

3.
- Einhalten der Sicherheitsvorschriften
  - Warnzeichen beachten
  - Verbotszeichen befolgen
- Anwendung von Sicherheitsmaßnahmen
  - Schutzkleidung tragen
  - Gerüste erstellen
  - Absperrungen anbringen
- Defekte Werkzeuge und Hilfsmittel aussortieren
- Vorausschauendes, gefahrenbewusstes Verhalten

4.
- Ruhe bewahren
- Erkunden und beurteilen, was passiert ist und welche Verletzungen vorliegen könnten
- Abschätzen, ob weitere Gefahren drohen und welche Maßnahmen ergriffen werden müssen
- Besonnen und entschlossen Handeln
  - Abschalten von Maschinen
  - Absichern der Unfallstelle
  - Rettung des Verunfallten
  - Hilfeholen durch Notruf
  - Erste Hilfe leisten

5.
- Exakte Angabe des Unfallortes
  - **wo** ist es passiert
- Exakte Beschreibung des Unfallherganges
  - **was** ist passiert
- Anzahl der Verletzten
  - **wie** viel Personen sind verletzt
- Art der Verletzungen
  - **welche** Verletzungen liegen vor

6.
- Entfernen von der Gefahrenzone
  - bei Brand- oder Explosionsgefahr
  - Flammen mit Löschdecke löschen
- Atemkontrolle durchführen
  - künstliche Beatmung falls erforderlich
- Drehen in stabile Seitenlage bei vorhandener Atmung
- Abdrücken bei starken Blutungen
  - Druckverband anlegen
- bei Schockzustand Beine hoch lagern

7.
- Unachtsamkeit beim Umgang mit brennbaren Stoffen wie z. b. Lacke
- Unachtsamkeit beim Schweißen
- Unachtsamkeit beim Schleifen (Winkelschleifer)
- Unachtsamkeit beim thermischen Trennen

8. • Überhitzte Lager
   • Zündfunken
   • Unachtsamkeit bei Arbeitspausen (brennende Zigarettenkippen)

9. • Aufstellen von Feuerwachen bei feuergefährlichen Arbeiten wie
     – Schweißen
     – Hartlöten
     – Trennschleifen
     – Trennschneiden
   • Feuerlöscher bereitstellen
   • Rauchmelder installieren

10. • Ruhe bewahren
    • Löschversuche vornehmen
    • Türen schließen, aber nicht verriegeln
    • Notruf zur Feuerwehr
    • Personen im Gebäude informieren

11.

Farben	Lösungsmittel, Toluol
Lacke	Lösungsmittel, Xylol
Klebstoffe	Lösungsmittel
Lösungsmittel	Perchlorethylen (PER)
Schneidöl	Ölaerosole
Hydrauliköl	PBC, Benzol, Nitrosamine

Tabelle 1: Inhaltsstoffe

12.

E	explosionsgefährlich (Explosive)
F+	hochentzündlich (Flammable)
F	leichtentzündlich (Flammable)
O	brandfördernd (Oxidizing)
T+	sehr giftig (Toxic)
T	giftig (Toxic)
Xn	gesundheitsschädlich (noxious)
Xi	reizend (irritating)
C	ätzend (Corrosive)
N	umweltgefährlich (Nature)

14.7 Inbetriebnahme (zu Seite 199–200)

1. Unter der Inbetriebnahme versteht man die Überführung einer Anlage aus dem Ruhrzustand in den Betriebszustand.

2. Zur Inbetriebnahme zählen die Tätigkeiten, die zum Instandsetzen von zuvor montierten Systemen erforderlich sind.

3. Bei einer Erstinbetriebnahme wird ein System erstmalig in Betrieb genommen. Eine Wiederinbetriebnahme erfolgt, wenn nach einer Störung das System betriebsunfähig wurde und nach Instandsetzungsarbeiten wieder in Betrieb genommen wird.

4. • Die Qualität der Planung
   • Die Qualität der Montage
   • Die Qualität des Bedienpersonals
   • Die funktionelle Kopplung mit anderen Systemen
   • Die Aufstellungsbedingungen
   • Die standortspezifischen Bedingungen

5. Die wichtigsten Vorschriften, die bei einer Inbetriebnahme zu befolgen sind, sind in
   - DIN-Vorschriften,
   - VDE-Richtlinien und
   - VDI-Richtlinien

   aufgeführt.

6. Die Inbetriebnahme ist in Anwesenheit des Kunden unter Produktionsbedingungen durchzuführen. Dabei ist die Vorgehensweise in einer Inbetriebnahme-Checkliste beschrieben.

7. Nach dem erfolgreichen Test der Anlage im Beisein des Eigners unter Betriebsbedingungen erfolgt die Abnahme und damit die Übergabe an den Kunden. Die Abnahme wird im Abnahmeprotokoll dokumentiert und durch die Unterschrift der Beteiligten bestätigt.

8. Die bei der Inbetriebnahme auftretenden Fehler bzw. Mängel sind, falls möglich, zu beheben. Sie sind in einer Fehlerliste zu dokumentieren und auf die Fehlerquelle hin zu untersuchen.

9.
   - Der Standort muss sauber und ordentlich verlassen werden.
   - Material und Werkzeug im Montagewagen sind auf Vollständigkeit zu überprüfen.

10.
    - Überprüfung der technischen Daten der Anlage
      - Spannung des Steuerstromkreises
      - Spannung des Leistungsstromkreises
      - pneumatischer Druck
    - Rohrleitungen und ihre Anlage überprüfen.

11. Es sind unbedingt und uneingeschränkt die Vorschriften für die Inbetriebnahme zu befolgen und einzuhalten.

12.
    - Hände dürfen sich nicht im Hubbereich der Zylinder befinden
    - Endschalter zu Testzwecken mit geeignetem Werkzeug betätigen

13.
    - Überprüfung der technischen Daten der Anlage
      - Spannung des Steuerstromkreises
      - Spannung des Leistungsstromkreises
      - hydraulischer Druck
    - Rohrleitungen und ihre Anlage überprüfen.
    - Überprüfen der Leckleitungen
    - Überprüfung der Absicherung der beweglichen Teile
    - Kontrolle der Ölbehälter
    - Überprüfung der Förderrichtung der Pumpen

14. Es sind unbedingt und uneingeschränkt die Vorschriften für die Inbetriebnahme zu befolgen und einzuhalten.

15.
    - Überprüfung der Netze für Haupt- und Steuerstromkreis
    - Überprüfung der Verkabelung
    - Kontrolle der Sicherungen
    - Zuschaltung der Spannung
    - Überprüfung der anliegenden Spannung
    - Kontrolle des Drehfeldsinnes
    - Überprüfung der Schutzmaßnahmen
    - Überprüfung der Kühlsysteme
    - Kontrolle, ob alle vorgeschriebenen Richtlinien eingehalten wurden

16.
    - Stimmen Gerätespannung und Netzspannung überein?
    - Stimmen die Anschlüsse der Stromversorgung?
    - Wurde der Schutzleiter richtig angeschlossen?
    - Bestehen keine leitenden Verbindungen zwischen Steuerstromkreis und Hauptstromkreis?

17. Als Fehler wird die Nichterfüllung von mindestens einer Anforderung an die Steuerung bezeichnet.

18. Fehler sind die Ursachen für die Störungen oder Ausfälle eines mechatronischen Systems.

19. Es gilt folgende Vorgehensweise:
    - Fehlererkennung
    - Fehlereingrenzung (Analyse)
    - Fehlerbehebung

20. Handelt es sich bei dem Fehler um einen
    - Bauteilefehler
    - Montagefehler
    - Inbetriebnahmefehler

21. - Einsatz der Sinnesorgane
        - Ohren (pfeifende Lager, unrund laufende Systeme usw.)
        - Nase (Schmorstellen in Verkabelungen, heißlaufen von Lagern usw.)
        - Augen (Rauchentwicklung, Leckagen, usw.
        - Tastsinn (Vibrationen usw.)
    - Einsatz technischer Unterlagen
        - Programmablaufpläne (GRAFCET)
        - Schaltpläne

Arbeitsauftrag (zu Seite 200–201)

1. Unter der Inbetriebnahme versteht man die Überführung einer Anlage aus dem Ruhrzustand in den Betriebszustand. Dabei unterscheidet man zwischen **Erstinbetriebnahme** und **Wiederinbetriebnahme**.
   Bei der Erstinbetriebnahme wird ein System erstmalig in Betrieb genommen. Eine Wiederinbetriebnahme erfolgt, wenn nach einer Störung das System betriebsunfähig wurde und nach Instandsetzungsarbeiten wieder in Betrieb genommen wird.

2. Faktoren, die die Inbetriebnahme beeinflussen, sind
    - die Qualität der Planung,
    - die Qualität der Montage,
    - die Qualität des Bedienpersonals,
    - die funktionelle Kopplung mit anderen Systemen,
    - die Aufstellungsbedingungen und
    - die standortspezifischen Bedingungen.

3. Bei der Inbetriebnahme mechatronischer Systeme ist nach folgenden Schritten zu verfahren:
    - **Kaltcheck der Hardware**
      Überprüfung der installierten Geräte in den Schaltschränken
    - **Inbetriebnahme unter Produktionsbedingungen**
      Der Kunde ist anwesend.
      Check-Inbetriebnahmeliste wird abgearbeitet
    - **Abnahme und Übergabe an den Kunden.**
      Dokumentation im Abnahmeprotokoll.
      Bestätigung durch Unterschrift der Beteiligten
    - **Inbetriebnahmeprotokoll**
      Der Montage- und Inbetriebnahmeleiter erstellt einen abschließenden Bericht. Dieser wird im Projektordner abgelegt.

4.

Nr.	Frage	Ja	Nein
01	Spannung des Steuerstromkreises geprüft?	☐ Ja	☐ Nein
02	Spannung des Leistungsstromkreises geprüft?	☐ Ja	☐ Nein
03	Pneumatischen Druck geprüft?	☐ Ja	☐ Nein
04	Anlage drucklos geschaltet?	☐ Ja	☐ Nein
05	Grundstellung der Aktoren nach Plan kontrolliert?	☐ Ja	☐ Nein
06	Grundstellung der Impulsventile geprüft?	☐ Ja	☐ Nein
07	Drosselventile für die Kolbengeschwindigkeit geschlossen?	☐ Ja	☐ Nein
08	Anlage mit Arbeitsdruck versehen?	☐ Ja	☐ Nein
09	Schrittfolge der Zylinderbewegungen mittels Handhilfsbetätigung durchgeführt?	☐ Ja	☐ Nein
10	Elektrische Spannung bereitgestellt?	☐ Ja	☐ Nein
11	Ablauf der Zylinderbewegungen ohne Werkstück überprüft?	☐ Ja	☐ Nein
12	Probelauf mit Werkstück durchgeführt?	☐ Ja	☐ Nein
13	Übergabe an den Kunden?	☐ Ja	☐ Nein
14	Abnahmeprotokoll erstellt und unterschrieben?	☐ Ja	☐ Nein

5. Für die wesentlichen Punkte bei der Inbetriebnahme von **pneumatischen Systemen** gilt:
Vor der Inbetriebnahme müssen der pneumatische Druck und die Rohrleitungen der Anlage überprüft werden. Bei elektropneumatischen Anlagen sind auch die Spannung des Steuerstromkreises und die Spannung des Leistungsstromkreises zu überprüfen. Nach diesen Schritten sind unbedingt und uneingeschränkt die Vorschriften für die Inbetriebnahme zu befolgen und einzuhalten.

Für die wesentlichen Punkte bei der Inbetriebnahme von **hydraulischen Systemen** gilt:
Vor der Inbetriebnahme müssen der hydraulische Druck und die Rohrleitungen der Anlage überprüft werden. Bei elektrohydraulischen Anlagen sind auch die Spannung des Steuerstromkreises und die Spannung des Leistungsstromkreises zu überprüfen. Des Weiteren sind bei der Inbetriebnahme die Leckleitungen so wie die Absicherung der beweglichen Teile zu kontrollieren. Die Ölbehälter und die Förderrichtung der Pumpen sind zu kontrollieren. Die Vorschriften für die Inbetriebnahme sind unbedingt einzuhalten.

Für die wesentlichen Punkte bei der Inbetriebnahme von **elektrischen Systemen** gilt:
Das Netz für Haupt- und Steuerstromkreis ist zu prüfen. Die Verkabelung und die Sicherungen sind zu kontrollieren. Nach dem Zuschalten der Spannung ist die anliegende Spannung zu prüfen. Das Drehfeld und die Schutzmaßnahmen und die Kühlsysteme sind zu kontrollieren. Eine Kontrolle der vorgeschriebenen Richtlinien ist durchzuführen.

Für die wesentlichen Punkte bei der Inbetriebnahme von **SPS-Systemen** gilt:
Stimmen Gerätespannung und Netzspannung überein?
Stimmen die Anschlüsse der Stromversorgung? Wurde der Schutzleiter richtig angeschlossen? Bestehen keine leitenden Verbindungen zwischen Steuerstromkreis und Hauptstromkreis?

6. Fehler bei der Inbetriebnahme von mechatronischen Systemen können im Wesentlichen auf die Ursachen
   - Bauteilfehler,
   - Montagefehler,
   - Inbetriebnahmefehler

   zurückgeführt werden.
   Diese Fehler können durch den Einsatz der Sinnesorgane (Hören, Riechen, Sehen, Tasten bzw. Fühlen) lokalisiert oder durch Zuhilfenahme der technischen Unterlagen (Stromlaufpläne, Schaltpläne, Programmablaufpläne usw.) analysiert werden.

14.8 Instandhaltung von mechatronischen Systemen (zu Seite 202–204)

1. Unter der Instandhaltung versteht man alle Maßnahmen zur Bewahrung und Wiederherstellung des Sollzustandes sowie zur Feststellung und Beurteilung des Istzustandes von technischen Mitteln eines Systems.

2. Die Instandhaltung umfasst die Bereiche
   - Wartung
   - Inspektion
   - Instandsetzung
   - Verbesserung

3. a) Die Ausfälle in diesem Bereich treten z. B. wegen unsachgemäßer Montage der Bauteile oder durch Fehler bei der Materialauswahl auf.
   b) In diesem Zeitraum ist der Ausfall eines Bauteils oder eines technischen Systems rein zufällig.
   c) Mit zunehmender Betriebsstundendauer nimmt der Verschleiß zu. Es kommt z. B. zu Ausfällen, weil der Abnutzungsvorrat aufgebraucht ist oder weil durch Materialermüdung ein Ausfall bedingt ist.

4. Unter Abnutzungsvorrat versteht man den maximalen maßlichen Bereich, bis zu dem das Bauteil oder Werkzeug abgenutzt werden darf, ohne dass eine Auswechslung stattfinden müsste (z. B. die Profiltiefe bei Fahrzeugreifen).

5. Wird z. B. in eine Maschine ein Bauteil mit verbesserten Materialeigenschaften eingebaut oder z. B. bei einer Wendeschneidplatte eine mit dickerer Verschleißschicht eingesetzt, so vergrößert sich der Abnutzungsvorrat.

6. - Vorbeugende Instandhaltung
   - Ausfallbedingte Instandhaltung
   - Zustandsabhängige Instandhaltung
   - Qualitätssichernde Instandhaltung

7. Die vorbeugende Instandhaltung wird auch als intervallabhängige Instandhaltung bezeichnet. Die Instandhaltungsarbeiten erfolgen in regelmäßigen festgelegten Zeitabständen, unabhängig vom Zustand des Abnutzungsvorrates.

8. Die Instandhaltungsarbeiten erfolgen erst nach dem Schadensfall bzw. nach dem Ausfall des Werkzeuges oder der Maschine.

9. Der Ist-Zustand des Abnutzungsvorrats wird geprüft. Die Instandhaltungsarbeiten erfolgen nach dem Verbrauch des Abnutzungsvorrats des Werkzeuges oder der Maschine.

10. Die Wartung von mechatronischen Systemen dient der Vorbeugung von Fehlern und damit der Verhinderung von Ausfällen

11. Die Wartung ist eine Maßnahme zur Verzögerung des Abbaus des vorhandenen Abnutzungsvorrates

12. - **Reinigen:** Entfernen von Fremdkörpern durch Putzen, Saugen; Verwendung von Lösungsmitteln.
    - **Schmieren:** Bewahrung der Gleitfähigkeit durch Zuführung von Schmierstoffen an die Schmierstellen.
    - **Ergänzen:** Auffüllen von Hilfsstoffen, z. B. Kühlmittel Getriebeöl, Hydrauliköl, Emulsionen.
    - **Nachstellen:** Justieren einstellbarer Maße; Beseitigung von Abweichungen, z. B. Lagerspiel, Anschläge, Druck.
    - **Auswechseln:** Austausch von Teilen und Hilfsstoffen, z. B. Ölwechsel, Filterwechsel, Schlauchklemmen, Dichtungen.
    - **Konservieren:** Schutz gegen äußere Einflüsse durch Abdichten, Einfetten, Anstreichen oder Folienüberzug.

13. Die regelmäßige Wartung einer Maschine erfolgt am Ende eines Arbeitstages oder einer Schicht durch den Maschinenführer. Es müssen die vom Hersteller der Maschine vorgeschriebenen Wartungsarbeiten ausgeführt werden und die vorgeschriebenen Schmierstoffe verwendet werden.

14. Ziel der Inspektion ist das rechtzeitige Erkennen von Verschleiß und Abnutzung

15. - Überprüfung des Istzustandes
    - Bewertung des Istzustandes

16. Maßnahmen zur Feststellung und Beurteilung des IST-Zustandes einer Betrachtungseinheit und Ursachenforschung der Abnutzung.

17. - Planen
    - Messen
    - Prüfen
    - Diagnostizieren

18. - **Sehen:** Flüssigkeitsstände; Bauteilrisse
    - **Hören:** Laufgeräusche von Motoren, Spindeln
    - **Riechen:** Abgase, verschmorte Dichtungen oder Kabel
    - **Fühlen:** raue Oberflächen, Temperatur
    - **Ablesen:** Druck- und Temperaturanzeigen

19. - **Erstinspektion:** Sie wird nach dem Aufstellen und der Erstinbetriebnahme des mechatronischen Systems durchgeführt.
    - **Regelinspektion:** Sie wird im Rahmen eines Inspektionsplans in regelmäßigen Intervallen durchgeführt.
    - **Sonderinspektion:** Sie wird erforderlich, wenn unzulässige Abweichungen der Fertigungsgenauigkeit festgestellt werden oder nach einer schweren Betriebsstörung.
    - **Ausmusterung:** Eine Ausmusterung erfolgt, wenn der Abnutzungsvorrat aufgebraucht ist.

20. Ziele der Instandsetzung sind Maßnahmen zur Wiederherstellung des SOLL-Zustandes des mechatronischen Systems ohne Verbesserung.

21. - Ausbessern
    - Reparieren
    - Austauschen
    - Funktionsprüfung

22. Die Grundlage der Instandsetzung ist die Fehlersuche.

23. Verwenden eines
    - Ablaufplanes
    - Fehlersuchprogramms (computerunterstützt)
    - Fehlerbaumes

24. Ziele der Verbesserung sind die Maßnahmen zur Steigerung und Verbesserung der Funktionssicherheit bei wirtschaftlicher Vertretbarkeit des mechatronischen Systems.

25. • Auswerten
    • Analysieren
    • Prüfen
    • Entscheiden

26. a) Bauteile mit höherer Festigkeit und besseren Verschleißeigenschaften einbauen.
    b) Wechsel zu instandhaltungsgerechter Konstruktion
    c) Elektromechanische Steuerungs- und Regelungseinrichtungen durch elektronische Komponenten ersetzen.

Arbeitsauftrag (zu Seite 204)

1. Die Instandhaltung besteht aus den Teilgebieten
    • Wartung,
    • Inspektion,
    • Instandsetzung und
    • Verbesserung.

2. **Wartung:** Maßnahmen zur Verzögerung des Abbaus des vorhandenen Abnutzungsvorrats
   Inspektion: Maßnahmen zur Feststellung und Beurteilung des IST-Zustandes einer Betrachtungseinheit und Ursachenforschung der Abnutzung
   Instandsetzung: Maßnahmen zur Wiederherstellung des SOLL-Zustandes der Betrachtungseinheit ohne Verbesserung
   Verbesserung: Maßnahmen zur Steigerung und Verbesserung der Funktionssicherheit bei wirtschaftlicher Vertretbarkeit

3. Abschnitt „**Frühausfälle**": In dieser Phase treten relativ viele Ausfälle auf. Hervorgerufen werden sie oft durch Fehler bei der Montage.
   Abschnitt „**Zufallsausfälle**": Diese Phase ist gekennzeichnet durch eine relativ geringe Ausfallrate. In diesem Bereich werden die Ausfälle häufig durch unfachmännische Handlungen oder Bedienfehler hervorgerufen.
   Abschnitt „**Alterungs-/Verschleißausfälle**": In dieser Phase steigt die Zahl der Ausfälle wieder stark an. Hervorgerufen werden sie durch das Erreichen des Abnutzungsvorrats einzelner Systemteile.

4. Man unterscheidet drei Instandhaltungsstrategien
    • **Intervallabhängige Instandhaltung:** Die Instandhaltungsarbeiten erfolgen in regelmäßigen festgelegten Zeitabständen.
    • **Zustandsabhängige Instandhaltung:** Die Instandhaltungsarbeiten erfolgen nach dem Verbrauch des Abnutzungsvorrats des Werkzeuges oder der Maschine.
    • **Störungsbedingte Instandhaltung:** Die Instandhaltungsarbeiten erfolgen erst nach dem Schadensfall des Werkzeuges oder der Maschine.

Zur Vertiefung (zu Seite 205–206)

1. Die wirtschaftlichen Ziele der Instandhaltung sind:
    • Hohe Anlagenlaufzeit
    • Hohe Anlagenverfügbarkeit
    • Hohe Zuverlässigkeit der Einzelbauteile
    • Vermeidung von Produktionsstörungen
    • Vermeidung von Produktionsausfällen
    • Erkennen von Schwachstellen und deren Beseitigung
    • Erkennen sich anbahnender Schäden und deren Verhinderung
    • Reduzierung der Instandhaltungszeit

2. Die humanitären Ziele der Instandhaltung sind:
    • Vermeidung von Unfällen
    • Erhöhung der Arbeitssicherheit
    • Erhöhung der Anlagensicherheit
    • Einhaltung gesetzlicher Vorschriften
    • Vermeidung von Umweltbelastungen
    • Vermeidung von Umweltschäden
    • Vermeidung von Materialverschwendung

3. Vorteile der intervallabhängigen Instandhaltung:
    • Gute Planbarkeit der Maßnahme
    • Minimierung der Ersatzteilhaltung
    • Reduzierung unvorhersehbarer Ausfälle

- Hohe Zuverlässigkeit der Maschinen
- Planungssicherheit des Personaleinsatzes

4. Nachteile der vorbeugenden Instandhaltung:
   - Abnutzungsvorrat wird nicht bis zur Abnutzungsgrenze verbraucht
   - Lebensdauer von Bauteilen wird nicht voll ausgenutzt
   - Hoher Ersatzteilbedarf
   - Hohe Instandhaltungskosten
   - Ausfallverhalten von Maschinen kann nicht ermittelt werden

5. Vorteile der zustandsabhängigen Instandhaltung:
   - Maximale Nutzung der Lebensdauer der Bauteile und Anlagen
   - Erkenntnisse des Abnutzungsvorrates lassen terminabhängige Planungen zu
   - Betriebssicherheit ist gewährleistet
   - Geringere Lagerkosten der Betrachtungseinheit
   - Längere Verfügbarkeit der Betrachtungseinheit

6. Nachteile der zustandsabhängigen Instandhaltung:
   - Erhöhter messtechnischer Aufwand
   - Zusätzliche Inspektionsmittel
   - Erhöhter Planungsaufwand
   - Erhöhter Kostenaufwand

7. Vorteile der störungsbedingten Instandhaltung:
   - Ausnutzung des gesamten Abnutzungsvorrates
   - Geringer Planungsaufwand

8. Nachteile der störungsbedingten Instandhaltung:
   - Überraschende und unvorhersehbare Maschinenausfälle
   - Instandhaltung muss oft unter Zeitdruck ausgeführt werden
   - Hohe Kosten für Beschaffung und Lagerung von Ersatzteilen
   - Hohe Fertigungs-Ausfallkosten, wenn Ersatzteile nicht vorrätig sind

9. Der Maschinen- oder Anlagenhersteller übernimmt keine Gewährleistung für Schäden, wenn Wartungsarbeiten nicht durchgeführt oder nicht im Logbuch eingetragen wurden.

10. Der Hersteller der Maschine oder Anlage übernimmt keine Gewährleistung für Schäden, wenn bei Wartungsarbeiten die verbindlichen Angaben zu den Wartungsintervallen nicht beachtet werden.

11. Das Kühlschmiermittel muss
    - für das zu spanende Material geeignet sein;
    - einen vorgeschriebenen Mineralölanteil haben, um mit anderen Ölen nicht zu verkleben;
    - gut mischbar mit Wasser sein;
    - frei sein von aggressiven gesundheitsschädlichen Zusätzen, wie Nitrit, Chlor, PCB;
    - geeignet sein für hohe Schneidleistung;
    - ausreichend Korrosionsschutz gewährleisten;
    - geringe Schaumbildung haben;
    - gutes Abscheidevermögen von Schmier- und Lecköl haben;
    - gute Stabilität gegen Pilze und Bakterien aufweisen;
    - hautverträglich sein;
    - angriffsfrei gegenüber Dichtungen, Elastomere und Maschinenlacke sein;
    - gute Filtrierbarkeit und Separierbarkeit aufweisen.

12. a) Durch Unterschreiten dieser Marke könnte nicht genügend Fließfett auf die Führungsbahnen gelangen und somit Schäden an der Maschine entstehen.
    b) Das vom Maschinenhersteller vorgeschriebene.
    c) Durch Erwärmung kommt es zu einer Volumenvermehrung, und somit könnte das Fließfett aus dem Behälter laufen.
    d) Die Umgebung des Deckels säubern, so dass keine Verunreinigung in den Tank fällt. Den Deckel nach dem Abnehmen so platzieren, dass er nicht wegrollt oder in den Schmutz fällt.
    e) Damit nichts entweichen kann und nichts in den Tank fällt.

15 Sozialkunde

15.1 Der Jugendliche in Ausbildung und Beruf (zu Seite 207–210)

1.
   - Verbesserung des betrieblichen Images in der Öffentlichkeit
   - Vermeidung von Fachkräftemangel
   - Geringeres Fehlbesetzungsrisiko
   - Niedrigere Fluktuation
   - Selbst Ausgebildete erwerben spezielleres Know-how gegenüber extern ausgebildeten Fachkräften

2. Inhalt des Berufsausbildungsvertrages sind:
   - Art, Beginn, Dauer der Ausbildung
   - Zeitliche und sachliche Gliederung der Ausbildung
   - Dauer der Probezeit
   - Ausbildungsvergütung
   - Urlaub
   - Tägliche Arbeitszeit
   - Verfahren zur Kündigung des Ausbildungsverhältnisses

3. Berufsbildungsgesetz (BBiG), Handwerksordnung (HwO)

4. Handwerkskammern, Industrie- und Handelskammern

5. Ausbildungsbetrieb und Auszubildender

6. Der Auszubildende hat folgende Pflichten:
   - Erwerb von Kenntnissen und Fertigkeiten nach der Ausbildungsordnung
   - Schweigepflicht: Stillschweigen über betriebliche Belange
   - Beachtung der Unfallverhütungsvorschriften
   - Gehorsamspflicht: Sorgfältige Ausführung der Aufträge und Verrichtungen
   - Besuch der Berufsschule
   - Führen des Ausbildungsnachweises

7. Der Ausbildungsbetrieb hat folgende Pflichten:
   - Vermittlung von Kenntnissen und Fertigkeiten nach der Ausbildungsordnung
   - Ausführung der Ausbildung nach Plan
   - Pflicht, selbst auszubilden oder einen Ausbilder zu beauftragen
   - Freistellung des Auszubildenden für den Besuch der Berufsschule oder überbetrieblicher Maßnahmen
   - Zahlung der Ausbildungsvergütung
   - Ausbildungsmittel werden kostenlos gestellt
   - Ausstellung eines Zeugnisses

8. Folgende Gründe können zu einer Kündigung des Ausbildungsverhältnisses führen:
   - In der Probezeit, fristlos, ohne Angabe von Gründen
   - Aus wichtigem Grund, fristlos, begründet durch z.B. Schlägerei, Diebstahl,…

9. Hier kann rechtlich nichts beanstandet werden, die Mitteilung erfolgte noch vor dem Ende des Ausbildungsvertrages. Auch am letzten Tag der Ausbildung wäre eine solche Mitteilung rechtlich gesehen in Ordnung.

10.
    - Höhere Bezahlung
    - Höhere berufliche Flexibilität
    - Geringeres Arbeitsplatzrisiko
    - Bessere berufliche Aufstiegsmöglichkeiten

11. Flexibilität bei der Berufswahl bedeutet, dass man notfalls einen anderen Beruf als seinen „Traumberuf" erlernt. Mobilität bedeutet, dass man notfalls eine Ausbildungsstelle annimmt, die vom Wohnort entfernt liegt. Beides kann bei der Wahl der Ausbildungsstelle notwendig sein.

12. Arbeitgeber und Arbeitnehmer erklären übereinstimmend ihren Willen. Das kann formfrei erfolgen und sowohl mündlich als auch schriftlich sein.

13.
    - Lohnsteuerkarte
    - Sozialversicherungsnachweis
    - Nachweis der Krankenkasse
    - Urlaubsbescheinigung vom letzten Arbeitgeber

14. Beispiele:
- Arbeitszeit
- Höhe des Arbeitsentgeldes
- Prämien, Zulagen
- Dauer des Erholungsurlaubs, Kündigungsfristen
- Beginn der Tätigkeit

15. Es ergeben sich folgende Pflichten des Arbeitgebers:
- Lohnzahlung
- Gewährung von Urlaub
- Beschäftigung mit vereinbarter Arbeit
- Abführung der Sozialversicherungsbeiträge
- Beachtung der Unfallverhütungsvorschriften
- Fürsorgepflicht

16. Es ergeben sich folgende Pflichten des AN:
- Erbringung der Arbeitsleistung
- Sorgfältige und gewissenhafte Ausführung der Arbeiten
- Gehorsamspflicht
- Verschwiegenheitspflicht über betriebliche Angelegenheiten

17. Zeitvertrag bei Neueinstellung

18.
- Bei befristeten Verträgen nach Ablauf der Zeit (fristlos)
- Ende der Ausbildung (fristlos)
- Ordentliche Kündigung (Frist von 4 Wochen zum 15. oder Ende des Monats)
- Außerordentliche Kündigung (fristlos)

19. Nur mit triftigem Grund, z.B. Diebstahl, innerhalb von 2 Wochen nach dem Bekanntwerden des Grundes

20. Die Ausbildung erfolgt in Berufsschule und Betrieb, zwei (dualen) Partnern. Die Berufsschule übernimmt hierbei die Vermittlung der theoretischen Kenntnisse und der Allgemeinbildung. Der Betrieb hat die Aufgabe die praktischen Fertigkeiten zu vermitteln und die theoretischen Kenntnisse zu vertiefen.

21. Vorteile sind:
- Praxisbezug der Ausbildung
- Bezahlung von Ausbildungsvergütung
- Vergleichbarkeit der Ausbildung

22. Nachteile sind:
- Die Zahl der Ausbildungsplätze hängt von den ausbildenden Betrieben ab
- Die Qualität der Ausbildung in den Betrieben ist sehr unterschiedlich

23.
- Unfallverhütungsvorschriften
- Gewerbeordnung
- Arbeitsstättenverordnung
- Arbeitssicherheitsgesetz

24.
- Arbeitszeitgesetz
- Jugendarbeitsschutzgesetz
- Bundesurlaubsgesetz
- Mutterschutzgesetz

25.
- Berufsgenossenschaft
- Gewerbeaufsichtsamt
- Betriebsrat
- Sicherheitsbeauftragter
- Meister

26.
- Arbeitsbeginn nicht vor 6.00 Uhr
- Arbeitsende nicht nach 20.00 Uhr
- Arbeitszeit pro Tag maximal 8 Stunden, pro Woche maximal 40 Stunden
- Zahl der Urlaubstage nach Alter gestaffelt
- Arbeitszeit mit Pausen darf maximal 10 Stunden betragen
- Pausenzeit: Mindestens 15 min spätestens nach 4,5 Stunden Beschäftigung. 30 min. Pause bei einer Beschäftigungszeit von 4,5 bis 6 Stunden Arbeit, bei Arbeitszeiten über 6 Stunden: 60 min. Pause.

- Keine Fließband- oder Akkordarbeit (außer zu Ausbildungszwecken, begrenzt)
- Samstags-, Sonntags- und Nachtarbeit sind zu vermeiden (Ausnahmen!)

27.
- Ein Arbeitnehmer wird bewusst von der Gruppe der anderen Arbeitnehmer ausgeschlossen.
- Ein Arbeitnehmer wird von anderen verhöhnt.
- Es werden Gerüchte über einen AN verbreitet.
- Es werden bewusst falsche Schuldzuweisungen oder Verdächtigungen ausgesprochen.

28. Vom Betriebsklima wird vor allem die Motivation der Beschäftigten stark beeinflusst. Ein schlechtes Betriebsklima wirkt demotivierend, erhöht den Krankenstand und kann zu mehr Produktionsausschuss führen. Eine besondere Ausprägung stellt das Mobbing dar.

29.
- Raum für eigenverantwortliches Handeln
- kooperativer Führungsstil
- übertarifliche Bezahlung

30.
- Unberechtigte Kündigung
- Lohnforderung
- unzulässige Arbeitsniederlegung
- Streit um Tarifvereinbarungen
- Streit zwischen Arbeitnehmern

31.
- 1. Instanz: Arbeitsgericht
- 2. Instanz: Landesarbeitsgericht
- 3. Instanz: Bundesarbeitsgericht

32. Es wird versucht, einen Vergleich herbeizuführen.

33. Arbeitgeberverbände organisieren, bündeln und vertreten Arbeitgeberinteressen. Ihre Ziele sind:
- Gewerkschaftliche Forderungen abwehren
- Mitbestimmung einschränken
- Privatisierung öffentlicher Betriebe
- Reformen der gesetzlichen Sozialversicherungen zur Entlastung der AG

34. Gewerkschaften organisieren, bündeln und vertreten Arbeitnehmerinteressen. Ihre Ziele sind:
- Durchsetzung ihrer Interessen in Staat und Wirtschaft
- Mitbestimmung sichern und ausweiten
- Arbeitsplatzsicherheit erhöhen
- Reformen der gesetzlichen Sozialversicherungen ohne zusätzliche Belastung der Versicherten

35.
- Die Industrie- und Handelskammern sind „Körperschaften des öffentlichen Rechts", die vom Staat eingerichtet sind.
- Die IHKs unterliegen der Staatsaufsicht und übernehmen Aufgaben des Staates.
- Zwangsmitgliedschaft der Arbeitgeber!

36.
- Umfassender Service und Unterstützung/Beratung für die Mitgliedsunternehmen
- Existenzgründungsberatung, Unternehmensförderung
- Berufliche Ausbildung und Prüfungsabnahme unter Beachtung des Berufsbildungsgesetzes
- Durchführung von Fort- und Weiterbildungen mit anerkannten IHK-Abschlüssen, z. B. Fortbildung zum Handelsfachwirt
- **Nicht** zu den Aufgaben der Industrie- und Handelskammern gehört die Wahrnehmung sozialpolitischer und arbeitsrechtlicher Interessen

37. Eine Betriebsvereinbarung wird zwischen dem Betriebsrat und dem Arbeitgeber ausgehandelt. Betriebsvereinbarungen ergänzen die Tarifverträge und dürfen die Tarifverträge nicht verschlechtern.

38.
- Arbeitsbeginn und Arbeitsende
- Pausen
- Urlaubspläne
- Soziale Einrichtungen, z. B. Betriebsrente

39.
- Betriebsverfassungsgesetz
- Personalvertretungsgesetz
- Mitbestimmungsgesetz
- Montanmitbestimmungsgesetz
- Arbeitsgerichtsgesetz

40. In Betrieben mit mindestens fünf wahlberechtigten Arbeitnehmern über 18 Jahre.

41. Bei mehr als fünf Auszubildenden oder Arbeitnehmern unter 18 Jahren.

42. Mindestens einmal im Jahr.

43.
    - Arbeitszeit, Pausenregelung
    - Urlaubsplanung
    - Berufsausbildung
    - Unfallverhütung
    - Sozialeinrichtungen (z.B. Kantine)

44.
    - Kündigungen
    - Versetzungen
    - Einstellungen
    - Umgruppierung in andere Lohngruppen

45. Weiterbildung ist der Oberbegriff für alle Aktivitäten, die der Vertiefung, Erweiterung oder Erneuerung von Wissen, Fähigkeiten und Fertigkeiten von Menschen dienen, die eine erste Bildungsphase abgeschlossen haben. Mögliche Arten der Weiterbildung sind z.B. Fortbildung und Umschulung.
    Durch Fortbildung sollen Qualifikationen, die bereits in einem Ausbildungsberuf erworben wurden, erhalten, erweitert, der technischen Entwicklung angepasst oder so ausgebaut werden, dass ein beruflicher Aufstieg möglich wird.
    Unter Umschulung versteht man die Aus- bzw. Weiterbildung für eine andere als die vorher ausgeübte oder erlernte Tätigkeit.

46. Eine Fortbildung ergänzt die bestehende Ausbildung und dient dazu, die bisherigen Kenntnisse an den aktuellen Stand der Technik anzupassen. Gründe für eine Fortbildung können sein: Steigende Anforderungen, neue Technologien, Sicherung des Arbeitsplatzes, zusätzliche Qualifikationen, Meister- oder Technikerausbildung, Arbeitsstellenwechsel, Betriebsgründung.

47.
    - Berufsunfähigkeit, z.B. durch Unfall
    - Arbeitslosigkeit
    - Erlernter Beruf ist ohne Zukunft
    - Persönliche Unzufriedenheit mit bisher erlerntem Beruf
    - Wenig oder keine Aufstiegsmöglichkeit

48. Unter beruflicher Flexibilität versteht man die Fähigkeit, sich auf wechselnde Anforderungen im Beruf einstellen zu können.

49. Die Bereitschaft eines jeden Arbeitnehmers, sich durch Weiterbildungsmaßnahmen an die jeweiligen Erfordernisse der Berufswelt anzupassen.

50. Arbeitsförderung
    - Bildungsgutschein zur Übernahme von Weiterbildungskosten
    - Arbeitsbeschaffungsmaßnahmen
    - Lohnkostenzuschuss
    - Eingliederungszuschuss
    - Unterstützung der Beratung und Vermittlung z.B. durch Reisekosten zu Vorstellungsgesprächen oder Bewerbungskosten
    - Gründungszuschuss für Existenzgründer

    Förderung der Berufsausbildung
    - Berufsvorbereitende Bildungsmaßnahmen (BvB)
    - Ausbildungsbegleitende Hilfen (abH)
    - Ausbildung in außerbetrieblichen Einrichtungen
    - Berufsausbildungsbeihilfe (BAB)
    - Förderung von Wohnheimen für Auszubildende
    - Ausbildungsmanagement (AMA)

51. Sicherung und Erhaltung des Friedens unter den Mitgliedstaaten.

52. Die EU bietet spezielle Förderprogramme an, die es jungen Leuten ermöglicht, einen Teil ihrer Ausbildung im europäischen Ausland zu absolvieren. Beispiele: Leonardo richtet sich an Auszubildende, Erasmus an Studierende.

53. Die meisten Länder der EU können von EU-Bürgern ohne Pass- oder Ausweiskontrolle bereist werden. EU Bürger dürfen in anderen EU-Ländern leben.

54. In den EU-Ländern kann von EU-Bürgern ohne Beschränkung eingekauft, gearbeitet und Geld angelegt werden.

15.2 Nachhaltige Existenzsicherung (zu Seite 211–213)

1. Wirtschaftlich und sozial Schwache sollen geschützt und abgesichert werden.

2. Krankenversicherung, Pflegeversicherung, Rentenversicherung, Sozialhilfe, Erziehungsgeld, Wohngeld, Lohn- und Gehaltsfortzahlungen.

3. Sozialversicherungsbeiträge von Arbeitnehmern und Arbeitgebern, Steuern.

4.
   - Krankenversicherung
   - Betriebliche Unfallversicherung
   - Arbeitslosenversicherung
   - Pflegeversicherung
   - Rentenversicherung

5. Bei den Sozialversicherungen wird vom Arbeitgeber und vom Arbeitnehmer jeweils die Hälfte der Beiträge bezahlt. Die einzige Ausnahme bildet die betriebliche Unfallversicherung, deren Beiträge vom Arbeitgeber voll übernommen werden.

6.
   - Krankenkasse (Krankenversicherung und Pflegeversicherung)
   - Berufsgenossenschaft (Unfallversicherung)
   - Bundesagentur für Arbeit (Arbeitslosenversicherung)
   - Versicherungsanstalten (Rentenversicherung)

7.
   - Krankenversicherung: Arztbesuche, Krankengeld, Zahnarztbehandlung, Rehabilitationsmaßnahmen
   - Unfallversicherung: Berufskrankheit, Arbeits- und Wegeunfall, Rentenzahlung nach einem solchen Unfall
   - Arbeitslosenversicherung: Arbeitslosengeld I, Arbeitsförderung
   - Pflegeversicherung: Zuschüsse für häusliche oder stationäre Pflege
   - Rentenversicherung: Altersrente, Hinterbliebenenrente, Erwerbsminderungsrente

8.
   - Verhütung von Unfällen und Berufskrankheiten
   - Finanzielle Absicherung der Verunfallten und ihrer Familien
   - Widerherstellen der Erwerbsfähigkeit von Verunfallten (Rehabilitation)

9.
   - Arbeitslosengeld I
   - Kurzarbeitergeld
   - Schlechtwettergeld
   - Arbeitsvermittlung bei Arbeitslosigkeit
   - Finanzierung einer Umschulung

10. Das Arbeitslosengeld II ist eine steuerfinanzierte Fürsorgeleistung des Staates.

11. Arbeitslosengeld I ist eine Versicherungsleistung und wird von der Bundesversicherungsanstalt bezahlt, dagegen ist Arbeitslosengeld II eine staatliche Leistung, die aus Steuern finanziert wird. Sobald ein Arbeitsloser keinen Anspruch mehr auf Arbeitslosengeld I hat, bekommt er Arbeitslosengeld II.

12.
    - Förderung der Gesundheit
    - Behandlung von Krankheiten
    - Verhütung und Früherkennung
    - Hilfen für werdende Mütter
    - Zahlung von Krankengeld

13.
    - Auszubildende
    - Arbeiter
    - Angestellte
    - Wehr- und Zivildienstleistende
    - Personen, die ein freiwilliges soziales Jahr ableisten

14. Sozialversicherungen sind gesetzlich für jeden Arbeitnehmer vorgeschrieben und somit Pflichtversicherungen. Zusatzversicherungen kann jeder freiwillig abschließen.

15. Der Gesetzgeber schreibt diese Versicherungen als verpflichtend für jeden Arbeitnehmer vor. Gründe sind:
    - Alle Arbeitnehmer und ihre Angehörigen sollen vor einer Notlage aufgrund einer Krankheit oder unfallbedingter Arbeitsunfähigkeit geschützt werden.
    - Alle AN sollen bei Pflegebedürftigkeit und im Alter versorgt werden.
    - Alle AN sollen zur Finanzierung der Sozialversicherungen beitragen. Junge und Alte, Kranke und Gesunde stellen somit gemeinsam eine breite Finanzierungsbasis dar.

16. - Haftpflichtversicherung
    - Rechtsschutzversicherung
    - Lebensversicherung
    - Private Krankenversicherung
    - Private Unfallversicherung
    - Private Berufsunfähigkeitsversicherung

17. Die Höhe der Renten wird in regelmäßigen Abständen der allgemeinen Lohnentwicklung angepasst.

18. Die Finanzierung der Altersrente wird von folgenden Problemen gefährdet:
    - Verringerung der Beitragszahler durch sinkende Geburtenzahlen
    - Steigende Zahl von Rentenempfängern aufgrund einer höheren Lebenserwartung und einer höheren Anzahl von Frühverrentungen
    - Arbeitslosigkeit
    - Gleichbleibendes oder abnehmendes durchschnittliches Einkommen

19. Durch die längere Lebenserwartung steigt die Zahl der Leistungsempfänger an. Zugleich stagniert die Zahl der Beitragszahler, im schlimmsten Fall geht die Zahl der Beitragszahler zurück.

20. Eine lang anhaltende Arbeitslosigkeit führt zur Verringerung der Beitragszahler. Zugleich wird die Zahl der Beitragsempfänger in der Arbeitslosenversicherung erhöht.

21. Entscheidungen in Angelegenheiten der Renten-, Kranken-, Arbeitslosen-, gesetzlichen Unfall- und Pflegeversicherung

22. Die Sozialversicherten sollen vor fehlerhaften Entscheidungen der Sozialversicherungen geschützt werden.

23. - Widerspruch einlegen
    - Falls der Widerspruch abgelehnt wird: Klageerhebung mit Klagebegründung beim zuständigen Sozialgericht
    - Das zuständige Sozialgericht prüft von Amts wegen den Sachverhalt
    - In einer mündlichen Verhandlung wird ein Urteil gefällt

24. Nein, von den Versicherten werden keine Gerichtsgebühren erhoben.

25. - Immobilienbesitz
    - Sparen
    - Staatlich geförderte private Vorsorge nutzen (z. B. Riester-Rente)

26. - Finanzierung größerer Anschaffungen oder einer Urlaubsreise
    - Rücklage für die Altersversorgung, auch Anschaffung von Immobilien
    - Rücklage für die Ausbildung der Kinder

27. Sparbuch, Sparbrief, Zuwachssparen, Festgeld, Bausparen, Versicherungssparen, Wertpapiersparen

28. - Steuern
    - Zölle
    - Gebühren
    - Beiträge
    - Solidaritätszuschlag

29. - Lohnsteuer, Einkommensteuer
    - Mehrwertsteuer
    - Gewerbesteuer
    - Mineralölsteuer
    - Tabaksteuer
    - Grundsteuer
    - Kapitalertragsteuer

15.3 Unternehmen und Verbraucher in Wirtschaft und Gesellschaft sowie im Rahmen weltwirtschaftlicher Verflechtungen (zu Seite 213–216)

1. - Produktivität
   - Wirtschaftlichkeit
   - Rentabilität

2. Mit der Produktivität lässt sich die Ergiebigkeit einer wirtschaftlichen Tätigkeit ausdrücken:

   $$\text{Produktivität} = \frac{\text{Produktionsergebnis (Output)}}{\text{Faktoreneinsatz (Input)}}$$

3. Die Arbeitsproduktivität ist die Produktivität für einzelne Produktionsfaktoren:

   $$\text{Arbeitsproduktivität} = \frac{\text{Produktionsergebnis}}{\text{Arbeitsstunden}}$$

4. Bei der Berechnung der Wirtschaftlichkeit werden Wertgrößen aufeinander bezogen:

   $$\text{Wirtschaftlichkeit} = \frac{\text{Leistung}}{\text{Kosten}}$$

5. Je größer der Faktor, desto besser ist die Wirtschaftlichkeit.

6. Die Rentabilität ist eine Größe für die Verzinsung des eingesetzten Kapitals:

   $$\text{Eigenkapitalrentabilität} = \frac{\text{Gewinn} \times 100}{\text{Eigenkapital}}$$

   Durch diese Berechnung erfährt der Unternehmer, ob sein Kapital angemessen verzinst wurde.
   Eine weitere Kenngröße für Betriebe ist die Umsatzrentabilität. Dieser Wert zeigt an, wie viel Gewinn ein bestimmter Umsatz bringt.

   $$\text{Umsatzrentabilität} = \frac{\text{Gewinn} \times 100}{\text{Umsatz}}$$

7. - Anstreben eines positiven Umweltimages
   - Gesetzliche Regelungen und Auflagen müssen eingehalten werden

8. Kartelle sind Absprachen rechtlich selbstständiger Unternehmen zur Beschränkung des Wettbewerbs.

9. - Preiskartell
   - Produktkartell
   - Gebietskartell
   - Kalkulationskartell
   - Rabattkartell
   - Konditionskartell

10. - Preisabsprachen
    - Gebietsfestlegung für die Herstellung
    - Marktaufteilung
    - Festlegung der Lieferbedingung und Rabattsätze

11. Das Bundeskartellamt

12. - Verbot bestimmter Kartellarten
    - Verbot von Unternehmenszusammenschlüssen, wenn dadurch eine marktbeherrschende Stellung entsteht

13. Erlaubt sind Kartelle zu gemeinsamen Verkaufs- oder Lieferbedingungen oder technischen Normen.

14. Verboten sind vor allem Preisabsprachen (Preiskartelle). Durch solche Preisabsprachen werden von den Verbrauchern überhöhte Preise bezahlt.

15. Ein Konzern ist eine Muttergesellschaft mit mehreren Tochtergesellschaften.

16. Vorteile für den Gesamtkonzern:
    - Tochtergesellschaften betreiben gemeinsam Forschung
    - Entwicklung neuer Produkte wird günstiger
    - Produkte werden kostengünstiger hergestellt und dadurch preiswerter
    - Das Unternehmen steht im internationalen Wettbewerb besser da

17. Große Konzerne schränken meist den Wettbewerb ein, was wiederum zu höheren Preisen führen kann. Der Konzern reagiert auf Änderungen am Markt schwerfälliger. Managementfehler können zur Insolvenz vieler Tochtergesellschaften führen.

18. Es sind nur wenige Anbieter am Markt.

19. - Wenig Wettbewerb
    - Preisabsprachen, Preisführerschaft oder lebhafter Preiswettkampf
    - Verschlechterung der Qualität.

20. - Offene Handelsgesellschaft (OHG)
    - Kommanditgesellschaft (KG)

21. - Aktiengesellschaft (AG)
    - Gesellschaft mit beschränkter Haftung (GmbH)

22. Bei Personengesellschaften sind die Gesellschafter die Träger von Rechten und Pflichten und nicht die Personengesellschaft. Die Gesellschafter haften für Verbindlichkeiten, mindestens ein Gesellschafter haftet mit seinem gesamten Vermögen.
    Bei Kapitalgesellschaften haften die Gesellschafter nur mit ihrer Kapitaleinlage und nicht mit ihrem privaten Vermögen.

23. a) offene Handelsgesellschaft
    - Gründung mit mindestens zwei Gesellschaftern
    - Kapitaleinlage der Firma bringen die Gesellschafter auf
    - Jeder Gesellschafter ist zur Geschäftsführung berechtigt
    - Jeder Gesellschafter haftet unbeschränkt, unmittelbar und solidarisch
    - Aufteilung des Gewinnes und des Verlustes unter den Gesellschaftern
    - Gründung: einfach, kostengünstig, üblich bei kleinen und mittleren Betrieben
    b) Kommanditgesellschaft
    - Mindestens ein Vollhafter (Komplementär) und ein Teilhafter (Kommanditist)
    - Vollhafter haftet mit seinem Gesamtvermögen, Teilhafter haftet mit seiner Kapitaleinlage
    - Nur Vollhafter sind zur Geschäftsführung berechtigt
    - Teilhafter haben Kontrollrecht
    - Unterschiedlich hohe Kapitalanlagen der Gesellschafter
    - Kapitaleinsatz der Gesellschafter wird verzinst, weitere Gewinne werden aufgeteilt
    c) Gesellschaft mit beschränkter Haftung
    - Gründung mit mindestens einem Gesellschafter und einem Stammkapital von 25.000 Euro (Einlagen der Gesellschafter)
    - Notariell beglaubigter Gesellschaftsvertrag
    - Gewinnauszahlung entsprechend der Kapitaleinlage
    - Haftung ist auf das Gesellschaftsvermögen beschränkt
    - Gesellschaftsversammlung wählt Geschäftsführer
    - Geringere Kreditwürdigkeit als die von Personengesellschaften
    - Häufig für kleine und mittlere Unternehmen
    d) Aktiengesellschaft
    - Gründung von mindestens einer natürlichen oder juristischen Person
    - Grundkapital 50.000 Euro
    - Gesellschafter haften mit dem Kapital, das sie dem Unternehmen zur Verfügung stellen
    - Häufig für Großunternehmen
    - Mit Aktien (Teilhaberpapieren) wird zusätzliches Kapital aufgebracht
    - Aktionäre haften nicht
    - Drei Organe der AG: Hauptversammlung, Aufsichtsrat, Vorstand
    - Der Aufsichtsrat wird von den Aktionären in der Hauptversammlung gewählt
    - Der Aufsichtsrat bestellt und überwacht den Vorstand
    - Der Vorstand führt die Geschäfte
    - Jährliche Gewinnausschüttung an die Aktionäre

24.
- Existenzbedürfnisse: Nahrung, Kleidung, Wohnung
- Kulturbedürfnisse: Zeitung, Fernsehen, Radio, Kino, Theater, Konzerte
- Luxusbedürfnisse: Genussmittel, Schmuck, Reisen

25. Jede Person hat Bedürfnisse. Hat die Person genügend Geld, um diese Bedürfnisse zu befriedigen, wird von Bedarf gesprochen.

26. Änderungen von Angebot und Nachfrage verändern Preise und in der Folge die Kaufkraft. Ursachen für eine Preisänderung können sein:
- Rohstoffverknappung
- Steigende Löhne
- Änderung der Wechselkurse (insbesondere zwischen Euro und US-Dollar)
- Änderung des Verbraucherverhaltens

27. Die Lebenshaltungskosten eines durchschnittlichen privaten Haushalts werden anhand des „Warenkorbes" ermittelt. Die so berechneten Lebenshaltungskosten werden mit dem Vormonat oder dem Vorjahr verglichen.

28. Für die Mehrheit der Haushalte wird der Geldwert entscheidend von den Preisen der alltäglichen Güter bestimmt. Dazu wird eine repräsentative Erhebung über den jährlichen Verbrauch an Waren und Dienstleistungen für einen 4-Personen-Haushalt als Berechnungsbasis herangezogen. Die wichtigsten Güter sind:
- Miete, Wasser, Strom
- Verkehr
- Nahrungsmittel
- Freizeit und Unterhaltung
- Haushaltsgeräte, Möbel

29. Die Gütermenge entspricht nicht der sich im Umlauf befindlichen Geldmenge.

30.
- Große Geldmenge und kleine Gütermenge führt zu Inflation: Das Preisniveau steigt ständig an, alles wird teurer.
- Kleine Geldmenge und große Gütermenge führt zu Deflation: Das Preisniveau sinkt ständig, alles wird billiger.

31. Die Europäische Zentralbank (EZB).

32. Rechtsfähig sind alle natürlichen Personen von ihrer Geburt bis zu ihrem Tod. Rechtsfähigkeit bedeutet, dass natürliche Personen gewisse Rechte und Pflichten haben.

33. Geschäftsfähigkeit ist die Fähigkeit, selbstständig rechtswirksame Willenserklärungen abgeben zu können. Geschäftsfähig ist, wer voll gültige Rechtsgeschäfte abschließen darf. Die Geschäftsfähigkeit ist abhängig vom Alter der Person.

34.
- Geschäftsunfähigkeit:
  - bis zur Vollendung des 7. Lebensjahres
  - kein Rechtsgeschäft ist möglich
- Beschränkte Geschäftsfähigkeit:
  - Minderjährige nach Vollendung des 7. Lebensjahres
  - Rechtsgeschäfte sind nur mit der Zustimmung der gesetzlichen Vertreter möglich
  - Ausnahme: Rechtsgeschäfte in Taschengeldhöhe
- Voll geschäftsfähig
  - ab Vollendung des 18. Lebensjahres bis zum Tod/zur Entmündigung
  - alle Rechtsgeschäfte möglich

35. Pflichten des Verkäufers: Annahme des Kaufpreises, Lieferung der Ware, Übereignung der mängelfreien Ware
Pflichten des Käufers: Annahme der Ware, Zahlung des Kaufpreises

36.
- Falsche oder mangelhafte Ware
- Schlechte Qualität
- Fehlende Montage oder Montageanleitung
- Fehlende Teile

37.
- Barzahlungspreis
- Teilzahlungspreis (Gesamtpreis bei Ratenzahlung)
- Teilzahlungen: Betrag, Fälligkeit, Anzahl
- Effektiver Jahreszins

So kann der Verbraucher erkennen, wie viel mehr er bei Ratenkauf bezahlen muss.

38. • Umtausch: Sie bringen das Gerät zurück und verlangen einen Ersatz.
    • Kaufpreisminderung: Sie verlangen für das mangelhafte Gerät einen angemessenen Preisnachlass, dieser ist Verhandlungssache.

39. Während der ersten 6 Monate nach Kauf gilt die uneingeschränkte Gewährleistung. Während dieses Zeitraumes kann der Käufer Umtausch, Nachbesserung oder Kaufpreisminderung verlangen. Dieses muss immer angemessen sein.

40. Tritt ein Fehler nach 6 Monaten bis zu 2 Jahren nach Erwerb auf, so besteht hier nur ein Anspruch, wenn der Käufer nachweist, dass der Fehler schon beim Kauf bestanden hat.

41. Die Garantie: Der Hersteller verlängert die gesetzliche Gewährleistung freiwillig über die 6 Monate hinaus.

42. Der Kassenzettel, der als Kaufnachweis immer aufbewahrt werden sollte. Ohne Kassenzettel wird in der Regel der Umtausch oder die Kaufpreisminderung verweigert.

43. • Barzahlung
    • Scheck
    • Kreditkarte
    • Euroscheck-Karte (ec-Karte)

44. • Plötzliche Arbeitslosigkeit
    • Plötzliche Krankheit
    • Unerwartete Ausgaben (z.B. defektes Haushaltsgerät)
    • Unrealistische Konsumwünsche (immer neuestes Handy, neueste Kleidung die „in" ist...)

45. Die Schuldnerberatung hilft den Schuldnern, ihre Position zu stärken und einen Weg aus Ihrer Notlage zu suchen. Die wichtigsten Punkte sind dabei die finanzielle und rechtliche Beratung:
    • Verhinderung existenzieller Notlagen (z.B. Wohnungsverlust)
    • Rechtsansprüche (z.B. Wohngeld, Kindergeld)
    • Vermeidung einer Pfändung
    • Überprüfung von Verträgen

46. Das Verbraucherinsolvenzverfahren sieht einen Schuldenerlass für den redlichen Schuldner nach Ablauf einer „Wohlverhaltensperiode" vor.

47. 1. Versuch einer außergerichtlichen Einigung
    2. Antrag des Schuldners auf ein Verfahren vor dem Insolvenzgericht
    3. Insolvenzverfahren
    4. Sechs Jahre pünktliche Abführung des pfändbaren Teils des Einkommens

48. Anschaffungsdarlehen, Hypothekendarlehen, Dispositionskredit usw.

49. Globalisierung: die ganze Erde betreffend. Die Globalisierung wird unterschieden in
    • Wirtschaftliche Globalisierung
    • Technische Globalisierung
    • Politische Globalisierung
    • Ökologische Globalisierung

50. • 1. Stufe: Die Güter gehen zu den Märkten
    • 2. Stufe: Das Kapital geht zur Produktion
    • 3. Stufe: Die Produktion geht zu den Märkten

51. Viele Produkte können heute in fast allen Teilen der Welt hergestellt werden. Arbeitskräfte hingegen können ihr Land nicht so einfach verlassen. Für diese Arbeitskräfte besteht ein großes Interesse an Arbeitsplätzen in ihrem Land, in ihrer Nähe. Folglich stehen Länder, Regionen, Gemeinden untereinander im Wettbewerb um Unternehmensansiedlungen.

Zur Vertiefung – Englische Aufgabenstellungen

1 Grundlagen der Datenverarbeitung (zu Seite 217)

1. Die Breite einer Spalte ändern
   a) Setzen Sie eine Leerspalte vor eine Spalte, die ihre Zieldaten (Spalte F) enthält, indem Sie die Zellen F2 bis F10 anklicken und „Einfügen Spalten" wählen.
   b) In F6 tragen Sie den Schriftzug „Kosten für Ersatzteile für die Befüllungsanlage" ein und bestätigen Sie die Eintragung. Der Schriftzug passt nicht in die Spaltenbreite, also müssen Sie die Spalte verbreitern.
   c) Verschieben Sie jetzt den Cursor über die Spaltenüberschrift: Beachten Sie, dass der Cursor sich von einem Fadenkreuz zu einer vertikalen Linie mit Pfeilen ändert.
   d) Verschieben Sie den Cursor zwischen der Spaltenüberschrift der F- und G-Spalten, damit der Cursor seine Form ändert.
   e) Klicken Sie und führen Sie die Maus nach rechts. Eine punktierte Linie erscheint unter dem Cursor und zeigt die neue Spaltenbreite an.
   f) Wenn diese breit genug erscheint, geben Sie die Maustaste frei. Die Spalte nimmt die neue Breite an.

2 Technische Kommunikation (zu Seite 217)

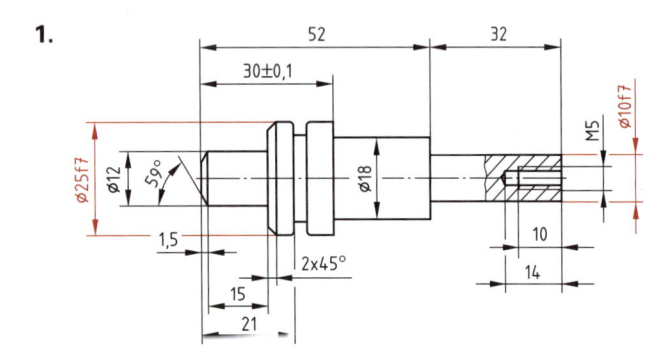

1.

3 Prüftechnik (zu Seite 218)

1. a) Es gibt metrische Messschrauben und Messschrauben im traditionellen britischen Maßsystem. Sie können elektronisch oder mechanisch sein.
   b) Es gibt eine Hauptskala, die sich auf der Skalenhülse, und eine Hilfsskala, die sich auf der Skalentrommel befindet.
   c) Die Mess- und Prüfflächen müssen sauber und gratfrei sein. Die Messspindel muss über die Kupplung langsam an das Werkstück herangedreht werden. Dabei soll die Rutschkupplung dreimal gedreht werden, so dass ein Klicken zu hören ist.

4 Qualitätsmanagement (zu Seite 218)

1. a) Dokumentation von Merkmalswerten aus der Stichprobe (Erstellen einer Urliste)
   b) Sortieren der Merkmalswerte (Strichliste)
   c) Zusammenfassen der Merkmalswerte zu Zwischenergebnissen
   d) Darstellung der Merkmalswerte (Histogramm oder Wahrscheinlichkeitsnetz) und Hervorhebung der wichtigen Werte (Mittelwert, Medianwert, Modalwert und Standardabweichung)
   e) Berechnung der statistischen Werte (Mittelwert, Spannweite, Standardabweichung)

5 Werkstofftechnik (zu Seite 219)

1. a) Bei diesem Versuch wird eine Zugstange gedehnt bis sie reißt. Dabei werden Kraft (Zugkraft) und Dehnung gemessen.
   b) Die Zugstange muss aus einem einheitlichen Material bestehen und sollte einen durchgängigen Durchmesser oder viereckigen Querschnitt haben.
   c) Die Enden sollten breiter sein, damit ein sicheres Einspannen der Probe gewährleistet werden kann und somit die Kraft in die Probe übertragen werden kann.

2. c) tensile strength – yield strength – stress – strain

6 Mechanische Systeme (zu Seite 219)

1. d) straight – tooth bevel gear

7 Fertigungstechnik (zu Seite 219)

1. a) Aufbohrer mit 3 Schneiden und Zylinderschaft, lang
   b) Kegelsenker 90°, 3-schneidig, aus HSS hinterschliffen, für riefenfreies Arbeiten
   c) Blechbohrer HSS, einseitig
   d) Hochleistungs-Spiralbohrersatz in Metallkassette, Hartmetall-bestückt

8 Grundlagen der Elektrotechnik (zu Seite 220)

1. a) Vor Inbetriebnahme prüfen, ob die Frequenz und Netzspannung mit den aufgeführten Daten am Motorleistungsschild übereinstimmen.
   b) Motoranschluss und sichere Schutzleiterverbindung nach Schaltbild vornehmen.
   c) Durch Vertauschen von 2 Phasen eventuell falsche Drehrichtung korrigieren.
   d) Nicht benötigte Kabeleinführungsöffnungen und den Anschlusskasten staubfrei und wasserdicht verschließen.

9 Elektrische Maschinen (zu Seite 220)

1.

mögliche Ursache	Lösung
Drehmoment bei Sternschaltung zu klein	Wenn Dreieckschaltstrom nicht zu hoch ist, direkt einschalten, andernfalls Motor/Pumpenauslegung überprüfen
Kontaktfehler am Schalter	Fehler beheben

10 Steuerungstechnik (zu Seite 220)

1. EN–326C1A–2400

11 Regelungstechnik (zu Seite 221)

1. a) Auf dem Display werden Bussegment und Position des betroffenen Teilnehmers angezeigt und in der Steuerung ein Peripheriebit gesetzt.
   b) Ein Peripheriefehler kann durch eine fehlende Peripheriespannung, einen Kurzschluss an einem Ein- oder Ausgang oder eine Überlast an einem Ausgangsmodul ausgelöst werden.
   c) Systex-Produkte zeigen Peripheriefehler optisch an. Ein Kurzschluss an einem Eingang wird modulbezogen über eine Fehler-LED angezeigt.

12 Automatisierungstechnik (zu Seite 221)

1.
   - **Übertragungsmedium**
     Geschirmte, verdrillte 2-Draht-Leitung aus Kupferkabel
   - **Netzwerktopologie**
     Durch eine spezielle Verkabelungsstruktur entsteht eine Ringstruktur, dadurch sind keine Abschlusswiderstände notwendig.
   - **Teilsysteme im Interbus**
     Der **Fernbus** wird für das Überwinden größerer Entfernungen eingesetzt. Er schafft die Verbindung zwischen Master mit der ersten Busklemme und weiteren Fernbusteilnehmern untereinander.
     Der **Installationsfernbus** ist eine Variante des Fernbusses.
     Ein **Lokalbus** ist eine Busverbindung, die über eine Busklemme vom Fernbus abzweigt und weitere Lokalbusse untereinander verbindet.

13 Mechatronische Systeme (zu Seite 221)

1. a) Die Handhilfsbetätigung ermöglicht, dass das Ventil geschaltet wird, wenn es elektrisch nicht aktiviert wird oder es in Grundstellung ist.
   b) Durch Drehen wird die Handhilfsbetätigung verriegelt.
   c) Eine Abdeckung verhindert die Verriegelung der Handhilfsbetätigung.

14 Montage, Inbetriebnahme und Instandhaltung mechatronischer Systeme (zu Seite 222)

1. a) falsch: Die Antikorrosionsschicht mit einem handelsüblichen Lösungsmittel entfernen.
   b) richtig
   c) falsch: bis Durchmesser 50 mm Toleranzfeld k6, ab Durchmesser 55 mm Toleranzfeld m6
   d) falsch: Stöße auf das Wellenende vermeiden
   e) richtig

2. a) 3 (Sicherungsring)
   b) 2 (Scheibe)
   c) 4 (Zylinderschraube)
   d) 4 (Zylinderschraube)
   e) 2 (Scheibe)
   f) 3 (Sicherungsring)
   g) 6 (Druckscheibe)
   h) 7 (Abdrückmutter)
   i) 8 (Abdrückschraube)

Sachwortverzeichnis

A

Abfallverzögert	150
Abgesetzte Wellen	34
Ablaufkette	175
Ablaufsteuerung	173
Abnutzungsvorrat	202
Abschaltzeiten im TN-System	114
Abscherstift	55
Abstandmessung	163
Achsen	36
Aggregat	152
Allgemeintoleranzen	21
Alpahnumerischer Code	133
Alterungsausfälle	202
Aluminiumlegierung	29
Anker	100
Anlasskondensator	98
Anlaufkupplung	34
Anschlussbezeichnungen	147
Anstellbewegung	45
Anweisungsliste	171
Anzeigezähler	128
Anzugverzögert	150
Arbeitgebervertretung	209
Arbeitslosenversicherung	211
Arbeitstemperatur	57
Arbeitsunfall	198
Arbeitsvertrag	207
Arbeitszyklus	63, 146
AS-Interface	189
AS-i-System	189
Aufbau metallischer Stoffe	26
Aufbereitungseinheit	136
Aufstellungsort	196
Ausbildungsvertrag	207
Ausgangsleistung	33
Außengewinde	47
Außenleiterstrom	81
Aussetzbetrieb	105
Automatenstahl	28
Automatisierungsprozess	171
AWL	170
Axialkolbenpumpe	157
Axiallager	37

B

Bahnsteuerung	60
Balancer	68
Barkhausenschaltung	103
Basisbandübertragung	187
BCD-Siebensegment-Wandler	133
Beanspruchungsart	25
Bearbeitungszyklus	66
Befestigungsgewinde	52
Beharrungszustand	183
Bemaßungsregeln	12
Benetzen	57
Berührungsspannung	111
Betriebsmittel	117
Betriebsrat	209
Betriebssystem	6
Bewegungsanweisung	175
Bewegungsgewinde	52
Biologisch abbaubar	153
Bistabile-Kippstufe	127
Blindwiderstand	79
Blockschaltbild	179
Bodediagramm	181
Bohr'sches Atommodell	72
Bohren	46
Boost	109
Brandschutzmaßnahmen	198
Brechbolzenkupplung	34
Breitbandübertragung	188
Bruchgrenze	42
Brückengleichrichter	88
Brückenschaltung	167
Bügelmessschraube	16
Bündiger Einbau	161
Bussysteme	186
Buszugriffsverfahren	188

C

CNC-Drehmaschine	49
CNC-Steuerung	59
Codes	131
Codewandler	131
CSMA-Verfahren	188

D

Darstellungsarten	9
Datenmenge	187
Datensicherheit	188
Dauermagnet	73
Dehnschraube	55
Dehnung	42
Deterministisches Bussystem	187
D-Glied	181
Diagramm	13, 124
Dichte	29
Dichtungen	155
Differenzierbeiwert	182
Digitalregler	186
Digitalisierung	186
Digitalmultimeter	90
Digitaltechnik	120
Diode	87
DISJUNKTION	121, 143
Diversität	176
Dominanz	150
Doppelkolbenzylinder	139
Doppelschlussmotor	101
D-Regler	181
Drehen	48
Drehfelddrehzahl	96
Drehfeldmaschine	106
Drehfrequenz	49
Drehgeber	166
Drehmaschine	48
Drehmeißel	48
Drehmeißelschneide	48
Drehmoment	33
Drehmomentkennlinie	98
Drehschiebeventil	158
Drehstrom	80
Drehstromtransformator	96
Dreieckschaltung	80
Dreileitertechnik	166
Dreiphasenwechselstrom	80
Dreipunktregler	185
Drossel	142
Druckabhängige Steuerung	146
Druckflüssigkeit	152
Druckluftmotor	140
Druckluftnetz	136
Druckmessverfahren	17
Druckregelventil	141
Druckübersetzer	138, 156
Druckventile	141
Duales System	208
Dualzahlen	130
Dunkelschaltung	165
Durchflussregelstrecke	184
Duroplaste	31

E

Echtzeitfähigkeit	186
Echtzeitsysteme	7
Edelmetalle	30
Effektivwert	85
Eigenschaften von Werkstoffen	25
Eingangsleistung	33
Einheitskreis	78
Einstellwinkel	48
Einteilung der Werkstoffe	25
Einweggleichrichter	87
Einweg-Schranke	163
Einzelmontage	195
Eisenwerkstoffe	25
Elastische Kupplung	193

Elastischer Bereich	26
Elastomere	31
Elektrische Antriebe	96
Elektrische Arbeit	72
Elektrische Ladung	72
Elektrische Leistung	73
Elektrische Maschinen	92
Elektrische Messgeräte	18
Elektrischer Strom	72
Elektrischer Widerstand	72
Elektrisches Teilsystem	192
Elektrische Widerstände	77
Elektrisches Feld	73
Elektrohydraulisches Teilsystem	192
Elektrolyt	30
Elektromagnetische Verträglichkeit	110
Elektronische Messgeräte	18
Elektronische Schaltkreise	122
Elektronische Bauelemente	87
Elektropneumatik	147
Elektropneumatisches Teilsystem	192
Elektrotechnik	72
EMV	110
Endeffektor	69
Endlagenabfrage	147
Endlagendämpfung	137
Erdungsmessung	117
Erdungswiderstände	115
Erfassungsdifferenz	162
Erstinspektion	203
EVA-Prinzip	118
Exklusiv-Oder	121

F

Federverbindung	56
Fehlerarten	112
Fehlereingrenzung	200

Feilen	44
Feingewinde	53
Feldbus	189
Fertigungshauptgruppen	40
Fertigungstechnik	40
Festigkeitsklasse	55
Festlager	38
Festwertregelung	180
FIFO-Speicher	132
Filterarten	136
Flanke	127
Flankenmerker	173
Fließen	57
Fließmontage	195
Flipflop	128
Folgeregelung	180
Formschlüssige Verbindung	52, 193
Fräsen	50
Fräsertypen	50
Fräsverfahren	50
Freifläche	49
Freigabekontakte	176
Freiheitsgrad	68
Freilaufdiode	87
Freiwinkel	43
Frequenz	78
Frequenzumrichter	106
Frühausfälle	205
Fügen	40, 193
Führungen	35
Funktionale Sicherheit	176
Funktionseinheiten	33
Funktionsgleichung	125
Funktionsplan	135, 171
Funktionsreserve	164
Funktionstabelle	122
FUP	171

G

Galvanisches Element	30
Gasgleichung	136
Gasschmelzschweißen	58
Gateway	187
Gatter	122
Gegenlauffräsen	50
Gekröpfte Wellen	34
Gelenkwellen	34
Gemittelte Rautiefe	19
Genormte Einzelheiten	12
Gesamtwiderstand	77
Gesamtwirkungsgrad	155
Geschäftsfähigkeit	215
Gesenkbiegen	43
Getriebe	37
Getriebekupplung	34
Gewährleistung	216
Gewindebohren	47
Gewindedarstellung	12
Gewindedrehen	66
Gewindeeinteilung	54
Gewindelehre	18
Gewindeschneidkuppe	47
Gewindetiefe	54
G-Funktion	64
Glättungstiefe	19
Gleichlauffräsen	50
Gleichrichter	106
Gleichspannung	88
Gleichstrommaschine	100
Gleichstrommotor	101
Gleitführung	36
GRAFCET	173
Gray-Code	166
Greiferbacke	32
Grenzlehrdorn	18
Grenzmasse	20
Grenzrachenlehre	18
Grenztaster	159
Grenzübertemperatur	106
Grundbegriffe	179
Grundfunktionen, SPS	171
Grundlagen der Datenverarbeitung	6
Gruppenzeichnungen	13
Gussarten	29

H

Halbschnitt	12
Handhabungseinrichtung	68
Handhabungstechnik	68
Härte	26
Hartlöten	59
Hartmetall	25
Hartmetallschneiden	49
Hellschaltung	165
Hexadezimal	130
Hexagonal	26
Hilfsstoffe	32
Hintergrundausblendung	164
Höchstmaß	20
Höchstspiel	21
Höchstübermaß	21
HSS-Drehmeißel	49
Hybrides Zugriffsverfahren	188
Hydraulik	152
Hydraulikflüssigkeit	152
Hydraulikmotor	154
Hydraulikpumpe	153
Hydraulische Steuerungen	152
Hydrodynamische Schmierung	37
Hydropumpe	155
Hydrostatische Schmierung	39
Hysteresekurve	83

I

IDENTITÄT	143
I-Glied	181
IHK	209
Impulsdiagramm	120, 129
Impulsventil	141
Inbetriebnahme	193, 199
Inbetriebnahmecheckliste	201
Induktionsmotor	98
Induktiver Sensor	160
Industrieroboter	68

Inkremental-Drehgeber	166
Inkrementale Wegmessung	60
Innengewinde	47
Instandhaltung	203
Instandhaltung	194
Integrationsbeiwert	181
Integrationszeitkonstante	181
Interbus	190
Interpolator	61
Intervallabhängige Instandhaltung	205
I-Regler	186
Isolationswiderstand	94, 116
Isolierstoffklasse	106
Isometrische Projektion	9
Istmaß	20
Istzustandüberprüfung	203
IT-System	113

J

Jugendarbeitsschutzgesetz	208
Justieraufgaben	194

K

Kabinettperspektive	9
Kapazitiver Sensor	161
Kapillarwirkung	57
Kapitalgesellschaft	214
Kartell	213
Kartesisches Koordinatensystem	14
Kaskadensteuerung	146
Kaufkraft	215
Kaufvertrag	215
Kavalierperspektive	9
Kavitation	156
Kegelrad	39
Keilverbindung	56
Keilwinkel	43
Kennlinie	87
Keramik	25
Kernloch	47
Kettentrieb	35
Kinematik	69
Kippstufe	127
Klauenkupplung	34
Kleben	58

Kleintransformator	93
Knickarmrobotor	69
Kommunikationsmodell	186
Kompensation	82
Kompensationswicklung	100
Kompressor	137
Kondensator im Stromkreis	79
Konjunktion	122
Kontaktplan	171
KOP	170
Kopfschraube	55
Körnung	51
Korrekturfaktoren	160
Korrosion	30
Korrosionsschutzmaßnahmen	31
Kraftschlüssige Verbindung	52, 193
Kraftübersetzung	53
Krankenversicherung	211
Kreisdiagramm	14
Kristalline Korrosion	30
Kronenmutter	55
Kubisch flächenzentriert	26
Kubisch raumzentriert	26
Kunststoffe	31
Kupfer	29
Kupplungen	34
Kurzschlussläufer	97
Kurzschlussspannung	93
KV-Diagramm	124

L

Ladungstrennung	72
Lageplan	134
Lager	37
Lagerwerkstoffe	37
Längenprüfung	15
Längsschiebeventil	158
Lastanschluss	166
Leerhub	44
Legierungselemente	27
Leichtmetalle	25, 29
Leistung	96
Leistungsschild	108

Leitspindel	48
Leitwert	72
Leuchtdiode	89
Lichtbogenschweißen	58
Lichtschranke	164
Lichtwellenleiter	165, 187
Linksgewinde	53
Lochfraß	30
Lochkreis	63
Logikplan	123
Logische Schaltung, Analyse	125
Logische Verknüpfungen	120
Loop-Back-Wort	190
Lorenzkraft	74
Loslager	38
Löten	57
Luftverbrauch	137

M

Magnetische Feldstärke	74
Magnetischer Fluss	74
Manipulator	68
Maschinengewindebohrer	47
Maschinenkoordinaten	61
Maßtoleranz	20
Master/Slave-Verfahren	187
Materialfluss	68
Maximale Rautiefe	19
Mechanische Prüfmittel	15
Mechanische Systeme	33, 40
Mechanisches Teilsystem	192
Mechatronische Systeme	192
Mehrscheibenkupplung	34
Merker	169
Messfühler	159
Messing	29
Messkreiskategorien	91
Messort	179
Messschieber	15
Messschrauben	16
Messtechnik	90
Messuhren	16
Messwertaufnehmer	159
Messwerttabelle	24
Mindestbiegeradius	43
Mindestkolbenstangendurchmesser	138
Mindestmaß	20
Mindestspiel	21
Mindestübermaß	21
Mittenrautiefe	19
Modul	34
Monostabile Kippstufe	129
Montage	193
Montagefolge	195
Montageplanung	195
Motorgenerator	104
Motorklemmbrett	108
Motorklemme	97
Motorspannung	107
Multitasking	6
Muttergewindebohrer	47

N

NAMUR-Sensor	162
NAND-Verknüfung	121
Nebenschlussmotor	101
NEGATION	143
Nennmaß	20
Neutrale Faser	41
Neutralleiter	81
Nichteisenmetalle	25, 29
NICHT-Funktion	121
Nichtleiter	72
Nichtmetalle	25
Nickel	25
NO-NC-Funktion	167
Nonius	15
Normalformen	122
Notruf	198
Numerische Codes	131
Nutmutter	55

Sachwortverzeichnis

O

Oberes Abmaß	20
Oberflächenangaben	20
Oberflächengüte	51
Oberflächenprüfung	18
Office-Anwendungen	7
Öffner	147
Ohm'sches Gesetz	72
Öle	152
Oligopol	214
Ölumlaufschmierung	38
Optische Objekterfassung	165
Optischer Sensor	163
Optokoppler	169
Organisationsformen der Montage	195
Oszilloskop	91

P

Parallelschaltung	78, 148
Passfeder	57
Passstift	55
Passung	20, 39
PD-Regler	186
PELV	93
Periodendauer	78
Permiabilität	74
Personengesellschaft	204
P-Glied	181
Phasenanschnittsteuerung	104
PID-Regler	185
PI-Regler	185
Plandrehen	48
Playbackverfahren	71
Pneumatik	136
Pneumatische Messgeräte	17
Pneumatische Ventile	140
Polarkoordinaten	63
Polarkoordinatensystem	14
Polystirol	25
Positionsnummern	38
P-Profil	18
P-Regler	185
Pressschweißen	58
Pressverbindung	59
Produktivität	213
PROFIBUS	190
Programmiergerät	69
Programmiersprachen, SPS	170
Prozessabbild	170
Prozessabhängige Steuerung	119
Prüfaufgaben	194
Prüfen	116, 194
Prüfen mit Lehren	18
Prüfen von Oberflächen	18
Prüftechnik	15
Prüfzeichen	111
PT_0-Strecke	182
Pt100	168
PT_1-Glied	181
PT_1-Strecke	182
PT_n-Glied	181

Q

QM-System	24
Qualitätslenkung	22
Qualitätsmanagement	22
Qualitätsprüfung	23
Qualitätsregelkarte	23
Quantisierung	131

R

Radiallager	37
Radiuslehre	18
Rauheitsmessgrößen	19
RC-Glied	149
Reaktionskleber	58
Reaktionszeit	169
Rechtsfähigkeit	215
Reduktionsfaktoren	162
Redundanz	176
Referenzpunkt	63
Reflexlichtschranke	164
Regelabweichung	179, 185
Regelbarkeit	184
Regeleinrichtung	179, 185
Regelgewinde	53

Regelgröße	179	Schieberegister	129
Regelinspektion	203	Schleifen	51
Regelkreiselement	181	Schleifenimpedanz	114
Regelung	119, 179	Schleifmittel	51
Regelungstechnik	179	Schleifscheibe	51
Regler	185	Schleusenspannung	87
Reiben	46	Schließer	147
Reibungsarten	35	Schmelzschweißen	58
Reibungskraft	35	Schmierung	37
Reihenschaltung	77	Schmitt-Trigger	130
Reihenschwingkreis	92	Schneideisen	47
Reitstock	48	Schneidstoffe	45
Relais	147	Schnittdarstellungen	11
Remanenz	74	Schnittdaten	67
Repeater	186	Schnittgeschwindigkeit	45, 48
Resovler	63	Schnitttiefe	48
Restmagnetismus	74	Schrauben	52
Robotersteuerung	69	Schraubenlinie	53
Robotertechnik	68	Schraubensicherung	55
Rosten	29	Schraubenverbindungen	55
R-Profil	18	Schrittketten	173
RS-Speicher, SPS	172	Schrittmotor	107
Rückfederung	42	Schrittwinkel	108
Rückführkreis	176	Schrumpfverbindung	59
Ruhestromprinzip	176	Schruppen	48
Rundführung	36	Schutzklasse	111
Rundstabläufer	98	Schutzleiter	116
		Schutzmaßnahmen	110
S		Schutztrennung	115
Sägeblatt	44	Schwalbenschanzführungen	36
Sägegewinde	54	Schweißen	31, 57
Sägen	44	Schweißgleichrichter	58
Schaltabstände	160	Schweißumformer	104
Schaltfrequenz	185	Schwenkmotor	156
Schalthysterese	185	Schwermetalle	25, 29
Schaltkreisfamilien	122	Schwierigkeitsgrad	184
Schaltverzögerung	150	Sechskantschraube	55
Scheibenläufermotor	103	Seitendrehmeißel	48
		Selbstinduktion	75
		SELV	93

Senken	46	Stahl	27
Sensoren	159	Stahlguss	29
Seriell-Parallel-Wandler	129	Stahlwerkstoffe	27
Servoantrieb	107	Standzeit	51
Si-Halbleiterdiode	87	Starre Wellen	34
Sicherheitsgrenztaster	160	Stellglied	179
Sicherheitsregeln	111	Stellgröße	179
Sicherheitsschaltgeräte	178	Stellort	179
Sicherheitstransformator	93	Sternschaltung	80
Sichtprüfung	19	Stetige Regler	185
Signalabschaltung	144	Steuerkette	118
Signalarten	6	Steuerungstechnik	118
Signalflanken	173	Stick-Slip-Effekt	39
Signalformen	120	Stiftverbindung	55
Signalüberschneidung	144	Stirnräder	35
Signalumsetzer	131	Stoffschlüssige Verbindung	52, 193
Sintern	41	Stopp-Kategorien	178
Sinterwerkstoffe	30	Störfelder	187
Sitzventil	158	Störgröße	179
Softwarestatus	171	Störungsbedingte Instandhaltung	205
Sollwertgeber	179	Strangstrom	81
Sonderinspektion	203	Strecke	179
Sonderzylinder	157	Strecken mit Ausgleich	181
Sozialversicherung	211	Streckgrenze	26, 42
Spanende Fertigung	45	Streufeldlinien	92
Spangröße	45	Streufeldtransformator	94
Spannung	72	Stromdichte	72
Spannungsfehlerschaltung	90	Strommessung	90
Spannungsteiler	84	Stromwandler	95
Spannungswandler	95	Strukturteil	134
Spanraum	44	Stufenbohrer	46
Spanungsquerschnitt	48	Symboltabelle	174
Spanwinkel	43, 50	Synchrongenerator	99
Spartransformator	94	Systemgedanken	33
Speicherbaustein	127		
Speicherfunktionen	127	**T**	
SPS	169	Tabellen	13
Spezifischer Luftverbrauch	139	Taktflankensteuerung	127
Sprungantwort	181	Tandemzylinder	139
Spule	80	Tastschnittverfahren	19
SR-Speicher, SPS	172	Teachen	71

Technische Kommunikation	9
Technische Zeichnung	9
Technologie-Schema	175
Teilkreisdurchmesser	35
Teilung	34
Temperguss	29
Termoplaste	31
TN-System	113
Token-Prinzip	188
Toleranzen	20
Toleranzfeld	21
Topologien	186
Totzeitglieder	181
Transformatoren	92
Transistor	89
Transition	134
Treiber	7
Trennen	40, 43
Triangulationsverfahren	165
T-Glied	181
TT-System	113
TTT-Kinematik	70
Turboverdichter	136

U

Übersetzungsverhältnis	35
Übertragungsarten	187
Übertragungsfunktion	183
Übertragungsmedien	187
Ultraschallsensoren	162
Umformbereich	26
Umformen	41
Umschulung	210
Umweltschutz	32
Unbelasteter Spannungsteiler	84
Unfallverhütung	46
Universaldrehmaschine	48
Universalmotor	102
Universalwinkelmesser	16
Unstetige Regler	186
Unteres Abmaß	20
Urformen	40

V

Verbraucherinsolvenz	216
Verbundstoffe	32
Verbundwerkstoffe	25
Verdrahtungsplan	174
Vereinfachen von Funktionsgleichungen	124
Vergütungsstahl	28
Verkettungsfaktor	81
Verknüpfungsschaltungen	122
Viskosität	39, 152
Volumenänderung	153
Volumenstrom	137
Vorbeugende Instandhaltung	203
Vorschub	51
Vorschubgeschwindigkeit	137
Vorsorge	212
Vorwahlzähler	128
Vorwiderstand	89

W

Wälzkörper	38
Wälzlager	38
Wassergefährdungsklasse	153
Wechselrichter	106
Wechselstromtechnik	78
Wegeventile	134, 158
Wegmesssystem	59
Wegmessung	166
Weichlöten	57
Weißblech	25
Wellen	36
Werkstoffe und Umweltschutz	32
Werkstoffeigenschaften	25
Werkstofffestigkeit	26
Werkstofftechnik	25
Werkstücknullpunkt	61
Werkzeugkorrektur	62
Werkzeugmaschinen	45
Werkzeugschneide	43
Whitworth-Rohrgewinde	54
Wicklungsverluste	93
WIG-Schweißen	58

Winkelgeschwindigkeit	79	Zeitabhängige Steuerung	144
Winkellichtverfahren	165	Zeitbausteine	149
Winkelmesser	16	Zeitfunktionen	173
Winkelmessung	166	Zeitgeführte Steuerung	119
Winkelprüfung	15	Zeitkonstante T_s	182
Wirkleistung	79	Zeitplanregelung	179
Wirkteil	134	Zufallsausfälle	205
Wirkungsgrad	33, 73, 138	Zugfestigkeit	26
W-Profil	18	Zugmittelgetriebe	34
Wirtschaftlichkeit	213	Zugspindel	48
		Zusatzstoffe	29

X

XOR	121	Zustandabhängige Instandhaltung	206
		Zwangsführung	176

Z

		Zwangsöffnung	176
Zahlensysteme	130	Zweidruckventil	144
Zähler	128	Zweikanaligkeit	177
Zähnezahl	34	Zweikomponentenkleber	58
Zahnrad	34	Zweileitertechnik	167
Zahnradgetriebe	35	Zweipunktregler	185
Zahnradpumpe	156	Zykluszeit	186, 190
Zahnriementrieb	35	Zylinder	139
Zahnteilung	44	Zylinderansteuerung	142
Z-Diode	88	Zylinderkolben	138
Zeichnerische Darstellung	134	Zylinderschraube	55
Zeigermesswerk	90		

NOTIZEN